产业改变世界②
Industry Changes The World

新经济 新产业

新经济 新产业

张 涛◎主编

New Economy
& New Industry

中国金融出版社

责任编辑：亓　霞
责任校对：李俊英
责任印制：张也男

图书在版编目(CIP)数据

产业改变世界．2，新经济　新产业 / 张涛主编．— 北京：中国金融出版社，2020.7

ISBN 978-7-5220-0655-0

Ⅰ.①产…　Ⅱ.①张…　Ⅲ.①新兴产业 — 产业发展 — 研究 — 中国　Ⅳ.①F269.24

中国版本图书馆CIP数据核字（2020）第101737号

新经济　新产业
XINJINGJI　XINCHANYE
出版 发行　中国金融出版社
社址　北京市丰台区益泽路2号
市场开发部　(010) 66024766，63805472，63439533（传真）
网 上 书 店　http://www.chinafph.com
(010) 66024766，63372837（传真）
读者服务部　(010) 66070833，62568380
邮编　100071
经销　新华书店
印刷　北京松源印刷有限公司
尺寸　185毫米×260毫米
印张　33.75
字数　680千
版次　2020年7月第1版
印次　2020年7月第1次印刷
定价　90.00元
ISBN　978-7-5220-0655-0

本书编委会

主　编：张　涛

副主编：银国宏

编　委：吴寿康　谭会晓　卜晓习
马冬静　林　松　刘晓浏
陆　洲　刘慧影　张凯琳
胡博新　罗四维　林瑾璐
郑闵钢　杨若木　谭　可

新产业　新经济　新使命

（代序）

东兴证券股份有限公司总经理　张涛

一、产业升级推动经济发展

世界史就是经济史，回顾世界历史的进程，经济无时无刻不在雕琢着这个世界的发展轨迹。

近代大国的崛起是一部产业结构调整与产业转型升级的宏伟史诗，离开产业发展来谈国家的崛起和复兴，只能是无源之水、无本之木，不能长久。16~18世纪，西班牙和荷兰抓住了造船业、航海业和海外贸易的机遇，先后成为海上霸主；18世纪60年代到19世纪70年代，英国引领以蒸汽为动力的纺织和冶金等机器大工业发展，成就“日不落帝国”；第二次工业革命之后，法国和德国依靠电力产业、化工产业和机械制造业后发而先至，崛起成为世界强国；而美国先后依靠钢铁产业、汽车产业、电力产业、计算机产业和互联网产业等主导产业傲视全球；第二次世界大战后，日本和韩国两国抓住全球产业转移的有利时机，推动劳动密集型产业向技术和资本密集型产业转变，大力发展汽车、电子等新兴产业，实现产业结构转型升级，成功跨越中等收入陷阱。

产业发展缔造企业传奇。国家崛起的背后是一个又一个产业诞生与兴起的身影，对于新兴产业发展时机的把握也决定了一个国家未来的荣辱兴衰，而在改变国家命运的产业机遇里，必定会孕育出一批影响世界的伟大企业，荷兰的飞利浦，德国的西门子、博世、奔驰、大众、戴姆勒，法国的米其林、阿尔斯通，美国的通用、福特、英特尔、杜邦、苹果、波音、3M、亚马逊，日本的丰田、三菱、夏普、索尼，韩国的三星、LG等，都是世界经济历史长河中的璀璨明珠。

全球新的一轮产业升级如火如荼。经过几个世纪的积累和发展，世界上许多产业已经不单单满足于一国生存发展之需，而是成为代表人类文明存续发展、生产协作方式变革，乃至国际间竞争格局变革的推手。

产业升级伴随着产业链全球化，以及国家间经济博弈和利益互换。近年来，各国经济发展战略的调整也更加体现了产业的演化与国家命运的高度统一。世界上主要发达国家将新兴产业的发展提升到国家战略高度，聚焦于信息技术、生物技术、新能源、新材料等领域，制定了明确的发展规划与目标。美国2009年和2011年两度发布《国家创新战略》；法国2009年制定《国家研究与创新战略》；英国2011年发布《促进增长的创新与研究战略》；韩国政府2009年发布《新增长动力规划及发展战略》；日本2010年发布《新增长战略》；中国2015年提出《中国制造2025》，2016年提出《"十三五"国家战略性新兴产业发展规划》；韩国2018年发布第四个五年科学技术计划；德国2018年发布《高科技战略2025》。各国在新一代信息技术产业、高端装备制造、生物、新能源、新材料等产业展开激烈竞争。

二、中国产业升级时不我待

四十余年改革开放硕果累累。中国以迎难而上的进取精神和波澜壮阔的创新实践，谱写了中华民族自强不息、顽强拼搏的壮丽史诗，经济实力、综合国力及国际地位都发生了质的飞跃。在改革开放的四十余年间，中国从一个落后的农业大国转型为世界上最大的工业品制造国。中国GDP从1978年的3679亿元增长到2019年末的99.09万亿元，年复合增长率14.62%，成为世界第二大经济体。按照国际货币基金组织（IMF）的预测，2019年全球的GDP总量约为86.6万亿美元，中国占世界GDP总量或将超过16%。四十余年的不忘初心、风雨兼程，造就的是中国经济对当前世界经济增长超过30%的贡献。

改革开放打破了束缚中国实体经济发展的体制桎梏。中国通过发展对外经贸关系，积极融入全球价值链分工。改革开放初期，中国依靠低成本的劳动力和资金从来料加工、加工配套等低端环节入手，逐步形成积聚效应和规模效应。一路走来，中国凭借着成本优势在国际产业分工中快速找到位置，在全球产业链中的地位不断提升。进入21世纪，工程师红利、科技创新和庞大的国内市场规模所产生的吸引力推动中国制造业和服务业持续增长，实体经济活力也大大增强。中国最终成为与美国、德国相并列的全球三大生产制造中心之一。

随着中国生产成本红利的褪去，经济转型越发迫切。中国单位劳动力成本（平均工资/人均GDP）的提升使得原本具有优势的纺织品、服装、箱包、鞋类、玩具、家具、塑料制品等劳动密集型产业面临越南、印度等国的快速追赶。2013年，中国上述七大类劳动密集型产品出口4618.4亿美元，而到2017年为4547.13亿美元，绝对值有所下降。考虑到全球经济在这四年有所增长，中国的劳动密集型产品在全球所占份额实际上处于下降态势。

加快产业转型升级，向产业链高附加值环节延伸是当下中国发展问题的最优解答。发达国家在全球制造业的产业链条分工和价值分配体系中始终占据优势地位，诸多生产环节的核心技术仍由发达国家掌控。中国的突围之路注定困难重重，必然面临以美国为首的发达国家在新兴产业的全面竞争。当前，中国制造业在研发投入、创新能力、产品质量等方面，与发达国家仍有较大差距。2018年中国制造业研发投入强度（研发经费/GDP）为2.19%，低于多数发达国家，如韩国同期比值为4.32%、日本为3.5%、美国为2.84%、德国为2.84%、加拿大为2.34%、法国为2.25%。

追赶与超越，未来中国产业经济发展的主旋律。中国迈向产业经济高质量发展的势头一往无前，产业经济升级的密码写在创新驱动发展之中。中国在绝大部分新兴产业已有布局，在国际分工中占有一席之地。部分优势产业将领军中国产业经济突围发达国家的科技锁链，在引领世界科技前沿的道路上奋勇前进。

“进口替代”和“自主可控”是我国追赶科技创新成果差距、避免发达国家技术钳制的必由之路，二者互为表里、异曲同工。“进口替代”是指用本国产品替代进口产品，是国家外贸战略之一。我国在某些领域一旦实现技术突破，借助自身全球产业化基地的身份，产品能很快落地，迭代之后的产品质量往往能迅速接近国际先进水平，市场占有率将大幅提升。“自主可控”是指在产业发展的过程中，依靠自身研发设计，全面掌握产品核心技术，实现信息系统硬件和软件从自主研发、生产、升级到维护的全程可控。结合“进口替代”和“自主可控”的迫切需求，以及时代机遇，中国在航空航天、通信、生物医药、电气机械、汽车等领域发展空间巨大。

中国在部分新兴产业领域已经渐露锋芒。新一轮的科技革命正在不断推进，中国产业经济也正孕育着破茧而出的科技红利，迸发着破浪前行的动力。中国在5G、大数据、人工智能等科创领域有着丰厚的积累，产生的丰硕成果正在潜移默化之中推动着中国产业经济的演化。

三、证券市场助力产业结构升级

金融是世界各国经济角力的新战场。金融作为开在国家机器金字塔顶端最瑰丽的花朵，是一个国家经济资源最高效的调配媒介。从金融业诞生的那一刻起，我们的经济世界就进入了纷繁绚丽的新时代，也开辟了世界经济角力的新战场。

金融对经济的促进作用在世界各国已形成共识，亚当·斯密（1776）认为金融可以通过聚集民间闲置资本和创造更多的信用流通工具来促进经济较好的增长。罗纳德·麦金农和爱德华·肖1973年提出了金融深化概念，意指通过金融产品的发展实现金融和经济发展之间的良性循环机制，等等。2019年2月22日，习近平总书记在中央政治局第十三次集体学习上指出，金融是国家重要的核心竞争力，金融安全是国家安全的重要组成部分，金融制度是经济社会发展中重要的基础性制度。中国金融不断深化、产业逐步升级，从以银行信贷为代表的间接融资占绝对主导地位逐渐转向股票、债券等直接融资蓬勃兴起，直接融资与间接融资并重。

“欲致其高，必丰其基”，产业经济的发展及科技创新都离不开资金的大力支持。除了国家宏观战略的高瞻远瞩，金融行业自身也要充当好资源调配的润滑剂和导航仪。金融行业要积极引导资本投向需要调整的产业，发掘新兴产业发展及产业升级过程中的投资机遇，只有形成相互促进、互利共赢的良好发展态势，才能为产业升级创造不竭的动力。

新时代下的证券市场将以更大力度服务于实体经济。证券市场是金融市场皇冠上的明珠，是金融市场直接融资的主要途径。中国证券市场作为市场经济体系中重要的要素市场之一，近十年成长迅速，走过了国外证券市场上百年的发展历程。

中国产业经济发展正处在历史性的关键时期，通过发展直接融资模式推动科技产业发展、改造传统产业，是当前资本市场服务实体经济最为迫切的使命。证券市场对产业结构的调整作用体现在两个方面：一是以较低成本促使产业间的资源配置，二是促进核心企业的形成及其扩散效应的实现。

科创板的推出、创业板改革并试点注册制、新三板改革平稳落地将推进多层次证券市场体系的构建和完善，将为高新技术产业的创新者提供直接融资的便利，通过资本市场巨大的财富效应催化中国高新技术产业的转型升级。2019年，上交所设立科创板和试点注册制，2020年3月，《新证券法》正式实施，国内证券市场以推行注册制为重点的全面深化改革正在逐步落实。目前尚处于割裂状态的境内各类金融市场，有望加速形成有机联系、良性互动的大一统市场。

四、以产业研究为使命

做好产业研究是服务实体的基础。东兴证券作为我国资本市场的核心参与主体之一，在金融领域的市场化、创新性等方面走在前沿，理应在提升直接融资占比和服务实体产业转型升级中有所担当。正是基于这样的初衷，我们组织开展了大量的产业研究，对国内主要经济领域的重点产业进行全面探究，并于2019年结集出版了《产业改变世界》一书，以期帮助社会各界更好地理解产业发展规律，并身体力行地在持续提升金融服务实体能力的道路上更进一步。

我们欣喜地看到，该书甫一出版就以其独特的产业视角及对产业研究的纵向深度和全球化视野，在业内外引起广泛关注，获得专业投资者、上市公司及机构投资者的高度称赞。本书作为《产业改变世界》的续篇，延续了前书对产业的基本分析框架和研究方法。在产业的选择上，本书选取了相较前书更为前沿且更有可能重塑未来世界的产业发展方向，涵盖新技术、新模式、新领域、新消费四大领域，三十余个产业，包括视频会议、模拟芯片、半导体装备、医疗信息化、动力电池、空天信息、留学教育等前沿产业，视野开阔，格局宏大，是东兴证券研究所呕心沥血、倾尽诚意之作，唯望可以为中国产业经济发展点亮星星之火。

在证券行业迎来变革的重要时刻，作为参与者和共同推动者，东兴证券深感责任重大。东兴证券于2015年2月在上海证券交易所上市，是四大资产管理公司旗下首家在境内上市的证券公司。自2008年成立以来,东兴证券以较快的发展速度成长为行业内排名靠前的综合性券商，现已形成覆盖场内与场外、线下和线上、国内和海外的综合金融服务体系。东兴证券控股股东中国东方资产管理股份有限公司作为国内四大资产管理公司之一，是由财政部、全国社保基金理事会共同发起设立的国有大型非银行金融机构，截至2018年末，集团合并总资产超过万亿元。中国东方资产管理股份有限公司以其深厚的金融背景和雄厚实力为东兴证券的发展提供强有力的支持，共同为客户提供境内外全面金融服务。

最后，我想借此机会感谢东兴证券广大客户一直以来对于我们的信赖与支持！我们将继续以客户为中心，基于公司平台资源为客户提供全生命周期、全产业链的财富管理和投融资服务。同时，也想感谢东兴证券研究所的同人，他们对《产业改变世界》系列书籍的编写给予了充分的重视，投入了大量的时间和精力，并以专业化的研究分析为本书高质量的呈现提供了保证。我们在编写过程中尽量力求准确客观，然而纰漏在所难免，恳请广大读者批评指正！

目录

第一篇 新消费

第二篇 新技术

第三篇　新模式

第四篇　新领域

第一篇

新消费

咖啡产业 / 留学服务产业 / 清洁家电产业 /
户外用品 / 生活用纸 / 休闲食品 /
电子游戏

咖啡产业：

浪潮迭起，小豆子撬动大产业

张凯琳　东兴证券社会服务行业首席分析师
王　紫　东兴证券社会服务行业分析师

产业描述：

咖啡产业包括上游咖啡豆种植、中游加工和下游流通最终到达消费者的整个路径。

上游：从世界咖啡产区来看，种植咖啡的国家和地区有80多个，主要分布在南、北回归线之间，少数可延伸到南、北纬26度的热带、亚热带等地。主要分为三大产区，包括拉丁美洲、非洲与阿拉伯半岛、亚洲太平洋地区，各产区咖啡醇度、酸度存在差异。从咖啡豆品种来看，“咖啡三大原生种”分别是占全球产量70%的阿拉比卡种、占全球产量25%的罗布斯塔种及仅占产量5%的利比里亚种。

中游：咖啡加工分为初加工和深加工。初加工是指将咖啡鲜果加工成商品豆的过程，分为较为简易的干法加工及用于较高质量咖啡豆的湿法加工。咖啡的深加工包括炒磨咖啡加工、速溶咖啡加工和调味咖啡加工，从而形成各类咖啡产品。

下游：从产品端看，咖啡可以分为速溶咖啡、即饮咖啡和现磨咖啡。其中，速溶咖啡根据生产技术又可分为喷雾干燥咖啡、凝聚增香咖啡、冻干咖啡；现磨咖啡根据销售方式可以分为咖啡店咖啡、自助咖啡机和外卖咖啡，根据冲泡原料可以分为咖啡豆咖啡、胶囊咖啡、挂耳咖啡。按销售渠道来看，咖啡又可以分为商超便利店咖啡、咖啡店咖啡、外卖咖啡、自助咖啡机及电商咖啡。

一、咖啡产业三次浪潮迭起，供给推动产业变革

咖啡的种植最早起源于非洲的埃塞俄比亚，13世纪被阿拉伯人带出非洲，培育出“阿拉伯咖啡”，16~18世纪又先后传入中东地区、欧洲和美洲。目前，咖啡是仅次于茶的第二大饮料，全球有80多个国家和地区种植咖啡，约有1/3的人饮用咖啡。

（一）咖啡产业由注重产品功能到强调社交属性，再到注重品质

在过去的近200年里，西方咖啡产业发展经历了三次浪潮。

第一次浪潮发生在1938—1970年，以雀巢为代表的速溶咖啡兴起。1938年，雀巢推出速溶咖啡，使咖啡从农产品转变为标准化商品。这一阶段的咖啡主要注重其提神醒脑的功效，对口味要求不高。雀巢成为这一时期咖啡市场的绝对领导者，到1974年雀巢在全球咖啡市场占有率达30%。

第二次浪潮出现在1971—2000年，以星巴克为代表的品牌连锁咖啡厅扩张。这一阶段喝咖啡成为享受咖啡和进行社交的综合体验，消费者对咖啡的需求不仅是单一的提神功效，更是注重其社交属性。从产品来看，咖啡厅主要是以工业化流水线的方式售卖手工咖啡。

第三次浪潮从2003年延续至今，精品化咖啡不断发展。人们更加讲究咖啡的产地、品种、采摘月份、海拔与处理方式，烘焙更加注重表现咖啡豆的原始风味，手冲也成为主流。咖啡品质成为消费者对咖啡选择的核心要素。

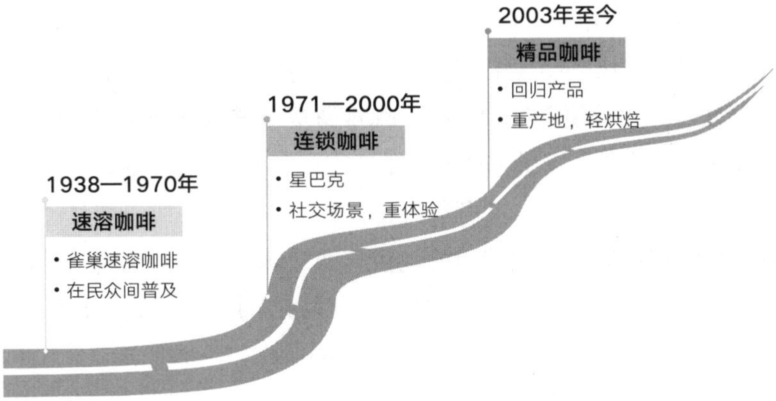

图1　全球咖啡产业三次浪潮

我国咖啡产业的发展也大致分为三个阶段。1884年台湾率先引种，其后云南、海南、广西、广东、福建、四川等地也先后引种。

1989—1997年，速溶咖啡兴起。1989年，雀巢在中国推出第一款速溶咖啡，意味着我国进入速溶咖啡时代。速溶咖啡便于流通，消费方便，人们的咖啡消费习惯由此培

养，因此该阶段以供给推动为主要发展动力。

1997—2015年，咖啡厅得到发展。台系、欧美系、韩系咖啡店品牌陆续进入我国大陆，人们更多地接触到现磨咖啡。随着改革开放的不断深化，人们的收入水平不断提高，开始强调咖啡饮用的社交属性。

2015年至今，互联网咖啡品牌兴起。随着互联网技术的飞速发展，以及人们生活水平的进一步提高、生活工作节奏的加快，消费者不仅注重咖啡品质，也强调便利性，自助咖啡机和外卖咖啡模式迅速发展，满足人们对便利性、低价格的需求。

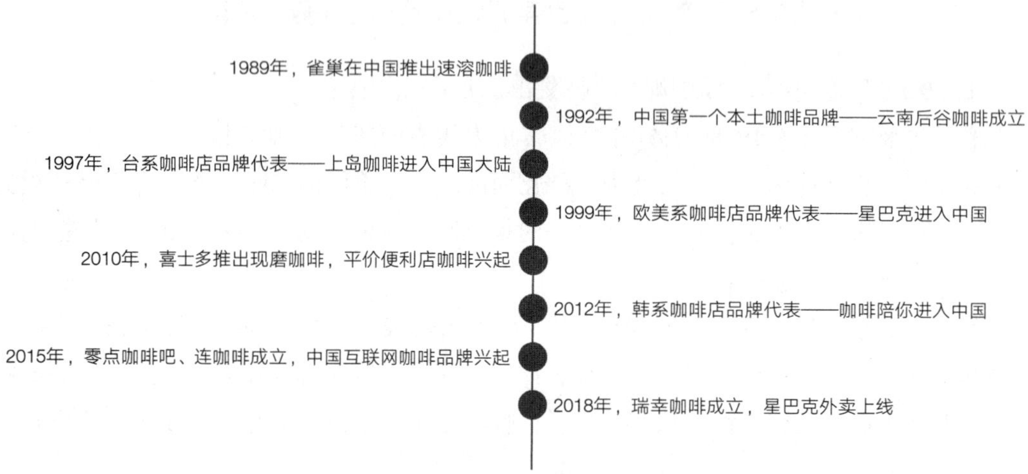

图2　中国咖啡产业发展大事记

（二）供给推动消费习惯培养，技术助力产业发展进程

新形态咖啡产品的推出，不断推动消费者习惯演变。中国人有历史悠久的饮茶习惯，1989年雀巢在中国市场推出速溶咖啡，为中国消费者提供了新的饮品选择。由于咖啡口感醇香，而且速溶咖啡便于携带，国人咖啡消费习惯逐渐被培养起来。后来外国咖啡店品牌陆续进驻，为消费者提供了休闲娱乐的“第三空间”，咖啡的社交属性使咖啡在我国进一步普及。如今外卖咖啡、便利店咖啡兴起，为白领提供了兼具品质和便利性的咖啡，进而提升咖啡在我国饮品消费中的地位。即饮咖啡新品的出现，挤占现磨咖啡市场。根据市场调研机构英敏特的数据，2017年全球19%的咖啡新品都是即饮型冰咖啡，中国未来五年即饮咖啡的年均增速约为20%，挤占更多现磨咖啡市场。由此可见，咖啡产业是由供给推动需求的产生与消费习惯的形成，进而带动产业发展。

技术改变产品形态，推动产业革命性发展。萃取工艺和干燥工艺的发展可以将咖啡萃取液中的水分蒸发而获得干燥的咖啡提取物，这使咖啡能够以速溶咖啡粉的形式进行流通，不需要直接用咖啡豆进行繁复的冲泡，改变了产品形态，易于存储、运输，且饮用方式方便快捷，促进了咖啡消费习惯的形成。咖啡制作工艺的进一步发展，不断丰富咖啡种类，满足消费者个性化、多样化的需求。例如，冷萃咖啡、氮气咖啡的发明与推广，吸引更多消费者接触咖啡、消费咖啡。互联网兴起创造了新的运营模式。互联网技术的发展使外卖咖啡以互联网为依托，发展“线上下单+线下门店自提或外卖”的模式，提升服务半径；自助咖啡机则以低成本和高时效获得大量普通消费者青睐。在资本支持下，我国互联网咖啡发展势头迅猛。

图3 新产品供给推动产业发展

二、咖啡产业链价值集中于下游

咖啡产业链主要分为上游咖啡种植、中游咖啡加工和下游咖啡流通三个环节。

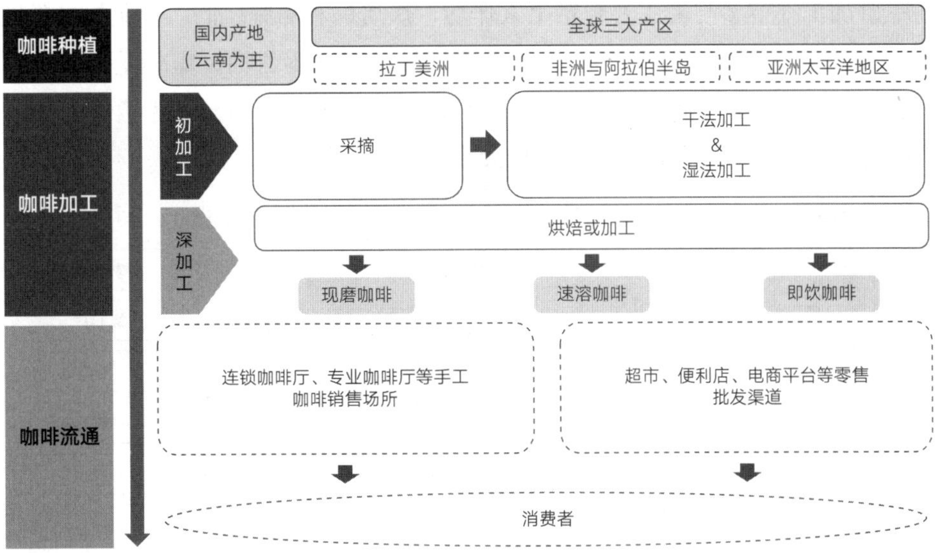

图4 咖啡产业链

（一）咖啡产销分布不对称，下游流通环节利润高

在全球范围来看，咖啡产销分布不对称。咖啡的种植和原料销售主要集中在发展中国家，世界三大咖啡产区分别位于非洲（埃塞俄比亚、科特迪瓦、也门）、亚洲（越南、印度、印度尼西亚）和中南美洲（墨西哥、牙买加、巴西、哥伦比亚）。目前巴西和越南是全球最大的咖啡出口国，我国98%以上的咖啡种植和初加工生豆集中于云南省；精深加工和终端销售主要集中在欧、美、日等发达地区，利润相对丰厚。

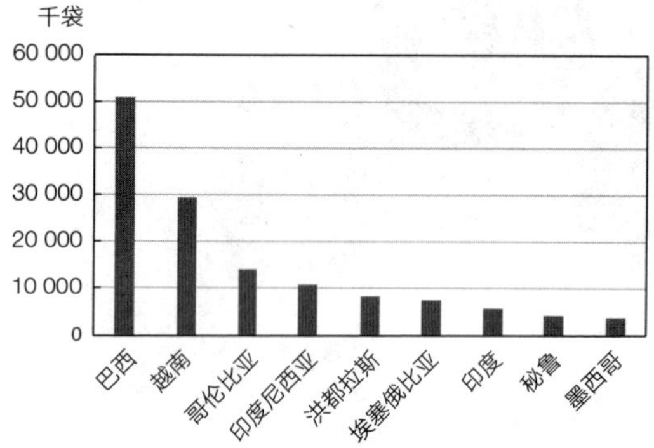

图5　全球主要咖啡出口国咖啡产量（2017年）

（资料来源：Wind，国际咖啡组织）

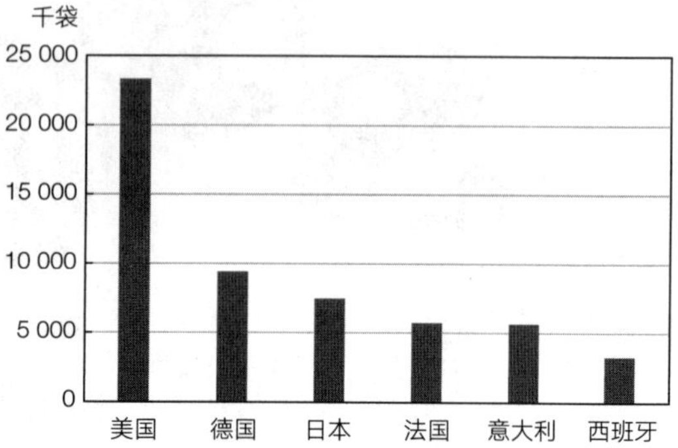

图6　全球主要咖啡进口国咖啡消费量（2013年）

（资料来源：Wind，国际咖啡组织）

下游流通环节利润高。上游种植环节参与者主要包括中小咖农、种植基地及国外高品质庄园，集中度不高，产业链中的价值贡献只约占1%，中小咖农议价能力低，利润空间低。中游加工环节参与者主要包括个人作坊、烘焙厂和品牌厂商，行业相对分散，价值贡献约占6%。而下游流通环节参与者主要有批发商和零售商，需求量大，集中度较高，价值贡献约为93%，是最主要的利润产生环节。因此，下游流通渠道的扩张是咖啡产业发展的主要推动力，且近年来创业机会多出现在该环节。

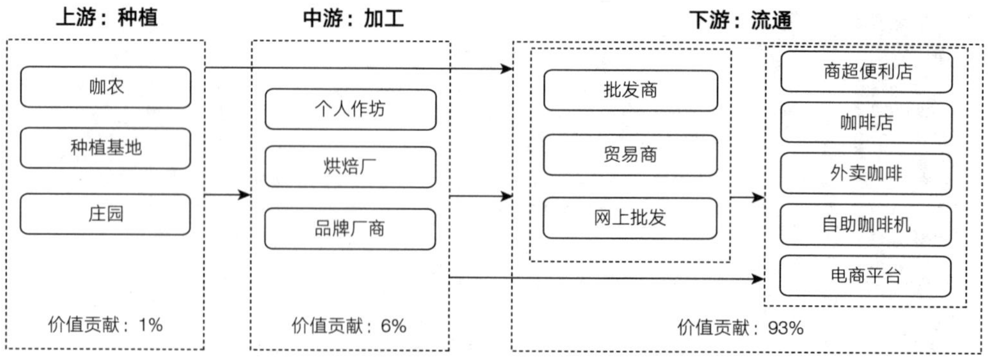

图7　咖啡产业链及价值贡献示意图

（资料来源：鲸准研究院．2018咖啡行业研究报告［R］，2018）

我国上游咖啡豆种植发展势头良好，中下游开始崛起。我国咖啡豆种植主要集中在云南，据智研咨询发布的《2017—2022中国咖啡市场分析预测及未来前景预测报告》显示，云南小粒种咖啡在世界市场较受欢迎，其中普洱市咖啡超半数出口西欧、美国、日本等发达国家和地区。除云南外，海南和福建也是我国咖啡主要种植区域。而国内的咖啡销售之前一直依赖于雀巢、星巴克等跨国企业，缺少独立稳定的销售网络。随着瑞幸咖啡等国内品牌的崛起，我国本土咖啡企业的知名度不断提高，有望在高额利润的下游流通环节分一杯羹。

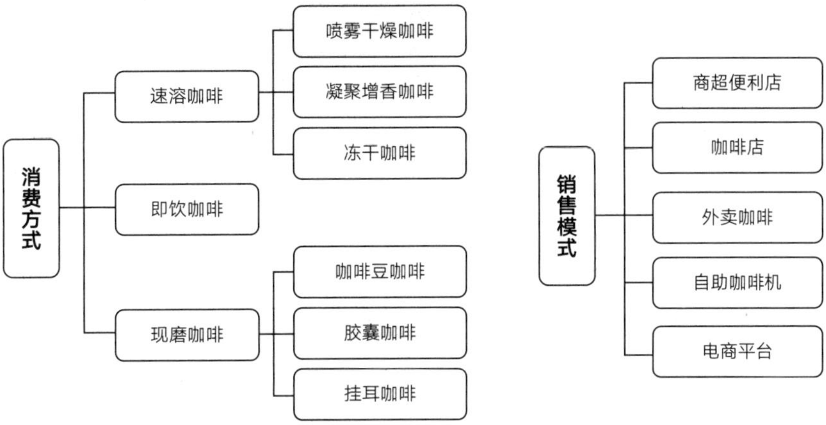

图8 咖啡产业链下游划分

（二）我国下游各细分行业集中度均较高

速溶咖啡市场集中度较高，雀巢稳居第一。2018年我国速溶咖啡市场规模约700亿元，淘数据显示，雀巢咖啡以28.5%的市场占有率位居第一，远高于第二名的5.7%，行业CR8为53.7%，集中度较高。

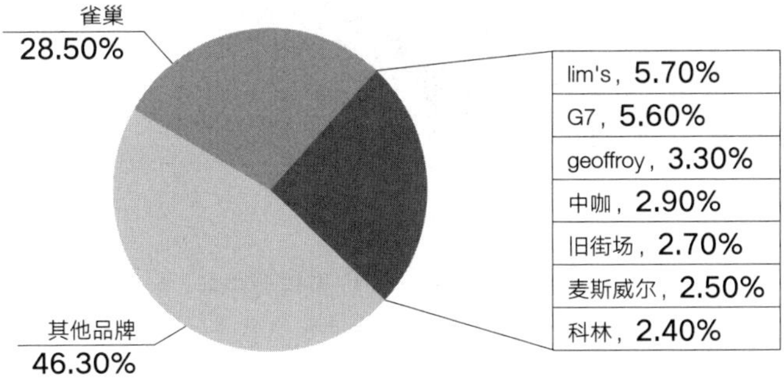

图9 速溶咖啡市场份额占比

（资料来源：淘数据）

即饮咖啡市场中雀巢有一家独大之势。根据欧睿的数据，2018年即饮咖啡市场中，雀巢以68.3%的市场占有率稳居第一，市场份额约为第二名北京汇源的14倍，有一家独大之势。行业CR8为88.5%，比速溶咖啡市场集中度更高。

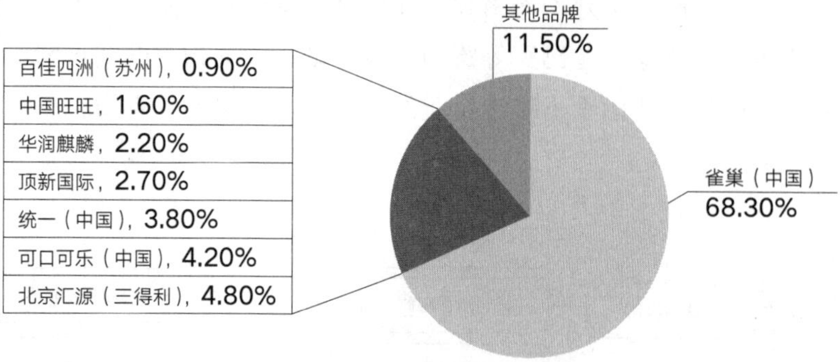

图10 即饮咖啡市场份额占比

（资料来源：欧睿数据）

咖啡馆咖啡市场集中度较高，星巴克收入稳居第一。在现磨咖啡市场中，主要的销售渠道是咖啡馆和自助咖啡机，以瑞幸为代表的外卖咖啡实质上也属于咖啡馆类，因此，我们以咖啡馆市场的数据来反观现磨咖啡市场情况。截至2018年底，中国共有14.4万家咖啡店，其中星巴克、瑞幸、麦咖啡分别以3 684家、2 000家、900家占据前三，而到2019年末，星巴克和瑞幸的门店数量已经分别达到4 292家和4 507家。从营业收入来看，2018年我国的咖啡店市场规模约为271亿元，其中星巴克市场占有率近60%，位居第一，第二名麦咖啡只有6.4%的市场占有率，差距较大。整体行业集中度高，CR5市场占有率近75%。

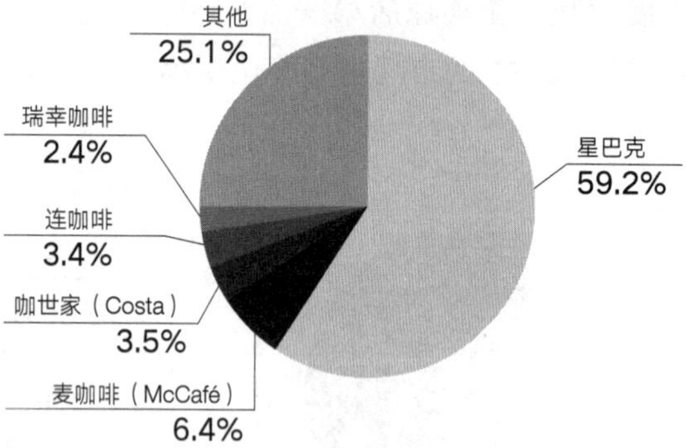

图11 咖啡店咖啡市场份额占比

（资料来源：中国产业信息网）

自助咖啡机市场尚在起步阶段，竞争不太激烈。自助咖啡机是最近几年兴起的现磨咖啡销售渠道，优势在于对空间要求不高，位置摆放灵活，多位于写字楼、学校、商场等公共场所，主要满足客户对咖啡的功能性和便利性需求，盈利的关键在于位置选择。国内自助咖啡机市场仍处于发展的早期阶段，竞争不太激烈。

三、雀巢与星巴克为咖啡零售与连锁门店绝对龙头

（一）雀巢：咖啡零售引领者，客户积累与品质保证奠定龙头地位

雀巢成立于1867年，在全球设有400多家工厂，拥有2 000多个全球性或地区性品牌，业务遍布近200个国家和地区。中国是雀巢继美国之后的第二大市场。2017年公司营业收入超过中国三大互联网巨头——阿里巴巴、腾讯、百度收入之和，2018年营业收入同比增长6.48%，达到70.04亿瑞郎（约合人民币474亿元）。欧睿数据显示，雀巢在全球的咖啡市场占有率超过22%，是世界上最大的咖啡企业。

多年客户积累与品质保证奠定了雀巢行业引领者地位。雀巢发展的首要优势即为先发优势。作为一家在1938年就推出速溶咖啡的企业，雀巢已有80多年的历史，拥有较为丰富的咖啡专业知识与技能。其次是客户优势。多年的品牌积累使雀巢拥有大量忠实的消费者。最后是咖啡品质保证。雀巢为了确保咖啡豆的供应量和品质，大多直接向咖农采购，既保证了咖啡豆的充足供应，又降低了采购费用。

雀巢如今在速溶咖啡市场和即饮咖啡市场中的市场份额都稳居第一，但其主要客户群体是白领，随着生活水平的提高，这一客户群体对咖啡品质的要求逐渐增加，逐渐流入现磨咖啡市场。即使在速溶咖啡市场领域，雀巢的市场占有率已由2014年的76%下降到2018年的28.5%，新进入者的崛起抢夺了雀巢的市场份额。

（二）星巴克：连锁咖啡厅领导者

星巴克成立于1971年，是美国一家连锁咖啡公司。旗下有30多款由顶级咖啡豆手工制作的浓缩咖啡、各式糕点甜品及多种咖啡机、咖啡杯产品。自1998年进入中国到2019年底，星巴克已在包括香港、台湾和澳门在内的大中华区168个城市开设了4 294家门店，拥有超过830万名付费会员。星巴克的优势主要在于：

（1）专业优势，起家较早，拥有较为丰富的咖啡专业知识与技能，拥有优质的咖啡种植基地和烘焙厂。

（2）品牌优势，通过独特的营销策略、门店体验、产品更新换代，形成强大的品牌优势。据英国品牌金融咨询公司（Brand Finance）发布的“2018全球最有价值25个餐厅品牌”排行榜，星巴克名列第一。

（3）位置优势，在我国各大城市的商场、办公楼、高档住宅区等位置占据了有利的销售地点，客流量大，带来大量稳定的客户群体。

表1 各咖啡店品牌在我国的布局（截至2018年底）

品牌	门店数量/家	覆盖城市数/个	门店面积/平方米	门店管理模式
星巴克	3 684	150+	150~350	直营
瑞幸咖啡	2 000	22	40~150	
麦咖啡	900	—	150~300	
上岛咖啡	1 300+	100+	300~500	加盟为主
Costa	459	20+	80~400	
太平洋咖啡	513	15+	80~150	
咖啡之翼	300	130+	80~150	

资料来源：根据上市公司公告、公开信息整理。

四、产品创新推动咖啡普及，新茶饮带动咖啡及连锁饮品蓬勃发展

（一）我国咖啡消费市场增速较快、空间尚大

我国咖啡消费市场仍然存在很大空间。我国人均咖啡消费量与发达国家相比依然处于较低水平。2018年我国咖啡人均消费量仅为德国的0.71%，美国的1.6%。全球咖啡市场规模超过12万亿元，而我国2018年只有约700亿元，与人口比例差距较大。有国际机构研究表明，人均收入增长会促进咖啡消费，国民收入每上升5%，咖啡日常消费会增加2%~3%，随着国民收入的增加与消费者咖啡消费习惯的逐渐培养，我国咖啡的潜在市场空间巨大。

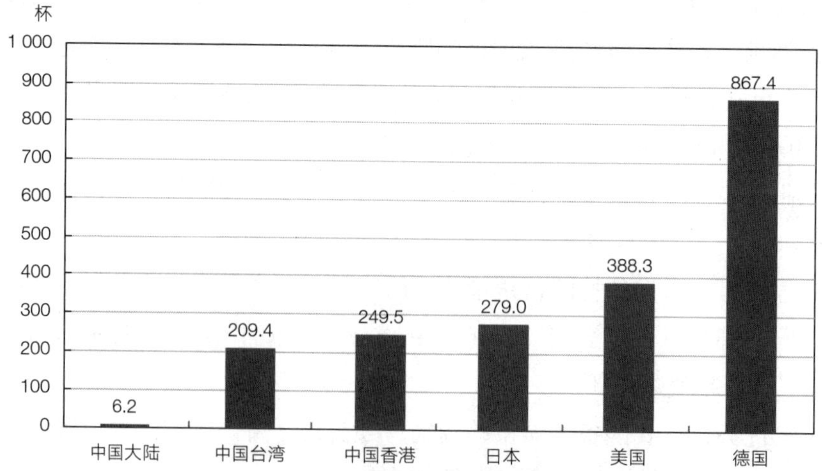

图12 2018年人均咖啡消费量

（资料来源：瑞幸咖啡招股书、弗若斯特沙利文报告）

我国咖啡消费增速远高于世界平均水平。随着人们生活水平的提升及对咖啡文化认知的不断深入，我国咖啡消费呈逐年上升趋势。根据伦敦国际咖啡组织数据，我国咖啡消费年均增速达15%，远高于世界2%的增速。预计中国咖啡消费市场在2025年有望达到4 000亿元的规模。

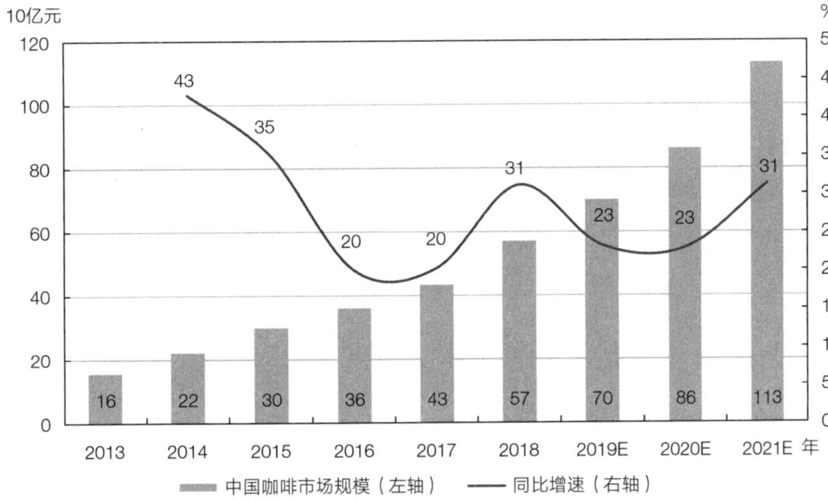

图13　中国咖啡市场规模及增速

（资料来源：瑞幸咖啡招股书、弗若斯特沙利文报告）

参考日本的咖啡消费发展，30年后我国咖啡市场规模有望超5.7万亿元。与中国同样都是茶文化国家，日本的咖啡消费量从20世纪60年代的25万袋增长至现在的700万袋。由此，我国未来咖啡消费习惯的培养可以预期。日本于1956年正式进口速溶咖啡，咖啡产业从0到1发展，至2018年，日本人均咖啡消费量达到约280杯。假设我国咖啡消费习惯的培养速度与日本相同，雀巢1989年在我国推出速溶咖啡，到2050年我国人均咖啡消费量可以达到280杯。若咖啡均价按15元/杯计算，人口总量按第六次全国人口普查数据13.7亿人计算，2050年我国咖啡市场规模将超过5.7万亿元。

（二）新茶饮发展推动咖啡渗透率提升，大饮品行业蓬勃发展

新茶饮发展拓展大饮品市场，同时有望带动咖啡渗透率的提升。通常咖啡和新式茶饮会被当作相互替代品，产生此消彼长的效应，但我们认为，我国新式茶饮市场的快速发展短期内不会影响咖啡市场，相反，还会在一定程度上带动咖啡消费的渗透率提升。

目前来看，消费者对于咖啡的需求主要分为三种：

第一种是成瘾性需求。这类消费者对咖啡的消费频率较高，每日对咖啡有刚性需求，这部分消费者不会因为新茶饮的发展而受到影响。

第二种是商务社交需求。这部分需求主要受到门店环境、开店密度和门店选址的影

响。由于新茶饮的社交属性偏休闲，对于商务社交需求的咖啡消费基本不会被新式茶饮所替代。

第三种是对于饮品的可选消费需求。这部分消费与新茶饮或存在一定的替代关系，但考虑到包括咖啡消费在内的整个饮品行业都具有供给推动属性，更多的产品供给将带动整个市场规模的扩大；同时我国咖啡产品消费渗透率很低，2018年我国人均茶饮消费杯数30~50杯/年，对比咖啡的6.2杯/年，可以看到，咖啡的覆盖人群和消费频率都在一个很低的水平。因此我们认为在中短期内，新式茶饮的发展对咖啡消费的替代作用较低。与此同时，很多新式茶饮，如喜茶、奈雪的茶都纷纷推出咖啡类产品，茶饮消费的快速发展也将带动一批非咖啡消费者进入咖啡消费领域，提高我国咖啡消费的渗透率。

随着星巴克等咖啡店推出更多与茶和果汁相关的咖啡饮品，以及新茶饮试水咖啡类饮料，咖啡与新式茶饮的界限日渐模糊，未来将形成融合趋势，从而带来连锁饮品行业的蓬勃发展。

（三）即饮咖啡：咖啡零售市场的下一个机遇

速溶咖啡市场的品牌壁垒高、市场增速放缓，即饮咖啡成为新晋咖啡产品聚集领域。我国2018年速溶咖啡、现磨咖啡、即饮咖啡的消费分别占咖啡消费总量的72%、18%、10%。虽然即饮咖啡目前在份额上落后，但随着咖啡消费多元化、产品差异化，即饮咖啡有机会获得更大的市场份额。一方面，速溶咖啡市场增长速度放缓，未来增长空间较小，随着消费者付费能力提升，对于咖啡口味越来越重视。另一方面，即饮咖啡发展时间较短，较速溶咖啡更便于携带，较咖啡厅资产更轻、运营成本更低，加之咖啡在书店、电影院、商店等场景的融入，即饮咖啡市场将迎来快速增长。因此，各大商家纷纷将目光锁定在了未来市场空间更大的即饮咖啡市场。欧睿国际预测，全球瓶装即饮咖啡将在2022年实现31亿美元增长，复合年增长率为7.5%。而我国总体咖啡市场发展处于高速增长阶段，增速远高于全球水平，因此我们预计即饮咖啡在我国的市场规模增长仍将高于全球水平。

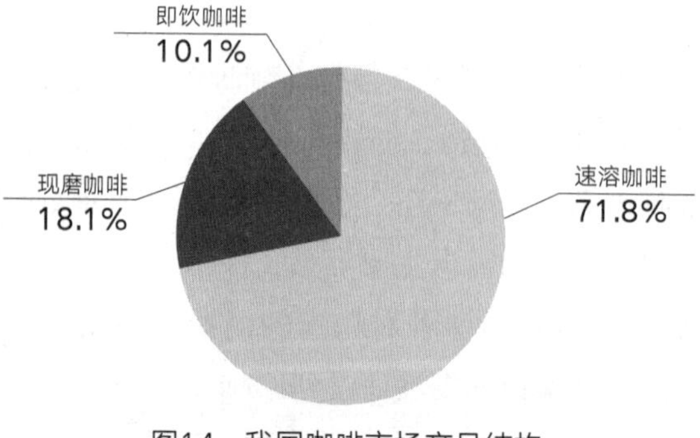

图14　我国咖啡市场产品结构

（资料来源：英敏特）

2018年8月，两大咖啡市场并购案接连落地：雀巢以71.5亿美元收购星巴克零售咖啡业务和饮料业务，获得永久性的全球营销权，3天后，可口可乐以51亿美元收购全球第二大咖啡连锁品牌咖世家（Costa），并陆续推出相关即饮咖啡系列产品。从碳酸饮料巨头的跨界发展，以及咖啡零售与连锁咖啡店两大龙头的强强联合，可以看出业内巨头对即饮咖啡市场的关注与势在必得。

与此同时，国内各大饮料企业也纷纷推出咖啡子品牌，包括统一雅哈、农夫山泉炭仌、味全贝纳颂、伊利圣瑞斯等。这些饮料企业依靠自身原有的乳制品饮料、茶饮料等生产线，以及深度下沉的渠道优势，快速进行产品横向扩张布局。

（四）连锁咖啡店外带市场：快生活+定制化+互联网背景下的趋势

现磨咖啡在总体咖啡消费的份额未来有很大提升空间。全球咖啡消费中87%是现磨咖啡，远高于速溶咖啡和即饮咖啡，而我国现磨咖啡消费只占咖啡消费总量的18%，有巨大增长空间。

随着生活节奏的不断加快，便利性成为消费者的重要诉求。便利店外带咖啡兼具便利性和高性价比，正成为咖啡行业快速发展的一个细分市场。全家、罗森、7-11等便利店在2011—2013年陆续推出自有咖啡品牌，中石化也在2019年推出“易捷咖啡”。未来便利店咖啡将在咖啡外带市场中占有一席之地，但便利店咖啡以便捷为主要因素，产品差异性小，难以形成品牌效应，因此便利店咖啡品牌将呈现多家势均力敌的格局。

“互联网+”趋势下，连锁咖啡线上线下融合发展。现磨咖啡相比于速溶咖啡和即饮咖啡，有着更好的口感和消费体验，因此门店的触达能力十分重要。星巴克等厂商近年来加速扩张，同时2018年9月星巴克与饿了么合作推出咖啡外送“星专送”，2019年5月星巴克中国推出了“在线点，到店取”服务——“啡快”，迎合现在快节奏生活，以及更多办公消费场景的趋势。同时“星专送”与“啡快”可以满足客户定制化需求，与线下点单基本没有差异。

互联网咖啡模式并非局限于咖啡消费，包括新式茶饮在内的连锁饮品市场都开始走上互联网营销模式，通过线上点单、线下取货的方式，将饮品市场的线下零售与互联网深度融合，利用社交平台不断拓展用户规模，实现扩散式增长。但这种模式需要大量网点铺设，资产较重，对企业资金压力较大。同时，客户留存与实现盈利也是互联网饮品行业正在面临的最大难题。

留学服务产业：

面向世界，延伸未来

张凯琳　东兴证券社会服务行业首席分析师
王　紫　东兴证券社会服务行业分析师

产业描述：

留学是指个人去往母国以外的国家或地区接受各类教育，时间可以为短期或长期。留学服务产业是为出国留学人群提供留学相关服务的产业，覆盖学生出国留学的前、中、后各个阶段的各种需求。

留学前服务：主要包括国际学校、游学等行业，为学生留学阶段前提供相关的学习与服务，留学前服务的主要目标客户群体为未来计划出国留学或考虑出国留学的学生。

留学中服务：主要分为留学培训和留学申请中介，主要目标客户群体为进入留学准备阶段的学生。留学培训旨在提供语言类考试培训、升学专业考试培训等，典型的有托福、雅思等考试的培训。留学申请中介为出国留学人群提供留学咨询、背景提升、文书写作、院校申请等一系列服务。

留学后服务：提供学生出国留学后的境外服务、移民咨询、海外求职或回国后就业等方面的服务，典型服务有寄宿家庭咨询、实习辅导、就业辅导、移民办理等。

一、政策与需求推动留学服务产业进化

（一）政策改变竞争格局，推动产业发展

我国留学服务产业自改革开放以来，随着政策和制度逐渐放开，不断发展壮大。我们将留学行业分为五个阶段，每个阶段留学服务产业呈现不同的特点。

起步阶段（1978—1982年）。此阶段留学人员以公派为主，对自费留学有一定限制。

调整阶段（1983—1991年）。1981年，国务院等七部门联合印发《关于自费出国留学的暂行规定》；1982年，中共中央印发《关于自费出国留学若干问题的决定》。自此，自费留学开始走上历史舞台。

规范阶段（1992—1999年）。1992年，国务院办公厅印发《关于在外留学人员有关问题的通知》，全面阐述了国家对留学人员的一系列具体政策，支持留学、鼓励回国、来去自由，留学服务产业开始制度化和规范化。

繁荣发展阶段（2000—2016年）。1999年，教育部、公安部、国家工商行政管理总局印发《自费出国留学中介服务管理规定》和《自费出国留学中介服务管理规定实施细则》。1999年8月24日，教育部发布了自费留学中介的指导性文件，将留学划分为特许行业，留学服务产业得到进一步规范，为行业健康发展奠定了基础。2000年1月，教育部印发首批"自费出国留学中介服务机构资格认定书"。同时，留美政策一再放宽，留学服务产业步入繁荣发展阶段。

产业链延伸融合阶段（2017年至今）。2017年1月，国务院取消留学中介资格认定审批，推动了留学市场更加竞争开放，留学中介失去了牌照"护城河"，中介行业门槛大幅降低，国际学校、语言培训机构纷纷拓展中介业务，国际学校可以截流低龄学生，而语言培训机构也可以从产业链上游截流，留学服务产业进入百家争鸣的时代。

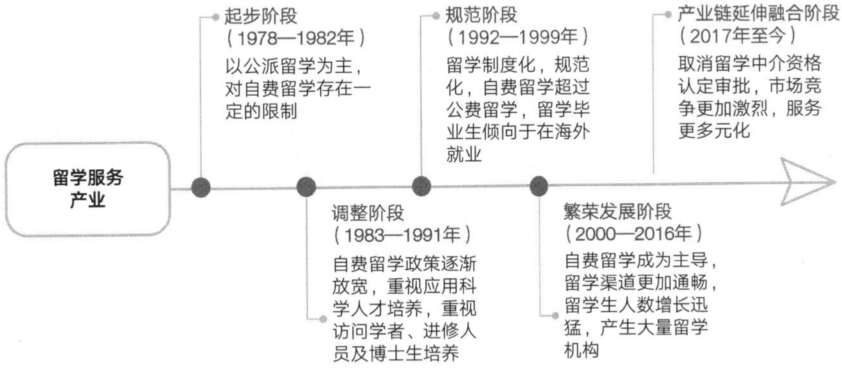

图1　留学服务产业发展阶段

步入繁荣发展阶段后，受政策、经济、国际局势影响，留学服务产业发展波浪式前进。

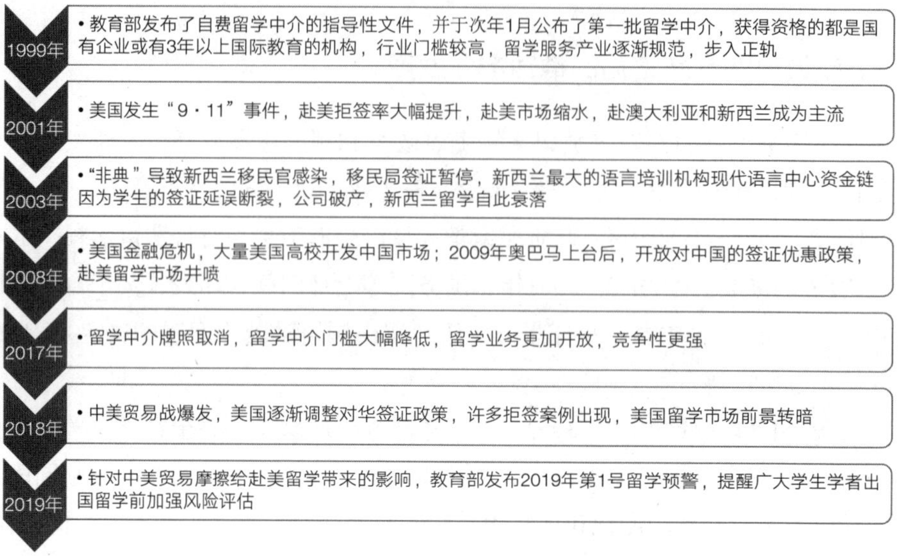
1999年
•教育部发布了自费留学中介的指导性文件，并于次年1月公布了第一批留学中介，获得资格的都是国有企业或有3年以上国际教育的机构，行业门槛较高，留学服务产业逐渐规范，步入正轨
2001年
•美国发生“9·11”事件，赴美拒签率大幅提升，赴美市场缩水，赴澳大利亚和新西兰成为主流
2003年
•“非典”导致新西兰移民官感染，移民局签证暂停，新西兰最大的语言培训机构现代语言中心资金链因为学生的签证延误断裂，公司破产，新西兰留学自此衰落
2008年
•美国金融危机，大量美国高校开发中国市场；2009年奥巴马上台后，开放对中国的签证优惠政策，赴美留学市场井喷
2017年
•留学中介牌照取消，留学中介门槛大幅降低，留学业务更加开放，竞争性更强
2018年
•中美贸易战爆发，美国逐渐调整对华签证政策，许多拒签案例出现，美国留学市场前景转暗
2019年
•针对中美贸易摩擦给赴美留学带来的影响，教育部发布2019年第1号留学预警，提醒广大学生学者出国留学前加强风险评估

图2　近二十年留学服务产业重要事件

（二）消费能力提升与国际化人才需求催化留学发展

居民可支配收入增加带动出国需求。随着中国经济持续发展，中国居民可支配收入不断增多，中等收入群体人口数量持续扩大。根据国家统计局数据，2019年全国居民人均可支配收入30 733元，实际同比增长5.8%。其中，人均教育文化娱乐消费支出2 513元，增长12.9%，占人均消费支出的比重为11.7%。其增速在所有板块中排名第一，占比也在逐年上升。中国居民可支配收入的增长激发了强劲的消费能力，奠定了教育方面消费升级的基础。

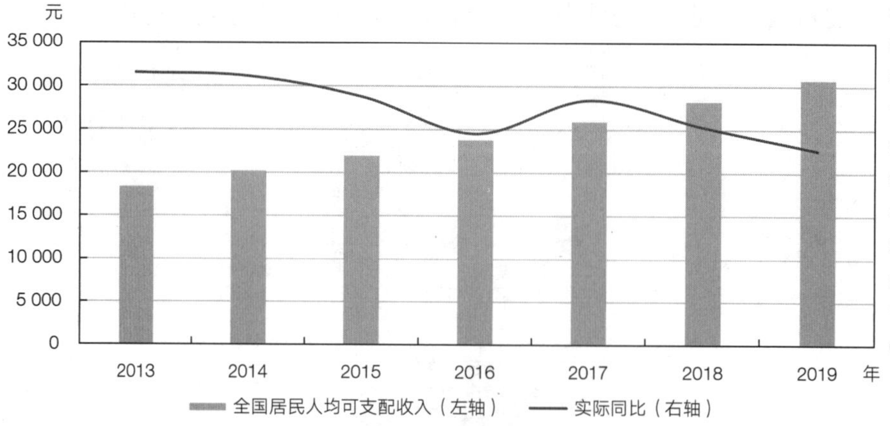

图3　全国居民人均可支配收入与实际同比

（资料来源：Wind）

新兴的中等收入群体更注重教育。中国改革开放以来新诞生的中等收入群体大多数是依靠教育的红利来完成阶级跃升的，他们更能意识到教育对下一代的重要性。根据艾瑞咨询发布的《2017年中国中产阶级家庭教育观念白皮书》，91.1%的中等收入家长并不满足于最基本的教育花销，愿意在子女的教育上有额外经济投入；60%的家长在子女教育的经济投入上表现出更大的热情。在留学方面，24.4%的家庭有将子女送到国际学校就读的想法，而28.1%的家庭有未来让子女出国留学的计划。

改革开放与全球化背景下，社会发展对人才提出新的要求，催生留学需求。我国改革开放进程的不断推进，在努力实现现代化建设与世界接轨的过程中，需要一批了解国际规则、具备国际视野、拥有国际竞争力高素质人才。国际化人才的培养则需要国际化的教育，许多有一定经济条件的家长纷纷选择送孩子去国际学校、出国留学，从而提升竞争力。另外，直到2019年我国高等教育毛入学率仅为50%，与欧美发达国家70%~90%的水平相差较大，国内大学招生不能满足众多应届高中生的继续求学需要，出国留学也成为一个很好的选择。

（三）需求带动留学服务产业链向前后端延伸

留学服务产业为出国留学人群提供留学相关的服务，覆盖学生出国留学的前、中、后各个阶段的各种需求。狭义的留学服务产业一般是指留学中提供留学培训与中介服务这一部分。广义来讲，随着需求的不断延伸，在留学前，有从小学到高中长达12年的国际学校及期间的游学服务；在留学后，也有在境外生活、工作及回国后就业的相关服务，覆盖学生出国至回国后1~2年的时间。

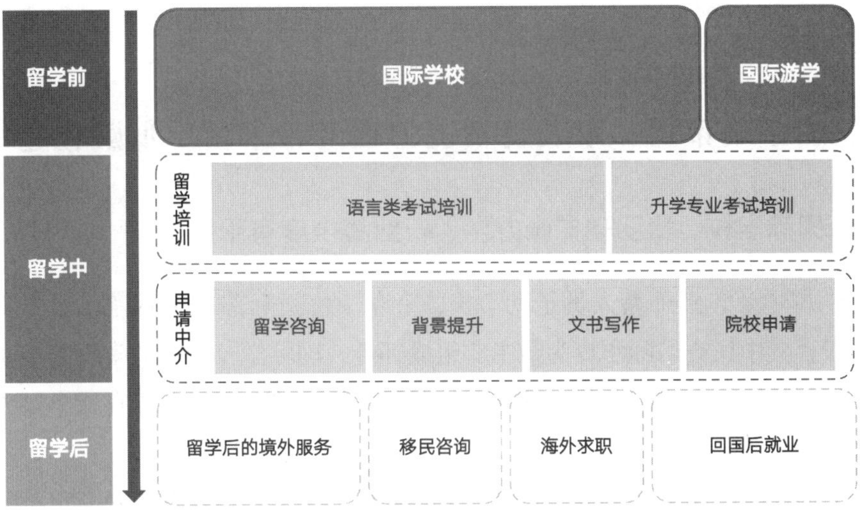

图4　留学服务产业链

留学服务产业覆盖范围从一、二线城市逐渐向三、四线城市下沉。随着一、二线城市留学市场竞争白热化，三、四线城市的出国需求逐渐凸显，留学服务产业已经开始把目光放在广大的三、四线城市上。中信银行发布的《2018出国留学蓝皮书》指出，对留学生生源地的分布而言，除北、上、广、深一线城市以外，二、三线城市已逐渐成为留学市场的重点，且留学选择已开始呈现向四线城市渗透下沉的趋势。

我国留学与回国人数增速放缓。次贷危机后美国为提振经济，不断出台利好留学生的相关政策，我国留学人数在2008—2012年持续较高速增长，平均年化增速为22%，随后2012—2018年的平均年化增速为9%，2018年出国留学人数达66万人。与此同时，由于国内经济的快速发展，各地出台吸引海外人才回国计划，以及此前较低基数的影响，留学回国人数呈现更高速增长，在2008—2012年平均年化增速为41%，2012—2018年平均年化增速为11%，2018年有近52万名留学生回国。预计未来出国留学与学成回国人数的增速均将在10%以下（含）。

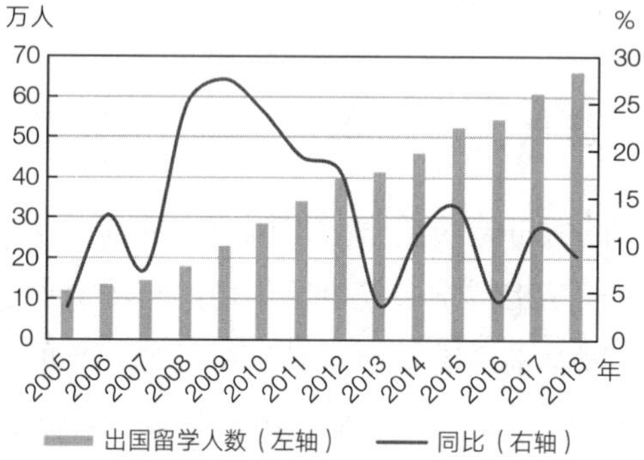

图5 出国留学人数及同比

（资料来源：Wind、国家统计局）

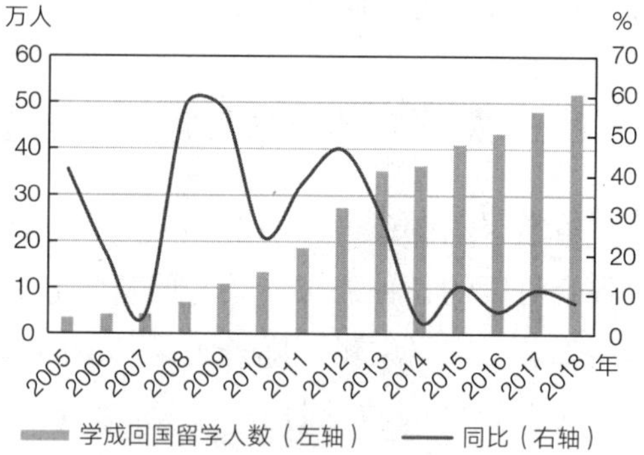

图6 学成回国留学人数及同比

（资料来源：Wind、国家统计局）

二、留学前市场：家长付费能力提升带来留学低龄化趋势

（一）国际学校：集团化扩张办学，行业集中度有望提升

国际学校主要包括外籍人员子女学校、公立学校国际部、民办国际学校及其他性质国际学校，其中民办国际学校为最主要组成部分。国际学校位于留学服务产业链的上游，充当着留学服务入口的角色，随着留学低龄化的趋势，国际学校在留学服务产业中的地位日益加重。

2013年教育部加强了高中阶段涉外办学的管理工作，停止审批公办高中新的中外合作办学项目，公办学校国际班将停止扩大招生或转为民办，促进了民办国际学校的蓬勃发展。

表1 国际学校分类

国际学校类型	描 述
公立学校国际部	包括公立学校国际部、国际班和课程中心等，仅限招收中国籍学生，少数由学校自己运营，大部分与第三方机构合作开设，如华南师大附中国际部
公立学校外籍人员子女项目	指由政府部开的专门招收外籍人员子女的学校或部门，仅限招收外籍人员子女，如上海中学国际部
国际化特色民办学校	包括民办双语学校、民办学校国际部、国际班和课程中心
外籍人员子女学校	指由省级教育主管部门审核，报国务院教育行政部门审批设立的，招生对象为在中国境内持有居留证件的外籍人员子女
其他性质国际学校	包括大学/学院等高等教育机构，进修学校/学院全日制开设的国际高中和大学预科课程，少量采用国际化课程，以及教学法的创新型学校
备注：个别学校有双重身份，既是公立学校国际部，同时也是公立外籍人员子女学校/部，如人大附中国际部	

资料来源：顶思．2019中国国际学校图谱［R］，2019。

2019年我国国际学校总量达1 168所，国际学校市场规模超过800亿元。国际学校数量仍将持续增加，集团化办学与地产公司跨界成为行业趋势。根据顶思的统计，我国国际学校数量从2011年的549所增加至2019年的1028所，平均年化增速10%。我们认为未来几年，国际学校的数量增速仍将维持在10%左右。当前国际学校的发展存在两个趋势：一是民办学校集团化办学趋势，通过全国不断新设学校而扩大规模；二是地产公司跨界教育。

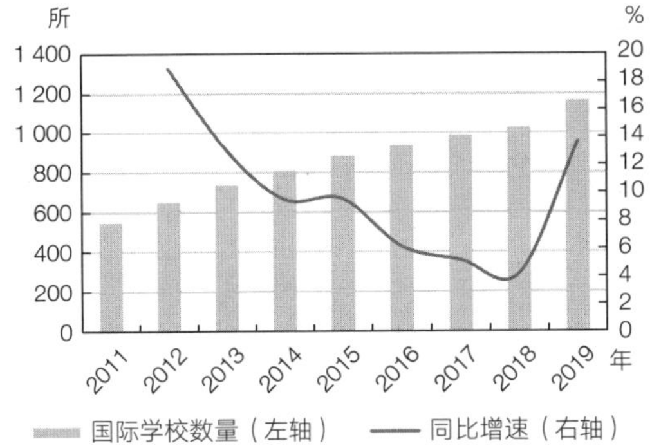

图7 国际学校数量及同比

（资料来源：顶思．2019中国国际学校图谱［R］，2019）

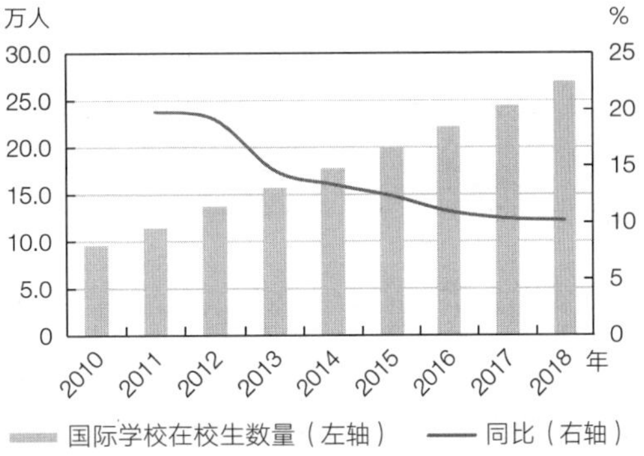

图8 国际学校在校生数量及同比

（资料来源：顶思．2019中国国际学校图谱［R］，2019）

国际学校行业市场格局相对分散。按照在校生规模计算的CR5市场份额为17.6%，其中市场占有率最高的为枫叶教育。枫叶教育经营国际教育23年，提供小学至高中阶段的优质双语教育，主要面向日渐富裕的中等收入家庭及追求海外高等教育的中国学生，目前枫叶教育拥有学校95所。2019财年，枫叶教育实现收益约15.7亿元人民币，同比增长17.1%。公司近些年通过轻资产模式迅速扩张，目前在22个城市拥有91所学校，在校生人数达3.66万人。同时公司还开拓海外市场的中英双语教学，已经拥有三所海外学校，同时收购马来西亚的皇岂国际学校，并计划在2020年9月在加拿大再开设一所学校。

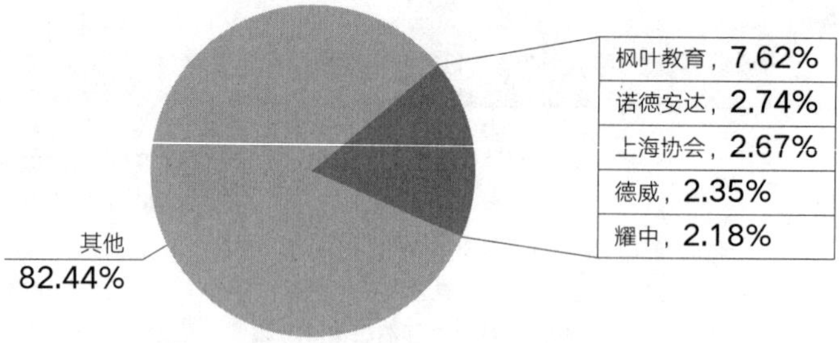

图9　国际学校按照在校生规模计市场份额

（资料来源：智研咨询．2017—2023年中国国际学校市场分析预测及投资前景预测报告［R］，2017）

凯文教育目前在北京有两所国际学校，以轻资产管理输出模式办学。同时，凯文教育以国际学校服务为基础，基于自身独特的教育资源，开展了多项面向社会公众的培训项目。子公司凯文学信作为青少年体育培训项目的运营平台，面向社会开展包括多项体育俱乐部课程和营地教育，逐步形成教育产业链的协调效应。

作为留学服务产业中资产最重的一个行业，国际学校的门槛相对较高，未来随着几大国际学校品牌的持续扩张，行业集中度也有望进一步提升。

（二）国际游学：规模尚小，高度分散

2017年参与国际游学的用户规模在86万人次，2018年参与国际游学的用户或将达到105万人次，根据新东方的预计，到2020年我国国际游学用户规模将达到170万人。

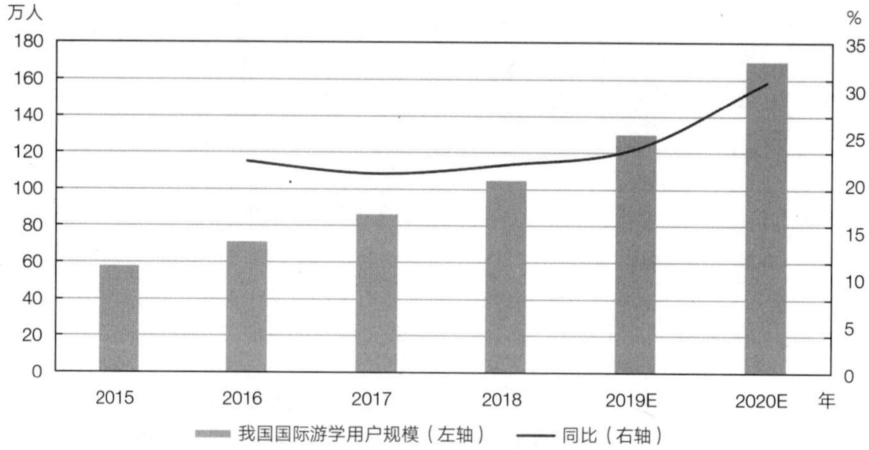

图10　我国国际游学用户规模及同比

（资料来源：新东方．2018中国国际游学行业发展报告［R］，2018）

根据人均2.55万元人民币的一般价格保守估计，2020年市场规模将超过400亿元，较2017年实现翻倍增长。

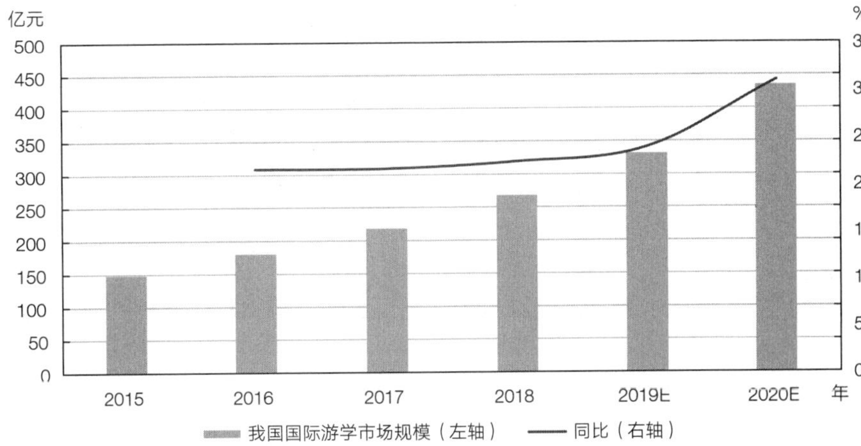

图11　我国国际游学市场规模及同比

（资料来源：新东方．2018中国国际游学行业发展报告［R］，2018）

参与者众多，行业高度分散。目前提供国际游学服务的主要包括四大类，其中国内学校自主举办的市场份额近一半；专业游学机构的市场份额约为25%，中介机构及培训机构的假期游学约占市场份额的 15%，旅行社占比不及15%。

提供游学服务的培训机构代表企业为新东方，公司国际游学业务已经开展近15年；专业游学机构代表企业为国内游学龙头世纪明德，国际游学业务约占公司营业总收入的14%，是公司的第二大业务，其学员主要来自公司国内研学的学员导流。

（三）留学低龄化趋势下，留学前市场空间可期

留学低龄化趋势凸显。近两年，中国一线城市低龄留学人群以每年20%的速度增长，家长们认为低龄留学可以为孩子未来进入海外名校提前奠定基础，是一笔长线投资。在社会经济水平持续提高和留学低龄化趋势不断发展的双重加持下，我们看好未来国际学校的长足发展。

本科留学有希望成为出国留学的发展主力，而选择高中及以下学历留学的人数也将不断增长。根据新东方的调研数据，2017年K12留学群体中就读于国际学校的约占27%，相较于2015年的占比约升高3%。在这种低龄化发展趋势下，国际学校能够填补低龄阶段国际教育的需求，并为本科出国的学生提供最佳学习途径。

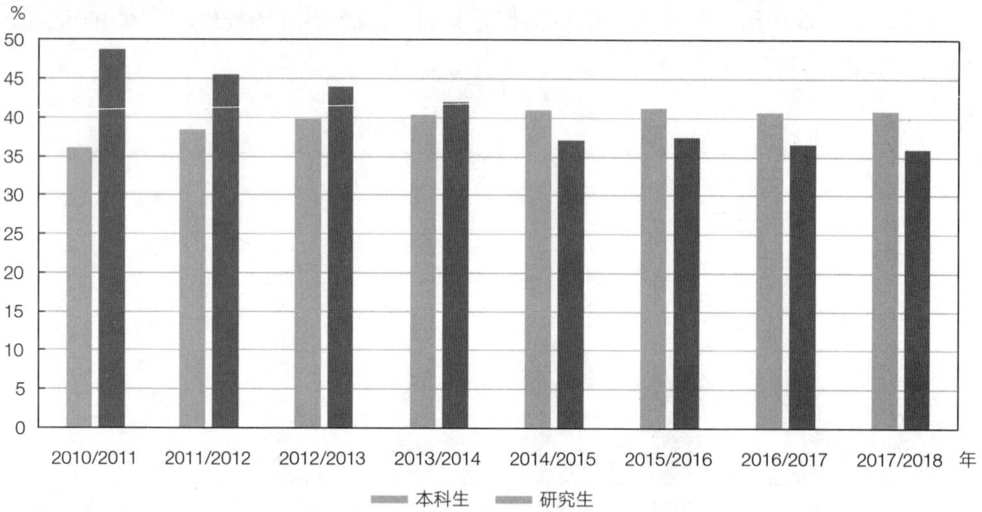

图12 中国赴美留学生中本科生与研究生占比

（资料来源：美国国际教育协会IIE．2018美国门户开放报告［R］，2018）

未来十年，我国国际游学行业将迎来市场规模快速扩张的红利期。首先，随着我国人均可支配收入的不断提高，以及行业平台化、数字化发展，成本降低带来价格下降，更多的家庭将能负担孩子出国游学的费用。其次，“80后”与“90后”陆续成为付费家长的主要群体，教育观念的转变对素质教育、国际视野更加重视，加之中国家长对孩子教育的始终高度重视，国际化教育将成为未来我国青少年成长的重要组成部分。此外，我国已经成为世界第三大留学目的地，接洽来华游学群体也将成为未来的一大发展机遇。

三、留学中市场：总体规模较小，产业链延伸寻发展

（一）留学培训：市场规模小，新东方传统业务优势强

留学培训包括语言培训和课程培训，前者主要为托福、雅思考试培训，绝大多数留学申请都需要其中一个作为语言成绩；后者包括美国学术水平测验考试（SAT）、美国研究生入学考试（GRE）、美国大学预修课程（AP）、中学高级水平考试（A-Level）等，申请不同国家、专业、学历所要求的考试内容不同。

语言考试是出国第一关，留学语言培训行业入口价值十分显著，布局留学培训将能够精准对接留学中介、留学后等服务。不过，在低龄化留学趋势影响下，国际学校开始部分承接留学入口功能。留学培训市场规模由2015年的63亿元增长到2018年的87亿元，年化增速11%，其中课程培训年化增速达15%，成为留学培训行业最主要的增长动力。

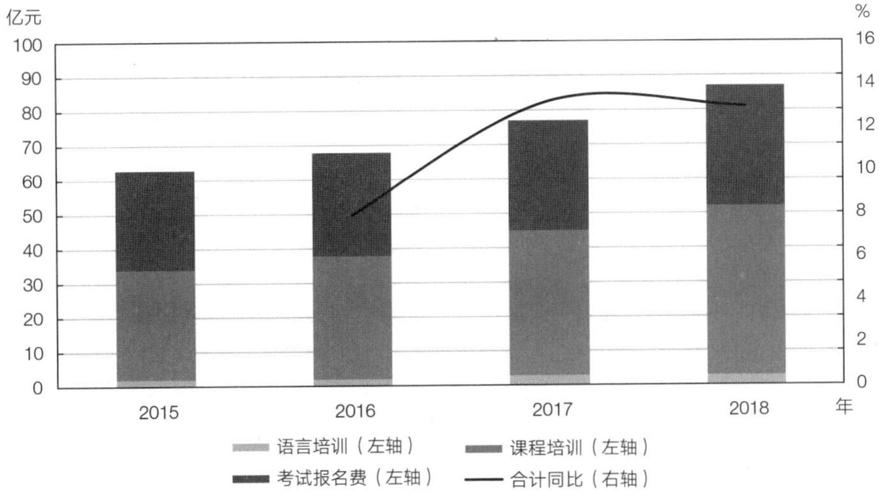

图13 留学培训市场规模及增速

（资料来源：立鼎产业研究网.我国留学中介行业产业链、细分市场及主要企业市场份额分析［R］，2019）

目前留学培训有着一超多强的格局，新东方仍然扮演着行业领头羊的角色，环球雅思、新航道、启德等机构跟随其后，几家机构基本覆盖了主要留学语言及课程培训，但定位、班型存在一定差异。

表2 主要留学培训课程价格 单元：元

学费	TOEFL基础班	IELTS基础班	TOEFL全程班	IELTS全程班	SAT-I强化班
新东方	7 280	3 360	23 800	18 800	8 980
新航道	10 500	14 500	33 800	44 800	29 800
环球雅思	22 800	7 880	70 800	39 800	26 800

资料来源：新东方官网、新航道官网、环球雅思官网。

新东方目前以语言培训为核心，拥有短期培训系统、基础教育系统、文化传播系统、科技产业系统、咨询服务系统等多个发展平台。公司上市13年，营业收入规模由2007财年的1.36亿美元增至2019财年的30.96亿美元，复合增长率达30%。新东方起步于留学培训，却又不止于此，2009年后新东方将战略重点逐步转移至K12教育市场。2018财年，K12业务收入占比已达到59%。2019财年，约有750万人参与新东方K12课外辅导课程，人数同比增长36%，占总生源数近90%。新东方依靠留学培训树立品牌形象，并逐步向K12等其他领域培训进行业务横向延伸。多业务的发展可以帮助新东方实现各业务学员的相互引流，一方面K12阶段的学生可以导流到留学培训，另一方面留学培训的学员则可以向公司的中介业务"前途出国"引流。

（二）留学中介：几家争锋，行业天花板较低

在2019年出国留学的66.21万人中，有近59.63万人是自费留学，约占90%。通常自费

留学的途径有3种，即通过留学中介申请出国，自己准备材料申请学校，通过学校交流项目，其中约70%的学生是借助中介实现出国学校申请，目前我国留学中介市场规模不到100亿元，2015—2018年平均年化增速为6%。

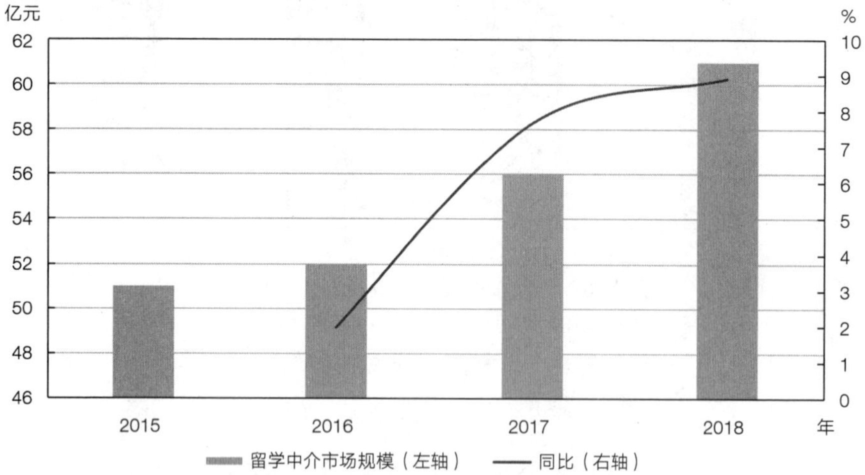

图14 留学中介市场规模及增速

（资料来源：立鼎产业研究网.我国留学中介行业产业链、细分市场及主要企业市场份额分析［R］，2019）

留学中介起初是解决在留学申请过程中的信息不对称问题，即学生不了解国外学校情况及申请材料要求等信息。但随着有越来越多的留学生拥有留学申请经验，以及互联网在信息传递上的日趋便捷，留学服务信息逐渐透明化，在大学尤其是研究生阶段选择通过中介出国的占比在缩减，但随着留学低龄化，更多的留学中介需求向中学阶段出国倾斜。

在2017年之前，留学服务产业的市场已趋于稳定阶段，后入场的公司想要抢占市场份额具有很大难度，尤其是留学中介需要获得牌照或者绕过牌照，门槛更高，而新技术的应用也很难颠覆传统留学市场，因为留学服务产业的核心是口碑与客户，技术的门槛较低，传统留学服务机构可复制性较强。2017年取消留学中介资格认定审批之后，留学中介失去了牌照“护城河”，任何机构都可以做留学，这不但引起产业上、下游开始分这块蛋糕，也涌现出大量的工作室及在某些领域有独特优势的中小公司进入市场，行业格局开始重新洗牌，企业和服务产品间的竞争愈发激烈。2019年，我国留学中介数量已经超过1 500家。

国内领先的留学中介机构包括金吉列、新东方前途出国、新通、启德教育及澳际。从2017年营业收入来看，金吉列的市场占有率最高约为11%，CR5市场占有率近40%，行业体现出高度的集中性。中介行业的特点是服务同质化高，各家留学机构中介服务项目较为相似。因此就留学中介而言，品牌认知和获客能力是竞争的关键。

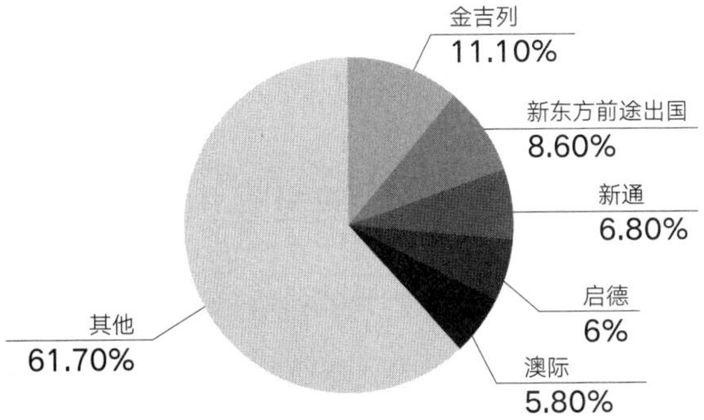

图15　留学中介市场格局

（资料来源：立鼎产业研究中心）

（三）留学目的地多元化，拓宽留学中市场空间

2016年7月教育部印发《推进共建“一带一路”教育行动》促进市场多元化发展。文件提出以国家公派留学为引领，推动更多中国学生到沿线国家/地区留学。我们预计未来留学目的地会进一步多元化，例如，一些性价比高、教育质量优异的欧洲国家会进一步进入中国家庭的视野。新东方的调查数据显示，从近几年学生对于留学目的地的偏好来看，虽然美国仍为第一大留学意向国，但总体对于北美地区的偏好呈现下降趋势，同时欧洲、亚洲等地的留学意向呈现上升趋势。

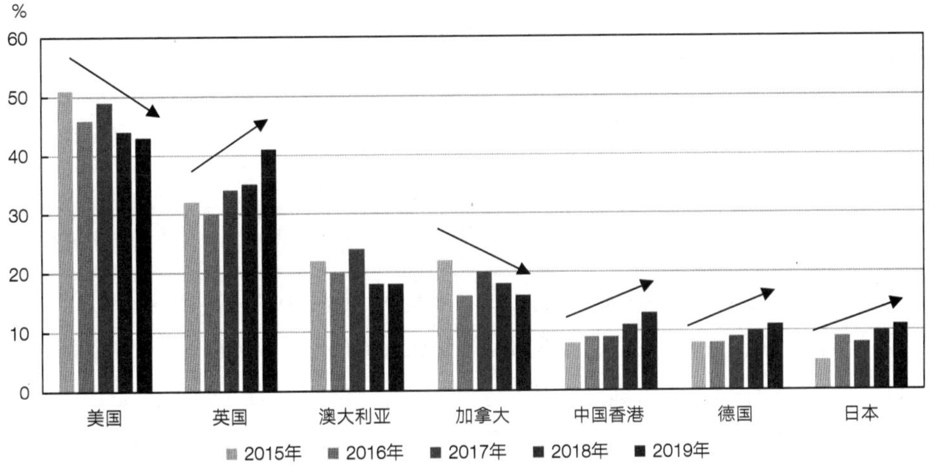

图16　学生意向留学国家/地区

（资料来源：新东方．2019中国留学白皮书［R］，2019）

留学目的地的多元化发展为留学培训与留学中介带来更大的市场空间。一方面，欧洲国家留学不同于英、美、澳、加这类英语国家，对语言提出了不同的要求，如德国的德福考试（TestDaf）、法国的法语水平考试（TEF）或法语知识测试（TCF）等。另一方面，用户对于非英语国家留学了解较少，语言障碍带来的信息获取存在一定困难，因此

对中介服务需求会高于以英语国家为留学目的地的学生。新课程与新目的地的开发能够在一定程度上为留学培训与中介机构打开市场空间。

（四）产业一体化是留学中行业的主要趋势

产业一体化将成趋势。由于留学中介与培训市场的总体规模较小，两者相加市场规模约200亿元，因此留学培训与留学中介预计未来很难单独做大规模。所以纷纷进行产业的横向与纵向延伸发展，留学中介向产业前后端延伸、拓展业务范畴，留学培训机构横向延伸业务范畴与客户群体，拓展中小学英语培训等语言培训业务，成为留学中市场内企业的主要发展趋势。

产业的纵向延伸。目前，包括启德教育、新东方等多家留学中介均在关注留学前与留学后市场，将业务向前后产业链延伸。一方面，布局留学前游学服务，打开留学用户的一个新入口，为中介或培训业务引流。另一方面，发力留学生活、移民服务等留学后产业，实现用户转化与承接。很多国外的留学中介机构实行“中介零收费、后端增值服务收费”的模式，随着中国留学市场竞争和开放水平逐渐提升，未来留学中介的角色可能会淡化。

表3　留学中介主要企业的上下游产业链延伸布局

公司	服务学龄段	覆盖城市/个	留学服务产业链布局
启德教育	中学、本科、研究生	29	学游、考试培训、中介咨询
金吉列	中小学、本科、研究生	48	游学、中介咨询、移民
新东方前途出国	中学、本科、研究生	41	海外游学、中介咨询
新通	中学、本科、研究生	30	语言培训、国际学术课程、游学、留学咨询、海外延续服务、就业求职指导
澳际	中学、本科、研究生	34	少儿英语培训、成人英语培训、游学、国际预科、中介咨询、移民全产业链布局

资料来源：立鼎产业研究网.我国留学中介行业产业链、细分市场及主要企业市场份额分析［R］.

产业的横向延伸。留学培训主要为英语培训或以英语为载体的学科培训，与中小学课外培训具有一定内容的相近，横向业务扩张门槛较低。例如，新东方以留学培训起家，但目前小学至高中课外培训已经成为公司主业。我们认为，未来此类集团化的公司在留学服务产业中将更具优势，也将成为留学中市场产业一体化的一种路径。

四、留学后市场：留学中介的下一站，市场空间大、需求持续提升

留学后市场当前规模约3 000亿元，在整个留学服务产业中占比约70%，包括留学期间的境外金融、寄宿服务，移民咨询，海外求职及回国后就业等。

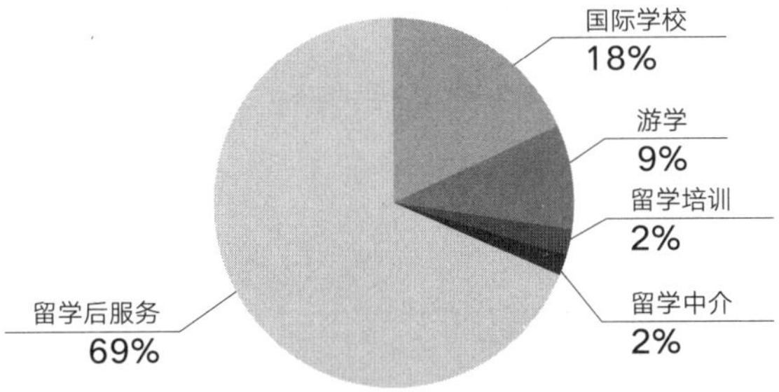

图17　留学服务产业各细分领域市场规模占比

（资料来源：新东方．2018中国国际游学行业发展报告［R］，2018；立鼎产业研究网．我国留学中介行业产业链、细分市场及主要企业市场份额分析［R］，2019；顶思．2019中国国际学校图谱［R］，2019）

目前，留学服务机构纷纷针对留学后服务市场进行在海外布局，目前主要是通过与有资源的公司合作形成产业链，或者自己在国外开设分公司的方式。

根据留学人群需求，留学后市场主要有以下几个发展趋势：

留学低龄化趋势带来的一站式寄宿家庭服务。我国越来越多的学生在高中或更早阶段就出国留学，但以美国的政策为例，未满18周岁的留学生必须有监护人为孩子承担法律责任。随着未来高中或更早阶段出国留学人数的增长，寄宿家庭服务需求与日俱增。住宿服务商除了提供寄宿家庭，还有定期家访、给国内家长更新学生的学习生活情况等服务，通常客单价在10万元以上。

回国人数显著提升带来的留学生回国就业辅导。近年来留学出国人员对于毕业后直接回国就业，或在海外工作一段时间后回国就业的意向均呈现提升的趋势。留学生在回国后就业过程中会遇到各种挑战与问题，包括对于国内就业市场的不了解、缺少实习经历等，毕业后就业辅导也成为留学后的重要发展机遇。

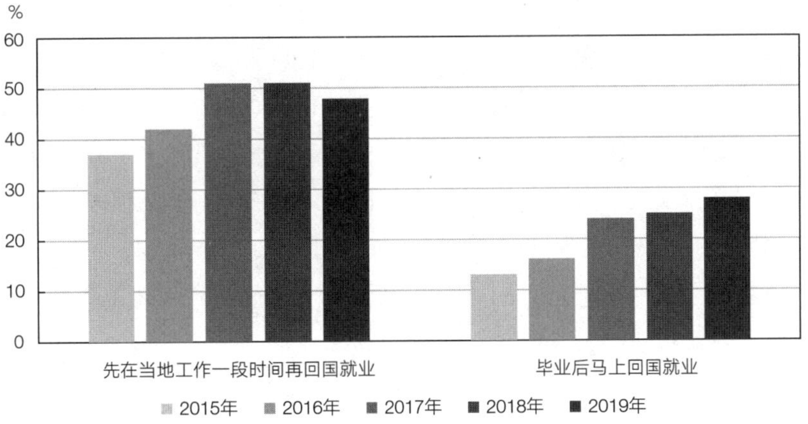

图18　意向留学人群在留学后就业意向

（资料来源：新东方．2019中国留学白皮书［R］，2019）

清洁家电产业：

既得云开，更待月明

闵繁皓　东兴证券家电行业分析师

产业描述：

清洁家电产业主要是围绕吸尘器、扫地机器人、擦窗机、空气净化器、净水器等用于清洁家居物品和室内环境的电器产品进行制造生产的产业链集群。产业链上游包括电机、锂电池、塑料件、包材在内的一系列零部件加工工厂，中游由整机组装工厂构成，下游分为线上和线下两条销售主线。

得益于电动机与家电用清洁器具的结合，最具代表的品类吸尘器在19世纪80年代已经诞生，清洁家电行业自此发源。中国在1954年自行研发出属于中国人自己的吸尘器。时至今日，清洁家电衍生出了十几种不同的品类，清洁的对象也从单一的地面、地毯发展到室内空气、饮用水、窗户、被褥等居家日常生活所能触及的方方面面。

和空调、冰箱、洗衣机等成熟品类一样，清洁家电产业也经历了产业集群在全球范围的变迁。20世纪80年代末至90年代初，德国、英国、法国、匈牙利、墨西哥、意大利等国家是清洁家电主要的出产国。由于消费者市场空间和生产成本优势的吸引，产业逐步转移到中国、马来西亚等发展中国家，后者逐步在一些品类上后来居上，逐步实现从单一的OED和ODM代工到自主品牌的超越。

目前，欧美、日韩等发达国家在清洁电器研发、设计及新技术的应用等方面仍引领行业发展。中国、马来西亚等发展中国家，主要在生产制造方面占据优势。

一、源自美好生活愿景，发展于技术更新迭代

(一) 品类历史悠久，需求引领品类发展

技术进步为品类诞生和发展提供了前提。清洁家电产业发源历史悠久，目前各品类中产业规模发展最大的是吸尘器，其品类历史可以追溯到19世纪下半叶，而以生活环境改善为主要用途的空气净化器和净水器则可以追溯到19世纪上半叶甚至更早。电动机的发明使家用器具电气化变得可能，产品设计的进步和新技术的应用使清洁家电的实用性和需求大幅提升，需求的精细化也使清洁家电品类不断扩张。

表1 清洁家电至今部分技术事件

年份	相关企业/人物	品类	事件
1823	Charles Dean	空气净化器	发明了一种新型烟雾防护装置，可使消防队员在灭火时避免烟雾侵袭
1854	Johns Rittenhouse	空气净化器	在空气过滤器中加入木炭，从空气中过滤出有害和有毒气体
1862	Henry Doulton	净水器	在净水器中加入碳化物，改善了水质以及味道
1906	Booth	吸尘器	英格兰，用吸力将灰尘吸入容器内，最早的真空吸尘器诞生
1925	Reed Stevoor	净水器	造出了世界上第一台可以过滤污水的设备
1954	永泰和电机厂	吸尘器	上海首次自行研发出200W和400W立式吸尘器
1996	Electrolux公司	扫地机器人	伊莱克斯三叶虫扫地机器人，超声波传感器、自动避障
2002	Irobot公司	拖地机器人	Roomba扫地机器人，随机碰撞，第一台真正意义的扫地机器人
2007	Euro Pro公司	蒸汽拖把	蒸汽拖把在北美市场取得巨大成功
2009	科沃斯公司	扫地机器人	科沃斯推出首台扫地机器人
2015	Irobot公司	扫地机器人	Irobot 980扫地机器人，iAdapt2.0寻路导航，VSLAM+全局规划
2018	Dyson公司	吸尘器	宣布不再开发带线吸尘器，吸尘器行业进入无线时代
2019	Dyson公司	吸尘器	发布V11无线吸尘器，搭载智能传感器，标志着吸尘器行业进入智能时代，其21700电池也引领行业朝更大容量的电池方向迈进

如今清洁家电主要具备劳动替代和环境改善两种功能：劳动替代以降低劳动强度和减少频次为功能诉求，主要有吸尘器、扫地机器人、拖地机器人和蒸汽拖把等；环境改善以提升生活质量和保障生命健康为功能诉求，主要有净水器、空气净化器、除螨仪等。

(二) 经济发展扩大内生市场需求，产业转移创造外延出口机遇

1. 清洁家电受益于经济发展带来的耐用消费品需求提升。

家电产品满足人们对生活的更高需求。家电产品具有信息交互、劳动替代、环境改善等功能，随着收入水平提高，人们对家电产品的需求逐步提升。

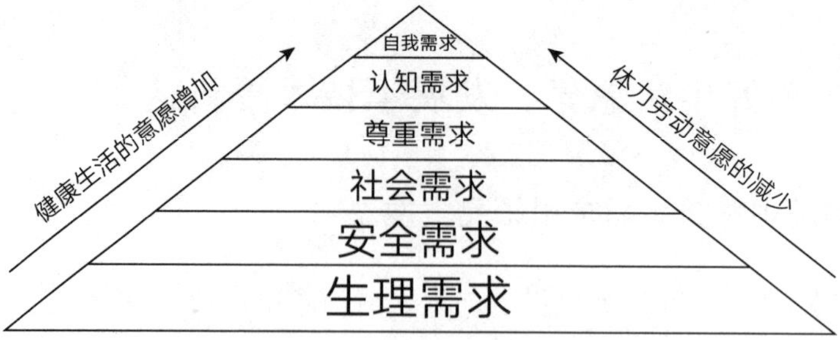

图1 条件允许的情况下，人们对生活质量的诉求逐步提升

经济水平提升刺激耐用消费品需求。对比美国和日本的历史数据可看出，人均GDP大于6 000美元之后，居民对于家庭耐用品消费进入快速增长阶段。中国2012年人均GDP突破6 000美元，并在之后保持较高增速。

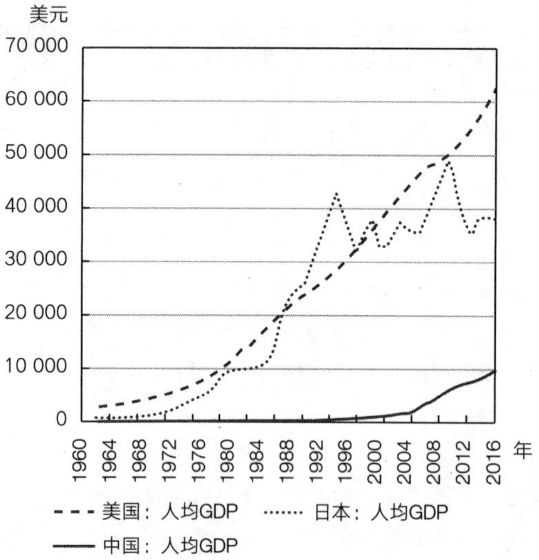

图2 中国步入人均GDP快速增长阶段

（资料来源：世界银行）

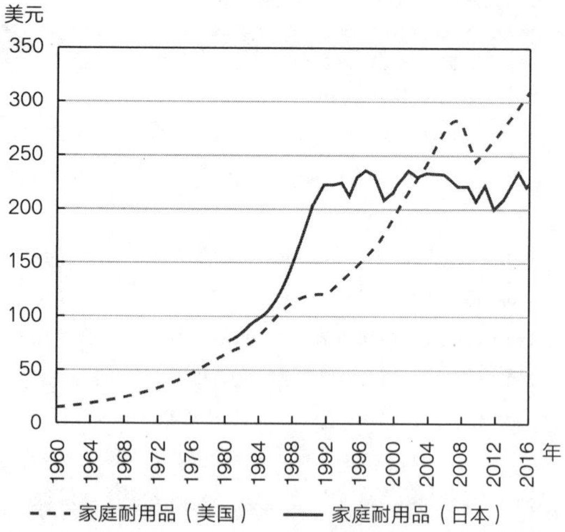

图3 美国和日本家庭耐用品消费量快速增长

（资料来源：Wind）

经济增长带动家电渗透率和保有量的提升。伴随耐用品消费的增长，日本家电产品品类扩张明显，保有量快速提升，其中吸尘器2002年已经达到每百户146台左右，空气净化器也在2018年达到了每百户59台。

我国城镇和农村居民可支配收入逐年上升，恩格尔系数呈现逐年下降趋势。城镇人均可支配收入从2010年的1.9万元，上升至2017年的3.6万元，农村居民可支配收入从2013年的0.9万元上涨到2017年的1.34万元，中国作为最大单一市场为清洁家电的普及和发展提供了经济基础。

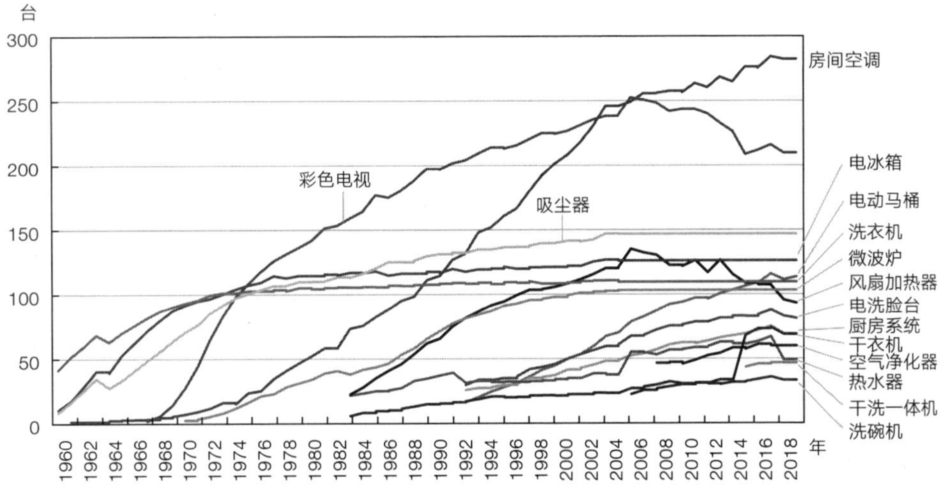

图4　日本家电产品品类及保有量随经济水平变化而变化

（资料来源：日本总务省）

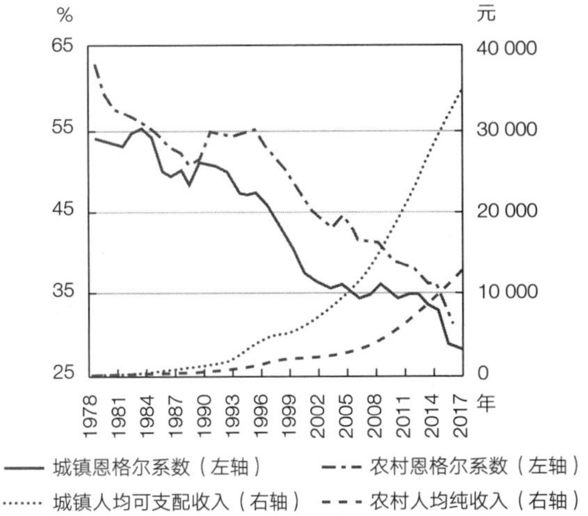

图5　中国城乡人均可支配收入与恩格尔系数

（资料来源：Wind）

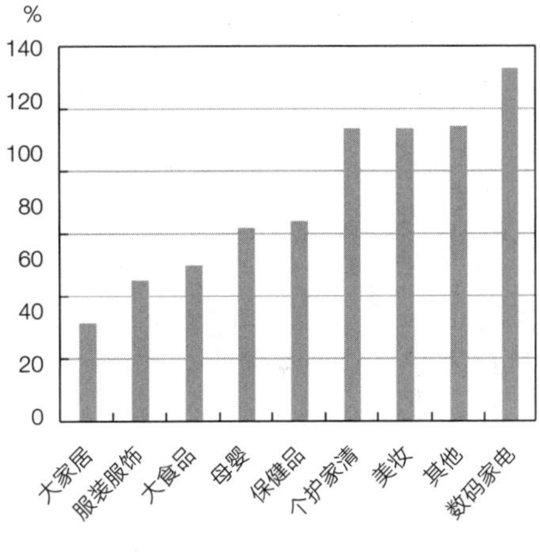

图6　2018年低线市场消费品增速

（资料来源：天猫国际）

2. 产业转移为区域清洁家电产业打开需求天花板。

清洁家电产业在各个品类产业转移进程不同。由于品类发展和技术研发的历史原因，中国各清洁家电品类发展不均衡，产业成熟度不一。吸尘器品类产业转移较早，已经形成以中国为主的产能分布格局。中国2018年吸尘器和扫地机器人的出口额分别是43.07亿美元和27.34亿美元，分别是第二名的3.51倍和3.63倍。产业转移使我国吸尘器和扫地机器人企业拥有不拘泥于单一市场和自身品牌的需求体量。

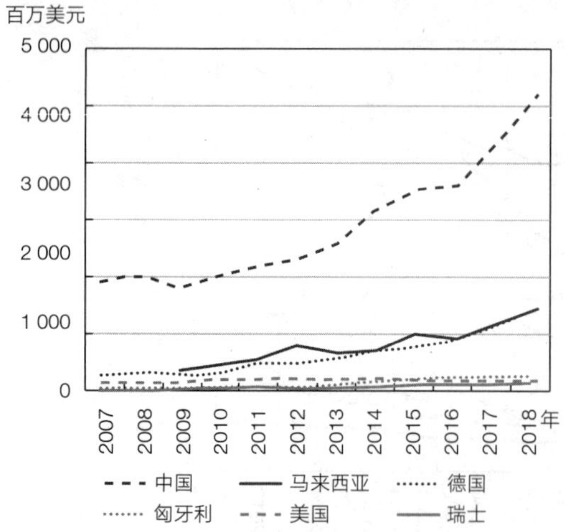

图7 全球吸尘器出口额

（资料来源：Comtrade）

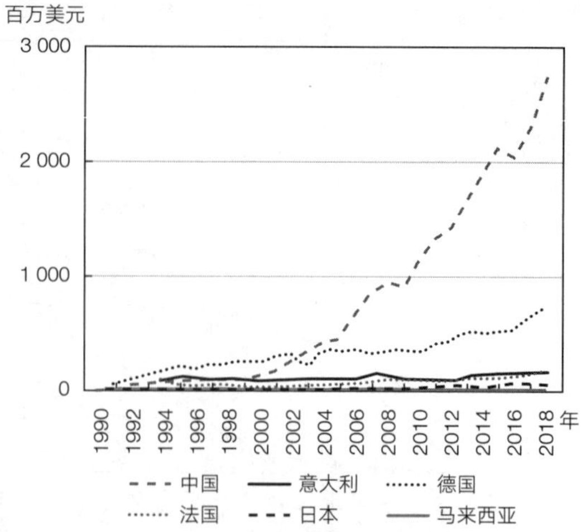

图8 全球扫地机器人出口额

（资料来源：Comtrade）

空气净化器和净水器的主要出口国仍以德国和美国为主。二者合计占世界总出口量的28.9%和36%。中国出口总额正快速增加，有望超越美国和德国成为最大产业基地。吸尘器和扫地机器人出口规模的提升推动了我国清洁家电生产规模的持续增长，空气净化器和净水器出口占比的不断扩大或将接力推动我国清洁家电产业规模的增长。

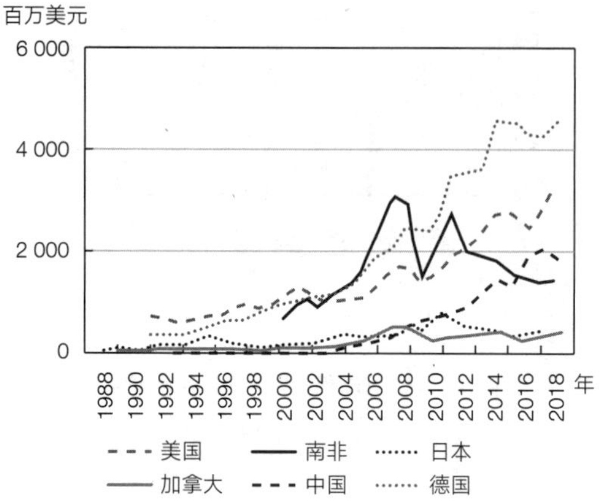

图9 全球空气净化器出口额

（资料来源：Comtrade）

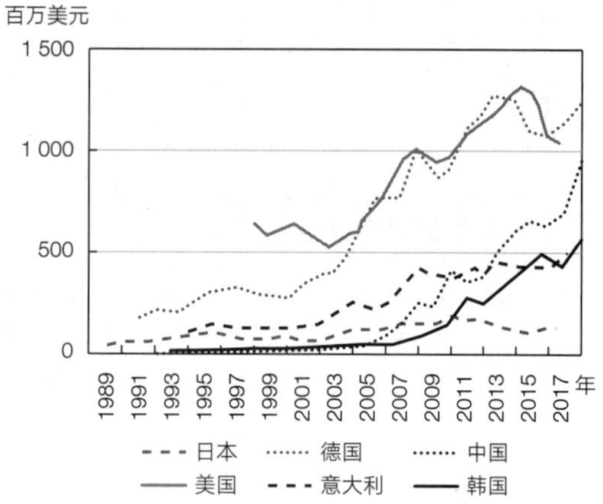

图10 全球净水器出口额

（资料来源：Comtrade）

二、全球市场发展不均衡，中国市场已“得云开”

（一）已过导入期，成长期的中国市场潜力巨大

国外市场较为成熟，中国市场步入成长期。对比美国、欧洲、日本和韩国等成熟市场，中国市场教育和品类普及较晚。目前，中国市场规模仍然较小，未来发展空间巨大。

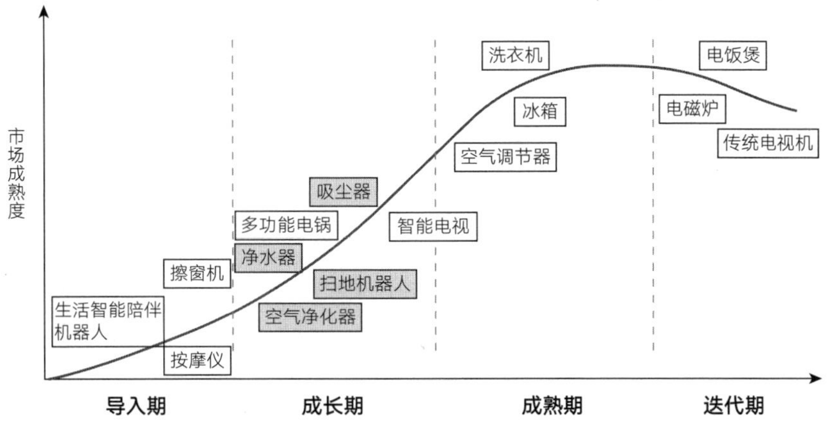

图11　中国各品类所处时期

世界各国/地区渗透率均有不同程度的提升空间。我国吸尘器、扫地机器人、净水器和空气净化器的渗透率分别约为15%、1%、5%和2%，与成熟市场相比成长空间巨大。

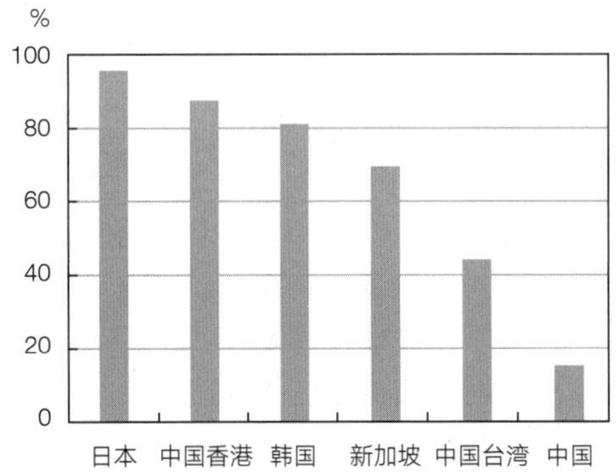

图12　各国/地区吸尘器渗透率

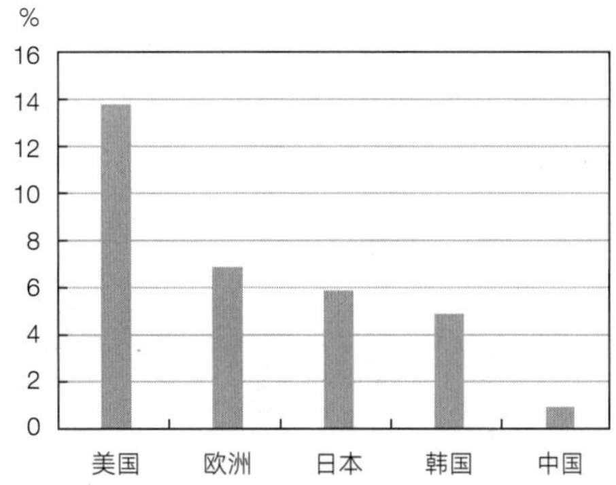

图13　各国/地区扫地机器人渗透率

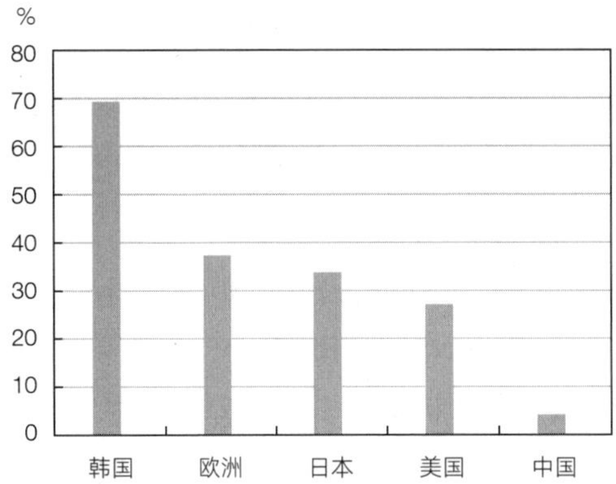

图14　各国/地区空气净化器渗透率

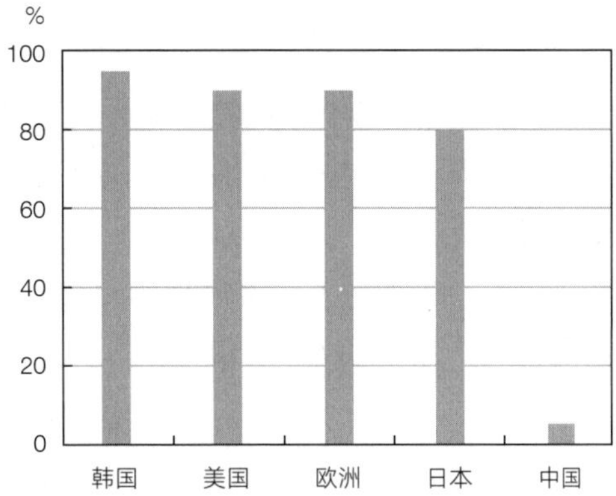

图15　各国/地区净水器渗透率

全球市场稳步增长，扫地机市场规模快速提升。全球市场来看，吸尘器、净水器和空气净化器市场规模增速分别为6%、6.2%和13%左右，总体保持稳步增长。扫地机器人市场基数较小，加之渗透率在全球范围快速提升，增速保持25%以上。

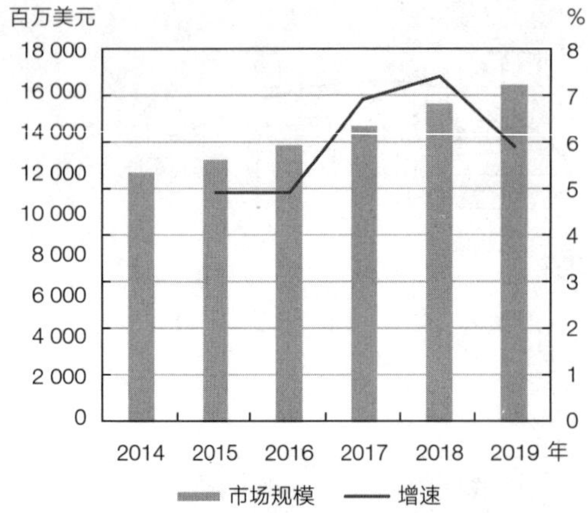

图16 全球吸尘器市场规模

（资料来源：Techsci Research）

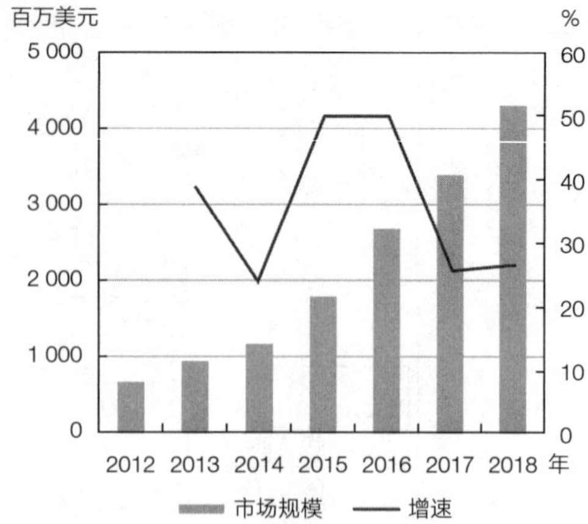

图17 全球扫地机器人市场规模

（资料来源：中国产业信息）

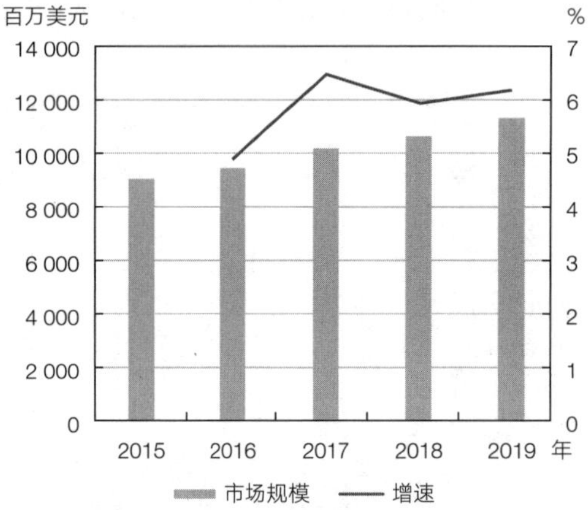

图18 全球净水器市场规模

（资料来源：Markets & Markets）

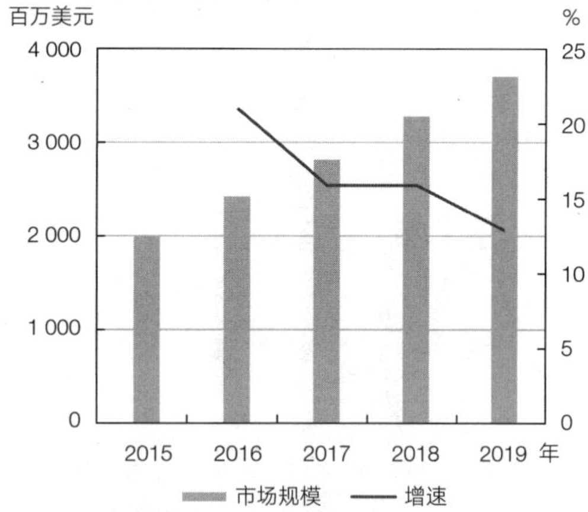

图19 全球空气净化器市场规模

（资料来源：Zion Market research）

中国清洁家电市场正处于震荡调整期，规模增速波动较大。消费意识和普及率未完全打开的情况下，中国清洁家电在已有市场下竞争激烈在渗透率提升与行业波动洗牌中砥砺前行。

格局变化带来竞争格局的不稳定，进而带动行业总体规模波动。中国市场规模基数较低，各品类均保持了相当长一段时间的高增长。2019年清洁电器一反往年的高景气度，增速整体下滑。奥维云网数据，2017年吸尘器、扫地机器人、空气净化器、净水器的规模增速分别是45.4%、40.20%、20%和32.9%。从2019年上半年来看，增速分别滑落到5.4%、6.2%、-18.1%、1.3%，振幅较大。

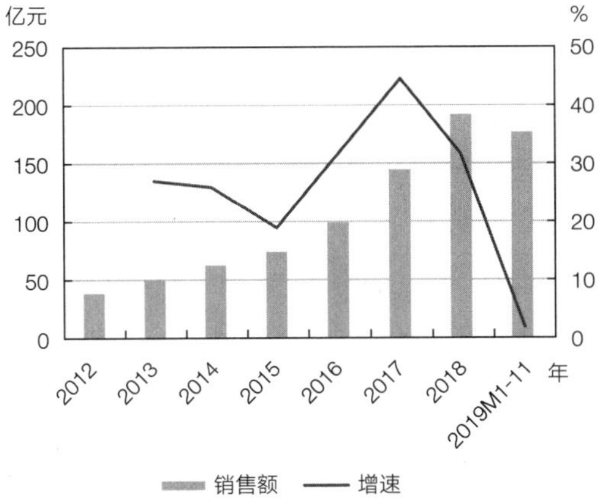

图20　中国吸尘器市场规模

（资料来源：奥维云网）

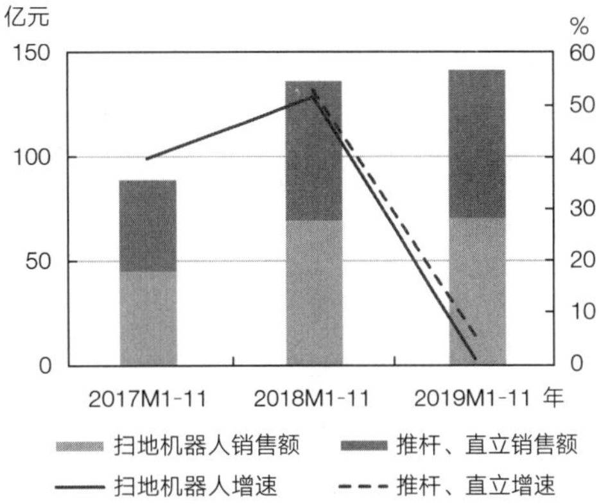

图21　中国扫地机器人市场规模

（资料来源：奥维云网）

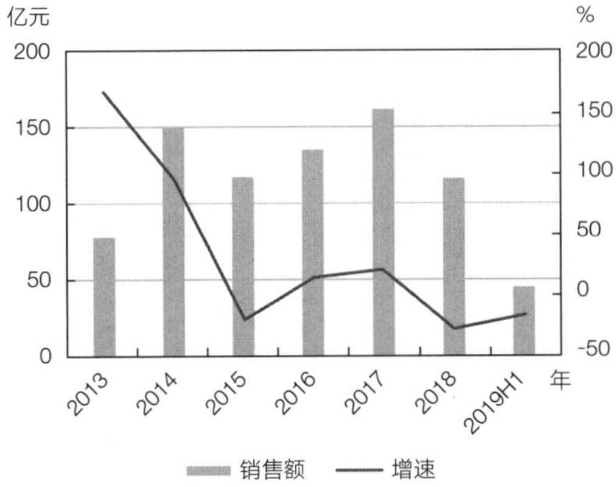

图22　中国空气净化器市场规模

（资料来源：奥维云网）

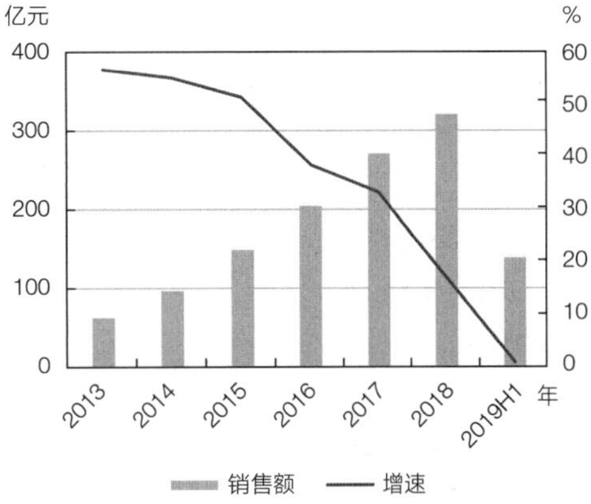

图23　中国净水器市场规模

（资料来源：奥维云网）

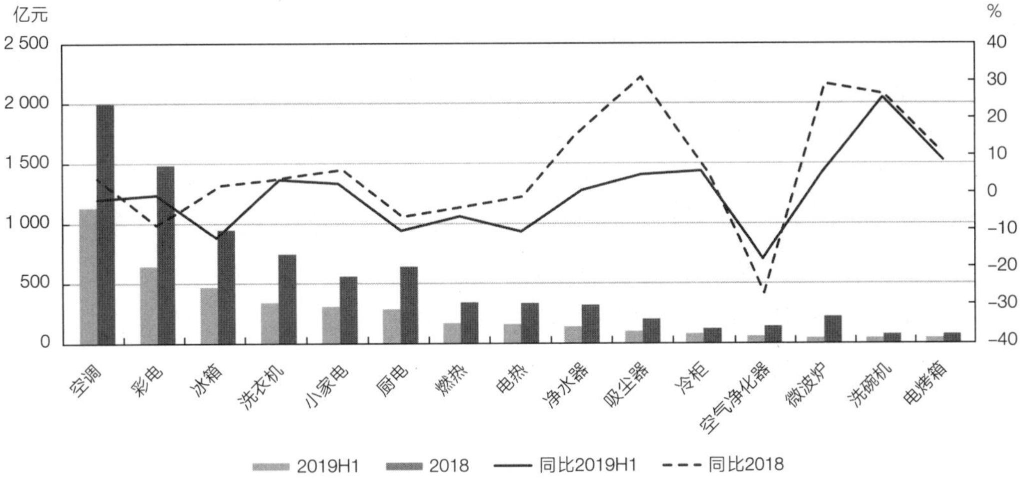

图24　2018—2019H1中国家电行业各品类规模及增速

（资料来源：奥维云网）

（二）清洁家电产业链参与企业众多，供销体系庞杂

产业链上游包括电机、锂电池、塑料件、包材在内的一系列零部件加工工厂，中游由整机组装工厂构成，下游分为线上和线下两条销售主线。

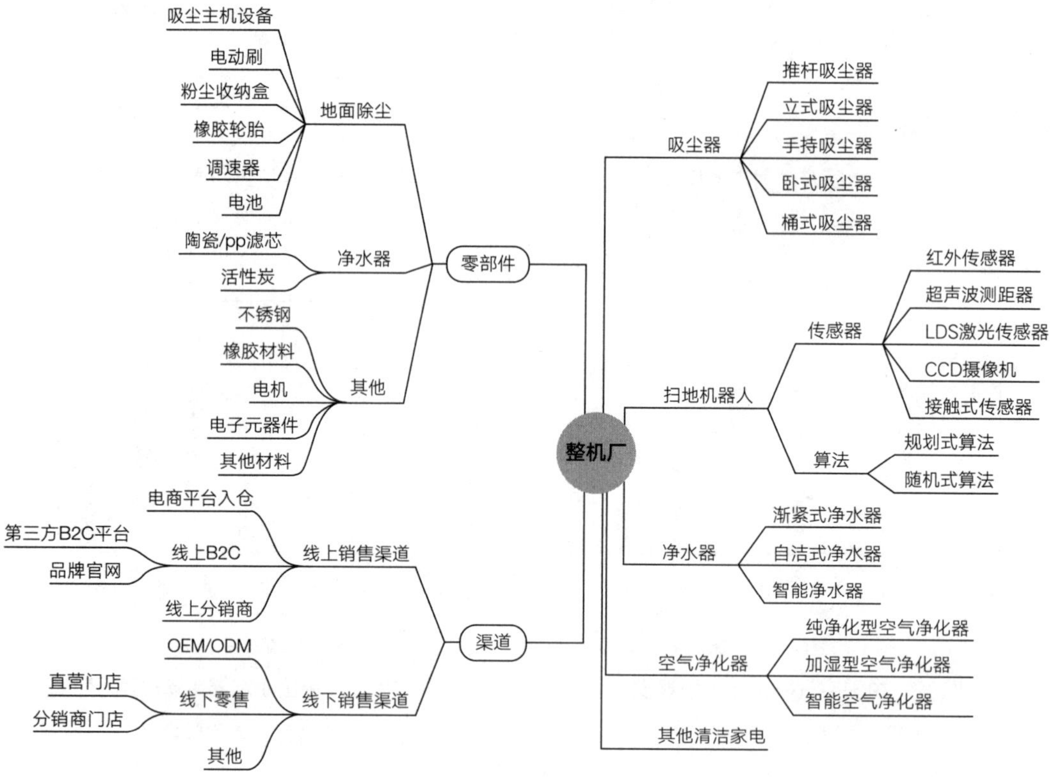

图25　清洁家电产业链

1. 上游零部件企业庞杂，核心零部件随中游需求快速增长。

无刷电机是清洁家电最主要的零部件。塑料原材料及电子元器件行业为完全竞争行业，产品同质化较高，其价格稳定、供应充足。无刷电机是扫地机的核心零部件，中国无刷电机也一直保持20%左右的增速，整体市场参与企业也常年保持增长。

传感器是家电智能化的核心部件。随着清洁家电的智能化提升，感应器作为有一定生产难度的零部件，其在产业链中的重要性逐步提升。

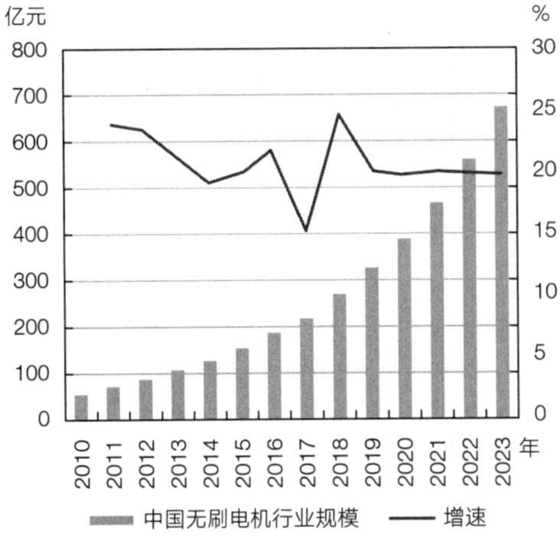

图26 中国无刷电机行业规模

（资料来源：国家统计局、前瞻产业研究院）

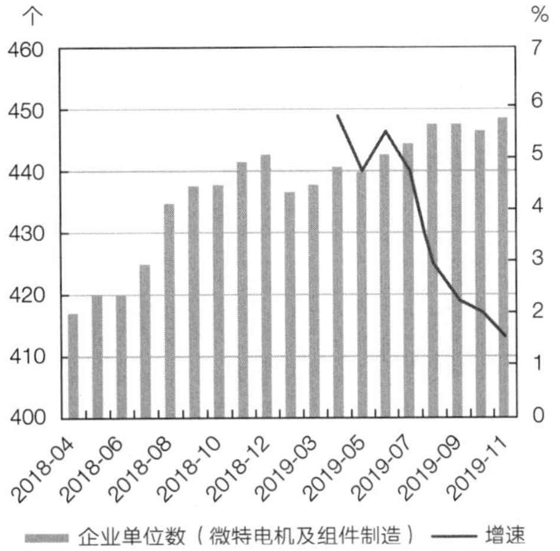

图27 中国微特电机企业单位数

（资料来源：国家统计局）

表2 中国无刷电机企业排名

排 名	简 称	地 区	公司全名
1	合微	常州	合泰电机电器股份有限公司
2	鸣志	上海	鸣志电器股份有限公司
3	万至达	深圳	万至达电机制造有限公司
4	汉德保	深圳	德智高新有限公司
5	恒驱	深圳	恒驱电机股份有限公司
6	唯真	深圳	唯真电机有限公司
7	ZYK	常州	运控电子股份有限公司
8	乐普达	佛山	顺德区乐普达电机有限公司
9	东么川	深圳	东么川伺服控制技术有限公司
10	力辉	深圳	力辉电机有限公司

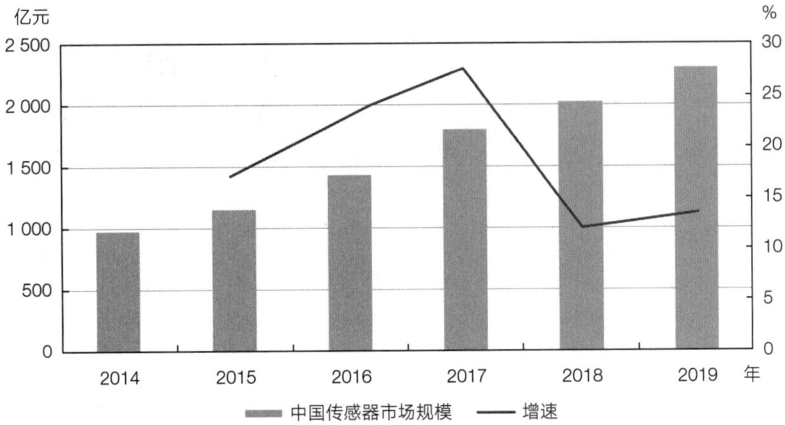

图28 中国传感器市场保持高增速

（资料来源：中国产业信息网）

表3 代表性的传感器企业

类别	代表企业
制造	格罗方德、爱普生、索尼、台积电、中芯国际、联华电子、士兰微以及国高微系统等
封装	卡西欧、星电高科技、瑞声科技、长电科技、华天科技、晶方科技等
运动传感	盛思锐、爱普生、索尼、松下、美新半导体、高德红外、深迪半导体
环境传感	戴维莱传感、汉威电子、四方光电、博士、盛思锐、欧姆龙
压力传感	博士、英飞凌、纳微电子、康森克斯、美泰科技

资料来源：中国产业信息网。

2．家电产品的销售渠道丰富，线上销售渠道重要性逐步提升。

吸尘器、扫地机器人和空气净化器适合线上销售，净水器需要安装，线下渠道占比高。大部分清洁家电较为小巧轻便，安装简易，普通的物流即可配送。线下渠道以街边门店、KA卖场和商场为主，渠道稳定性高且具有展示作用适合大家电销售。随着电子商务的发展完善，线上市场与清洁家电相互成就。

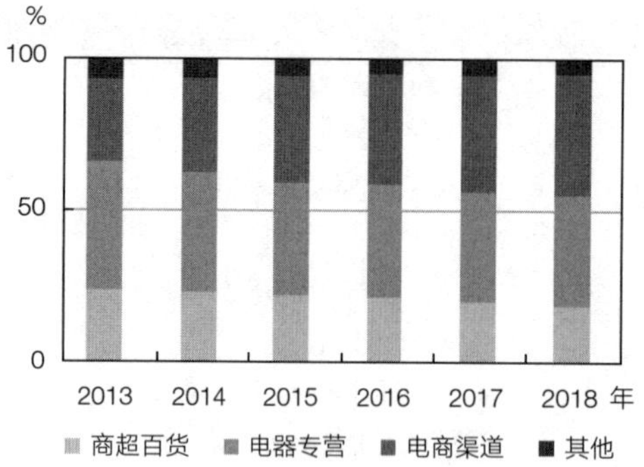

图29 中国大家电销售电商渠道占比提升

（资料来源：中国产业信息网）

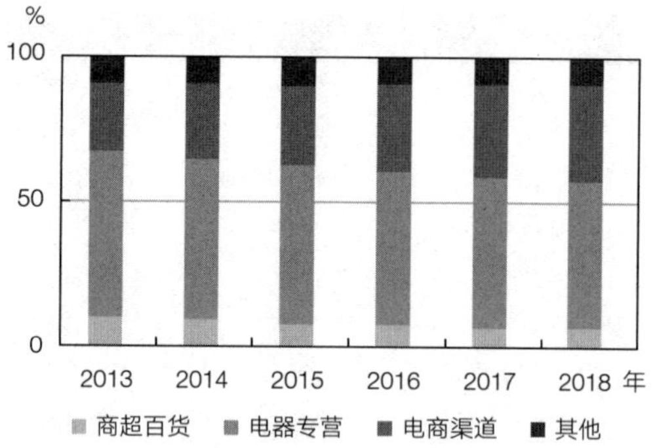

图30 中国小家电销售电商渠道占比提升

（资料来源：中国产业信息网）

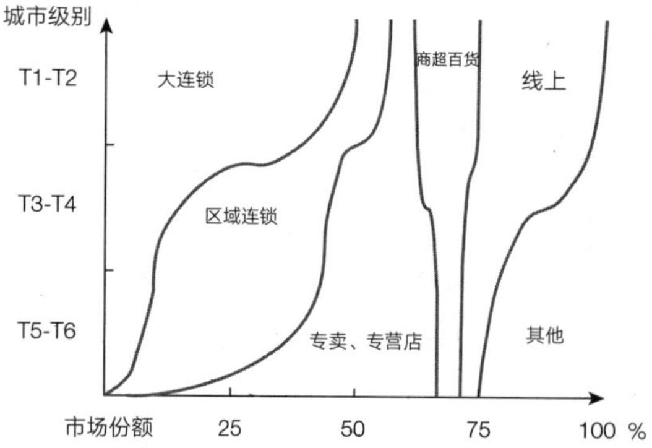

图31 中国家电销售结构全景

（资料来源：中国产业信息网）

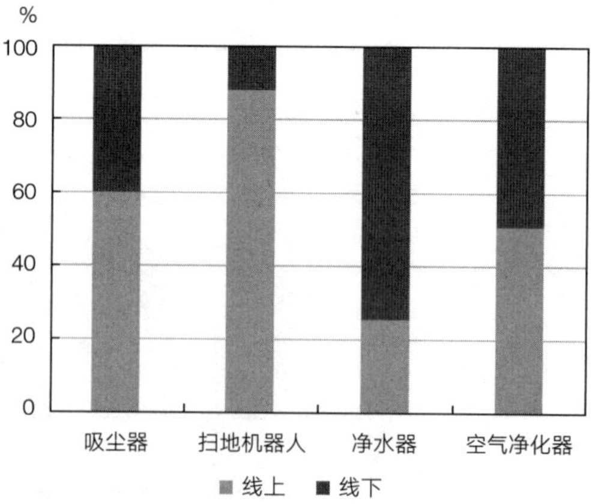

图32 清洁家电渠道销售额占比

（资料来源：中国产业信息网、奥维云网）

中国线上渠道快速增长，线上零售占比逐步提升。中国电商交易总额约19 000亿美元，同比增长保持在25%左右，交易规模和增长速度都远超国际一线发达国家。2019年上半年，网络零售社会消费品占比接近25%，移动端购物规模超6万亿元，并仍以超过17%的速度增长。

中国电商集中度高，天猫、京东占比逾八成，格局基本稳固。在此规模下，线上零售市场规模集中度高度集中，阿里系平台占总体市场超过50%，全市场CR3接近90%。

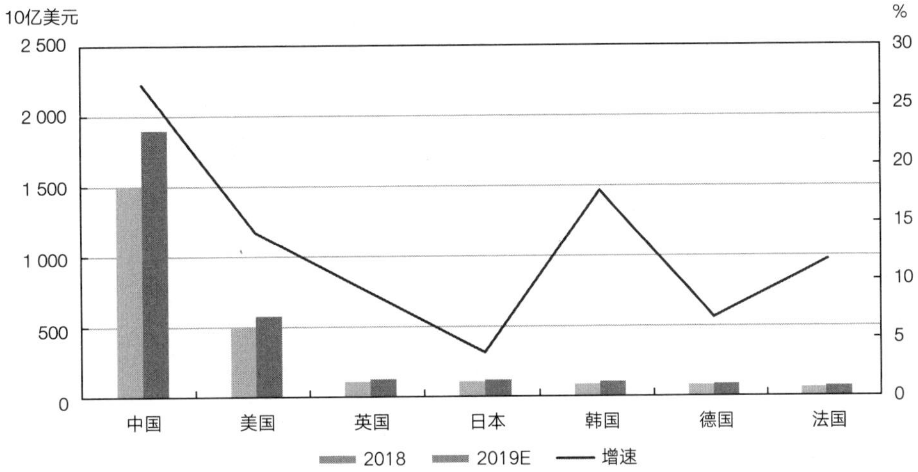

图33　全球各国电商交易规模及增速

（资料来源：德勤研究）

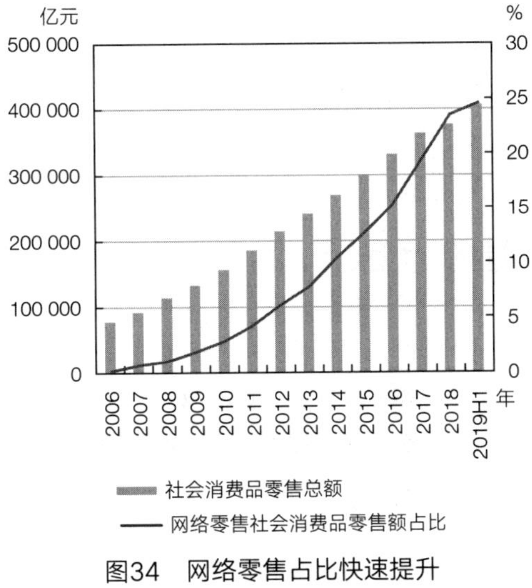

图34　网络零售占比快速提升

（资料来源：商务部、国家统计局）

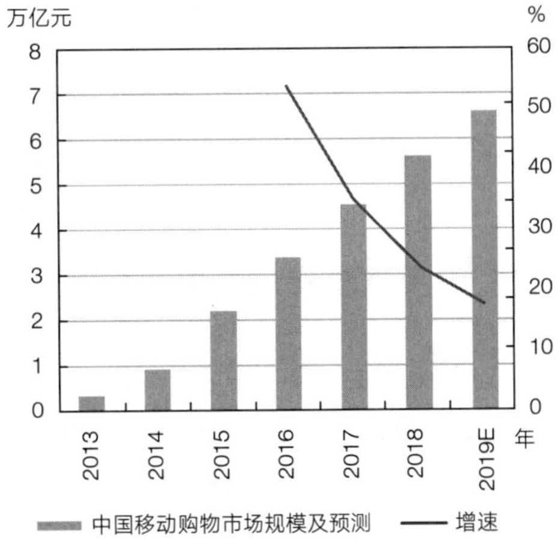

图35　中国移动购物市场规模

（资料来源：艾媒资讯）

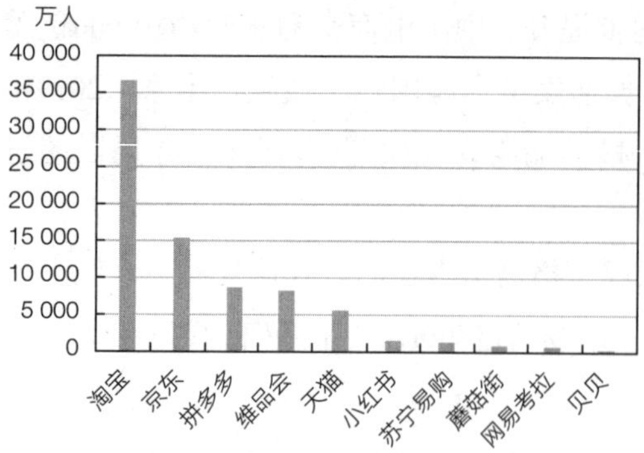

图36 主要电商平台日活量

（资料来源：艾媒资讯）

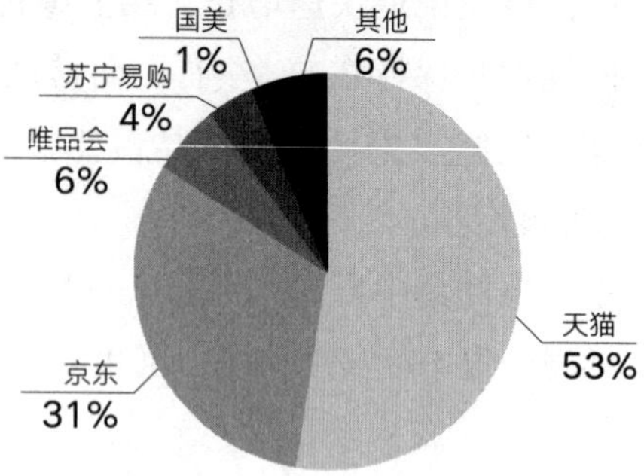

图37 中国电商购物市场规模占比

（资料来源：艾媒资讯）

新兴促销手段引导消费者购买行为。网红直播等各种新颖的宣传销售形式，深刻影响着消费者的消费习惯和消费场景。

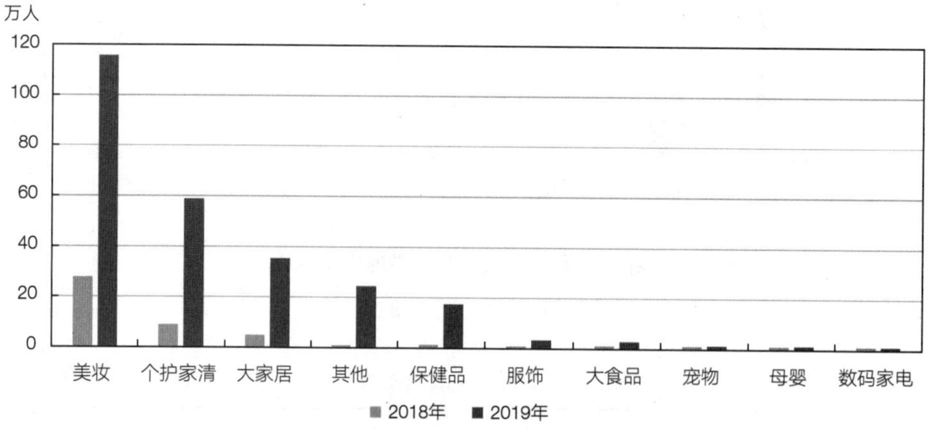

图38 直播为天猫国际引导购买人数

（资料来源：艾媒资讯）

（三）中游整机厂竞争者众多，外国品牌竞争力强劲

1．中国吸尘器市场仍处于自主品牌成长期。

高端市场份额较高，以进口品牌为主。目前在国内市场尤其线下市场，戴森占据近60%的市场份额，除去国产扫地机器人品牌科沃斯的市场占有贡献以外，推杆吸尘器只有莱克在线下约有15%的市场份额。线上市场美的、小米合计占20%左右的市场份额，低于戴森的30%。

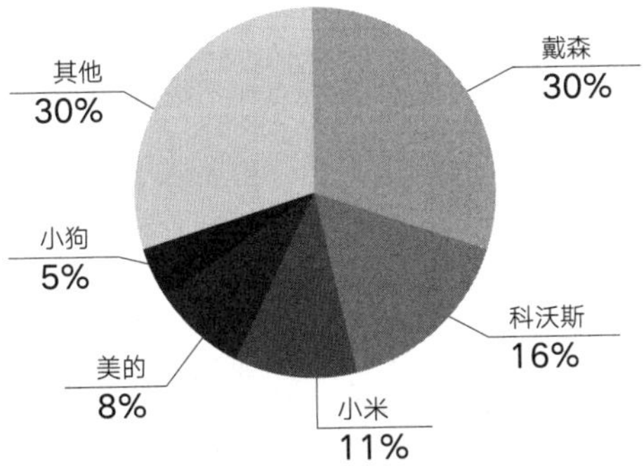

图39　中国线上吸尘器销售额格局

（资料来源：中怡康）

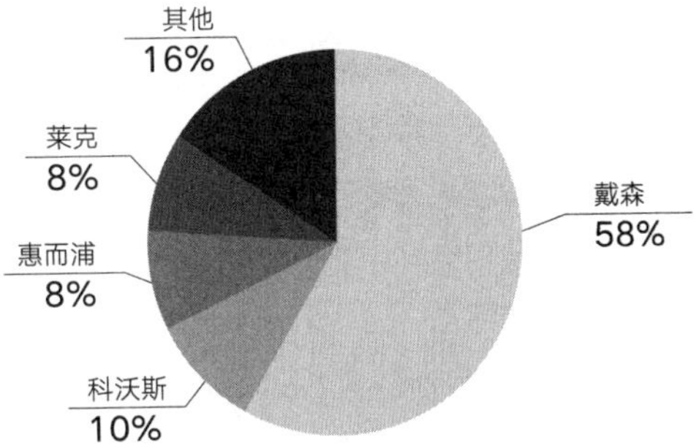

图40　中国线下吸尘器销售额格局

（资料来源：中怡康）

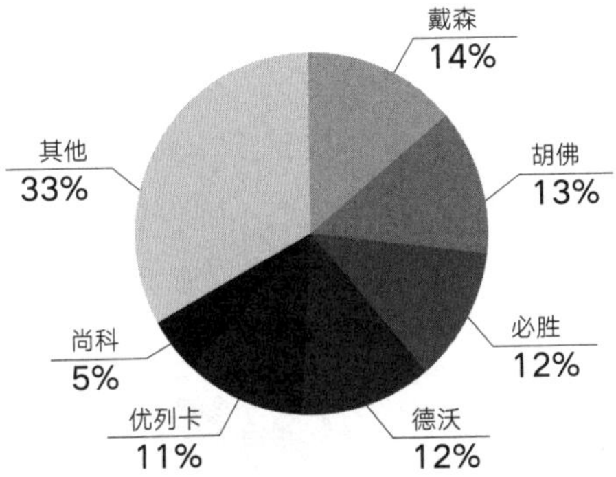

图41　美国吸尘器销售额格局

（资料来源：Pinterest）

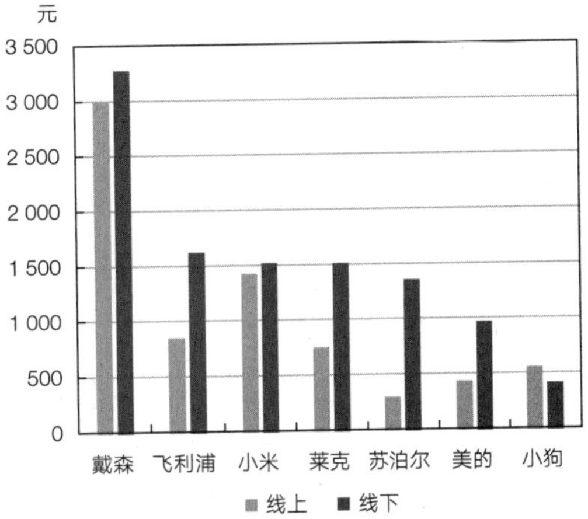

图42　部分品牌线上线下价格

（资料来源：中怡康）

技术决定实力，自主改变命运。纵观吸尘器技术发展历史，以及现在还活跃在全球各国市场的参与品牌，历史悠久并不能带来绝对的竞争优势。在技术研发活跃、品类迭代较快的吸尘器品类上，谁能颠覆原有产品的设计、解决痛点、定义下一代产品，谁才是主导市场的真正龙头。另外，原有的代工工厂通过技术积累和生产学习，逐步形成自主研发能力，进而走向自主品牌的道路，也成为市场中重要的参与者。

表4　国内外吸尘器市场主要参与者

区域	类别	代表	特点
国外	专业制造商	戴森、尚科、胡佛、优列卡、德沃、必胜	多数历史悠久，必胜和胡佛等都曾推动过吸尘器行业的诞生及发展，在国外市场具有较高知名度和市场份额；戴森技术立家，如今是定义推杆吸尘器的制造厂商，在全球各区域市场都有较高份额
	综合制造商	飞利浦、松下	品牌效应强、质量控制优异、规模效应显著、产品迭代及时，基本处于微笑曲线两端

续表

区域	类别	代表	特点
国内	专业制造商	莱克、爱普、德尔玛	生产、制造积累深厚，生产成本具有优势，从代工厂逐步向委外客户转变；莱克电气是中国最具代表性的推杆吸尘器制造商，其无刷电机技术为国际领先水平，产品力可与戴森一较高下
	综合制造商	海尔、美的、小米	具有渠道优势、品牌效应，消费者基础好，擅长线上口碑营销，流量优势明显
	其他企业	小狗、苏泊尔	小狗吸尘器小而美，覆盖长尾市场，推出过特色的返厂维修体系；苏泊尔为小家电跨界企业，依靠其渠道和成本优势在中低端市场具有优势

吸尘器市场高端占比居高不下，低端市场萎缩。中国吸尘器市场仍处于自主品牌的成长时期，进口高端产品占比过高，这与吸尘器在中国先于一、二线城市普及有关。随着吸尘器在三线至五线城市渗透率的提升，中等价位的产品将面临需求的大幅提升。

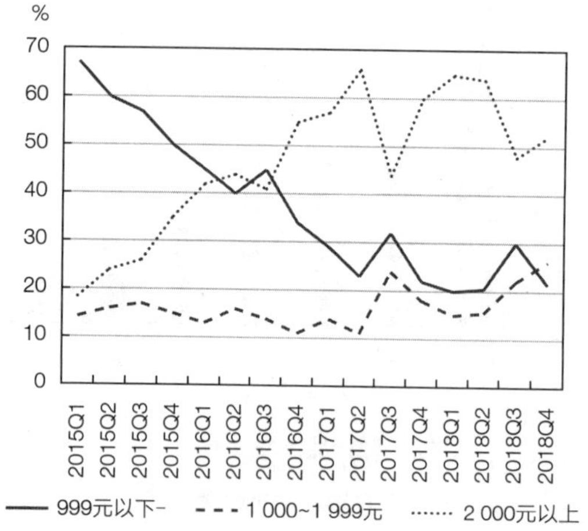

图43 推杆+立式价格带显示出回归中端的趋势

（资料来源：奥维云网）

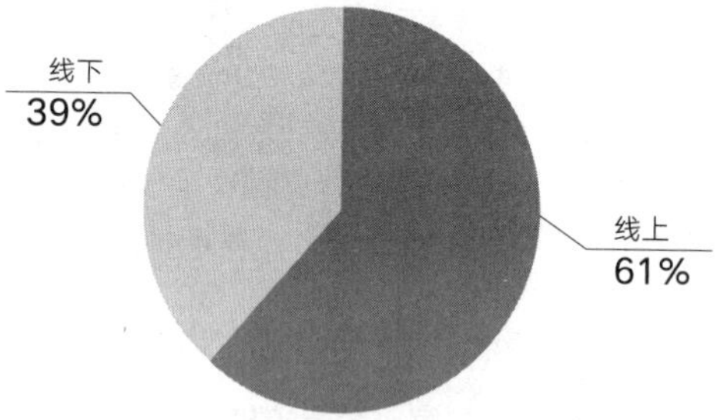

图44 线上与线下占比

（资料来源：奥维云网）

2．中国扫地机器人市场一家独大，挑战者跃跃欲试。

科沃斯全渠道优势明显，小米系品牌崭露头角。科沃斯是中国扫地机器人先驱，进入行业较早，率先实现由OEM/ODM代工制造商向自主品牌生产商转型。随着市场参与的竞争者逐步增多，科沃斯的市场占有率多少受到侵蚀，尤其小米旗下米家、石头进入市场，几年内在同期入行品牌力脱颖而出，有望进一步扩大各自份额。形成对比的是在美国市场艾罗伯特（iRobot）稳居半数以上市场，与吸尘器表现不同的是，扫地机器人市场高端价位段占比相对较少，艾罗伯特在中国市场高端定位占比较多，但总体销售份额不高。

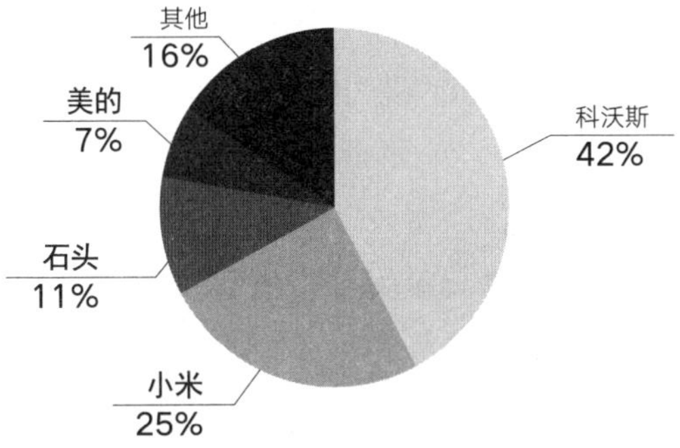

图45 中国线上扫地机器人销售额格局

（资料来源：中怡康）

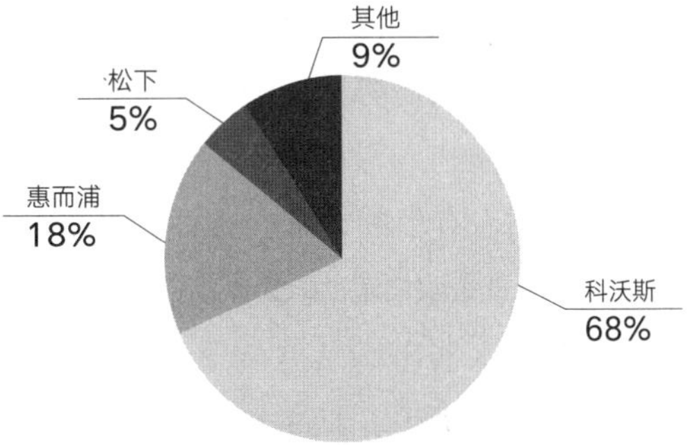

图46 中国线下扫地机器人销售额格局

（资料来源：中怡康）

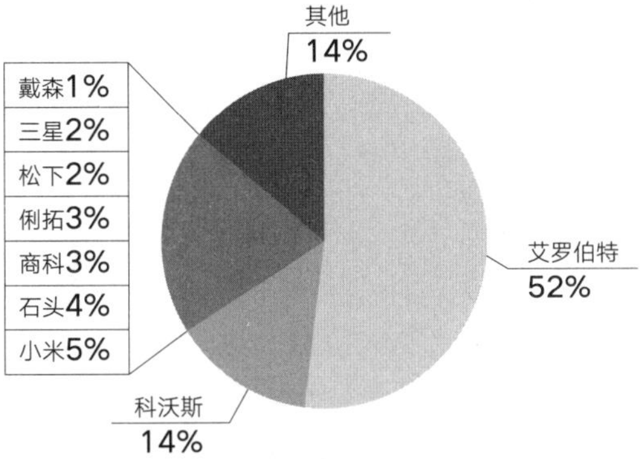

图47 美国扫地机器人销售额格局

（资料来源：Seeking Alpha）

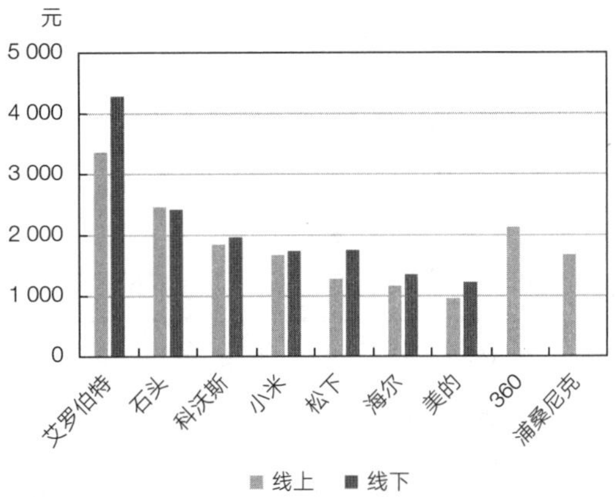

图48 部分品牌线上线下价格

（资料来源：中怡康）

技术更迭快，代工采购仍是一些综合品牌商的首选。扫地机制造技术要求较高，相较其他清洁家电在智能化及系统解决方案上有一定生产壁垒。行业先驱艾罗伯特出身军工企业，在定位、障碍躲避及移动规划等领域有较多技术积累，国内能与之在技术更新跟进上相比拼的品牌，以科沃斯和石头科技为主，市场份额也说明了技术对市场认可度的深刻影响。

表5 国内外吸尘器市场主要参与者

区域	类别	代表	特点
国外	专业制造商	艾罗伯特	军工企业出身，技术先驱，定位高端
	综合制造商	飞利浦、松下、三星	品牌效应强、质量控制优异、规模效应显著、产品迭代及时，基本处于微笑曲线两端
国内	专业制造商	科沃斯、福玛特、地贝、Xrobot、浦桑尼克、石头	生产、制造积累深厚，生产成本具有优势，从代工厂逐步向委外客户转变；科沃斯在国内是扫地机先驱，技术研发、更迭快，长期处于扫地机霸主地位
	综合制造商	海尔、美的、小米	具有渠道优势、品牌效应，消费者基础好，擅长线上口碑营销，流量优势明显
	其他企业	扫地狗、小精灵、玻妞	小而美，覆盖长尾市场

扫地机器人中端市场结构基本稳定。扫地机器人近90%的销售为线上。中国扫地机器人市场自主品牌强势，石头、小米、科沃斯价位稳中有升，带领1 000~2 499元这一区间的市场市场占有率保持高位，维持近80%的市场份额，没有形成像吸尘器一样的高端市场高市场占有率的情况。预计这种价格结构情况会维持较长时间，均价稳中有升。

3. 中国净水器市场线上与线下产品价差大，竞争格局大不相同。

线上净水器市场品类差异明显、格局分散，线下渠道高端化明显。线下市场仰仗销售体系和门店铺设，高端产品占比份额高。线上市场分散度较高，小品牌云集且整体价格段与线下对比强烈。对比美国净水器市场，中国市场还需要进一步整合市场。

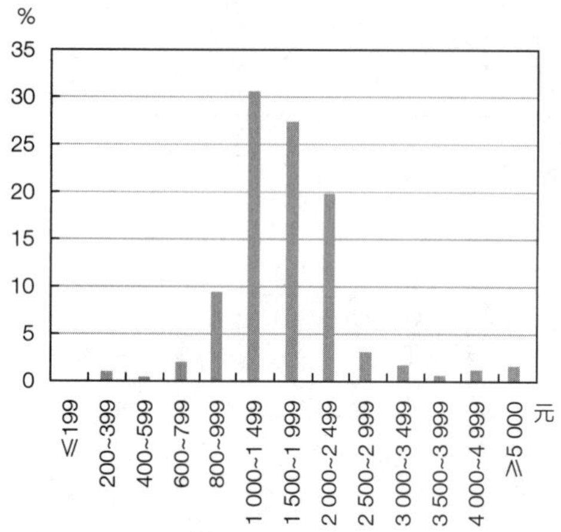

图49 价位分布情况

（资料来源：奥维云网）

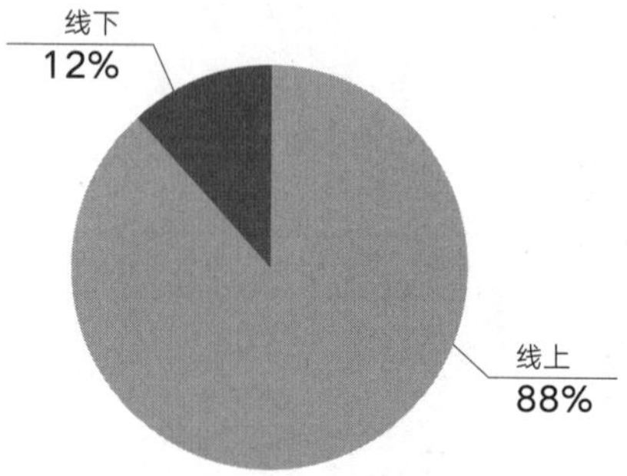

图50 线上、线下对比

（资料来源：奥维云网）

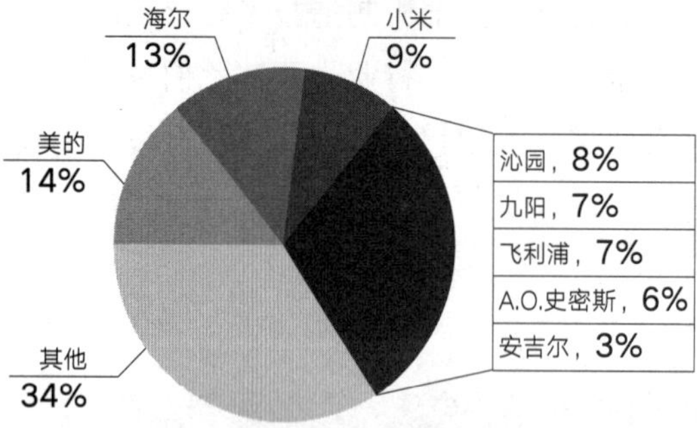

图51 中国线上净水器销售额格局

（资料来源：中怡康）

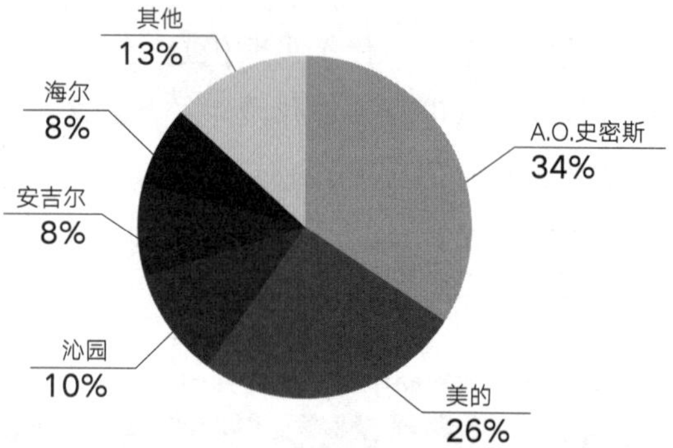

图52 中国线下净水器销售额格局

（资料来源：中怡康）

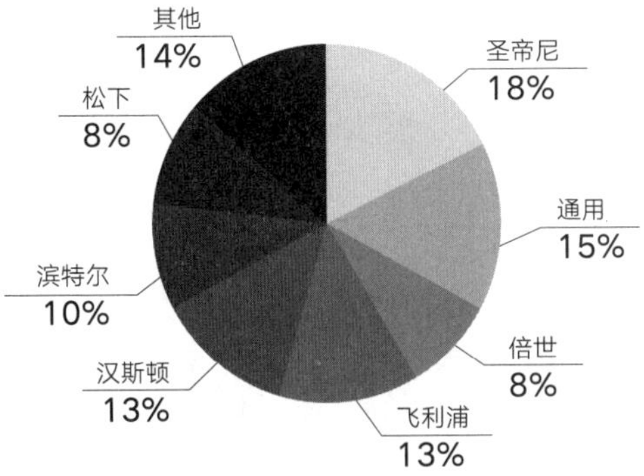

图53 美国净水器销售额格局

（资料来源：Jewish Market Reports）

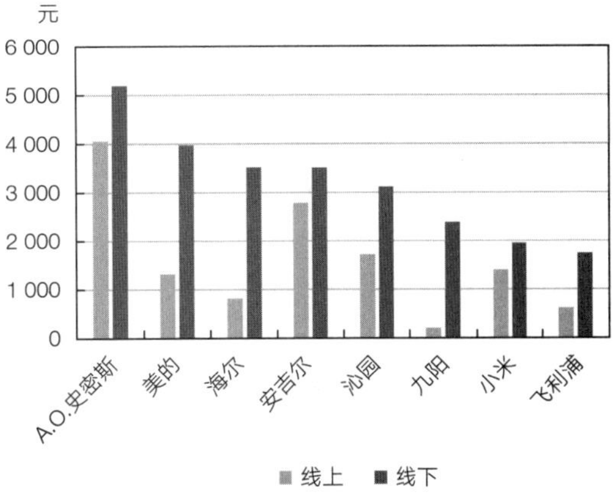

图54 部分品牌线上线下均价

（资料来源：中怡康）

各市场竞争结构差异大。中国品牌圣帝尼、汉斯顿在美国市场占有率较高，合计占超过30%的市场份额。中国主要品牌沁园、安吉尔及出口主要品牌汉斯顿、圣帝尼都坐落于中国深圳。美国市场占有率较高的品牌滨特尔及倍世在国内市场占比较低，我国进口以A.O.史密斯为主，倍世在欧洲长期保持近70%的市场占有率。

表6 国内外净水器市场主要参与者

区域	类别	代表	特点
国外	专业制造商	倍世、滨特尔	倍世为全球涉水技术应用范围最为广泛的水处理综合性企业，在欧洲水处理市场占有率高达70%以上，近年来已经成为欧洲水处理市场最知名的品牌；滨特尔1966年成立，主打水处理解决方案
	综合制造商	通用、飞利浦、松下	品牌效应强、质量控制优异、规模效应显著、产品迭代及时，基本处于微笑曲线两端
国内	专业制造商	安吉尔、沁园、圣帝尼、汉斯顿	深圳有一批中国专业净水设备和净水机等相关产品的制造商，部分厂家像圣帝尼和汉斯顿在国外市场具有较高市场占有率；安吉尔和沁园深耕国内市场，在国内享有较高的市场占有率
	综合制造商	海尔、美的、小米	具有渠道优势、品牌效应，消费者基础好，流量优势明显
	其他企业	九阳	小家电龙头，在电动类和电热类厨电领域具有较高市场份额，不断丰富自身品类，充分利用品牌效应

净水器市场线上低端为主，线下高端市场分散。净水器不同于其他清洁家电市场，低线城市发展较好，规模较大，主要因为低线城市水质隐患较多而居民对饮用水健康普及程度逐步提升。饮水机有前置安装属性，这也使得线下市场占比更高。

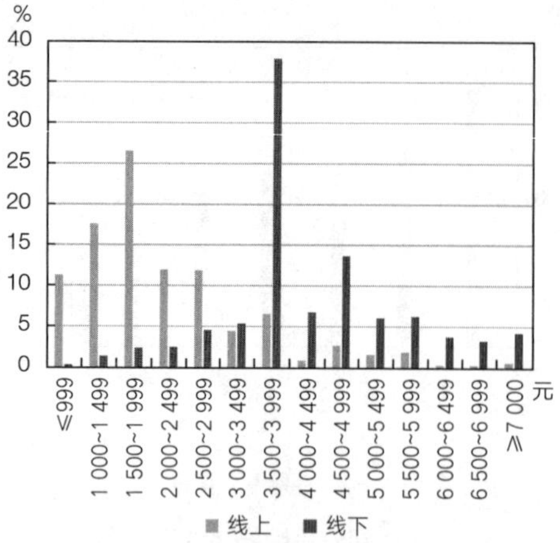

图55 线上、线下价格分布情况

（资料来源：奥维云网）

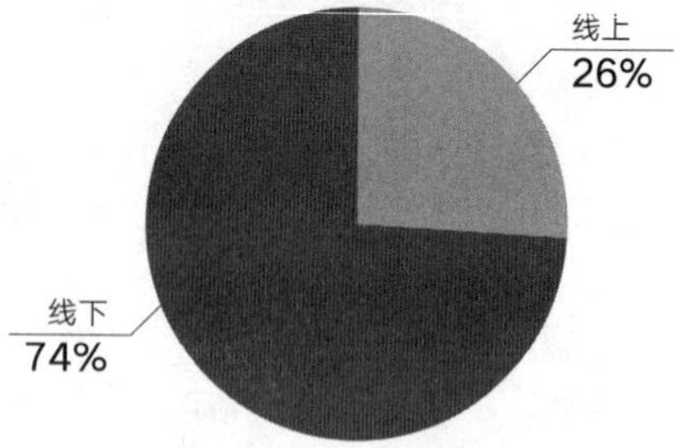

图56 线下、线下对比

（资料来源：奥维云网）

4. 中国空气净化器市场外资品牌为主，内资品牌占比逐渐提升。

专业空气净化器品牌较少、市场占有率低，外资整体市场份额高。2018年我国内资品牌销售额占总额的40%，相较于2015年的20%大幅提升，主要由美的、小米、莱克及亚都等品牌贡献，且均价整体低于外资品牌。

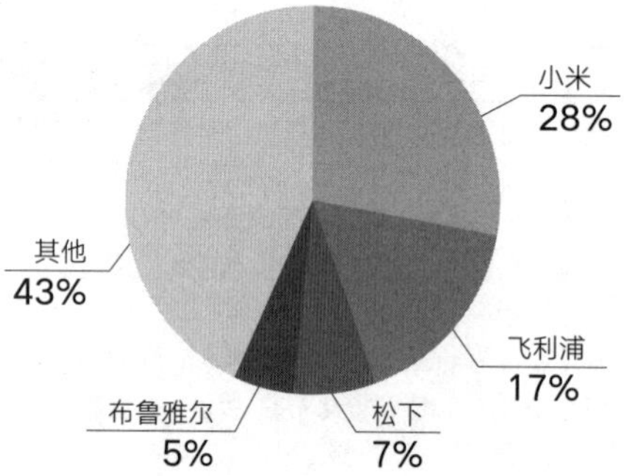

图57 中国线上空气净化器销售额格局

（资料来源：中怡康）

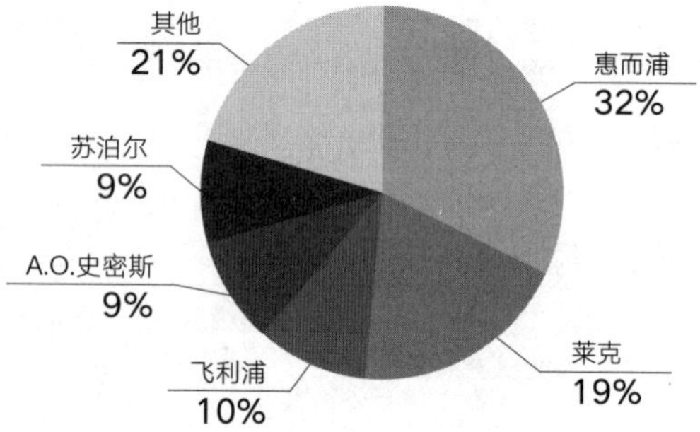

图58 中国线下空气净化器销售额格局

（资料来源：中怡康）

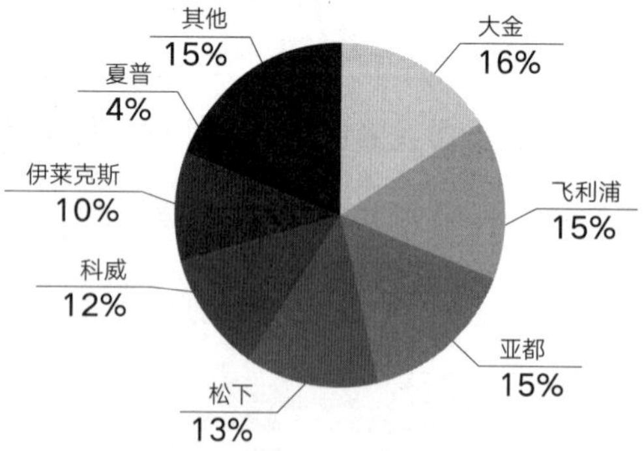

图59 美国空气净化器销售额格局

（资料来源：Open PR）

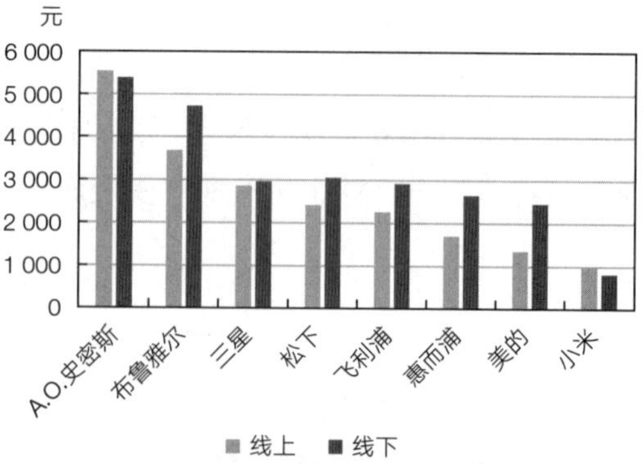

图60 部分品牌线上线下价格

（资料来源：中怡康）

中国市场以综合制造商参与者为主。主要的综合制造商小米、飞利浦、惠而浦在中国占比较高。相比之下，中国品牌亚都在美国也有15%左右的市场占比。跨品类厂家大金（Daikin）、莱克、苏泊尔等在空气净化器市场发展较好。

表7 国内外空气净化器市场主要参与者

区域	类别	代表	特点
国外	专业制造商	布鲁雅尔	布鲁雅尔位于挪威，在中国高端市场也具有一定的市场份额，全球市场份额较少
	综合制造商	大金、科威、松下、飞利浦、惠而浦、伊莱克斯	综合制造商品牌效应强、质量控制优异、规模效应显著、产品迭代及时，基本处于微笑曲线两端。大金和科威分别诞生于日本和韩国，空调出身的大金及清洁电器出身的科威在全球市场都有较高的市场占有率
国内	专业制造商	亚都	亚都在国内市场并没有十分优异的表现，在全球市场尤其北美市场占有率颇高，相比之下，中国市场由代表着高性价比的小米和渠道更优异的苏泊尔、莱克主导
	综合制造商	海尔、美的、小米	具有渠道优势、品牌效应，消费者基础好，擅长线上口碑营销，流量优势明显
	其他企业	莱克、苏泊尔	空气净化器是苏泊尔品类扩展"走出厨房迈进客厅"的重要产品；相对而言，莱克作为中国推杆吸尘器的领军企业，技术通用到空气净化器上，独具优势

高端市场占比高，线上线下占比均衡。中国市场线下惠而浦和A.O.史密斯等高价位占比高，线上以小米等互联网品牌为主导。总体来看高端产品的市场份额占比超过30%。

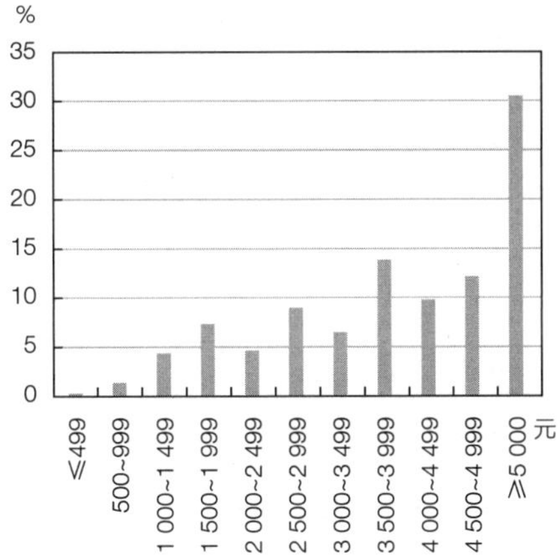

图61 线下价格分布情况

（资料来源：奥维云网）

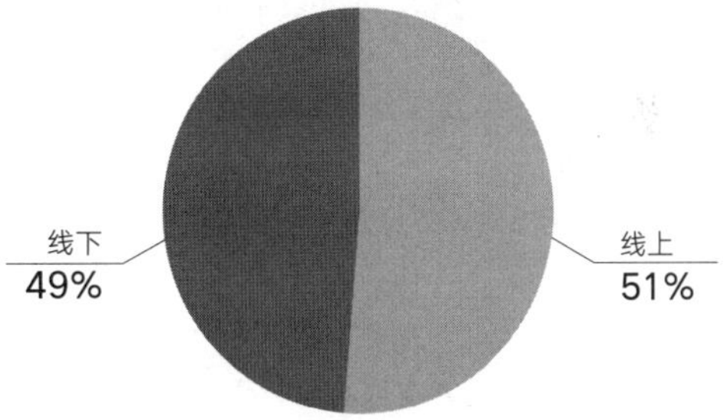

图62 线下、线上对比

（资料来源：奥维云网）

三、产业格局波动调整，多元发展共"待月明"

（一）中国在全球清洁家电全品类的制造地位提升为必然趋势

中国制造业竞争力保持世界前列。德勤在《2016全球制造业竞争力指数》中指出，中国制造业竞争力从2016年到2020年将保持世界前两名。

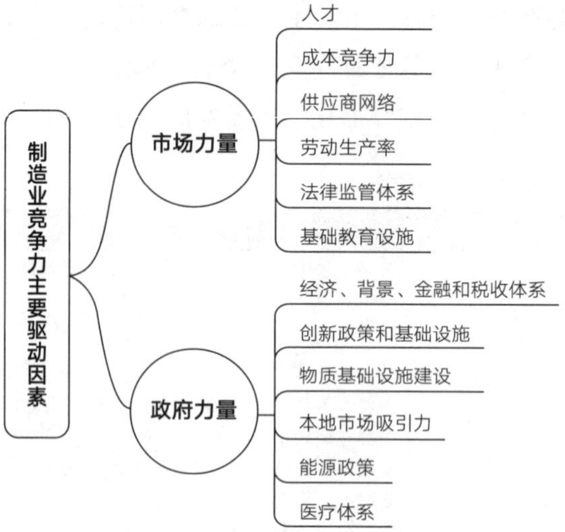

图63　制造业竞争力主要驱动因素

（资料来源：德勤有限公司）

表8　全球国家/地区制造业竞争力指数排名

2016年		排名	2020年（预计）	
评分	国家/地区		国家/地区	评分
100.00	中国	1	美国	100.00
99.50	美国	2	中国	93.50
93.90	德国	3	德国	90.80
80.40	日本	4	日本	78.00
76.70	韩国	5	印度	77.50
75.80	英国	6	韩国	77.00
72.90	中国台湾	7	墨西哥	75.90
69.50	墨西哥	8	英国	73.80
68.70	加拿大	9	中国台湾	72.10
68.40	新加坡	10	加拿大	68.10

资料来源：德勤有限公司、美国竞争力委员会《2016全球制造业竞争力指数》。

中国制造业竞争力始于成本优势。2016年中国的劳动力资源成本优势明显强于美国、日本及德国，而在人才、基础设施建设、法律监管体系、创新政策和基础设施上差距较大，这一时期前后的产业转移为中国培养了一批高质量的产业上游供应商。

表9　2016年各国关键竞争力驱动因素表现

关键竞争力驱动因素	美国	德国	日本	韩国	中国	印度
人才	89.50	97.40	88.70	64.90	55.50	51.50
能源政策	68.90	66.00	62.30	50.10	40.30	25.70
成本竞争力	39.30	37.20	38.10	59.60	96.30	83.50
法律监管体系	88.30	89.30	78.90	57.20	24.70	18.80
物质基础设施建设	90.80	100.00	89.90	69.20	55.70	10.00
创新政策和基础设施	98.70	93.90	87.80	65.40	47.10	32.80

资料来源：德勤有限公司。

发达的供应链网络将是中国制造业未来的核心优势。产业链上游较为简单的家具、服装等轻工业产品如今已经转移到劳动力更为廉价的东南亚劳动密集型国家，而技术工艺要求较高的汽车和高精尖仪器设备等则主要在美国及欧洲。

中国制造业可以在保证清洁家电产业链上游分散的零部件供应的前提下，提供高效及相对经济的劳动力支持。中国在吸尘器和扫地机器人两个品类上分别占据全球总出口量的48.98%和46.53%。在净水器和空气净化器两个品类，总出口占比只有9.3%和8%。未来，随着中国市场的兴起及产业链的逐步转移，这一比例有望向吸尘器和扫地机器人靠拢。

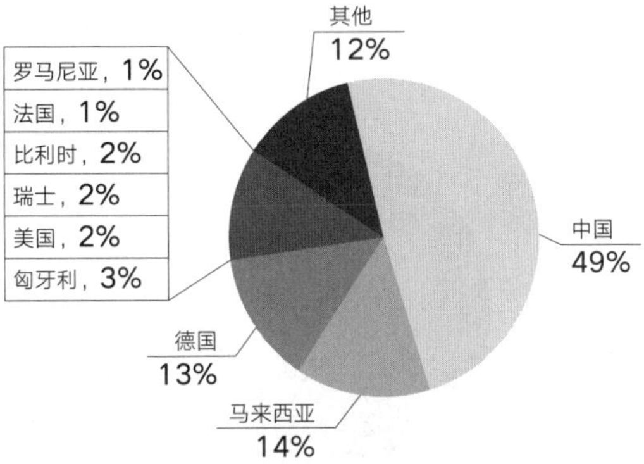

图64　吸尘器全球出口额占比

（资料来源：Comtrade）

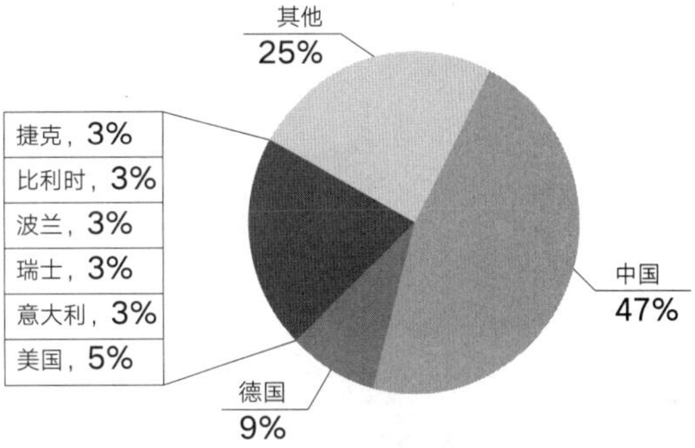

图65　扫地机器人全球出口额占比

（资料来源：Comtrade）

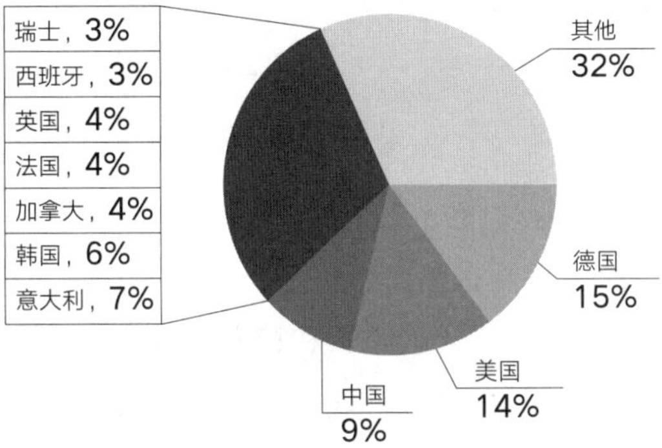

图66　净水器全球出口额占比

（资料来源：Comtrade）

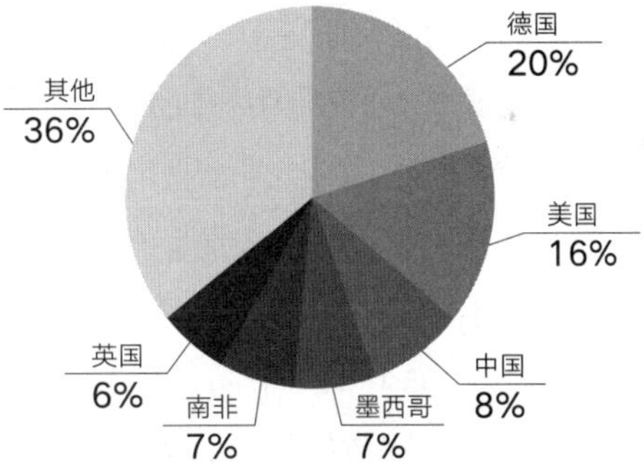

图67　空气净化器全球出口额占比

（资料来源：Comtrade）

（二）中国自主品牌高端市场竞争力不足，品牌格局仍处于变化之中

1. 中国在高端产品更多依赖进口。

大部分清洁家电进口主要集中在美国、德国、日本等老牌制造强国。对比中国进口主要的国家可以看出，净水器和空气净化器中美国（A.O.史密斯）、德国（工程用机为主）及日本（松下）占比较高。吸尘器进口主要源自马来西亚（戴森），当前中国仍不具备可以和戴森相抗衡的高端吸尘器品牌。

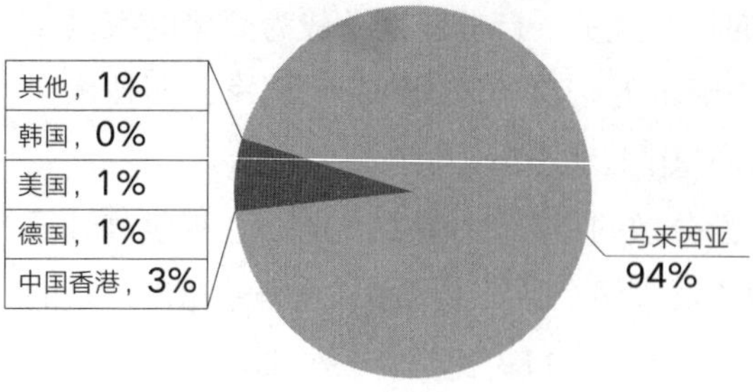

图68　中国吸尘器进口额占比

（资料来源：Comtrade）

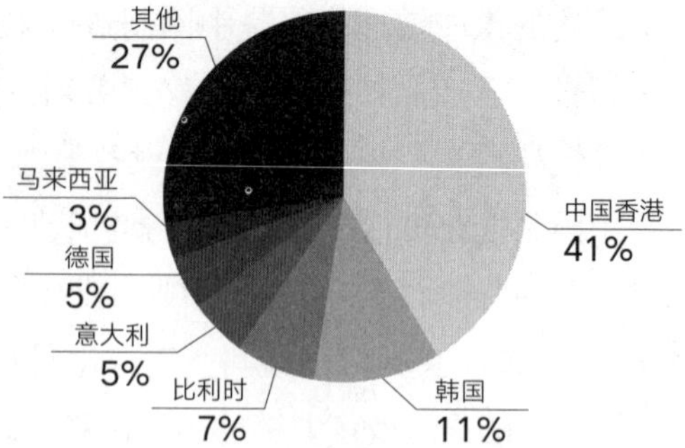

图69　中国扫地机器人进口额占比（香港为转口贸易）

（资料来源：Comtrade）

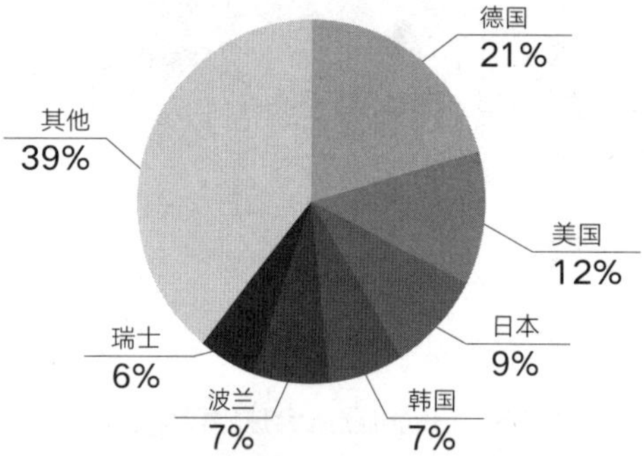

图70　净水器全球进口额占比

（资料来源：Comtrade）

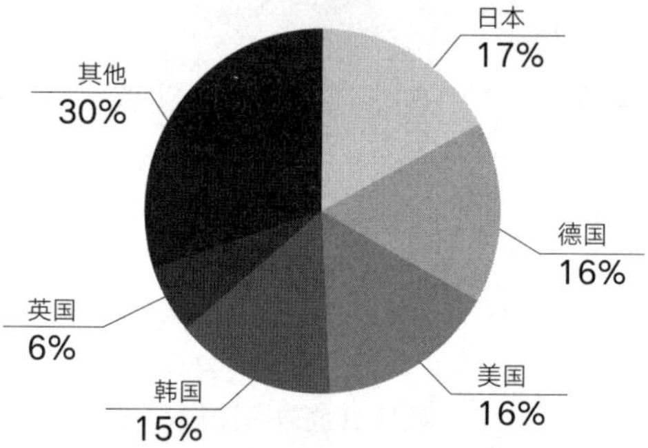

图71　空气净化器全球进口额占比

（资料来源：Comtrade）

2．格局波动调整是中短期行业主调。

净水器和空气净化器行业出清中，吸尘器行业新晋品牌急流勇进。奥维云网数据空气净化器和净水器品牌数量在2018—2019年分别萎缩149个和25个。据前瞻经济学人统计，2018年空气净化器企业存续品牌为453个，净水器企业2019年上半年线上存续251个，线下存续105个，两个品类仍在出清阶段。吸尘领域（含吸尘器和扫地机器人）竞争白热化，奥维云网数据显示，2019年吸尘器线上存续137个品牌，线下存续41个品牌，且整体呈净流入状态。线上渠道推广门槛较低、资金占用较少，是主要战场。扫地机器人目前品牌数量波动较小，《互联网周刊》和eNet研究院数据显示，2018年线上扫地机器人数量为160个，与2016年基本持平。

空气净化器行业，竞争格局高端趋势强劲。空气净化器行业国外品牌强势，市场整体为高端机主导，国产品牌整体市场参与度大幅下降，小米在低端价位仰仗较好的市场运作和渠道优势整合低端市场，与小米客群相同的国有厂商被迫去库存和谋求转型，剩下的品牌也只能勉强维持生存。

净水器行业，低价竞争出清产能。近年流行的机体水流通量加大的趋势提高了造价，使行业利润空间压缩明显，高配低价使高成本企业被迫出清。线上中、低端占据绝大部分市场并持续走强，线下终端市场强势，低端产品在线下难有起色。

吸尘器行业竞争加剧，国内品牌通过定位区分和聚焦长尾来避开与戴森的正面竞争。吸尘器行业目前是清洁家电中景气度较高的行业，目前集中度由于新品牌的进入而不断下降，高端份额上戴森基本统治了2 000元以上的市场。2 000元以下市场集中度十分分散，目前还没有形成明显的竞争格局，相信在未来3~5年的时间，将会有品牌扩充变为品牌清出，综合制造商如美的、苏泊尔和专业制造商小狗、莱克等市场占有率会逐步提升，行业中低价位段市场格局走向集中。

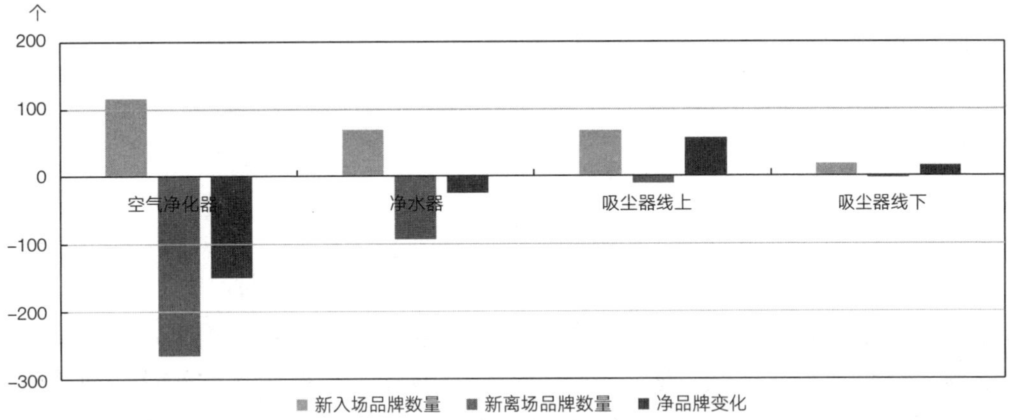

图72 2018—2019年度各品类品牌数量变化

（资料来源：奥维云网）

（三）制造商品类扩张打开多元赛道是未来趋势

1. 单一品类多形态，新技术推动型号开发。

成熟市场吸尘器相关品类占比相对均衡，横向覆盖有利于品牌均衡发展。吸尘器市场在欧洲发展多年，各品类发展成熟，满足单一需求的产品都占有一定市场，拘泥于同样的产品会导致品牌丧失大量市场份额。

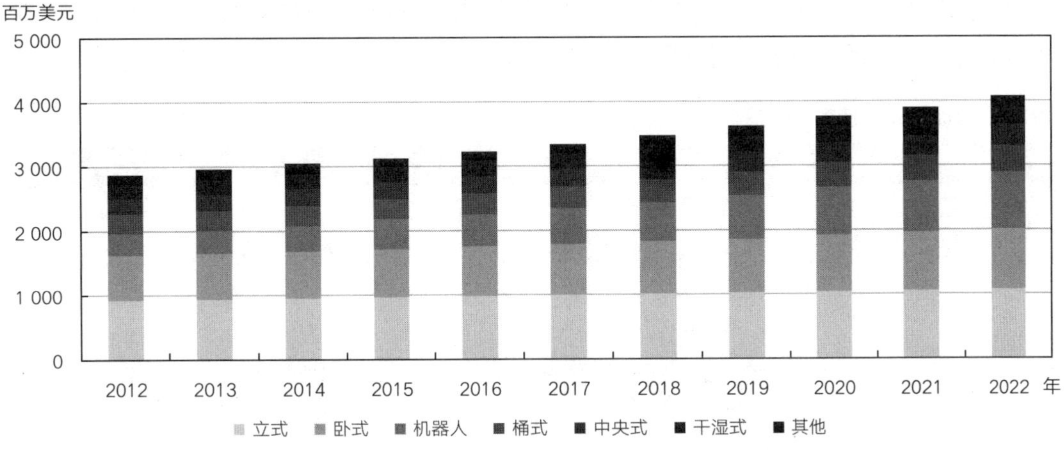

图73 欧洲市场吸尘器各领域都占有相对均等的市场比例

（资料来源：Grand View Research）

清洁家电产品选择多样、技术更迭快。制造商在产品研发、技术积累和市场定位上需要多种组合以满足消费者不同的需求。

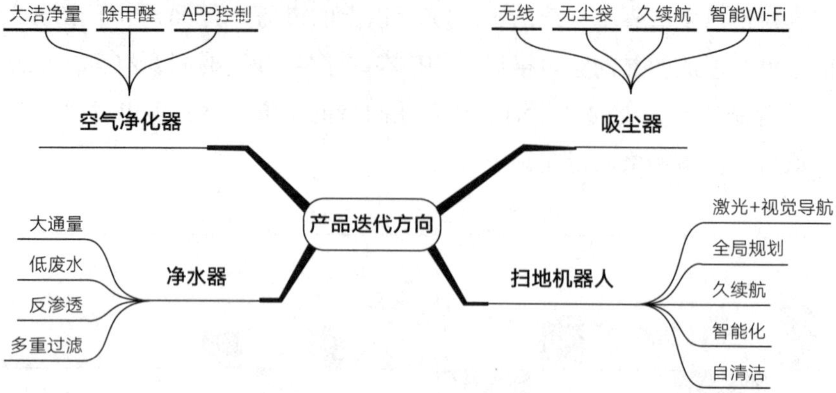

图74 目前清洁家电主要的技术方向

吸尘器领域“戴森”定义推杆吸尘器，高端市场无出其右。目前吸尘器市场的主流迭代方向便是“无线”“无尘袋”“久续航”及智能Wi-Fi，基本新上市的吸尘器型号都是“无尘袋”搭配“无线”，戴森是这一产品形态的推动者，使得其他竞争者跟风模仿。另外，在“久续航”方面，戴森业内最先采用21700电池，使机器能量提高35%，成本下降9%，电池自重降低10%。

电机保证地位稳固。目前以国内的生产能力，复制外观和电池选择都不是问题，制造厂商想撼动戴森在高端市场的统治地位，核心问题是在电机领域的技术突破。国内部分厂商在电机领域已经做到电机一分钟10万转以上的性能，而在用料、工艺和电机最后的扭力输出上还存在不足。

扫地机器人技术演进集中在导航和清扫效率上。扫地机器人因为有智能机器人属性，更新换代带来的市场冲击强于其他的家电品类，对于产品使用体验的改进是外观无法比拟的。扫地机器人经历了从“随机碰撞”到“视觉导航+路径规划”的演化之路，艾罗伯特凭借其军事工业的技术积累，在扫地机器人行业一直是技术标杆，而国内厂家在不懈努力之后也逐渐追平了与领军品牌的技术差距。

表10 扫地机器人技术进化的标志时点

年份	环境识别	路径规划
1996	超声波仿生技术	随机模式
2002	超声波仿生技术	随机碰撞式
2011	信号定位	虚拟墙技术
2014	摄像头识别	合理规划、构建环境模型
2010	SLAM360度旋转的激光测距仪	合理规划，断点记忆恢复
2015	iAdapt寻路导航技术	VSLAM和全局规划功能
2016	无线载波室内定位系统	全房间多点矩阵定位
2018	LDS激光导航	SLAM算法

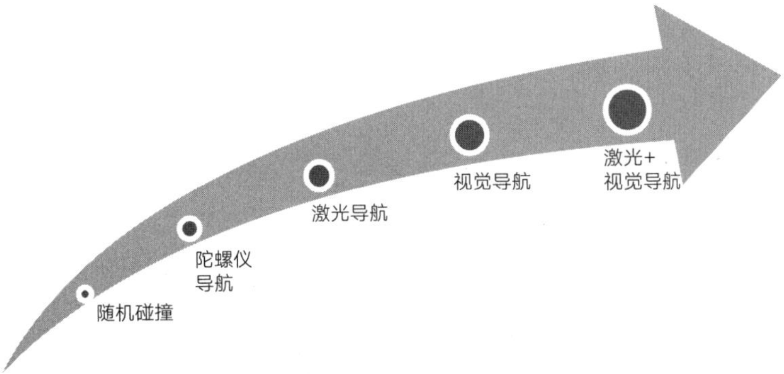

图75　激光+视觉导航是未来趋势

空气净化器是受环境事件催化而迸发的品类。2017年以前的城市雾霾天气及近年频发的房屋装修甲醛安全事件都使空气净化器的需求和产品诉求发生变化，也深刻刻画着这个品类的技术走向。随着对大气治理水平的不断提高，当下空气净化器市场最大的技术方向，从一开始的微颗粒吸附逐步上升到“除醛”。

表11　家居装修空气污染物

	来源	危害
苯	合成纤维、油漆、涂料等	抑制造血功能,导致贫血和白血病,强致癌
氨	混凝土、防火板、大理石等	引发哮喘等疾病，减弱人体抵抗力
TVOC	装修材料、家具挥发性气体	引起机体免疫水平失调，严重损伤肝脏和造血系统
甲醛	刨花板、胶合板、墙纸等	引发鼻咽癌、喉癌等
$PM_{2.5}$	扬尘、尾气、挥发性有机物等	增加患心肺相关疾病概率

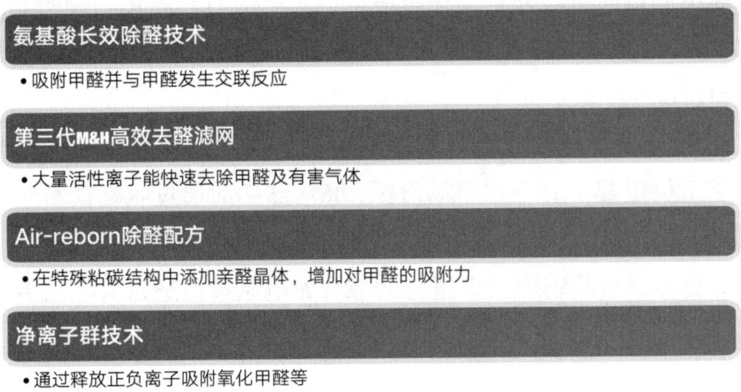

图76　除醛新技术趋势

净水器技术发展已遭遇瓶颈，开拓运用场景是新角度。净水器的技术最早只是一包活性炭，后来用仿生物技术模仿海鸥体内过滤海水的渗透膜造出了RO反渗透膜，净水的诉求从过滤颗粒到过滤细菌，再到水溶性盐，最后到重金属离子。目前的技术已经可以将显微镜无法看到的重金属离子一并过滤，在过滤的“干净”这条路上，当代科学已经走到了尽头。未来的方向除了扩大水通量、提高智能化、集成水路外，新的应用场景及和新式家电产品相结合也是净水器的新方向。

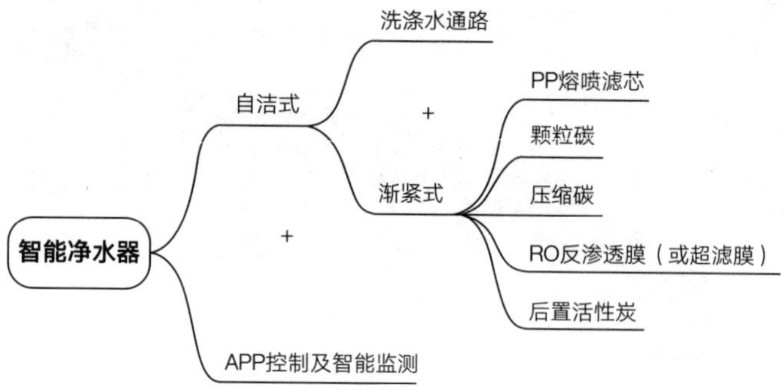

图77 净水器的演化是做“加法”

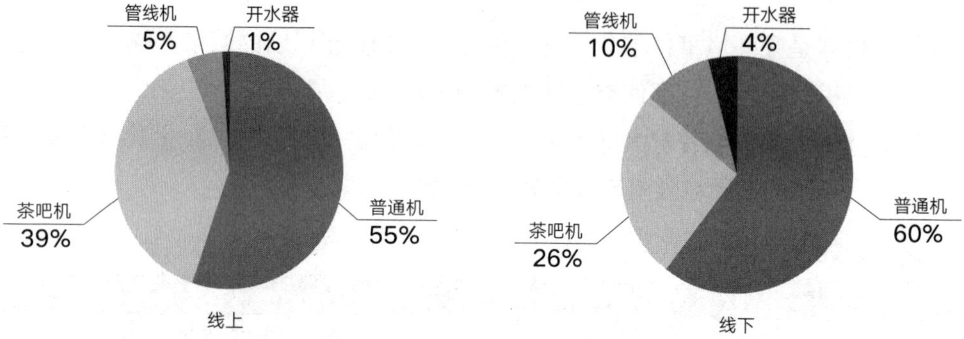

图78 与净水器相结合的饮水机产品

2．多品类复合经营，多维度覆盖清洁家电市场。

专业清洁家电制造商玩跨界。专业清洁家电领域横向一体化趋势明显，吸尘器起家的戴森跨界做个人护理小家电，扫地机器人起家的科沃斯推出“添可”无线手持吸尘器，莱克推出空气净化器等产品，等等。

清洁家电市场是综合制造商不可缺席的市场。小米横跨黑、白、厨电及小家电市场，在各个品类市场里都享有一定市场份额；JS环球生活通过收购尚科宁家进入吸尘器制造商的行列；苏泊尔走出厨房走向客厅，推出了空气净化器等产品；等等。随着行业的发展，还会有更多具有品牌力、渠道力的综合家电制造商通过并购或者研发进入清洁家电这片蓝海。

户外用品：

山高水阔、风雪兼程

刘田田　东兴证券研究所纺织服装组

产业描述：

户外休闲狭义角度上指在自然或半自然的环境中进行的休闲活动，包括露营、野外探险、骑行、登山、滑雪、自驾越野等，户外用品产业则是伴随着户外运动兴起而发展起来的产业。户外用品分为户外服装、户外功能鞋及户外装备三大类别。从户外运动类别看，滑雪和登山攀岩是国内发展最快的两项运动，伴随着冬奥会和攀岩纳入奥运项目等一系列利好因素，户外用品产业也呈现出山高水阔、风雪兼程的发展态势。

户外用品的产业链有四个环节，分别是原料生产环节、工厂加工环节、品牌商环节、下游零售环节。（1）户外用品的原料主要是化纤材料，偏标准品，行业产能充足，面料企业如果掌握专有技术，则对品牌商形成较强的议价权，如戈尔公司的Gore-Tex面料目前仍是性能最卓越的户外面料。（2）代工企业是附加值最低的环节，我国境内有众多户外用品的OEM/ODM业务代工企业。（3）品牌商在产业链内价值最高，海外品牌哥伦比亚（Columbia）、北面（The North Face）等都定位中高端，国内品牌探路者等主打性价比。（4）下游企业分为两种：一是专门的户外用品零售商，如迪卡侬（Decathlon）、三夫户外；二是综合性零售商，如家乐福、沃尔玛等。

一、我国户外活动参与率仍低，户外用品行业发展潜力大

（一）户外用品产业经历了快速发展期，目前发展平稳

户外用品产业链有四个环节。

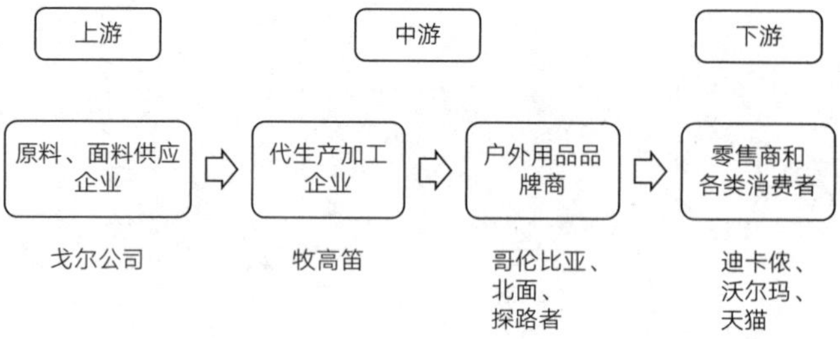

图1 户外用品行业产业链示意

我国户外用品行业从中游代工企业起步，经历了三个主要发展阶段，目前处在稳定发展期。根据COCA（中纺协户外用品分会）发布的最新报告，2018年中国户外用品市场零售规模249.8亿元，同比2.1%，出货总额141.2亿元，同比2.38%。

第一阶段是20世纪90年代至2000年。这一阶段我国出现了户外用品的代工企业，户外用品行业在我国开始萌芽，消费者主要以少数的专业用户为主，规模有限。

第二阶段是2000年至2012年。这一阶段户外用品行业迎来爆发式增长，户外用品零售总额从1.48亿元上升到145.2亿元，GAGR高达46.54%。这一阶段，户外用品开始从专业用户向大众用户普及。

第三阶段是2015年以来。这一阶段因为同质化竞争明显和消费者对户外运动认识还不到位，行业中小企业出现一波出清，增速放缓，回归到20%以下水平，进入平稳发展阶段。

总结2015年后行业增速放缓的主要原因：一是同质化竞争，在高速发展阶段出现众多集中在低端市场的品牌和产能，在本阶段出现了供给侧的出清；二是消费者端虽完成了初步的从小众到大众，但是消费者对户外运动的理解和认识都停留在最浅层的阶段，需求方面也出现了放缓。经过此次调整，未来行业向着更精细化的方向发展。

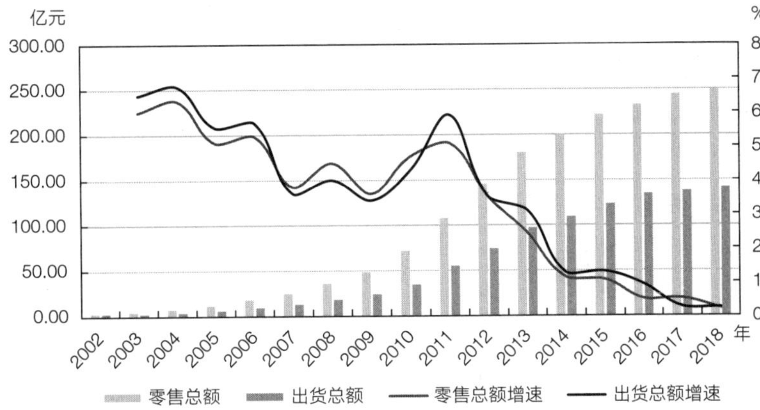

图2　2002—2018年中国户外用品市场出货额和零售额及增速

（资料来源：COCA．中国户外用品2018年度市场调查报告［R］，2019）

（二）与国外户外活动参与率比，我国差距明显空间巨大

1．发达国家户外运动参与率高，推动户外品牌蓬勃发展。

发达国家户外运动发展历史悠久，文化底蕴深厚，有群众性户外运动基础。2015年美国参与户外运动的人数为1.4亿人，约占美国人口总数的48.4%。近50%的民众参与率使户外休闲产业成为第三大消费支出产业，仅次于金融服务保险业和医疗门诊业，并且创造了最多的就业岗位。

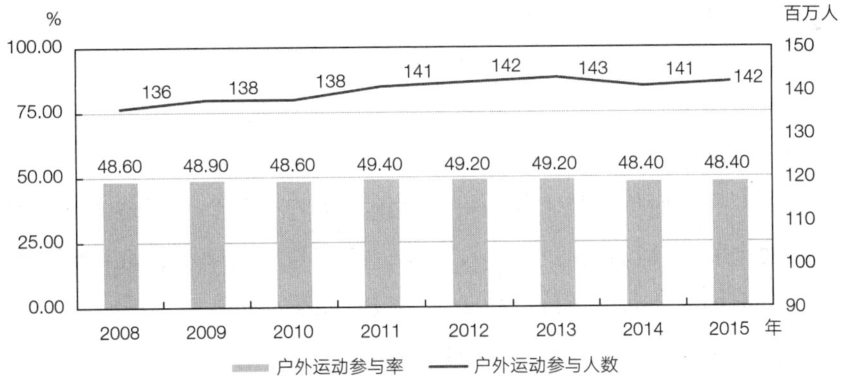

图3　美国户外运动参与情况

（资料来源：ISPO．美国户外运动参与者调查报告［R］，2019）

2．国内户外参与率低，潜力巨大。

据中国户外联盟统计，目前我国每年有1.3亿人参与徒步旅行、休闲户外等运动，占总人口的9.5%，有6 000万人参与登山、攀岩、徒步等运动，占总人口的4.38%，仍与美国近50%的户外运动参与率差距较大。从人均消费看，我国户外活动年度人均消费额不足

20元，而欧美和亚洲发达国家的人均消费额均在300~800元。目前我国人均户外用品消费金额与欧美市场相比较看，我国户外用品市场刚刚走过导入期，远未达到成熟期，仍有巨大的市场潜力可以挖掘。

（三）户外品牌呈金字塔形，国外品牌占据高端，国内品牌主打性价比

1. 行业品牌呈金字塔竞争格局。

我国户外用品行业呈现出金字塔的竞争格局，高端市场几乎被国外一线品牌垄断，如以始祖鸟（Arc'teryx）等为代表的超高端品牌和以北面、哥伦比亚等为主的中高端品牌；而多数国内品牌徘徊在中低端，如探路者、迪卡侬。

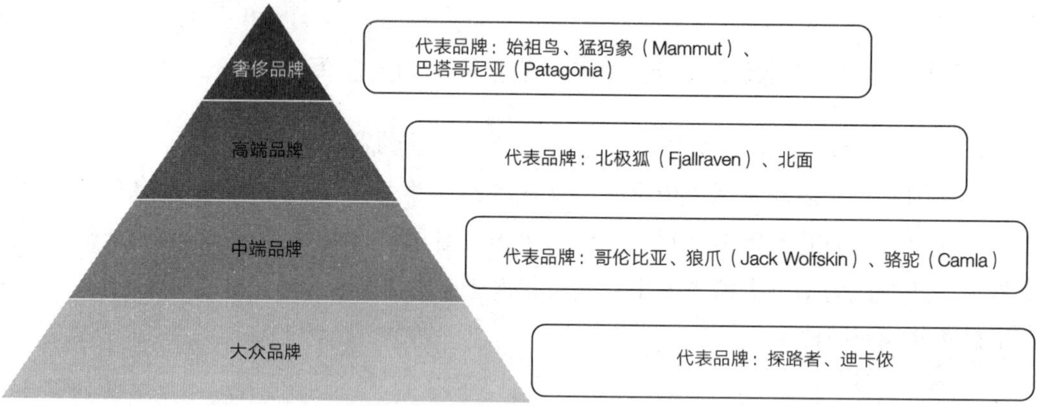

图4 户外运动品牌金字塔布局

2. 国外品牌依靠研发投入和营销建立了专业性壁垒。

高端哥伦比亚和北面依靠技术与营销建立绝对优势，两个品牌成立时间较早，持续的研发积累，使产品的科技含量更高，在登山、滑雪等主流户外活动上技术优势绝对领先其他品牌。哥伦比亚和北面坚持产品必须通过专业运动员实地测试，经过改善才能投入市场，这强化了其专业形象。同时，哥伦比亚和北面也积累了优秀的营销资源，无论是户外赛事赞助等传统营销方式，还是饥饿营销、社群营销等新兴营销方式，都较其他品牌资源更丰富。

超高端品牌专注优势领域，将新技术运用至极致。超高端品牌都具有自己强势的细分领域，定向突破打开市场。如始祖鸟的冲锋衣是公认的顶级，无论做工还是技术都追求极致，它是第一个采用GORE-TEXXCR面料的品牌。始祖鸟永远在新材料和新工艺方面寻求突破,获得了户外工业领域领跑者的国际共识。火柴棍（Haglofs）以做背包起家，轻量化设计、高度的易用性及超长的耐用性等都是其背包的设计特色。

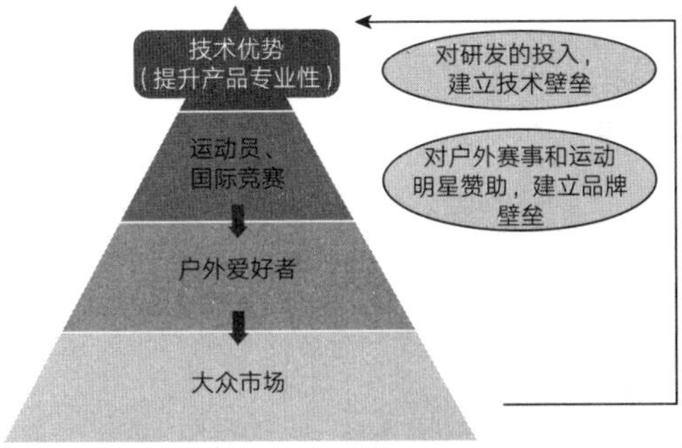

图5 高端品牌靠研发和营销建立品牌优势

（资料来源：根据网络信息整理）

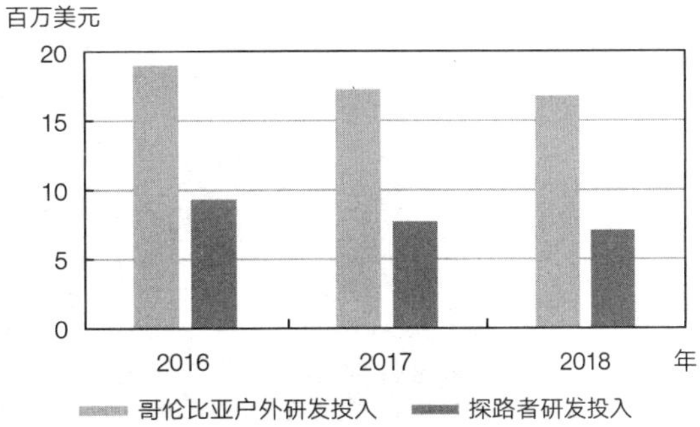

图6 国内外品牌研发投入规模有差距

（资料来源：Wind）

国内户外用品上市公司规模最大的为探路者，品牌定位大众，产品专业性较差，收入规模与国外品牌相比较小。国内户外品牌的影响力及产品质量和技术都与国外品牌有显著的差距。另外两家上市公司牧高笛和三夫户外分别为OEM/ODM工厂和渠道零售商，都处在产业链非核心链条，产值较低。

3．安踏收购亚玛芬，国外公司对高端品牌的垄断被打破。

2018年12月7日，安踏体育宣布收购亚玛芬体育，包括其旗下加拿大奢侈级户外装备品牌始祖鸟，以及法国山地户外越野品牌萨洛蒙（Salomon）等多个细分领域领导品牌。萨洛蒙和始祖鸟产品功能性强，且国际知名度高，在专业户外运动员中享有良好口碑。安踏将能够通过这些头部户外品牌切入户外行业，尤其是户外行业的中高端市场。自此，安踏打破了国内公司没有高端户外品牌的状况，形成了一个“运动+户外”的泛体育品牌集团。

二、产业供需探究发展动力：重视细分需求，提高供给质量

（一）供给侧：产业政策支持和基础设施建设持续进行

体育包括户外运动的功能除了它的健身强体之外，还有巨大的经济价值。2014年国务院下发《关于加快发展体育产业促进体育消费的若干意见》，明确提出2025年体育产业总规模要超过5万亿元，并且提出户外运动的比重将会越来越大，休闲户外运动产业的发展能够有效带动当地其他产业的发展。

户外运动休闲供给侧一个很大问题是，当前我国户外基础设施建设仍然薄弱，户外技能和知识的普及程度较低。对比欧美近百年的产业发展史，户外行业在中国只有二十多年的发展历史，行业基础设施建设薄弱，管理制度不健全。美国有遍布全国的露营地和房车公园，欧洲几乎全部的户外山地都有线路规划、距离标示、难度分级和危险提示，这些基础设施建设在国内只是刚刚起步。

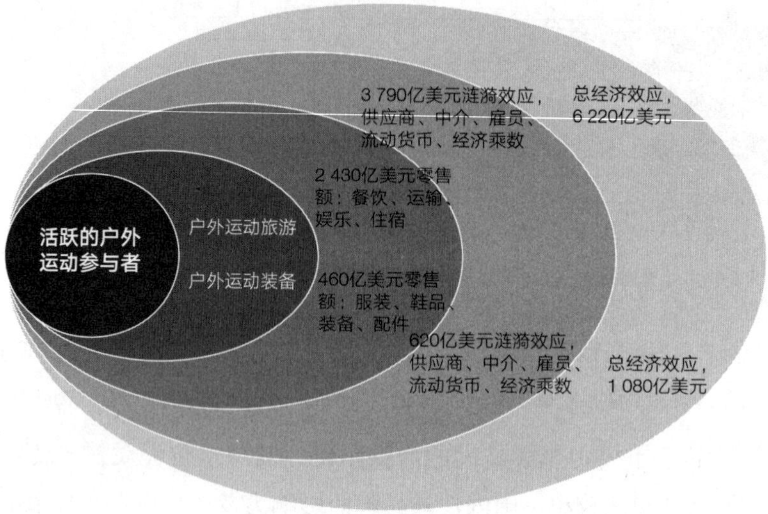

图7 户外运动用品的经济效益推演

（资料来源：户外资料网）

表1 户外运动基础设施建设计划汇总

序号	运动项目	基础设施建设计划
1	户外冰雪市场	2022年冬奥会之前滑雪场超过700个，滑雪人数5 000万人
2	徒步市场	2020年健身步道每个县市区增加300公里+，增速达90%
3	露营市场	汽车自驾露营地增加1 200个以上，青少年营地增加2 500个以上，2020年全国房车营地数量将建超4 000个
4	垂直运动市场	攀岩入奥，东京2020奥运会前，攀岩馆增加300家以上，攀岩人群增加8 万人以上
5	越野跑市场	大众运动的转化（路跑—越野跑）
6	旅游度假市场	交通基础设施便捷大交通，观光旅游到度假旅游

（二）需求侧两大动力推动行业扩容

随着生活水平和收入的不断提高，我国人民购买力不断增强，势必推动户外运动需求的发展。全国城镇居民人均可支配收入、农村居民人均纯收入由2008年的1.6万元、0.5万元增长到2018年的3.92万元、1.46万元，年复合增长率达到9%和11%。居民收入水平的发展是户外行业发展的原始推动力。

1. 中等收入群体扩大，户外活动成为生活品质象征。

中等收入群体的扩大将提升整体消费品质。随着宏观经济的稳步前进与人均收入的稳步提高，中国的中等收入群体规模不断扩大，将有效带动户外产业的发展。欧睿信息咨询估算，2017年中国中等收入群体的规模为2.46亿人，是拥有中等收入群体人口数量最多的国家。到2020年中国的中等收入群体和富裕人群将达到4亿人以上，届时将会占总人口数量的29%以上；中国城镇消费增量的81%将来自上层中等收入群体及富裕群体消费者，其消费预计将以每年17%的速度增长。

2. 观光游向度假游过渡阶段的旅游消费。

从旅游消费发展阶段来看，旅游消费将经历一个消费升级的过程，先后经历观光游—休闲游—度假游三个阶段。2008年，我国人均GDP达到3 266.80美元，意味着我国旅游业开始进入度假游发展阶段，具体表现为家庭度假市场快速发育、大型休闲度假景区不断涌现、自驾游正在兴起。观光游向度假游转变，有利于丰富消费者的户外活动，这些都将带动户外用品需求的增加。

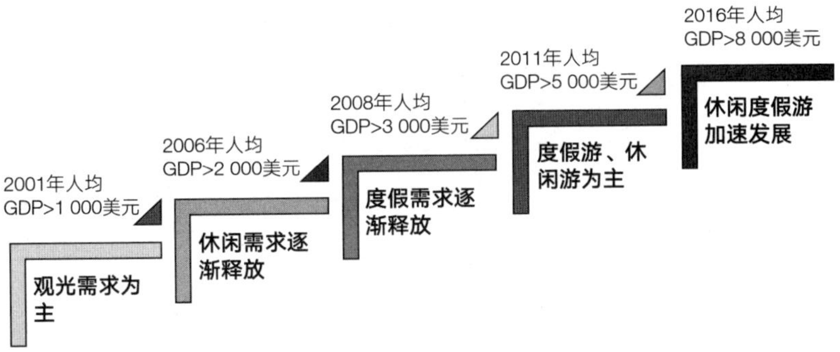

图8 中国人均GDP增长推动观光游向休闲、度假游发展

（资料来源：中国产业信息网）

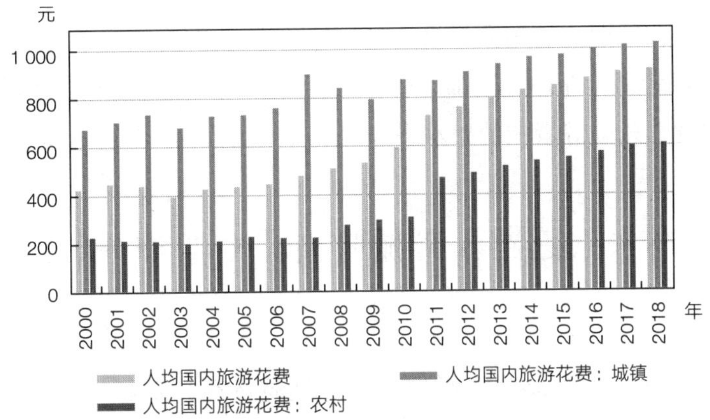

图9 我国城乡居民旅游花费快速增长

（资料来源：Wind）

（三）两大运动需求旺盛：冰雪运动、攀岩活动

1. 冰雪运动市场。

全球滑雪场年均产值达到7 000亿美元，全球滑雪人次在4亿左右，滑雪者群体为1.3亿人。滑雪运动是参与人数最多、经济产值最大的一项户外活动。随着北京、张家口成功获得2022年冬奥会主办权，中国冰雪运动迎来了巨大的发展契机。相关数据表明，冬

奥会将带动中国3亿人参与冰雪运动，到2020年我国冰雪产业市场规模将达到6 000亿元，2025年将超过万亿元。

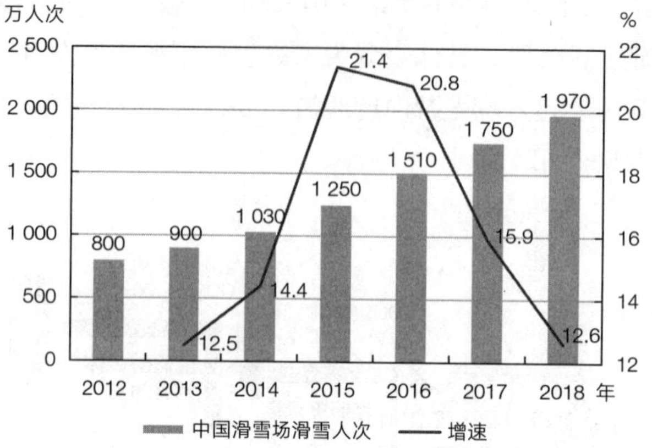

图10 中国滑雪场滑雪人次及增速

（资料来源：劳化特·凡奈特. 2019全球滑雪市场报告［R］，2019）

2. 山地户外运动市场。

2020年攀岩运动将首次进入奥运会。尽管中国攀岩行业已发展30年，但整体行业仍处于市场增长期。攀岩行业从2013年已进入增长期，过去5年的年均环比增长率为39%。预计在2025年时，我国商业岩馆数量将达900家，活跃岩友有望突破10万人。根据美国相关统计，攀岩爱好者每年在户外服饰、鞋袜、装备、配件及电子设备上的消费高达1 258美元，远高于普通户外爱好者的消费水平。

三、品牌商未来之路：紧抓时尚、专业细分领域，加强产业链建设

如前文所述，国内户外品牌的影响力及产品质量和技术都与国外品牌有显著的差距。通过分析国外户外品牌的成功经验，可以得出国内品牌的突围之路。首先，在产品定位上要抓住行业内发展较快的细分领域，抓住核心客群进行精准营销，从而真正树立自己的品牌特色。其次，在产品方面要加大研发投入，加强供应链方面的建设，提升产品专业性和产品质量。

（一）抓细分市场，树品牌特色

1. 北面从小众户外到大众潮流。

国外户外用品时尚化，使其进一步融入日常生活，从“专业装备”扩充到“大众日用”领域，从而可以创造品牌新的增长点。以北面为例，2000年北面的经营出现问题，

被VF集团收购，品牌开始走大众化户外休闲品牌的路线。与潮流品牌开发联名款，是北面开拓户外潮流市场的一项举措，同时北面也借此联名系列打入新生代消费群体之中。2007年，北面开始与美国潮牌Supreme进行联名，在潮流服饰中拓展一席之地。2013年，北面成为VF集团旗下首个突破20亿美元的品牌，2015年实现销售额为23亿美元，成为VF集团旗下最大的单品牌，也成为全球最大的户外品牌。

2．始祖鸟重视女性市场，提出性别均衡。

越来越多的户外活动中不断出现女性的身影，如登山、露营、徒步、滑雪等，户外运动不再是男性的天下，女性户外如今也占据了户外市场的一席之地，设计单一的户外装备很难打动她们。因此，户外装备在产品设计上也需要有时尚的感觉，这样既能满足运功需求，又能满足平时穿着需求。始祖鸟在未来发展战略里，明确提出目标群体方面，由以男性消费者为主到性别更加均衡。2019年冬，始祖鸟与潮流品牌Off-White联名在时装周亮相，把冲锋衣搬上OW时装秀，助力此后打开女性时尚休闲市场。

3．中国富裕人群扩大，更注重专业化需求。

2018年中国的高净值人群数量接近200万人，与2014年相比近乎翻倍，年均复合增长率达到23%。富裕人群更推崇“户外+生活”等相关理念，对户外用品的专业要求也更高。以始祖鸟母公司亚玛芬为例，亚玛芬集团中国区收入占比仅为5%，而全球运动品牌龙头耐克和阿迪达斯中国区收入占比均超过15%。高端户外运功品牌对比高端运动品牌看，在中国的发展潜力巨大。

表2　户外品牌上市公司VS运动品牌中国区收入占比对比

公司简称	中国区/亚太收入占比/%	备注
亚玛芬	5	中国区
哥伦比亚户外	12.52	拉美亚太地区
威富公司（VF）	11	亚太区
耐克	15.87	大中华区
阿迪达斯	17.97	大中华区

资料来源：Wind。

综上所述，国内的户外需求更加细分化，国内的运动品牌也需要进行品牌升级，在产品设计和营销方面，要加强品牌建设与推广，打造品牌文化，可以积极融入中国元素；要重视泛户外运动市场空间，尤其是户外运动与旅游休闲交集的细分市场，精准营销拓展用户群。

以探路者为例。公司近年逐步聚焦户外用品主业，持续推进产品颜值升级，强化自己的性价比特色，同时加大科技含量，加大日常化产品比例，包括推出全新的城市技能户外子品牌“TOREAD×行者”定位新一代年轻人，产品动销良好。在营销方面，公司在2020年将开展以短视频平台为载体的主题活动，以及极地大秀、“行走的力量”等一系列营销活动，进一步推动公司品牌升级。根据公司最新发布的业绩预告，公司2019年扭亏为盈，表明公司的产品和营销策略取得一定成功。

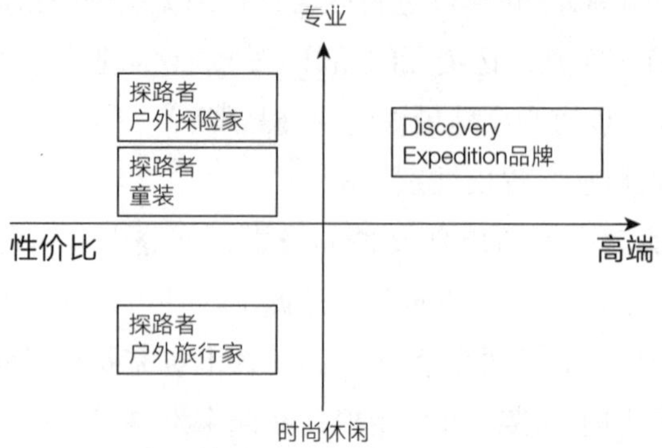

图11　探路者新划分的四大产品系列定位

（资料来源：探路者公告）

（二）加大研发投入，加强供应链建设

1. 顶级户外品牌重视新材料的运用，并注重对工厂赋能，保证产品质量。

始祖鸟极其重视新材料的运用，因此也十分重视与上游原材料企业的联合开发。始祖鸟的产品价格在行业内属于顶尖，不仅仅是其成本昂贵、做工精细，更是其创新赋予的附加值高。除了自身的研发，在与工厂合作过程中，始祖鸟会帮助工厂进行系统、关键技术和生产基础知识的培训，并逐步帮其引入专业的生产和管理方法，积极推动合作供应商的优化成长。

表3　始祖鸟运用的新材料和新技术

具体项目	创新方面
第一个采用GORE-TEXXCR面料的品牌	材料，戈尔公司独家授权
第一个开发并使用防水拉链	辅料，授权给YKK
第一个创新性设计——防水拉链仓	加工工艺
第一个采用每英寸16针的细密缝制方法	加工工艺
第一个采用窄防水压胶条及结合部切割技术	加工工艺
第一个采用热贴合魔术贴	加工工艺
第一个在衣领部位采用黏合技术的面颊保护层	加工工艺
第一个采用热压黏合口袋	加工工艺
第一个在服装的下摆部位采用黏合技术	加工工艺

资料来源：一点资讯。

2. 国外高端品牌重视与户外运动员合作，持续研发创新。

户外运动产品专业性较强，其使用环境经常是在极端的天气或地理条件下，因此对产品的功能性要求较高。北面品牌在发展的过程中，通过持续不断的开发新技术、推出新产品、改善产品功能，尤其是在产品开发方面与运动员合作，持续改进产品性能，先赢得专业运动员认可，这样也容易获得市场认可。北面产品都需要经过严格的市场调研、结合最新高科技的专业设计、精心生产及运动员实地测试，从而保证产品的专业性和实用性，能够切身解决户外探险者的实际问题。为此，北面与世界上最优秀的极限运动员签约，让他们在各自探险中体验北面的装备，并将他们的意见反馈回产品设计中。

3. 国内品牌仍须补齐设计研发能力，加强工厂端管理。

国内领先品牌探路者首创出“极地仿生科技”，由TIEF面料科技与SAFree鞋底科技组成。其中TIEF科技在全球目前使用的面料科技中属一流水平，面料性能已跻身第一梯队。SAFree科技汲取自然生物形态、结构、特质、功能等进化特征，运用高科技仿生技术实现安全防护功能。公司产品已有40%~50%采用TIEF科技，同时也与国际一流面料商（Gore、东丽等）广泛合作，打造品质尖货。在供应链端，为保证稳定交期、品质及快速反应，公司按照细分品类对现有供应商进行整合，不断提高和优化供应链的运行质量。

四、零售商未来之路：构建一站式户外服务，以美国 REI 公司为例

REI（Recreational Equipment,Inc.）是美国也是全球最大的户外用品连锁零售组织，创立于1938年。它目前的规模相当于中国国内最大的户外用品零售公司的50倍，其最大的直营分店面积超过10 000平方米。REI在美洲有66家线下专卖店，同时是全球最大的网上户外用品专卖网站。在美国，REI品牌产品以高品质、高性价比而被众多消费者所喜欢。

公司最大的特色是以合作社为其组织形态，消费者可以选择先加入会员，成为会员的同时也就成了合作社的共有者，终身会费只要20美元，购物时便可以享受会员折扣，同时享受公司利润。公司除了销售户外用品，另有REI Adventure业务板块，专门组织户外活动，包含露营、泛舟、登山、越野脚踏车之旅等，有70多个不同的行程可选择,但是每一种行程都少不了户外运动。

通过会员制，以及线上线下相结合、商品与服务相结合，公司保证了户外活动用户对公司十分强的黏性。公司的网站讯息不仅仅是商品，而且有内容制作，通过内容留住客户。庞大的客户群体和高黏性使公司平稳度过美国户外运动行业的沉浮周期，依然是美国最大的户外品牌零售商。

表4　REI的会员福利

序号	项　目
1	超过10% 会员基金（买的越多折扣越多）
2	修理服务（在全世界的REI商店都拥有20%的折扣）
3	冒险旅游（可以参与REI所举办的冒险旅游行程）
4	租车（在Avis租车可享有不同程度的折扣）

资料来源：REI。

国内的户外用品零售商三夫户外，致力于构建户外运动服务一体化产业链。公司代理、经销国内外400余个中高端专业户外运动品牌。公司2017年定向增发募集2.6亿元资金，拟在苏州、北京、上海、深圳、杭州、广州、长沙7个城市建设户外运动综合运营中心，涵盖“户外赛事组织、户外营地运营+户外技能培训、直营旗舰店+体验中心”等服务内容，完善的户外运动服务一体化产业链为公司异地扩张打下基础，并吸引和培养忠实的客户群。

生活用纸：

品质生活的追随者

王长龙　东兴证券轻工行业分析师

产业描述：

生活用纸包括个人卫生用纸、居家用纸、湿纸巾等产品，并逐渐延伸至个人护理领域，包括成人护理、婴儿护理和女性护理。生活用纸产品与消费者的日常生活密不可分，属于生活必需的消费品，产品基本一次性使用，快消品属性强，而生活用纸的成本主要源自原材料纸浆价格，因此兼具了周期属性。

生活用纸产业链较为简单，上游为木浆、草浆、竹浆、废纸浆等原材料供应商，中游为生活用纸生产企业，下游应对经销商、商超大卖场、电商平台、商销等销售渠道。上游原材料与资源分布有关，由于我国资源与消耗量的不匹配，将近60%的木浆消耗依赖进口，因此外盘浆价对国内生活用纸产业影响巨大；中游生产环节，由于生活用纸单价低、体积大、运输成本较高，随着产业的发展，龙头企业基本实现了产能全国性布局；下游利润较高，基本由生活用纸企业把控。

受环保等相关政策影响，近年来生活用纸中小产能加速出清，市场集中度有望进一步提升。当前，国内生活用纸龙头企业也在效仿国际龙头企业，延伸上游一体化，开拓海外市场，踏上品牌国际化之路。同时，个人护理领域和商销渠道将是生活用纸企业未来竞争的重要领域。

一、生活用纸不断推出新品类，市场需求空间前景良好

（一）生活用纸品类不断拓展，产业持续高速发展

随着生活用纸产业的发展，产品种类越来越多。生活用纸作为舶来品引入中国，最初更多的是作为个人卫生用纸来使用。1815年美国斯科特纸业在处理事故中的报废纸时，无意间发明了卫生纸。由于实用、方便、便宜，卫生纸很快流行开来。追溯历史，虽然卫生纸的使用早在我国古代就已经出现，但我国在20世纪30年代才引进生产卫生纸的设备。随着生产技术的提高，生活用纸拓展出家庭用纸产品。家庭用纸出现在20世纪40年代，主要产品包括面巾纸、餐巾纸、厨房纸、湿巾、女性护理等产品。随着生产技术水平和消费者需求的提升，生活用纸的生产和消费持续增长。当前，国内的生活用纸产业也已经走过了高速发展的初期阶段，进入激烈的竞争阶段。

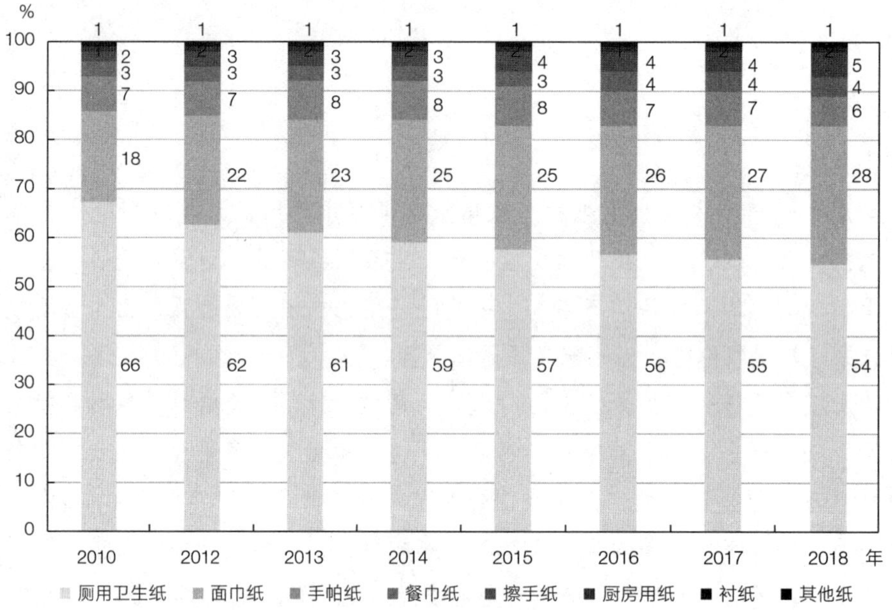

图1　生活用纸品类变化情况

（资料来源：Wind）

（二）城镇化提升生活用纸市场空间

人口结构变化是生活用纸需求的重要驱动。初期，产品从无到有，这种驱动体现为人口的增长（生活用纸使用人数的增加），生活用纸的市场空间随着产品渗透率的提升不断扩张。近年来，随着人口增速不断趋缓，这种驱动更多地体现在城镇化和老龄化等人口结构的变化。

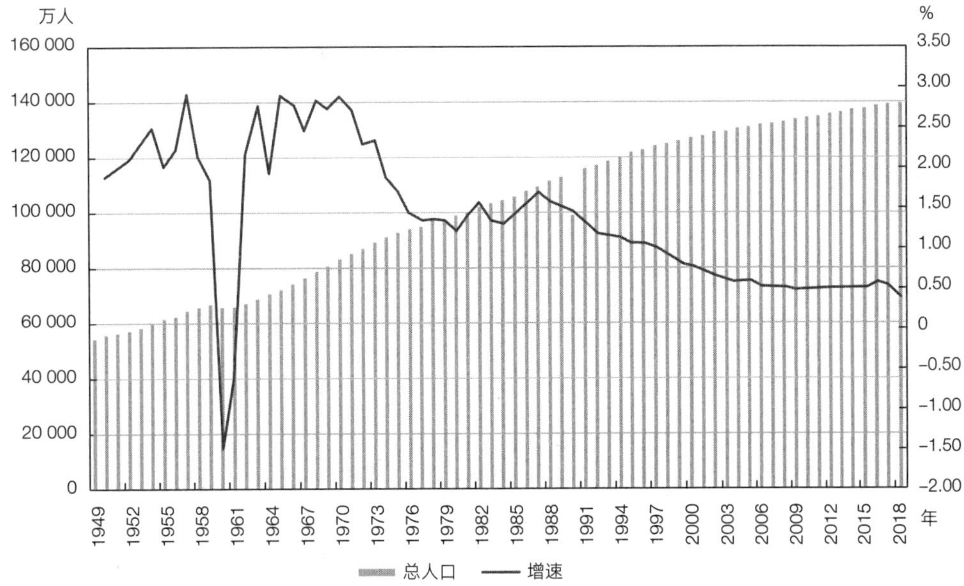

图2 总人口数及增速情况

（资料来源：Wind）

城镇化提升生活用纸产品渗透率。当前我国仍处于快速城镇化阶段。2018年底，我国常住人口城镇化率为59.58%，远低于发达国家80%的平均水平，还有较大的发展空间。根据《国家人口发展规划（2016—2030年）》，我国预计在2030年实现70%的常住人口城镇化率，依据城镇化发展的普遍规律，未来十年我国仍处于快速城镇化阶段。随着农村人口向城镇的迁移，生活习惯更多地受到城镇人口的影响，对于生活用纸的消费量将不断提升。卫生巾市场规模之所以在20世纪90年代迅速扩张，渗透率大幅提升，城镇化是重要原因之一。

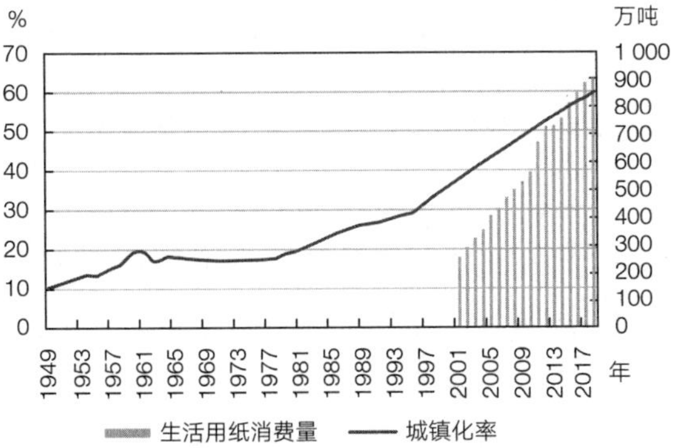

图3 生活用纸消费量与城镇化率

（资料来源：Wind）

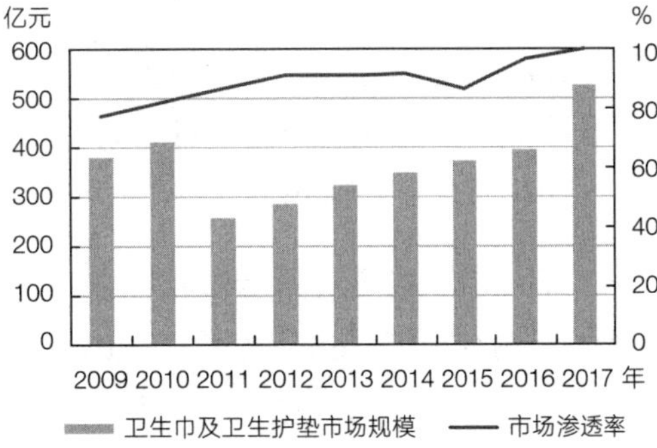

图4 卫生巾市场规模及渗透率情况

（资料来源：历年《中国造纸年鉴》）

表1 城镇化率比较情况 单位：%

国别	2012年	2013年	2014年	2015年	2016年
中国	52.57	53.73	54.77	56.10	57.35
美国	81.10	81.27	81.44	81.61	81.78
英国	81.83	82.09	82.34	82.59	82.83
德国	74.68	74.89	75.09	75.30	75.51
法国	78.82	79.05	79.28	79.52	79.75
日本	91.90	92.49	93.02	93.49	93.92
印度	31.63	31.99	32.36	32.74	33.13

资料来源：Wind。

（三）人均消费量水平较低，生活用纸提升空间巨大

生活用纸市场规模高速扩张。我国生活用纸市场规模从2009年的453.70亿元发展至2018年的1 217.33亿元，10年复合增速高达11.58%。生活用纸2018年产量为970万吨，较2017年多生产10万吨，同比上涨1.04%；消费量为901万吨，较2017年多消费11万吨，同比上涨1.24%。

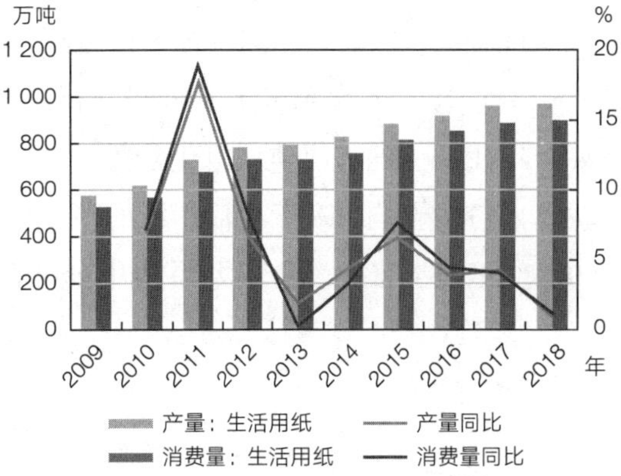

图5 生活用纸产量及消费量情况

（资料来源：Wind）

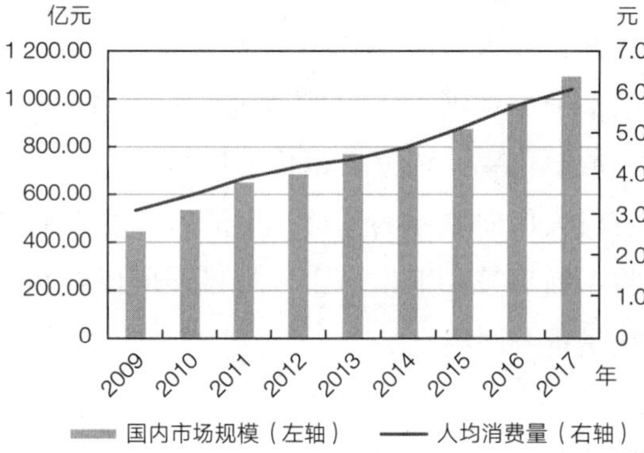

图6 生活用纸市场规模和人均消费量情况

（资料来源：历年《中国造纸年鉴》）

生活用纸人均消费量水平较低。2017年我国生活用纸市场规模已达1 106亿元，对比全球生活用纸规模826.5亿美元，占比高达19.11%，但人均生活用纸仅为6.1千克，对比北美地区及欧洲地区人均消费量分别为24千克和15.5千克。随着消费升级对生活习惯的改变，生活用纸产品不断细化更新，使用场景不断扩张，配合电商渠道的飞速发展，生活用纸市场或将迎来快速扩张期。对比生活习惯更为相似的亚洲国家及地区，我国的人均生活用纸消费量存在翻倍空间。

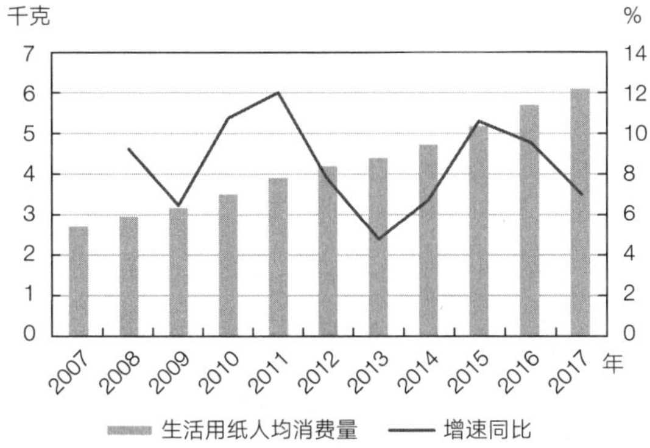

图7 人均生活用纸消费量情况

（资料来源：Wind）

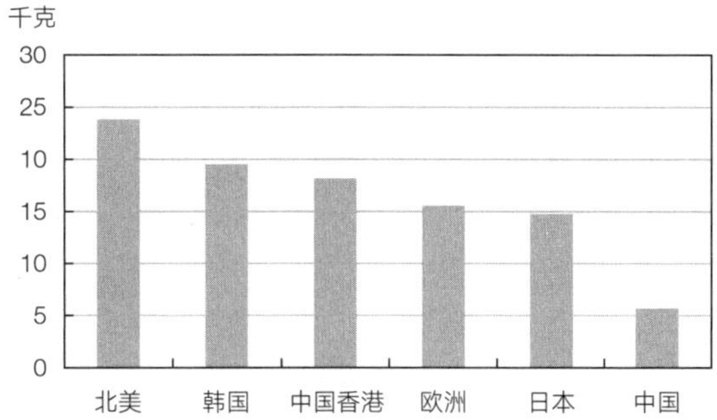

图8 2017年世界各地区人均生活用纸消费量情况

（资料来源：中国造纸年鉴2018）

二、上游原材料进口依赖，下游线上和商销渠道增长迅速

生活用纸的产业链较为简单，上游为木浆、草浆、竹浆、废纸浆等原材料供应商，下游对应经销商、商超大卖场、电商平台和商销等销售渠道。

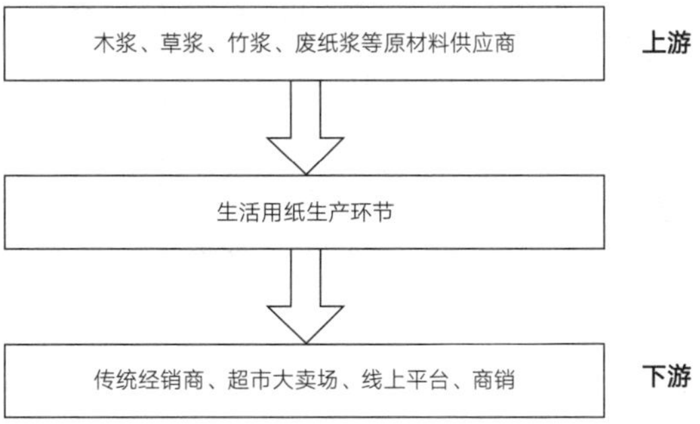

图9 生活用纸产业上下游情况

（一）我国是生活用纸的消费大国，而纸浆却要依赖进口

分地区来看，全球纸浆产量主要集中在北美、欧洲和亚洲。2017年全球纸浆产量为1.86亿吨，北美洲纸浆产量为6 459万吨，产量占比为35%；欧洲纸浆产量为4 718万吨，产量占比为25%；亚洲纸浆产量为4 132万吨，产量占比为22%；拉丁美洲纸浆产量为2 811万吨，产量占比为15%。

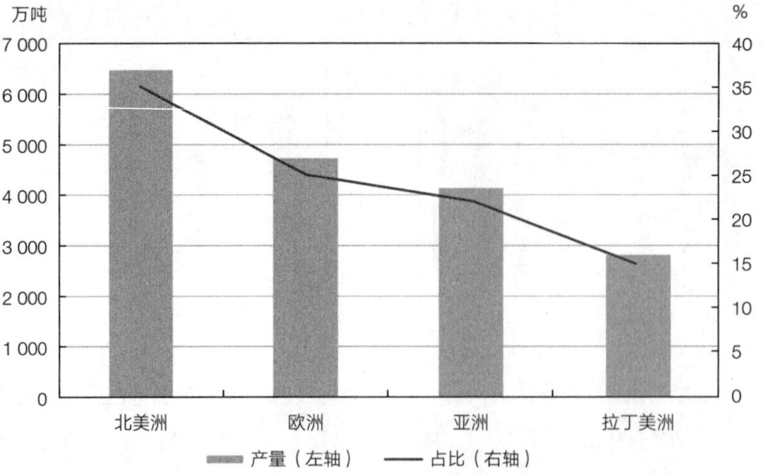

图10 世界各地区纸浆产量情况

（资料来源：中国纸业网）

分国家来看，纸浆的产量CR5高达60%，产量分别集中在美国、巴西、加拿大、中国和瑞典。美国作为全球纸浆产量第一大国，2017年纸浆产量为4 835万吨，产量占比为26%；巴西纸浆产量为1 884万吨，产量占比为10%，加拿大纸浆产量为1 634万吨，产量占比为9%，中国纸浆产量为1 633万吨，产量占比为9%；瑞典纸浆产量为1 185万吨，产量占比为6%。排名第5~10位的国家分别为荷兰、日本、俄罗斯、印度尼西亚和印度，纸浆产量CR10%高达82%。

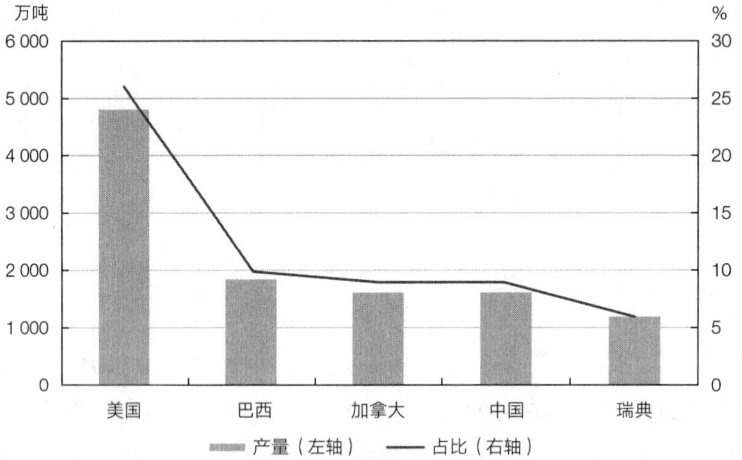

图11 世界各国纸浆产量情况

（资料来源：中国纸业网）

原材料进口依赖性强，外盘浆价影响生产成本。我国的森林覆盖率较低，远低于其他纸浆产量大国。但是，我国人口众多，消费量巨大，资源与消耗量的不匹配使我国成为全球最大的纸浆进口国，2017年纸浆进口1 949万吨，占全球纸浆进口的34%。我国近

60%的木浆消耗依赖进口，这也使木浆行业发展受到限制，外盘的浆价对我国造纸行业的生产成本影响巨大，包括生活用纸企业。

（二）线上和商销渠道成为生活用纸销售的主要增长点

未来下游的争夺主要集中在线上和商销渠道。生活用纸下游利润较高，基本被生活用纸生产企业直接把控。根据渠道划分，下游需求主要来自经销商、超市大卖场、线上平台及商销。由于行业仍处于发展期，下游渠道扩张仍然是行业发展的重要推动力。根据Euromonitor数据，2018年中国生活用纸线上渠道占比为19.3%，大卖场占比为14.6%，标准便利店占比为42.6%，其他渠道占比为23.5%。各大龙头企业生产及销售已经在全国布局，传统渠道饱和程度较高，未来下游的争夺主要集中在线上渠道和商销渠道。

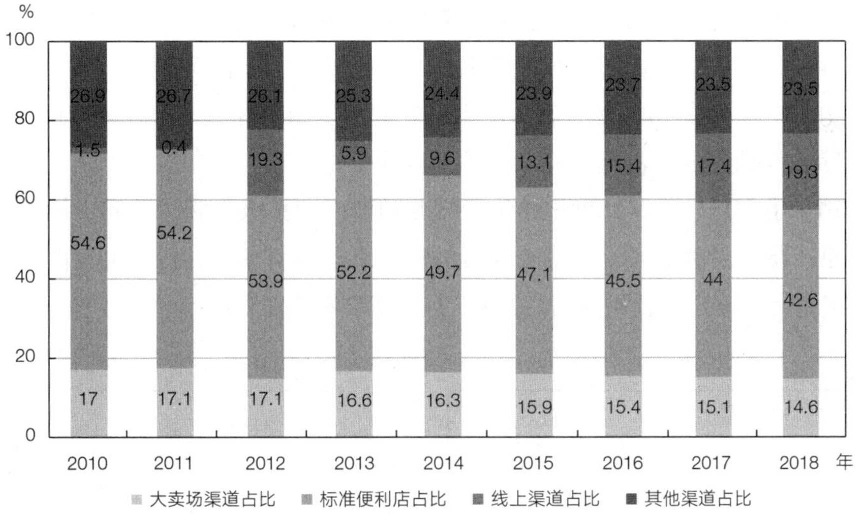

图12　各大渠道销售占比情况

（资料来源：前瞻经济学人）

电商渠道冲击传统渠道。随着电商渠道的发展，生活用纸企业从传统的B2C模式转为C2B模式。企业利用大数据，根据客户的需求对生产、销售等环节进行改进升级。从龙头企业的情况来看，维达国际电商渠道布局较早，处于领先地位。2019年维达线上渠道销售占比为29%，与2015年相比提升了16个百分点，接近传统经销商渠道销售占比；恒安国际线上渠道发展较晚，2018年电商渠道销售占比仅为14.4%；中顺洁柔由于基数较低，2018年电商渠道销售占比为24%。根据预测，2020年中国快消品线上销量占比将达到30.5%，生活用纸电商渠道占比有望持续扩大，电商渠道将成为生活用纸企业竞争的重点之一。

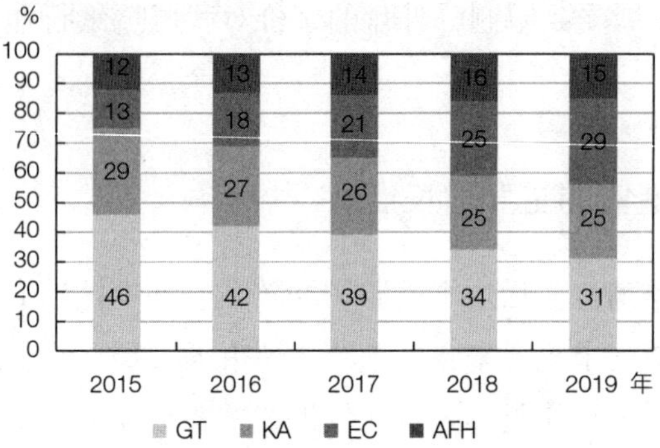

图13 维达国际销售渠道占比情况

（资料来源：维达国际公司财报）

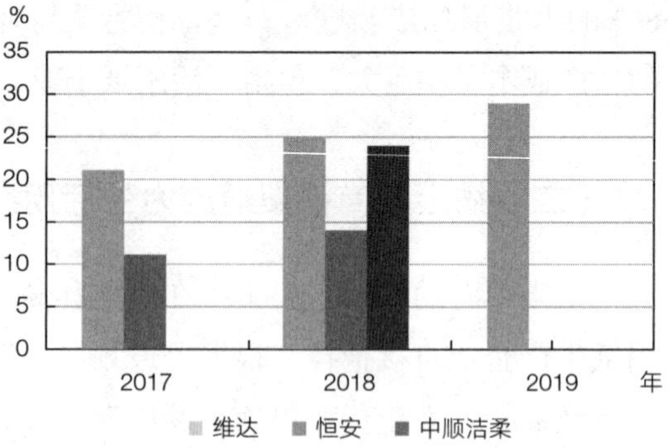

图14 各大品牌线上销售占比情况

（资料来源：维达、恒安、中顺洁柔公司财报）

商销渠道有望迎来行业性机会。对比欧美成熟地区，我国生活用纸市场商销渠道仍处于前期发展阶段。商销场景主要为家庭外的使用空间，包括写字楼、商场、餐饮、酒店、景点等。2012年中国居家生活用纸市场占比为92%，商销市场仅占8%，对比北美的38%、西欧的35%，商销市场仍有较大的上升空间。国内市场商销渠道集中度较低，2018年维达国际在商销渠道中占比为3.6%，排名行业第一，第二名中顺洁柔占比仅为0.9%。维达在商销渠道布局较早，20世纪90年代创业初期以向星级酒店提供餐巾纸为切入点进入生活用纸市场，并在2000年获得麦当劳的餐巾纸国内订单。2019年维达商销渠道实现收入达24亿港元，五年复合增速高达20%，远高于C端增速。

图15 维达国际和中顺洁柔商销渠道市场占有率

（资料来源：公开资料整理）

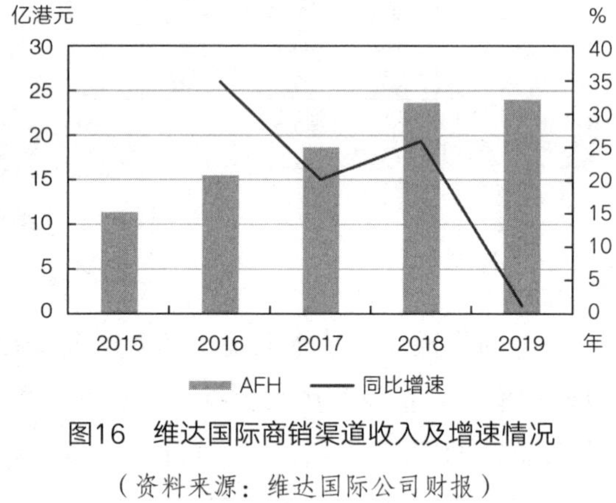

图16 维达国际商销渠道收入及增速情况

（资料来源：维达国际公司财报）

（三）生活用纸龙头效应明显，市场集中度有望进一步提升

我国生活用纸市场集中度仍有较大提升空间。当前国内生活用纸市场CR4仅为33%，头部企业分别为维达国际、恒安国际、金红叶和中顺洁柔。行业前三名的市场份额较为接近，恒安国际占比10%、金红叶占比9.8%，维达国际占比8.5%。中顺洁柔作为后起之秀，目前市场占有率为5%。与欧美成熟市场相比，美国生活用纸市场CR4高达75%。

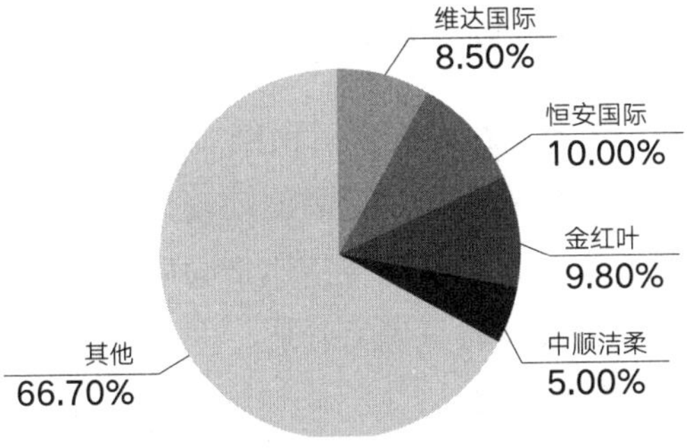

图17　中国生活用纸市场CR4情况

（资料来源：中国产业信息网）

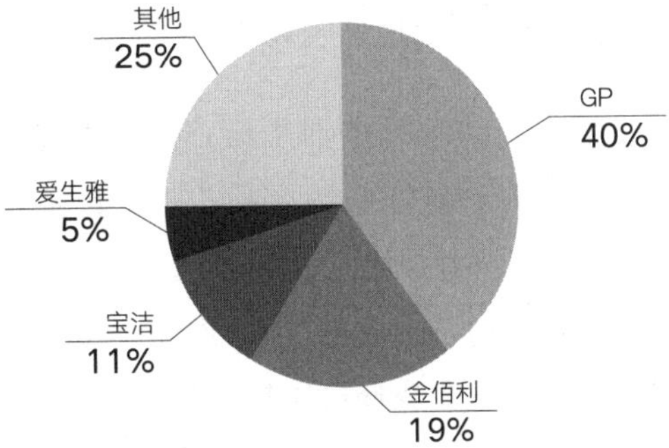

图18　美国生活用纸市场CR4情况

（资料来源：中国产业信息网）

生活用纸第一梯队优势明显。四大龙头组成了生活用纸行业第一梯队，实现了生产和销售的全国覆盖，其中，维达国际、恒安国际开拓了海外市场。第二梯队包含上海东冠华洁、山东东顺、山东泉林等区域性国产品牌，还包含金佰利、王子制纸、永丰余等海外地区品牌。第二梯队企业生产规模相对较小，大多为区域性布局，竞争集中在中档产品市场。第三梯队企业多位于经济落后地区，产品质量较差，主要是针对当地低档产品市场。随着龙头企业对三、四线城市的渠道铺设及线上渠道的拓展，第一梯队的市场占有率不断提升；同时，随着环保政策的趋严，中小产能不断退出，生活用纸产业将进一步向头部集中。

第一梯队中，恒安国际规模最大，产品矩阵最全面，甚至涉及洗护日用品领域，女性护理产品市场占有率较高；维达国际同样产品全面，主打中高端产品，同时覆盖国内外市场，电商和商销渠道遥遥领先；中顺洁柔产品集中在生活用纸，四大龙头中规模最小，近年来保持了高速增长；金红叶隶属于造纸行业龙头金光集团，产品集中于生活用纸，主打大众品牌清风，受益于集团业务优势，产能最高。

表2　生活用纸第一梯队对比情况

指标	恒安国际	维达国际	中顺洁柔	金红叶
产品	生活用纸、女性护理、婴儿护理、成人护理、化妆品、洗护日用品	生活用纸、女性护理、婴儿护理、成人护理	生活用纸、女性护理	生活用纸
品牌	心相印、品诺、七度空间、安尔乐、安儿乐、安而康、美媛春、花肌思语、阳光森林	维达、得宝、多康、轻曲线、丽贝乐、Drypers、包大人、添宁	洁柔、太阳、朵蕾蜜	清风、铂丽雅、真真
市场	全国	国内+海外	全国	全国
产能/（万吨/年）	130	110	65	137
总资产/亿元	457	191	51	286
营业收入/亿元	205	149	57	107
毛利率/%	38	28	34	
净利率/%	19	4	7.17	2.98

资料来源：根据网络公开资料整理。

（四）龙头企业坚持可持续发展战略，克服浆价周期波动

浆价的波动是生活用纸产业的核心影响因素之一。2019年生活用纸企业业绩高增长，浆价的下调是主要原因之一。纸浆周期属性强，价格随市场供需波动较大。成本端的波动对于生活用纸行业，乃至整个造纸行业的影响较大。由于生活用纸同质性强，叠加行业相对分散，企业的议价能力低，提价难度高，成本转嫁能力较弱。在浆价上行周期，企业往往会选择放缓扩张速度，中小产能大量淘汰。

龙头企业通过林浆纸一体化、积极开拓个护业务等可持续发展战略，克服成本端的波动。这也是未来行业发展的大方向。综观全球生活用纸行业，美国生活用纸龙头金佰利和欧洲生活用纸龙头爱生雅集团都采取了类似的发展战略。金佰利长期坚持可持续发展路线，2018年交付两项长期虚拟购电协议，交付总计76万兆瓦时的可再生风力发电，基本抵消金佰利在美国制造厂购买的电力；爱生雅集团将林产品公司和生活用纸公司拆分开来，进一步强化卫生用品和林产品这两项业务的协同发展。

三、消费升级成为行业全新引擎，中国企业寻求国际化之路

（一）消费升级推动生活用纸向高端产品和新渠道发展

消费升级加速生活用纸市场扩张。经济增长带来的消费升级是生活用纸需求的另一驱动。从数据上来看，人均生活用纸消费量与人均GDP高度相关。从2013年开始，生活用纸人均消费量与人均GDP增速高度拟合。随着经济水平的不断提升、人均收入的逐渐升高，对于生活质量的追求将不断推动消费升级，人均用纸的消费量有望进一步提升。

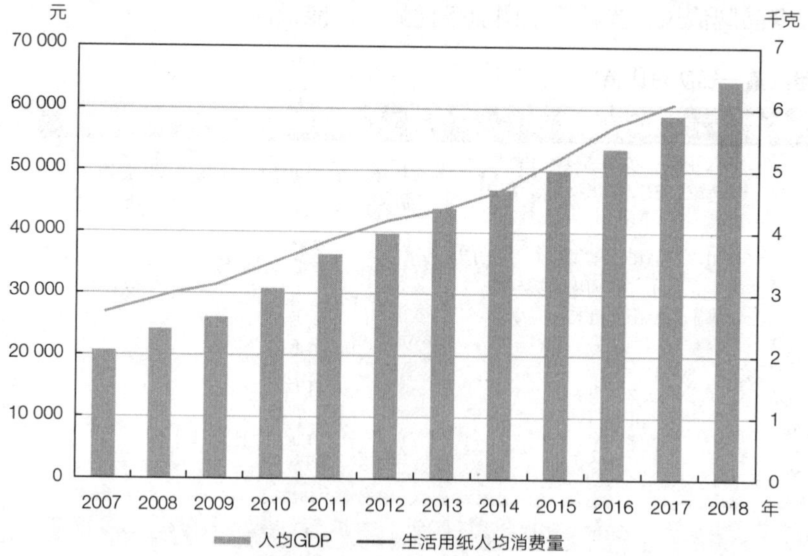

图19　人均GDP和人均生活用纸消费量对比情况

（资料来源：Wind）

消费升级促使原材料木浆比例提升。从产品的成分来看，生活用纸的消费升级体现在木浆比例的提升。随着经济水平的提升，消费者对于生活用纸的使用体验提出了更高的要求。木浆比例的提升可以满足消费者提出的性能需求，使纸巾更加柔韧、无渣。生活用纸木浆占比从2010年的47.5%提升至2017年的81.7%，废纸浆占比从2010年的7%下滑至2017年的1.3%。

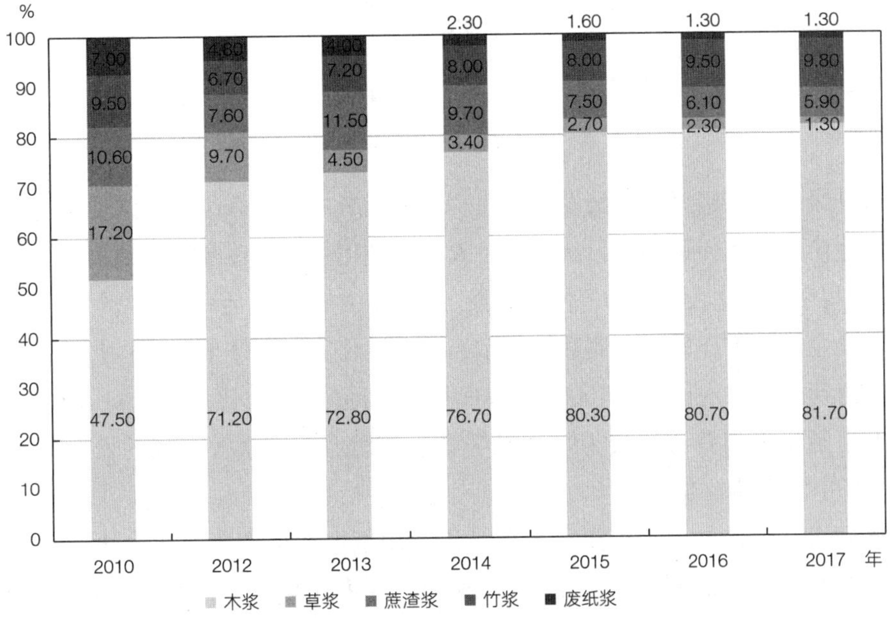

图20　生活用纸纤维原料占比情况

（资料来源：Wind）

消费升级、结构调整使厕用卫生纸消费占比下降。对比2017年和2010年的生活用纸消费量结构占比情况，厕用卫生纸的比例显著下降，由2010年的66.39%下降至2017年的55.22%。取而代之的是面巾纸、餐巾纸和擦手纸的份额迅速扩张，消费占比分别从18.19%、2.59%、1.86%提升至27.39%、3.88%、4.41%。其中，餐巾纸的占比提升与蓬勃发展的餐饮及外卖市场关联较大；面巾纸和擦手纸则体现出了经济水平提升下的消费升级。

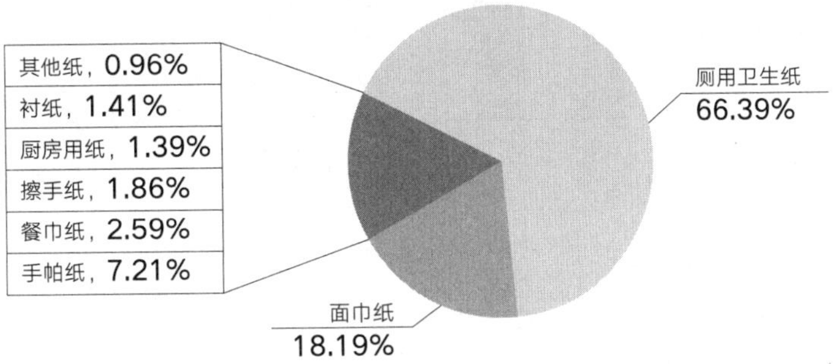

图21　2010年生活用纸消费量分品类占比情况

（资料来源：Wind）

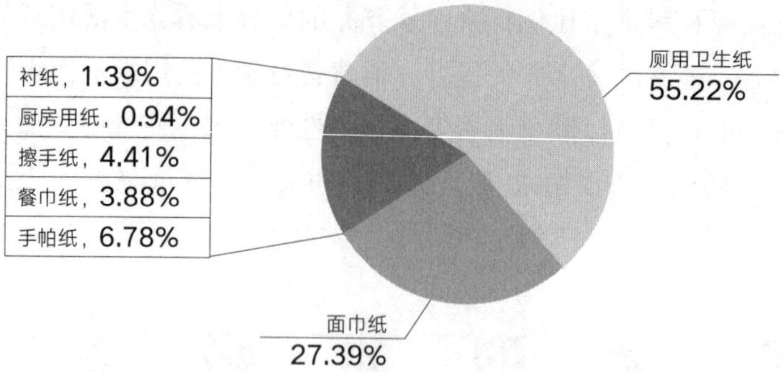

图22 2017年生活用纸消费量分品类占比情况

（资料来源：Wind）

渠道升级带给商销渠道广阔发展空间。生活用纸的消费升级同样体现在使用场景不断增强。生活用纸的使用场景，从最初个人卫生使用场景，逐步扩张到厨房、厕所、外卖+餐饮、写字楼、化妆、旅游等使用场景。目前，中国的生活用纸消费场景，还是主要以家庭场景主导，占比较高。而数据显示，2004年北美居家外（AFH）生活用纸消费占比消费量达到38%，欧洲发达地区同样AFH生活用纸消费量占比达到35%，而同一时期，中国AFH生活用纸消费占比仅为8%。从餐饮、旅游、写字楼等市场的发展情况来看，AFH的市场空间仍然较高。

渠道升级还促使电商销售迅速发展。生活用纸电商渠道营业额占比持续提升。当前，生活用纸的销售渠道仍然以传统的经销商、KA模式为主，虽然电商渠道的份额占比仍然相对较低，但是电商渠道增长速度较快。截至2019年6月，维达国际上半年电商销售份额占比为26%，同比提升4个百分点；恒安国际上半年电商消费份额占比为19.4%，同比提升6个百分点。当前龙头企业纷纷发力电商渠道，线上销售竞争激烈。

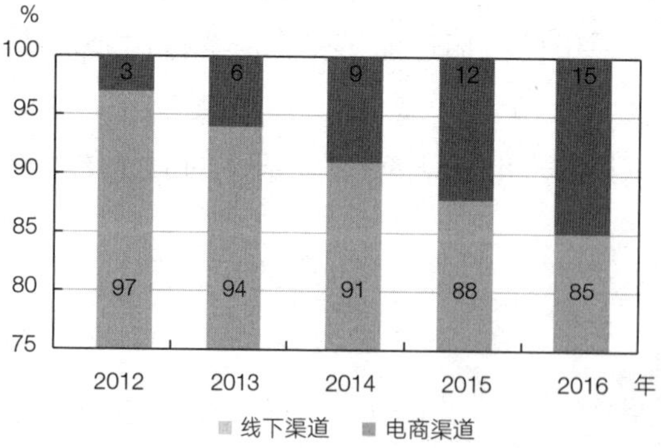

图23 生活用纸电商渠道占比变化

（资料来源：Wind）

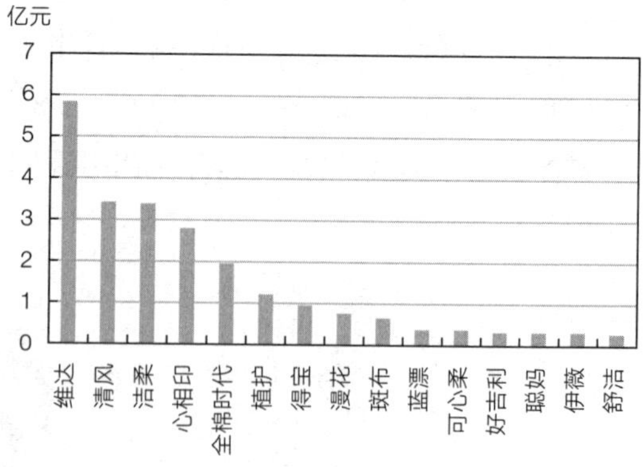

图24 2019年“双11”单月生活用纸销量前十情况

（资料来源：淘数据）

（二）人口老龄化催生成人护理市场需求

随着我国人口老龄化的逐步加深，成人纸尿裤市场规模有望不断扩张。截至2018年，65岁及以上人口总量为1.67亿人，同比增速5.22%，近五年（2013—2018年）增长了约3 500万人，平均每年增长约700万人；且近两年呈现出加速趋势，其中2017年增长828万人，2018年增长827万人。截至2018年，我国65岁及以上人口占比为11.9%，仍然低于发达国家地区占比。根据预测，未来该比重将持续攀升，2023年将超过14%，2035年将超过21%。

当前成人纸尿裤市场规模较小，市场渗透率相对较低。截至2018年，成人失禁用品市场规模为70.3亿元，而目前我国65岁及以上需要长期护理的失能老人已超4 000万人，按照人均3片的每日需求来计算，每年需求量在438亿片左右，而当前我国成人纸尿裤和纸尿片的年工厂销售量分别仅为40.4亿片和11.1亿片，市场渗透率较低。我们认为，成人纸尿裤市场仍有较大空间。

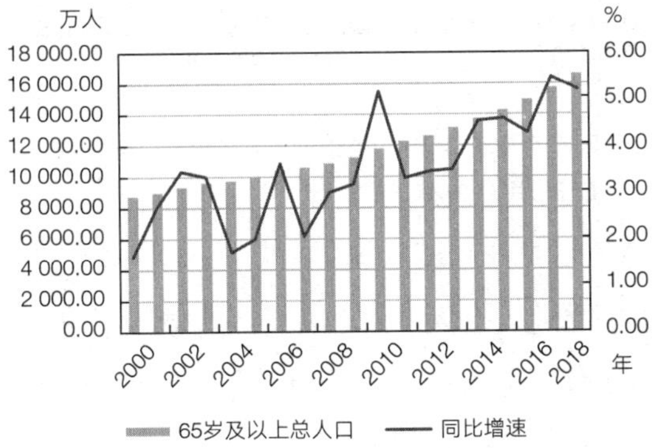

图25 65岁及以上人口总量及增速情况

（资料来源：Wind）

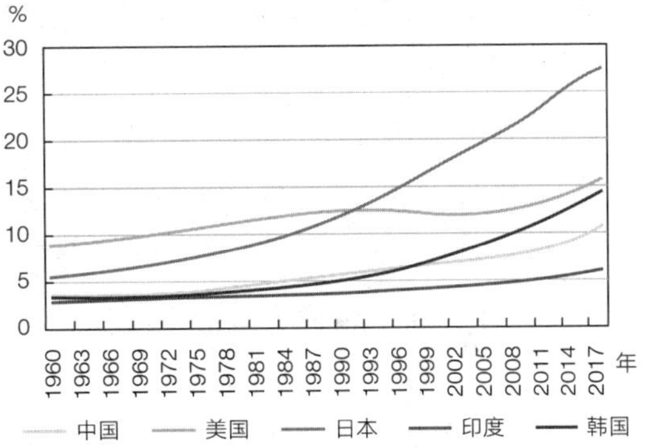

图26 世界各地区人口老龄化情况

（资料来源：Wind）

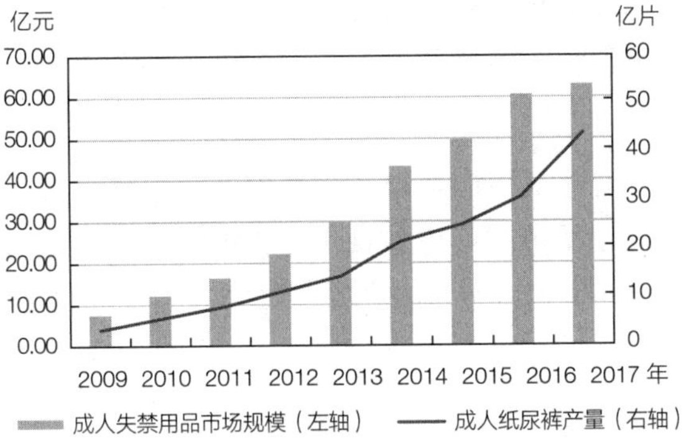

图27 成人失禁用品市场规模和成人纸尿裤产量情况

（资料来源：Wind）

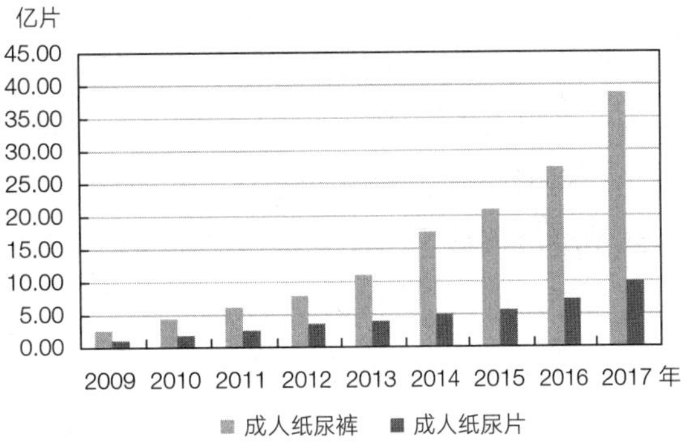

图28 成人纸尿裤及纸尿片工厂生产情况

（资料来源：中国造纸年鉴）

（三）龙头企业跑马圈地，个人护理市场领域及商销渠道空间广阔

龙头企业跑马圈地，市场集中度有望进一步提升。生活用纸行业当前处于产能过剩阶段，产能投放集中，且环保政策持续收紧，叠加渠道升级营销成本不断提升，中小企业经营压力较大。相比之下，龙头企业资金较为充足，产能投放持续性较强，竞争优势明显。以维达国际、恒安国际、中顺洁柔为代表的生活用纸行业龙头，分别在2019年完成投产，并且在未来仍有新的投产计划。当前国内生活用纸市场CR4仅为33%，对比欧美成熟市场，市场集中度有望进一步提升。

表3　企业投产情况和投产计划

企业	投产情况
维达国际	2019年上半年湖北增加产能3万吨，并于第四季度在湖北再增加3万吨产能，实现产能125万吨
恒安国际	2019年福建晋江生产基地，新增2.4万吨产能，当前集团产能约为142万吨
中顺洁柔	2019年湖北孝感生产基地，新增10万吨产能，生活用纸总产能达到76万吨
理文造纸	2019年江西九江生产基地，新增产能10万吨，生活用纸产能达到96万吨
企业	投产计划
金红叶	湖北孝感基地，计划2020年投产12万吨产能；江苏如东新建基地，2021年投产57万吨产能
维达国际	德阳经开区，投产20万吨产能（2019年已签约）
中顺洁柔	湖北孝感基地，计划2020年投产10万吨产能；四川达州李渡工业园区，拟建30万吨产能项目
理文造纸	广西崇左市，签署100万吨纸浆电商智慧物流全产业链项目（2019年9月）

资料来源：中国生活用纸和卫生用品信息网。

个人护理市场将成为生活用纸龙头企业必争之地。个人护理产品毛利率高、快销品属性更强，可以平抑成本端浆价波动。恒安国际布局个人护理业务较早，女性护理品牌安尔乐、七度空间成熟度高。目前公司大力推广母婴产品，加强个人护理品牌影响力。维达国际借助爱生雅亚洲的布局，进军个人护理市场，主打中高端品牌。维达个人护理业务在东南亚地区优势明显，在国内仍处于初期阶段，有望借助海外品牌经验迅速拓展国内市场。中顺洁柔针对年轻女性，着手推广女性护理品牌朵蕾蜜。随着老龄化及城镇化等人口结构的变化及消费升级的推动，成人纸尿裤、婴幼儿纸尿裤、卫生巾等个人护理产品需求不断提升，个人护理市场空间巨大。

商销渠道是生活用纸未来重点发展的方向。对比欧美成熟地区，我国生活用纸市场商销渠道仍处于前期发展阶段。当前国内市场商销渠道集中度较低，2018年维达国际在商销渠道中占比为3.6%，排名行业第一。随着消费升级和产业的发展，商用需求将迎来快速增长，商销渠道有望迎来行业性机会。

（四）踏上新征程——龙头企业布局海外寻求国际化之路

龙头企业海外布局，寻求品牌国际化。随着生活用纸行业的发展，人口红利给企业

带来的收入高增长渐渐消退，企业间竞争加剧。行业经历了全国性渠道铺设、产品价格战、线上渠道争夺、发力中高端产品市场等进程之后，品牌国际化成为各大龙头企业的发展战略选择。目前，国内生活用纸龙头企业效仿国际龙头，延伸上游一体化，开拓海外市场，踏上品牌国际化之路。维达国际凭借对爱生雅亚洲业务的整合，较早地进入海外市场。通过海外成熟的渠道优势及新建产能，输送更多产品支撑海外市场的发展。恒安国际近年来同样进行了渠道改革，发力海外市场。2017年公司收购马来西亚上市公司皇城集团，借助销售渠道优势，推广纸尿裤、湿巾等产品。同时，恒安国际在俄罗斯设立生产基地，准备进军欧洲市场。

休闲食品：

百舸争流

娄　倩　东兴证券食品饮料行业分析师

产业描述：

我国休闲食品产业从食品工业分流而来，是为满足消费者口腹之欲而诞生的新业态，提供除正餐之外充饥性需求弱但能满足更多元化场景的即食性散售类食品。在供给、需求、渠道和技术升级的合力推动下，目前产业规模已超万亿元，近5年复合增速达12%。

休闲食品产业链上游采购为农副产品原材料，中游生产分为自建与OEM代工，下游渠道对应个体零售、传统商超、线下单独门店、电商和新零售，线下传统渠道占比大。

休闲食品品类丰富，产品同质化强，进入门槛低，竞争激烈。子品类主要包括糖巧蜜饯、饼干、膨化食品、烘焙糕点、坚果炒货和休闲卤制品六大类，前三类在20世纪90年代由欧美港台等外企引入，靠规模与营销抢占消费者心智，目前发展已趋成熟，增速放缓，市场较为集中；后三类在21世纪由本土玩家主导，借助各种渠道发展，尚处于成长期，增速快，市场较为分散。

预计未来休闲食品产业量价齐升的空间大，产品向健康化、便利化方向发展，品类不断丰富；渠道线上线下融合，多维度、全方位触达消费者。

一、渠道和技术升级推动我国休闲食品产业变革

我国休闲食品产业从食品工业分流而来。在告别物资匮乏年代、工业化水平不断提高、消费由供给驱动转向需求驱动的背景下，居民对食物的需求也从基本的温饱需求过渡到口腹之欲，休闲食品作为正餐之外的补充，呈现“第四餐化”的特点。休闲食品的发展历经了五个发展阶段。

第一阶段，1978—1991年：休闲食品觉醒。随着改革开放，生活越来越富裕，食品工业供给端品类增多，成为满足温饱之外的饮食需求。该时期行业发展较粗放，质量参差不齐，常无产品包装，渠道以国营百货和个体零售为主。

第二阶段，1992—1999年：外资休闲食品龙头布局中国市场。从1992年开始，在招商引资的浪潮下，以雀巢、卡夫、百事等为代表的海外休闲食品巨头纷纷来华，产品以谷类膨化食品、糖果巧克力（简称糖巧）为主，成为当时时尚的休闲食品，渠道以连锁超市为主。

第三阶段，2000—2010年：本土品类兴起。随着中国加入世界贸易组织，经济水平得到大幅提升，消费者多元化需求亟待满足，大量本土企业开始兴起。该阶段坚果炒货和烘焙糕点开始充斥市场，“辣味”卤制品兴起。渠道仍以线下商超为主。

第四阶段，2011—2016年：互联网品牌化开始。电商崛起打破经营时间和空间的限制，物流、冷链技术发展成熟，为渠道流通提供支持，品类更加丰富。

第五阶段，2017年至今：健康化特征凸显，新零售推动渠道变革。随着生活水平的提高，消费者越来越重视健康，越来越重视产品的品质，口碑良好的休闲食品品牌得到大众的认可，像三只松鼠、百草味、盐津铺子、桃李面包等一些休闲食品的品牌开始兴起。“新零售”趋势下企业不再局限于单一零售渠道，而是普遍重视线上、线下协同发展。

表1　我国休闲食品行业发展简史

	第一阶段（1978—1991年）	第二阶段（1992—1999年）	第三阶段（2000—2010年）	第四阶段（2011—2016年）	第五阶段（2017年至今）
主要特征	本土企业为主无包装为主	内外资同台争艳，外企大单品渗透	本土企业发力，与外企差异竞争	本土企业变道追赶，挤压舶来品	成熟品类西化定局，新兴本土品类市场分散，线上线下渠道逐渐打通
主要品类	饼干、糖巧	饼干、糖巧、膨化食品	饼干、糖巧蜜饯、膨化食品、坚果炒货、烘焙糕点（长保）	饼干、糖巧蜜饯、膨化食品、坚果炒货、烘焙糕点、休闲卤制品	饼干、糖巧蜜饯、膨化食品、坚果炒货、烘焙糕点、休闲卤制品
渠道特征	个体零售为主	个体零售为主	传统商超主导	线下商超主导、食品电商崛起	线下商超主导、新零售概念兴起
主驱动力	居民消费水平	居民消费水平、招商引资浪潮	工业发展、居民消费水平	移动互联网、物流、冷链技术等技术，消费升级萌芽	消费升级、居民消费水平
代表企业	冠生园（大白兔）	雀巢、卡夫、百事、旺旺、上好佳等	洽洽、盐津铺子、绝味、桃李面包、好想你等	周黑鸭、达利食品、好想你、百草味等	良品铺子、来伊份、三只松鼠

二、消费升级推动休闲食品行业快速发展

（一）产业消费由供给主导转为需求主导

从行业整体来看，供给、需求、渠道和技术升级合力推动产业发展。在中华人民共和国成立之初，改革开放前期，物资相对匮乏，居民消费由供给主导，且受政策限制，食品主要流通渠道为国营菜场和供销社。随着改革开放，需求端居民生活水平向好，技术升级为产品升级和渠道升级提供现实基础，食品消费逐渐从由供给主导转变为需求主导，我国电商零售的崛起更是促进休闲食品产业需求的爆发。

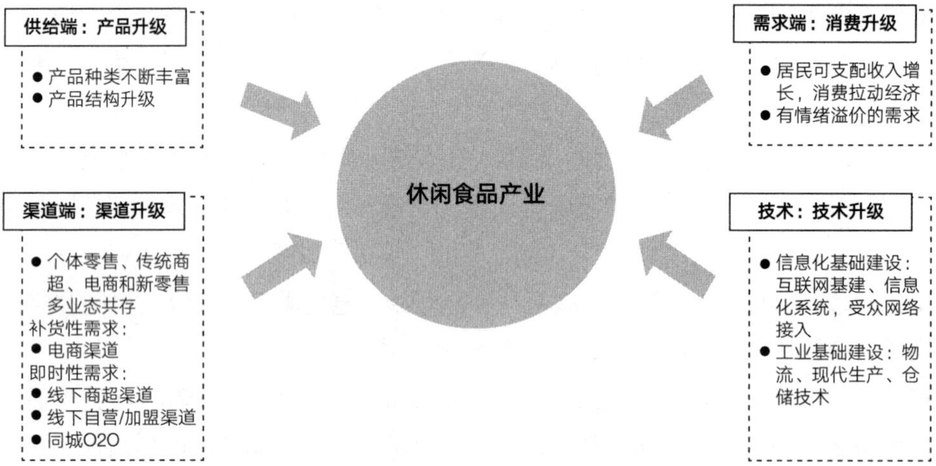

图1 我国休闲食品产业发展动力

（二）产业每年保持两位数以上快速增长

我国休闲食品产业本土化21世纪初起步，目前尚处行业红利期。随着居民收入水平稳步增长，互联网和物流、冷链技术日趋完善及工业水平日渐升高，产业在食品工业增长背景下也借力发展，根据Frost & Sullivan测算，2018年我国休闲食品行业规模已超万亿元，2013—2018年复合增长率近12%，增长较快。

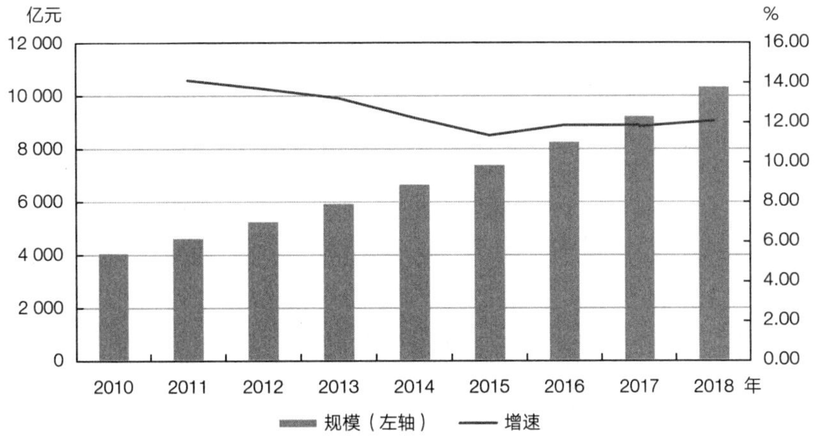

图2 我国休闲食品规模

（资料来源：Frost & Sullivan）

（三）我国休闲食品人均消费量与发达国家仍有一定差距

我国休闲食品人均消费量与发达国家仍存在较大差距，且在烘焙糕点、坚果炒货细分品类中差距尤甚。根据弗利沙文统计数据，我国休闲食品人均消费量为2.15千克/年，远不及英美等发达国家水平，市场规模存有较大空间。我国烘焙糕点人均消费量为6.9千克/年，低于世界平均水平，坚果炒货品种人均消费量也低于全球均值，对比美国更是难以望其项背，我国休闲食品潜在市场巨大。

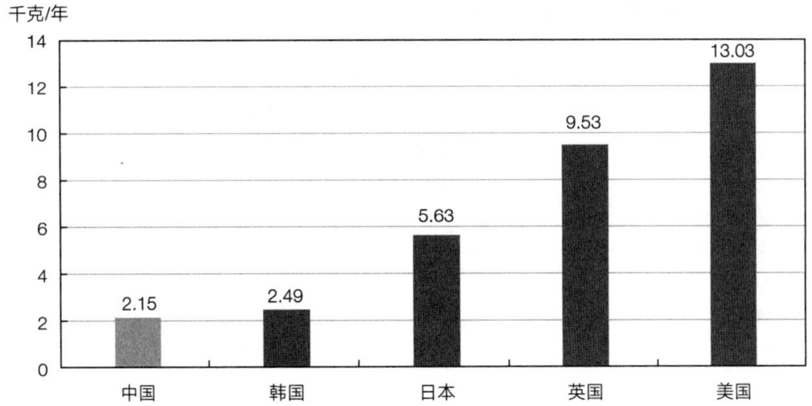

图3 休闲食品人均消费量

（资料来源：Frost & Sullivan）

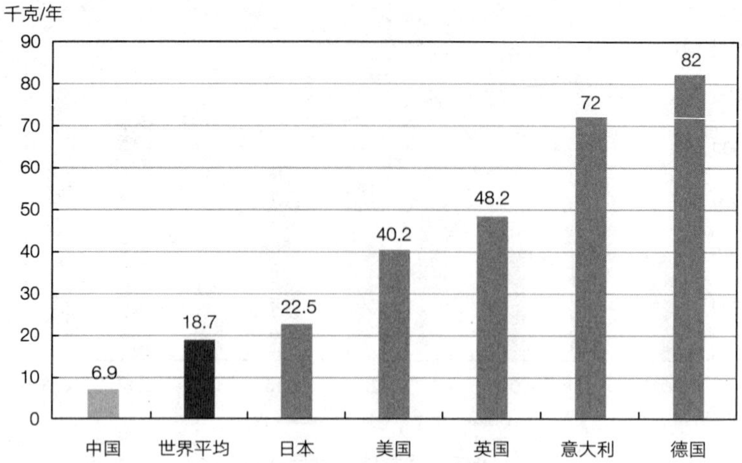

图4　烘焙糕点人均消费量

（资料来源：中国产业研究院）

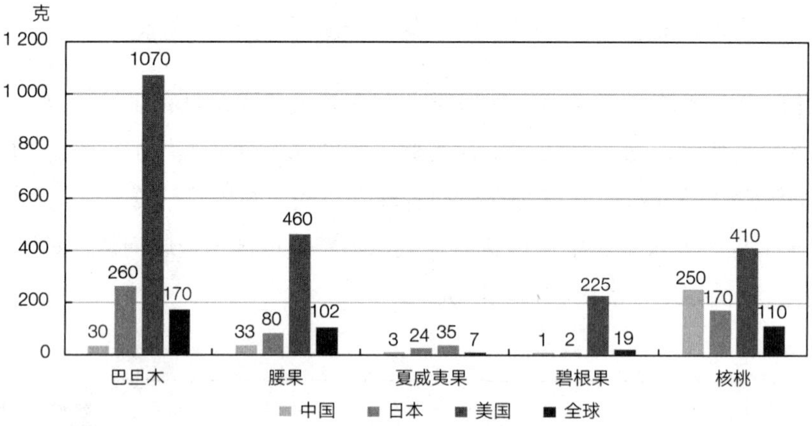

图5　我国坚果炒货人均消费量

（资料来源：INC）

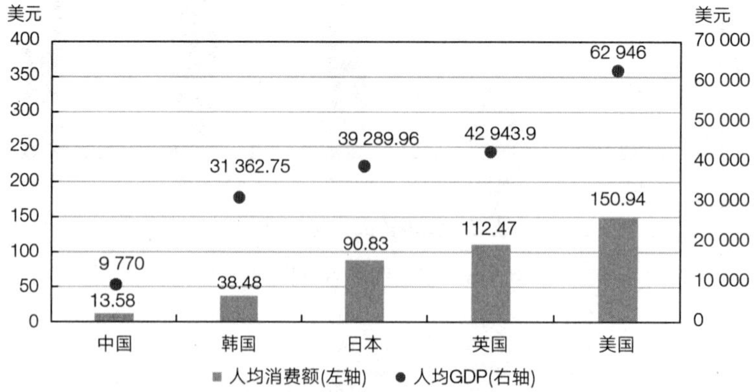

图6　包装休闲食品人均消费额与人均GDP的关系

（资料来源：Wind）

（四）我国居民人均可支配收入不断提高为产业增长提供必要支撑

首先，我国居民人均可支配收入以高于主要发达国家的增速稳步增长，构成消费的基础。参考美日人均GDP达到1万美元/年水平时均迎来消费量增长高位，我国人均GDP增长至近万美元，或将迎来消费拐点。其次，将我国休闲食品消费额与发达国家对比，差距较消费量更大。根据Euromonitor统计数据，2018年我国人均消费额为13.58美元，日本为我国的 7 倍，美国为我国的11倍，提升潜力巨大。

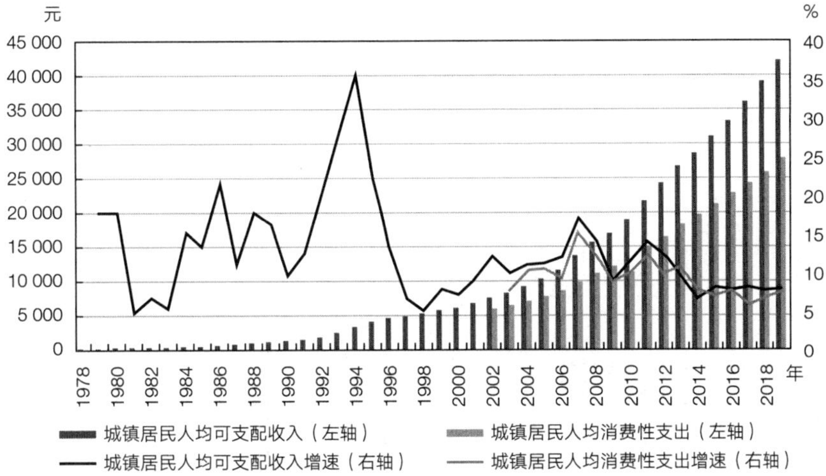

图7　我国城镇居民收入稳步递增

（资料来源：国家统计局）

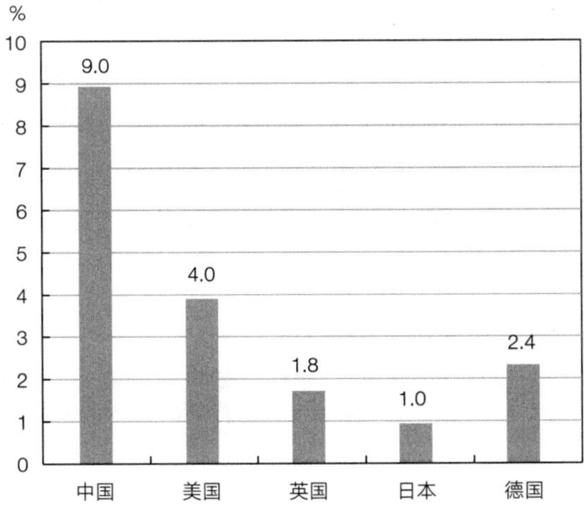

图8　各国居民人均可支配收入2013—2018年复合增速

（资料来源：Wind）

三、休闲食品企业生产模式与销售模式各不相同

（一）生产模式自建工厂与OEM代工并存

休闲食品产业链上游多以休闲食品企业研发撬动原材料采购，中游为生产和物流仓储流程，下游对接各种消费终端，不同企业在产业链各环节参与程度不同，经营模式不同，因此存在多样的商业模式。

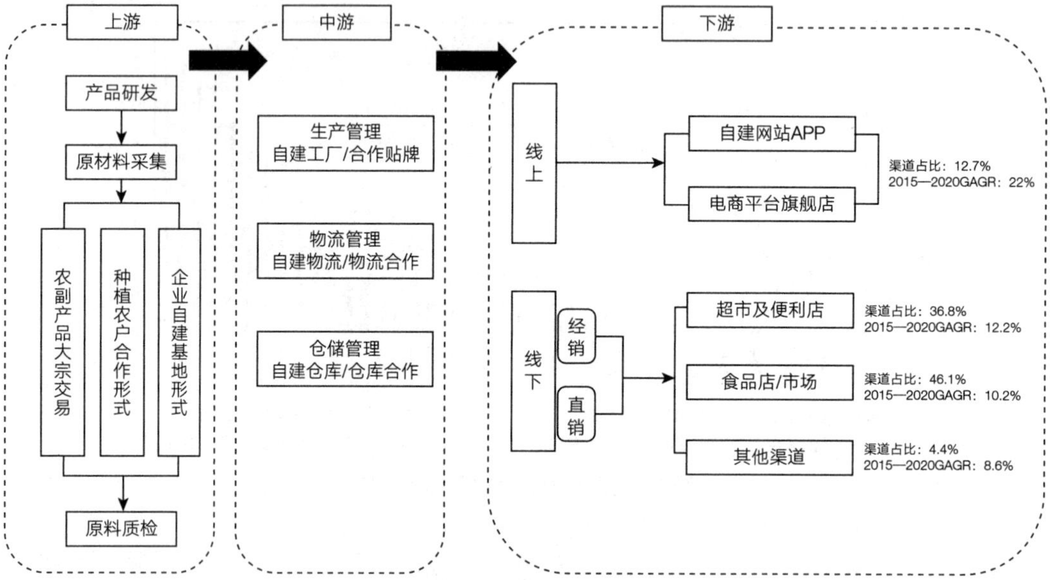

图9 休闲食品产业链

企业对生产模式选择优先考虑产品制造工艺流程的复杂度和大单品销量。一方面，若生产工艺复杂、生产成本高、风险较大，或存在较高制造商进入门槛时，企业被动选择自建工厂生产。另一方面，若某一单品销量高、营收多，则建厂进行自主生产将产生规模经济，提升企业效益。以休闲卤制品为例，其生产工艺较复杂，且收入以禽类肉制品为主，因此更倾向于自建工厂生产。

表2 休闲食品产业自建工厂模式代表企业基本情况

	雀巢	旺旺	达利食品	桃李面包	绝味食品	良品铺子	三只松鼠
产品品类	多	多	多	短保面包为核心	鸭脖为核心	多	多
产品一般质保期	咖啡36个月、奶粉12个月	9个月（米果、休闲食品）	6个月（烘焙糕点）	7天（短保面包）	3天（卤制品）	6~12个月（零食）	9个月（坚果果干）
自有生产基地+OEM供应商	全球440家，中国34家	35家	17家	17家	19家	OEM供应商	OEM供应商
工厂覆盖区域	集中分布于大型城市周边	除少数省份外，基本覆盖全国	集中分布于南方省份，加速布局北方	集中分布于北方地区，加紧布局南方	集中分布于华中、华南	仅一家收购子公司有生产线	无

（二）产业链下游零售业态基本全覆盖

渠道端产业链下游基本覆盖全部零售业态，分为传统线下模式、连锁经营模式、线上电商模式和新零售模式四种。线下渠道发展带有明显的时代背景特征，销售终端规模化、标准化的趋势带动休闲食品企业渠道结构的变化。线上渠道的发展则得益于互联网红利下电商平台和快递物流业的爆发式增长。而新兴的新零售模式强调将线上、线下全渠道进行融合，消费终端触点不断拓展。

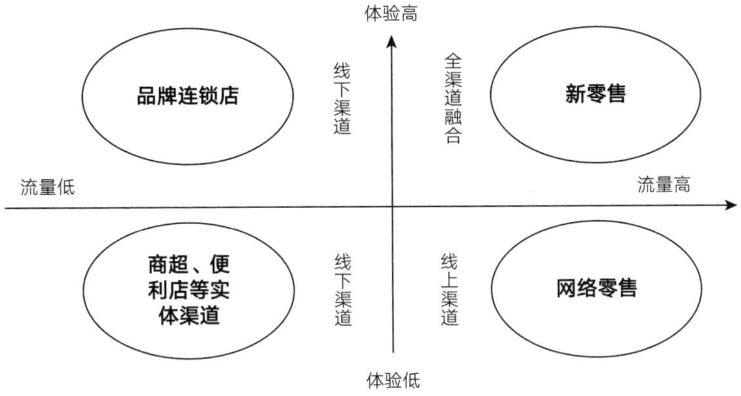

图10　休闲食品产业链下游渠道的特点

（资料来源：商务部流通产业促进中心．消费升级背景下零食行业发展报告［R］，2018）

表3　代表性休闲食品企业的消费终端触点

	良品铺子	三只松鼠	绝味食品	桃李面包	旺旺	雀巢	达利
商超				√	√	√	√
便利店				√	√	√	√
规模化门店	√	（正在布局）	√				
电商平台自营店	√	√	√	√	√	√	√
自营线上商城	√						
自营APP	√	√	√（店POS）				

资料来源：亿欧智库．2017中国休闲零食行业研究报告［R］，2017．

四、不同子行业增速与竞争格局各不相同

（一）行业红利下烘焙糕点、坚果炒货、休闲卤制品增速快

休闲食品目前主要包括糖巧蜜饯、饼干、膨化食品、烘焙糕点、坚果炒货、休闲卤制品六大类别，烘焙糕点、坚果炒货、休闲卤制品保持快速增长。其中，糖巧蜜饯、饼干、膨化食品占产业规模半壁江山。

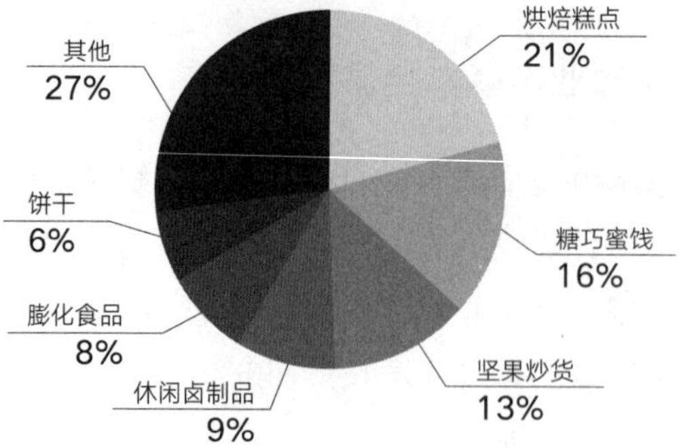

图11 烘焙糕点为休闲食品行业第一大品类

（资料来源：Frost & Sullivan）

从子行业年复合增速来看，烘焙糕点、坚果炒货、休闲卤制品增速最快。2013—2018年前三者年复合增长率分别为20%、12.8%、11%，膨化食品、饼干、糖巧蜜饯年复合增长率分别为8.5%、5.1%、1.1%。

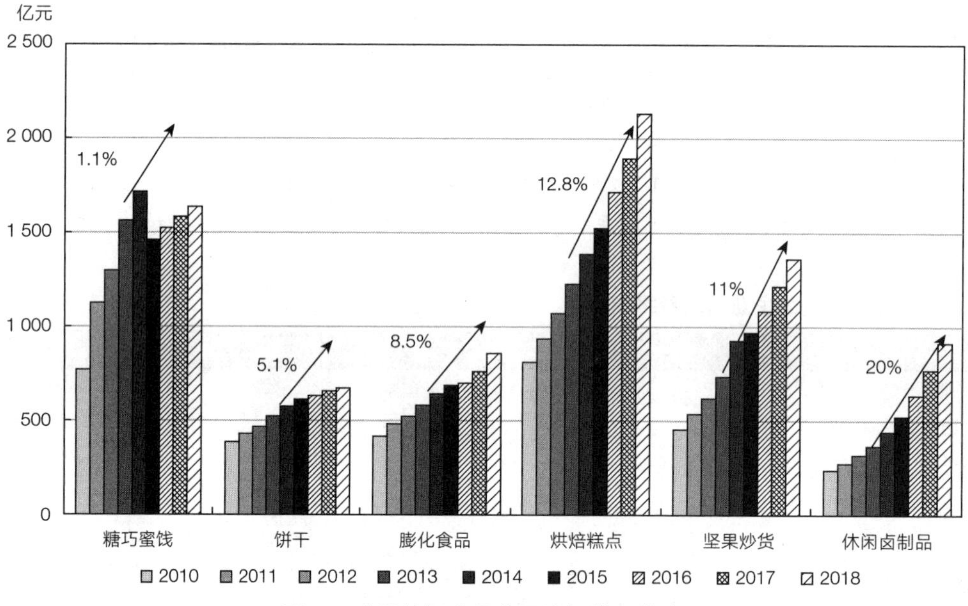

图12 我国休闲食品分品类规模及增速

（资料来源：Frost & Sullivan，亿欧咨询）

供给和需求相互影响是各品类增速不一的根本原因。

消费升级下，健康化、便利化及重消费体验是需求表现尚佳。发展较早的糖巧蜜饯、饼干与膨化食品由外企引入中国，该品类已步入成熟期，品类渗透率高，高糖高油类零食受健康化需求约束，需求端上行空间收窄。烘焙糕点、坚果炒货、休闲卤制品本土属性较强，该品类内部产品升级契合消费需求。便利化推动烘焙糕点成为代餐选择，健康化驱动消费由保质期长的产品向保质期短的产品升级。坚果炒货中炒货适应中国口味，坚果自带健康属性。我国人均坚果消费远低于欧美国家，中商产业研究院估算我国人均坚果消费仅为美国的3.2%，上升空间广阔。休闲卤制品为本土特色休闲零食，“辣”味文化更具消费黏性，饮食文化壁垒与供应链壁垒使外资进入难。

外资和本土品类销售渠道各具特色。外资品牌多以传统零售渠道为主，而随着电商崛起和新零售布局，传统渠道增速放缓。本土品类借助本土地域优势，线上、线下新零售全渠道布局，终端触点较多，对冲传统线下渠道的衰退。

（二）成熟西化品类市场集中，新兴本土品类市场分散

从子行业竞争格局来看，糖巧蜜饯、饼干和膨化食品集中度高，CR5分别为47.5%、30%、69.4%，烘焙糕点、坚果炒货和休闲卤制品集中度低，CR5分别为11.3%、17.2%、21.4%。

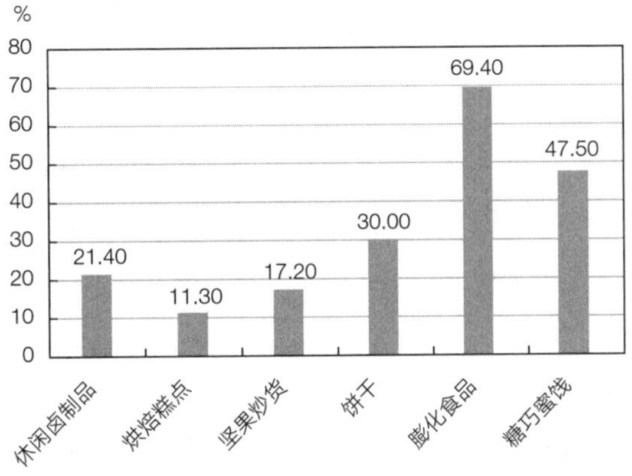

图13　各子品类CR5集中度不一

（资料来源：Frost & Sullivan）

糖巧蜜饯市场集中，国际糖果巨头占据大半江山。2018年糖巧蜜饯行业市场规模达1 636亿元，2013—2018年CAGR为1.1%，增速明显放缓。子行业CR5为47.5%，其中玛氏在糖果和巧克力子品类中均市占第一，远高于行业第二名。

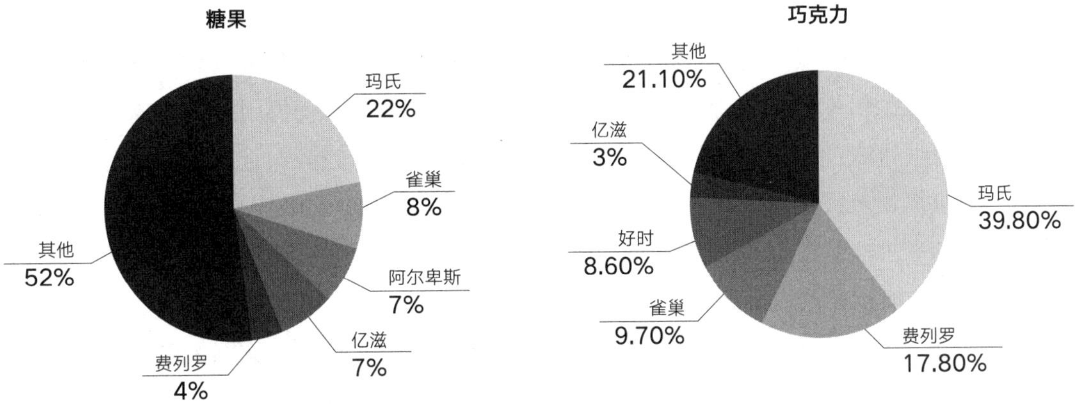

图14　我国糖巧蜜饯市场集中于外企糖果巨头

饼干市场较集中，亿滋位列第一。饼干作为最原始副食品类，“饱腹性”有余而“休闲性”不足，2013—2018年CAGR为5.1%，增速趋缓。子行业CR5为30%，其中亿滋凭借百年品牌“奥利奥”饼干位列第一。

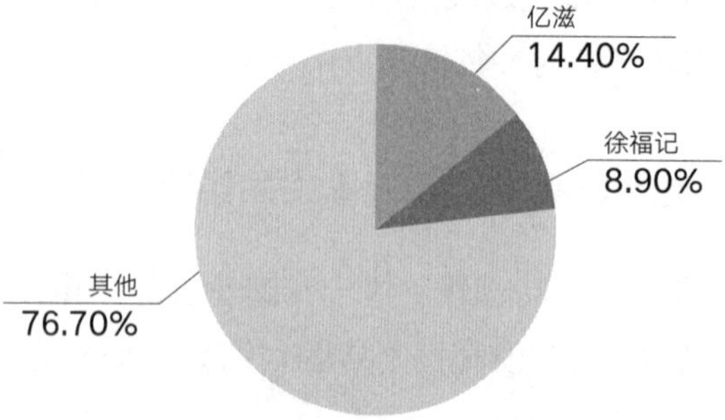

图15 我国饼干市场较集中

（资料来源：Frost & Sullivan）

膨化食品市场集中，早布局者抢占先机。2018年膨化食品市场规模达854亿元，2013—2018年CAGR为8.5%，增速亦有所放缓。子行业CR5为69.4%，行业集中度较高，形成进入壁垒。旺旺以米果产品为主，百事旗下乐事薯片在国内薯片市占第一。

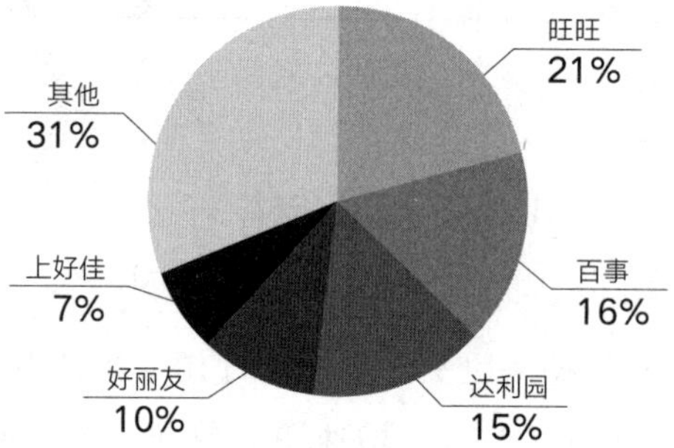

图16 我国膨化食品市场集中

（资料来源：Frost & Sullivan）

烘焙糕点市场高度分散,增速较快。烘焙糕点先由外资打开市场，本土企业借助对国人消费需求的敏感嗅觉及深度的本地化生产、运输、配送和销售网络优势成为主导力量。由于行业进入门槛低，契合健康化和便利化的消费升级趋势，且产品口感普适性较强，目前烘焙糕点成为休闲食品第一大品类，2018年规模达2 130亿元，呈现量价齐升的特点。2013—2018年其CAGR为12.8%，未来随着“健康化+代餐化”趋势，预计7天保质期的短保面包有望高增。该行业CR5为11%，且高度分散。

坚果炒货市场分散，外生树坚果正在替代本土传统炒货瓜子。我国传统坚果炒货发展早，规模大但品牌化低，早期以种子类坚果为主，代表企业为洽洽。由于树坚果自带健康属性，随着锁鲜技术等生产工艺日臻完善，且产品同质化较高进入门槛低，坚果份额上升。2013—2015年其CAGR为11%，CR5为17.2%，市场集中度不高，其中互联网品牌三只松鼠凭借优势树坚果品类而为消费者熟知。

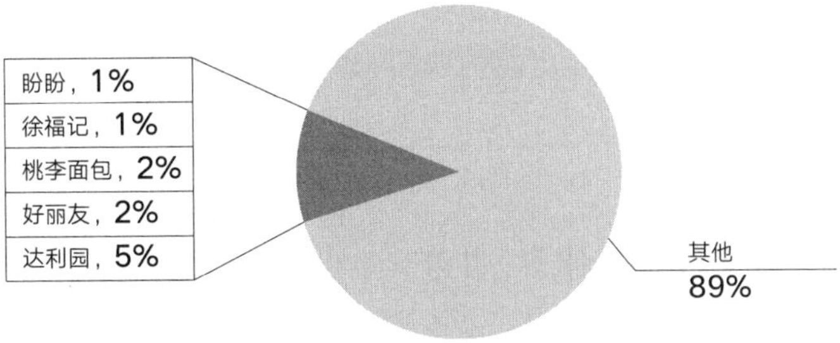

图17　我国烘焙糕点市场高度分散

（资料来源：前瞻产业研究院）

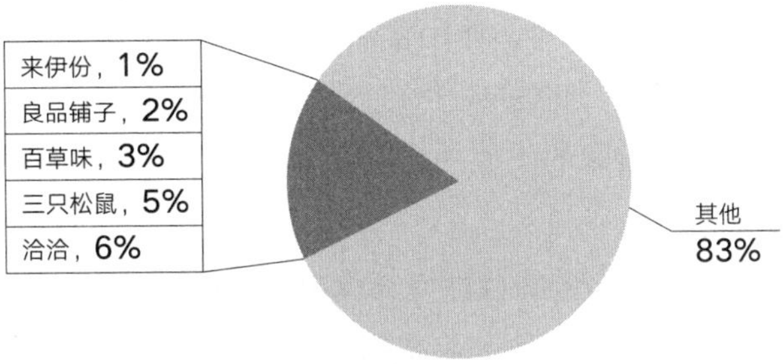

图18　我国坚果炒货市场分散

（资料来源：Frost & Sullivan）

休闲卤制品市场分散，饮食文化壁垒和供应链壁垒下本土企业绝对主导。休闲卤制品是本土化特色极强的品类，中国传统饮食"辣味"文化由来已久，随着川菜全国化带动"辣味"风靡，传统卤味店品牌化、休闲属性增强，本土供应链壁垒和文化壁垒使外企难以进入。2013—2018年其CAGR为20%，增速最快，CR5为20.2%，市场较分散，其中绝味食品凭借全城冷链日配和近万线下"直营+加盟店"规模优势位列第一。

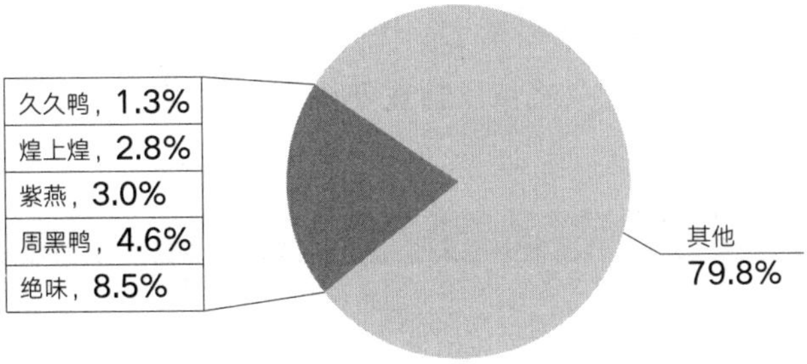

图19　我国休闲卤制品市场分散

（资料来源：Frost & Sullivan）

推广策略和布局先后是市场集中度的主要影响因素。糖巧蜜饯、饼干与膨化食品发展较早，外资品牌在20世纪90年代由外资企业依赖大单品策略取得先机，在流量集中的传媒背景下，消费者培育周期短，迅速攻城略地，取得大部分市场份额，格局易守难攻，未来集中度继续提升的空间较小。烘焙糕点、坚果炒货、休闲卤制品作为本土化品类在21世纪才开始起步或本土化，移动互联网的发展使流量逐渐碎片化，且随着产品品类可选范围增大，消费者培育需要更高的费用和时间，目前还处在龙头跑马圈地阶段，市场分散，未来集中空间大。

五、产业向“第四餐化”演变

（一）产业未来向健康化、便利化和深入更多消费场景演变

未来休闲食品产品边界不断扩大，“第四餐化”概念的实现决定产业规模与发展方向。据亿欧智库估计，未来10~15年，休闲食品的消费支出有望占全部食品支出的20%。随着休闲食品产业的持续增长，加剧的竞争格局要求休闲食品产品占领更多的消费场景。

代餐场景：休闲食品健康化的发展使产品营养更加均衡，方便的食用方法适合现代人忙碌的生活节奏。

旅游场景：休闲食品易于携带的特性使其成为旅游途中或野外出行的绝佳餐食。

IP化场景：越来越多的休闲食品企业品牌IP化，使产业出现高端礼盒产品或延伸至IP周边产业。

特殊人群场景：针对老年人、乳糖不耐受人群等特殊群体的产品层出不穷，未来品类有望据此不断细分。

（二）产品全品类和大单品融合发展，渠道线上线下协同作用

根据休闲零食上、中、下游产业链介入深度来看，我国本土休闲食品企业主要分为两种：百宝箱型和单品王型。目前，产业玩家三只松鼠、良品铺子等均采取百宝箱型，即依靠产品和渠道多元化战略来开疆拓土。绝味食品、桃李面包等则为单品王型，主要依靠大单品战略角逐细分品类龙头之位。行业整体竞争激烈，龙头效应不明显。

表4 我国休闲食品企业主要模式

	上游	中游	下游	特征
百宝箱型	偏重	偏轻	重	主要依靠产品和渠道多元化战略，重视整体产品与服务质量，通过高程度参与全产业链、强质检倒逼上中下游的方式，向市场输出价格高、品质高的产品。企业代表：良品铺子、三只松鼠、来伊份等
单品王型	重	重	重	主要依靠大单品战略，通常从事复杂的休闲零食生产，为保障质量，需要对全产业链进行强力把控，重资产模式一定程度限制品类扩展。代表企业：绝味食品、周黑鸭、桃李面包等

资料来源：亿欧智库．2017中国休闲零食行业研究报告［R］，2017．

1. 品类趋势：百宝箱型全品类大单品同步推进，单品王型打造关联产品矩阵。

百宝箱型全品类延伸同时寻找并培育优势品类，优势单品反作用带动其他品类增长。百宝箱企业普遍在电商红利期起家，一开始即采用全品类策略。产品同质化高、进入壁垒低、消费忠诚度低是该类企业掣肘所在。而以大单品策略起家的企业一般注重核心单品的培养。新兴品类单品量价空间有余，整合度较高，培育优质单品可以增强消费者黏性，从而带动其他品类增长。

单品王型先力争核心单品龙头宝座，再凭借品牌优势拓展关联品类。单品王企业多采用大单品策略起家，销售渠道也以传统零售渠道为主。在其前期积累下经销网络优势和品牌力，以及重资产商业模式背景下，持续培育大单品、争做行业老大以加强品牌效应，再借助品牌效应向关联品类延伸是主要趋势。

表5 本土基因企业大单品量级和市场份额

单品名称	市场排名	企业名称	规模/亿元	市场占有率/%
糕点	1	达利	62	4.4
休闲卤制品	1	绝味	42	4.6
薯片	3	达利	25	9.1
	4	上好佳	8	3
饼干	2	达利	16	4.9

资料来源：Wind。

2. 渠道趋势：线上线下协同作用。

消费升级适逢新零售，线上线下协同发展大势所趋。传统线下零售营业时间、空间皆受限，电商线上红利衰减，“新零售”兴起，为消费者提供一套多触点、便捷化的多场景购物解决方案，为休闲食品企业带来机遇。消费升级驱动下，消费者追求更好的消费体验，线下场景体验是重要组成部分。目前我国休闲食品企业普遍重视线上、线下双渠道，并积极探索自营渠道。休闲食品具有即时消费性，能够在高场景化的线下渠道得到满足，提升转化率和客单价；线上购物具有时间和空间双重便捷性，从而满足消费者“补货性”消费需求。

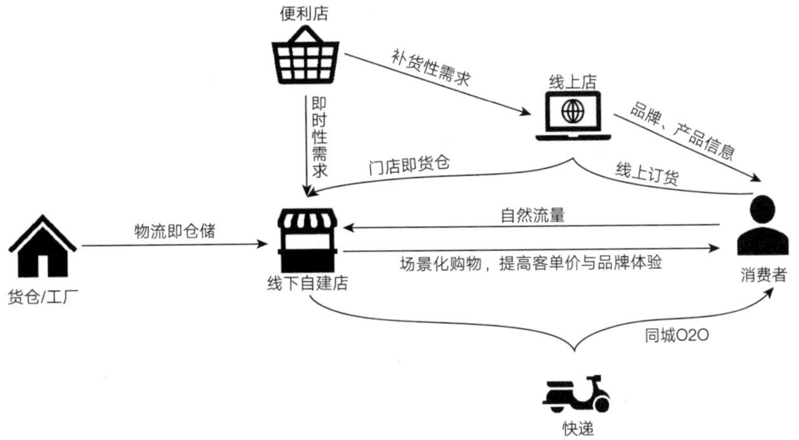

图20 线上、线下协同作用的多场景、多触点渠道

电子游戏：

云游戏推动产业升级

石伟晶　东兴证券传播与文化行业分析师
辛　迪　东兴证券研究所传播与文化组

产业描述：

电子游戏，英文名为Video Games，定义原指视频画面通过阴极射线管显示在机器屏幕上的游戏，目前泛指利用软件构建、硬件（手机、电脑等）运行的、具有交互性和娱乐性的任何一款视频游戏。电子游戏主要分为两类：单机游戏和网络游戏。

单机游戏以独立软硬件设备为依托，主要供单人或者有限数量的人玩。

网络游戏以互联网为依托，可以多人同时参与。根据游戏运营平台，可以分为电脑客户端游戏（端游）、网页游戏（页游）、手机游戏（手游）等。

一、国内电子游戏产业兴起于网络游戏

（一）互联网奠定网络游戏发展基础

国内早期电子游戏产业蹒跚前行。20世纪80年代，日本任天堂旗下Nintendo FC家用游戏设备在国内开始流行；90年代初，日本世嘉公司与国内四通公司合作，在国内推广其游戏设备及软件。由于当时国内盗版较为严重，日本游戏厂商无法盈利，继而放弃国内市场。国内游戏市场开始由家用游戏机转向电脑游戏。90年代，国内出现一批国产游戏研发公司及电脑单机游戏，由于资金不足、制作水平不高、盗版严重等因素，单机游戏市场始终没有起色。在此期间，海外EA、育碧等游戏大厂也进入国内市场，促进国内电子游戏市场形成。

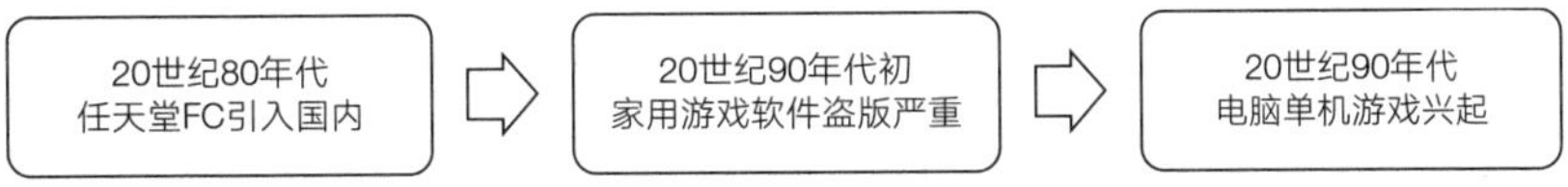

图1　国内电子游戏产业早期发展历程

（资料来源：中国游戏工作委员会．2003年度中国游戏产业报告［R］，2004.）

互联网奠定国内网络游戏发展基础。1994年，国内第一条国际专线接通，标志着中国进入互联网时代；1996年，国内第一款网络游戏《侠客行》诞生；2000年，《万王之王》《石器时代》等端游产品开始商业化运营，端游市场开始形成；2008年，《热血三国》等页游产品取得成功，页游市场崛起；2013年，国内手游开始进入快速发展期。经历20多年发展，目前国内电子游戏市场超过2 000亿元，主要由端游、页游、手游等网络游戏细分市场构成，单机游戏市场规模相对较小。

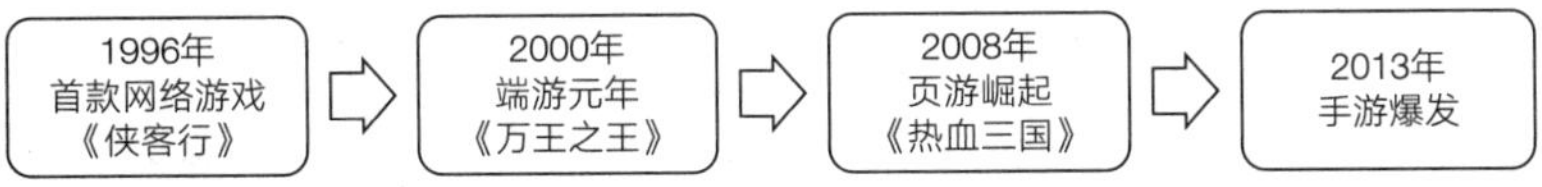

图2　国内网络游戏产业发展历程

（资料来源：游戏产业网）

（二）技术进步是电子游戏产业核心驱动力

20世纪70年代，显示技术与电视发展带来主机游戏；80年代，信息技术及电脑软硬件发展推动电脑游戏发展；90年代，Flash以及Unity 3D引擎推动页游发展；4G网络驱动电子游戏进入手游时代；目前5G将驱动国内电子游戏进入云游戏时代。回顾电子游戏产业发展历程，新兴信息技术的商业应用均带动电子游戏产业发生变革。

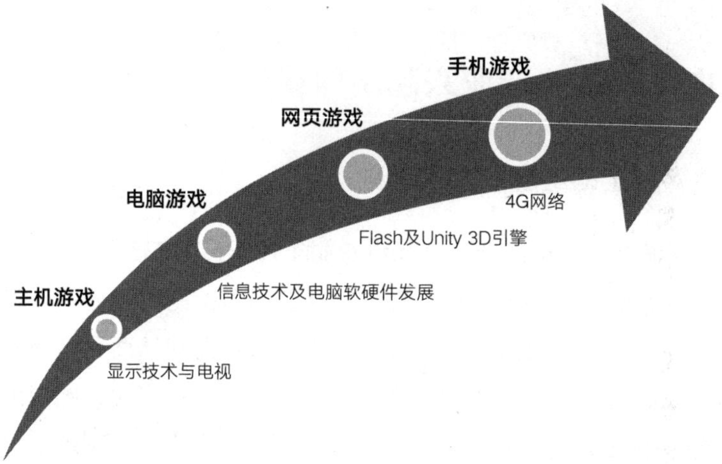

图3　技术驱动电子游戏产业持续发展

（资料来源：中国信通院．云游戏产业发展白皮书［R］，2019-12-17）

二、国内电子游戏产业方兴未艾

（一）国内电子游戏产业处于成长期

根据游戏工作委员会统计，2019年国内电子游戏市场规模达到2 309亿元，同比增长7.7%，其中手游市场为1 581亿元，端游市场为615亿元，页游市场为99亿元。国内电子游戏产业经历20多年发展，从细分市场看，端游与页游行业已经进入成熟发展期，市场规模相对稳定；手游成为国内第一大细分游戏市场，并且仍处于成长期，驱动国内电子游戏市场规模持续扩大。

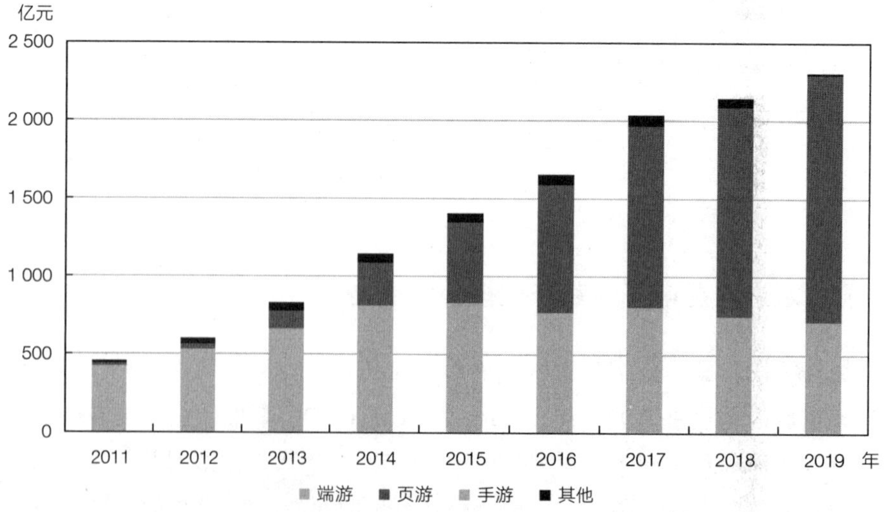

图4　国内电子游戏市场规模

（资料来源：游戏产业网）

（二）移动游戏是全球最大游戏细分市场，中国是全球第二大电子游戏市场

移动游戏是全球最大游戏细分市场。根据Newzoo统计，2019年全球电子游戏市场预计达1 521亿美元，同比增长9.6%。其中，移动游戏（智能手机及平板电脑）达685亿美元，是最大细分游戏市场；主机游戏及电脑游戏市场分别为487亿美元及319亿美元。

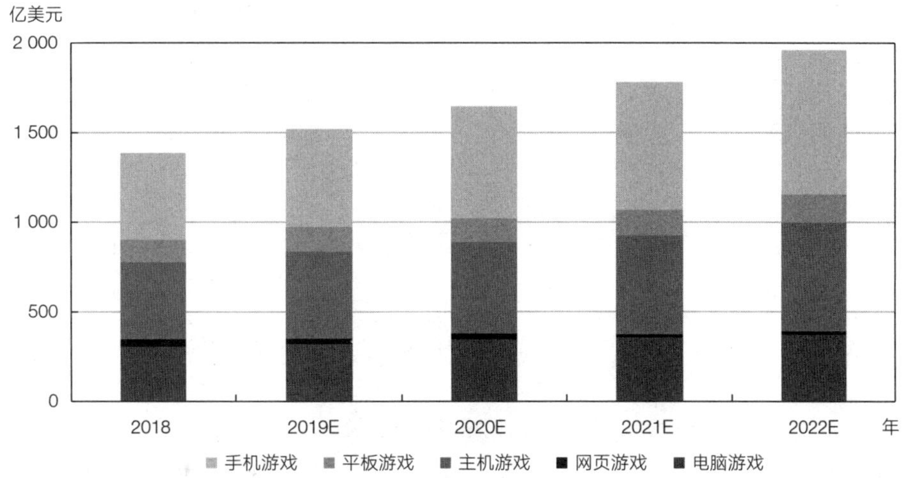

图5　全球电子游戏市场规模

（资料来源：Newzoo官网）

中国是全球第二大电子游戏市场。根据Newzoo统计，2019年全球电子游戏市场预计达到1 521亿美元。其中，美国电子游戏市场369亿美元，是第一大游戏市场；中国电子游戏市场365亿美元，紧随其后。

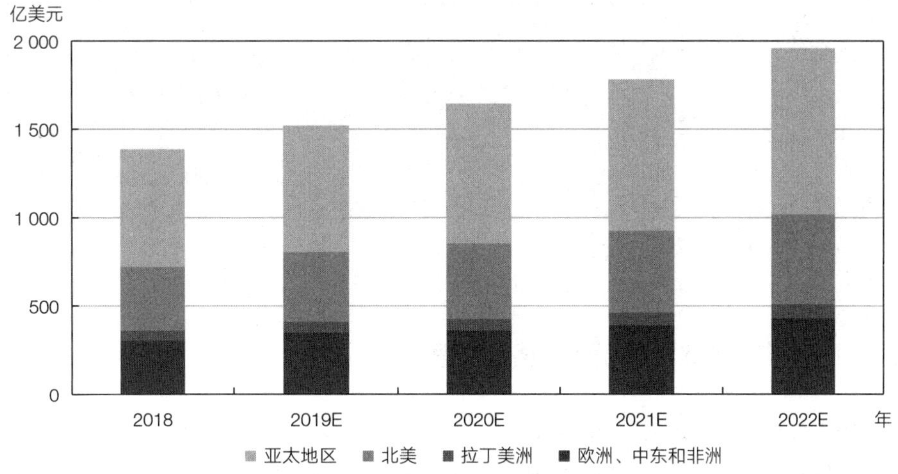

图6　全球各地区电子游戏市场规模

（资料来源：Newzoo官网）

（三）网络游戏产业链核心环节各具特色

国内网络游戏经历端游、页游、手游三个发展阶段，产业链基本稳定。游戏运营商处于产业链中心环节，与各方形成商业交易：通过自主研发或代理研发商的游戏产品获得游戏运营权；向电信资源提供商采购服务器托管、带宽租用、服务器租用等IDC服务；借助媒体进行市场推广及与支付服务商合作搭建游戏用户充值收费渠道。

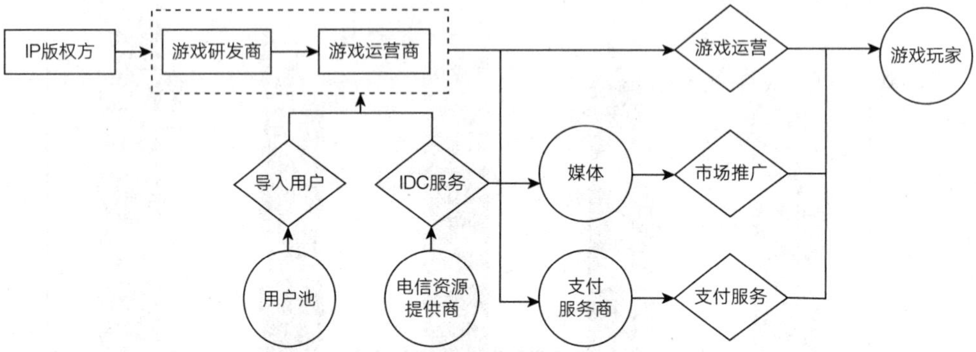

图7　网络游戏产业链

网络游戏产业链核心环节持续轮动。在网络游戏产业链中，IP版权方、研发商、运营商与渠道商用分成模式分配游戏用户充值，电信运营商及媒体不参与游戏分成。在端游、页游、手游三个发展阶段，产业链核心环节均不相同，从收入分成比例角度看，分别是端游运营为王、页游研发为王、手游渠道为王。

表1　游戏运营商与产业链各方交易结构

产业链相关者	收益模式	端游	页游	手游
IP版权方	分成	—	—	5%~9%
游戏研发商	分成	20%~30%	30%~40%	14%~25%
游戏渠道商	分成	15%~20%	20%~30%	30%~50%
电信资源提供商	固定	0%~5%	0%~5%	0%~5%
媒体	固定	10%~20%	10%~20%	10%~20%
游戏运营商	剩余	25%~55%	0~40%	0~41%

资料来源：游戏公司招股书及财报。

（四）国内电子游戏市场两强格局稳固

1．腾讯端游取胜之道在于QQ。

端游市场呈现两强格局。目前国内端游市场进入成熟期，竞争格局比较稳固。根据易观智库统计，截至2015年第四季度，腾讯占据54%的端游市场份额，网易占据18%的端游市场份额，两家公司合计占据超过70%的端游市场份额。腾讯占据一半以上端游市场的核心优势在于公司旗下QQ聊天软件拥有庞大用户群体，为游戏业务引流。

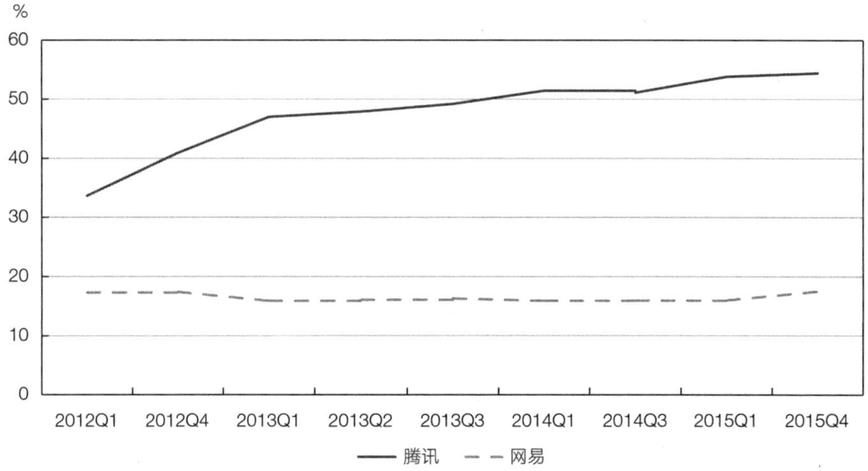

图8 2012—2015年腾讯与网易端游市场份额

（资料来源：易观网）

2. 页游平台取胜之道在于流量。

页游研发商竞争格局相对不稳固。根据易观智库统计，2015年第三季度和2016年第三季度，页游研发商CR5分别为34%和38%。页游研发商竞争格局由各自页游产品研发实力决定，产品研发成功率具有不确定性，导致集中度不高。头部研发商主要有37游戏、游族网络、广州创思、墨麟集团等公司。

表2 页游研发商市场份额 单位：%

2015年第三季度	市场份额	2016年第三季度	市场份额
37游戏	9.4	37游戏	10.5
游族网络	7.9	游族网络	8.7
广州创思	7.3	恺英网络	7.2
墨麟集团	4.7	广州创思	5.7
锐战网络	4.4	墨麟集团	5.6

资料来源：易观网。

页游运营平台竞争格局相对稳固。根据易观智库统计，2015年第三季度和2016年第三季度，页游运营平台CR5分别为68%和68%，集中度相对较高。头部页游运营平台主要有腾讯、三七互娱、360游戏、9377、4399等公司。腾讯、360游戏等页游平台竞争优势在于其体系内产品构建的流量优势，三七互娱竞争优势在于其流量运营能力突出。

表3 页游运营平台市场份额 单位：%

2015年第三季度	市场份额	2016年第三季度	市场份额
腾讯网页游戏	34.7	腾讯网页游戏	32.9
三七互娱	12.7	三七互娱	13.4
360游戏	11.1	360游戏	10.7
9377	5.6	9377	6.9
4399	4.1	4399	4.3

资料来源：易观网。

3．手游复制端游竞争格局。

手游市场呈现两强格局。根据游戏工作委员会及公司财报统计，截至2015年第四季度，腾讯占据54%的手游市场份额，网易占据22%的手游市场份额，两家公司合计占据手游市场超过70%的份额，竞争格局与端游市场较为相近。腾讯与网易在手游市场取胜之道基本源于两家公司将其在PC互联网积累的优势复制到移动互联网时代。

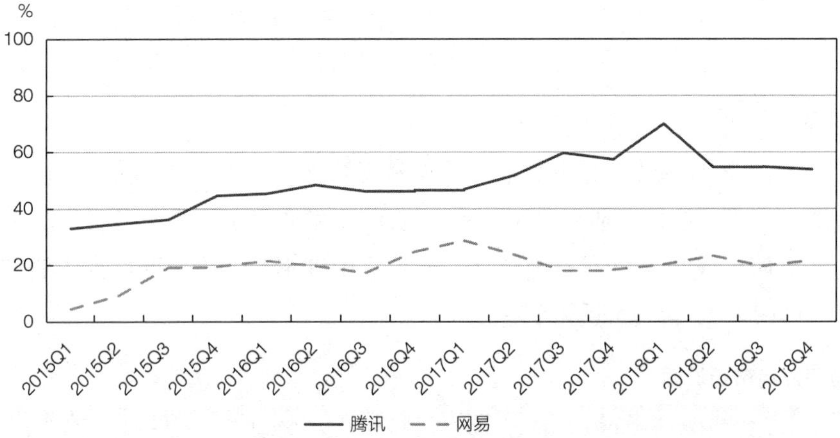

图9 2015—2018年腾讯与网易手游市场份额

（资料来源：Wind）

三、5G迎来云游戏发展浪潮

（一）云游戏是全球电子游戏发展方向

云游戏是次时代产品形态。云游戏本质上为交互性在线视频流，游戏在云端服务器上运行，并将渲染完毕后的游戏画面或指令压缩后通过网络传送给用户。相比端游、页游、手游，云游戏具有节约用户硬件迭代升级成本、跨平台跨终端、无须下载、点开即玩等优势。

表4 全球云游戏发展历程

时间	事件
2000年	芬兰G-cluster公司展示云游戏原始雏形，通过Wi-Fi将PC游戏传输到手持设备
2005年	G-cluster通过塞浦路斯电信管理局IPTV网络进行首次试商用
2009年	云游戏服务商OnLive在旧金山游戏开发者大会展示云游戏，并于次年正式上线云游戏服务
2012年	云游戏服务平台OnLive破产，并被索尼收购
2014年	索尼发布仅供PS4用户使用的云游戏服务PlayStation Now
2015年	NVIDIA推出基于云服务器的游戏流媒体服务GeForce NOW
2018—2019年	谷歌、微软、腾讯等纷纷布局云游戏

资料来源：游资网。

5G驱动云游戏加速发展。云游戏让游戏用户无须考虑硬件性能，但要求高带宽、高即时性服务，因此对远端服务器和传输网络均有较高要求。支撑云游戏的视频编解码技术、5G网络、边缘计算、芯片刻蚀工艺、虚拟化GPU方案等技术不断进步，尤其5G网络进入建设期，其高带宽、低时延特性加快云游戏发展进程。

图10 云游戏架构

（资料来源：腾讯研究院）

云游戏是全球电子游戏发展方向。全球巨头企业积极开发推出云游戏平台。2015年，NVIDIA推出基于云服务器的游戏流媒体服务GeForce NOW，截至2019年3月，订阅用户数约30万户；索尼在2014年推出云游戏服务Playstation Now，截至2019年5月，订阅用户数约70万户；谷歌于2019年11月上线云游戏平台Stadia；微软与腾讯旗下云游戏平台正处于测试阶段。

表5 全球巨头企业旗下云游戏平台

云游戏平台	GeForce NOW	Playstation Now	Stadia	Project xCloud	Start
厂商	NVIDIA	索尼	谷歌	微软	腾讯
面向终端	SHIELD系列主机（商用）；PC和Mac（测试）	PS4、Windows PC端	电脑、电视、平板、谷歌手机	手机、平板、PC	手机、平板、PC
运营状态	商用/测试	商用	商用/测试	测试	测试
单价	SHIELD主机订阅费每月7.99美元	每月38~78元人民币	每月9.9美元	—	—
用户数	30万户	70万户	—	—	—

资料来源：NVIDIA、索尼、谷歌、微软、腾讯等官方发布会。

谷歌走在云游戏商业化前列。2019年11月19日，谷歌云游戏平台Stadia上线运营，该平台在Stadia的服务范围内支持用户用谷歌指定的电视、电脑或手机，无须下载，即点即玩3A级游戏。

表6 谷歌云游戏平台Stadia信息

云游戏平台Stadia	具体内容
上线运营时间	2019年11月19日
登录平台	电视、电脑、手机
首发游戏	《刺客信条:奥德赛》《命运2》等12款游戏
套餐	创始版套餐：129美元，套餐包含串流播放设备Chromecast Ultra、Stadia游戏手柄，3个月的Stadia Pro会员资格； Stadia Pro会员订阅费：9.9美元/月
支持画面	720p/1080p/4K，60帧/秒
网速要求	10~35Mbps/s

资料来源：谷歌官网。

云游戏进入商业化阶段。IHS Markit基于全球16家云游戏服务的表现统计得出，2018年全球云游戏市场规模达3.87亿美元，预计市场规模将于2019年末突破5亿美元。全球云游戏产业已经进入商业化周期，基于国内端游、页游、手游庞大用户基数及云游戏推动用户付费意愿提升，国内云游戏市场前景广阔。

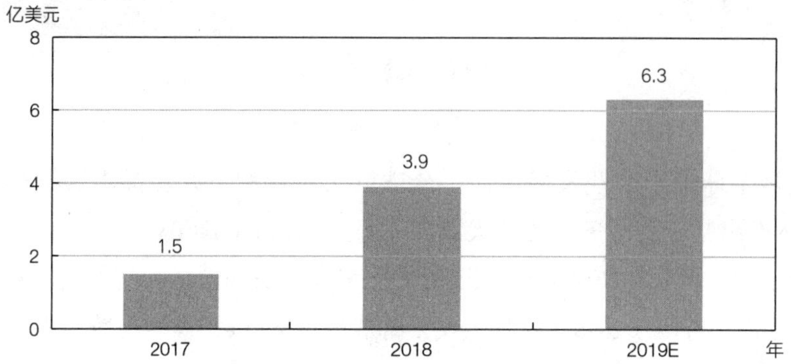

图11 2017—2019年全球云游戏市场规模

（资料来源：IHS Markit）

（二）国内云游戏处于探索期阶段

目前云游戏产业生态参与者包括电信运营商、云计算服务商、CPU/GPU供应商、游戏公司等。

游戏研发商：主要有腾讯、网易、完美世界、吉比特等游戏公司，提供云游戏内容。

电信运营商：主要有移动、电信、联通等电信运营商，提供5G网络服务。

游戏渠道商：主要提供用户入口或用户导入服务。

媒体平台：主要有虎牙、斗鱼、TAPTAP、B站等游戏社区。

硬件提供商和云计算服务商：主要包括阿里云、腾讯云、华为云等云计算商，CPU/GPU硬件供应商，以及垂直云服务提供商，提供云游戏技术解决方案。

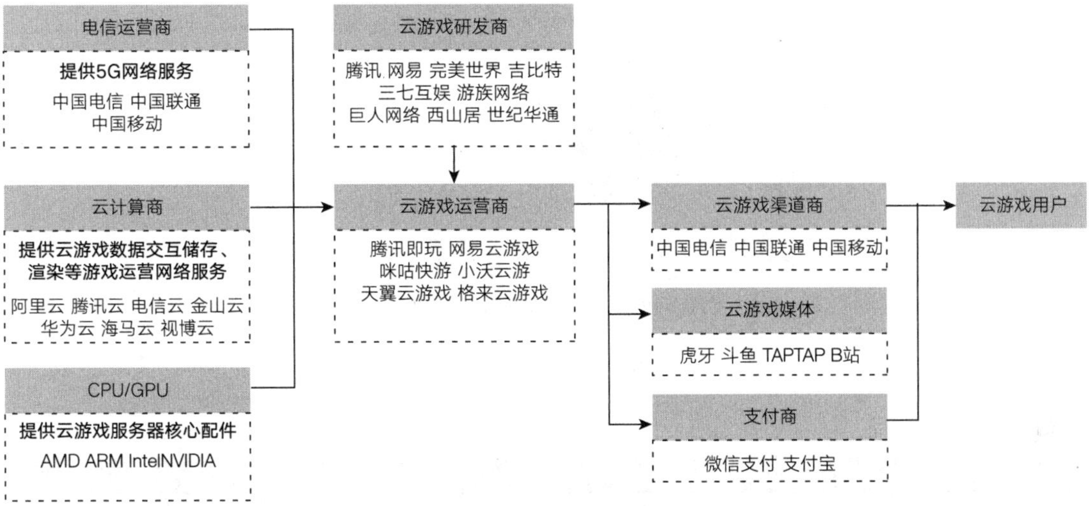

图12 国内云游戏产业链预测

（资料来源：中国信通院．云游戏产业发展白皮书（2019年）[R]，2019）

（三）云游戏驱动商业模式变革

云游戏是次世代游戏产品形态，相比端游、页游、手游，云游戏研发模式、运营模式、渠道模式、推广模式等方面均会发生变化。

1. 云游戏研发注重美术设计。

一般而言，游戏角色模型面数越高，角色越生动形象。2016年手游《崩坏3》中角色建模多边形数量达到15 000面，接近端游《剑网3》重制版水平（16 000~20 000面）；2019年手游《闪耀暖暖》中角色建模数达到50 000~80 000面，接近一流主机游戏水平。云游戏技术解决困扰研发商及游戏用户关于高画质游戏对终端性能要求苛刻的问题，将助推手游画质达到主机游戏水平。

云游戏利好国内头部游戏研发商及二次元游戏研发商。目前国内手游研发已经具有较高门槛，头部产品研发团队达到数百人，研发周期为2～3年。云游戏将进一步提高游戏研发门槛，利好头部游戏企业，如腾讯、网易、完美世界等公司。国内二次元游戏用户对高清画质需求强烈，二次元游戏研发商或将在云游戏浪潮下迎来跨越式发展，代表公司主要有叠纸网络、勇仕网络、米哈游等公司。

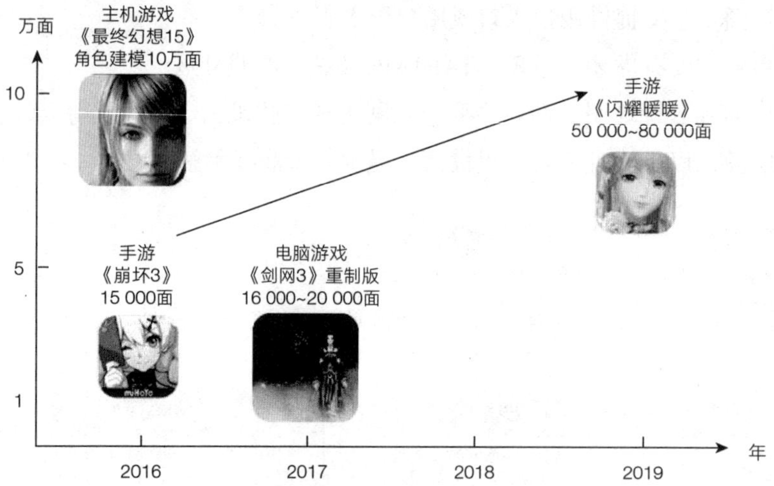

图13 云游戏助推手游画质达到主机游戏水平

（资料来源：游戏公司官网）

表7 典型手游产品

游戏名称	游戏类型	下载包	研发商
《完美世界》	角色扮演	1.9GB	完美世界
《剑网3》	角色扮演	1.9GB	西山居
《梦幻西游》	角色扮演	1.3GB	网易
《阴阳师》	卡牌	1.9GB	网易
《FGO》	卡牌	0.8GB	Delight Works
《闪耀暖暖》	虚拟养成	2.0GB	叠纸网络
《碧蓝航线》	虚拟养成	1.2GB	勇仕网络
《崩坏3》	虚拟养成	0.8GB	米哈游
《王者荣耀》	MOBA	1.8GB	腾讯
《和平精英》	射击枪战	1.6GB	腾讯

资料来源：应用宝。

米哈游是国内领先的二次元游戏研发商之一。公司深耕二次元文化，基于“崩坏”IP下创作出的游戏、漫画、动画、轻小说及动漫周边产品，产品间相互促进相互影响，逐步形成IP产品生态圈。“崩坏”IP游戏是公司主要收入来源，三款移动游戏分别为《崩坏学园》《崩坏学园2》《崩坏3》。

哈游具有成熟商业模式及庞大用户群体等优势。公司商业模式以原创优质IP为核心，在二次元文化下搭建涵盖游戏、漫画、轻小说等产品的文化产业链，类似于迪士尼围绕动漫IP经营漫画、动画、电影、音乐、游戏、手办、主题公园等多种类型产品的商业模式。同时，公司拥有“崩坏”IP下庞大用户群体，为未来其他产品提供有力保障。另外，公司注重积累研发技术，专注精品游戏研发，公司下一部手游新作《原神》正处于测试阶段，或将成为又一部优秀二次元大作。

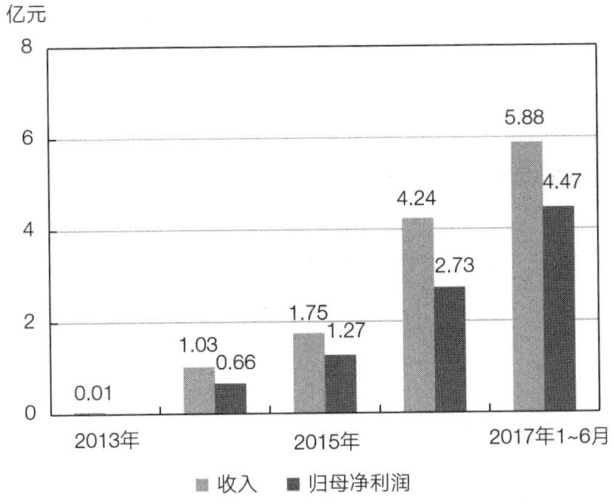

图14　2013年至2017年6月米哈游收入及净利润

（资料来源：Wind）

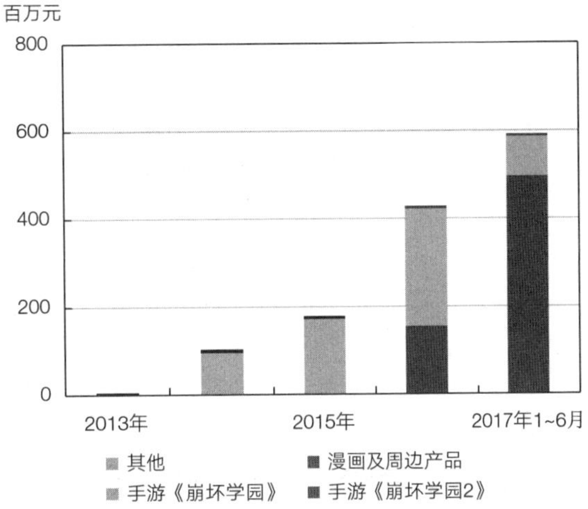

图15　2013年至2017年6月米哈游业务收入构成

（资料来源：Wind）

图16　米哈游围绕“崩坏”IP打造系列化产品

（资料来源：Wind）

2．云游戏运营成本随云游戏服务商发展而降低。

网游运营成本随IDC发展而降低。早期国内端游运营商采购成本与维护成本较高。为降低成本，游戏运营商倾向租赁服务器和带宽并交由第三方IDC公司托管。目前国内手游运营商向云计算公司租赁云服务器及采购增值服务，成本进一步降低。可以看到，网游产业由新兴向成熟发展过程中，IDC企业逐步发展，降低游戏运营成本。

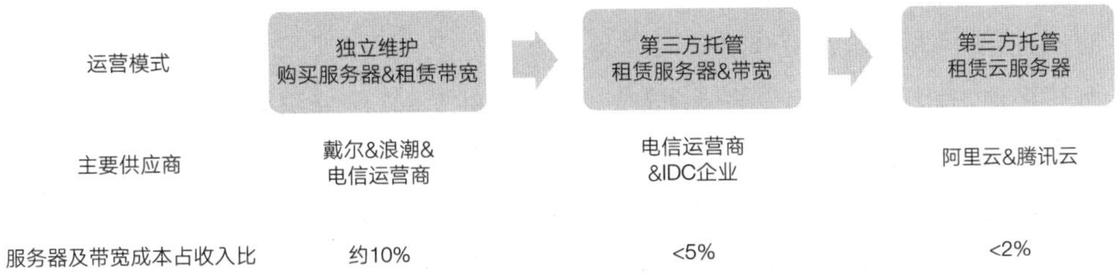

运营模式
独立维护
购买服务器&租赁带宽
第三方托管
租赁服务器&带宽
第三方托管
租赁云服务器
主要供应商
戴尔&浪潮&
电信运营商
电信运营商
&IDC企业
阿里云&腾讯云
服务器及带宽成本占收入比
约10%
<5%
<2%

图17　国内网游公司运营模式

（资料来源：游戏公司招股书及财报）

云游戏运营成本随云游戏服务商发展而降低。云游戏运营厂商的云服务成本主要包括服务器、IDC 和带宽三项，其中服务器成本占比较高，IDC和带宽成本基本透明。从发展趋势看，国内云计算商（阿里云、腾讯云、华为云等）、电信运营商（移动、电信、联通）及垂直云服务提供商有望转化为第三方云游戏服务商，驱动云游戏运营成本降低。

图18 国内第三方云游戏服务商

头部云计算公司具有显著领先优势。根据IDC统计，阿里云占据国内云市场份额第一；从IaaS市场份额来看，2018年下半年，阿里云、腾讯云、中国电信分别以42.9%、11.8%、8.7%占据前三名。

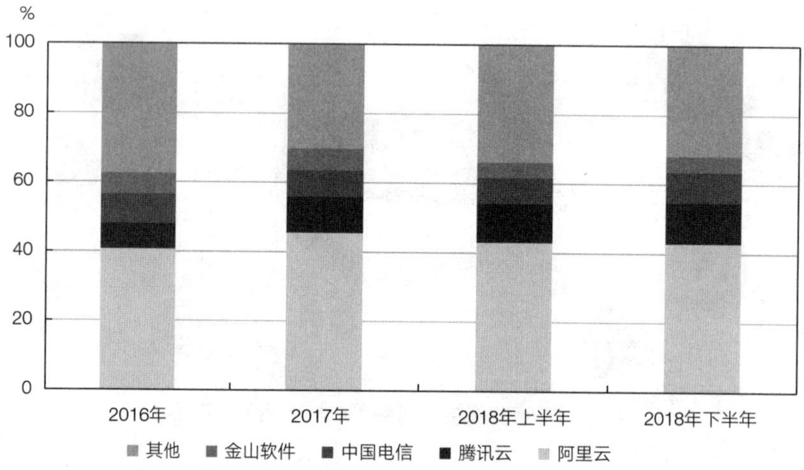

图19 2016—2018年国内公有云IaaS市场份额

（资料来源：IDC．2018年中国公有云服务市场跟踪［R］，2019）

腾讯云在游戏行业具有竞争优势。腾讯是国内第一大游戏运营商，同时在协助国内游戏厂商出海方面积累了丰富经验，因此腾讯云具有较强的游戏基因。腾讯云业务已经具备向游戏厂商提供全周期云游戏行业解决方案实力，包括游戏开发、游戏安全、游戏加速、游戏运营及云基础产品。

3．电信运营商或是云游戏早期渠道商。

游戏渠道商获益匪浅。端游早期发展阶段，网吧、软件分销渠道承担网游实体点卡和虚拟点卡销售任务，成为主要渠道商，分成比例为点卡面值的15%~20%。端游发展后期，线下销售网点渠道角色弱化，退化为网游可选支付方式之一，返点比例降低为点卡面值的2%~3%；在页游行业发展期，百度、360等流量巨头成为页游渠道商，渠道商不参与游戏运营，负责将流量转化为页游用户，分成比例为20%~30%；手游渠道商主要为应用商店，分成比例为30%~50%。

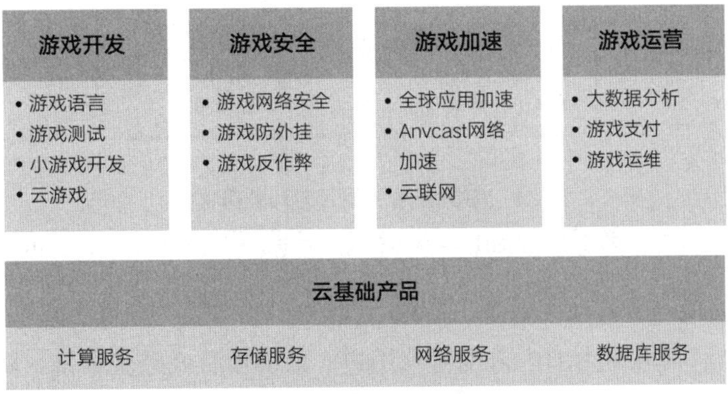

图20　腾讯提供游戏全链路解决方案

（资料来源：腾讯研究院）

表8　国内网游渠道模式

	端　游	页　游	手　游
渠道商	网吧、软件分销渠道（软件店、书店、超市、报亭等）	页游联运网站（百度、360等）	应用商店
分成比例	15%~20%	20%~30%	30%~50%

电信运营商或是云游戏早期渠道商。不考虑硬件成本，目前国内云游戏用户体验云游戏需要三重付费，分别为运营商套餐、云游戏流量费、游戏订阅费，云游戏消费方式设置的门槛较多。电信运营商具有将云游戏与手机流量套餐相融合优势，形成云游戏研发商/运营商—电信运营商—游戏用户的渠道链条。在此模式下，电信运营商成为云游戏渠道商，与游戏运营商采用分成方式。

表9　网游消费支出对比（2020年2月）

	端游	手游	云手游
运营商套餐	中国移动：年费700元（20M宽带）、年费1 080元（50M宽带）、年费1 280元（100M宽带）	中国移动：月费68元（5GB、220分钟）、月费88元（10GB、220分钟）、月费108元（20GB、220分钟）	中国移动：月费128元（30GB＋200分钟通话）
游戏流量费	—	5~10元/月	20~80元/月
游戏付费	100~300元/月	平均60元/月（道具收费）	30~50元/月（时长/订阅）

资料来源：中国移动网上营业厅。

中国联通触达用户优势显著。作为运营商之一，中国联通在2019年推出云游戏平台“沃家云游”，为用户提供小沃云游手机APP、小沃云游机顶盒APP、小沃云游VR APP，用户通过办理联通宽带的融合套餐付费或者采用游戏订阅模式，可享受云游戏的体验。中国联通可以通过流量套餐、带宽套餐与云游戏绑定及借助手机预装、机顶盒预装等模式触达用户。

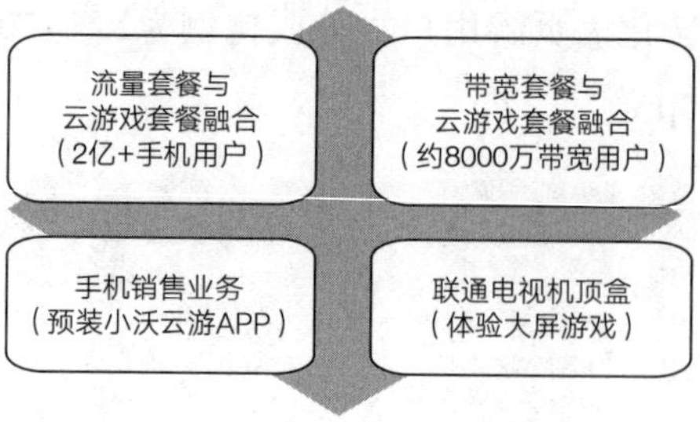

图21 中国联通发展云游戏业务优势

（资料来源：艾瑞咨询．2019年中国云游戏市场案例研究报告［R］，2020）

4．口碑传播或是云游戏主要推广方式。

云游戏核心消费群体为国内重度游戏用户。该群体游戏经验丰富，具有较强游戏品质识别能力，并在互联网社区发表游戏评论及关注游戏大咖动态。目前，国内重度游戏用户聚集在游戏直播及游戏社区等平台。相关游戏平台公司将在云游戏浪潮中具有发展优势，如斗鱼、虎牙直播、哔哩哔哩、心动公司等。

图22 2019年第三季度末各平台MAU

（资料来源：相关公司年报）

心动公司旗下TapTap为国内最大的游戏社区。心动公司主营业务主要包括网络游戏研运及TapTap游戏平台运营。截至2018年，公司营业收入为18.87亿元，其中游戏业务收入为15.92亿元，TapTap平台贡献的信息服务收入为2.95亿元。公司招股书显示，截至2019年9月底，TapTap应用MAU达1 700万，为国内最大的游戏社区。

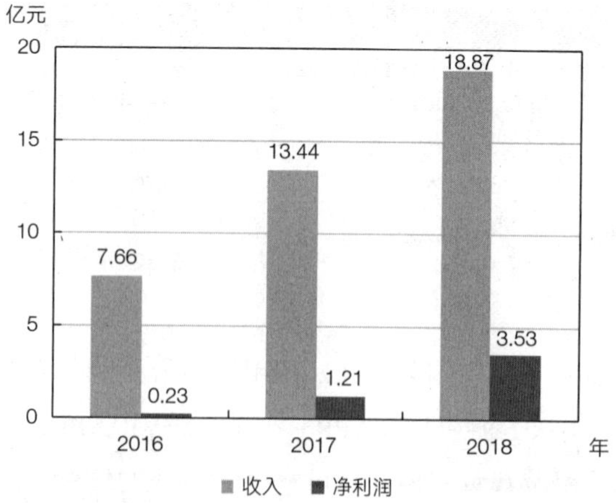

图23 2016—2018年心动公司收入及净利润

（资料来源：Wind）

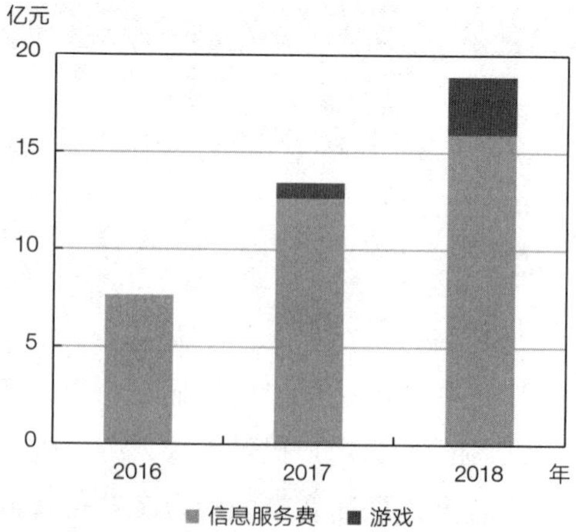

图24 2016—2018年心动公司收入构成

（资料来源：Wind）

TapTap社区致力于向游戏用户推出优质游戏及连接游戏用户与开发商。TapTap鼓励游戏用户对平台上的游戏进行评测、讨论及评分等社交网络互动行为。截至2019年9月30日，平台共有6.94亿次游戏下载、5.75亿次游戏关注及1 000多万游戏评测，使TapTap上的游戏评分成为国内游戏用户选择游戏重要参考之一。在此正向循环下，累计超过1万家游戏研发商在平台注册，上传超过6 500款手机游戏，从而收集及分析游戏用户反馈，以优化其游戏。目前，TapTap不仅成为一个充满活力且富有吸引力的手机游戏社区，而且成为游戏开发商强大的分发、测试及评估平台。

表10 TapTap应用运营数据

	2016年	2017年	2018年	2019年1~9月
月活用户/百万户	0.9	10.2	15.0	17.0
注册用户数/百万户	2.1	—	—	52.1
累计注册开发商/家	748	4 739	7 662	10 000+
游戏下载量/百万次	11.5	157.8	257.4	267.1

资料来源：心动公司招股书。

第二篇

新技术

视频会议 / 信息安全 / 空天信息 /
医疗信息化产业 / 疫苗产业 / 肿瘤治疗 /
半导体设备 / 模拟芯片 / IDC / 激光加工

视频会议：在线科技之先行者

王健辉　东兴证券计算机行业首席分析师

产业描述：

视频会议能使两个或两个以上不同地方的个人或群体，通过传输线路及多媒体设备，将声音、影像及文件资料互传，实现即时且互动的沟通。其应用场景十分丰富，包括政府、金融、教育、医疗、企业、海关等各领域。视频会议只需借助互联网，即可实现高效、高清的远程会议，有利于提升用户沟通效率、缩减企业差旅费用成本、提高管理成效，已成为远程办公的最新模式。

随着各种通信技术的发展，视频会议自诞生以来经历了模拟视频会议阶段、数字视频会议阶段、基于IP网络视频会议阶段、多功能统一通信管理平台阶段。如今，视频会议产业蓬勃发展，全球视频会议市场稳步增长，呈现出寡头垄断局面，市场集中度较高。近年来，中国视频会议市场规模不断扩大，预计未来几年还将呈现快速发展的势头，国内视频会议厂商纷纷布局，抢占市场份额。由于云视频会议在功能、部署成本、维护成本、便捷性等方面具有明显优势，其市场规模不断扩大，未来有望成为视频会议产业的主导。

一、云视频优势凸显，多项技术助力云视频发展

（一）硬件视频会议系统存在痛点，软件视频会议优势明显

目前，视频会议系统可以分为硬件视频会议系统和软件视频会议系统。硬件视频会议是基于嵌入式架构的视频通信方式，依靠“DSP+嵌入式软件”实现视音频处理、网络通信和各项会议功能；软件视频会议是基于高级会议PC架构的视频通信方式，主要依靠CPU处理视、音频编解码工作。

表1　硬件与软件视频会议系统对比

	硬件视频会议系统	软件视频会议系统
架构模式	基于专线网络，包括MCU、终端、摄像头、电视机、话筒等外围设备，集成度较高	主要采用服务器+PC架构：中心点部署MCU、多画面处理和流媒体服务器，移动端配置摄像头、耳麦和会议终端软件，会议室配置高性能PC、视频采集卡、摄像头和终端软件
服务性质与价格	多为硬件销售，服务偏向于销售硬件，后期主要由企业的IT部门负责维护；一次性购买价格昂贵，用户长期支付带宽接入费用	多是会议账号租赁服务，依赖视频会议提供商进行软件升级、服务和维护；依托现有的网络条件，前期投入少，后期维护费用少，总价格低
功能	主要是音视频传输，几乎不能满足用户的个性化需求，音视频质量普遍较高	除了音视频传输，还支持电子白板、在线举手等互动功能，音视频质量较差
可操作性	分布较为固定，移动性差；终端一般通过遥控和PC操作，使用方便，符合用户的传统使用习惯；硬件更新和模块升级昂贵且实施困难	分布式部署，移动性较强；支持无线网络，可随时随地开启会议，使用方式灵活；维护简单，产品升级方便且价格较低
安全性与稳定性	嵌入式架构天生具备良好的抗病毒能力，安全性较好；稳定性较高	容易受到网络病毒入侵，安全性、稳定性较弱
网络适应性	可适应专线或以太网的各类网络传输条件，但对带宽要求高，一般需要384kb以上的独立线路或专网；要求每个终端都要有外部IP，可以直接访问互联网，而不能通过防火墙	可以使用现有的网络环境，适合从56kb拨号、专线或者其他方式接入的网络环境；适应各种服务器和代理防火墙，可满足不同网络环境需求

软件视频会议的典型代表是云视频会议。云视频会议以云计算为核心，供应商提供云计算服务，一般采用公有云的方式部署，企业通过网络即可实现跨地域多方视频通话。云视频优势在于SaaS（Software as a Service，软件即服务）模式按月租用，前期投入小，而且支持绝大多数智能设备，接入会议简单快捷，还无须专人维护，后期维护费用低。在视频会议行业中，云视频会议将成为该行业新的增长点。

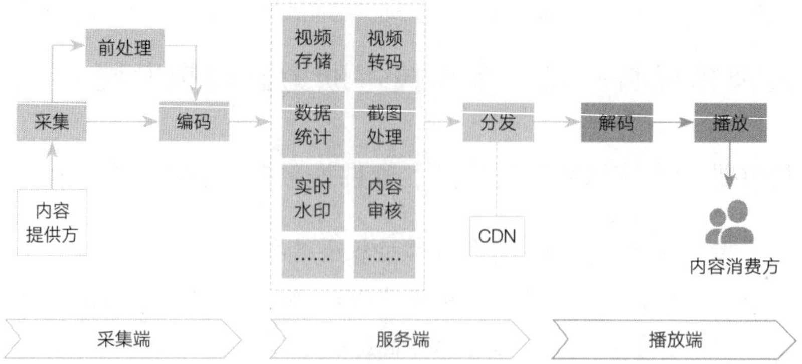

图1 云视频流程示意图

（资料来源：艾瑞咨询，2018年中国视频云服务行业研究报告［R］，2019）

（二）多项技术催生云视频

在典型的云视频流程中，内容提供方采集的视频首先会被编码为特定的格式，视频在上传到云服务器后，为适应不同的网络环境和播放终端通常会在云端进行转码，服务端会提供包括数据统计、内容审核、实时水印等在内的个性化增值服务。视频经由内容分发网络（CDN）加速分发，通过解码最终在内容消费方的终端设备上实现播放。

表2 云视频会议平台架构涉及内容

涉及内容	具体功能
基础设施即服务（IaaS）	（1）IaaS为不同用户提供虚拟化环境，将其请求的影像投射到硬件之前，并以服务的形式交付给计算机基础设施； （2）云视频会议平台上的IaaS提供计算功能和存储作为网络上的标准服务，具备数据存储服务、同步服务、管理服务和备份服务等功能
平台即服务（PaaS）	（1）PaaS为用户提供定制化研发的中间件平台，同时涵盖数据库和应用服务器等； （2）云视频会议平台上的PaaS核心服务主要包括安全服务、目录服务、总线服务、工作流、身份认证和共享服务等
软件即服务（SaaS）	（1）SaaS为不同用户根据各自的需求通过网络提供软件，且无须用户对视频会议软件进行维护； （2）云视频会议平台能够全权管理和维护软件，在提供包括视音频、白板操作、会议预约、屏幕共享等功能在内的在线会议服务的同时，也提供软件的离线操作和本地数据存储，真正做到用户能随时随地使用定购的软件和服务

1．视频编解码与内容分发网络。

通过视音频编码算法进行压缩、解压缩可以提高传输效率。视频压缩标准主要有ITU定义的专用于低比特率视频电话的标准，包括H.261、H.262、H.263、H.265；国际标准化组织ISO针对消费类应用对运动图像压缩定义MPEG标准，包括MPEG1、MPEG2、MPEG4；由ITU与ISO联合视频小组JVT定义的H.264编解码技术。

当前视频编码已经进入后1080P时代，由H.264主导的视频编码标准正在被撼动。早在2013年，新一代的视频编码标准H.265就完成了标准的制定工作，但受限于当时的应用环境而没有得到广泛的普及。相比H.264，H.265的最大优势是可以在维持画质基本不变的前提下，将视频传输的带宽减少到H.264的一半。目前，主流的视频云厂商部分或已经支持H.265标准，或正在计划支持H.265标准，随着未来软件和硬件环境的支持，H.265标准将成为视频云服务的标配。

2. 语音对话与视频分辨率。

在视频会议中，通常会有多对多的语音对话，实现该功能主要通过语音采集、编码、传送、解码、语音重现等步骤来实现。音频编码技术可以缩小占用的带宽，在实际的语音通话应用中不可或缺。

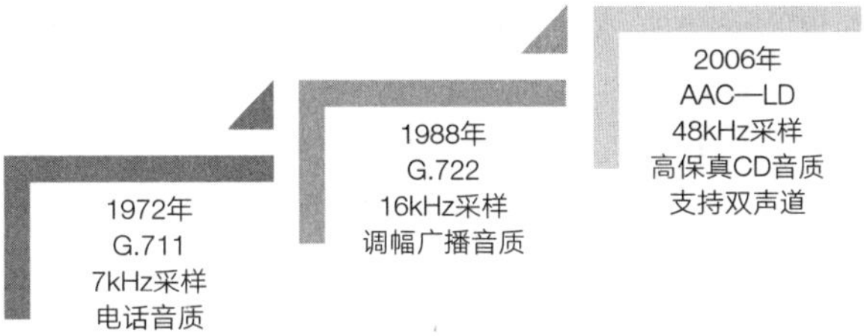

图2 视讯音频技术发展历程

目前，行业内主要的音频编解码标准包括G.711、G.722、G.728、G.723.1、G.729、G722.1、AAC_LD等，其中AAC支持采样率48K，达到高保真CD音质效果。在编码延时上，AAC编解码为20ms，效果较好。

视频会议的呈现还依赖视频的分辨率，高清晰度是视频技术发展的主线之一。分辨率大小决定了视频的清晰度，分辨率越高，视频的质量也越高。但同时，分辨率的增加需要更高的视频流码率，会要求更高的网络传输带宽和速度。视频技术的发展经历了CIF格式、480P、720P、1080P、2K、4K。目前，高清晰度（4K）是视频发展的主流趋势。

3. 视频通信框架协议。

视频会议的发展离不开国际标准的制定，国际标准的重要性在于解决了不同厂商产品的互通和兼容性问题，从而实现了真正的互联互通，保护了用户的利益，同时降低了厂商研发和用户建网成本，使视频会议真正推广开来。

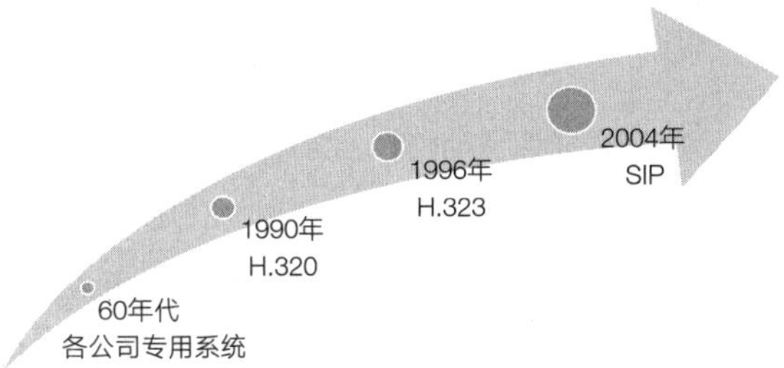

图3 视频会议协议发展趋势

视频通信的组网协议从20世纪60年代的各公司专用系统发展到如今的SIP协议，极大促进了行业发展。目前，国际标准有H.320、H.323和SIP标准集，其中H.323是目前的主流标准，SIP将会是下一代标准。

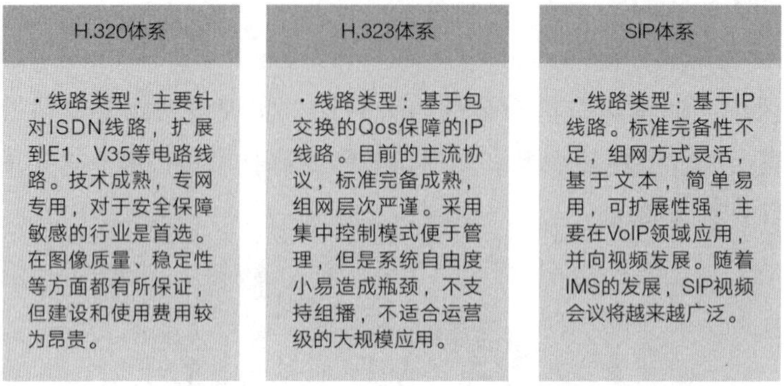
H.320体系
·线路类型：主要针对ISDN线路，扩展到E1、V35等电路线路。技术成熟，专网专用，对于安全保障敏感的行业是首选。在图像质量、稳定性等方面都有所保证，但建设和使用费用较为昂贵。
H.323体系
·线路类型：基于包交换的Qos保障的IP线路。目前的主流协议，标准完备成熟，组网层次严谨。采用集中控制模式便于管理，但是系统自由度小易造成瓶颈，不支持组播，不适合运营级的大规模应用。
SIP体系
·线路类型：基于IP线路。标准完备性不足，组网方式灵活，基于文本，简单易用，可扩展性强，主要在VoIP领域应用，并向视频发展。随着IMS的发展，SIP视频会议将越来越广泛。

图4 视频通信的框架协议比较

二、视频会议从无到有、突飞猛进

（一）通信技术助力视频会议，产业发展日异月新

从全球来看，视频会议经历了模拟视频会议阶段、数字视频会议阶段、基于IP网络视频会议阶段、多功能统一通信管理平台阶段。

图5 视频会议大事件

模拟视频会议阶段：发达国家率先研究，各种产品难以互通。贝尔实验室于1964年发明了世界上第一个模拟技术可视电话picture phone MOD-Ⅰ，之后发达国家纷纷开始研究模拟视频会议。到20世纪70年代中期，数字图像和语音编码技术有了很大的进步，模拟系统开始逐渐转向数字系统。但早期的视频会议并没有统一的标准，都是在各自研发的技术基础上实现的，所以各种视频会议产品很难实现互通。

数字视频会议阶段：各种技术发展迅猛，为视频会议提供技术支撑。20世纪80年代以来，随着微电子、计算机、数字信号处理及图像处理技术的发展，视频会议的理论研究及实用系统研制方面得到迅速发展。80年代中期，大规模集成电路技术飞速发展，图像编码解码技术取得突破，信道费用降低，为视频会议走向实用提供了很好的发展条件。

基于IP网络视频会议阶段：受益于互联网发展，视频会议步入高清时代。随着通信技术的发展，光纤接入也得到普及，高清视频成为可能。基于Internet的硬件方式视频会议和纯软件方式的视频会议得到广泛应用。尤其是H.323协议的推出，视频会议系统得到空前的发展。2008年KEDACOM发布首款1080P高清视频会议系统，标志着视频会议系统进入高清时代。

多功能统一通信管理平台阶段：惠及多个行业，发展前景无限。多业务全面融合时代，多媒体通信管理平台，集成视频会议、视频监控、应急指挥调度、即时通信、视频点播、桌面应用、VOIP电话、办公软件协同等应用于一体，支持多协议的转换和兼容，支持移动网络和Internet网络融合，具有大容量组网、智能网络适应、高保真视音频、软硬结合、多业务融合、平台开放能接入第三方设备等特点。随着5G时代的到来，视频会议市场或将替代实体会议，行业发展前景可观。

（二）中国视频会议起步较晚，“非典”“新冠”或成催化剂

20世纪90年代中期，视频会议正式进入中国，初期发展比较缓慢，并首先服务于国务院和各省级政府部门。2003年的“非典”使视频会议进入大众视野。在这一阶段，我国使用的视频会议系统大多还是从国外进口，国内暂不具备视频会议的研发及相关设备的生产条件。

2003年“非典”过后，国内迎来了视频会议发展的爆发期。国内厂商也嗅到了商机，纷纷开始布局视频会议的研发。2020年初暴发的“新冠”疫情给视频会议行业带来了新的发展机遇。政府在线沟通、学校远程授课、医院在线诊疗、企业在线商讨都离不开视频会议，国内对视频会议的需求愈发强烈。

三、视频会议市场风头正劲

（一）全球市场稳步增长，中国有望后来居上

根据Frost & Sullivan在2018年发布的《全球视频会议市场研究报告》，全球视频会议市场规模在2012—2016年以7.5%的复合年增长率从319亿美元增长至426亿美元。预计

从2017—2021年，全球视频会议的复合年增长率将达到8.3%或更高，未来市场发展空间巨大。

2018年，中国视频会议市场规模约占全球市场规模的10%~15%，从2011年的45.5亿元增长至2018年的160.2亿元，实现了近20%的复合年均增长率，预计未来几年还将呈现快速发展的势头。

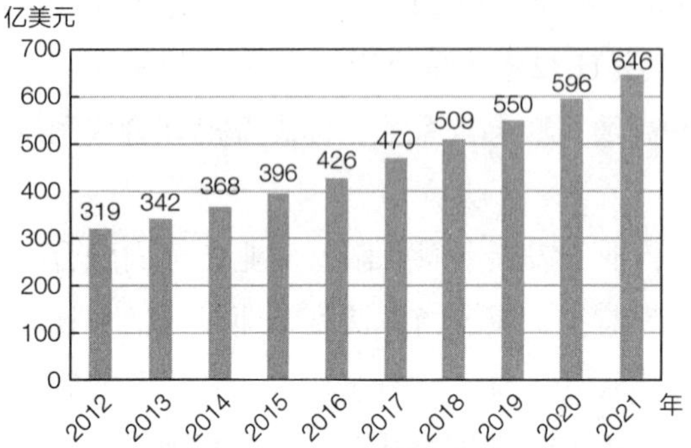

图6 2012—2021年全球视频会议市场规模

（资料来源：Frost & Sullivan、中国产业信息网）

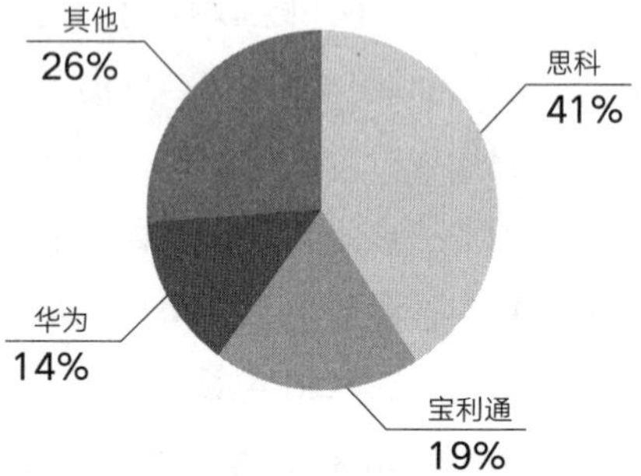

图7 2018年全球视频会议市场厂商占比

（资料来源：IDC、前瞻产业研究院）

目前，全球视频会议系统市场呈现寡头垄断的市场，市场集中度较高。根据IDC数据显示，仅华为、思科、宝利通这三家企业就占据了全球74%的市场份额，其中思科占比最高，为41%。根据IDC相关数据，2018年我国视频会议行业中，市场份额前五名分别是华为、苏州科达、视联动力、宝利通和思科，占比分别为16.7%、7.8%、7.0%、6.6%和6.3%，前五名企业市场份额占比总计为44.4%。

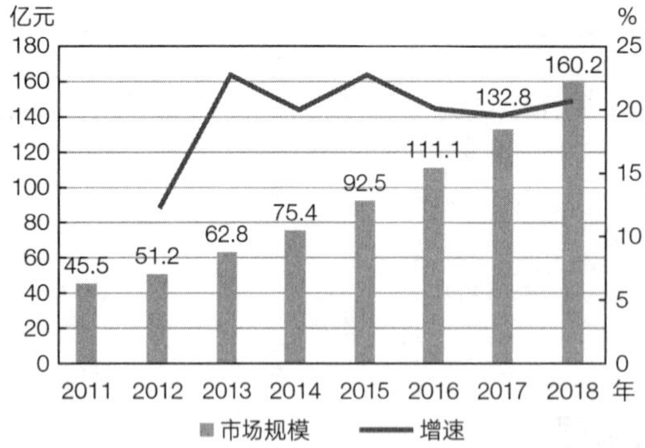

图8 2011—2018年中国视频会议市场规模

（资料来源：前瞻产业研究院、Frost & Sullivan）

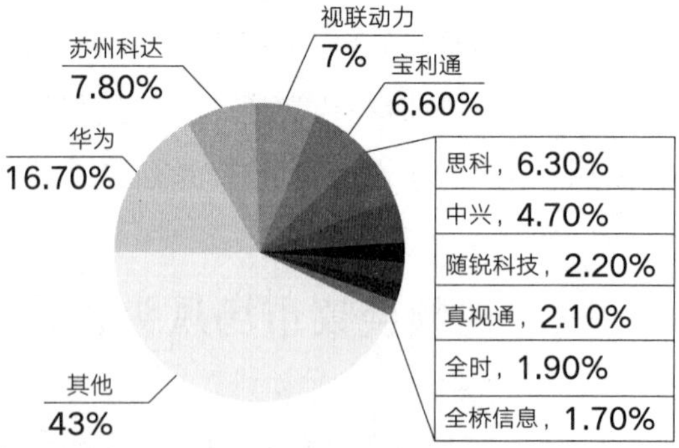

图9 2018年中国视频会议市场企业占比

（资料来源：IDC、前瞻产业研究院）

（二）国内硬件视频会议市场增速下滑，市场竞争格局固化

据IDC预计，2019年国内硬件视频会议市场空间将接近6亿美元，增速将下滑至6%左右。

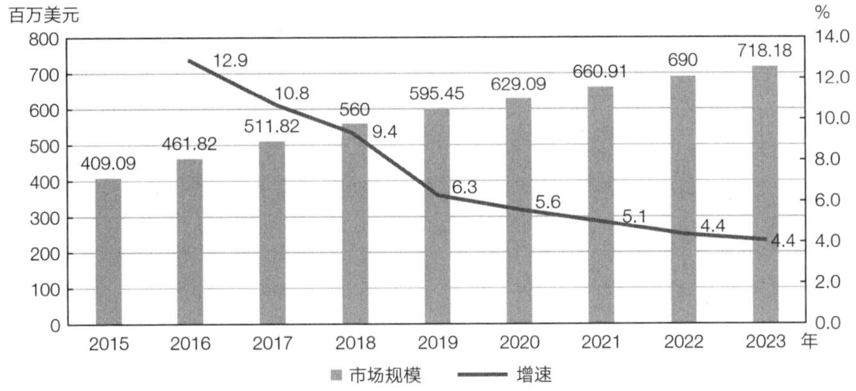

图10　2015—2023年中国硬件视频会议市场规模

（资料来源：前瞻产业研究院）

目前，国内硬件视频会议竞争格局固化。多年来，硬件视频会议系统近80%的市场份被华为、苏州科达、宝利通、思科占据。

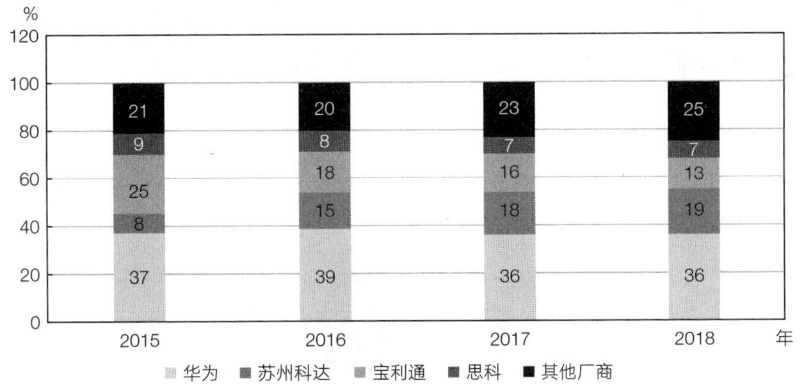

图11　2015—2018年中国硬件视频会议系统主要厂商市场份额统计情况

（资料来源：前瞻产业研究院）

（三）软件视频会议破局而出，市场竞争格局分散

目前我国企业软件视频会议市场规模虽不及硬件视频会议市场，但其增速较快。据IDC统计，2018年国内软件会议市场规模仅1.7亿美元，虽不到硬件视频会议市场规模的1/2，但未来增速可观。预计2023年国内软件会议市场规模达5.4亿美元。按此趋势，2025年国内软件会议市场规模将超过硬件视频会议。

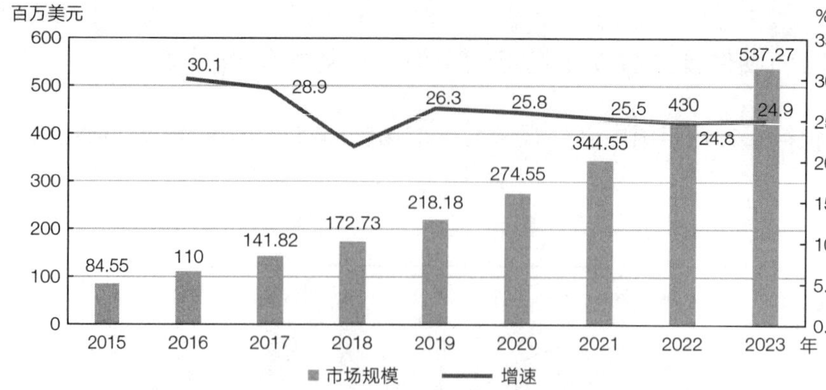

图12　2015—2023年中国软件视频会议市场规模

（资料来源：前瞻产业研究院）

鉴于软件视频会议系统在功能、部署成本、维护成本、便捷性等方面的优势，软件视频会议系统将受到更多用户的喜爱。就此次“新冠”疫情的需求来看，许多行业都产生了对视频会议的巨大需求，预计未来视频会议系统将进一步向各行业渗透，尤其是中小型企业有望成为新的市场增长点。而硬件视频会议系统的固有缺陷促使中小企业倾向购买软件视频会议系统，这将进一步扩大软件视频会议系统的市场规模。我们预计未来以云视频为代表的软件视频逐渐侵蚀硬件视频会议的市场份额，从而成为视频会议行业的主导。

国内以云视频会议为代表的软件会议市场竞争格局分散。2018年国内软件视频会议CR6不到50%，以好视通、小鱼易连、会畅通讯等为代表的云视频会议厂商正在加大力度扩大市场占有率，以求在市场高速增长初期建立领先优势。

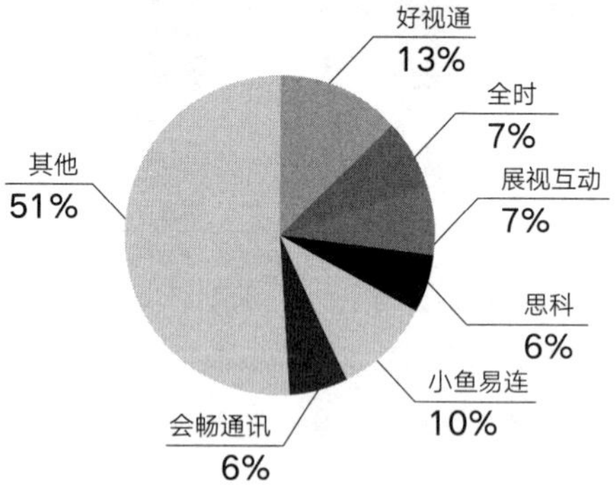

图13　2018年中国软件会议市场主要厂商市场份额占比

（资料来源：IDC、前瞻产业研究院）

（四）国内市场竞争者：百花齐放，竞争加剧

国内云视频会议市场竞争格局较为分散，主要竞争厂商可以分为三类：第一类是依

托原有产品优势从不同角度切入云视频领域的老牌视讯/通信厂商，包括华为、中兴、视联动力、苏州科达、亿联网络、真视通和齐心集团（好视通）等；第二类是起步和专注于云视频业务的新生市场力量，以小鱼易连为典型代表；第三类是提供云视频会议服务的互联网公司，包括腾讯、阿里巴巴、字节跳动等。目前，国内视频会议市场的前三大厂商仍然是华为、宝利通和思科，但国内其他厂商也在不断提高自身市场份额。

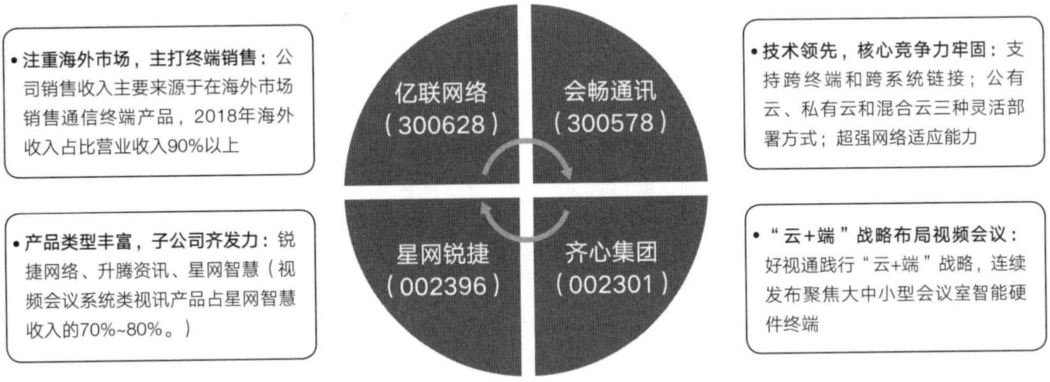

图14 国内市场竞争者优势分析

四、发展趋势：纵向下沉空间大，横向赋能多行业

从纵向来看，视频会议将进一步下沉到更低层级的机构和部门。政府一直重视县、乡、村等基层单位工作的开展情况，未来势必将使更多基层单位使用视频会议，视频会议不再只是上级部门的配备；对企业来说，企业内部沟通至关重要，远程办公逐渐成为现代职场的趋势，这都意味着企业未来不可避免地需要视频会议。随着云视频会议的逐渐完善，低成本的云视频会议将成为中小企业的首选。

从横向来看，视频会议的应用领域会不断拓展，与更多行业和业务相结合。此次"新冠"疫情中，湖北省多家医院纷纷利用视频会议的方式，联系北京等地的重点医院进行远程会诊。随着技术的进步，远程医疗将不再局限于会诊这一业务，也不再局限于某几种病例。此外，视频会议与教育行业的结合越发紧密，"视讯教室""双师课堂""平安校园"等教育信息化产品的诞生，都加速了我国教育信息化2.0时代的进程。在司法方面，内蒙古部分法院在"新冠"疫情防控期间开展远程庭审，视频会议的应用领域不断拓展。

（一）云视频赋能在线教育

在线教育的飞速发展带来教育行业直播授课、视频授课需求大幅增长，云视频的应用能够使教育在线化程度提高，为线上教学提供低成本、高效率的视频服务，尤其是互动直播云服务的发展为直播教学铺平道路。

在线教育市场规模不断扩大，用户规模持续走高。根据艾瑞咨询数据，2018年我国在线教育市场规模达2 517.6亿元。若按照每年10%的增长率预测，2033年我国在线教育市场将达到万亿元规模。与此同时，我国在线教育付费用户规模也在持续走高，2018年达到1.3亿人，若按照10%的增长率，预计2028年我国在线教育付费用户达到3.5亿人。在线教育市场规模扩大，表明各学校、教育机构对云视频的潜在需求庞大。

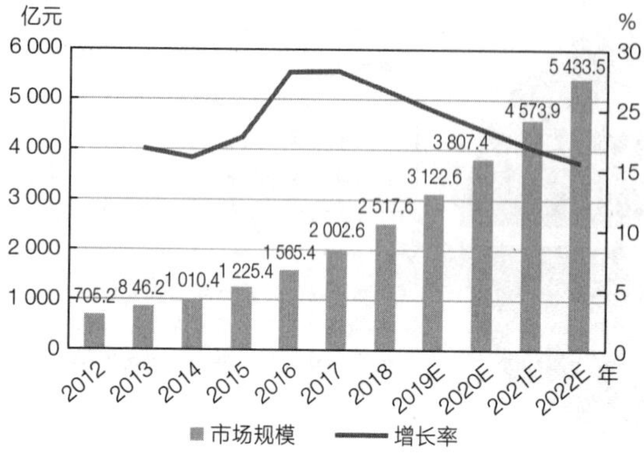

图15 2012—2022年我国在线教育市场规模

（资料来源：艾瑞咨询）

图16 2012—2022年我国在线教育付费用户规模

（资料来源：艾瑞咨询）

（二）云视频助力远程医疗

远程医疗的市场发展空间广阔，对云视频的潜在需求也将持续增加。我国医疗资源分布不均，优势医疗资源集中在一、二线城市，因此政府近年来不断鼓励医疗资源共享、远程医疗发展。我国的远程医疗行业市场前景广阔，2018年我国远程医疗市场规模为130亿元，预计未来五年年均复合增长率约为27.63%。

图17 2012—2018年我国远程医疗市场规模

（资料来源：前瞻产业研究院）

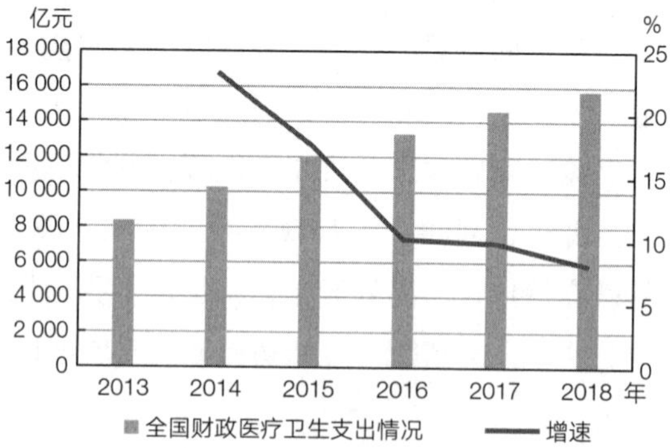

图18 全国财政医疗卫生支出情况

（资料来源：国家统计局）

国家医疗卫生经费支持为云视频快速增长提供基础。根据研究机构Frost & Sullivan统计，中国国家医疗卫生支出2018年达15 291.0亿元，基于2014年至2018年的时间跨度，年均复合增长高达10.7%。国家经费支持为远程医疗行业发展提供了基础，进而促进云视频赋能医疗行业，打开云视频市场空间。

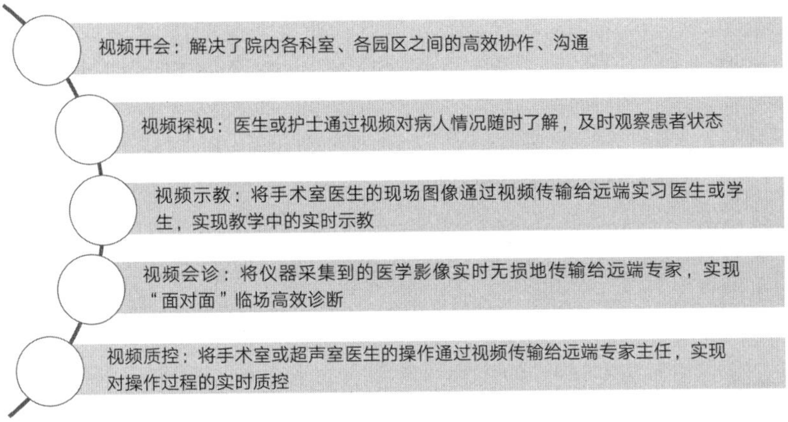
视频开会：解决了院内各科室、各园区之间的高效协作、沟通
视频探视：医生或护士通过视频对病人情况随时了解，及时观察患者状态
视频示教：将手术室医生的现场图像通过视频传输给远端实习医生或学生，实现教学中的实时示教
视频会诊：将仪器采集到的医学影像实时无损地传输给远端专家，实现“面对面”临场高效诊断
视频质控：将手术室或超声室医生的操作通过视频传输给远端专家主任，实现对操作过程的实时质控

图19 云视频在远程医疗中的应用场景

（三）云视频推动智慧党建

近年来，我国党建工作不断加强，基层党建工作持续推进。2018年以来，政府发布多个文件，要求加强基层党建工作，推进“智慧党建”、党建信息化建设，拉动了对视频会议业务的需求。智慧网络党建作为网络信息技术和党建工作相结合和重要平台，相对传统党建而言，是一种新超越。

表3 智慧党建的政策汇总

时间	政策	内容
2016年12月	国务院关于印发“十三五”国家信息化规划的通知	推动“互联网+党建”，支持统筹建设全国党员信息库和党员管理信息系统、党员教育信息化平台，提高党组织建设、党员教育管理服务工作网络化、智能化水平
2018年11月	《2018—2022年全国干部教育培训规划》	推行线上、线下相结合的培训模式；完善干部教育培训信息管理系统，建立全国统一、分级管理的干部教育培训电子档案信息系统
2018年11月	《中国共产党支部工作条例（试行）》	加强村、社区和园区等领域基层党组织活动场所建设，积极运用现代技术和信息化手段，充分发挥办公议事、开展党的活动、提供便民服务等综合功能
2018年12月	《社会主义学院工作条例》	社会主义学院应当加强智慧校园建设，建立统一战线网络教育培训平台，提供办学信息化水平

目前，全国拥有党员近8 900万名，基层党组织近440万个，未来智慧党建有望成为云视频需求新动力。智慧党建近两年迅速发展，是云视频领域的一片蓝海市场，预计未来几年市场空间广阔。

学习监管功能
• 打造考勤数据和摄像机自动拍照验证相结合的学习监管模式，站点考勤机数据能够实时上传
视频会议功能
• 平台可容纳500个站点、上万名基层党员干部同时在线参加会议
考勤签到功能
• 部署的考勤机具备指纹识别和面部识别两种签到功能，考勤数据实时上传到平台
远程授课功能
• 为基层群众提供在线学习实用技术的服务
信息检索功能
• 实现对党建工作基本信息的查询检索
流动播放功能
• 播放远程教育课件和文化娱乐节目

图20 云视频在智慧党建中的应用

信息安全：

从被动防御到主动安全

王健辉　东兴证券计算机行业首席分析师

陈晓博　东兴证券研究所计算机组

产业描述：

信息安全产业为重点行业及企业级用户提供安全产品和安全服务，对信息系统的硬件、软件和系统中的数据进行保护，保证信息系统及依托其开展的业务能正常运行。信息安全产业上游主要是IT设备及操作系统、电子元器件提供商等软硬件生产行业；中游由安全软硬件产品集成商和安全服务提供商构成；下游主要为政府、电信、金融、教育、工业、军队等领域的行业用户。

信息安全投资不能直接为企业带来收益,安全事件和政策法规催生的下游需求是信息安全产业增长的主要推动因素。近年来国内外重大网络安全事件频发，信息安全形势严峻，全球各国政府不断细化完善相关政策与标准，加大信息安全投入力度，驱动全球信息安全产业快速增长。同时，随着网络攻击行为日趋复杂，并不能完全依靠传统网络信息安全设备独自阻挡恶意的网络攻击，主动防御、全面安全服务成为产业发展趋势。云计算、大数据、物联网等新技术的快速发展，也催生了新的安全需求。信息安全需求从单一的信息安全产品需求逐渐发展升级为产品、集成与服务相互交织的解决方案需求。下游需求的升级也为信息安全产业的发展注入新的强大动力。

一、信息安全：IT 系统的"稳定器"

信息安全是指通过采取必要的措施对信息系统的硬件、软件、系统中的数据及依托其开展的业务进行保护，使它们不会由于偶然的或者恶意的原因而遭到未经授权的访问、泄露、破坏、修改、审阅、检查、记录或销毁，保证信息系统连续可靠地正常运行。

信息安全产品主要包括安全硬件、安全软件及安全服务。

表1 信息安全产品分类

分类	产品简介
安全硬件	以物理硬件的形态直接集成到网络中的安全设备，主要包括防火墙、WEB应用防火墙、运维审计与风险控制系统、数据库审计与风险控制系统、综合日志审计、入侵检测与防御、统一威胁管理、安全内容管理、VPN等
安全软件	运行在服务器或者终端设备上的软件形态安全产品，主要包括身份管理与访问控制软件、终端安全软件、安全性与漏洞管理软件等
安全服务	贯穿于企业整个IT基础设施建设过程中所需要的信息安全的计划、设计、建设、管理等全过程，通过IT安全服务可以发现企业IT系统中可能存在的安全风险，更新安全软件、安全硬件策略，减少IT安全防护体系的疏漏

随着信息技术的迅速发展，特别是云计算、大数据、物联网和人工智能等新一代信息技术的飞速发展，网络与信息安全风险全面泛化，种类和复杂度均显著增加，信息安全产品与服务种类也不断得到充实与细化。

表2 信息安全产品主要类别

名称	描述
安全网关类产品	融合多种技术，具有重要且独特保护作用，实现从协议级过滤到十分复杂的应用级过滤的信息安全产品，用以防止互联网或外网不安全因素蔓延到企业或组织自身的内网当中
内容安全类产品	基于内容识别来过滤和分析网络信息，如文本、图片、多媒体流、综合内容（如反垃圾邮件），从而阻止安全域外部的特定信息流入安全域内部
端点安全类产品	针对网络计算机终端安全防护而提出的一套综合解决方案，其基于终端状态行为监测及桌面控管理念，对网络中所有终端的可能性安全威胁进行监控或记录，实现系统安全、人员操作安全和应用安全的全面管理，并能够提供对网络计算机终端的行为、状态等方面的点对点控管
应用安全类产品	部署在特定的应用系统中，用于保障应用安全的专用产品
数据安全类产品	防止信息系统数据被故意或无意非授权泄露、更改、破坏或使信息被非授权的系统辨识、控制，即确保数据的完整性、保密性，可用性和可控性的网络安全专用产品
身份与访问安全类产品	综合采用身份鉴别技术和访问控制技术，在用户请求访问组织系统资源时对其身份进行有效性验证，从而保证资源不被非法访问和使用，限制其对特定信息访问的安全类产品
安全服务	包括安全检测、渗透测试、风险评估、安全咨询规划、安全培训等服务
云安全类产品	为确保云服务及云上数据资源的安全、可靠的一类安全产品
安全管理类产品	为保障信息系统正常运行提供安全管理与支持，以及降低运行过程中安全风险的网络安全专用产品
大数据安全产品	基于大数据框架对企业数据（包括但不限于设备、系统、应用和用户行为数据）进行采集、存储与分析，并采用机器学习等算法检测异常行为，从而抵御外部与内部安全威胁的产品
安全智能类产品	以大数据分析为基础，配合高级攻防技术，实现异常行为分析、威胁捕捉、攻击溯源，并防范高级复杂攻击的相关产品
移动安全类产品	以移动终端、应用APP和业务安全为管理对象的一类产品

信息安全产业上游主要是IT设备及操作系统、电子元器件提供商等软硬件生产行业，上游市场竞争充分，主要参与者均为成熟的全球化厂商，产品更新快，产量足，产品价格相对稳定，且产品性价比呈上升趋势；中游由安全软硬件产品集成商和安全服务提供商构成；下游主要为政府、电信、金融、教育、工业、军队等领域的行业用户，未来随着各行业网络信息安全意识的进一步提高，行业下游的覆盖面有望进一步拓宽，产品的接受程度和普及程度也将进一步提高。

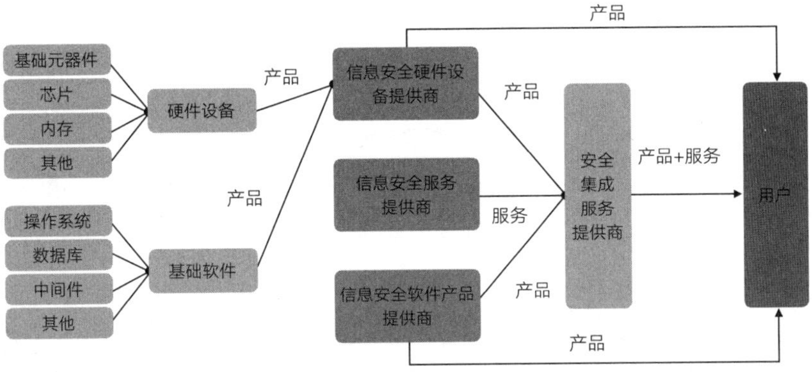

图1 信息安全产业链

二、网络安全事件不断，政策推动信息安全产业加速成长

信息安全投资不能直接为企业带来收益,安全事件和政策法规催生的下游需求是信息安全产业增长的主要推动因素。近年来，国内外重大网络安全事件频发，信息安全形势严峻，信息安全保护上升到国家安全层面，全球各国政府不断细化完善有关信息安全的政策和标准体系，加大信息安全领域投入力度，以提升整体信息安全防御水平，驱动全球信息安全产业快速增长。

（一）信息安全事件频发，信息安全强化需求日益增强

早在20世纪80年代，伴随互联网的发展，1987年全球就已出现首例计算机病毒；20世纪90年代至2014年，互联网经过近二十余年来的快速发展，网络攻击手段不断丰富，攻击内容形式也在不断演化，网络攻击从最初的仅限于单一的计算机病毒、破解口令和利用操作系统已知漏洞等有限的几个方法，演变为篡改、伪造、拒绝服务、恶意软件、安全漏洞等多元化攻击手段，涉及攻击技术包括端口扫描技术、网络监听技术、网络欺诈技术、密码破解技术、拒绝服务技术等。近些年，伴随互联网的高速发展，大规模数据泄露、网络攻击、网络犯罪等信息安全问题也越来越突出，网络信息安全事件在总体数量、规模与影响范围上每年都呈现显著变化，其中尤以数据泄露、技术风险和网络攻击最为突出。

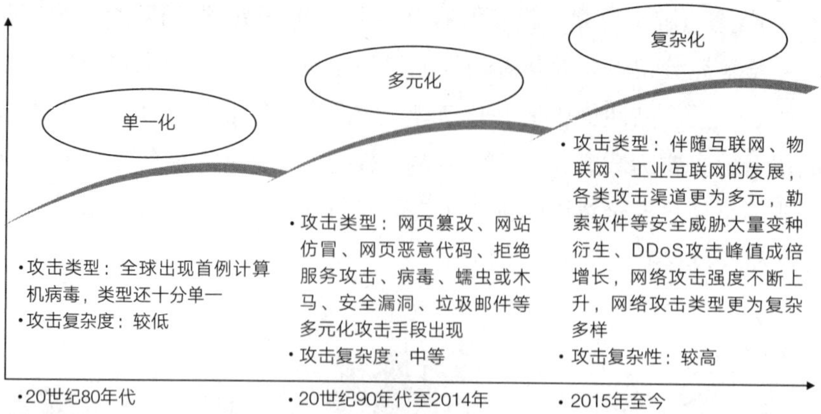

图2 网络攻击演变历程

（资料来源：赛迪网．2018年全球及中国云安全服务市场深度分析［R］，2019）

随着生产生活对于信息技术依赖提升，信息安全事件带来的社会影响日趋显著，经常导致严重的经济损失。2019年3月，委内瑞拉最大的古里水电站遭到蓄意破坏，首都加拉加斯等数个城市灯火骤熄，陷入一片漆黑，停电波及全国23个州中的21州，多个地区供水和通信网络中断。2018年6月，由于缺乏有效防火墙的加密保护，美国Exactis公司泄露了约3.4亿条个人信息记录。2018年3月，伊朗黑客对全球超过300所大学发动网络攻击，共窃取31TB的数据，涉及知识产权信息的预估价值达30亿美元。2017年5月，WannaCry勒索病毒大规模暴发，全球范围内造成的经济损失高达数十亿美元。根据Gemalto的数据，自2015年以来，全球数据泄露事件数量激增，2018年上半年数据泄露事件数量达45亿件，同比增长133%，整体信息安全形势不容乐观，对信息安全强化的需求日益增强。

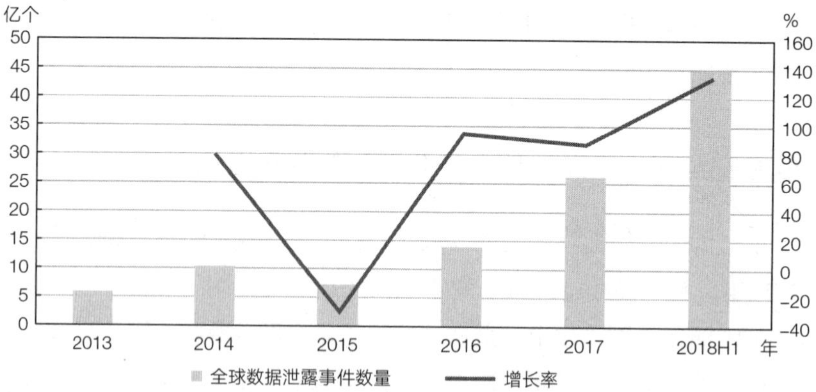

图3 全球数据泄露事件数量

（资料来源：Gemalto、2018年数据泄露水平指数）

（二）各国持续提升网络保障要求，加大信息安全投入

全球各国政府不断细化完善有关信息安全的政策和标准体系，以提升整体信息安全防御水平为重点，加大对信息安全预算的投入力度，通过顶层安全战略的制定来引导各国信息安全产业的发展。

2018年以来，美国特朗普政府延续了对信息安全的重视态度，相继发布了《提升关键基础设施网络安全的框架》《能源行业网络安全多年计划》《网络安全战略》等多份相关政策文件，进一步强化对网络安全的政策指导。2018年6月，英国政府内阁办公室发布实施网络安全最低标准，包括从识别、保护、检测、响应和恢复五个维度的最低建设要求。2018年5月，欧盟推出的GDPR保护条例正式生效，详细更新对个人隐私数据的保护说明，大力加强对违规企业的处罚力度，防止个人信息被滥用。

自2001年起，我国“十五”“十一五”“十二五”“十三五”连续四个国民经济和社会发展五年规划均将信息安全保障体系建设列为重要内容。2017年，工信部发布《软件和信息技术服务业发展规划（2016—2020年）》明确提出到“十三五”末信息安全产业规模将达到2 000亿元，年均增长率达20%以上的目标。

2016年11月，全国人民代表大会常务委员会发布《中华人民共和国网络安全法》，规定“国家实行网络安全等级保护制度”，标志着等级保护制度的法律地位。2019年5月，网络安全等级保护核心标准《信息安全技术网络安全等级保护测评要求》《信息安全技术网络安全等级保护基本要求》《信息安全技术网络安全等级保护安全设计技术要求》正式发布，并于2019年12月开始实施。《中华人民共和国网络安全法》的发布、《网络安全等级保护条例（征求意见稿）》的上报、网络安全等级保护系列标准的发布，标志我国等级保护制度进入2.0时代。网络安全已经上升为国家战略，相关政策指引推动我国网络安全行业持续发展，促进网络安全防护水平进一步提升。

表3 各国部分信息安全产业政策

时间	介绍
2019年	工信部发布《关于促进网络安全产业发展的指导意见》，指出到2025年，培育形成一批年营收超过20亿元的网络安全企业，形成若干具有国际竞争力的网络安全骨干企业，网络安全产业规模超过2 000亿元
2019年	我国网络安全等级保护制度2.0（GB/T 22239—2019《信息安全技术 网络安全等级保护基本要求》）正式发布
2017年	《中华人民共和国网络安全法》正式实施
2016年	全国人民代表大会常务委员会发布《中华人民共和国网络安全法》
2016年	美国海军陆战队成立新网络安全部门，开展网络空间防御行动
2016年	奥巴马公布《网络安全国家行动计划》，将从提升网络基础设施水平、加强专业人才队伍建设、增进与企业的合作等五个方面入手，全面提高美国在数字空间的安全
2015年	美国国会通过了《2015网络安全信息分享法案》
2015年	第十二届全国人大常委会第十五次会议初次审议了《中华人民共和国网络安全法（草案）》

严峻的网络信息安全态势和各国在网络信息安全领域的大力投入驱动着全球信息安全市场的快速增长。根据赛迪顾问发布的《2019中国网络安全发展白皮书》，2018年全球网络信息安全市场规模达1 269.8亿美元，同比增长8.5%。未来几年随着5G、物联网、人工智能等技术的全面普及，信息安全市场将继续保持稳定上涨，至2021年整个行业规模有望达1 648.9亿美元。

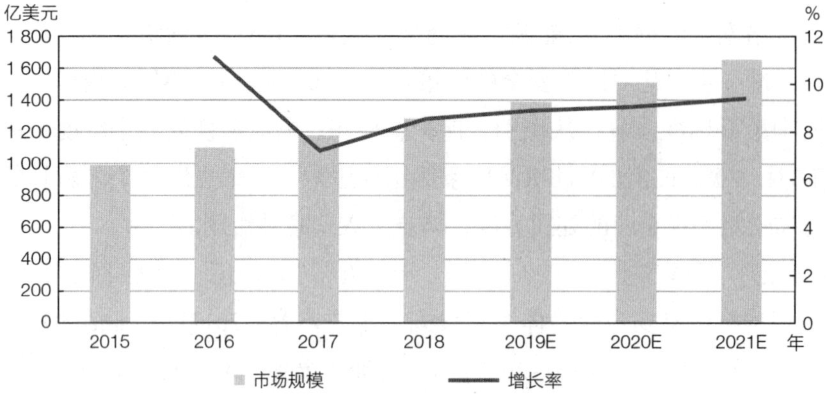

图4　全球信息安全市场规模

（资料来源：赛迪顾问．2019中国网络安全发展白皮书［R］，2019）

三、我国信息安全产业格局分散，整体规模加速增长

（一）我国信息安全投入不足，市场规模保持快速增长

近年来，我国数字化经济与信息建设发展迅速，然而，随着新技术的持续更新，网络空间安全问题日益复杂，面临的网络安全风险和防护难度不断加大，我国移动互联网恶意程序数量持续高速上涨且具有明显趋利性。根据国家互联网应急中心统计，2018年，我国境内被篡改网站数量为7 049个。2018年，监测到仿冒我国境内网站的钓鱼页面53 056个，同比增长7.2%；监测到境内23 723个网站被植入后门。

根据赛门铁克公司发布的《2017年诺顿网络安全调查报告》，中国是遭受网络犯罪攻击最严重的国家，2017年约3.52亿名中国消费者曾成为网络犯罪的受害者，造成经济损失高达663亿美元，我国网络安全环境安全性亟待提高。

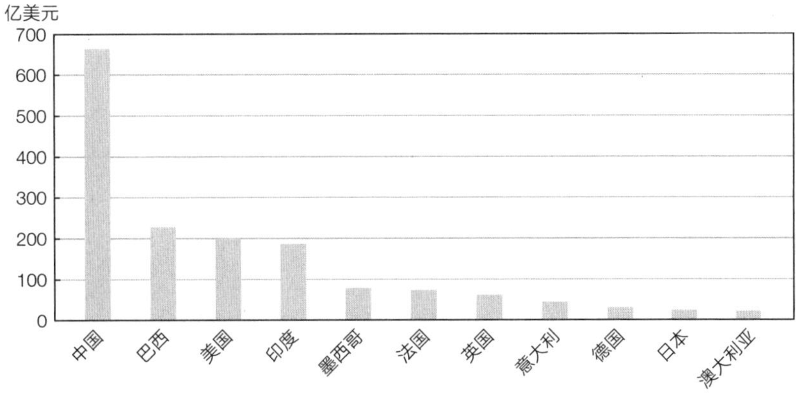

图5　2017年全球主要国家网络攻击经济损失

（资料来源：赛门铁克. 2017年诺顿网络安全调查报告［R］，2018）

我国信息安全投入占总IT投入比例距全球平均水平尚有差距，我国信息安全投入占整体IT投入低于2%，低于全球市场4%左右的水平，仍有较大的发展空间。随着国家战略的逐步落地，预计我国投入占比将逐渐向成熟市场看齐。

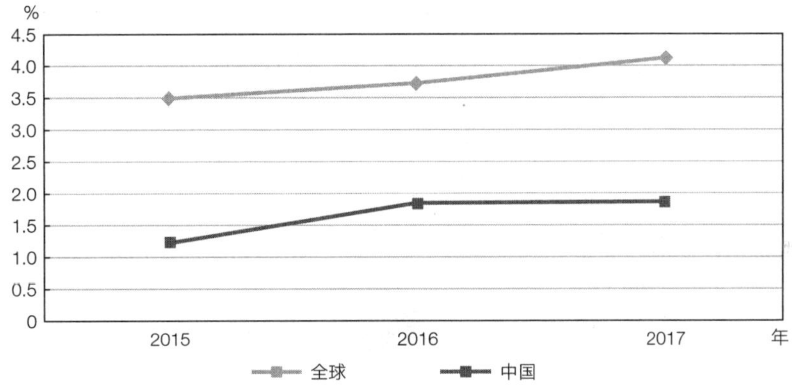

图6　全球及中国信息安全投入占总IT投入比重

（资料来源：山石网科招股说明书）

为满足信息安全强化的需求，在网络信息安全政策和新兴技术的驱动下，我国网络信息安全行业保持较快增长。2018年市场整体规模达495.2亿元，较2017年增长20.9%，远超全球安全市场整体增长率。随着数字经济的发展，物联网建设的逐步推进，网络信息安全作为数字经济发展的必要保障，其投入将持续增加，未来的行业发展前景明朗。赛迪顾问预测，到2021年我国网络信息安全市场将达926.8亿元。

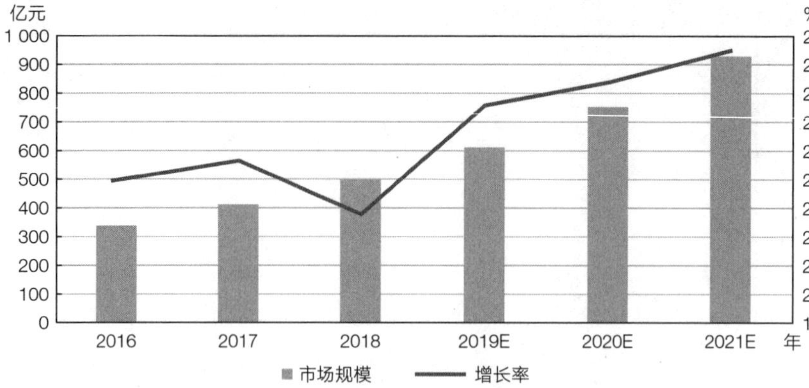

图7 中国信息安全市场规模

（资料来源：赛迪顾问．2019中国网络安全发展白皮书［R］，2019）

（二）合规需求仍是我国信息安全产业增长主要推动因素

多年以来合规需求是驱动我国信息安全投入的主要因素。从下游需求来看，2018年政府、电信和金融等涉及国家安全和国民经济命脉的行业是信息安全产品的主要需求对象，总占比超过60%。在这些行业，对于信息安全都有相应的政策要求，企业受到政府监管要求而进行信息安全产品采购，所以满足合规需求成为我国信息安全市场增长的主要驱动力。

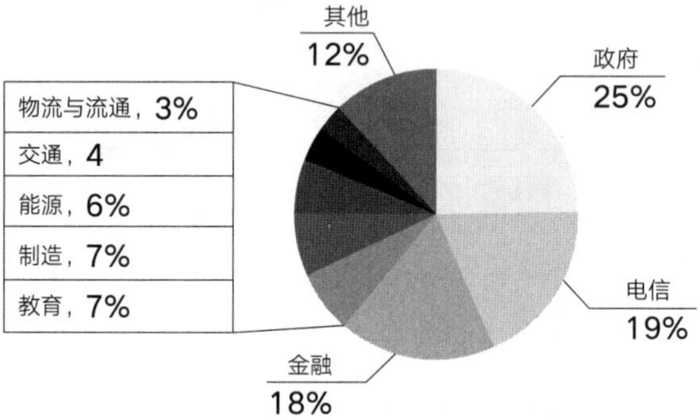

图8 2018年我国信息安全市场行业应用结构

（资料来源：CCID．2019中国网络安全发展白皮书［R］，2019）

合规性政策陆续出台提升了信息安全产品服务空间。各行业、各领域都加紧信息安全责任制度建设，为推进信息安全工作提供有力依据。

2019年4月，《中央企业负责人经营业绩考核办法》正式施行，提出“违反国家法律法规和规定，导致发生较大及以上网络安全事件，要按照有关规定对相关负责人进行责任追究”，有助于进一步强化和落实信息安全工作责任。

2019年5月，《信息安全技术 网络安全等级保护基本要求》等多项国家标准（以下简称等级保护2.0）正式发布，提出主动防御、安全可信、动态感知、全面审计等新理念，覆盖云计算、大数据、物联网、移动互联和工业控制系统等新领域，有望全面推进网络安全能力建设，带动信息安全产业发展。

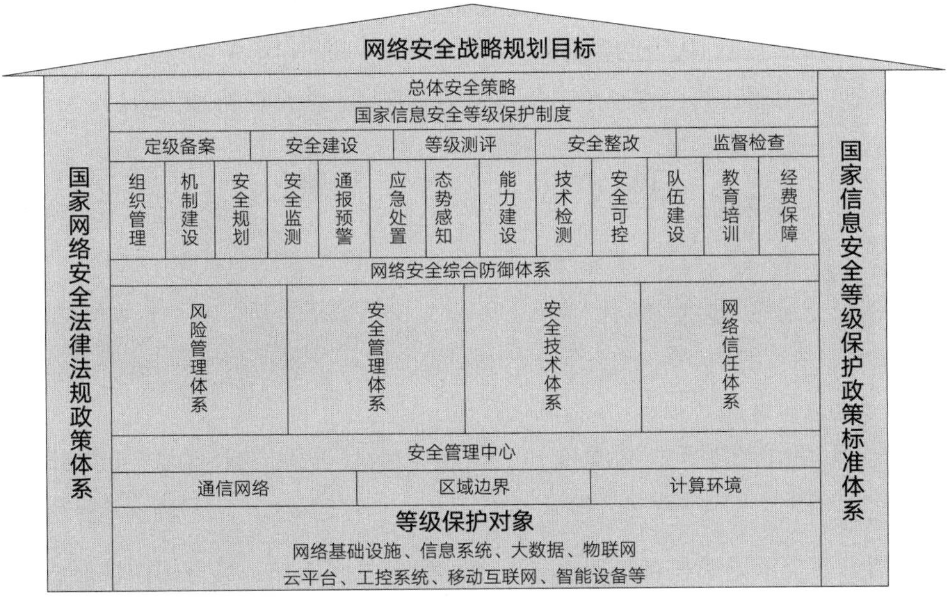

图9 等级保护2.0安全框架

（资料来源：山石网科．等保标准演变史（1.0~2.0）[R]，2019）

相比等级保护1.0只针对网络和信息系统，等级保护2.0把包括传统网络安全、云计算、物联网、移动互联、工业控制、大数据等在内所有新技术纳入监管，比等级保护1.0拓展了维度，提出了更高的要求，增加了云计算安全扩展要求、移动互联安全扩展要求、工业控制安全扩展要求、物联网安全扩展要求。等级保护2.0还新增新型网络攻击防护、集中管控、邮件安全防护、可信计算、个人信息保护以及安全服务等要求，并把监管对象从体制内拓展到了全社会，覆盖技术更全面，监管范围更广。

随着等级保护2.0标准的逐步落实，为符合等级保护2.0政策的新要求，企事业单位将进一步加大信息安全产品和服务的投入，国内信息安全市场有望迎来更大的发展。

（三）国内信息安全产业格局：安全硬件为主，市场格局分散

从产品细分领域来看，信息安全产业可划分为信息安全产品和信息安全服务两大类。信息安全产品包括安全硬件和安全软件，具体包括防火墙、入侵检测（IDS）与入侵防御系统（IPS）、统一威胁管理、抗 DDoS、Web 应用防火墙（WAF）、防病毒网关、漏洞扫描等诸多品类。信息安全服务是以服务的形式，面向信息化业务过程提供安全保障服务，主要包括风险评估、安全加固、渗透测试、合规性咨询、安全运维、应急保障、安全集成等。

当前我国网络安全市场仍以产品为主。从结构上看，安全硬件产品仍占据接近一半市场份额，占比48.1%；服务占比仍然较低，2018年仅为13.8%。全球网络信息安全市场以安全服务为主，2018年，安全服务市场份额最大，占市场的64.4%；软件占整体市场的26.2%。国内信息安全行业以安全硬件为主的特点与全球以安全服务为主的特点有着明显的差异。究其原因，我们认为主要由两个因素导致：一是在国内预算制体制下，安全产品更容易核算；二是我国企业安全支出更多为合规驱动，主动防御意识弱。

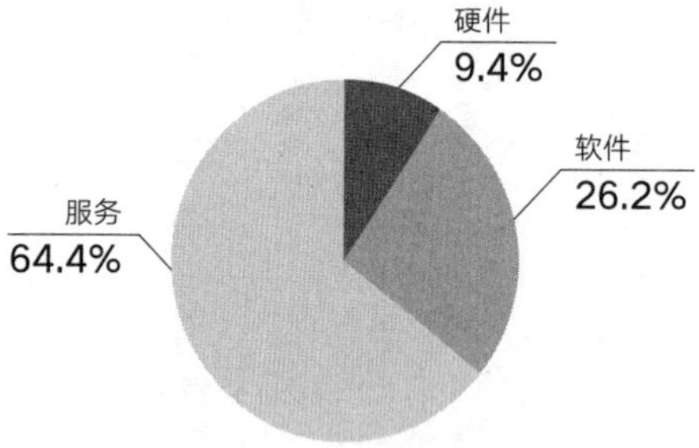

图10 2018年全球信息安全市场结构

（资料来源：安恒信息招股说明书）

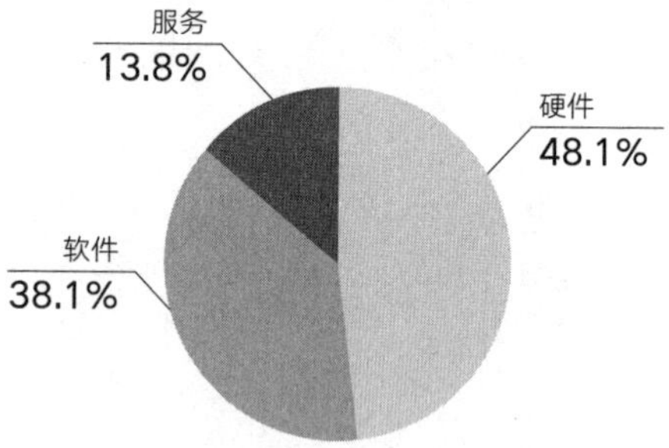

图11 2018年我国信息安全市场结构

（资料来源：安恒信息招股说明书）

国内信息安全市场快速增长，信息安全厂商也急剧增加，目前国内注册的信息安全厂商约有1 000家，大型厂商占据一定的市场份额，但由于安全需求的多样性和复杂性，网络信息安全产品也具有多样性的特点，市场的细分程度较高，不同的细分市场又存在不同的领先厂商，总体来看，安全产品市场缺乏真正的龙头企业，市场集中度较低。

安全内容管理、防火墙、IDS/IPS（入侵检测系统/入侵防御系统）、统一威胁管理、VPN（虚拟专用网络）这五个细分子市场构成了网络信息安全基础设施市场的主体。根据IDC统计数据，2018年这五个细分子市场各有三家龙头企业凭借技术优势占据近半市场份额，作为强力补充的AIRO（安全分析、情报、响应、编排）软件市场亦是如此，还没有哪家公司能在各个领域都占据龙头地位。

表4 2018年中国信息安全市场竞争格局

安全产品	行业前三企业及其市场份额情况					
	第一名	市场份额	第二名	市场份额	第三名	市场份额
防火墙	天融信	23%	华为	21%	新华三	19%
统一威胁管理	网御星云	16%	深信服	14%	奇安信	13%
IDS/IPS	启明星辰	20%	绿盟科技	19%	新华三	11%
VPN	深信服	31%	启明星辰	10%	天融信	7%
安全内容管理	深信服	26%	奇安信	13%	绿盟科技	6%
AIRO	绿盟科技	21%	启明星辰	16%	IBM	16%

资料来源：IDC．2018年中国IT安全硬件市场份额统计报告［R］，2019.

基于产业视角，从安全厂商具备的能力以及能够有效介入的细分市场出发，可以将信息安全产业相关上市公司分为全面型厂商、网关型厂商、专精型厂商和内容安全及执法设备厂商四类。

表5 信息安全领域公司分类

分类	定义	特点	市场地位	主要公司
全面型厂商	具备较全面的安全产品线和防护能力，能以自家产品对客户进行解决方案层面的构建，满足用户的整体安全需求	具备多元化的核心能力，包括网关的能力、攻防的能力、安全态势感知的能力，需要围绕安全研究、攻防实践经验、行业用户具体需求进行长期高投入	产业地位强势，壁垒高	启明星辰、绿盟科技、南洋股份、蓝盾股份、齐安信等
专精型厂商	除网关外的其他细分市场龙头	在细分领域有明确的优势，但在通用安全产品层面（如防火墙、入侵检测、数据安全等）竞争实力较弱，且没有明确的向此方向扩张的预期	细分领域龙头，壁垒一般	卫士通、北信源、数字认证、中孚信息、格尔软件、安恒信息、安博通等
网关型厂商	产品线和技术能力聚焦边界防护、以各类网关为主体	安全体系部署的基石性设备，技术研发的关键点在于硬件设计、软硬件结合、操作系统裁剪技术等，业务比重以硬件设备为核心	能力较为单一，硬件壁垒较高	华为、深信服、新华三、山石网科等
内容安全及执法设备厂商	产品和服务致力于维护网络空间的秩序，基于内容识别来过滤和分析网络信息	下游往往为政法系统单位，在关键技术、产品、标准和渠道方面具有相对明确的进入门槛，增长受政策驱动特征明显	进入门槛高，竞争格局稳定	任子行、美亚柏科、中新赛克

随着行业用户认知不断深化，方案建设型需求将成为主流，全面型厂商竞争能力有望加强。传统意义上很多行业用户在用堆砌设备的模式进行安全构建，但是伴随信息安全系统构建本身复杂度和专业度的上升及用户防御认识的提升，行业用户的观念在逐渐向方案建设型转变，即委托某一家信息安全公司来负责整体系统的搭建，以求更优的系统整体防御能力。由于具备提供全方位安全解决方案的厂商较少，主要是全面型厂商，所以方案建设型业务模式可能显著增强头部厂商的业务竞争能力，优化信息安全产业竞争格局。

四、需求升级，信息安全迎来“主动安全 + 安全服务”新阶段

（一）新兴产业蓬勃发展驱动信息安全需求升级

近年我国云计算、大数据、物联网等新技术的快速发展，在推动新兴技术市场不断增长的同时，也催生了新的安全需求。随着这些新一代信息技术的飞速发展，网络与信息安全风险全面泛化，种类和复杂度均显著增加。伴随着数据信息数量的不断增大和数据信息的进一步集中，现有的信息安全手段已经难以满足这些新技术和新应用模式的要求，对海量数据进行安全防护也变得愈发困难，分布式数据处理也加大了数据信息的安全风险。在技术层面上从最初对信息的单纯保密发展到对信息的机密性、真实性、可控

性和可用性的保证，进而发展为攻（攻击）、防（防范）、检（检测）、监（监控）、审（审计）、管（管理）、评（评估）等多方面技术内容。信息安全需求也从单一的信息安全产品需求逐渐发展升级为安全产品、安全集成与安全服务相互交织的解决方案需求。下游需求的升级也为信息安全产业的发展注入新的强大动力。

1．云安全伴随云计算快速崛起。

当前我国信息系统建设的趋势是向云化、虚拟化方向发展，近年来私有云、行业云的建设，加之数据中心、5G的大力发展都顺应了这一趋势，云计算在技术方面逐渐走向成熟，开始进入产业发展的繁荣期。当前我国云计算市场处于高速增长阶段，根据中国信息通信研究院统计，2018年我国云计算市场规模达919.8亿元，同比2017年增长33.0%，未来我国云计算市场将保持高速增长，到2021年中国云计算市场规模将达到2 028.3亿元，未来三年年均增长率为30.2%。

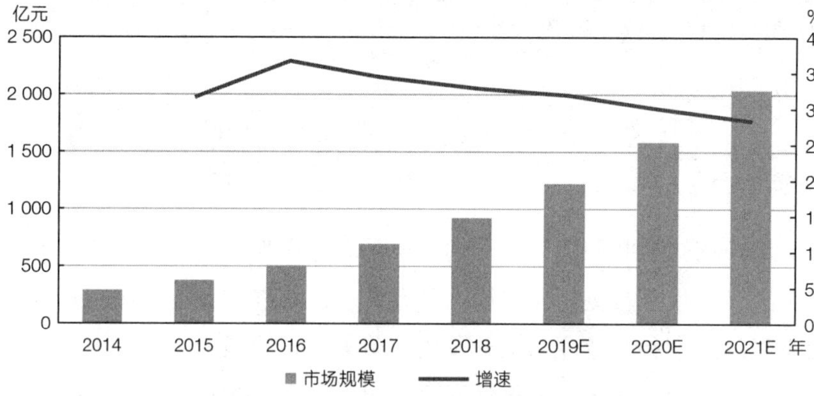

图12 中国云计算市场规模及增速

（资料来源：赛迪网．2018年全球及中国云安全服务市场深度分析［R］，2019）

云计算的进步带动无服务器计算发展，也引发了新的网络信息安全问题。攻击者更容易借无服务器计算隐藏活动踪迹制造网络威胁。这些都成为云计算发展过程中带来的网络信息安全威胁，同时也为未来云安全产品与服务的研发与部署提供了广阔的应用场景。公有云的多租户共享场景将导致可信边界的弱化和威胁的增加，因此构建基于云的纵深防护体系成为应对公有云安全威胁的重要手段。私有云、行业云领域，众多厂商积极在云安全资源池、云工作负载保护平台等重点领域加速布局。

中国云安全市场目前仍处于起步阶段，但整体的市场规模将随着云计算市场规模的增长而快速崛起。根据赛迪顾问发布的《2019中国网络安全发展白皮书》，2018年，中国云安全市场规模达37.8亿元，增长率为44.8%，未来3年内预计仍将保持每年40%以上的高速增长。

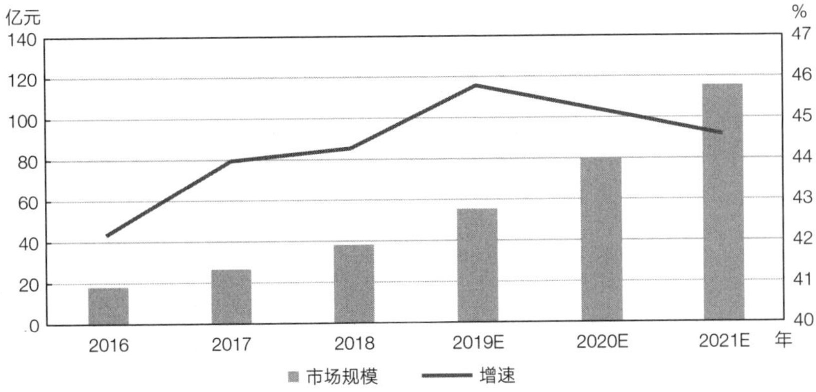

图13　中国云安全市场规模与增速

（资料来源：赛迪顾问．2019中国网络安全发展白皮书［R］，2019）

2．数据量爆炸式增长，大数据安全成安全厂商战略布局重点。

随着云计算和大数据技术的快速发展和广泛的应用，业务体量达到一定规模以后，数据的产生、流通和应用更加普遍化和密集化，这使网络信息安全治理变得更加严峻和复杂。在大数据时代背景下，新的技术、新的需求和新的应用场景都给数据安全防护带来全新的挑战。

虽然我国大数据处于起步发展阶段，但近年发展迅速。根据大数据产业生态联盟联合赛迪顾问共同发布的《2019中国大数据产业发展白皮书》，2018年中国大数据产业规模为4 384.5亿元，预计2021年将达8 070.6亿元，3年复合增长率为23%。随着数据资产价值持续攀升、大数据产业规模不断壮大，大数据技术在改善社会生产生活的同时，其安全问题也逐渐显现出来。大数据安全涉及数据全生命周期的防护，需要从“以系统为中心的安全”转换到“以数据为中心”的安全思路上来。在大数据场景下，企业内部组织结构不完善、内控制度不健全也会导致数据的泄露。数据复杂度大幅增加，数据存储形式、使用方式和共享模式均发生变化，无法适应大数据时代下的安全防护需求。

大数据安全是用以搭建大数据平台所需的安全产品和服务，以及大数据场景下围绕数据安全展开的大数据全生命周期的安全防护。大数据安全主要防护技术有：数据资产梳理（敏感数据、数据库等进行梳理）、数据库加密（核心数据存储加密）、数据库安全运维（防运维人员恶意和高危操作）、数据脱敏（敏感数据匿名化）、数据库漏扫（数据安全脆弱性检测）等。大数据安全业务已经被各大传统安全企业纳入未来企业战略布局重点。根据赛迪顾问数据，2018年中国大数据安全市场规模达28.4亿元。随着大数据安全需求的增加，年均增长率逐步提高，市场规模在2021年预计将达69.7亿元。

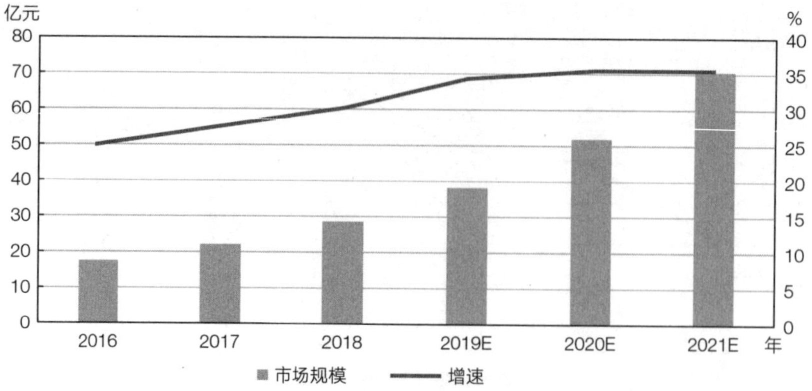

图14 中国大数据安全市场规模与增速

（资料来源：赛迪顾问．2019中国网络安全发展白皮书［R］，2019）

3．“万物互联”时代来临，物联网安全需求快速增长。

物联网概念的提出和技术的发展创新，在深刻改变传统产业形态和社会生活方式的同时，也催生了大量新产品、新服务、新模式。根据工信部的数据，2014年我国物联网产业规模达6 000亿元，同比增长22.6%，2015年产业规模达7 500亿元，同比增长29.3%。预计到2020年，中国物联网的整体规模将达1.8万亿元。物联网作为5G典型应用场景之一，在万物互联的大趋势下，市场规模将进一步扩大。

物联网技术不仅仅在家庭及消费级设备上取得发展，还在制造业、物流、矿业、石油、公用设施和农业等拥有大型资产的行业开始大量应用。数以亿计的设备接入物联网，其产业规模不断壮大，但是物联网的安全性非常薄弱，各类物联网终端很容易成为被入侵和控制的对象。伴随针对用户隐私、基础网络环境安全攻击数量的不断增多，物联网设备、网络、应用面临严峻的安全挑战。物联网安全问题已成为社会新的关注点，同时也催生了物联网安全产业及其市场的发展。根据赛迪顾问《2019中国网络安全发展白皮书》统计数据，2018年，我国物联网安全市场规模达88.2亿元，增速达34.7%，预计到2021年，物联网安全市场规模将达301.4亿元。

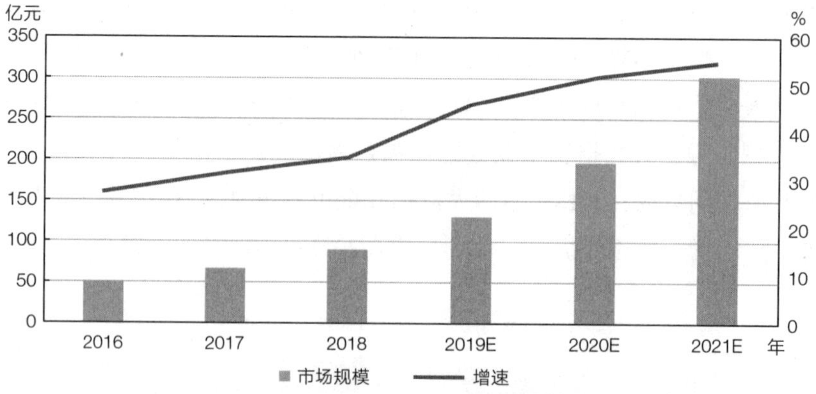

图15 中国物联网安全市场规模与增速

（资料来源：赛迪顾问．2019中国网络安全发展白皮书［R］，2019）

（二）主动安全和安全服务成为发展趋势

过去信息安全防护的思路一直是以防御攻击为主，且主要集中在基础架构防御上，导致很长一段时间内，网络信息安全预测、主动防御领域是企业安全防护的薄弱区。随着网络攻击越来越频繁、企业信息化越来越复杂，面对新的信息安全威胁，仍然采用之前的"堡垒式"防护体系的安全保护思路已经难以适应时代。政府和企业网络信息安全防护理念发生较大变化，网络信息安全不再是被动修补模式，而是与信息系统建设同时规划。核心技术从传统的围墙式防护升级到利用大数据等技术对安全威胁进行检测与响应。

《"十三五"国家信息化规划》中明确将"全天候全方位感知网络安全态势"列为健全网络安全保障体系要求。主动防御和预测类安全产品如态势感知、威胁情报分析等细分领域在近年取得快速增长。根据安全牛《中国网络安全细分领域矩阵图》，2017年国内态势感知市场规模约20亿元，占整个安全市场的5%左右，预计2020年态势感知整体市场规模将超过50亿元。

另外，随着网络攻击行为日趋复杂，并不能完全依靠传统网络信息安全产品如防火墙、IDS等安全设备独自阻挡恶意的网络攻击，构建全面的安全防护体系、制定完善的安全管理策略、提供整体的网络信息安全解决方案显得尤为重要。新形势下，产品和服务的联动更加紧密，安全服务如风险评估、安全管理咨询、安全应急响应、安全托管等的作用越来越受到用户重视。伴随着信息安全攻防研究的不断深化，行业用户对于安全厂商提供整体的规划、咨询、漏洞扫描测试、响应及安全运维的需求也不断提升。安全服务占据全球安全市场一半以上的规模，而我国目前安全服务占比大概在1/5左右，还有很大的市场占有率提升空间。后续即将迎来信息安全整体行业增速稳中有升及安全服务占比提升的双重增益。

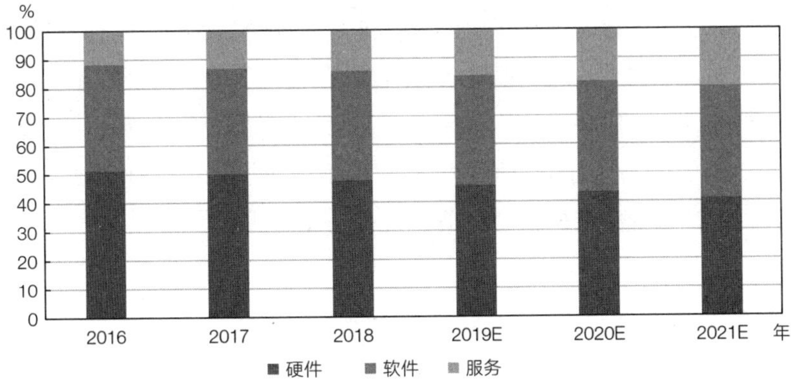

图16　中国信息安全市场结构变化

（资料来源：安恒信息招股说明书）

空天信息：

低轨卫星通信网络呼之欲出

陆　洲　东兴证券国防军工行业首席分析师

朱雨时　东兴证券研究所国防军工组

产业描述：

空天信息产业是指运用空间基础设施和技术手段，收集、存储、处理和分析来自空天领域的信息并提供多样化服务的新兴产业，主要由卫星制造、天基运营、地面平台和下游终端应用等环节组成。空天信息产业的主要基础设施是卫星。随着卫星制造技术、火箭发射、卫星通信、卫星终端制造等技术的快速进步，低轨道、高带宽卫星星座的建设已经成为可能。另外，随着人类活动边界及联网场景的持续扩张，具备全天候高速大通量联网能力的卫星移动通信将补齐传统通信的最后一环，并将开启千亿元市场空间。近期，美国Space X公司的“星链”（Star Link）项目在世界范围内掀起了低轨通信卫星网络的建设浪潮。建设一个具有中国特色、由政府组织协调、企业分工合作的大型卫星互联网系统切实可行，符合中国的核心利益，具备重要的战略价值。

一、我国空天信息产业迎来蓬勃发展时期

空天信息产业具有军民共用的特点，广泛服务于国家安全、经济建设和大众民生的诸多领域，拥有巨大的军事价值和经济价值。在军事上，空天信息系统可以发挥重要作用；面向政府和公众，空天信息系统可提供应急救灾保障、信息普惠服务、移动通信服务、航空网络服务、海洋信息服务、天基中继服务等。

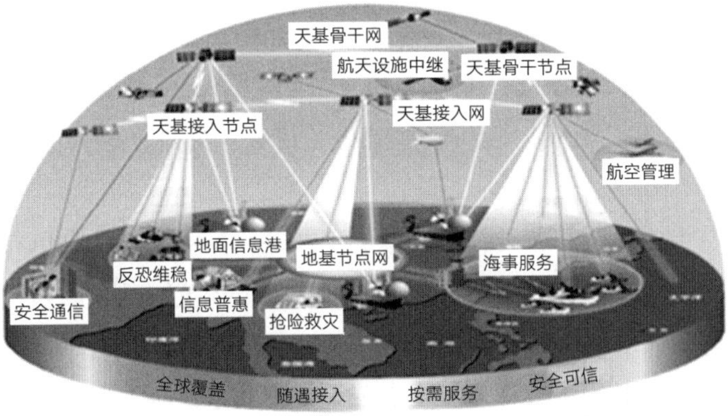

图1 天地一体化信息网络的应用体系结构

（资料来源：闵士权．我国天地一体化综合信息网络构想［J］．卫星应用，2016（1））

空天信息产业发展政策环境逐渐向好。从政策上看，我国鼓励空天信息产业发展主要有三大变化：一是从规划卫星制造到规划空间基础设施建设；二是从仅支持国家队参与建设，到鼓励民营资本参与商业航天发展；三是为产业发展提供制度法规保障。航天法已经列入全国人大立法计划，预计在未来3~5年出台。可以说，国家在顶层设计方面已为空天信息产业蓬勃发展奠定了良好的基础。

表1 我国近年来空天信息产业主要政策梳理

时间	文件	主要内容
2014年11月	《关于创新重点领域投融资机制鼓励社会投资的指导意见》	明确提出“鼓励民间资本参与国家民用空间基础设施建设”“鼓励民间资本研制、发射和运营商业遥感卫星，引导民间资本参与卫星导航地面应用系统建设”
2015年5月	《2015年国防科工局军民融合专项行动计划》	提出“研究高分卫星应用产业发展指导意见，设高分专项成果转化平台，以遥感卫星为突破口，促进卫星资源和卫星数据共享”
2015年10月	《国家民用空间基础设施中长期发展规划（2015—2025）》	指出：中国卫星产业将步入黄金十年，卫星通信、卫星导航和卫星遥感迎来商业化机遇；大力鼓励民用空间基础设施建设
2016年7月	《关于经济建设和国防建设融合发展的意见》	提出“统筹空间基础设施建设，加大国家空间基础设施建设统筹力度。统筹信息基础设施建设，加强军地信息基础设施建设的顶层设计和统筹协调，优化总体布局”
2019年6月	《关于促进商业运载火箭规范有序发展的通知》	依据中国现行航天活动配套相关法律法规，引导商业航天规范有序发展，促进商业运载火箭技术创新

资料来源：根据公开资料整理。

我国地面和空间信息网络建设发展迅速。截至2018年12月底，中国网民规模达8.29亿人，互联网普及率达59.6%，已经基本建成覆盖全国的地面网络；航天技术发展也取得了巨大成就，以北斗卫星导航系统和高分辨率对地观测系统为代表的国家空间信息基础设施取得长足进步。我国在轨卫星数量已超过200余颗，初步建成了通信中继、导航定位、对地观测等卫星系统，通信、导航、遥感融合发展态势基本形成；空天信息的全面性、灵活性、时效性和准确性大幅提升，定时、定位和遥感观测的综合应用服务日益丰富。

“通导遥”一体化空天信息网络市场需求日益迫切。卫星是空间基础设施的主体。卫星通信主要指利用人造地球卫星作为中继站来转发无线电波，从而实现两个或多个地球站之间的通信。卫星导航主要指采用导航卫星对地面、海洋、空中和空间用户进行导航定位。卫星遥感主要指从远距离、高空，以至外层空间的平台上，利用可见光、红外、微波等探测仪器，通过摄影或扫描、信息感应、传输和处理，多角度、全方位和全天候对地观测。

随着国民经济飞速发展和各类新兴技术的普及，我国对空天信息也有了更高层次的需求。覆盖面上，我国对导航、遥感等天基信息的需求覆盖范围已从国内拓展到全球；在速度上，对空间信息的获取—传输—处理的响应速度趋向实时化，对海量天基信息的传输—处理—分发的时效性提出了新的要求。要实现天基信息全天时、全天候、全地域服务于每个人的目标，要从根本上解决现有天基信息系统覆盖能力有限、响应速度慢、体系协同能力弱的问题，亟须构建更为强大的卫星通信、导航、遥感一体化天基信息实时服务系统。

二、低轨通信卫星网络建设恰逢其时

低轨卫星覆盖范围广，传输延时低，具备GEO通信卫星和地面通信无可比拟的优点。随着近20年来通信技术、微电子技术的飞速发展，通信系统信号处理能力、通信带宽不断提升，困扰LEO小卫星通信系统的掉线率高等技术问题得以解决，卫星的体积、质量、成本逐年下降，可靠性、集成度逐年提升。加之近年来，越来越多的企业（包括民营企业）涌入中小型运载火箭行业，火箭发射供给快速提升，成本大幅下降。在此背景下，低轨道小卫星星座的大规模部署初步具备先决条件。

据中商产业研究院统计，截至2019年12月底，全球在轨卫星数量为2 218颗。在未来的10年内，预计数量将扩大10倍，增量部分主要来自低轨通信卫星。低轨通信卫星有许多特有优势：它比基站覆盖面积更广，且没有地理因素的限制；与同步轨道卫星等中高轨道卫星相比，低轨通信小卫星具有延迟较短、成本较低、发射难度小的特点。虽然目前低轨通信卫星仍存在需要卫星数量多、维护困难等问题，但随着技术手段的进步，以及Space X公司为代表的航天公司研制出可重复使用运载火箭，低轨卫星的发射和管理成本将大大降低。

表2　不同种类轨道卫星特点

类型	轨道高度	卫星质量	通信延迟	缺点
同步轨道卫星（GEO）	35 786km，可覆盖全球	>1 000kg	250ms	（1）体积重量大，需要变道，发射困难；（2）不能覆盖极地地区；（3）距离地球遥远，通信延迟长，波束覆盖区大，频谱利用率低；（4）容量有限，终端发射功率大，不易小型化等
低轨通信卫星（LEO）	500~1 500km，可覆盖全球	<1 000kg（OneWeb系列卫星150kg，Starlink系列卫星260kg）	30~50ms	需要卫星数量较多，由此带来地面控制、维护系统比较复杂
地面通信系统	基站覆盖范围 4G：1~3km 5G：100~300m		无线蜂窝通信10 ~ 50ms 光纤10 ~ 20ms	（1）基站建设及运营成本高；（2）易受地形、环境影响

资料来源：根据公开资料整理。

（一）困扰早期低轨卫星系统的技术壁垒逐渐消除

人类利用低轨通信卫星实现全球通信的工程并非首次提出，早在20多年前就已经建立过低轨卫星通信网络。其中最著名的应属摩托罗拉公司的铱星。铱星星座系统是美国摩托罗拉公司于1987年提出的一种利用低轨道星座实现全球个人卫星移动通信的系统，它与现有的通信网相结合，可以实现全球数字化个人通信。但由于种种困难，铱星公司最终破产，全球低轨通信卫星的发展停滞了10多年之久。

随着近二十年来通信技术、微电子技术的飞速发展，通信系统信号处理能力、通信带宽不断提升，从目前仍在运行的铱星二代、全球星等低轨卫星通信系统使用情况来看，困扰早期铱星系统的掉线率高等技术问题已经得到有效解决，为低轨卫星通信的普及应用扫清了障碍。

（二）成本降低打破空天信息产业发展瓶颈

1. 可回收火箭拉低航天发射成本。

美国航天探索公司Space X，目前已经成功开发出可重复使用的猎鹰1号、猎鹰9号、重型猎鹰等可重复使用的运载火箭和拥有载人能力的龙飞船。公司可回收火箭近期发射屡获成功；2020年1月30日，SpaceX公司用“三手火箭”将第四批60颗星链卫星送入轨道，随着公司技术的不断发展，猎鹰9号火箭单次发射成本大大降低，使更多低轨小卫星被送入太空成为可能。猎鹰9号火箭的单次发射成本预计约为3 000万美元；按照每次发射60颗近地小卫星计算，单颗星链卫星的发射成本将降低到每颗50万美元左右，相比原来上百万美元至上亿美元的卫星发射成本，成本大大降低。

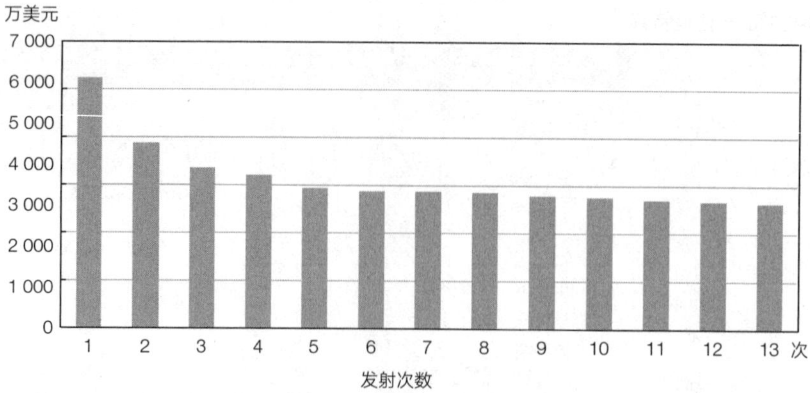

图2 Falcon 9 单次发射费用变化

（资料来源：“小火箭”公众号）

2．小卫星制造成本呈现螺旋下降趋势。

同步轨道卫星寿命一般在10~15年，而低轨小卫星寿命在5~8年，较短的寿命决定了小卫星较高的更换频率。随着卫星发射技术的进步，以SpaceX为代表的商用卫星发射公司成为可能，而越来越多的企业进入航天领域，又进一步促进了卫星和发射技术的升级，从而形成了一种“技术进步降低成本→更多力量参与研发生产→更进一步降低成本”的正向循环。

表3 不同卫星制造成本

卫星类型	立方体卫星				小卫星		
	1U	3U	6U	12U	50kg	180kg	300kg
最大长度/cm	10	34	36	36.6	80	100	125
最大宽度/cm	10	10	10	22.6	40	60	80
最大高度/cm	10	10	22.6	22.6	40	60	80
质量/kg	1	5	10	20	50	180	300
LEO价格/万美元	12.5	32.5	59.5	99.5	175	495	695
GTO价格/万美元	25	65	99.5	195	325	795	996
GSO价格/万美元	49	99.5	199	325	950	1 590	1 990

资料来源：张召才．美国典型小卫星项目创新管理模式分析［J］．太空国际2016（3）．

3．空天端通信系统建设性价比提升。

根据Wind数据，2019年中国4G用户规模为12.1亿户，目前中国境内4G平均网速是3.61M/s；截至2019年5月，全国共建成437万个4G基站，每个基站可供最多500终端接入；中国三大运营商在4G网络上的建设至少在8 000亿元规模。随着5G的应用，每个5G基站建设费用约是48万元，远高于4G基站平均15万元的建设费用；而由于5G基站覆盖范围仅为100~300米，远远小于4G基站的1000~3000米范围，因此5G基站覆盖相同面积所需的基站数量也高于4G基站，可见5G的建设成本会比4G更高。

根据《美国典型小卫星项目创新管理模式分析》，每颗180千克的LEO小卫星发射价格约495万美元，300千克小卫星价格约695万美元。以星链计划为例，Space X计划发射的12 000颗260千克近地小卫星总共发射成本约873.5亿美元，约合人民币6 060亿元，小卫星寿命一般为5~8年。据Space X执行总裁马斯克透露，每60颗星链卫星可同时支持40 000用户终端（每颗卫星支持600终端接入）以最低25M/s的速度使用。从我国4G基站与Space X低轨小卫星几个指标对比可以看出小卫星在建设需求数量、建设总投入和网速等方面优于我国的4G网络，因此小卫星建设性价比更高：

表4 4G与Space X 低轨小卫星性能指标对比

名称/指标	数量	每基站/卫星可接入终端数	建设总投入/亿元	网速/M/s	延迟/ms	覆盖范围
中国4G基站	437万个（2 019.05）	≤500台	>8 000	中国国内平均3.61	20~40	中国12.1亿4G用户（2 019.05）
Space X低轨卫星	12 000颗	≈600台	6 060	≥25	30~50	全球

资料来源：张召才．美国典型小卫星项目创新管理模式分析［J］．太空国际2016（3）．

（三）空天互联网可提高全球互联网覆盖率

根据全球互联网统计信息（Internet World States）最新统计数据显示，2019年全球互联网渗透率为58.8%，全球仍有约31.8亿人口没有被互联网普及。全球超过80%的陆地及95%以上的海洋，包括5G在内的移动通信网络都无法覆盖。

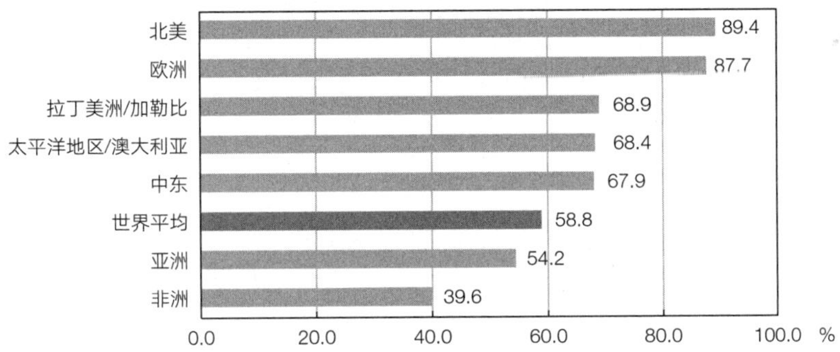

图3 全球互联网渗透率

（资料来源：全球互联网统计信息网）

移动通信基站建设性价比较低是限制互联网覆盖面的重要因素。以美国为例，人口密度低、基站间平均距离远、铺设光纤投入产出比低限制了地面通信的覆盖。在中国，国家巨额资金的投入将通信网络向农村等边缘地区延伸才使全国4G覆盖率达到99.7%。但即便如此，中国在海洋、沙漠、雪原、民航等领域仍处于互联网的空白区。

5G基站覆盖范围小、能耗巨大的特点决定其在人口密集的城市、乡村才有必要铺设。空天互联网系统能够实现全球覆盖且无须考虑地形和环境要素。未来，空天互联网和5G将形成一种相辅相成、互相融合的关系：以5G为代表的地面基站负责人口稠密的城市和乡村，而空天互联网负责人口稀少、建设基站困难的地区。

三、国际巨头先行布局低轨卫星星座系统

从2014年底至今，在谷歌等互联网巨头的推动和支持下，一网公司（OneWeb）、Space X、三星、低轨卫星公司（Leosat）等多家企业提出打造由低轨小卫星组成的卫星星座，为全球提供互联网接入服务。全球范围内至少提出了6个大型低轨卫星星座项目，其中最具代表性的主要有：O3b创始人格雷格·惠勒（Greg Wyler）创立的一网计划；SpaceX和特斯拉汽车创始人埃隆·马斯克（Elon Musk）提出的星链计划（计划发射约12 000颗卫星组建低轨卫星通信系统）；原天线设备供应商Kymeta创始人提出的Leosat。

表5 三大通信卫星星座参数

计划/指标	卫星数量	轨道高度/km	卫星质量/kg	推出时间	业务启动时间	制造商	频段	项目进展	项目投资
一网计划	以648颗卫星星座为基础，扩展到1 980颗	1 200	150	2015年	2019年	一网和空客	Ka、Ku	2019年2月27日成功将首批6颗卫星送入近地轨道	已融资34亿美元
星链计划	11 943颗（4425+7518）	1 110~1 325	260	2015年	2024年	Space X	Ka、Ku	2020年1月30日新发射60颗卫星，累计达到240颗	约100亿美元
LeoSat	78~108颗	1 400	1 000	2015年	2022年	泰雷斯	Ka	2019年11月，因缺少投资而被迫停止运营，至今尚未发射过一颗卫星	35亿~36亿美元

（一）一网计划

一网计划卫星互联网星座由一网公司提出，该公司由原O3b创始人格雷格·惠勒于2014年成立。一网计划打造由648颗低轨卫星组成空间卫星星座，为全球用户提供互联网接入服务。

一网计划的第一代低轨星座设计方案，包含648颗在轨卫星与234颗备份卫星，总数达882颗。这些卫星将被均匀放置在不同的近地轨道面上，距离地面1 200km左右。开始运行后，一网星座不仅能覆盖美国，还能覆盖全球没有连接互联网的农村边远地区。一网计划的目标是，到2022年初步建成低轨卫星互联网系统，到2027年建成、覆盖全球的低轨卫星通信系统，为每个移动终端提供约50Mbps速率的互联网接入服务。

2019年2月，一网计划首批6颗互联网卫星成功升空，2020年2月，34颗一网卫星成功升空，下一批34颗卫星定在3月份发射。一网计划将另外1 000余颗卫星送入不同高度的太空中。最终，该公司卫星总数将达到1 980颗。

（二）星链计划

2015年Space X首席执行官埃隆·马斯克宣布推出通过近地轨道卫星群提供覆盖全球的高速互联网接入服务的星链计划。SpaceX计划在2019年到2024年内将4 425颗卫星送到轨道平面，组成小卫星互联网星座，在全球范围内提供互联网接入服务，并在2020年中期之前在三个轨道上部署接近12 000颗卫星：首先在550千米轨道部署约1 600颗卫星，然后在1 150轨道部署约2 825颗Ku波段和Ka波段卫星，最后在340千米轨道部署约7 500颗V波段卫星。

Space X已获准发射近12 000颗卫星，并又申请了另外3万颗卫星的轨道和频率。为了履行发射许可义务，Space X必须在未来五到六年内发射近6 000颗卫星。Space X总裁兼首席运营官Gwynne Shotwell 2019年底确认，从2020年开始，每隔2~3周，Space X就会发射60颗卫星。到2020年底，SpaceX计划完成24次卫星发射，发射数目累计达到1 440颗。根据Space X测算，整个计划预计需要约100亿美元的支出。

2020年1月30日，Space X成功发射了猎鹰9号火箭，将第四批共60颗星链卫星全部送入轨道，使得目前在轨卫星总数达到240颗。每颗星链卫星重约260千克，起飞约一小时后，卫星到达约290千米的高空，并开展相关测试。完成测试后，这批卫星将上升至550千米的轨道运行。值得注意的是，此次发射还搭载了一组升级后的卫星，以便提高光谱效率和吞吐量。

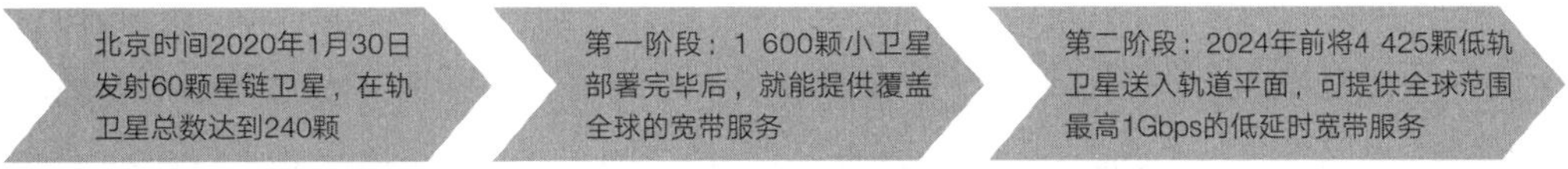

北京时间2020年1月30日发射60颗星链卫星，在轨卫星总数达到240颗
第一阶段：1 600颗小卫星部署完毕后，就能提供覆盖全球的宽带服务
第二阶段：2024年前将4 425颗低轨卫星送入轨道平面，可提供全球范围最高1Gbps的低延时宽带服务

图4 星链计划规划

（资料来源：星链官网）

每颗小卫星大约可覆盖半径为1 060千米的区域，覆盖面积大约为350万平方千米。星链计划第一阶段共1 600颗小卫星部署完成后，能提供覆盖全球的宽带服务；第二阶段4 425颗卫星全部部署完成后，星链系统能为全球个人消费者和商业用户提供全球范围最高1Gbps的低延时宽带服务。

（三）LeoSat

LeoSat公司通过在LEO轨道构建一个高通量的卫星星座来实现高质量的数据服务。

LeoSat的星座计划是108颗星，部署在1 400公里的LEO轨道上。

LeoSat的主要应用是数据服务，系统建成后可以提供Gb速率的全球数据接入，适用于基于云的对时延敏感的应用，同时也保证数据的高度安全，包括提供高吞吐低时延的视频服务、为游轮提供宽带网络、支持高带宽的商务数据应用、提供较高的上传带宽、提高指令控制类型应用的支持度等。

四、我国加快推动低轨卫星建设项目

随着国外低轨卫星快速入轨，卫星轨位资源和频率资源越发稀缺。相比国外在低轨卫星网络的布局和进度，我国发展相对落后。以2018年为起点，我国开始启动低轨卫星网络的相关规划和组网建设。2018年11月，我国科技部将“与5G/6G融合的卫星通信技术研究与原理验证”课题列入国家重点研发计划“宽带通信和新型网络”重点专项中。目前我国低轨通信小卫星星座计划主要有航天科技集团的鸿雁星座和航天科工集团的虹云工程。

（一）鸿雁星座

全球低轨卫星移动通信与空间互联网系统也称鸿雁星座，由航天科技集团负责建设和运营，是我国投资规模最大的国家级商业航天项目，主要依托东方红卫星移动通信有限公司开展建设和运营。

鸿雁星座由300颗低轨道小卫星及全球数据业务处理中心组成，具有全天候、全时段及在复杂地形条件下的实时双向通信能力，可为用户提供全球实时数据通信和综合信息服务。鸿雁星座首颗试验卫星“重庆号”已于2018年底成功发射，随后又发射两颗试验卫星，对空间互联网系统关键技术进行在轨验证，对移动通信、宽带互联网、物联网、导航增强等功能进行示范验证，对商业模式展开积极探索。将实现信号全球无线覆盖，为“一带一路”等区域实现宽带窄带相结合的通信保障能力。

图5 鸿雁星座任务规划

（资料来源：航天科技网）

（二）虹云工程

虹云工程是航天科工二院主要推动的商业航天项目之一，也是航天科工集团公司“五云一车”（飞云、快云、行云、虹云、腾云和飞行列车）商业航天工程之一，是基于低轨卫星星座构建的天地一体化信息系统。据航天科工二院介绍，卫星将在距离地面约1 000千米的轨道上组网运行，构建出星载宽带全球移动互联网络。整个计划部署完成后，将在“一带一路”甚至全球实现随时随地按需的互联网接入，届时无论身处何时何地，都能用上航天科工自主研发的“星链”Wi-Fi，实现网络无差别的全球覆盖，无论在海域还是无人岛，都能接上互联网，和外界保持通信流畅。按照规划，整个虹云工程被分解为“1+4+156”三步。

第一步：2018年底前，发射第一颗技术验证星，实现单星关键技术验证。

第二步：“十三五”末即2020年底发射4颗业务试验星组建小星座，用户可进行初步业务体验。

第三步：“十四五”中期（2022年左右），实现全部156颗卫星组网运行，完成业务星座构建。

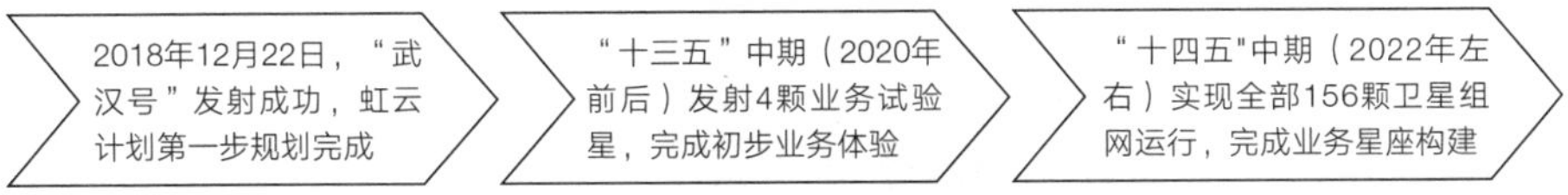
2018年12月22日，“武汉号”发射成功，虹云计划第一步规划完成
“十三五”中期（2020年前后）发射4颗业务试验星，完成初步业务体验
“十四五"中期（2022年左右）实现全部156颗卫星组网运行，完成业务星座构建

图6　虹云工程“1+4+156”三步走规划

（资料来源：航天科工网）

2018年12月22日，虹云工程首星“武汉号”在酒泉卫星发射中心成功发射，虹云工程第一步已经完成；2019年1月24日，虹云工程技术验证系统开展了首次全系统、全流程互联网业务通信功能测试，试验获得圆满成功。

五、国内空天信息产业链日益成熟

（一）我国空天信息产业链布局清晰，格局已初步形成

长期以来，我国空天信息产业自主发展，已形成了完整的产业链。空天信息产业链主要由卫星制造、卫星发射、卫星应用及运营和卫星地面设备四部分组成。

卫星制造领域，主要包括卫星制造、部件及分系统制造，具体包括航天站、航天飞机、载人飞船、人造地球卫星和空间探测器。卫星制造的核心是GNC系统（制导、导航、控制系统），动力来源还涉及太阳能电池板的开发等能源供应问题。

卫星发射领域，主要包括发射服务、运载火箭服务，具体包括利用系统、逃逸系统、遥测系统、运载火箭和火箭的控制系统。

卫星应用及运营领域，主要由遥感业务、航天飞行管理、卫星移动服务、卫星固定服务和消费服务五大部分组成。其中，卫星移动服务包括移动数据业务和移动话音业务；卫星固定服务由转发器租赁和管理网络服务组成；消费服务由卫星电视、卫星音频广播和卫星宽带业务、上行发射站、星载转发器和地面接收站组成。

卫星地面设备领域，主要由网络设备和消费设备组成。以消费设备中的全球卫星导航定位系统为例，需要板卡、芯片、电子地图、接收机、天线、运营服务和导航系统。

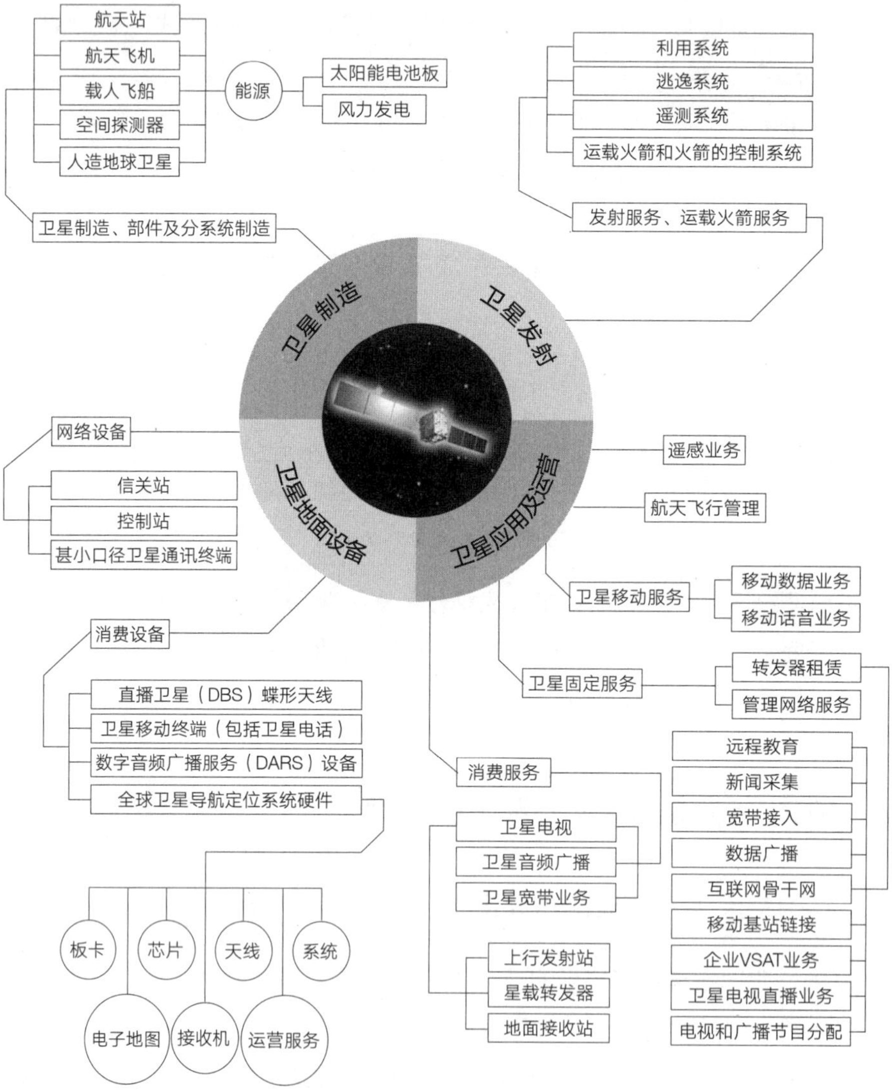

图7　空天信息产业链

（资料来源：新浪网）

（二）我国空天信息产业形成以国家队为主体、民营企业积极参与的格局

空天信息产业涉及的细分领域众多，早期整体格局以航天科技和航天科工两大航天集团为主，电子科技集团、电子信息产业集团等其他相关性较强的军工集团作配套。随着我国航天产业不断开放，以及民营企业技术实力不断提高，整个产业格局目前形成了以军工集团为主、民营企业积极参与的格局。

根据相关公司的公告、网站和新闻，对现有卫星产业链上的各公司业务加以梳理，如表11所示。

表6 空天产业链梳理

大类划分	细分产品	相关单位	相关上市公司
卫星组网与发射服务	卫星总体	航天科技五院 航天科工 航天科技八院 中科院微小卫星创新中心	中国卫星 航天机电（核心资产未注入）
	火箭总体	航天科技一院 航天科工 航天科技八院	
	控制芯片	航天科技五院502所 航天科技八院803所	康拓红外
	导航设备	航天科技九院	航天电子
	转发器	电子科技集团54所 航天科技五院504所	杰赛科技
	天线	电子科技集团54所 航天科技五院504所	杰赛科技
	星敏感器	航天科技五院502所	康拓红外
	太阳能帆板及电源	电子科技集团18所	ST电能
	星载原子钟	航天科工二院203所 电子科技集团10所	天奥电子
	宇航电子器件	航天科技九院	航天电子
	被动元器件（电阻、电容）	振华科技 宏达电子 鸿远电子	振华科技 宏达电子 鸿远电子
	TR组件	电子科技集团13所 电子科技集团55所 亚光科技	亚光科技
	火箭发动机	航天科工六院	航天动力（核心资产未注入）
地面基站及移动设备	地面站建设	航天科技五院503所（航天恒星） 航天科技五院504所 航天科技九院 电子科技集团54所 电子科技集团10所	中国卫星 杰赛科技 航天电子 天奥电子
	移动终端	华力创通（天通一号移动设备） 中兴通讯	华力创通（天通一号移动设备） 中兴通讯
卫星与地面通讯服务	移动终端服务商	中国移动（待定） 中国联通（待定） 中国电信（待定）	中国移动（待定） 中国联通（待定） 中国电信（待定）
	天基互联网运营商	中国卫通（待定）	中国卫通（待定）

资料来源：相关公司官网、相关公告、相关新闻。

在卫星制造领域，航天科技集团五院和八院作为老牌卫星制造总体单位，有望成为低轨通信卫星制造的中坚力量。中科院微小卫星创新研究院预计也将成为卫星总体的提供商之一。

在零部件方面，航天五院502所下属公司康拓红外是我国宇航GNC系统的龙头公司；在天线方面，电子科技集团54所和航天科集团五院504所市场份额较大；在TR组件方面，国内的“两所一厂”电子科技集团13所和55所及亚光科技实力较强；在电容方面，鸿远电子是国内宇航级片式多层陶瓷电容器（MLCC）供应商，与航天科技集团和航天科工集团有着长期合作关系。

在火箭发射领域，航天科技一院和八院实力最强，是我国传统的运载火箭总体单位，预计将承担大部分的发射任务。

（三）我国低轨通信卫星建设：多方力量合作为主，局部少量竞争

我国航天产业开放较晚，长期以来和国防事业紧密结合，存在较高的资质壁垒。但随着时代的发展，也涌现出很多有能力参与低轨通信卫星网络建设的民营公司。

低轨通信卫星网络项目与以往的航天项目有所不同：一是对于卫星的数量需求有爆炸式的增长；二是对卫星组网时间有严格限制。发射卫星需要事先在国际电联（ITU）进行登记，依据国际规则向ITU申报所需要的卫星频率和轨道资源，卫星频率和轨道资源在登记后的7年内，必须发射卫星启用所申报的资源，否则所申报的资源自动失效。截至2019年底，我国在轨航天器的总数约200余颗。仅鸿雁星座就规划了300颗卫星，超过了我国在轨航天器的总数。在规定时间内，我国很难有一家单位能够独立完成低轨通信卫星网络的建设。

基于以上因素，我国在低轨通信卫星网络建设的规划方面，可能呈现以下情况：

（1）建设一个具有中国特色、由政府组织协调、企业分工合作的大型卫星互联网系统切实可行，符合中国的核心利益，具备重要的战略价值。因此，有望整合航天科技集团的鸿雁星座计划和航天科工集团的虹云工程，加快发展步伐。

（2）对于卫星、地面站及相关配套设施的各项技术指标采取招标确定，一旦确定，则其他参与者都将严格执行。

（3）实际生产建设过程中，由于各细分领域参与者数量有限，一般一个零部件能够生产的厂家不超过5个，整体而言是“协作+竞争”的关系。

总体而言，随着卫星制造技术、火箭发射、卫星通信、卫星终端制造等技术的快速进步，低轨道、高带宽卫星星座的建设已经成为可能。另外，随着人类活动边界及联网场景的持续扩张，具备全天候、高速、大通量联网能力的卫星移动通信将补齐传统通信的最后一环，并将开启千亿元市场空间。此轮由低轨通信卫星网络引发的空天信息产业浪潮，对我国航天产业将是巨大的机会，产业链中的参与者将显著受益。

医疗信息化产业：

电子病历市场风口正劲

王健辉　东兴证券计算机行业首席分析师
魏　宗　东兴证券研究所计算机行业组

产业描述：

随着信息技术的不断发展，以医院为主的医疗机构不断开展信息化建设，用以提高自身的服务化水平与核心竞争力。随着医疗机构以患者为中心的理念不断增强，电子病历为主的临床医疗信息化建设成为当前的主流，推动着医疗信息化不断向前迭代升级。

政策是医疗信息化产业最大的推动因素。政策一方面带有行政力量特有的强制力，另一方面能够通过财政补贴的方式贡献大量资金，因此成为医疗信息化产业最大的推动因素。在政策的推动下，未来三年电子病历、DRGs及互联网医疗预计将会成为医疗信息化三条主赛道。

医疗信息化产业空间广阔，市场格局较为分散。目前我国正处于医疗信息化的临床医疗信息化（CIS）阶段，预计2020—2025年中国医疗信息化市场规模CAGR为9.73%，到2025年将达1 288.2亿元。2017年医疗信息化行业Top5占比仅为40%，格局较为分散。和美国对比，我国电子病历细分市场前景广阔，集中度有待提升。

参考美国电子病历巨头崛起之路，业务与客户方面占优的企业更有竞争力，同时也需要观察企业的运营效率防范风险。预计未来随着行业建设标准的统一与提高，竞争力更强的医疗信息化综合解决方案提供商有机会凭借品牌优势及丰富的产品线不断获得更大的市场份额，提升产业集中度。

一、政策是医疗信息化的核心驱动因素

（一）政府、市场和医院发力医疗信息化中心环节

医疗信息化是用包含计算机、数据库、网络等在内的信息技术赋能医疗行业，从而提高医疗系统的效率，降低医疗系统的风险和成本。

医院是医疗信息化的主要对象，围绕医院信息化构建的医疗IT系统，医保IT系统和医药IT系统是医疗信息化的中心环节。政府、市场和医院三元合一推动医疗信息化进程。

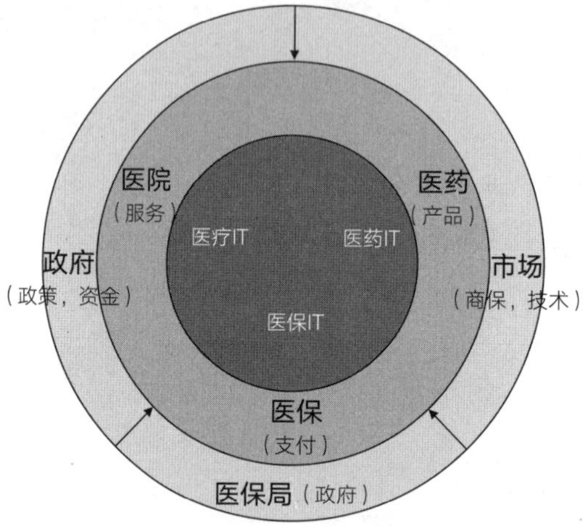

图1 政府、市场和医院发力医疗信息化中心环节

表1 医疗信息化主要政府部门和公众组织

单位或部门	要点	作用
CMIA	中国电子学会医药信息学分会	全国最早的医疗IT学术组织
CHIMA	中国医院协会医院信息管理委员会	每年举办学术交流，国内外专家积极参加，展示行业动态、成果
卫健委	原卫生部和计生委	组织、领导、制定政策、投入资金推动发展
教育部		学校教育培养医疗信息化方面人才
国务院		组织、领导、制定政策、投入资金推动发展
国家中医药管理局	隶属于国家卫健委	规划、指导和协调中医医疗、科研、教学机构的结构布局及其运行机制的改革
总后卫生部	中国人民解放军总后勤部卫生部	为中国人民解放军主管卫生工作的业务部门
医保局	国务院直属机构	拟订医疗保障制度的法律法规；负责医疗保障经办管理、公共服务体系和信息化建设，药品采购等；制定定点医药机构协议和支付管理办法等

资料来源：刘晓强．我国医院信息化发展历程［J］．中国卫生信息管理，2016，13（2）。

政府是推动医疗信息化发展的核心。政府能够通过政策驱动资金、技术、知识传播，协调市场和医院推动医疗信息化的发展。如国务院2009年颁布《关于深化医疗卫生体制改革的意见》，2018年组建卫健委和医保局等，从政策和机构层面推动医疗信息化的发展。例如，教育部2003年批准32个院校设立卫生信息管理本科，从知识传播等角度促进了医疗信息化的发展。

（二）政策推动医疗信息化市场代际跃升

财政投入与医保政策刺激医疗信息化从医院管理信息系统（HIS）阶段跨越到医院临床信息系统（CIS）阶段。HIS以财务管理为核心，支持医院的行政管理和事务处理。CIS包含电子病历系统（EMR）、医学影像系统（PACS）、实验室信息管理系统（LIS）等，着眼于支持医院医护人员的临床活动。2003年前后，SARS刺激财政医疗投入，叠加全国医保、新农合，开始实施推动医院临床信息系统（CIS）发展。

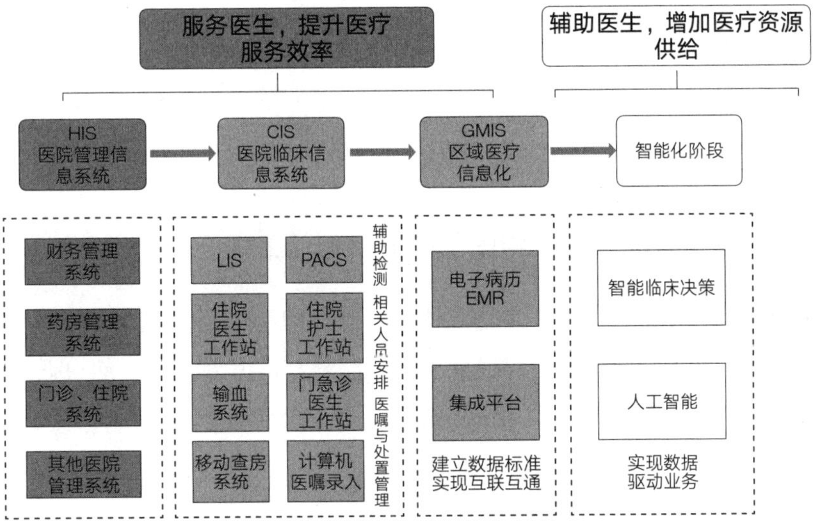

图2　我国医疗信息化历程

（资料来源：谭志勇．医疗信息化行业风口起航，迎来快速增长期［R］．2015）

医改和互联互通需求刺激区域医疗卫生信息化（GMIS）建设。新医改明确信息化是“四梁八柱”中的一根支柱。医疗体系中的“孤岛”和“烟囱”系统（如孤立的医院）无法与周围系统沟通，需要建立区域医疗信息化平台促进设立信息数据标准，实现互联互通。

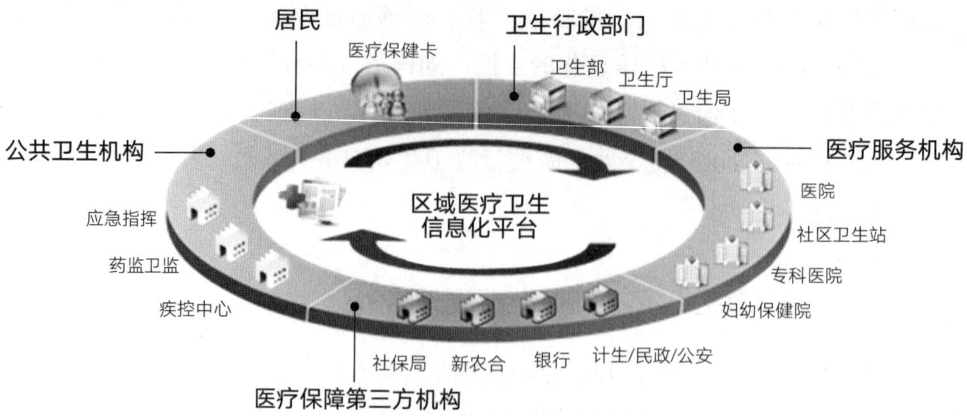

图3 区域医疗卫生信息化平台

（资料来源：国家卫健委）

在政策指导下，医疗信息化未来将进入智能化阶段。政策在研究技术发展方向之后会对未来进行新的规划。预计未来先进的“大数据+人工智能”技术将提升医疗信息化的效能，使医疗信息化从单纯提升效率，走向提升医疗资源供给。

二、月暗星明格局之下，医疗信息化驱动力强劲

（一）政策蕴含五大力量，中国医疗信息化前路尚远

如果没有支撑，推动医疗信息化建设的政策就如无源之水、无本之木。然而，医疗信息化政策植根于我国经济、社会、医疗卫生乃至科技的发展之中，动力强劲。

第一，经济发展促进医疗信息化不断推进。经济不断发展，医疗卫生事业的水平不断提高，医疗信息化作为提高医疗卫生水平的工具自会不断提升。

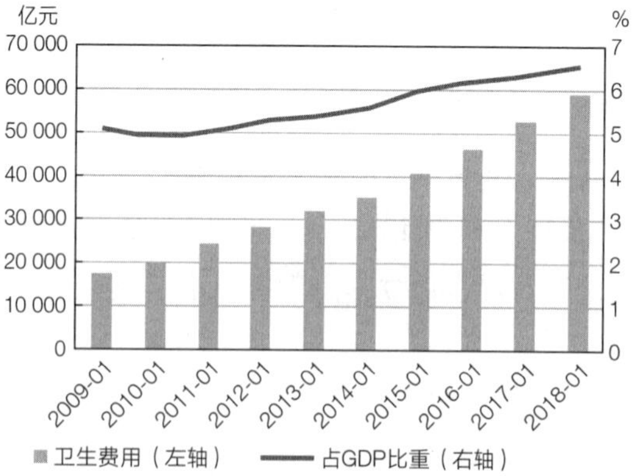

图4 我国卫生总费用及其占GDP比重

（资料来源：国家卫健委）

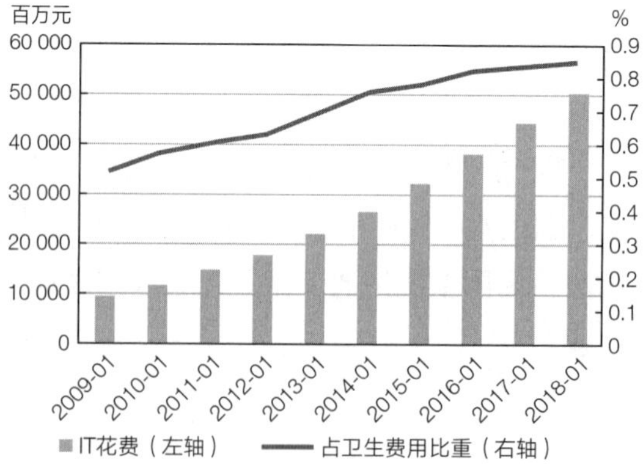

图5 我国医疗IT花费及其占卫生总费用比重

（资料来源：国家卫健委）

第二，人口数量的不断增长，老龄化程度不断加深需要医疗信息化提升效率，节省成本。2018年我国人口已经接近14亿人，与此同时，60岁和65岁以上人口都在双双攀升，2018年分别达18%和接近12%。巨大的人口压力需要医疗信息化的不断发展。

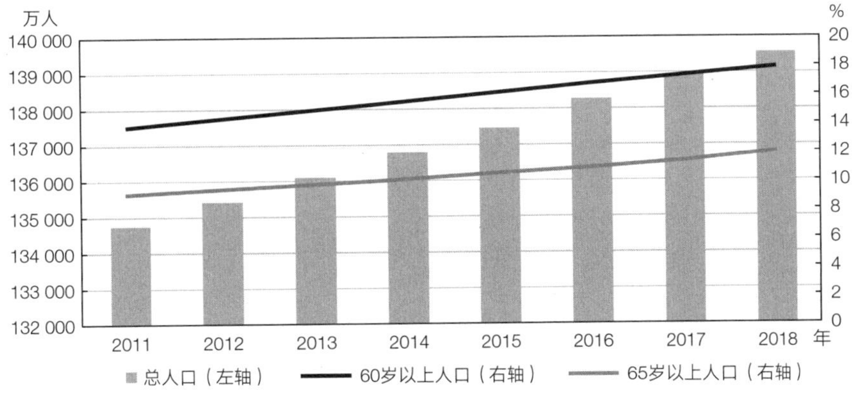

图6 人口总数及老龄人口占比

（资料来源：Wind）

第三，各级医院及医疗机构自身提升效率的需要。我国各级医院2019年达30多万个，各级卫生机构达1 000万个的数量，如此庞大的医疗卫生机构数量将是一个很大的市场，需要很长时间消化。

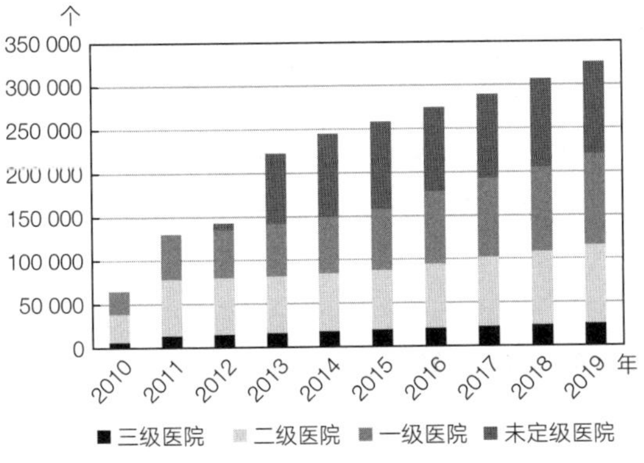

图7 我国各级医院数量

（资料来源：国家卫健委）

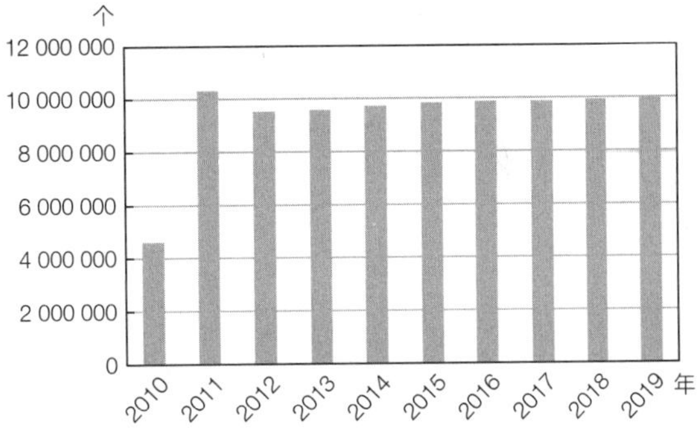

图8 我国卫生机构数量

（资料来源：国家卫健委）

第四，疫情刺激。本次“新冠”疫情和2003年“SARS”疫情都给医疗信息化带来了很大的刺激，一方面促进了医疗信息化各个细分行业发展，另一方面带动了医疗信息化政策的出台。

第五，科技创造需求。互联网、AI、云计算等供给侧的发展也会给医疗信息化带来很大的进步。

（二）依附于医疗产业链，医疗信息化厂家林立

医疗信息化企业会涉及医疗行业的全产业链。医疗信息化企业会通过提供工具、搭建系统及搭建平台等方式涉及上游药品制造商、研发商和下游医院、诊所及基层机构运营的各个环节。

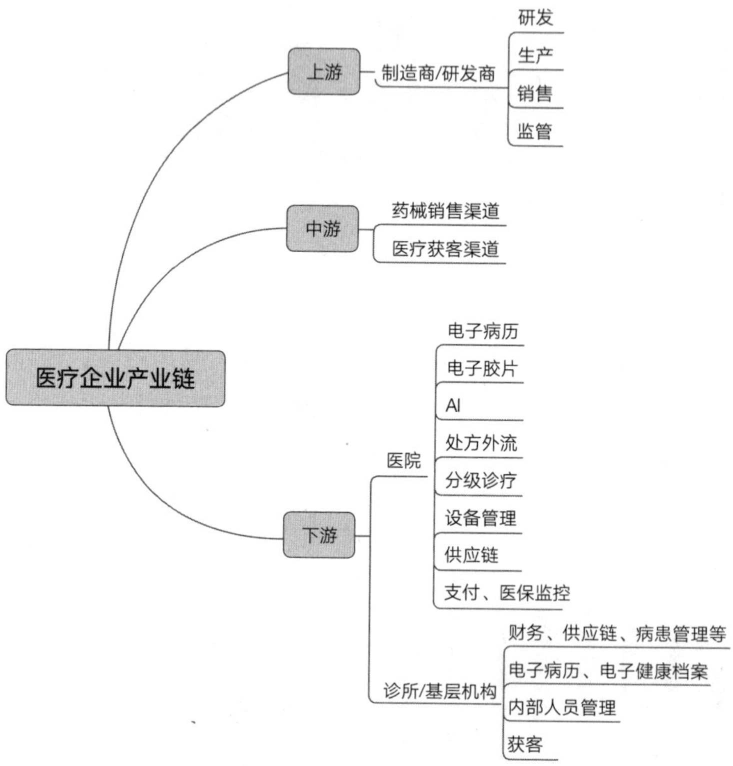

图9 医疗信息化企业服务对象产业链

（资料来源：创璟资本．浅谈医疗信息化［R］．2019）

我国医疗信息化企业可以分为三类：第一类专注于医疗信息化，以创业慧康、卫宁健康和和仁科技为代表，逐步从HIS向CIS延伸；第二类是软件服务和IT集成企业，医疗信息化只是其技术能力的一个应用，如东软集团、东华软件；第三类通过并购进入医疗信息化领域，如思创医惠。

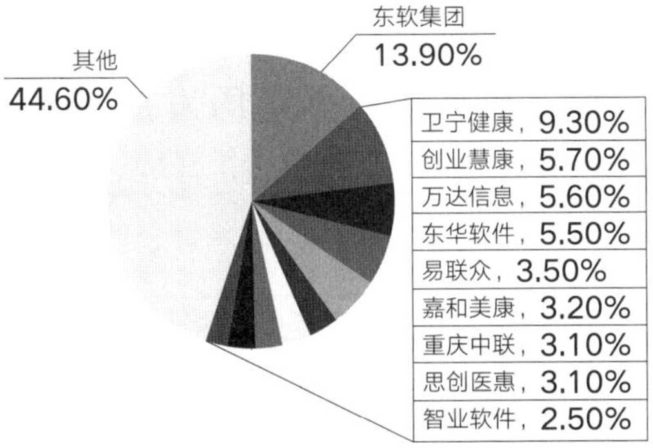

图10　2017年我国医疗信息化解决方案行业的竞争格局

（资料来源：IDC）

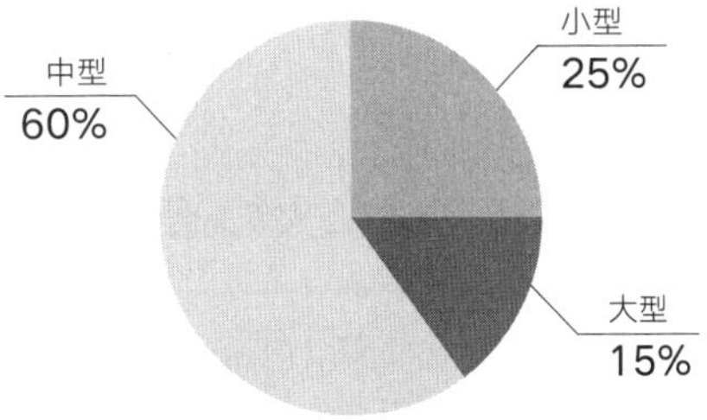

图11　2017年医疗信息化及软件生产供应商情况

（资料来源：前瞻产业研究院）

医疗信息化企业市场格局较为分散。根据IDC数据，2017年医疗信息化企业Top5的东软集团、卫宁健康、创业慧康、万达信息和东华软件占比仅为40%，格局较为分散。

大企业数量众多，发展趋势不十分明朗。根据前瞻产业研究院的数据，国内从事医疗信息化的企业有600多家，大型企业占比为15%，数量较多。大企业之间差距并非十分明显，绝对龙头有待进一步发掘。

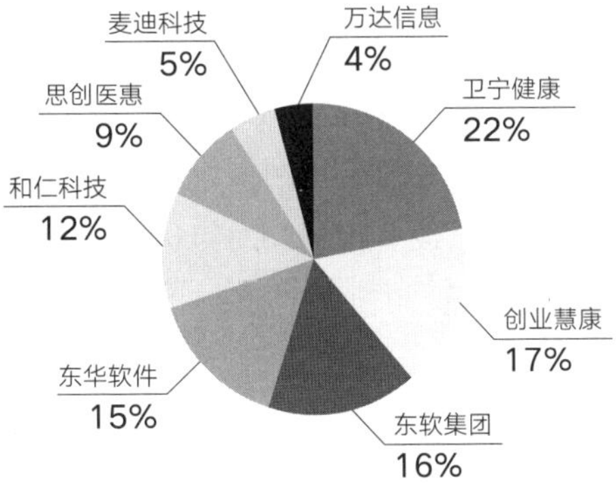

图12　2018年部分上市公司HIS市场份额对比

（资料来源：各大招标网）

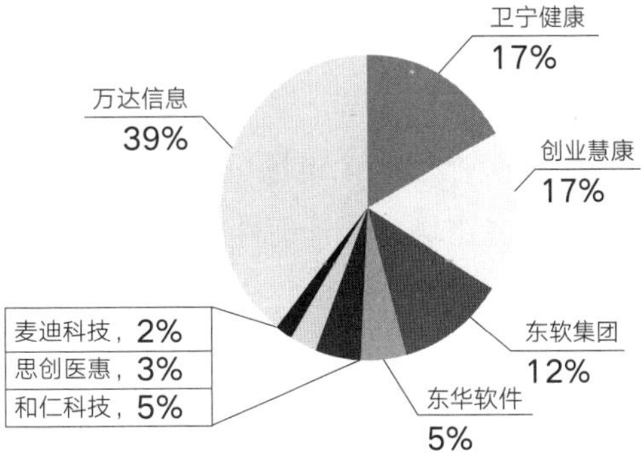

图13　2018年部分上市公司非HIS市场份额对比

（资料来源：各大招标网）

上市公司细分市场集中度较高，发展形势相对明确。HIS市场即院内市场由卫宁健康、创业慧康、东软集团、东华软件和和仁科技占据前5，占比82%，较为集中。非HIS市场，万达信息占据了39%的市场份额，创业慧康和卫宁健康占据17%的份额，东软集团占据12%，Top4达85%。行业领军者如卫宁健康等在HIS、非HIS市场的优势都较为明显。

三、大空间与大格局，中外双视角看多中国电子病历发展前景

（一）CIS建设如火如荼，产业空间广阔

目前我国正处于医疗信息化CIS阶段，预计2020年医疗信息化市场规模将接近809.7亿元。预计2020—2025年中国医疗信息化市场规模CAGR为9.73%，到2025年中国医疗信息化市场规模将达到1 288.2亿元。

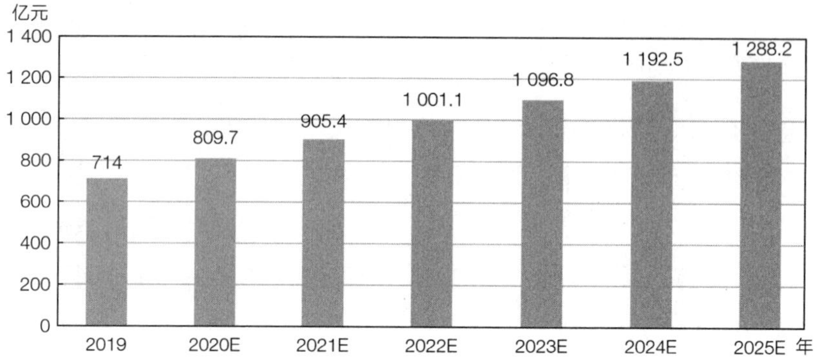

图14 2020—2025年中国医疗信息化市场规模预测

（资料来源：中研普华产业研究院）

中国医疗信息化市场可以分拆为四个部分：硬件市场、信息化网络设备市场、软件市场、服务市场。预计硬件市场2025年达541.04亿元；网络设备市场2025年达244.76亿元；软件市场2025年达283.4亿元；服务市场2025年达218.99亿元。

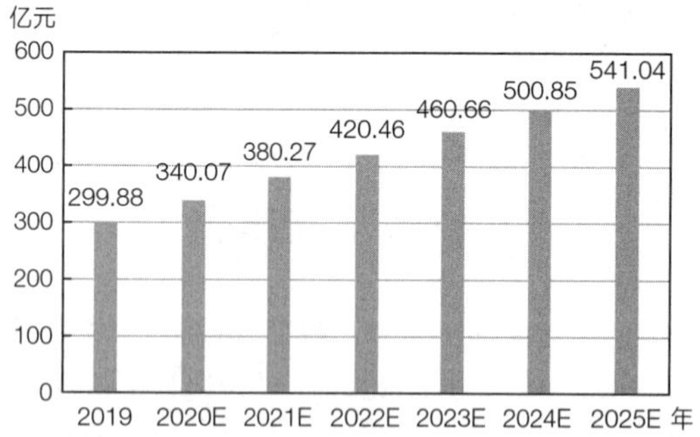

图15 2020—2025年中国医疗信息化行业硬件市场规模预测

（资料来源：中研普华产业研究院）

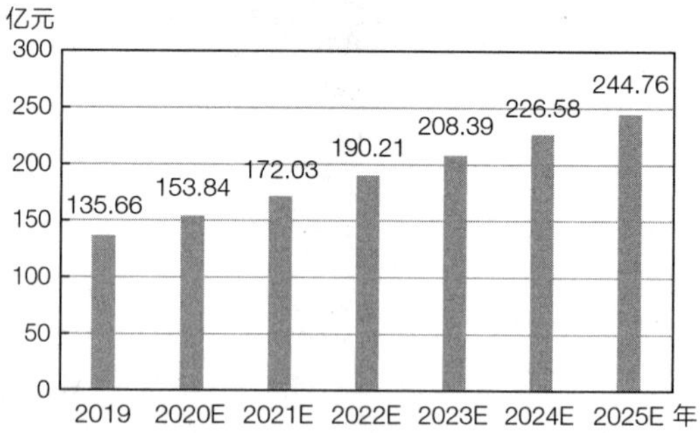

图16 2020—2025年中国医疗信息化网络设备市场规模预测

（资料来源：中研普华产业研究院）

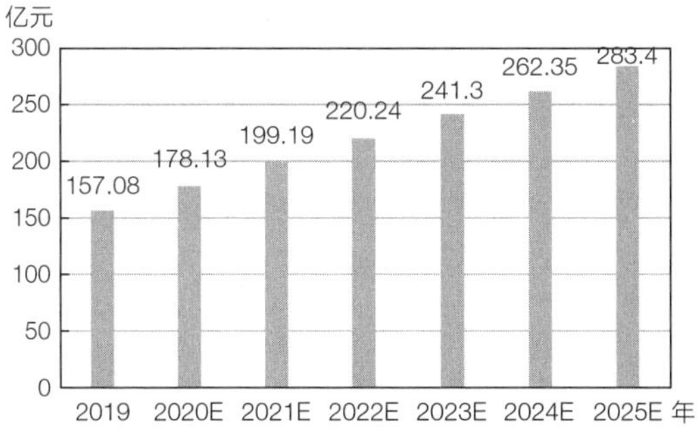

图17　2020—2025年中国医疗信息化行业软件市场规模预测

（资料来源：中研普华产业研究院）

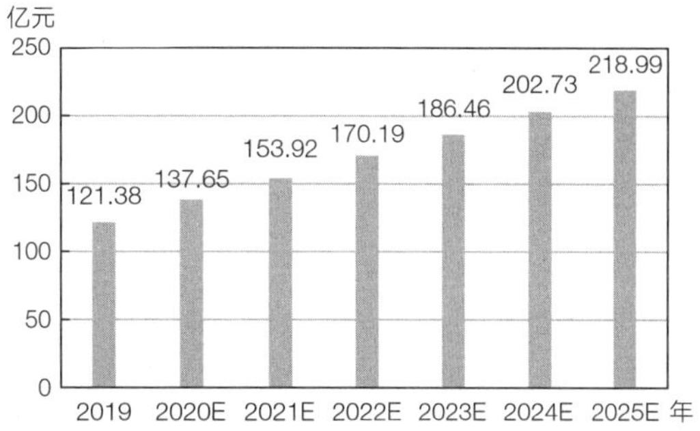

图18　2020—2025年中国医疗信息化行业服务市场规模预测

（资料来源：中研普华产业研究院）

（二）政策推动医疗信息化市场持续增长，电子病历百亿空间待发掘

根据最近两年发布的重点政策，未来一段时间医疗信息化建设的重点将在三个方面铺开：电子病历系统建设、DRGs建设及互联网医院。

表2　最近出台的重点政策

时间	单位	政策
2018年8月	国家卫健委	《关于进一步推进以电子病历为核心的医疗机构信息化建设工作的通知》
2019年6月	国家卫健委	《关于按疾病诊断相关分组付费国家试点城市名单的通知》
2020年2月	国家卫健委	《关于加强信息化支撑新型冠状病毒感染的肺炎疫情防控工作的通知》
……	……	……

资料来源：国家卫健委。

2018年我国三级医院总体电子病历的水平停留在2.11级的水平上，且渗透率不过5%，预计在政策的推动下，未来几年是我国电子病历渗透率急速提升的时期。

电子病历市场规模测算目标设定：到2022年，我国电子病历三级医院渗透率预计将达到90%左右，二级医院渗透率超过60%，一级医院超过40%；到2022年，我国三级医院整体达到5级，二级医院达到4级，一级医院达到2级。

表3　电子病历市场测算

	2019年	2020年	2021年	2022年
总收入/万元	169 478.5	869 872	1 335 140.54	1 528 942.8
同比/%	/	413	53	15
三级医院收入/万元	49 598.5	576 200	423 760.74	431 648.36
三级医院数量/个	2 681	2 881	3 081	3 281
单体收入/万元	185	1 000	598	598
渗透率（新增）/%	10	20	23	22

续表

	2019年	2020年	2021年	2022年
二级医院收入/万元	75 824	201 560	791 239.8	947 126.44
二级医院数量/个	9 478	10 078	10 678	11 278
单体收入/万元	80	200	494	494
渗透率（新增）/%	10	10	15	17
一级医院收入/万元	44 056	92 112	120 140	150 168
一级医院数量/个	11 014	11 514	12 014	12 514
单体收入/万元	36	39	50	50
渗透率（新增）/%	10	10	10	10

资料来源：医盟网。

DRGs规模测算：医保局建立后预计二级以上医院将普及DRGs系统。假设二级医院建设费用为75万元，三级医院为100万元，预计DRGs市场空间达到117.40亿元，未来三年普及，每年将有35.22亿元左右的市场规模。

互联网医院平台（仅考虑医院自建部分）：预计二级以上医院都将建立互联网医院平台。假设二级医院建设费用100万元，三级医院建设费用300万元。预计互联网医院平台市场空间达到211.21亿元。未来三年渗透率达到45%，每年将有31.68亿元市场规模。

总的来说，电子病历，DRGs及互联网医院平台建设未来三年增量空间将为153.89亿元、200.41亿元和219.79亿元。

表4　未来3年医疗信息化市场细分行业增量空间汇总　　单位：亿元

	2020年	2021年	2022年
电子病历	86.99	133.51	152.89
DRGs	35.22	35.22	35.22
互联网医院平台	31.68	31.68	31.68
规模合计	153.89	200.41	219.79

（三）中国医疗信息化水平与美国差距较大，前景广阔

1. 所处阶段差距较大，我国电子病历仅相当于美国2011年水平。

当前市场主流的电子病历评价系统分为四种：HIMSS应用模型、Gartner分代模型、中国电子病历系统应用水平分析、美国电子病历“有效使用”标准。本文按照第三种和第四种，将中美标准进行对比。

表5　中国电子病历系统功能和应用水平分级标准

评价分级	分级标准描述
0级	未形成电子病历系统
1级	部门内初步数据采集
2级	部门内数据交换
3级	部门间数据交换，初级医疗决策支持

续表

评价分级	分级标准描述
4级	全院信息共享，中级医疗决策支持
5级	统一数据管理，各部门系统数据集成，基本建立以电子病历为基础的医院信息平台
6级	全流程医疗数据闭环管理，高级医疗决策支持
7级	完整电子病历系统，区域医疗信息共享

资料来源：国家卫健委。

美国“有效使用”标准将电子病历应用分为三个水平，参照美国标准，我们把我国电子病历8个级别也划分成3个水平，并将其与美国标准对照。

表6　中国电子病历评价标准与美国对比

	中国标准		美国标准	
等级分类	应用等级	关注点	阶段划分	阶段目标
低等级	0～2	关注数据采集功能	阶段1	数据采集与共享
中等级	3～4	关注数据内部共享	阶段2	提升临床过程
高等级	5～7	智能决策支持和区域共享	阶段3	改进医疗结果

资料来源：朱若华．中美电子病历应用评价的比较研究［D］．东南大学，2017。

目前，我国电子病历建设与美国差距较大，仅相当于美国2011年的水平。如果完成2020年发展目标也仅仅达到美国CMS“有效使用”第一阶段水平。根据国家卫健委2018年颁布的《电子病历系统应用水平分级评价管理办法（试行）》，到2020年，所有三级医院要达到分级评价4级以上，实现全院信息共享，初级医疗决策支持；二级医院要达到分级评价3级以上，实现部门间数据交换。

表7　CMS“有效使用”评价的阶段划分

阶段划分	美国历程	阶段要求
阶段1	2011年	数据采集与共享
阶段2	2013年	提升临床过程
阶段3	2015年	改进医疗结果

资料来源：朱若华．中美电子病历应用评价的比较研究［D］．东南大学，2017。

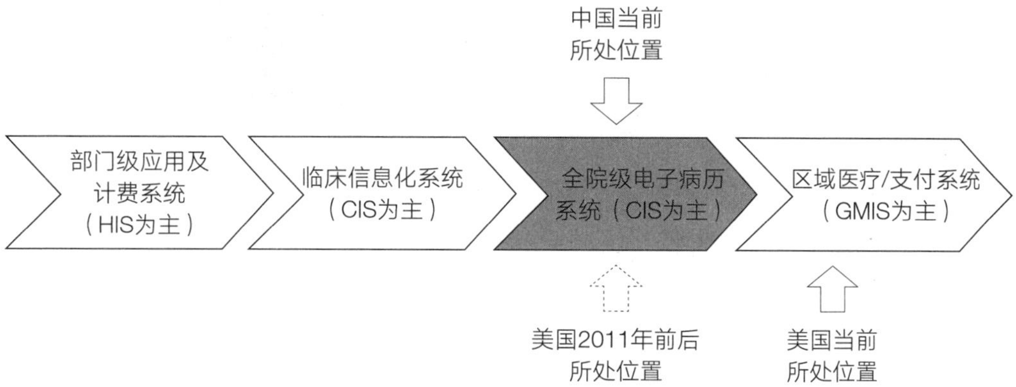

图19　我国电子病历发展阶段及与美国比较情况

（资料来源：朱若华．中美电子病历应用评价的比较研究［D］．东南大学，2017）

2. 中美医疗信息化投入在国家层面与医院层面差距较大。

我国IT费用占卫生费用比例与发达国家差距较大，空间广阔。综合前瞻产业研究院和卫计委等多方数据，2016年IT花费占卫生费用的比例为0.82%，国内东部沿海在1.5%~2%，到2018年IT花费占卫生费用的比例也仅为0.85%。和发达国家如美国3%~5%的比例相比差距很大。

微观来看，国内医院在信息化上的投入也相对较低，空间较大。美国2004年医院IT花费占比大于2%的比例为70%以上，而我国医院2018年IT花费占比2%以上的仅为9%~24%，差距较大。

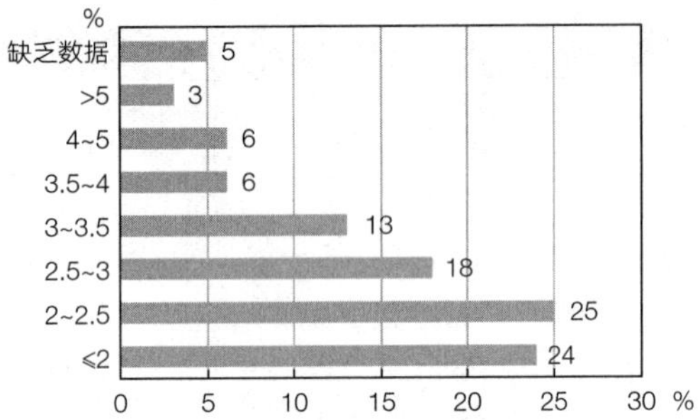

图20 美国医院IT花费占全年预算比例（2004年）

（资料来源：HIMSS）

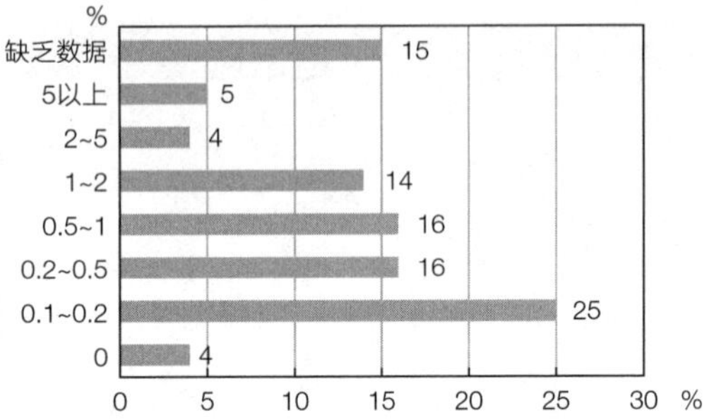

图21 国内医院IT花费占全年预算比例（2018年）

（资料来源：CHIMA）

3. 对比美国，我国电子病历市场集中度不高。

我国电子病历市场格局相对较分散，集中度有待提升。美国电子病历市场TOP2占比高达56%，而我国TOP5占比仅为58%，集中度有待提升。

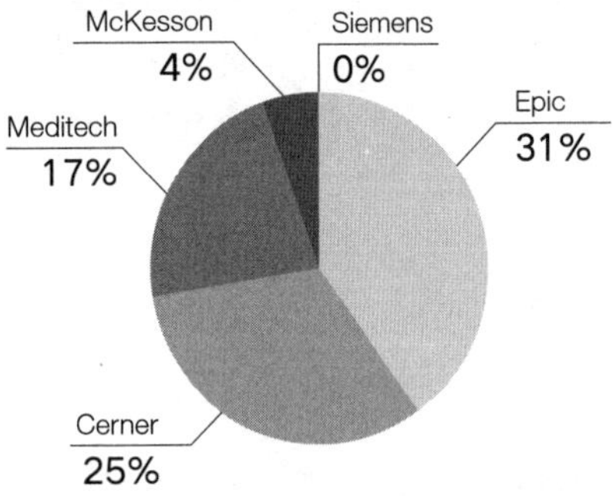

图22 2018年美国EHR市场格局

（资料来源：HIMSS，KLAS）

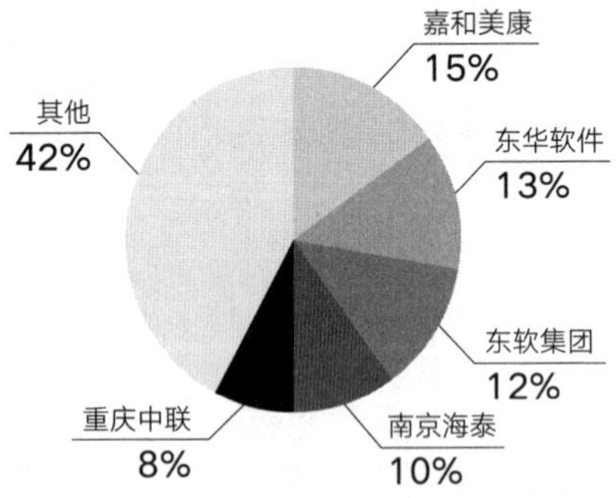

图23 2018年电子病历市场企业份额格局

（资料来源：IDC）

四、参考美国电子病历巨头成长史，考察中国医疗信息化企业竞争力

（一）6年7倍，Cerner乘电子病历之风而上

2009—2015年超百亿美元投入，美国电子病历使用率从9%上升到95%以上，电子病历巨头Cerner 6年股价上涨7倍。2009年《美国复苏与再投资法案》（ARRA）承诺投资190亿美元发展医疗信息化，推行电子病历的有效使用（Meaningful Use, MU）。截至2018年初，HITECH MU共发放379亿美元奖励金，远超预期。2009年美国电子病历使用率只有9%，到2016年95%以上美国医院满足了电子病历MU的要求。而Cerner股价也从10美元涨到70美元左右。

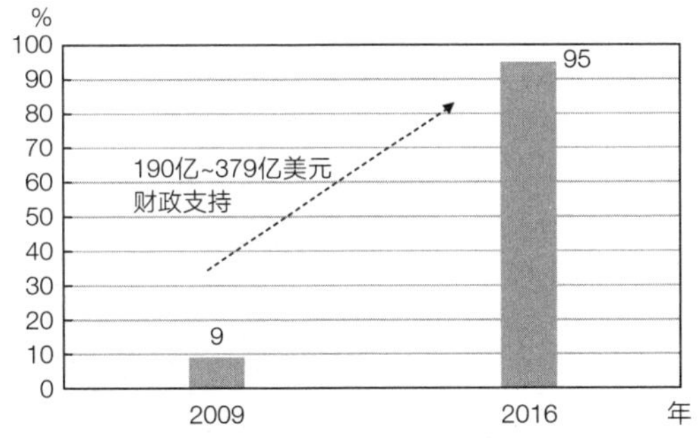

图24　美国电子病历使用量飙升

（资料来源：HIMSS）

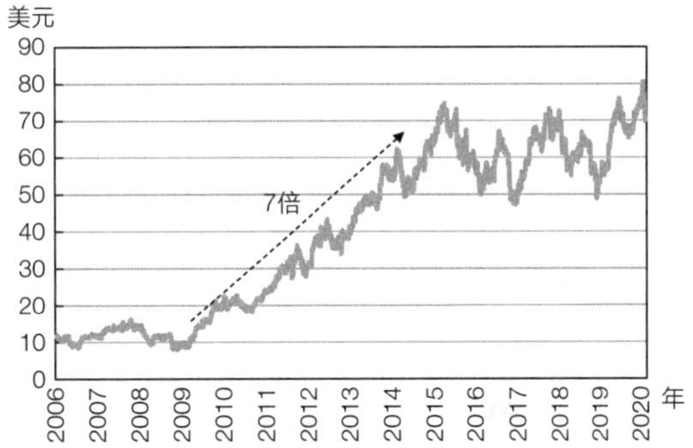

图25　美国电子病历企业Cerner 2009—2015年股价上涨7倍

（资料来源：Wind）

Cerner股价上涨有三个方面原因：第一，所开发EHR（电子病历系统）功能及后续更新服务赢得市场好评，并且服务大医院的方向正确，政策激励作用下营收快速增长；第二，企业主要EHR产品研发进入尾端，研发费用、销售费用逐步走低；第三，行业格局逐渐集中，2005年Top5占比75%，2018年Top4占比96%。

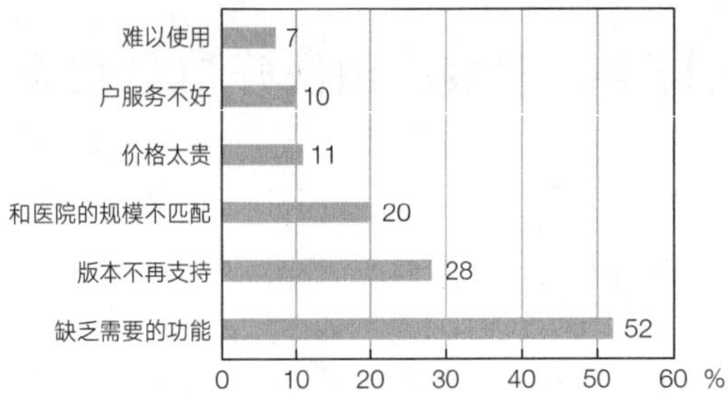

图26 美国医院更换EHR（电子病历）产品原因

（资料来源：Capterra）

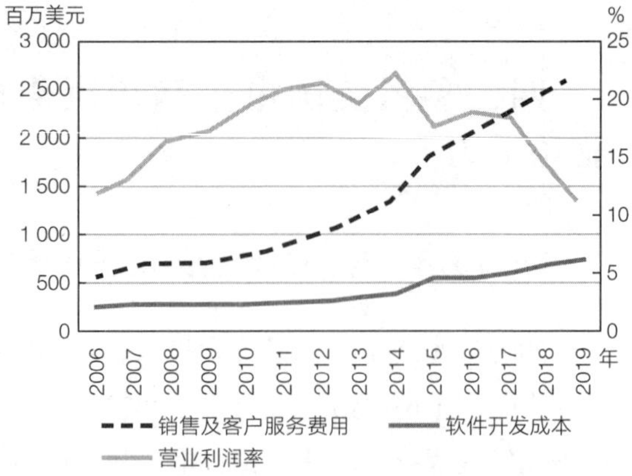

图27 Cerner 10~15年费用增速下降，营业利润上升

（资料来源：Wind）

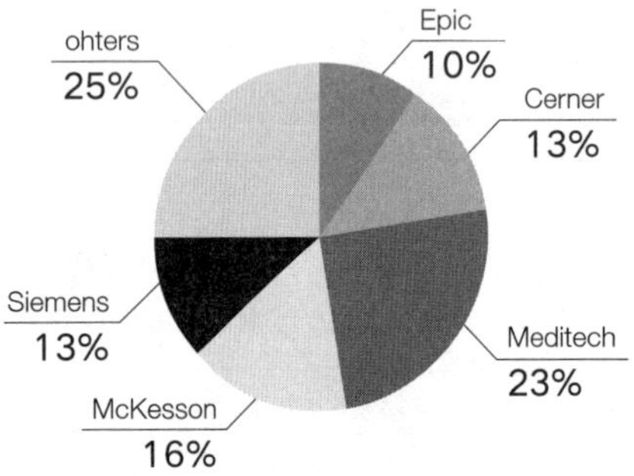

图28 2005年美国EHR市场格局

（资料来源：HIMSS、KLAS）

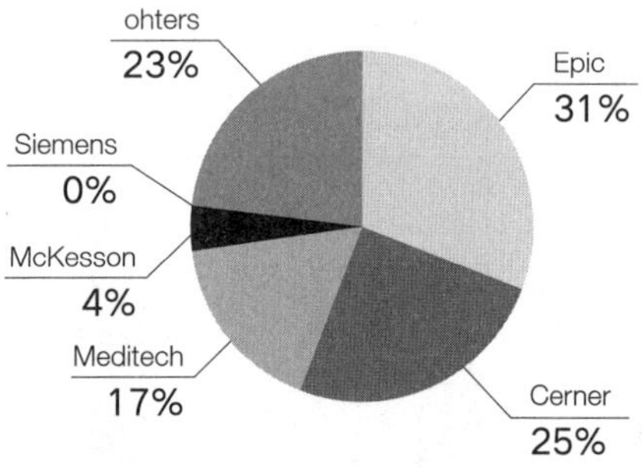

图29 2018年美国EHR市场格局

（资料来源：HIMSS、KLAS）

（二）业务、客户与运营三因素评价医疗信息化企业

当前我国医疗信息化市场厂家林立，但随着行业标准的统一与提高，产业集中度有望不断提升。谁将是中国的Cerner?

我们可以参考Cerner崛起的原因，从业务、客户及运营三个因素进行探索，在业务或客户方面没有明显短板的企业将会在竞争中更加具有优势，而某项长期显著低于行业水平的运营指标将作为风险因素供读者参考。

1. 深度和广度层面评判企业业务布局。

从业务布局广度来看，竞争优胜者需要有电子病历的布局，还需要业务较为全面。久远银海、易联众、国新健康、麦迪科技、和仁科技这五家企业有明显的短板。

表8　我国医疗信息化部分厂商赛道

			卫宁健康	创业慧康	东华软件	东软集团	万达信息	思创医惠	和仁科技	麦迪科技	久远银海	易联众	国新健康
医药	临床试验管理平台		√				√						
	招采配一体化		√		√		√				√		
医疗	医院	HIS	√	√	√	√	√	√			√		
		电子病历	√	√	√	√	√	√	√	√			
	公共卫生		√	√	√	√	√	√			√		
	基层系统		√	√	√	√	√	√			√		
	分级诊疗		√	√	√	√	√	√			√		
	医联体		√	√	√	√	√	√			√		
	远程医院		√	√	√	√	√	√			√		
医保	实时结算		√		√	√	√				√	√	√
	异地结算		√			√	√				√	√	√
	医保控费		√		√	√	√				√	√	√
	基金支付		√		√	√	√				√	√	√
全国卫生平台	大数据平台						√						
	互联互通平台						√						
省级卫生平台					√	√	√						
区域公共卫生平台			√	√	√	√	√	√					

资料来源：前瞻产业研究院。

从业务布局深度来看，有技术、有专长、有合作的企业更占优势。东软集团、卫宁健康、创业慧康、东华软件、万达信息在业务布局深度上面占有优势，思创医惠紧随其后。

表9　2018年主要医疗信息化厂商基本情况

企业名称	整体情况	专长	成就
卫宁健康	布局：传统医疗信息化+互联网业务；合作：阿里战略入股	互联网医疗龙头	产品齐全度、客户数量均居行业前列
创业慧康	布局：传统医疗信息化+物联网+互联网；项目：区域医疗信息化，中山；合作：阿里、腾讯战略合作，平安集团入股	区域医疗信息化龙头	近2万个医疗卫生信息化项目建设，积累超过2.5亿份居民健康档案；全国性销售网络
东华软件	布局：旗下东华医疗专注医疗信息化，提供区域医疗，医疗保险，智慧医院，互联网+医疗健康等解决方案；合作：腾讯入股	DRGs细分行业领军者	头部医院市场占有率第一；全国百强医院，30%使用东华软件的HIS系统
东软集团	布局：东软医疗：专注大型医疗高端设备；望海康信：专注医院精益化运营；东软熙康：专注健康管理和云医院	国内唯一一家同时具有中国电子病历系统功能应用水平评价7级和美国HIMSS 7级能力的供应商	拥有完整的医疗解决方案产品线；在医疗信息化领域，连续9年保持市场占有率第一
万达信息	布局：医疗大数据应用领先企业，在分级诊疗、医保控费以及区域医疗卫生平台占据优势；合作：中国人寿入股	城市信息化龙头	业务布局最全面；卫生平台建设份额最大；医保结算领域处于龙头（东华软件，久远银海等竞争）
思创医惠	布局：智慧医疗业务涵盖智能开放平台、移动医疗、互联网医疗等；定制项目提升物联网水平	智能开放平台龙头	国内领先智慧医疗结构承建商；为境外大型医疗机构提供服务

续表

企业名称	整体情况	专长	成就
和仁科技	布局：围绕电子病历形成覆盖全院的解决方案产品；借助云、大数据、物联网研发智慧云医疗	全院级的信息化解决方案	定位高端，小而美，客户以大型医院为主
麦迪科技	布局：传统医疗信息化解决方案+人工智能应用业务	ICU信息化龙头	高端医院市场优势明显
久远银海	布局：医药+医院+医保	医保信息化龙头	中标医保局核心项目
易联众	布局：围绕社保卡，构建健康医疗服务、医保控费、医保移动支付等；大数据驱动健康医疗	民生信息化龙头	产品覆盖20多个省，服务人群超4.5亿人
国新健康	布局：专注医保控费服务、药械监管；提高医保基金使用安全性	健康保障服务领先企业	

资料来源：企业公告、企业官网。

2．质量与规模层面评判企业客户资源。

庞大的客户基础和较高的客户质量是医疗信息化企业的重要竞争力。卫宁健康、创业慧康及万达信息在规模上远超其他客户。客户质量上，卫宁健康、东华软件、东软集团、思创医惠、麦迪科技有优势。和仁科技在客户规模和质量上存在不足。

表10　2018年末主要上市公司医疗行业营业额及医院客户资源情况

企业名称	医院/家	三级及以上医院/家	三级医院覆盖率/%	备注
卫宁健康	6 000	400	15	区域卫生覆盖17个省市
创业慧康	6 000+	—	—	公共卫生项目遍及全国340多个区县
万达信息	4 400+	—	—	二、三级医院400多家
东华软件	500+	300+-	11	承建核心业务系统的百强医院数量占比达到25%以上，行业领先
东软集团	2 000+	500+	19	为3万余家基层医疗机构诊所，19万家医疗定点机构提供软件服务
思创医惠	1 000+	—	—	和14家全国20强医院，50家全国百强医院，6家港澳医院合作
和仁科技	—	—	—	一波Top20标杆客户；与军队医疗机构建立关系
麦迪科技	1 600+	400+	15	截至2019年中，企业终端用户覆盖32个省

资料来源：前瞻产业研究院。

3．评判企业运营能力，识别企业风险。

我们从地域扩展效率、人力运营效率、项目运营效率三个角度来阐释企业在运营上面的风险。考虑到数据的可获得性和可比较性，对所考察的企业相较上文有适当调整。

地域扩展效率通过考察企业所在区域之外的收入占总收入的比重，来判断企业打破地域限制开拓业务的能力。医疗信息化建设由于需要有配套硬件，因此地域限制十分明显，而打破地域限制对于企业壮大必不可少。因此把地域划分成华东，华北，西南等若干区域，设定指标=企业所属区域之外的收入/企业总收入。

地域扩展效率指标越低，则表明企业在地域扩展上面存在不足。依据2018年数据，思创医惠、万达信息因为有国外收入，该指标划分为表现较好。久远银海和东华软件该指标低于50%，低于行业整体水平，存在一定的不足。

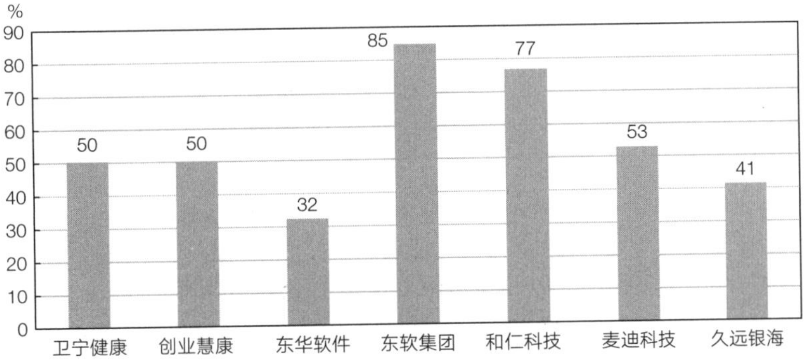

图30 地域扩展效率指标

（资料来源：Wind）

人力资源是医疗信息化企业最重要的资源，人力运营效率是影响企业竞争力重要因素。设定指标=（人均收入–人均薪酬）/人均收入，指标越高，则表明人力运营效率越高。依据2018年数据，东华软件、思创医惠及和仁科技人力运营效率较高，而万达信息和东软集团人力运营效率偏低。

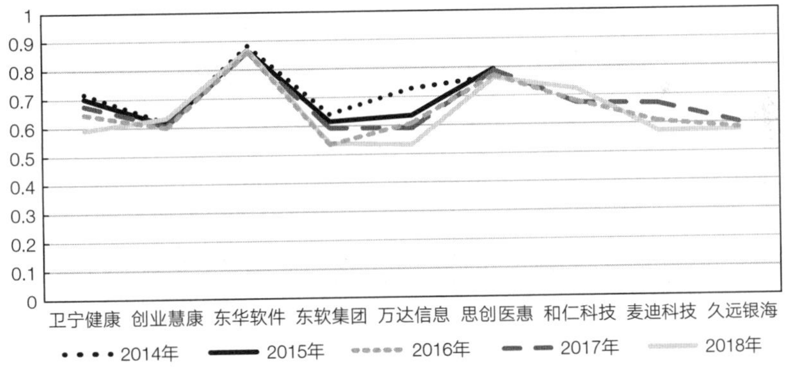

图31 人力运营效率指标

（资料来源：Wind）

毛利率是评价项目运营效率重要指标。综合近几年情况，毛利率由高到低排序分别为麦迪科技＞思创医惠＞创业慧康＞卫宁健康＞和仁科技＞久远银海＞东软集团＞万达信息＞东华软件。可知，久远银海、东软集团、万达信息及东华软件项目运营效率较低。

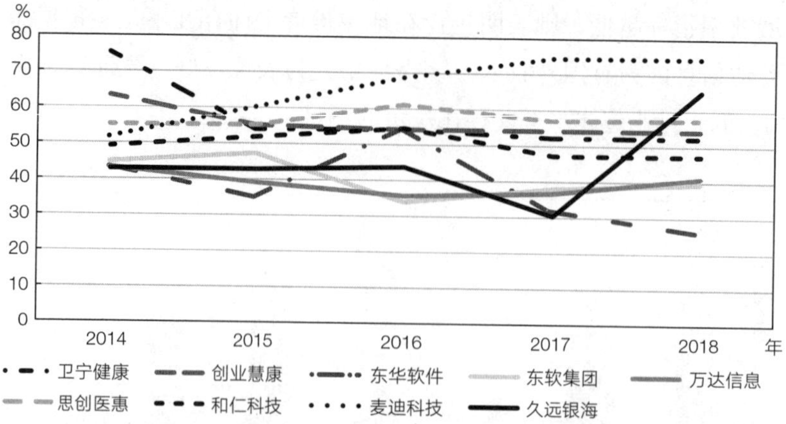

图32 最近5年企业医疗信息化业务毛利率

（资料来源：Wind）

研发费用（前期视为优势）与并购是考察项目运营效率的重要因素。依据2018年数据，研发费用方面，和仁科技、久远银海、麦迪科技在绝对量上落后，东华软件、万达信息、久远银海在占比上不足。并购项目需要甄别，因此不笼统作为优势或者劣势予以评价。

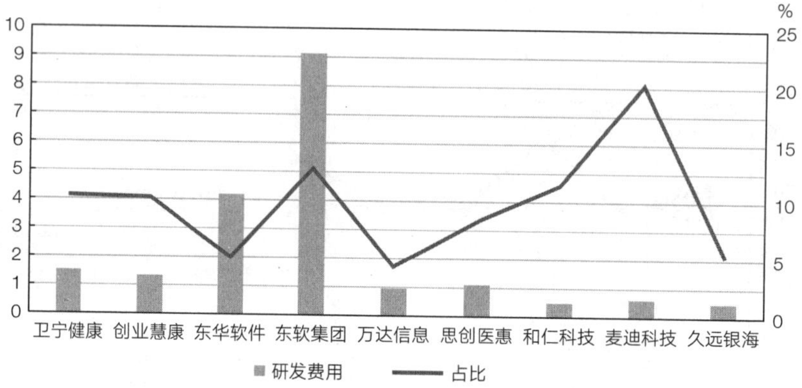

图33 医疗信息化上市公司研发费用及占营收比例

（资料来源：Wind）

疫苗产业：

老产业　新时代

胡博新　东兴证券医药行业首席分析师

王敏杰　东兴证券研究所医药组

产业描述：

疫苗是由被削弱或被杀死的病原体、表面蛋白或其他的疾病相关抗原制成生物制品，通过为机体提供主动免疫，实现预防或治疗某种特定疾病的目的。疫苗是20世纪公共卫生领域最大的成就之一，作为保护易感人群、预防和控制传染病最经济、有效的手段，疫苗是生物医药领域研究的热点和产业发展的重点。

一、我国疫苗事业发展以来疾控成效显著

（一）疫苗是疾病预防的最佳方法

疫苗通过刺激人体免疫系统对抗疾病而预防人类感染疾病，接种疫苗是预防传染病的最有效方法。人体免疫系统包含两个主要子系统，即先天免疫系统及适应性免疫系统。病原体入侵时，免疫系统首先尝试通过先天免疫系统的初始反应消除病原体，然后通过适应性免疫系统产生免疫记忆或适应性免疫，以记忆及识别侵入性病原体，从而可在日后抵抗该病原体。疫苗以可控的方式向适应性免疫系统导入病原体或病原体的特定部分，以激活针对特定病原体的免疫力。接种疫苗是预防传染病的最有效方法。

（二）疫苗产业自1919年起稳步发展，免疫规划制度在中华人民共和国成立后逐步建立

1919年，中央防疫处于北京宣告成立，标志着我国疫苗事业的开端。之后地方疫苗产业也逐步发展，长春、辽吉、大连和华北等生物制品机构先后建立。中华人民共和国成立后，中国药品生物制品检定所在北京成立，作为对疫苗产品质量进行监督检定的单位。20世纪60年代，我国先后试制成功了脊髓灰质炎减毒活疫苗和脊髓灰质炎糖丸活疫苗。1964年，卫生部颁布《生物制品研究所工作条例》，我国疫苗行业迎来了一轮发展高峰。至1975年，我国已有26种细菌类、病毒类、类毒素等不同种类的疫苗上市。伴随着改革开放的推进，民营企业和外资企业也积极加入我国疫苗事业，并逐步发展。2003—2015年，我国疫苗市场由不足30亿元增长至245亿元，年平均复合增速达13%。至2018年，我国具备批签发疫苗的企业已达45家。

表1 我国疫苗产业发展历史和重要里程碑

时间	事项
1919年	首个从事疫苗研究与生产的专业机构——中央防疫处成立
1940—1949年	先后成立长春、辽吉、大连、华北等生物制品机构
1950—1959年	成立“卫生部生物制品研究所”（原“中央防疫处”） 先后在北京、上海、武汉、成都、长春、兰州成立6个生物制品研究所 于昆明建立中国医学科学院医学生物学研究所 成立中国药品生物制品检定所，对疫苗产品质量进行监督检定
1960年	试制成功中国第一批脊髓灰质炎（Sabin）减毒活疫苗
1962年	成功研制脊髓灰质炎糖丸活疫苗
1964年	卫生部颁布《生物制品研究所工作条例》，后迎来一轮发展高峰
1975年	我国有预防用细菌类疫苗15种，病毒类疫苗9种，类毒素2种，共计26种

续表

时间	事项
改革开放后	民营企业如华兰生物、智飞生物、科兴生物和国际疫苗巨头如葛兰素史克、赛诺菲、辉瑞和默沙东相继进入我国疫苗市场
2015年	国内疫苗市场由2003年不足30亿元增长至245亿元，年均复合增速约13%
2018年	我国具有批签发疫苗的企业共计45家，其中国企11家、民企30家、外企4家

资料来源：第十九届中国生物制品年会。

（三）疫苗事业发展以来，疾病控制效果显著

自我国疫苗接种工作开展以来，相关传染性疾病的控制效果显著。其中免疫规划内疫苗所针对疾病的控制效果尤为突出。例如，脊髓灰质炎疫苗、白喉类毒素、麻疹疫苗等于1978年纳入免疫规划，1994年我国发生最后一例本土脊髓灰质炎病例，2006年以后无白喉病例报告，麻疹的发病率也由1978年的250人/10万人下降至2017年的0.43人/10万人。

表2　疫苗事业发展以来疾病控制效果显著

疫苗	时间	事项
痘苗	1950年	实施秋季种痘运动
	1954年	改为定期种痘
	1961年	发生最后一例天花
脊髓灰质炎疫苗	1978年	纳入免疫规划
	1993年	开展强化免疫
	1994年	发生最后一例本土脊髓灰质炎病例
白喉类毒素	1978年	纳入免疫规划
	2006年	此后无白喉病例报告
麻疹疫苗	1978年	纳入免疫规划，当时麻疹的发病率为250人/10万人
	2017年	发病率下降至0.43人/10万人
乙肝疫苗	2002年	纳入免疫规划
	2014年	5岁以下儿童乙肝表面抗原携带由疫苗使用前的9.67%下降至0.32%
其他疫苗	实施免疫规划后与实施前相比，乙脑、流脑年平均发病数减少95%，百日咳减少85%	

资料来源：第十九届中国生物制品年会。

二、当前重磅新型疫苗上市后迅速放量

（一）疫苗产业的发展现状

当前，国内疫苗产业的产业链涉及生产企业、批签发单位及经销商、疾病控制预防中心等，其中疫苗研发和生产企业居于产业链上游，疾病控制预防中心居于产业链下游，负责疫苗的招标采购工作。

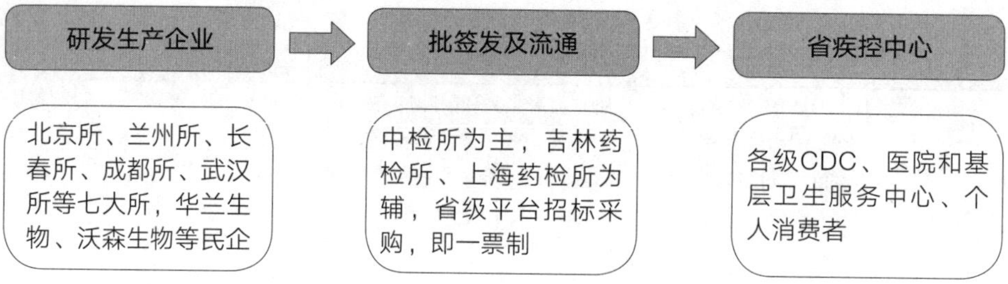

图1 国内疫苗产业链

（资料来源：智研咨询）

目前，全球共批准预防性的疫苗已超70种，用于预防超40种疾病。全球疫苗市场产值近年来稳步增长，据EvaluatePharma估计，2018年全球疫苗市场规模约为305亿美元，2024年预计将增长至448亿美元。2018年中国疫苗市场规模约为286亿元。

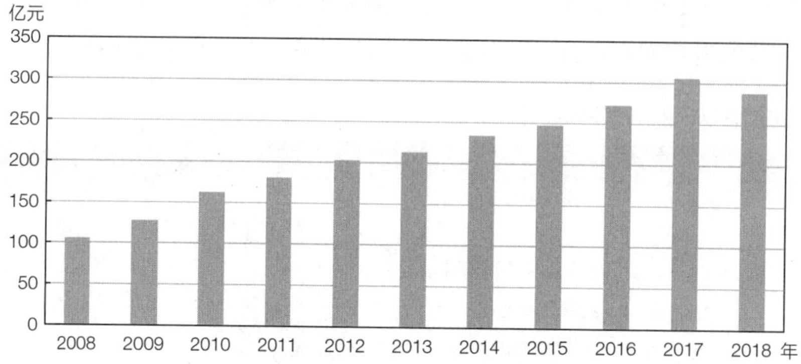

图2 2008—2018年中国疫苗行业市场规模

（资料来源：智研咨询）

国际疫苗市场上，四大疫苗巨头企业葛兰素史克、默沙东、辉瑞和赛诺菲巴斯德居主导地位，四者约占全球疫苗市场90%份额。2018年，葛兰素史克、默沙东、辉瑞和赛诺菲巴斯德的疫苗业务分别实现收入78.7亿美元、72.6亿美元、63.3亿美元和60.5亿美元，四者合计约275.1亿美元。

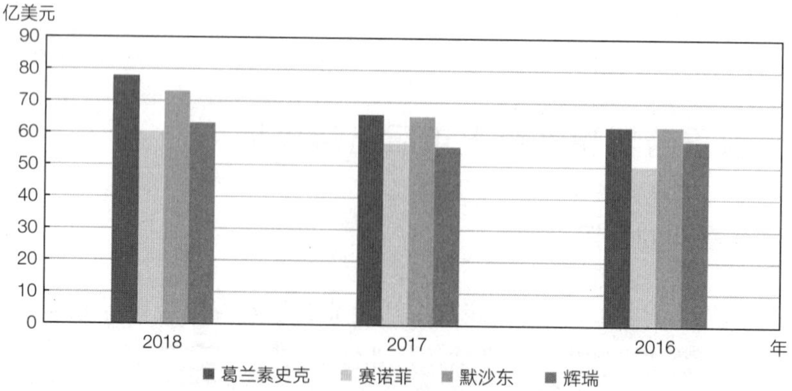

图3 四大疫苗巨头疫苗业务销售额

（资料来源：智研咨询）

2018年，我国具有批签发疫苗的企业共计45家，包括11家国有企业、30家民营企业和4家外资企业。与国外四大疫苗巨头占据90%份额的市场格局不同，我国疫苗行业市场集中度相对较低。国内疫苗企业数量多，但是规模较小，50%以上的企业仅能生产1种产品。

我国一类苗的市场规模约为30亿元，受近年疫苗行业负面事件的影响，市场规模呈现下降的趋势。一类苗产值占疫苗行业总产值不超过15%，其中75%以上由国有企业供应。我国二类苗是当前疫苗行业增长的主要驱动力，二类苗产值占疫苗市场总产值超过85%，其中80%以上由民营企业和外资企业供应。

（二）当前重磅新型疫苗构成疫苗企业的核心竞争力

伴随着中华人民共和国成立以来免疫规划事业的逐步发展，一类苗曾为疫苗市场的中坚力量。当前我国已进入二类苗驱动发展的阶段，其中二类苗中的新型疫苗为行业增长的最重要驱动力，也构成了疫苗企业的核心竞争力。

新型疫苗包括预防新疾病的疫苗、采用新技术制备的疫苗和多价、多联疫苗等。例如，近年于我国上市的EV71疫苗为预防新疾病的新型疫苗，9价HPV疫苗为多价新型疫苗，AC-Hib三联苗为多联新型疫苗。

新型疫苗的技术壁垒高、研发过程复杂，且由于疫苗（预防性疫苗）的适用对象为广泛的健康人群而非特定疾病患者，因而对监管机构对疫苗产品的收益和风险评估更为谨慎。疫苗的研发过程包括发现阶段、临床前阶段、临床研究阶段（包括临床I期/II期/III期）和上市申报阶段等，整体研发过程可长达10年。漫长的研发过程和大量的资金投入为疫苗研发建立了较高的壁垒。研发成功的重磅品种可为企业带来非常可观的利润，也构成了业绩增长的重要推动力。

（三）近年重磅新型疫苗上市后放量迅速

1. 国际重磅新品种雄踞销售额榜单前列。

近年重磅新型疫苗上市后的迅速放量证明了疫苗行业品种的重要性。从国际市场上的疫苗单品来看，多个重磅新型疫苗销售额位居单品销售额榜单前列。2017年，全球十大畅销疫苗单品种有9个品种为新型疫苗。其中辉瑞公司所产13价肺炎球菌疫苗2017年销售额达56.01亿美元，居畅销榜首位。榜单第二位为默沙东所产HPV疫苗（佳达修），2017年销售额达23.08亿美元。此外，赛诺菲巴斯德所产吸附无细胞百白破疫苗—脊髓灰质炎灭活疫苗—B型流感嗜血杆菌（结合）疫苗联合疫苗、带状疱疹疫苗等均为新型疫苗。

表3 2017年全球疫苗单品销售额前10名

商品名	通用名	厂家	销售额/亿美元
Prevnar 13	13价肺炎球菌疫苗	辉瑞	56.01
Gardasi 1	HPV疫苗	默沙东	23.08
Pentacel	DTaP-IPV-Hib	赛诺菲巴斯德	21. 66
Fluzone	流感疫苗	赛诺菲巴斯德	18. 83
ProQuad	MMRV	默沙东	16. 76
Prodarix	DTaP-Hib-乙型肝炎	葛兰素史克	9.57
Engerix	肝炎疫苗	葛兰素史克	9.38
RotaTeq	5价轮状病毒疫苗	默沙东	6.86
Zostvax	带状疱疹疫苗	默沙东	6.68
Synflorix	10价肺炎球菌疫苗	葛兰素史克	6.55

资料来源：范红，于振行，苏月，等．疫苗市场概况和发展趋势［J］．中国医药，2019（6）．

2．国内重磅新品种上市以来迅速放量。

国内市场疫苗单品销售额榜单中新型疫苗的比例尚未达到国外市场同等水平，但近年国内市场新型疫苗处于快速发展之中，市场格局逐年变化显著。如2017年，HPV疫苗销售额居疫苗单品销售额第9位，2018年即越居第1位（据1~8月批签发数据）。此外，13价肺炎球菌结合疫苗等新型疫苗也放量迅速。

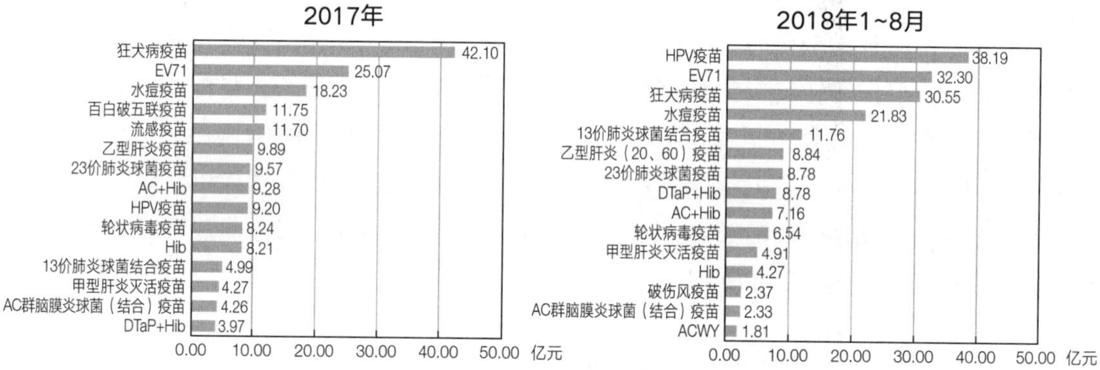

图4 2017年和2018年我国二类疫苗市场销售额排名

（资料来源：范红，于振行，苏月，等．疫苗市场概况和发展趋势［J］．中国医药，2019（6））

HPV疫苗是重磅新型疫苗的代表品种之一。默沙东所产4价HPV疫苗佳达修于2017年在我国上市，9价HPV疫苗佳达修于2018年在我国上市。上市以来，佳达修系列产品于我国迅速放量。2017年4价HPV疫苗批签发量为35万剂，2018年批签发量为380万剂，同比增长991.98%。2018年9价HPV疫苗上市之初批签发量达122万剂，2019年前三个季度批签发量为188万剂。2019年前三个季度佳达修系列产品合计批签发量为584万剂，同比增长42.37%。当前4价HPV疫苗中标价为798元/支，9价HPV疫苗中标价为1 298元/支。据此计算，2019年前三个季度默沙东HPV疫苗系列产品在我国销售额超50亿元。

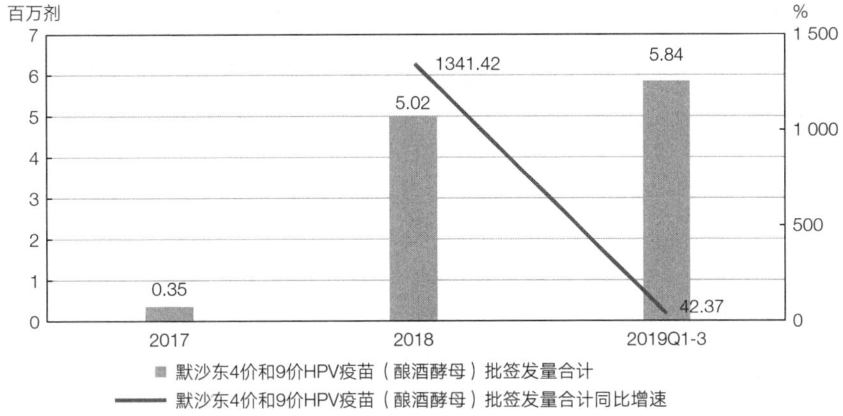

图5 默沙东4价和9价HPV疫苗（酿酒酵母）批签发量合计及同比增速

（资料来源：中国食品药品检定研究院）

目前我国有四款HPV疫苗上市，分别为葛兰素史克生产的2价HPV疫苗Cervarix，默克公司生产的4价HPV疫苗Gardasil和9价HPV疫苗Gardasil9，厦门万泰生产的2价HPV疫苗馨可宁。

表4 我国现获批的HPV疫苗

商品名	生产企业	价型	我国适用人群	单价/（元/剂）
馨可宁	厦门万泰	2价	9~45岁女性	329
Cervarl X	GSK	2价	9~45岁女性	580
Gardasil	Merck & CO	4价	20~45岁女性	798
Gardasil9	Merck & CO	9价	16~26岁女性	1 298

资料来源：疫苗说明书及公开资料。

沃森生物研发管线对HPV疫苗有所布局，其中2价HPV疫苗已进入Ⅲ期临床试验病例收集和分析阶段，9价HPV疫苗正在进行Ⅰ期临床试验。2价HPV疫苗有望于2020年结束Ⅲ期临床试验并申报上市，并有望于2020—2021年获批上市。

表5 我国在研2价和9价HPV疫苗

研发企业	研发产品	研发进度
沃森生物	2价HPV疫苗	临床Ⅲ期
瑞科生物/安百胜	2价HPV疫苗	临床Ⅰ期
厦门万泰沧海	9价HPV疫苗	临床Ⅱ期
博唯生物	9价HPV疫苗	临床Ⅰ期
沃森生物	9价HPV疫苗	临床Ⅰ期
瑞科生物/安百胜	9价HPV疫苗	临床Ⅰ期

资料来源：药智网。

13价肺炎球菌结合疫苗为另一新型重磅疫苗代表品种。13价肺炎球菌疫苗目前已经进入全球100多个国家的免疫规划中，在我国尚属二类疫苗。2017年在国内上市以来，放量迅速。2017年Prevnar13批签发量约为72万剂，2018年批签发量为385万剂，同比增长437.80%。2019年前三个季度批签发量约为288万剂，同比增长8.38%。若以当前销售价格698元/剂计算，2019年前三个季度13价肺炎球菌结合疫苗中国区销售额约达20亿元。

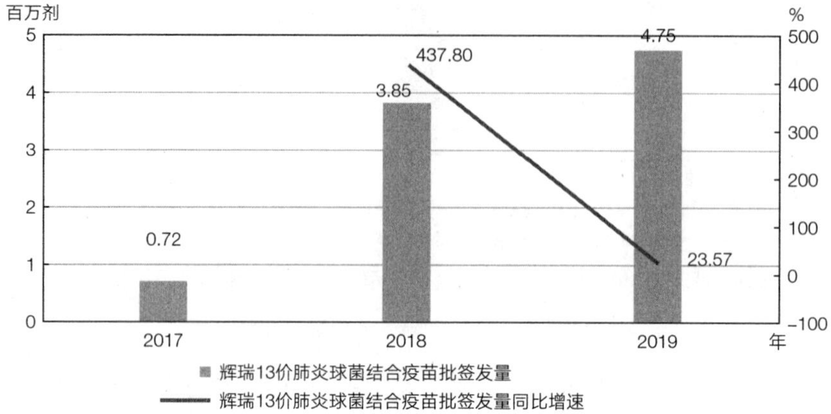

图6　辉瑞13价肺炎球菌结合疫苗批签发量及同比增速

（资料来源：中国食品药品检定研究院）

沃森生物是国内首家、全球第二家获批生产13价肺炎球菌结合疫苗的企业，将与辉瑞共同分享13价肺炎球菌结合疫苗这一巨大市场。据当前国内13价肺炎球菌结合疫苗研发进展，3~5年内或仅有辉瑞和北京民海（申报生产）、兰州所（临床Ⅲ期）两家国内企业与公司竞争13价肺炎球菌结合疫苗市场。而公司作为首家国内上市企业，沃森生物有望占领较大市场份额。

表6　我国在研13价肺炎球菌结合疫苗

研发企业	研发产品	研发阶段
北京民海（康泰生物）	PCV-13	申请生产，在审评审批中
兰州所	PCV-13	临床Ⅲ期
科兴生物	PCV-13	临床Ⅰ期
成都安特金	PCV-13	获批临床
康希诺	PCV-13	获批临床
武汉博沃	PCV-13	申报临床

资料来源：药智网。

沃森生物13价肺炎球菌结合疫苗同辉瑞公司产品相比，具备免疫程序优势。此外，公司相较外资企业具备更强的销售推广能力，有望推动公司产品快速放量。

在免疫程序方面：一是适用年龄更广泛：辉瑞Prevnar13接种年龄为6周～15月龄，而公司产品适用接种年龄为6周～71月龄；二是免疫程序更灵活：辉瑞Prevnar13免疫程序为于2、4、6月龄基础免疫3剂，并于12～15月龄加强免疫1剂。而公司产品根据不同接种年龄设置了灵活的免疫程序。在接种年龄和免疫程序优势下，一方面，公司产品在消费者选择时具备优势；另一方面，公司产品也可满足超龄儿童的补种需求。

在销售资源方面：辉瑞为外资企业，在终端推广销售策略有限，13价肺炎球菌结合疫苗现有销售额多靠自然销售实现。相比于外资企业，公司具备更强的区域覆盖和推广能力。在公司销售资源的支持下，13价肺炎球菌结合疫苗的市场渗透率有望更上一层。

三、在研新型疫苗上市将持续推动增长

当前国际和国内众多新型疫苗处于研发阶段，以期满足当前未被满足的疾病预防需求，或对现有的传统疫苗进行改进。伴随着未来数年在研新型疫苗品种的逐步上市，疫苗行业的市场空间有望进一步打开。目前处于研发阶段的新型疫苗品种主要着眼于以下方向：一是全新的疫苗品种，二是传统疫苗技术的颠覆，三是多价与多联疫苗。

（一）全新的疫苗品种

全新的疫苗品种即针对新疾病的疫苗。当前全球已上市的疫苗种类有限，尚存在大量的传染性疾病无针对性的疫苗以供应用。但结合疾病的传染性、致病性和疾病所带来的公共卫生负担，目前存在数种疫苗为学界和疫苗产业界广泛关注和研究。世界卫生组织（WHO）疫苗产品开发咨询委员会（PDVAC）每年召开会议，讨论当年疫苗研发的重点及需要研发的疫苗等。此前PDVAC关注的疫苗包括呼吸道合胞病毒（RSV）疫苗、B组链球菌（GBS）疫苗等。2019年PDVAC会议关注的疫苗主要包括疟疾疫苗、HIV疫苗、通用性流感疫苗、肠产毒性大肠杆菌疫苗、A组链球菌（GAS）疫苗以及性传播疾病相关疫苗等。

表7 世界卫生组织关注的新型疫苗

疫苗	特点
RSV疫苗	6个不同的制造平台，19种候选疫苗
B组链球菌	全球每年有31.9万婴儿感染，造成9万婴儿的死亡 有两个候选疫苗在临床试验 世界卫生组织正在评估GBS的疾病负担，母亲免疫的成本效益分析，以及实际操作性
疟疾疫苗	RTS，S/AS01在非洲三个国家开展临床试验，R21疫苗为新研发疫苗
HIV疫苗	ALVAC/ gp120处于III期试验，Ad26/ gp140处于IIb期试验
通用性流感疫苗	有多种候选疫苗处于临床或临床前阶段，主要是HA颈部或头颈嵌合抗原制成的疫苗，还有用保守的M2外域抗原、HA增加NA或NP抗原、改变剂量或佐剂等
肠产毒性大肠杆菌疫苗	两种疫苗正在开展临床试验，分别是口服4价灭活疫苗和亚单位疫苗
A组链球菌疫苗	每年造成50万人死亡，主要是感染后造成的侵入性、毒素介导的疾病或自身免疫反应引起的风湿性心脏病等；PDVAC于2016年就将GAS疫苗列为优先研发疫苗；2019年澳大利亚政府出资5 000万欧元开发该疫苗
性传播疾病相关疫苗	HSV和沙眼衣原体疫苗处于临床阶段，美国NIAIS资助了6个研发中心开展性传播疾病疫苗的研发

资料来源：世界卫生组织。

（二）传统疫苗技术的颠覆

随着免疫学、生物化学、生物技术和分子微生物学研究的深入，疫苗的研制技术也经历了多代发展。第一代传统疫苗包括灭活疫苗、减毒活疫苗和类毒素，第二代疫苗包括由微生物和天然成分及其产物制成的亚单位疫苗和将能激发免疫应答的成分基因重组而产生的重组蛋白疫苗，第三代疫苗的代表为基因疫苗。

表8 不同技术路线制备疫苗的特点

疫苗种类	制备过程	作用机理	疫苗特点	疫苗举例
灭活病毒疫苗	选用免疫原性强的病原体，经人工大量培养后，用理化方法灭活制成	灭活病毒诱导机体特异性抗体产生	为维持血清抗体水平，需多次接种：不能通过内源性抗原提呈诱导CTL产生，免疫效果有一定局限性	甲肝病毒灭活疫苗
减毒活疫苗	用减毒或无毒力的活病原微生物制成	其接种类似隐性感染或轻症感染	免疫效果良好、持久；但疫苗在体内存在回复突变的危险	卡介苗
类毒素	用细菌的外毒素经0.3%~0.4%甲醛处理制成	其已失去外毒素的毒性，但保留免疫原性，接种后诱导机体产生抗毒素	可能需多次接种	破伤风类毒素
亚单位疫苗	除去病原体中与激发保护性免疫无关的成分，保留有效免疫原成分制成	有效免疫原成分刺激特异性抗体产生	不含活的病原体或病毒核酸，安全有效，成本低廉	重组乙型肝炎病毒表面抗原疫苗
结合疫苗	将细菌荚膜多糖连接于其他抗原或类毒素，为细菌荚膜多糖提供了蛋白质载体	结合疫苗能引起T细胞、B细胞的联合识别	可产生IgG类抗体，免疫效果明显提高	肺炎球菌结合疫苗
基因疫苗	用编码病原体有效免疫原的基因与细菌质粒构建成重组体	进入机体后，重组质粒可转染宿主细胞，使其表达能诱导有效保护性免疫应答的抗原，从而诱导机体产生适应性免疫	在体内可持续表达，可诱导体液免疫和细胞免疫	—
重组载体疫苗	将编码病原体有效免疫原的基因插入载体（减毒的病毒或细菌）基因组中制成	接种后，疫苗株在体内增殖，表达所需的抗原	可表达大量所需抗原	重组埃博拉病毒疫苗（腺病毒载体）

资料来源：高晓明．医学免疫学基础［M］．北京：北京医科大学出版社．2001.

（三）多价与多联疫苗

多价与多联疫苗已成为未来疫苗研发的必然趋势。多价疫苗指由一种病原微生物的多个血清型抗原所制成的疫苗，可以提供更为广泛的保护，如9价HPV疫苗、4价流感疫苗等。多价疫苗制备难度高，结合的价数越高，其研发难度越大，提供的免疫保护效果也更好。多联疫苗即为可以预防多种不同疾病的疫苗，其将多种不同的抗原组分结合制备成单一疫苗，从而达到接种单一疫苗即可预防多种疾病的效果，如AC-Hib疫苗、Dtap-

Hib四联苗等。由于存在免疫干扰现象，多联疫苗的开发也是难度较高的疫苗研发领域。当前国际疫苗企业已有四联苗、五联苗或六联苗上市，且纳入很多国家的免疫规划之中。目前我国一类苗中仅有百白破这种三联苗，我国联合疫苗的发展与国际仍有较大差距，联合疫苗也是当前国内疫苗生产企业重要的研发方向。

我国当前上市的多联疫苗包括百白破—脊髓灰质炎—b型流感嗜血杆菌疫苗五联苗、百白破—流感嗜血杆菌四联苗及A群C群脑膜炎球菌—b型流感嗜血杆菌三联苗。我国也有多项联合疫苗处于临床试验阶段。

四、新型疫苗研发——以呼吸道合胞病毒疫苗为例

（一）全球每年3 000万人因感染RSV发病，尚无针对性疗法

呼吸道合胞病毒（RSV）是全世界婴幼儿下呼吸道感染最常见的原因，也是导致严重下呼吸道疾病的主要病原体。在全球范围内，RSV仅次于疟疾，是导致1岁以下儿童死亡的第二大病因。RSV感染相关疾病死亡率在65岁及以上老人群体中较高，尤其是患有慢性基础疾病的老年人感染后的死亡率可高达6%~10%。RSV感染并不诱导终生免疫，即感染后可能会再次感染。据NOVAVAX估计，RSV感染相关疾病的年度全球疾病负担超过880亿美元。

目前尚无针对RSV感染的特定治疗方法，当前以支持性治疗为主。Palivizumab和Motavizumab单克隆抗体可以预防严重的RSV感染，但是由于成本极高且需要每月注射，因此目前仅在极少数人群中使用。目前尚无RSV疫苗获批。对RSV感染进行免疫预防，以减轻脆弱人群（婴幼儿和老年人）严重RSV感染带来的疾病负担，是公共卫生机构以及疫苗生产企业重点关注的方向。

（二）40种RSV疫苗在研，19种疫苗进入临床阶段

截至2019年8月，6种类型共计40种RSV疫苗处于研发中，其中19种疫苗处于临床研究阶段。世界卫生组织已建立了中和抗体的国际标准物质，并组织对RSV中和抗体体外检测方法进行了标准化研究，以推动RSV疫苗相关研发工作。

当前在研的RSV疫苗有如下类型：一是减毒活疫苗，包括重组的RSV病毒株或活的嵌合病毒；二是重组载体疫苗，包括病毒载体或细菌载体疫苗；三是蛋白疫苗，包括含有或不含有佐剂的亚单位、纳米颗粒疫苗及不同表达系统表达的蛋白等。

目前进入临床试验阶段的RSV疫苗，多数仍处于临床I期，少数进入临床II期阶段。其中NOVAVAX公司RSV疫苗的研发进展领先，已有产品进入临床III期研究阶段。

（三）NOVAVAX公司研发进展居前

NOVAVAX开发产品为针对RSV病毒跨膜F蛋白（融合蛋白）的疫苗RSV F，并根据三类不同的人群分别开展了临床试验：一是通过孕产妇免疫接种为婴儿提供免疫保护；二是60岁以上成年人接种；三是6个月~5岁儿童接种。其中进展最快的是孕产妇免疫接种的临床试验。

2015年9月，公司宣布了RSV F疫苗在50名健康孕妇中进行的II期临床试验的阳性数据。该临床试验评估了该产品在孕晚期群体中的安全性和免疫原性，并评估了疫苗诱导的母体抗体胎盘转移。结果表明，免疫接种的孕产妇抗F IgG水平平均上升14倍，针对RSV/A和RSV/B的微中和效价分别上升2.7倍和2.1倍。新生婴儿的抗体水平平均为母体抗体水平的90%~100%，表明了由母体至胎儿的高效胎盘转移。

公司于2015年启动了Ⅲ期临床试验Prepare，以进一步验证RSV F的免疫效果。该研究纳入了4 636例孕产妇，并于2019年3月报告了临床试验结果。结果表明，该研究并未达到主要临床终点，但达到了次要终点。数据显示，该产品使全因重大下呼吸道感染（LRTI）住院率减少了25.3%，全因LRTI低氧血症减少了39.1%。公司表示将继续为该产品的商业化努力。

公司RSV F疫苗于60岁以上成年群体及6个月~5岁儿童群体的适用研发也处于临床研究的不同阶段。此外，公司RSV F疫苗和流感疫苗的联合疫苗处于临床前研发阶段。

表9 NOVAVAX公司研发管线

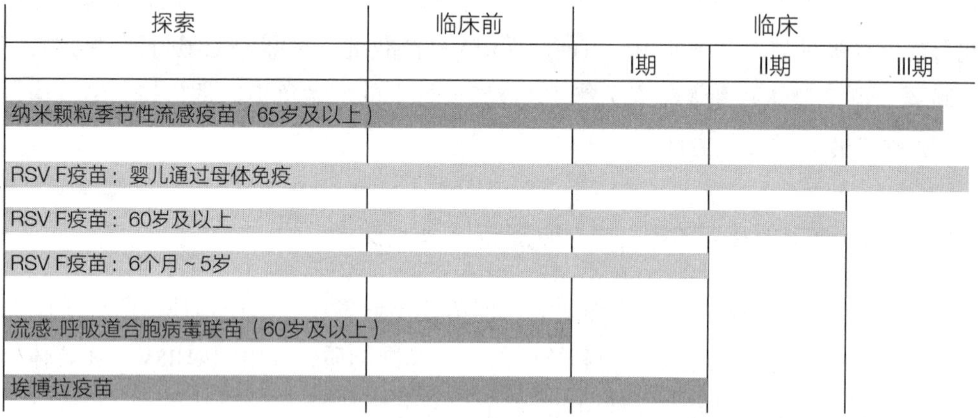

资料来源：NOVAVAX公司。

（四）2024年RSV疫苗及其联苗销售额有望达24.89亿美元

据EvaluatePharma预测，RSV疫苗为全球最具价值的在研重磅疫苗之一。若顺利上市，NOVAVAX公司RSV F疫苗销售额有望达6.68亿美元，RSV和流感疫苗的联合疫苗销售额有望达18.21亿美元。若这一目标达成，RSV—流感联合疫苗将进入全球最畅销的5款疫苗榜单。

表10　2024年最具商业价值的5款在研疫苗

排名	产品	通用名	生产企业	2024年销售额/百万美元	2024年市场份额/%	研发阶段
1	呼吸联苗	流感和呼吸道合胞病毒联合疫苗	诺瓦瓦克斯	1 821	4.10	临床前
2	NuThrax	炭疽疫苗	紧急生物解决方案	1 102	2.50	临床Ⅲ期
3	V114	肺炎球菌结合疫苗	默克	774	1.70	临床Ⅱ期
4	RSV F Vaccine	呼吸道合胞病毒疫苗	诺瓦瓦克斯	668	1.50	临床Ⅲ期
5	VGX-3100	HPV疫苗	Inov io制药	622	1.40	临床Ⅲ期

资料来源：Evaluate Pharma。

五、总结：老产业步入新时代

自1919年中央防疫处成立以来，我国疫苗产业的发展已有百年历史，随着免疫规划事业的逐步发展，一类苗曾为疫苗市场的中坚力量。当前，我国已进入二类苗驱动发展的阶段，其中二类苗中的新型疫苗为行业增长的最重要驱动力，也构成了疫苗企业的核心竞争力。近年13价肺炎球菌结合疫苗、HPV疫苗等重磅新型疫苗陆续上市，并证明了重磅新型品种的放量潜力。伴随着当前各企业重磅新品研发逐步进入收获期，疫苗产业这一“老产业”将进入重磅品种驱动的增长“新时代”。

肿瘤治疗：

免疫治疗引领产业前行

胡博新　东兴证券医药行业首席分析师
许　睿　东兴证券研究所医药组

产业描述：

肿瘤免疫治疗是指通过激活或者增强人体免疫系统来对抗肿瘤的治疗方法，主要通过重启并维持肿瘤—免疫循环来恢复机体正常的抗肿瘤免疫反应。肿瘤免疫治疗具有划时代的意义，近年来涌现出两类代表性的肿瘤免疫药物：PD-1/PD-L1药物和CAR-T疗法，PD-1/PD-L1是免疫治疗皇冠上的明珠，目前正处于发展黄金期，覆盖了数十种肿瘤适应症，其中K药更是首次被批准用于广谱癌症，2018年全球PD-1/PD-L1单抗销售额约为162.6亿美元，同比增长66%，未来有望成为全球销售额最大的药品品类，并且预计未来PD-1/PD-L1 抗体药物将通过联合用药成为各肿瘤适应症一线治疗方案。CAR-T疗法是通过经嵌合抗原受体修饰的T细胞特异性识别和结合肿瘤相关抗原，实现对肿瘤细胞的特异性杀伤。由于CAR-T细胞目前只能使用自体T细胞进行扩增，因此又被称为私人订制疗法，目前全球一共上市两款CAR-T疗法，国内复星的益基利仑赛注射液是首家获得上市受理的CAR-T疗法，目前获批的CAR-T疗法均是针对血液瘤，由于实体瘤没有筛选到足够特异性的抗原，因此进展缓慢，但未来实体瘤一定是CAR-T的最终市场，一旦攻克会给CAR-T技术带来更广阔的市场空间，能使CAR-T治疗真正从早期走向通用，真正发挥“私人订制”的价值。

一、肿瘤免疫——抗癌治疗迈入免疫新时代

（一）免疫治疗起源于肿瘤—免疫循环的发现

现代抗癌药物发展至今历经三次革命：第一次是“化疗药物”出现，通过杀死快速分裂的细胞来抑制肿瘤细胞生长，但同样损伤正常细胞，副作用严重；第二次是靶向药物面世，选择性杀死肿瘤细胞且不影响正常细胞，但肿瘤细胞容易出现抗药性，导致复发率高；第三次是免疫疗法，革命性体现在通过激活或者增强人体免疫系统来对抗肿瘤，不直接针对肿瘤细胞，免疫疗法可以治疗多种癌症且复发率低，曾被顶级学术杂志评为最佳科学突破。

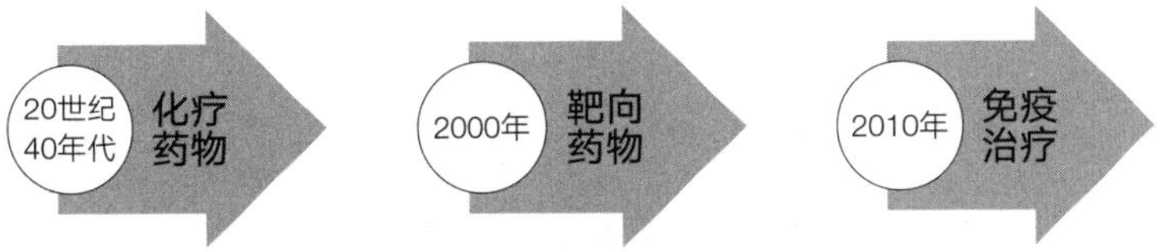

图1　癌症治疗药物发展进程

正常情况下人体免疫系统可以识别并清除肿瘤细胞，但肿瘤细胞具有“免疫逃逸”机制，即通过多种机制逃避免疫系统识别和攻击，使其不能被正常清除，从而在抗肿瘤免疫应答的各阶段得以幸存。因此，肿瘤免疫治疗就是通过重启并维持“肿瘤—免疫”循环来恢复机体正常抗肿瘤免疫反应，从而达到控制与清除肿瘤的目的。

低免疫原性	肿瘤自身抗原治疗	抗原调变	肿瘤免疫机制	肿瘤诱导特定部位
无肽：MHC配体无始附分子	肿瘤抗原在无协同刺激下由APCs表达	抗肿瘤细胞表面抗原体可诱导细胞内吞和去甲肾上腺素。抗原丢失变异体的免疫选择	肿瘤细胞分泌因子直接抵制T细胞。肿瘤诱导调节性T细胞	肿瘤细胞分泌因子对免疫系统产生物理屏障

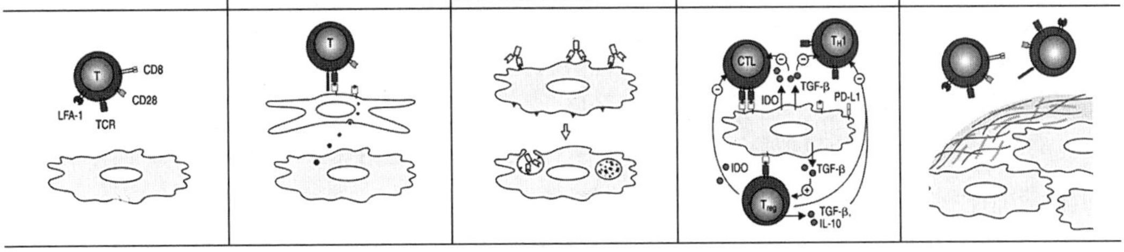

图2　肿瘤免疫逃逸机制

（资料来源：百度百科）

（二）突破性治疗优势是免疫疗法飞速发展的原动力

广义上的肿瘤免疫治疗包括免疫检查点抑制剂、治疗性抗体、癌症疫苗、细胞治疗、小分子抑制剂、免疫系统调节剂等，目前所说的肿瘤免疫治疗通常是指近年来有飞速突破的免疫检查点抑制剂及CAR-T治疗。免疫检查点抑制剂中代表性药物类型主要是PD-1/PD-L1；CAR-T即嵌合抗原受体T细胞免疫疗法，为新型精准靶向疗法，近几年通过优化改良治疗肿瘤效果良好，当前多用于血液瘤治疗，是有可能治愈癌症的新型肿瘤免疫治疗方法。

表1 肿瘤免疫治疗的分类及其代表药物

肿瘤免疫治疗分类	主要药物类型	药物原理	代表药物
免疫检查点抑制剂	PD-1/PD-L1抑制剂	和肿瘤细胞PD-L1特异性结合来抑制其表达，恢复T细胞对肿瘤细胞识别来发挥抗肿瘤作用	Opdivo、Keytruda、Tecentriq、Imfinzi等
	CTLA-4 抑制剂	阻断CTLA-4恢复T细胞活性并延长记忆性T细胞存活时间，恢复对肿瘤细胞的免疫功能发挥作用	Yervoy、Tremelimumab等
	其他类型抗体	OX40、4-1BB等	在研
细胞治疗	CAR-T（嵌合抗原受体T细胞免疫疗法）	通过基因工程将T细胞激活并装上CAR（肿瘤嵌合抗原受体），CAR-T细胞专门识别体内肿瘤并通过免疫作用释放多种效应因子杀灭肿瘤	Kymriah、Yescarta
治疗性抗体	针对HER2、VEGF等	实验室设计通过不同途径杀伤肿瘤细胞的抗体，包括抗体依赖细胞介导细胞毒作用（ADCC）、补体依赖细胞毒作用（CDC）和抗体直接诱导细胞凋亡	利妥昔单抗、曲妥珠单抗、帕尼单抗
癌症疫苗	HPV疫苗	以具有天然空间结构的合成L1晚期蛋白病毒样颗粒作为靶抗原，诱发机体产生高滴度的血清中和性抗体以中和病毒，并协助肿瘤特异性杀伤T淋巴细胞清除病毒感染	宫颈癌疫苗
小分子抑制剂	IDO抑制剂	调节肿瘤微环境色氨酸含量，避免T细胞增殖受抑制	在研
免疫调节剂	细胞因子、免疫佐剂及短肽等	主动非特异性免疫治疗	集落刺激因子、胸腺法新等

资料来源：百科名医。

肿瘤免疫治疗相比此前化疗及靶向治疗，具有以下三大特性：

一是治疗窗口期范围更广：可用于已经广泛转移的晚期癌症，部分标准疗法全部失败的晚期癌症在使用免疫治疗后效果仍然较好。

二是生存拖尾效应显著：对免疫疗法有响应的患者可以大概率获得高质量长期存活，以晚期非小细胞肺癌为例，CA209-003研究披露经Nivolumab治疗的晚期肺癌患者五年生存率从过去不足5%提升到约16%。

三是广谱抗癌，可治疗超过数10种病症：近期Nature Reviews发表综述指出当前靶向PD-1/PD-L1单抗药物已经成为16种癌症种类和不限癌种适应症的治疗标准，包含黑色素瘤、非小细胞肺癌、肾癌、霍奇金淋巴瘤、头颈癌、胃癌、结直肠癌和肝癌等，真正做到异病同治。

二、PD-1/PD-L1 药物——免疫治疗皇冠上的明珠

（一）PD-1/PD-L1药物正值发展黄金期，覆盖数十种适应症

抗程序性死亡蛋白1（programmed death 1, PD-1）抗体是目前研究最多、临床发展最快的免疫疗法。PD-1主要表达于活化的T细胞和B细胞中，有两个配体分别是PD-L1和PD-L2，PD-L1在多种组织中有表达，PD-1与PD-L1结合会抑制T细胞对肿瘤细胞杀伤功能，对人体免疫应答起负调节作用。肿瘤微环境会诱导浸润T细胞高表达PD-1，肿瘤细胞则会高表达配体PD-L1和PD-L2，导致PD-1通路持续激活，T细胞功能被抑制，无法杀伤肿瘤细胞。PD-1/PD-L1抑制剂可以阻断这一通路，恢复T细胞对肿瘤识别功能，使T细胞能够继续杀伤肿瘤细胞，从而实现自身免疫系统的抗癌作用。

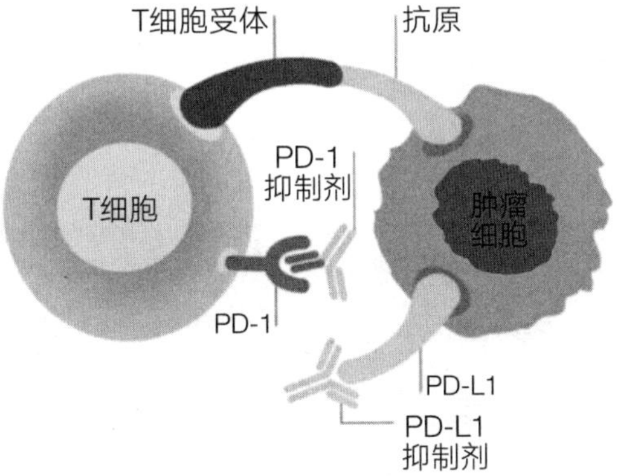

图3　PD-1/PD-L1作用机制

（资料来源：百度百科）

自从全球首个PD-1单抗Opdivo于2014年7月在日本上市以来，全球PD-1/PD-L1市场持续快速增长，2018年全球PD-1/PD-L1单抗销售额约为162.6亿美元，同比增长66%，未来有望成为全球销售额最大的药品品类。美国花旗集团预测 PD-1/PD-L1抗体在 2020年全球市场规模将达350亿美元，此外全球主要研究机构如Global Data、Global Business等对PD-1/PD-L1市场空间的预期也一再拔高，体现了行业对免疫治疗新药物及新适应症获批后销售额上升的乐观预期。过去肿瘤药物的传统增速已经不能满足免疫药物巨大市场潜力的爆发，预计未来全球PD-1/PD-L1市场有望超过500亿美元。

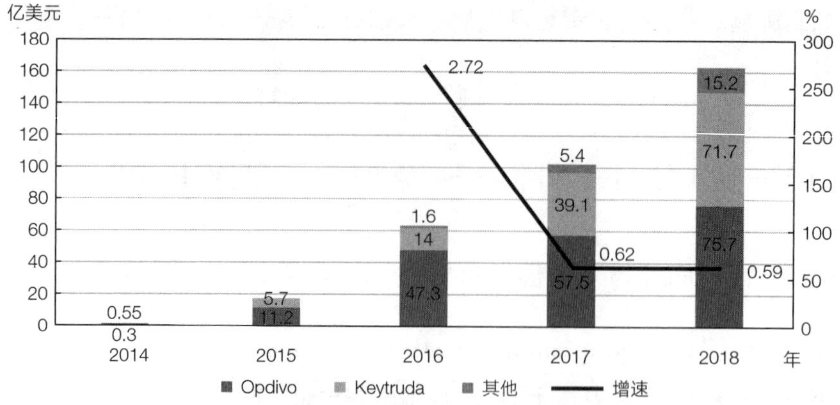

图4 全球PD-1/PD-L1市场销售规模

（资料来源：中国产业信息网）

截至目前，全球已获批上市的PD-1/PD-L1类药物共有9个，按获批时间先后分别为纳武利尤单抗、帕博利珠单抗、阿替利珠单抗、阿维鲁单抗、德瓦鲁单抗、Cemiplimab、特瑞普利单抗、信迪利单抗、卡瑞利珠单抗和替雷利珠单抗。除去Cemiplimab和阿维鲁单抗外，其余7个单抗都已先后在国内上市，其中国产单抗有4家，分别为信达、恒瑞、百济和君实生物，恒瑞是A股上市公司，信达、百济和君实均是港股上市公司。

表2 全球已获批上市的PD-1/PD-L1药物

靶点	厂商	通用名	商品名	海外获批时间	国内获批时间
PD-1	百时美施贵宝/小野	纳武利尤单抗 Nivolumab	欧狄沃Opdivo	2014年7月（日本） 2014年12月22日（美国）	2018年6月15日
PD-1	默沙东	帕博利珠单抗 Pembrolizumab	可瑞达Keytruda	2014年9月4日	2018年7月25日
PD-L1	罗氏	阿替利珠单抗 Atezolizumab	Tecentriq	2016年5月28日	2020年2月13日
PD-L1	默克/辉瑞	Avelumab 阿维鲁单抗	Bavencio	2017年3月23日	N/A
PD-L1	阿斯利康	德瓦鲁单抗 Durvalumab	Imfinzi	2017年5月1日（美国）	2019年12月9日
PD-1	赛诺菲/再生元	Cemiplimab	Libtayo	2018年9月28日	N/A
PD-1	君实生物	特瑞普利单抗 Toripal imab	拓益	N/A	2018年12月17日
PD-1	信达生物/礼来	信迪利单抗 Sintilimab	达伯舒	N/A	2018年12月24日
PD-1	恒瑞医药	卡瑞利珠单抗 Camrelizumab	艾立妥	N/A	2019年5月29日
PD-1	百济神州	替雷利珠单抗 Tislelizumab	百泽安	N/A	2019年12月27日

资料来源：FDA、NMPA。

当前上市的PD-1/PD-L1单抗已覆盖接近20个癌种（目前K药获批适应症最多），较为集中在尿路上皮癌、肺癌、霍奇金淋巴瘤、黑色素瘤和肾癌等，尿路上皮癌（膀胱癌）可发生于任何年龄，发病率随年龄增长而增加，高发年龄50～70岁；肺癌包含非小细胞肺癌和小细胞肺癌，Pd-1/Pd-L1药物给小细胞肺癌带来新的治疗方式。

表3 PD-1/PD-L1单抗覆盖适应症

获批适应症	单抗				
尿路上皮癌	Opdivo	Keytruda	Tecentriq	Bavencio	百泽安
肺癌	Opdivo	Keytruda	Tecentriq	Imfinzi	
经典霍奇金淋巴瘤	Opdivo	Keytruda	达伯舒	艾立妥	
黑色素瘤	Opdivo	Keytruda	拓益		
肾细胞癌	Opdivo	Keytruda	Bavencio		
膀胱癌	Keytruda	Tecentriq	Imfinzi		
头颈鳞癌	Opdivo	Keytruda			
直肠癌	Opdivo	Keytruda			
肝细胞癌	Opdivo	Keytruda			
Merkel细胞癌	Keytruda	Bavencio			
肿瘤表达PD-L1胃癌或胃食管交界性癌	Keytruda				
宫颈癌	Keytruda				
纵隔大B细胞淋巴瘤	Keytruda				
高度微卫星不稳定性实体瘤	Keytruda				
食管鳞状细胞癌	Keytruda				
子宫内膜癌	Keytruda				
乳腺癌	Tecentriq				
皮肤鳞状细胞癌	Libtayo				

资料来源：FDA、NMPA。

（二）适应症与市场定价是决定竞争格局的关键

适应症拓展是市场主要增长来源。单抗药物适应症拓展主要体现在两个方面：新适应症的开辟及同一适应症后线治疗的前移。以Opvido药和Keytruda药为例，Opvido和Keytruda均是2014年获批，2019年Keytruda药销售额大幅超过Opvido药，且增速也远超Opvido药，主要是由于：（1）Opvido药获批适应症数量少于Keytruda药，且自2017年后Keytruda药获批适应症逐步增多，有力支撑后续增速。（2）肺癌一直是肿瘤领域中的重要市场，Opdivo一线治疗非小细胞肺癌（NSCLC）失利，而Keytruda临床试验数据优异，2018年10月底获批NSCLC一线治疗，更加拉开两者差距。

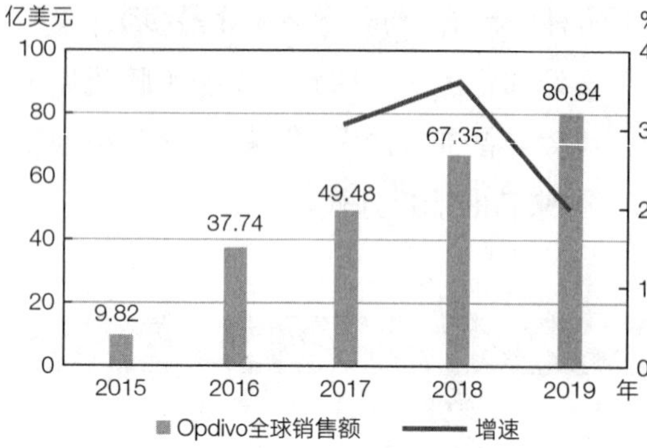

图5　Opvido历年全球销售额

（资料来源：公司官网）

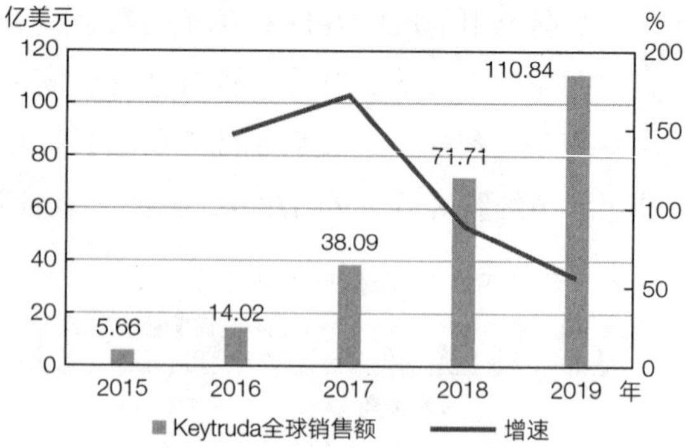

图6　Keytruda历年全球销售额

（资料来源：公司官网）

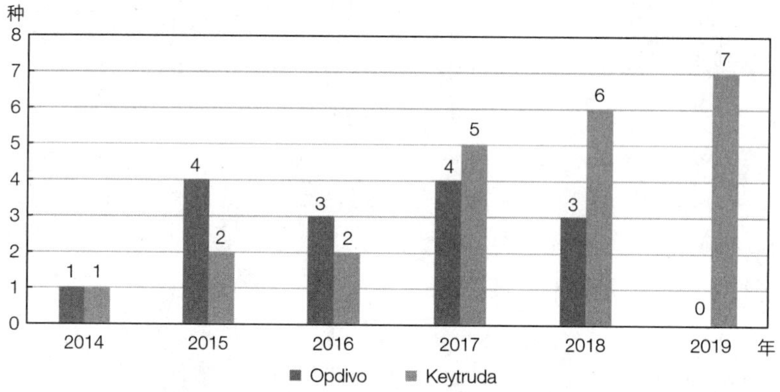

图7　2014—2019年Opdivo、Keytruda经FDA批准适应症数量

（资料来源：FDA）

国内PD–1/PD–L1市场争奇斗艳，均采取“先小后大”策略。我国肿瘤市场空间巨大，国内外众多药企均早已布局PD-1/PD-L1单抗，目前国内已经上市8款PD-1/PD-L1单抗，默沙东Keytruda目前获批2个瘤种（非小细胞肺癌、黑色素瘤，共4个适应症），BMS的Opvido药已获批非小细胞肺癌和头颈部鳞状细胞癌，阿斯利康Imfinzi获批非小细胞肺癌，阿替利珠单抗获批一线小细胞肺癌，另外国产四大PD-1单抗（特瑞普利、信迪利、卡瑞利珠和替雷利珠）中除特瑞普利获批黑色素瘤，其余三家均是获批霍奇金淋巴瘤。可以看出，国产和进口企业获批适应症重合性较低，一方面是为了避免上市之初就头对头的激烈竞争；另一方面是国产企业纷纷采取“先上市小适应症，再扩充大适应症”的策略。此外，八大PD-1/PD-L1单抗均有布局非小细胞肺癌，其他布局较多的适应症有小细胞肺癌、肝癌、胃癌等，均为我国发病率排名前五的癌症，可见未来在大适应症方面会迎来比较激烈的市场竞争。国内企业也在布局多项其他适应症如鼻咽癌、淋巴瘤、实体瘤等，并取得积极进展，这些适应症暂时没有海外产品参与竞争，如若未来顺利获批，国内PD-1/PD-L1单抗的市场空间也将得到持续提升。

表4 国内市场PD-1/PD-L1药物研发进展

企业	百时美施贵宝	默沙东	君实	信达	恒瑞	阿斯利康	百济神州
靶点	PD-1	PD-1	PD-1	PD-1	PD-1	PD-L1	PD-1
商品名	欧狄沃	可瑞达	拓益	达伯舒	艾瑞卡	英飞凡	百泽安
药品名称	纳武利尤单抗	帕博利珠单抗	特普瑞利单抗	信迪利单抗	卡瑞利珠单抗	度伐利尤单抗	替雷利珠单抗
非小细胞肺癌	已上市	已上市	三期	三期	上市申请	已上市	三期
小细胞肺癌	三期		三期	二期	二期	三期	三期
头颈部鳞状细胞癌	已上市		二期				
胸膜间皮瘤	三期						
食管癌	三期	上市申请		三期	三期		二期
肝细胞癌	三期	三期		一期	上市申请	三期	三期
食管鳞状细胞癌	三期		三期		上市申请		三期
尿路上皮癌	三期					三期	
胃癌	三期	三期	二期	三期	三期		三期
胃食管交界处癌	三期			三期	三期		三期
肾细胞癌	三期						
结直肠癌	二期		二期		三期		
膀胱癌	二期						
实体瘤	二期			一期	三期		二期
黑色素瘤		已上市	已上市				
乳腺癌		三期	三期		一期		
子宫内膜癌		三期					
鼻咽癌			三期	一期	三期		三期
膀胱尿路上皮癌			二期				
淋巴瘤			一期				
神经内分泌肿瘤			一期				
霍奇金淋巴瘤				已上市	已上市		已上市
NK/T细胞淋巴瘤				二期	二期		
泌尿系统肿瘤					二期		
妇科肿瘤					二期		
软组织肉瘤				二期	二期		
宫颈癌							
卵巢癌							一期

■ 已上市 ■ 上市申请 ■ 三期 ■ 二期 ■ 一期

资料来源：米内网。

定价策略也是影响市场格局的关键。除拓宽适应症外，PD-1/PD-L1市场定价策略也是影响产品渗透率和市场空间的关键因素。PD-1/PD-L1国内市场价格竞争较为激烈，目前BMS和默沙东的PD-1定价均只有美国定价的一半，几乎是全球最低价，国产拓益和达伯舒价格更低，此外医保对于创新药价格预期也较为超过厂家预计，医保更多是从药物经济学的角度及本国国民的实际经济承受能力来考虑对创新药的定价，对于所谓企业方全球价格体系的维护并不做太多考虑，在2019年医保谈判后，只有信达宣布达伯舒以100mg/10ml：2 843元价格进入医保，其他同类单抗并未满足医保降价服务要求，但是跨国企业也有其他的办法来继续竞争市场，如迅速降低援助门槛。

表5 PD-（L）1单抗价格表

商品名	企业名称	价格	年费用（50kg）	援助方案/医保
欧狄沃	百时美施贵宝	100mg/10ml：9 260元 40mg/4ml：4 591元	36.1万/年	首次“3+3”，后续“3+4”（可循环申请7次）（2020年2月正式实施）
可瑞达	默沙东	100mg/4ml：17 918元	30.4万/年	起始“2+2”后续“2+3”
拓益	君实	240mg/6ml：7 200元	16.2万/年	“4+4”赠药
达伯舒	信达	100mg/10ml：2 843元	9.7万/年	乙类医保
艾瑞卡	恒瑞	200mg：19 800元	51.5万/年	“2+2”赠药，再买4赠至一年（不超18支）
英飞凡	阿斯利康	/	/	/
百泽安	百济神州	/	/	/

资料来源：米内网。

当前来看，虽然PD-1/PD-L1单抗offer label的用药情况较为普遍，但外企的产品和国内企业在获批适应症方面尚未构成正面竞争，外企仍然独占非小细胞肺癌等大领域的适应症，后续随着临床试验的持续进展，各家适应症扩充到开始在大适应症领域开始正面竞争时，产品重合度高，患者开始有更多的明确选择时，将会进一步考验企业的价格策略。此外，服用PD-1/PD-L1药物后，患者生命也将得到极大延长，需要持续用药，用药跟踪和患者服务也是企业的核心竞争力之一，对产品销量产生一定影响。

（三）未来PD-1/PD-L1产品生命力在于联合用药的拓展

PD-1/PD-L1药物缺陷在于单药应答率不高，平均应答率不到30%，但PD-1/PD-L1药物免疫逃逸通路众多，可以与其他肿瘤治疗药物联合用药提高应答率，扩大临床适应症和受益人群比例，这也是近年来市场预期不断提高的原因。预计未来PD-1/PD-L1 抗体药物将通过联合用药成为各肿瘤适应症一线治疗方案。目前全球PD-1/PD-L1单抗药物的临床试验仍在快速增加，已从单一疗法向联合疗法转变，有76%活跃临床试验显示PD-1/PD-L1单抗药物与其他癌症疗法的联合治疗，包括与肿瘤免疫疗法、靶向疗法、化疗或放射疗法等联用，最常见的三种组合疗法分别是化疗、CTLA-4抗体和靶向VEGF联用。

目前联合用药方案基本已经成为PD-1临床试验方案的主流，以百济神州的替雷利珠单抗为例，根据米内网统计目前正在进行15项注册性临床试验，联合用药占比过半。各大癌种一线疗法上基本都是同化疗联合治疗，如替雷利珠单抗联合顺铂或卡铂和吉西他滨治疗尿路上皮癌、联合索拉非尼治疗肝细胞癌、联合铂类药物与培美曲塞治疗非小细胞肺癌、联合紫杉醇+卡铂或联合白蛋白–紫杉醇+卡铂治疗鳞状非小细胞肺癌、联合铂类药物和依托泊苷治疗小细胞肺癌等，已进入三期临床试验。

表6　替雷利珠单抗联合用药/单药分部情况

	非小细胞肺癌		小细胞肺癌	胃癌	食管癌	肝癌	尿路上皮癌	MSI-H（多癌种）	鼻咽癌	经典霍奇金淋巴瘤
新辅助/辅助治疗	化疗联合									
早线治疗					放化疗联合					
一线治疗	化疗联合（鳞癌）	化疗联合（非鳞癌）	化疗联合	化疗联合	化疗联合	单药	化疗联合		化疗联合	
二三线治疗	单药				单药	单药	单药	单药		单药

■ 中国临床试验（10）　■ 全球临床试验（6）

资料来源：米内网。

三、CAR–T：肿瘤免疫治疗新星，真正的“私人订制”

（一）CAR-T目前发展至第四代，仍以第二代治疗血液疾病为主

CAR-T是Chimeric Antigen Receptor T-Cell Therapy（嵌合抗原受体T细胞疗法）的简称，是通过经嵌合抗原受体修饰的T细胞特异性识别和结合肿瘤相关抗原，实现对肿瘤细胞的特异性杀伤。CARs是由T细胞受体（TCR）胞内信号区、跨膜区及胞外抗原结合区组成，胞外区具有识别特定肿瘤抗原的功能，这种CARs转染T细胞具有抗体特异性和效应T 细胞的细胞毒作用。CARs一旦与TAA（肿瘤抗原）结合，可通过胞内信号区使T细胞活化发挥作用，表现为CARs依赖的杀伤、增殖及细胞因子释放。

由于异体T细胞输入极易引起人体免疫排斥反应，因此CAR–T治疗目前只能采用患者自身T细胞，属于真正的“私人订制”。大致治疗过程可以分为五步：一是理从肿瘤患者PBMC中分离纯化出T细胞；二是抗CD3和抗CD28抗体刺激T细胞激活；三是利用基因工程将识别肿瘤抗原的CARs结构转入T细胞；四是体外培养并大量扩增CAR-T细胞至治疗所需剂量，一般为十亿至百亿级别；五是化疗清淋预处理后回输CAR-T细胞，观察疗效并严密监测不良反应。

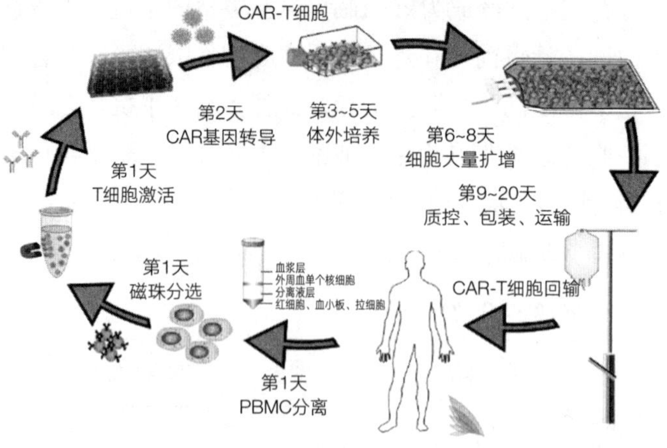

图8 CAR-T细胞治疗流程

（资料来源：康安途）

当前CAR-T结构发展已经历四代。每一代CAR-T结构都是在胞内区添加更多的组件进行修饰，使其更精准、更高效、更持久。第一代CAR-T细胞主要解决靶向问题，但缺少完全共刺激信号，无法完全激活T细胞，导致其在体内扩增不良；第二代CAR-T在CAR结构上加上共刺激结构域CD28或者4-1BB，临床显著改善免疫活性并提高作用持久性；第三代CAR-T细胞治疗相对二代增加更多刺激信号，活性更强更持久；第四代CAR-T细胞又被称为TRUCK T细胞，可以使CAR-T细胞在肿瘤区域分泌特定细胞因子，从而克服肿瘤免疫微环境抑制，募集并活化第二波免疫细胞产生免疫反应。

当前疗法以二代CAR-T为基础，主要针对B细胞相关疾病。截至目前，全球共有两款针对CAR-T疗法获批，分别是诺华的Kymriah和吉利德的Yescarta，均是针对CD19靶点的第二代CAR-T，新兴的第三、第四代CAR-T发展时间不长，在技术上还需要有所改进。肿瘤细胞为单克隆B淋巴细胞，B细胞过度增殖导致B细胞慢性淋巴细胞白血病，CD19特异性存在于大多白血病和淋巴瘤的肿瘤细胞表面，是最合适的抗原。用逆转录病毒载体将编码CD19-CAR的基因转染患者T细胞，使CD19-CAR能够在细胞表面表达，帮助下T细胞精准杀伤肿瘤表面B细胞（CD19在正常B细胞也有表达，因此会有B细胞发育不良的副作用）。

表7 CAR-T目前上市产品

公司	药物	靶点	适应症	上市时间
诺华	Kymriah	CD19	复发/难治性大B细胞淋巴瘤患者，包括弥漫大B细胞淋巴瘤（DLBCL）、继发于滤泡淋巴瘤（FL）的DLBCL患者及高级别B细胞淋巴瘤	2017年8月30日
Kite Pharma	Yescarta	CD19	二线或多线系统治疗的复发性或难治性大B细胞淋巴瘤（LBCL）	2017年10月18日

资料来源：FDA。

CAR-T治疗目前尚在起步期，但其优异疗效已经崭露头角。以诺华的Kymriah为例，适应症为复发/难治性大B细胞淋巴瘤患者，弥漫大B细胞淋巴瘤（DLBCL）是最为常见的非霍淋巴瘤（NHL）亚型，约占所有非霍奇金淋巴瘤病例的三分之一。此前，此类疾病标准疗法为R-CHOP方案。Kymriah获批主要基于JULIET研究的良好结果，JULIET研究是一项全球多中心、II期临床试验，在2017年ASH会议上便大放异彩，当时JULIET研究更新的结果显示，Kymriah对于R/R-DLBCL患者的总体有效率（ORR）达54%，完全缓解率（CR）达40%。

（二）全球CAR-T研发处于早期，国内多家竞相研发，复星首家上市申报受理开启新纪元

根据火石创造数据，截至2019年5月，全球CAR-T治疗临床试验登记项目507项，主要分布在中国和美国，占比分别为44.2%和36.7%，主要是以常规治疗手段难以见效的疾病为主要研究方向，其中，组织学类型肿瘤临床试验数量位居第一，其次为免疫系统疾病、淋巴组织增生性疾病和免疫增生性疾病。CAR-T细胞可以通过改变特定抗原靶点靶向特定类型的恶性肿瘤，扩大CAR-T疗法的应用范围。

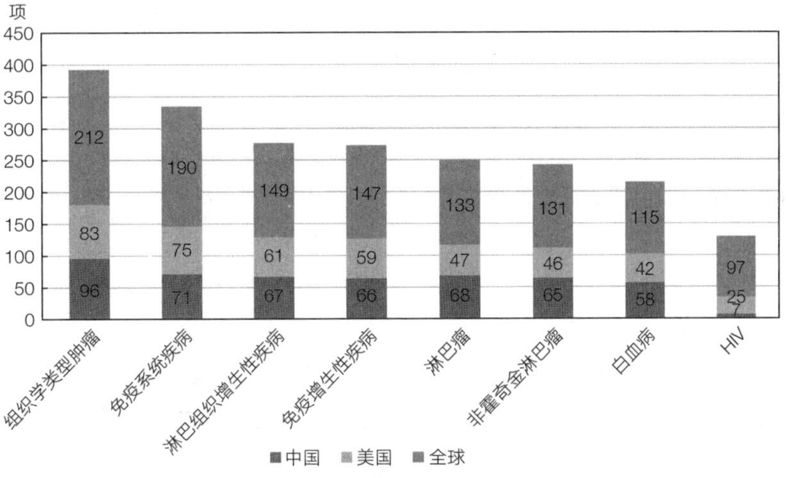

图9 CAR-T治疗领域分布

（资料来源：火石创造）

全球CAR–T研究大多处于早期。Ⅰ期临床试验数量最多，Ⅰ/Ⅱ期临床试验数量次之，Ⅱ期阶段以后试验数量锐减，说明CAR-T研究仍然处在相对早期，还无法大规模应用。CAR-T治疗主要由中、美引领发展，尤其是中国，临床试验数量攀升迅速，已跃居全球第一，但美国CAR-T治疗临床试验数量集中度明显高于中国。

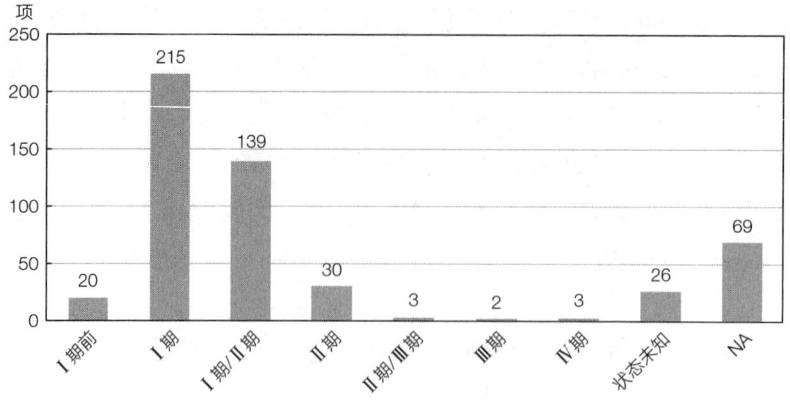

图10 CAR-T临床阶段分布

（资料来源：火石创造）

目前国内还没有CAR-T类药物获批上市，南京传奇、恒润达生、药明巨、精准生物、斯丹赛、西比曼、华道生物、因诺免疫、普瑞金、艺妙神州、百暨基因等多家国内企业均在开展相关CAR-T的研究，参与者众多，未来竞争也将较为激烈。复星凯特益基利仑赛注射液（抗人CD19 CAR-T细胞注射液）是目前国内首家且唯一已经获得上市受理的产品，用于成人复发难治性大B细胞淋巴瘤治疗［包括弥漫性大B细胞淋巴瘤（DLBCL）非特指型、原发性纵隔B细胞淋巴瘤（PMBCL）、高级别B细胞淋巴瘤和滤泡淋巴瘤转化的DLBCL］，与KYMRIAH为同一靶点药物。

（三）未来在实体瘤领域突破将是CAR-T大规模应用的关键

目前CAR-T在血液性肿瘤中呈现明显疗效，但在实体瘤中受到一定限制，主要是因为实体瘤缺乏特异性肿瘤抗原，但未来实体瘤仍然是CAR-T研究的重点，一旦可以攻克，将会给CAR-T市场带来更广阔的空间，能使CAR-T治疗真正从早期走向通用，发挥“私人订制”的价值。目前全球科研工作者均致力于CAR-T改造和优化，通过寻找最佳肿瘤靶向、保持T细胞体内持久性和抵抗肿瘤微环境的免疫抑制，将更多的适应症纳入这一突破性技术治疗中，当前已经筛选出若干有望治疗实体瘤的新型CAR-T疗法。

表8 现行有望治愈实体瘤的CAR-T疗法

CAR-T疗法名称	针对疾病	研发机构	临床进展	作用机理/临床疗效
装备PD-1迷你抗体的CAR-T	—	Eureka Therapeutics和MSK	临床前	分泌迷你版本的检查点阻断抗体PD-1激活附近的T细胞帮助以对抗肿瘤
可控CAR-T	—	新南威尔士大学和加利福尼亚大学	临床前	CAR-T细胞的活性由肿瘤抗原特异性重组基于Fab的“开关”的剂量控制，可提供完全可控的免疫反应
双靶点CAR-T	脑瘤	上海交大与科济生物	临床前	人源化抗体M27可以同时特异性识别胶母细胞瘤细胞中的EGFR和EGFRvIII，避免脱靶引起的毒副反应

续表

CAR-T疗法名称	针对疾病	研发机构	临床进展	作用机理/临床疗效
三靶点CAR-T	—	贝勒医学院	临床前	该新型CAR-T细胞疗法（称为SmarT-细胞）同时靶向三种抗原（PSCA、TGF和IL4），临床前研究证实增强了抗肿瘤活性和选择性且没有副作用
超级CAR-T	—	日本科学家Koji Tamada	临床前	通过将IL-7以及CCL19基因转入CAR-T细胞制备出有效杀伤肿瘤的“超级CAR-T细胞（7 × 19 CAR-T）”，抗肿瘤效果提高至少4倍
CAR-Claudin 18.2 T细胞	胃癌/胰腺癌	科济生物	临床	按照 RECIST 1.1 标准，6名患者中有5名达到客观缓解（其中1名待确认客观缓解），另外1名达到完全缓解
ET140202 ARTEMISTM T细胞	甲胎蛋白阳性晚期肝细胞肝癌	优瑞科	临床	已经接受治疗6位受试者中，有三位达到肿瘤消退，其中一名通过静脉输注用药的晚期患者治疗后观察到肿瘤完全消退
EGFR806抗体武装CAR-T细胞	儿童神经母细胞瘤患者	Cell Medica	临床	CMD-501（GD2-CAR NKT）靶向GD2并结合基因工程嵌合抗原受体（CARs）和IL-15细胞因子的分泌，在免疫抑制肿瘤微环境下维持治疗细胞的活性
靶向间皮素MSLN CAR-T	恶性间皮瘤	MSKCC	临床	12例恶性胸膜疾病患者，6名患者外周血中检测到CAR-T细胞，7名患者接受抗PD-1检查点抑制剂治疗（Keytruda），患者没有经历毒性反应。其中一名MPM患者的PET扫描显示完全缓解，该患者在CAR-T细胞输注后8个月保持临床上的良好状态
新型肿瘤酸性微环境激活CAR-T	转移性肾细胞癌	普珩生物	临床	—

资料来源：梅斯医学。

半导体设备：

刻蚀机走在国产替代前列

刘慧影　东兴证券电子行业首席分析师
吴天元　东兴证券研究所电子组

产业描述：

光刻机、刻蚀机和薄膜沉积设备是芯片制造过程中的三大核心设备，如果把芯片比作一幅雕刻作品，那么光刻机是打草稿的画笔，刻蚀机则是雕刻刀，薄膜则是构成作品的材料。

2018年半导体设备的全球市场规模约645亿美元，全行业属于寡头垄断格局。阿斯麦独自垄断高端光刻机，泛林半导体、应用材料和东京电子是三家最主要的刻蚀和薄膜沉积设备生产商。我们在介绍半导体设备的同时，将为读者解释如下三个问题：

为何半导体设备厂商在客户集中度很高的情况下仍然拥有较高的定价权？

为何光刻设备几乎是完全垄断，而刻蚀设备是寡头垄断？

为何近些年来刻蚀设备的价值占比不断上升？

最后，我们将对国产半导体设备未来的机遇和发展进行讨论和分析。

一、半导体设备推动芯片制造业的发展

（一）半导体设备推动摩尔定律的实现

半导体是指在某些条件下导电某些条件下不导电的一类材料，生活中常用“半导体”一词来泛指半导体电子元器件。集成电路是最重要的一类半导体器件，又称为芯片。

1906年美国人德·福雷斯特（Lee De Forest）发明了世界上第一个真空三极管，1947年贝尔实验室发明了固态晶体管，1957年位于美国加州的仙童半导体公司（Fairchild Semiconductor）制造出第一个商用平面晶体管。1959年，仙童公司和德州仪器公司（Texas Instruments）分别在硅片和锗片上完成了微缩电路的制造，集成电路就此诞生。

自问世以来，单个芯片上集成的元件数量不断增长。1965年英特尔（Intel）创始人之一戈·登摩尔（Gordon Moore）提出，在价格不变的情况下，一块集成电路上可容纳的元器件的数目将每18~24个月增加一倍，性能也将提升一倍，这就是著名的摩尔定律。自20世纪60年代至21世纪的前十几年，摩尔定律完美诠释了集成电路的发展历程。

摩尔定律的背后是半导体设备的不断精进。集成电路多以单晶硅为基底材料，成千上万的元器件和导线经过一些列工艺被“雕刻”在硅片上，完成这些“雕刻”步骤的工具就是半导体设备。“雕刻”精度的提升带来元器件尺寸的缩小，现今的晶工艺尺寸是以纳米级计量的。集合了全球顶尖制造技术的半导体设备在过去半个世纪中不断推动着人类工业文明的进步。

表1 单个芯片集成元件数量的演进

分类	诞生时间	元件数量/个
小规模集成电路（SSI）	20世纪60年代前期	2~100
中规模集成电路（MSI）	20世纪60年代中期	100~1 000
大规模集成电路（LSI）	20世纪70年代前期	1 000~10万
超大规模集成电路（VLSI）	20世纪70年代后期	10万~100万
特大规模集成电路（ULSI）	20世纪90年代前期	100万~1 000万
巨大规模集成电路（GSI）	20世纪90年代中期	1 000万以上

（二）不同的设备在芯片制造过程中分工明确

半导体设备主要可以分为前道设备和后道设备，前道设备是指晶圆加工设备，后道设备是指封装测试设备。前道设备完成芯片的核心制造，后道设备完成芯片的包装和整体性能测试，因此前道设备通常技术难度更高。

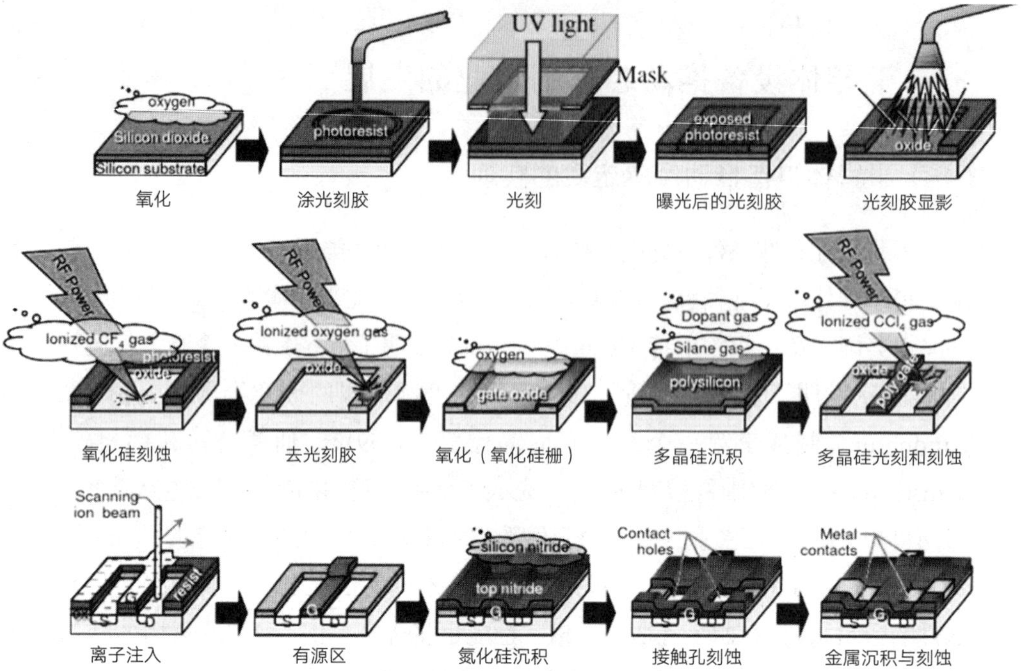

图1　晶圆加工过程示意图

（资料来源：Micheel Quirk, Julian Serda．半导体制造技术［M］．韩郑生，泽．北京，电子工业出版，2016：188）

前道的晶圆加工工艺包括氧化、扩散、退火、离子注入、薄膜沉积、光刻、刻蚀、化学机械平坦化（CMP）等，这些工艺并不是单一顺序执行，而是在制造每一个元件时选择性地重复进行。一个完整的晶圆加工过程中，一些工序可能执行几百次，整个流程可能需要上千个步骤，通常耗时6~8个星期。这些工艺的大体作用如下：

- 氧化、退火工艺的主要作用是使材料的特定部分具备所需的稳定性质。
- 扩散、离子注入工艺的主要作用是使材料的特定区域拥有半导体特性或其他需求的物理化学性质。
- 薄膜沉积工艺（包括ALD、CVD、PCD等）的主要作用是在现有材料的表面制作新的一层材料，用于后续加工。
- 光刻的作用是通过光照在材料表面以光刻胶留存的形式标记出设计版图（掩膜版）的形态，为刻蚀做准备。
- 刻蚀的作用是将光刻标记出来应去除的区域，通过物理或化学的方法去除，以完成功能外形的制造。
- CMP工艺的作用是对材料进行表面加工，通常在沉积和刻蚀等步骤之后。
- 清洗的作用是清除上一工艺遗留的杂质或缺陷，为下一工艺创造条件。
- 量测的作用主要是晶圆制造过程中的质量把控。

集成电路就在沉积、光刻、刻蚀、抛光等步骤的不断重复中成型，整个制造工艺环环相扣，任一步骤出现问题，都可能造成整个晶圆不可逆的损坏，因此每一项工艺的设备要求都很严格。

如果把芯片比作一幅平面雕刻作品，那么光刻机是打草稿的画笔，刻蚀机则是雕刻刀，沉积的薄膜则是用来雕刻的材料。光刻的精度直接决定了元器件刻画的尺寸，而刻蚀和薄膜沉积的精度则决定了光刻的尺寸能否实际加工，因此光刻、刻蚀和薄膜沉积设备是芯片加工过程中最重要的三类主设备，占前道设备的近70%。

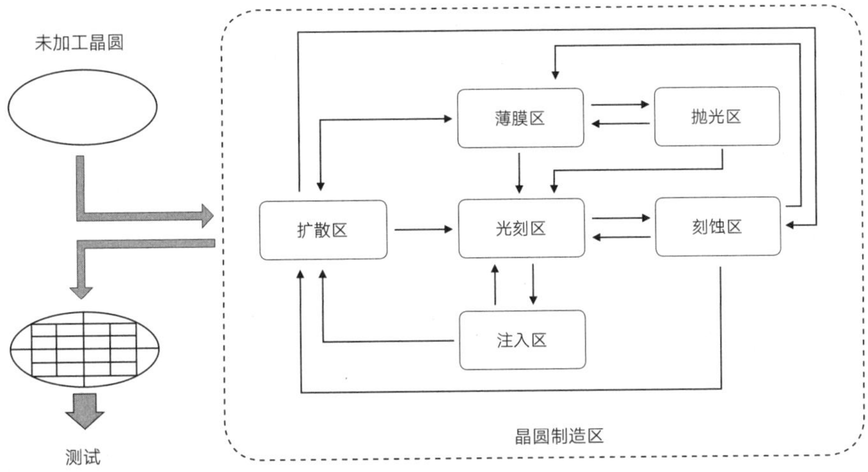

图2 典型晶圆加工厂的厂房区域布局

注：箭头代表硅片流程。

（资料来源：Micheel Quirk, Julian Serda. 半导体制造技术［M］. 韩郑生，泽. 北京，电子工业出版，2016：188）

后道设备可以分为封装设备和测试设备，其中封装设备包括划片机、装片机、键合机等，测试设备包括中测机、终测机、分选机等。

后道设备的功能较易理解，划片机将整个晶圆切割成单独的芯片颗粒，装片机和键合机等完成芯片的封装，测试设备则负责各个阶段的性能测试和良品筛选。

（三）半导体设备市场高度集中

1. 市场空间随下游半导体变化。

根据日本半导体制造业协会统计，2018年全球半导体设备销售额为645亿美元。

世界半导体贸易统计协会（WSTS）的数据显示，2018年全球半导体销售额为4 688亿美元，其中集成电路3 633亿美元；2019年由于存储器降价明显，全球半导体销售额下滑为4 090亿美元，其中集成电路3 304亿美元。近年来，半导体设备的销售额与集成电路销售额的波动大体同步，也体现了行业资本投资存在一定周期性。

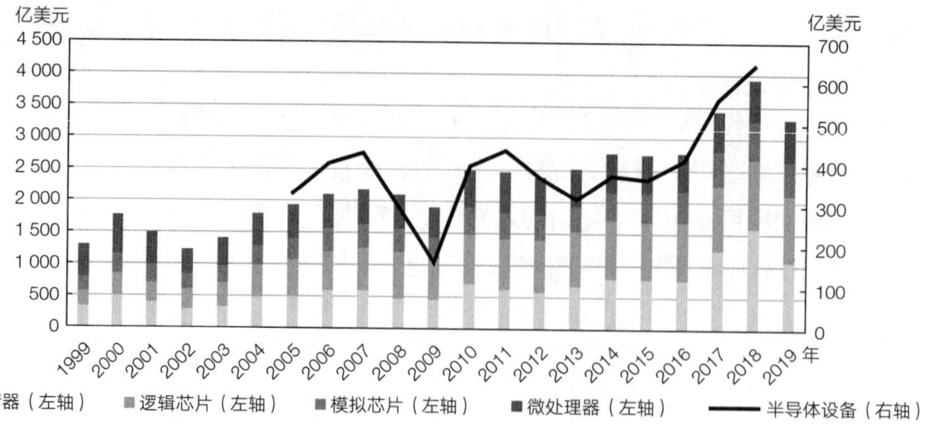

图3　全球半导体设备销售额和集成电路销售额

（资料来源：日本半导体制造业协会，WSTS，Wind）

2．细分领域市场多为寡头垄断。

半导体设备中晶圆加工设备价值占比超过80%，其余为封装和测试设备。在晶圆加工设备中，光刻机、刻蚀机和薄膜沉积设备三类主要设备合计价值占比接近70%。

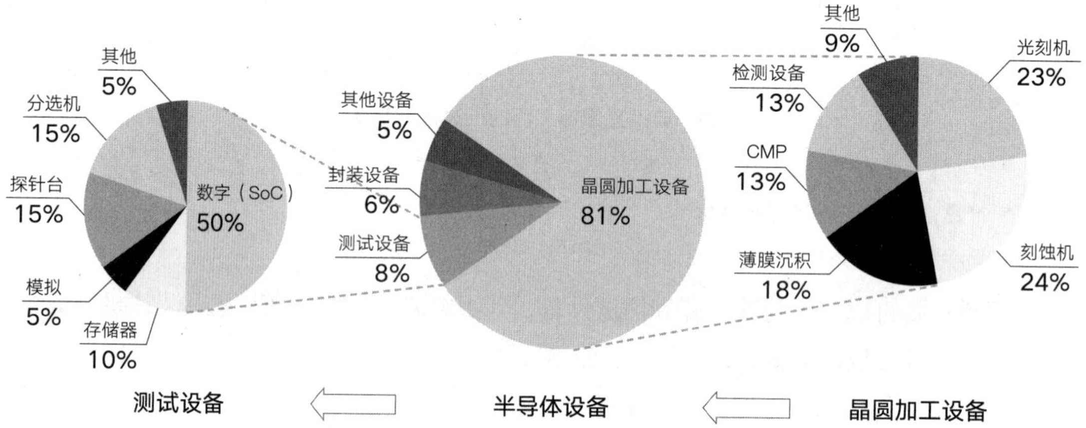

图4　2017年半导体设备和晶圆厂设备市场份额

（资料来源：SEMI、中微公司招股说明书）

全球半导体设备市场高度垄断，其中最重要的设备制造厂商包括阿斯麦（ASML）、应用材料（AppliedMaterials）、东京电子（TokyoElectron）、泛林半导体（LamResearch）、科磊半导体（KLA-Tencor）、迪恩士（SCREEN）、日立高新（Hitachi）、泰瑞达（Teradyne）、爱德万（Advantest）等。这些厂商通常专注于某个领域，并在擅长的领域拥有较高的市场份额。

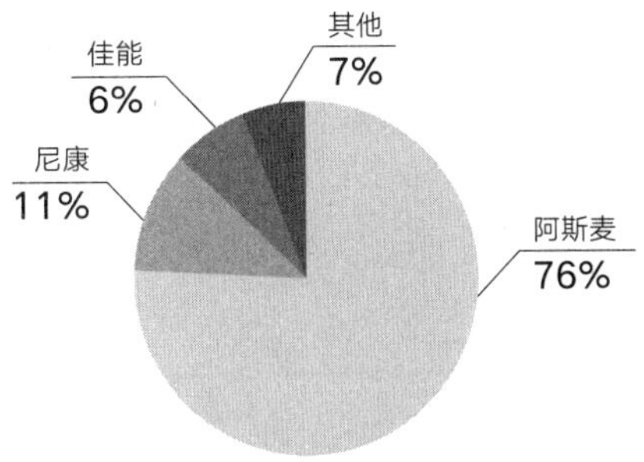

图5 2018年光刻机市场份额

（资料来源：鲸准研究院．2019集成电路行业研究报告［R］，2019）

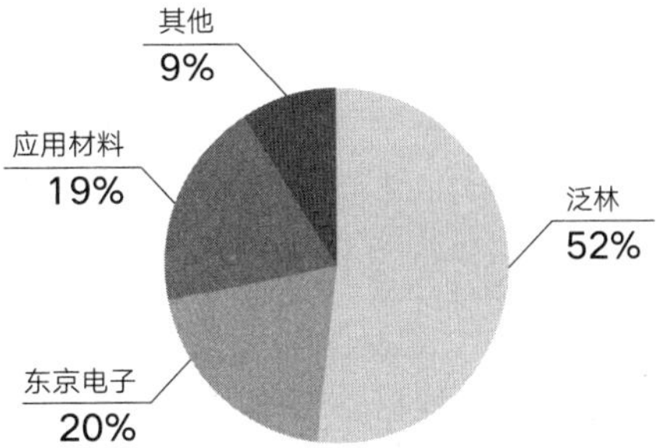

图6 2018年刻蚀机市场份额

（资料来源：鲸准研究院．2019集成电路行业研究报告［R］，2019）

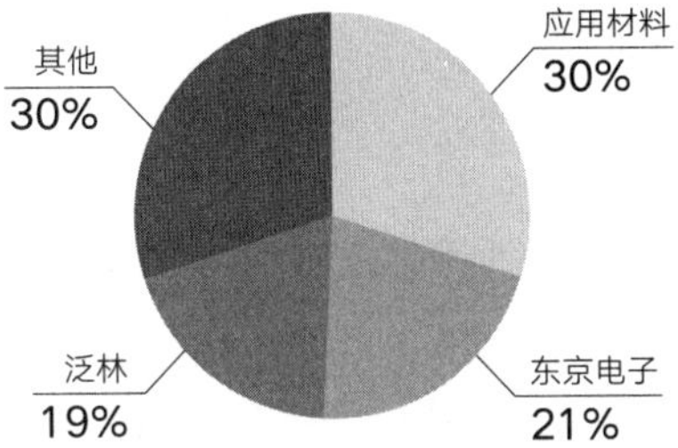

图7 2018年CVD市场份额

（资料来源：鲸准研究院．2019集成电路行业研究报告［R］，2019）

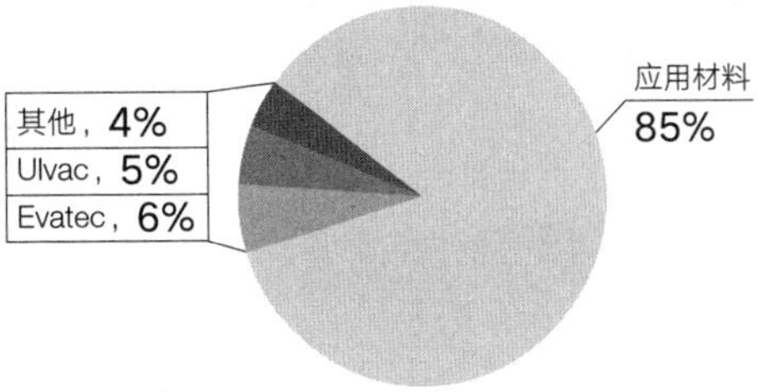

图8 2018年PVD市场份额

（资料来源：鲸准研究院．2019集成电路行业研究报告［R］，2019）

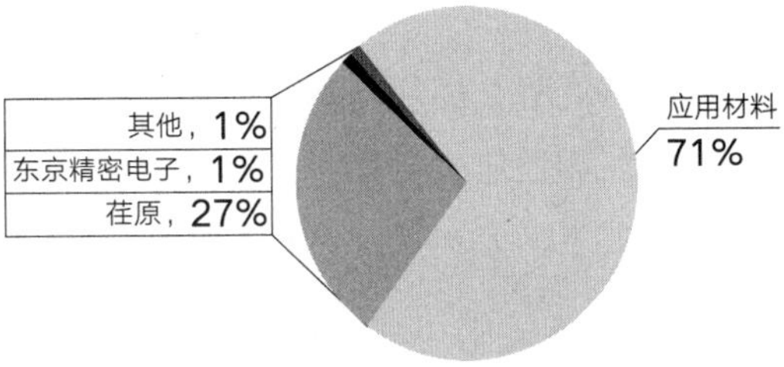

图9 2017年CMP市场份额

（资料来源：电子产品世界）

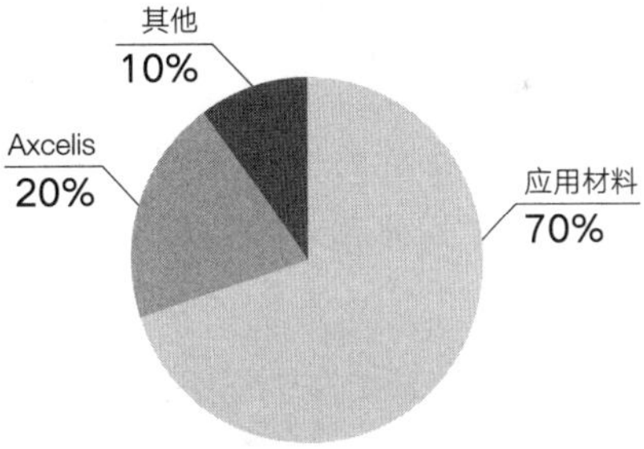

图10 离子注入机全球市场份额

（资料来源：前瞻产业研究院）

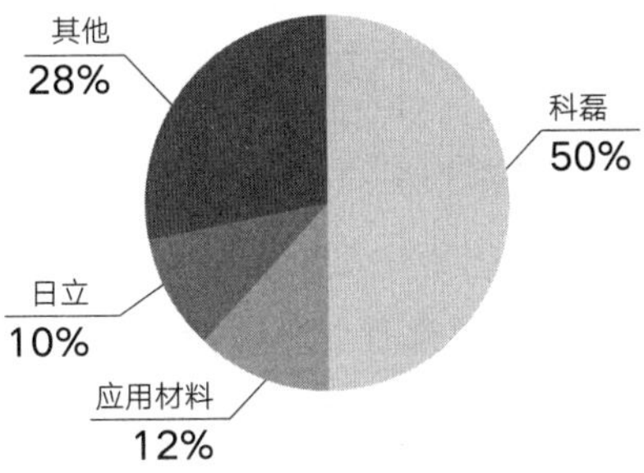

图11 前道晶圆检测设备市场份额

（资料来源：中国产业信息网）

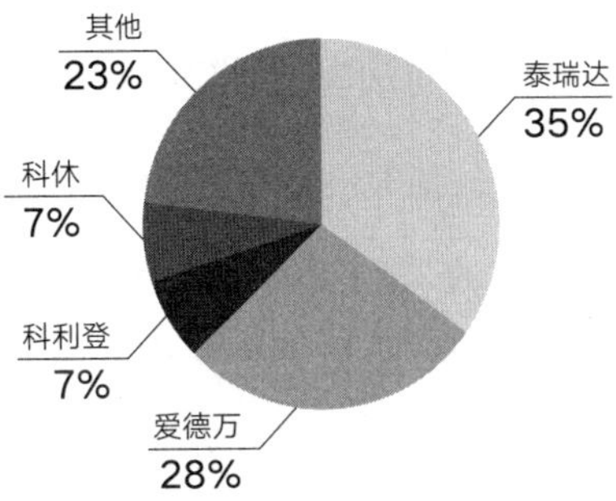

图12 2017年后道检测设备市场份额

（资料来源：华商情报网）

表2 2018年前六大半导体设备公司主要产品分布

公司	阿斯麦	应用材料	泛林	东京电子	科磊	SCREEN
光刻机	√					
涂胶显影				√		
刻蚀机		√	√	√		
清洗		√	√	√		√
热处理		√		√		
ALD		√	√			
CVD		√	√	√		
PVD		√				
离子注入		√				
CMP		√				
前道检测		√			√	

表3 全球前六大半导体设备厂商历年市场份额

单位：%

年份	2009	2010	2011	2012	2013	2014	2015	2016	2017	2018
应用材料	17.1	17.9	15.6	17.3	18.1	17.4	18.2	18.8	19.2	17.6
阿斯麦	10.3	14.1	16.0	14.0	17.6	16.5	14.8	14.2	14.8	16.0
东京电子	10.9	12.4	12.6	12.2	10.5	11.8	11.2	11.4	12.7	13.5
泛林	5.6	7.1	5.7	7.3	10.0	10.3	12.5	11.9	14.0	13.4
科磊	6.4	5.8	6.4	7.2	7.1	6.1	6.0	6.1	5.5	5.3
SCREEN	7.9	6.1	6.4	5.9	5.9	4.7	4.5	4.9	4.1	4.1
合计份额	58.2	63.4	62.7	63.9	69.1	67.0	67.3	67.3	70.3	69.8

资料来源：Bloomberg。

主要的设备厂商中，阿斯麦在光刻机领域拥有绝对优势，应用材料、东京电子和泛林半导体则在刻蚀和薄膜沉积等领域寡头垄断，而科磊和迪恩士等则利用其在某项领域的技术优势获得一定市场份额。从市场份额情况可以看出，光刻机、刻蚀机和沉积设备三类主设备厂商拥有绝对的优势。

二、半导体设备行业需要理解的三个问题

（一）为何设备企业在客户集中度很高的情况下仍拥有定价权

2018年全球半导体设备销售额为645亿美元，仅四家晶圆厂（台积电、三星、海力士、美光）的采购额就接近450亿美元，半导体设备的客户集中度极高。依照产业经济学的一般规律，下游客户集中度越高，行业的定价权越弱，然而半导体设备却打破了这个规律。近年来，半导体设备的增速往往快于整个半导体行业的增速，半导体设备在整个产业链中拥有越来越多的定价权。我们认为主要原因有三点：产业链复杂、技术进步快、转换成本高。

1. 工艺复杂和分工细化提升设备厂商话语权。

在通常的制造产业链中，如果客户集中度高，上游设备厂的议价能力往往会大幅减弱。电池产业链就是个很好的例子，虽然电池生产商集中程度和半导体类似，但电池设备生厂商的议价能力非常弱，有时电池厂商与设备生产商共同开发出一款设备，专利归属电池厂而非设备商。但半导体设备从未出现过类似的情况。

在制造业中，产业链步骤越多，上游材料设备的话语权越强。电池生产与半导体生产最大的区别在于其生产步骤数量。电池生产只需要几十步流程，电池生产商在生产自己产品的同时，完全有余力去做上游的设备和材料。然而半导体的生产流程动辄需要几千步，晶圆厂将产品经过几千步的工艺过程制造出来，良品率达到一定的标准，需要花费大量的精力，没有余力去做上游设备及材料的开发。因此，晶圆加工厂宁愿为设备厂商让渡更多利润，来获得设备厂最新的产品和持续的技术支持，设备厂商从而拥有更高的定价权。

2. 设备厂商承担了晶圆厂的前期研发任务。

半导体生产步骤复杂是半导体设备利润率高的原因之一，但是半导体设备厂和下游晶圆制造厂相互配合的研发模式也是设备行业常年高利润的另一个原因。

半导体设备的供应对于晶圆加工厂来说不仅仅是产能的提升，更是制程精进的基础，设备企业对于晶圆加工厂来说更像是外置的研发中心。

如今的芯片加工以纳米为尺度，在微观世界中很多基础理论还尚未完善，设备精度的每一次提升都伴随着大量的基础理论和应用技术的研究。在晶圆加工过程中动辄上千步的晶圆加工工艺开发已然令晶圆厂应接不暇，将设备研发的任务和风险转交给设备厂商是晶圆厂更明智的选择。因此，晶圆厂不但不会试图压低设备厂商的利润，还会主动提供资金和资源支持新设备的研发。

3. 设备定制化带来极高客户黏性和转换成本。

设备出厂到晶圆厂产线通常还需要一段时间的安装和调试。由于晶圆加工工艺各有不同，部分设备是高度定制化的，设备需要针对晶圆厂要求进行特殊的研发和设置。完整的工艺开发需要设备厂和晶圆厂合作完成，已经成熟的工艺如果更换设备，会需要重新投入大量的人力和财力，并且承担未知的风险，因此晶圆厂对于设备通常具有较高黏性。

（二）为何光刻一家独大，刻蚀寡头垄断

一方面，半导体设备整体市场规模不大，各类设备市场规模多在几十亿美元，最高的光刻和刻蚀也只到百亿美元的规模；另一方面，半导体设备属于技术门槛极高的行业，需要较多的技术积累和持续的高研发投入。因此，无论是整个行业还是某个子领域，市场均呈现高度集中。然而我们发现，同作为主设备，光刻与刻蚀的竞争格局却不

太相同，在光刻领域呈近乎完全垄断的竞争格局，在刻蚀领域却呈现寡头竞争的竞争格局。我们认为导致这种竞争格局的根本原因在于这两个领域的技术变迁特点不同。

1．光刻和刻蚀技术更替的差异带来市场格局不同。

浸润式光刻是干法光刻的替代技术。光刻技术限制集成电路制程发展，晶圆厂为了获得更高分辨率的光刻机煞费苦心。20世纪80年代，尼康在光刻领域占有垄断地位，此时光刻领域以干法光刻为主。2000年，更高分辨率的浸润式光刻取代了干法光刻，因此阿斯麦也取代了尼康、佳能在光刻领域的霸主地位。

ICP刻蚀并不是CCP刻蚀的替代技术，而是各有所长，侧重了不同工艺步骤。ICP技术是刻蚀底层器件的，CCP技术是刻蚀上层线路的。集成电路结构中既有底层器件，又有上层线路，ICP在发明之初就与CCP技术共存。集成电路的底层器件只有一层，光刻技术在20nm以上可以在底层器件上做到绝对精确，所以只需要用一次ICP工艺，然而集成电路的上层线路却有几十层之数，需要用到几十次CCP刻蚀，所以20nm以前的刻蚀设备以CCP为主，擅长CCP刻蚀的应用材料一家独大。然而20nm以下，由于光刻的精度达到了极限，需要用多重刻蚀+薄膜的技术在集成电路的底层器件上实现要求的精度，ICP在底层器件上的使用次数一下暴增，这就造成了近年擅长ICP刻蚀的泛林半导体超越了应用材料，成为刻蚀领域的龙头。然而CCP的需求一直还存在，并没有被ICP取代，所以应用材料仍旧保有一定的刻蚀领域的市场份额。

2．光刻：新旧技术替代带来完全垄断。

荷兰的阿斯麦是光刻机市场上的霸主，市场占有率超过70%。虽然尼康和佳能还拥有一定市场份额，但在主流的逻辑芯片加工领域，尼康和佳能完全无力和阿斯麦竞争。

在2000年之前，光刻机市场还不是这样的局面。20世纪60年代末，尼康和佳能开始制造光刻机，彼时的光刻机的复杂程度和相机差不多。1984年阿斯麦成立时，光刻机还是尼康的天下，市场份额一度超过50%，而阿斯麦的份额常年不超过10%。

20世纪90年代，光刻机开始了光源波长的竞争。光刻机将掩膜版上的图形刻画到晶圆上，利用的就是光走直线性质。但是微观世界下光的衍射作用会使光线不一定走直线，这直接影响光刻机的最高分辨率，若要提高分辨率就需要缩小光源的波长。到90年代末，193nm波长的DUV（深紫外光）光刻机也已经研制成功，但人们迟迟没能完成下一代的157nm波长产品的研发。就在此时，时任台积电研发副经理的林本坚提出了利用水的折射缩短光波长的方案，即后来的“浸没式光刻”。但是业界龙头尼康不愿意放弃前期在157nm波长研发上投入的巨额成本，拒绝了林本坚的方案，只有阿斯麦决定押注这个方向。2004年，阿斯麦和台积电共同研发的浸没式光刻机诞生，由于是在成熟的193nm技术上改进的，设备稳定性和改造成本明显优于尼康同时推出的157nm干式刻蚀机。阿斯麦的市场份额随之大幅提升，从原来的不到10%到2009年达70%，成为绝对的领先者。尼康在此关键节点上的决策错误使其在短短几年时间内失去了行业领先的地位。

真正奠定阿斯麦霸主地位的是13.5nm波长EUV（极紫外光）光刻机的研发。EUV光刻机早在20世纪90年代就已经提出，由于其技术难度高，英特尔说服美国政府成立了EUVLLC这个合作研发组织。由于美国政府的阻挠，尼康被排除在外，而阿斯麦则在作出一系列承诺后加入组织。EUV光刻机的研发可谓集中了欧洲和美国的最先进技术，英特尔、三星、台积电等也纷纷入股阿斯麦，独立研发的尼康已无力再参与竞争。2019年，历时20年研发的EUV光刻机终于应用于晶圆产线，它的诞生将大幅缩减7nm和5nm制程的工艺步骤。

如今，用于先进制程逻辑芯片的浸没式193nmDUV和EUV光刻机基本被阿斯麦垄断。尼康和佳能只在193nm以下的领域拥有一定份额，这些设备主要用于对制程需求不高的领域，如存储器、模拟芯片、功率半导体及普通逻辑芯片等。

表4　历代主流光刻机的主要特点

应用年代	光源		波长/nm	设备类型	最小分辨率/nm	可实现制程/nm
1980年代早期	汞灯光源	g-line	436	接触式/接近式	230	
1990年代初期	汞灯光源	i-line	365	接触式/接近式	220	
1990年代后期	KrF准分子激光	DUV	248	扫描投影式	80	
2000年代初期	ArF准分子激光	DUV	193	进步扫描投影式	65	55
2000年代中期	ArF准分子激光	DUV	193（等效134）	浸没式进步扫描投影	38	10
2010年代末期	EUV光源	EUV	13.5		13	3

表5　2019年前道光刻机全球出货量　　单位：台

光源	波长/nm	阿斯麦	尼康	佳能	合计
EUV	13.5	26			26
ArFi	等效134	82	11		93
ArF	193	22	13		35
KrF	248	65	4	34	103
i-line	365	34	18	50	102
合计		229	46	84	359

资料来源：阿斯麦、尼康、佳能公司2019年年报。

3．刻蚀：新旧技术共存形成寡头竞争。

在全球的刻蚀设备寡头企业共有三家，分别是泛林半导体、应用材料和东京电子，而这三家也占据了薄膜沉积市场的主要份额。

这样的市场格局自然是经过多次技术变革和整合淘汰形成的。在20世纪80年代，全球至少有20家刻蚀设备制造商，彼时市场占有率最高的企业是应用材料，泛林半导体尚不足以与其抗衡。经过从90年代以后十几年的发展，泛林和东京电子的市场份额逐步赶超应用材料，2010年以后泛林发展成为市场份额独占半数以上的刻蚀龙头。想要复盘这个过程，就不得不从刻蚀机的技术发展历程说起。

刻蚀机发展到干法刻蚀阶段以后，最重要的技术就是等离子体刻蚀。按照等离子体的生成方式，可以分为容性耦合等离子体（Capacitively Coupled Plasma，CCP）、感性耦合等离子体（Inductively Coupled Plasma，ICP）。由于等离子体产生的方式不同，刻蚀机的结构、性能和特点也存在较大的差异。其中CCP属于中密度等离子体，ICP则属于高密度等离子体。CCP技术的发明早于ICP，但由于其特点的不同，两类技术并非相互取代，而是相互补充的关系。CCP的等离子密度虽然较低，但能量较高，适合刻蚀氧化物、氮氧化物等较硬的介质材料；ICP的等离子密度高、能量低，可以独立控制离子密度和能量，有更灵活的调控手段，适合刻蚀单晶硅、多晶硅等硬度不高或较薄的材料。

表6 两种主要等离子干法刻蚀技术的对照

技术	特点	主要应用
CCP	等离子密度：中 等离子能量：高 可调节性：较差	介质刻蚀：氧化硅、氮化硅等，形成线路 金属刻蚀：铝、钨等
ICP	等离子密度：高 等离子能量：低 可调节性：可单独调节密度和能量	硅刻蚀：单晶硅、多晶硅、硅化物等，刻器件

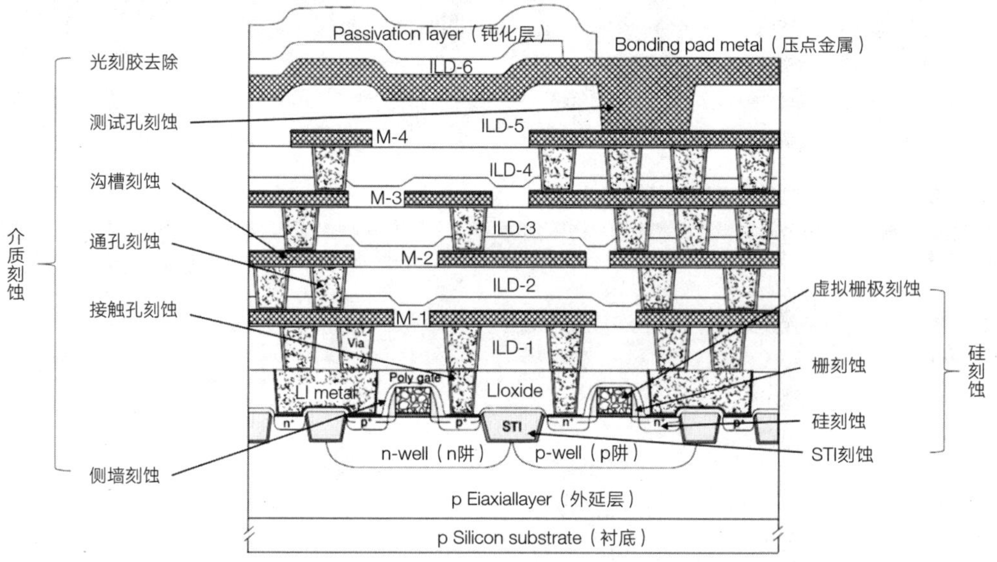

图13 典型的CMOS剖面示意图和部分刻蚀工艺的作用

（资料来源：Micheel Quirk, Julian Serda．半导体制造技术［M］．韩郑生，泽．北京，电子工业出版，2016：205；中微公司招股说明书等）

等离子体刻蚀大规模应用起始于20世纪80年代，此时的产品主要是CCP设备。应用材料1981年正式推出CCP干法刻蚀产品，很快取得市场占有率第一的地位，彼时泛林半导体刚刚成立。到1988年，应用材料在刻蚀市场占据37%的市场份额，泛林半导体占据12%，获得泛林部分技术授权的东京电子则拥有8%的份额。到了90年代，ICP的概念开始引入，由于感性耦合的等离子体具有更高的密度和更低的能量，可控性明显强于CCP，随着集成电路对精细加工需求的增长，ICP迎来巨大的需求市场，泛林的ICP产品性能和操作便捷性优于应用材料。在随后的几年里，泛林凭借ICP产品的成功市场份额逐年提升，1993年达到30%，首次超过应用材料，就此奠定了刻蚀产品龙头的地位。20世纪90年代后的十几年，应用材料的CCP市场份额在波动中保持稳定，泛林半导体一跃成为市场占有率第一的龙头。

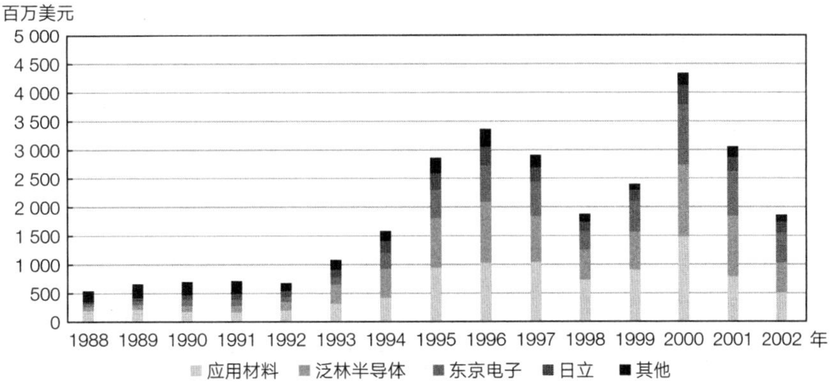

图14　1988—2002年全球刻蚀设备销售额

（资料来源：Gartner）

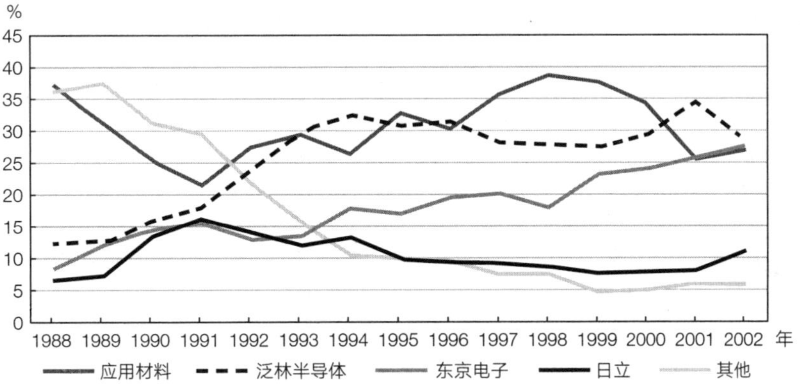

图15　1988—2002年全球刻蚀设备份额变化

（资料来源：Gartner）

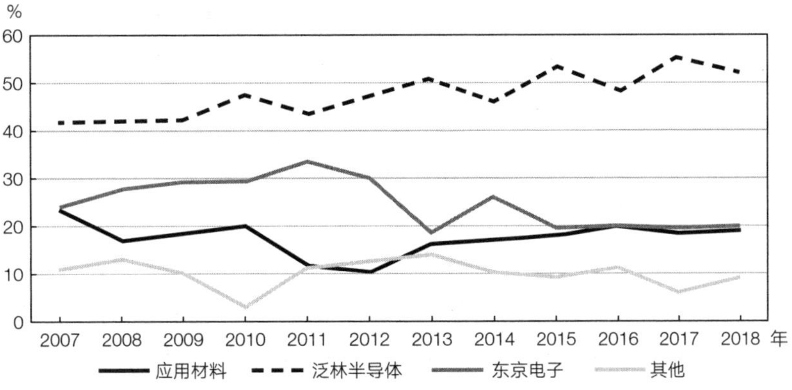

图16　2007—2018年全球刻蚀设备份额变化

（资料来源：The Information Network、Gartner）

（三）为何近些年来刻蚀设备的价值占比不断上升

2017年，刻蚀设备在产线中的价值占比达24%左右，取代光刻机成为晶圆加工厂投资额最高的设备，2018年刻蚀机销售额超过100亿美元。自2012年以来，刻蚀机在晶圆厂设备中的价值占比逐步提升，与之对应的是光刻机的价值占比下滑，这其中的主要原因来自光刻机技术瓶颈和芯片结构变化带来的晶圆加工工序的调整。

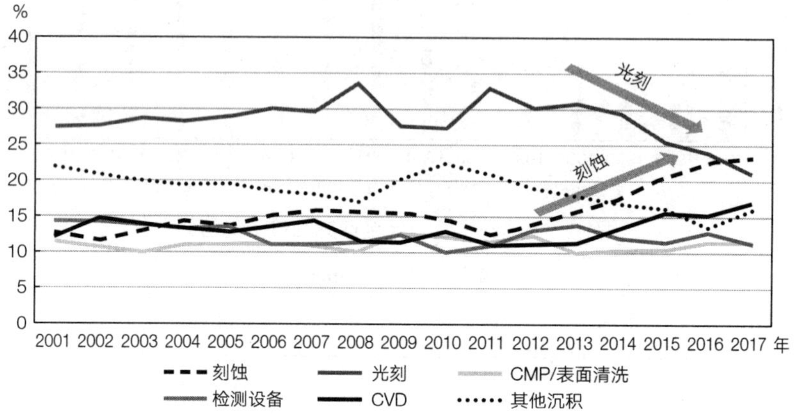

图17 2001—2017年各类设备在晶圆厂中的价值占比

（资料来源：SEMI，中微公司招股说明书）

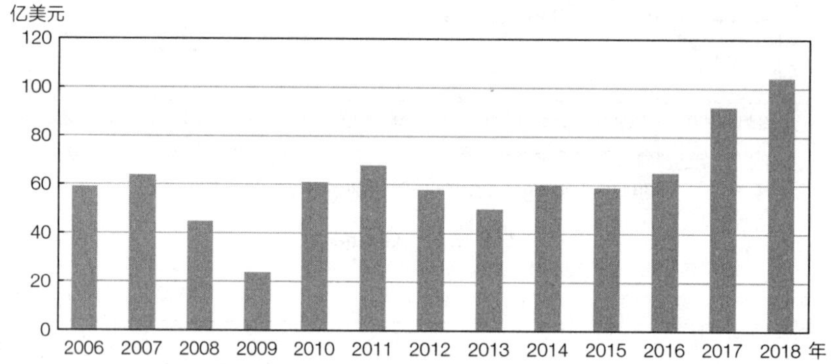

图18 全球刻蚀市场规模

（资料来源：SEMI）

1．光刻机的技术瓶颈推动刻蚀机市场发展。

193nm波长DUV深紫外光产品2000年左右就已经诞生，其理论上的最高精度为65nm，即便后来采用浸没式光刻使得光线经过液体折射后等效波长缩小至134nm，其理论上的最高精度也仅提升到28nm。那么在光刻机技术停滞不前的十几年中，芯片的工艺制程又是如何提升的呢？

想要继续提升制程大体有两个思路，即“双重光刻+刻蚀”，或“多重薄膜+刻蚀”。具体采用哪种思路则根据工艺需求来决定，但无论用哪种思路都离不开刻蚀步骤的增加。从65nm制程开始，每一次制程的精进都需要大幅增加刻蚀的步骤，7nm制程中刻蚀步骤比28nm增加了3倍。因此，近些年来刻蚀设备是半导体设备中增长最快的领域。

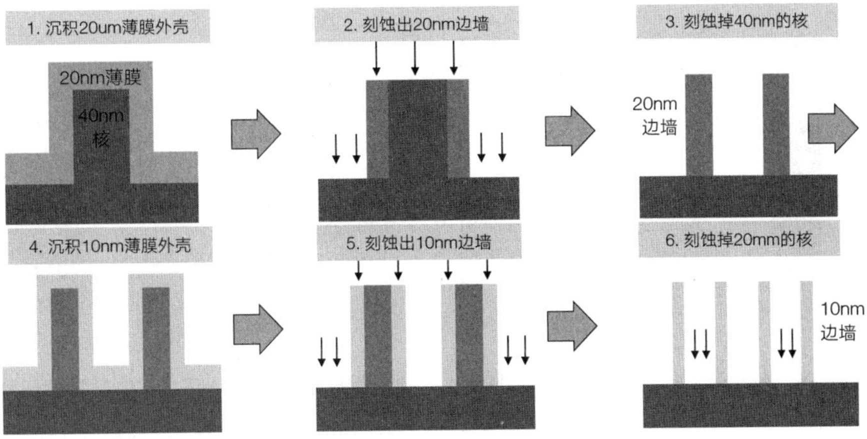

图19 利用刻蚀提升制造精度的方法示意

（资料来源：中微公司招股说明书）

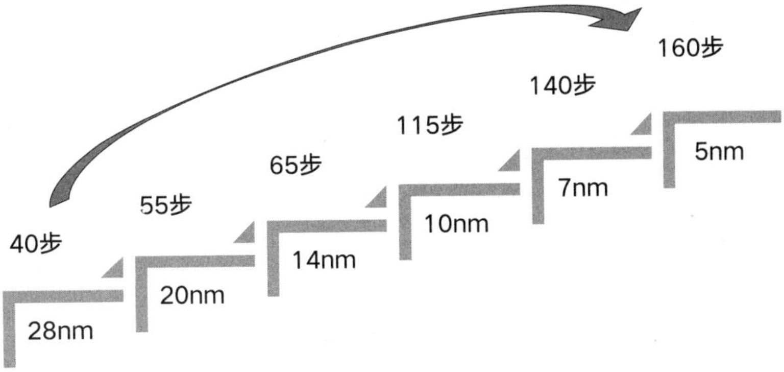

图20 不同制程中刻蚀工艺的步骤数示意

注：不同芯片工艺步数会有一定差异。

2. 芯片设计的变化带来刻蚀设备需求的提升。

存储器是半导体销售额中占比最大的一类芯片，DRAM和NAND占据超过90%的存储器份额。存储器虽然不需要最先进的制程制造，但也都达到了1X nm（十几纳米）级别，刻蚀设备使用量明显增加。并且，2016年以后，各大原厂均进入了3D NAND量产的时代。3D NAND采用将存储单元堆叠的布局，需要更多的通孔和导线等的刻蚀，相比于2D NAND的制造，3D NAND中刻蚀设备的支持占比由约15%提升到约50%。以泛林半导体的财报披露数据来看，来自存储器厂商的营收贡献量从2012年的40%左右提升至2019年的70%左右，主要来自刻蚀设备出货量的变化。因此，3D NAND的量产再次提升了刻蚀设备的需求。

此外，随着TSV封装技术的应用，刻蚀设备也应用于芯片封装产线。3D封装被认为是在摩尔定律失效的情况下提升芯片性能的有效方式，随着3D封装的推广，刻蚀设备可能得到更多的应用。

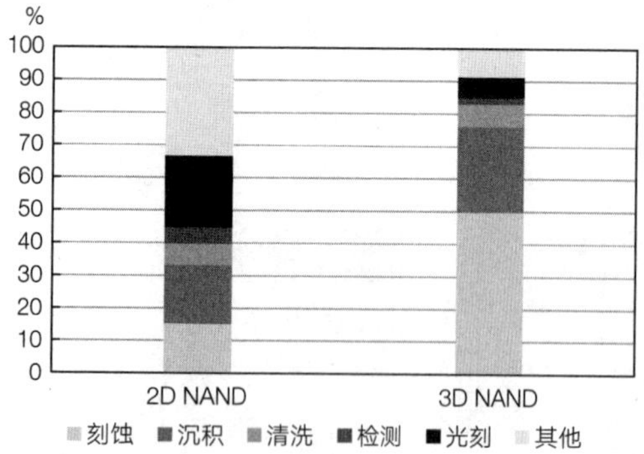

图21　2D NAND和3D NAND设备价值占比

（资料来源：东京电子公司官网）

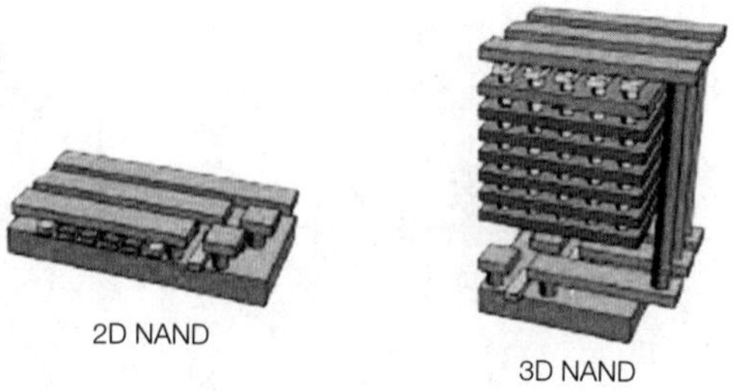

图22　2D NAND和3D NAND示意图

（资料来源：中微公司招股说明书）

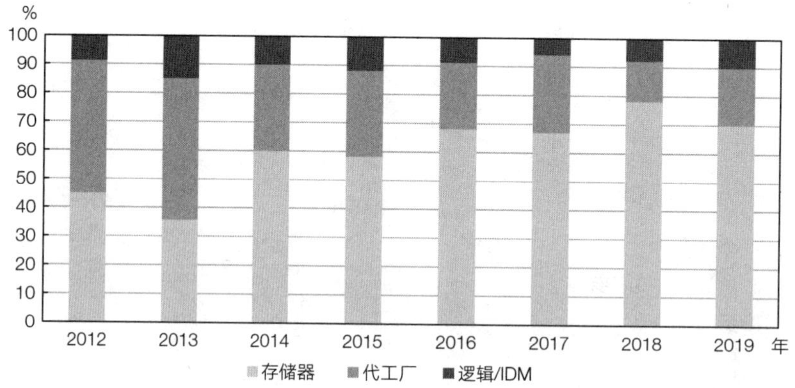

图23　Lam Research历年下游客户占比

（资料来源：LamResearch公司2012—2019年财报）

三、展望未来，国产半导体设备正在逆袭

（一）工程师红利助力我国企业的追赶式研发

近些年来我国已经开始在各类设备中开展追赶式研发，在技术难度最高的主设备中，刻蚀机走在国产替代的最前列。我国企业受益于工程师红利，相比国外企业，拥有研发效率高、研发风险更低等优势，因此在半导体设备领域实现技术赶超的可能性不低。

表7 部分半导体设备的海外领先企业和国内追赶企业

设备	市场领先者	国内追赶者
光刻机	阿斯麦、尼康、佳能	上海微电子
刻蚀机	泛林、应用材料、东京电子	中微公司、北方华创
CVD	应用材料、泛林、东京电子	北方华创
PVD	应用材料、Evatec、Ulvac	北方华创
离子注入	应用材料、Axcelis	中信科
CMP	应用材料、荏原	华海清科、中电45所
氧化炉	日立、东京电子	北方华创、中电48所
测试机	泰瑞达、爱德万、科利登、科休	长川科技、华峰测控
探针台	东京电子、东京精密	长川科技

首先，追赶式研发风险相对更低。领先企业在新产品研发的过程中通常要承担两个类型的风险，一类是技术研发失败的风险，另一类是对市场技术路线判断失误的风险。由于高研发投入带来的沉没成本，市场判断失误往往会使企业失去优势。对于技术追赶者来说，技术路线市场方向已经被先行者确定，研发风险会相对低一些。先行者为了保持优势往往申请大量相关领域的专利，追赶者最主要的难度集中在如何在规避现有专利限制的情况下实现技术贯通。

其次，我国企业人工成本低，研发效率高。虽然半导体设备成本中直接人工占比较低，但厂家的竞争力来自研发的效率，研发的人工成本依然会直接影响公司的竞争力。据估计，美日等发达国家一般工程师的平均薪水是国内的3~4倍，国内厂商在研发团队组建时成本优势明显，对于资金并不雄厚的追赶者来说这是一个不可忽视的利好。只要在某项重点领域中实现对于国外企业的比较优势，我国企业就有机会实现技术替代。此外，受国情因素的影响，我国研发人员工作时长普遍高于发达国家的现象也是客观存在的，这也有利于国内企业研发效率的提升。

（二）半导体产业链中国转移和存储器国产化是重大机遇

1. 半导体产业链转向中国，突破国内客户是第一步。

国产替代大趋势创造有利的市场环境。海外龙头企业的快速成长期伴随着全球半导体市场的高速增长。2000年以后，全球设备市场增速有所放缓，但中国半导体产业刚刚起步。2005年中国半导体设备销售额约13亿美元，2018年上升至131亿美元，全球占比从4%增长至20%，尤以2016年以后投资增加明显。国际半导体产业协会（SEMI）估计，2020年中国半导体设备的投资额可能达到200亿美元，是全球投资最高的国家。

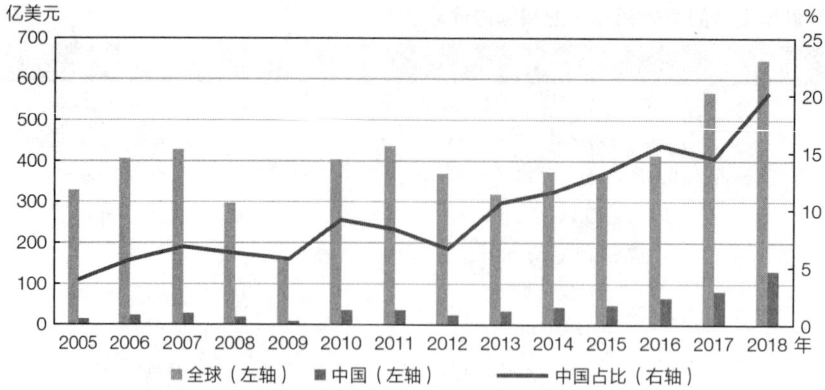

图24　全球的半导体设备销售额和中国半导体设备销售额

（资料来源：Wind）

根据IC Insights的报告，2018年底中国的晶圆厂产能236.1万片/月，占全球的12.5%，比2017年底的10.8%增加了1.7个百分点。2018年中国制造的芯片价值量约占国内销售额的15%，到2023年可能提升至20%。随着全球半导体产业链向中国的转移，抓住国内客户是国产设备企业实现突破的第一步。

表8　2018年底全球晶圆加工产能分布（8寸当量）

国家/地区	产能/（千片/月）	全球占比/%
中国台湾	4 126	21.8
韩国	4 033	21.3
日本	3 168	16.8
北美	2 426	12.8
中国	2 361	12.5
欧洲	1 138	6.0
其他	1 646	8.7
总计	18 897	

资料来源：IC Insights。

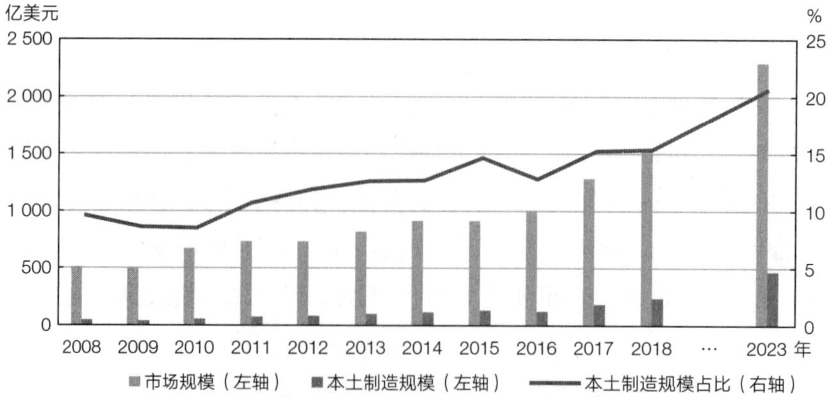

图25　中国芯片市场规模和中国芯片本土制造市场规模

（资料来源：IC Insights）

国内用户对国产厂商的支持是空前的。在自由流通的市场中，下游客户很难愿意牺牲自身的经济利益去培植新的供应商，因而寡头企业拥有的大量客户资源和用户反馈信息是其他竞争者难以比拟的优势，这在以研发为主导的高技术行业尤为明显。但是，对中国来说，自由公平的市场也许并不能轻易获得。2018年的美国制裁中兴事件让人们猛然惊醒，即便是在和平年代我们也可能失去核心产品的供给，而随后到来的华为事件和“实体清单”更是让全社会形成共识，关乎国民经济的核心技术和供应链必须掌控在自己手中。

半导体设备和材料位于制造业生态链的顶端，一旦美国将制裁力量伸向设备和材料领域，我国制造业的损失将是极其惨重的。在这种情况下，培育我国自己的半导体设备和材料制造商成为整个半导体行业的共识，整个产业链让渡一部分利益去支持国内设备厂商研发成为现实可能。

2．存储器国产化为我国刻蚀机厂商带来机遇。

首先，存储器并不需要最先进的制程，现有的193nm浸没式光刻机已经足够，短期内不会出现因EUV的应用而减少刻蚀工艺的情况。以当前设备市场的形势看，光刻机国产替代的难度较大，同为主设备的刻蚀机是率先国产替代的好方向。

其次，存储器晶圆厂带来了刻蚀设备最大的增量投资，新建存储器产线中刻蚀机的价值量达到50%。根据计划，长江存储总投资将达到1 600亿元人民币，合肥长鑫投资超过1 500亿元人民币，为国内刻蚀机厂商提供可观的增量市场。

最后，新建厂商还未形成客户黏性。由于国内的长江存储和合肥长鑫均属于全新兴建的厂商，与所有设备厂商均不存在以往的合作，国内企业响应迅速的优势将有所体现。在用户的有意培养下，国内刻蚀机厂商有望与存储器厂商共同成长。

中微公司和北方华创是我国刻蚀机企业，在国内客户的认证中已经取得一定成绩。截至2020年2月底，长江存储已公布的中标信息中，中微公司的刻蚀机中标数量占比15%，仅次于泛林半导体，排名第二，高于东京电子和应用材料；北方华创中标数量为3.3%，排名第五。分领域来看，中微公司在其擅长的介质刻蚀领域中排名第二，北方华创则在其擅长的硅刻蚀领域中排名第二，中标份额均远高于各自在全球的市场份额。

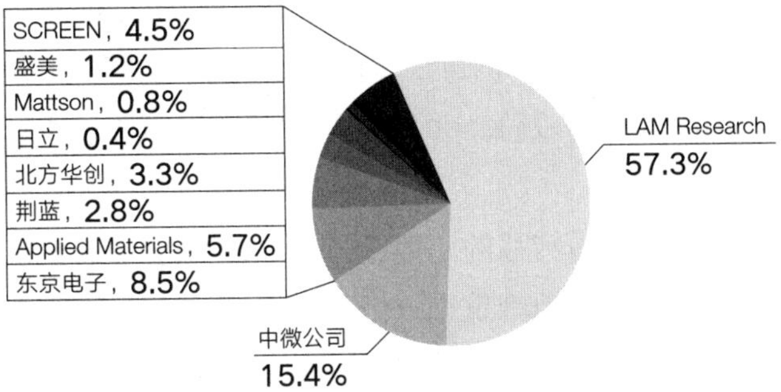

图26　长江存储刻蚀机中标总数量占比（截至2020年2月底）

（资料来源：必联网）

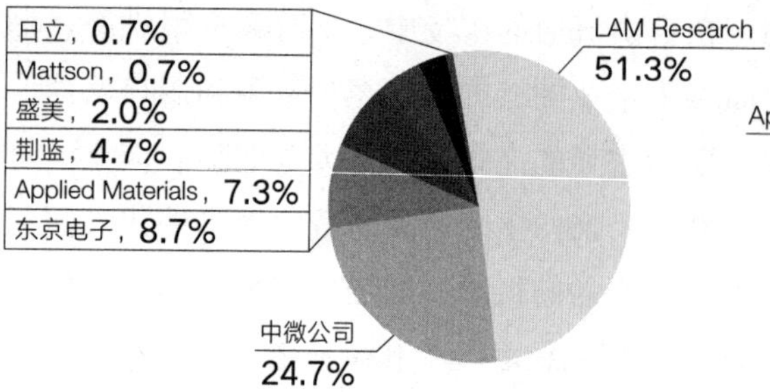

图27　长江存储介质刻蚀设备中标数量占比
（截至2020年2月底）
（资料来源：必联网）

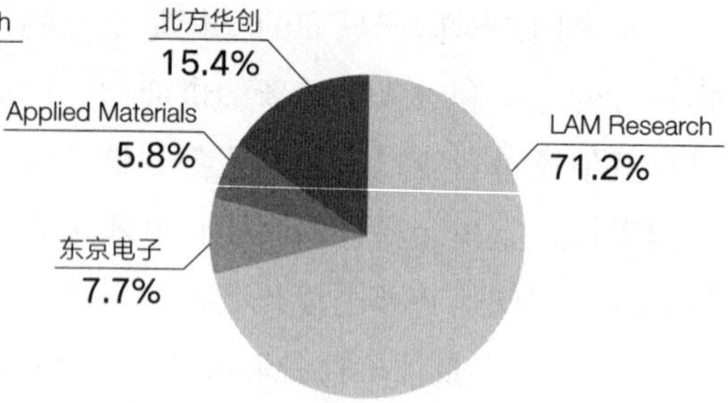

图28　长江存储硅刻蚀设备中标数量占比
（截至2020年2月底）
（资料来源：必联网）

3．从专一突破到平台整合是我国企业应借鉴的成长之路。

专注某一领域做大做强，再并购整合其他业务，是应用材料和泛林半导体等国际巨头共同的成长路径。

应用材料在成立之初作为设备生产商业绩增长迅速，1974年公司收购一家硅片生产公司，将公司的业务拓展至硅片制造领域。然而，这次收购并没有为公司带来应有的收益，反而因半导体行业的不景气使公司连续三年亏损。1977年，新上任的CEO决定出售硅片业务，专注半导体设备的研发。经过改革后，公司重回快速增长之路，到1992年成为世界第一大半导体设备公司。20世纪90年代以后，应用材料通过一系列收购，将业务扩展至量测、CMP等领域，并巩固和增强了其在沉积、刻蚀、离子注入等主设备领域的地位，成为拥有产品线最全面的半导体设备龙头。

泛林半导体在成立之初专注于刻蚀设备的生产，初步取得一定市场份额后，在20世纪90年代将业务拓展至CVD和FPD（显示面板）领域。但业务的拓展并没有为公司带来应有的收益，反而分散了公司的业务焦点，导致1998年公司亏损1.45亿美元。经过痛彻思考后，公司决定停止CVD和FPD业务，整合资源专心研发刻蚀设备。2007年后，公司在刻蚀领域的地位已不可撼动，这才重新将业务拓展至清洗和CVD等领域。

我国企业在追赶之初同样应该参照国际巨头的成长模式，集中力量专注于某一领域的研究。在主设备厂商中，相比于全平台式布局，专一于某一领域的策略更接近于国际巨头在初期的发展路径。刻蚀设备作为三大主设备之一，进入客户产线后可拥有一定的话语权，甚至影响客户对其他设备的采购。国内走在前列的刻蚀设备厂商，有希望在刻蚀机领域率先形成对国际巨头的威胁，并且更有可能在未来整合国内资源，集中优势进行国际客户突破。

如今，半导体产业链向中国转移的趋势已经显现，不得不说这是我国企业取得突破的绝佳时机。虽然发展的道路还困难重重，但相信在最具活力市场增长、政策资金的大力支持和全产业链的共同努力下，我国一定能够在半导体设备这个关键领域实现自主可控，走向世界。

模拟芯片：龙头企业引领产业发展

刘慧影　东兴证券电子行业首席分析师
李美贤　东兴证券研究所通信组

产业描述：

模拟芯片是集成的模拟电路，用于处理无处不在的模拟信号，广泛存在于手机、数码相机、心电图仪、飞机系统、汽车倒车显示仪等。从1958年集成电路诞生，到1968年出现的第一个集成运放开始，再到2018年，模拟芯片已成为一个全球规模近600亿美元的产业。

目前排名靠前的模拟芯片公司，基本都是成立在集成电路诞生的20世纪60年代初和黄金的90年代，与集成电路行业共同成长，依靠对模拟技术的原始积累（Know-how）形成了核心竞争力。

模拟芯片产业的转变如何推动龙头崛起呢？从下游来看，20世纪六七十年代，在模拟芯片产业的起步阶段，工业领域对信号链的巨大需求，推动了早期亚德诺、德州仪器等模拟巨头的成长。从产品来看，节电的需求推动电源管理芯片从一个1亿美元的小行业迅速发展为250亿美元的行业，德州仪器凭借电源管理方面的绝对优势，成长为如今的龙头。从生产模式来看，行业千差万别的需求推动了亚德诺完成从IDM到Fabless的转变，也促使了一批新Fabless厂家的蓬勃发展。

模拟芯片行业格局呈现出“一超N强”的特点，龙头以外竞争分散，地位更迭频繁，为后来厂家赶超提供机遇。我国模拟芯片起步较晚，但国内市场空间巨大，随着国内电子产业链进一步完备，政策扶持加强，我们相信，我国未来也可以培养出下一个德州仪器。

一、模拟芯片无处不在

（一）模拟芯片是处理外界信号的第一关

所有数据的源头是模拟信号，模拟芯片是集成的模拟电路，用于处理模拟信号。模拟信号是在时间和幅值上都连续的信号，数字信号则是在时间和幅值上都不连续的信号。外界信号经传感器转化为电信号后是模拟信号，在模拟芯片构成的系统里进行进一步的放大、滤波等处理。处理后的模拟信号既可以通过数据转换器输出到数字系统进行处理，也可以直接输出到执行器。

常见的数—模混合系统包括：消费领域的手机、个人电脑、数码相机、麦克风、扬声器等，工业领域的温度检测器、心电图仪、飞机系统、汽车领域的倒车显示仪等，模拟芯片无处不在。

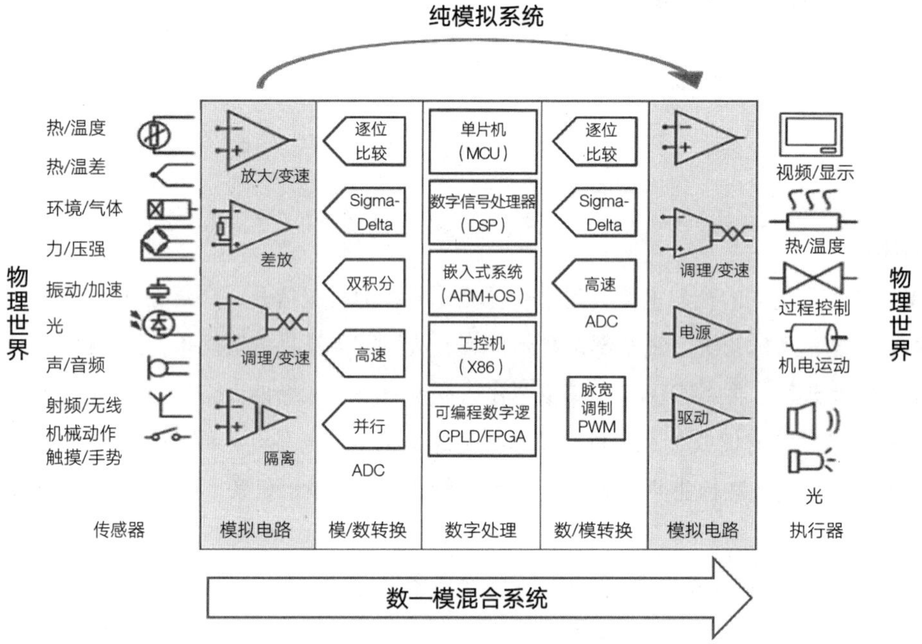

图1　模拟芯片是信号处理必不可少的一环

（资料来源：电子科技大学“模拟电子电路”课件，2019）

信号以电的形式传递，根据电流/电压的强弱分成两类模拟信号，弱电和强电。信号链产品负责对弱电进行处理。电源管理产品主要对强电进行处理，也处理弱电。

1．信号链产品因信息交互而生。

信号链产品主要包括运算放大器和数据转换器，用于处理信息交互的需求。

运算放大器是模拟电路的“基础积木”，应用极为广泛。运算放大器是指对模拟信号进行相加、积分等运算的放大电路，常用于将微弱的小信号放大成大信号。同时，运算放大器是构成许多模拟器件的基础，数模转换器、电流—电压转换器、滤波器、比较器、线性稳压器等都由运放构成。比如，滤波器就是由运放和电阻组成，通过特定电路设计完成滤波功能。可以说，运算放大器是模拟电路的“基础积木”。

数据转换器是连接模拟与数字系统的桥梁，必不可少。数据转换器包括模数转换器（ADC）和数模转换器（DAC）。ADC负责将模拟信号转换成数字信号，DAC负责将数字信号转换为模拟信号。传感器把真实世界的温度、压力、声音等转换成电信号，这些信号大多为模拟信号，无法被数字系统识别与处理。只有通过ADC的转换才能被MCU采集并处理。另外，扬声器等都需要模拟信号输入才能工作，所以需要DAC把数字系统输出的数字信号转换成模拟信号。因此，只要涉及数字处理，就一定要有数据转换器。

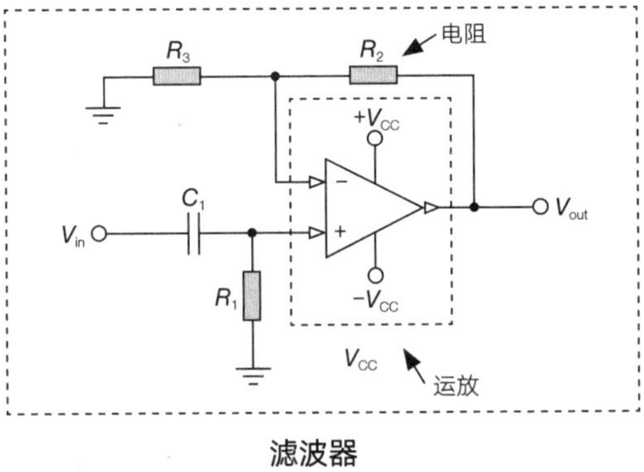

图2 运放是许多模拟器件的基础

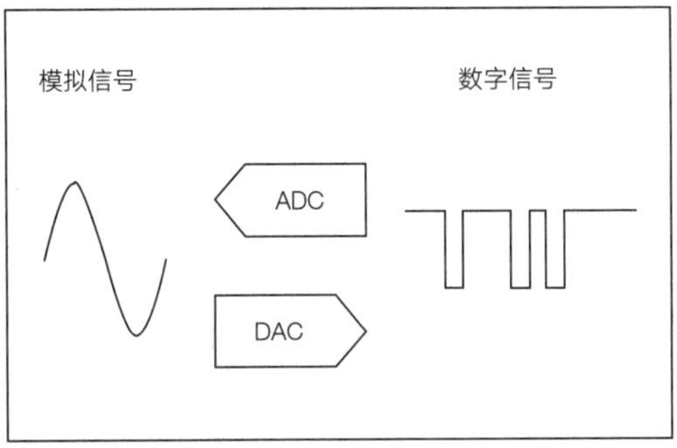

图3 数据转换器是连接模拟和数字的桥梁

在数模混合的系统中，一个完整的信号处理过程如下：

（1）通过传感器获取外界原始的物理信号，典型的包括声音、图像、温度、湿度、压力等，并转换成与这些物理信号相对应的连续时间模拟信号，典型形式为电压/电流。

（2）通过由运算放大器和滤波器构成的信号调理单元对模拟信号进行处理。运算放大器的作用是将微弱的模拟小信号进行放大，以适配到ADC的满量程输入范围；滤波器的作用主要是对信号进行带限，目的是满足奈奎斯特采样定理的要求。

（3）通过模数转换器（ADC）将处理后的电压/电流信号转换为所对应的离散数字量，提供给后续数字单元进行处理。

（4）由数字处理系统（MCU、DSP或FPGA）对离散数字量进行数字化处理，它通常用于实现数字信号处理算法。

（5）数字处理系统处理完以后的离散数字量送到数模转换器（DAC）。通过它，再次转换成连续的模拟信号。

（6）由于DAC输出的信号中含有“台阶”型的高频分量，因此需要使用重构滤波器进行进一步处理滤除高频噪声，最终得到重构后的模拟输出信号。

2．电源管理产品面对电源利用的直接需求。

电源管理是电子电路必要需求。只要是电子系统，均需要电源供电，常见的供电电源有电源适配器、蓄电池等。根据输入输出电流类型，我们可以将电源管理器分为4大类型：AC-DC（整流）、AC-AC（变频等）、DC-DC（斩波）、DC-AC（逆变）。

表1 电路中常见的电源管理需求

输出 / 输入	直流（DC）	交流（AC）
交流（AC）	整流	交流电力控制、变频、变相
直流（DC）	斩波	逆变

资料来源：沈星庆．开关电源原理与设计［M］．南京：东南大学出版社，2012.

（1）开关整流器（AC—DC）主要负责将交流电转换成直流电，常见的有笔记本电脑的电源适配器。

（2）交流—交流变频器（AC—AC）负责将某个频率的交流电转换为另一种恒定频率或可变频率的交流电。

（3）直流—直流变换器（DC—DC）将直流电转换成另一种不同频率、相位、电流、电压特征的直流电。

（4）逆变器（DC—AC）将直流电转换成交流电的开关变换器，有的称其为变流器，是交流输出开关电源和不间断电源（UPS）的主要部件。

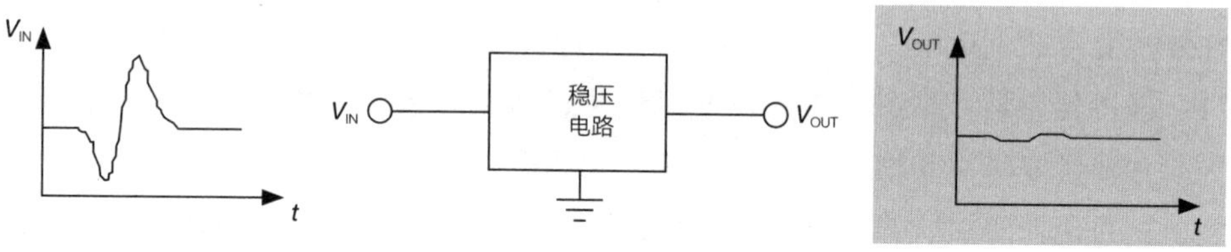

图4 稳压是电路的基本功能

（资料来源：沈星庆．开关电源原理与设计［M］．南京：东南大学出版社，2012.）

电源管理芯片是集成的电源管理电路，主要功能是稳压、升降压、恒流、交流直流转换等，分为线性稳压器（LDO）、电荷泵（Charger-pump）芯片、DC-DC转换器（DC-DC）、交流直流转换器（AC-DC）、LED驱动芯片等。典型的应用是手机、笔记本电脑等消费电子的充电器、LED驱动器。比如，稳压器对220V的市电降压，并输出稳定的直流低压供用笔记本电脑；LED驱动对手机内部电源升压，以驱动摄像头闪光灯。

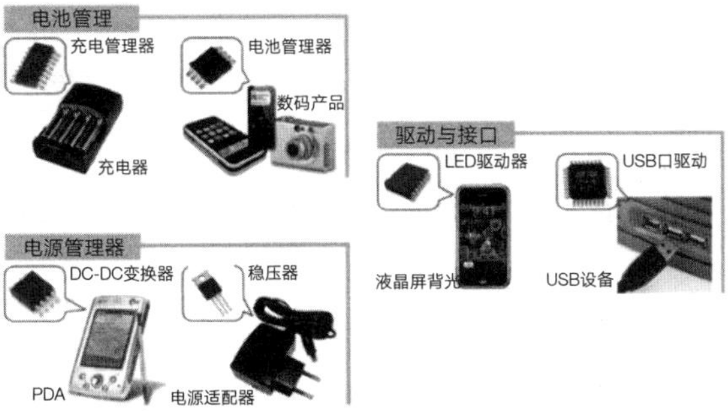

图5 电源管理芯片应用领域广泛

（资料来源：《实例解读模拟电子技术》）

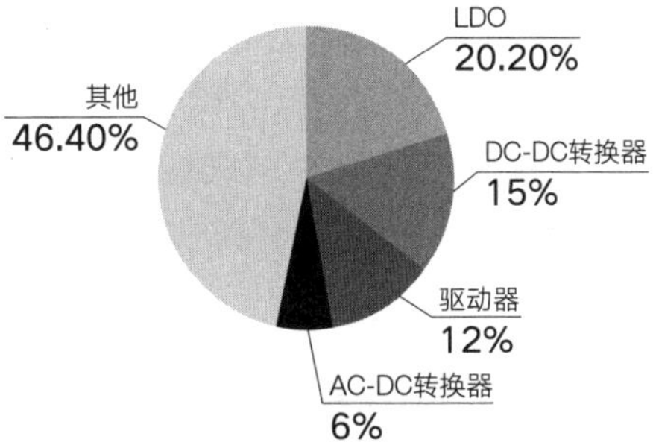

图6 LDO和DC-DC转换器是常见的两类电源管理芯片

（资料来源：电子发烧友2014）

（二）模拟芯片市场格局一超多强，行业集中度不断提升

1．全球模拟芯片市场空间近600亿美元。

全球集成电路市场3 402亿美元，模拟电路占约15%（527亿美元）。从1958年集成电路的诞生，到1968年出现的第一个集成运放开始，再到2018年，模拟芯片已成为一个全球规模近600亿美元的产业。

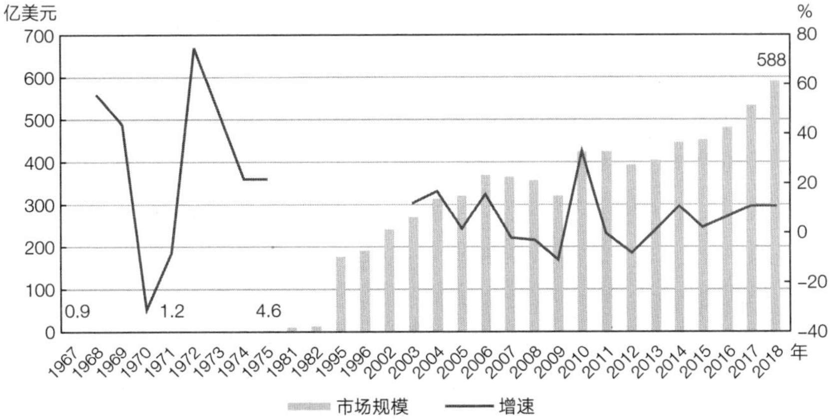

图7 模拟芯片市场规模

（资料来源：亚德诺、Gartner、WSTS、SIA）

目前，前10大模拟芯片公司占据过半的市场份额。2018年，前10大模拟芯片公司分别为德州仪器（TI）、亚德诺（ADI）、英飞凌（Infineon）、思佳讯（Skyworks Solutions）、意法半导体（ST Microelectronics）、恩智浦（NXP）、美信（Maxim）、安森美（On Semi）、微芯科技（Microchip）和瑞萨（Renesas）。其中，德州仪器擅长电源管理，是该领域的龙头；亚德诺以运算放大器起家，是数据转换器龙头，在运放、电源

管理的市场份额靠前；英飞凌是从西门子集团中剥离，独立上市的半导体企业。目前排名靠前的模拟芯片公司，基本都是成立在集成电路诞生的20世纪60年代初和黄金的90年代，与集成电路行业共同成长，包括现在的龙头德州仪器（1930）、曾经的龙头国民半导体（1959），以及目前的次席亚德诺（1965）等，依靠对模拟技术的原始积累（Know-how）形成了核心竞争力。

表2 2018年前10大模拟芯片公司市场占有率

排名	公司	中文名	成立时间	市场占有率/%	营收/亿美元	净利润率/%	P/E
1	TI	德州仪器	1930	18	108	35	24
2	ADI	亚德诺	1965	8	55	24	23
3	Infineon	英飞凌	1999	6	38	14	32
4	Skyworks Solutions	思佳讯	1962	6	37	24	18
5	ST Microelectronics	意法半导体	1987	5	32	13	23
6	NXP	恩智浦	2006	4	26	24	12
7	Maxim	美信	1983	4	21	19	21
8	On Semi	安森美	1999	3	20	11	23
9	Microchip	微芯科技	1989	2	14	6	50
10	Renesas	瑞萨	2002	1	9	7	16

资料来源：亚德诺、Gartner、SIA、WSTS。

在前十大模拟芯片公司中，德州仪器是第一个制造出集成电路的公司，在电源管理和运算放大器这两个领域处于龙头地位，下游市场集中于工业和汽车电子市场。亚德诺是多年的数据转换器龙头，目前专注于工业和通信市场。英飞凌是著名的汽车电子厂商，在电源管理和功率半导体中排名靠前。思佳讯则是一家专注射频领域的模拟厂家，射频芯片巨头之一，主要客户为苹果等消费电子厂商，以及通信设备厂商供货。恩智浦、安森美、瑞萨均是实力较强的汽车电子厂商，美信则更专注于工业领域，微芯科技在模拟产品外，较为偏重于数字领域的MCU。

表3 2018年前10大模拟芯片公司擅长领域

排名	公司	中文名	擅长领域	主要下游市场
1	TI	德州仪器	电源管理及运算放大器龙头	工业、汽车电子
2	ADI	亚德诺	数据转换器龙头	工业、通信
3	Infineon	英飞凌	电源管理、功率半导体	汽车电子
4	Skyworks Solutions	思佳讯	射频开关、射频滤波器、射频功放	消费电子、通信
5	ST Microelectronics	意法半导体	电源管理、传感器	工业、汽车电子
6	NXP	恩智浦	安全认证、微控制器、RF电源	汽车电子
7	Maxim	美信	微控制器	工业
8	On Semi	安森美	电源管理、功率半导体	汽车电子
9	Microchip	微芯科技	微处理器、微控制器	通信、汽车电子
10	Renesas	瑞萨	微控制器	汽车电子

行业格局“一超N强”，龙头以外竞争分散。在模拟芯片领域，德州仪器是当之无愧的龙头，市场份额18%，从2004年以来便稳居第一。而从行业第二名到第十名份额均只有个位数，份额均较为接近，其中第二名的亚德诺是通过在2017年收购产品线类似的凌特（Linear Tech），超越英飞凌成为行业第二。因此，模拟芯片行业的竞争较为分散，是“一超（德州仪器）”和“N强（亚德诺、英飞凌、意法半导体等）”的格局。

行业并购不断，竞争格局走向集中。1990年，德州仪器还不是模拟芯片的龙头，模拟芯片行业竞争高度分散，排名第一的国民半导体市场占有率仅7%，与前十名剩下的公司份额相近。然而到2002年，意法半导体跃居第一，并占有了10%以上的市场。2004年开始，德州仪器开始稳居第一，份额遥遥领先。同时，排名靠后的公司通过不断地合并和收购，获取了更大的市场份额。重要的收购包括：国民半导体被德州仪器收购（2011），飞思卡尔从摩托罗拉分离、后被恩智浦收购（2015），仙童半导体被安森美收购（2016），Intersil被瑞萨收购（2016），凌特被亚德诺收购（2017）。可以看到，近30年来，整个模拟芯片行业不断地整合，龙头市场占有率不断提高，行业不断走向集中。

表4　模拟芯片的市场份额变化

排名	1990年		2002年		2005年		2014年		2018年	
	公司	份额	公司	份额	公司	份额	公司	份额	公司	份额
1	国民半导体	7%	意法半导体	12%	德州仪器	17%	德州仪器	18%	德州仪器	18%
2	德州仪器	6%	德州仪器	11%	意法半导体	10%	意法半导体	6%	亚德诺	8%
3	东芝	6%	英飞凌	6%	英飞凌	9%	英飞凌	6%	英飞凌	6%
4	三洋	6%	飞利浦	5%	飞利浦	7%	亚德诺	6%	思佳讯	6%
5	松下	6%	亚德诺	5%	亚德诺	6%	思佳讯	6%	意法半导体	5%
6	飞利浦	5%	国民半导体	5%	国民半导体	5%	美信	4%	美信	4%
7	SGS-Thomson	5%	美信	3%	美信	4%	恩智浦	4%	恩智浦	4%
8	NEC	5%	三洋	3%	凌特	3%	凌特	3%	安森美	3%
9	摩托罗拉	5%	摩托罗拉	3%	飞思卡尔	3%	安森美	3%	微芯科技	2%
10	日立	4%	东芝	3%	松下	3%	瑞萨	3%	瑞萨	1%

资料来源：WSTS、Dataquest。

2．模拟芯片各细分市场中，龙头遥遥领先。

在模拟集成电路中，电源管理是最大的市场，规模约216亿美元，占比为42%；信号链市场143亿美元，占比为28%；射频及其他产品市场约158亿美元，占比为30%。在放大器领域，德州仪器占据近三分之一的市场（29%），亚德诺第二（18%）。在数据转换器领域，亚德诺是绝对的龙头，目前占据数据转换器近半壁江山（48%），长期领先于竞争对手。在电源管理领域，龙头德州仪器占据超1/5的市场份额（21%），高通（15%）、亚德诺（13%）、美信（12%）、英飞凌（10%）份额相近。

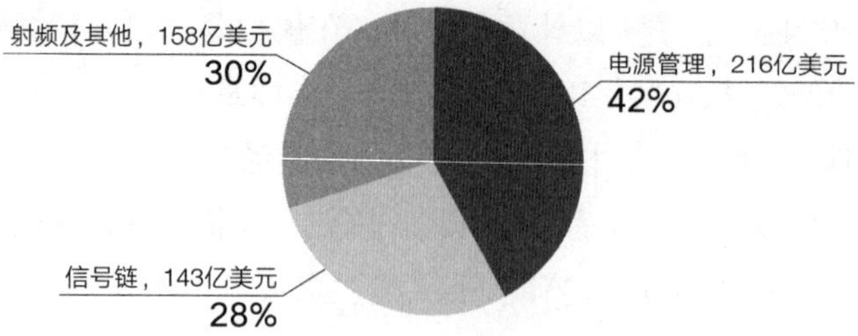

图8 模拟芯片主要是信号链和电源管理芯片

（资料来源：WSTS）

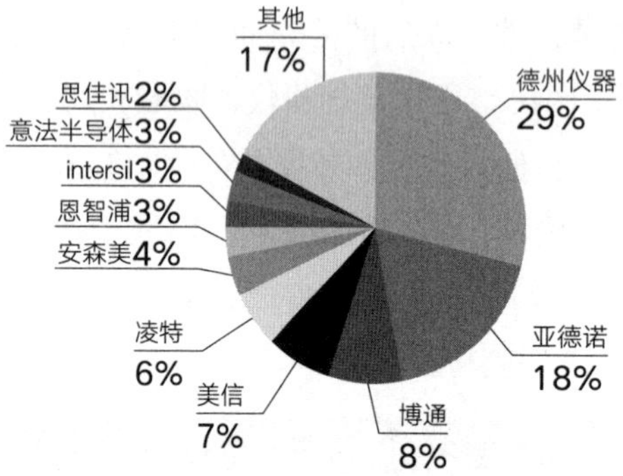

图9 2015年运算放大器市场格局

（资料来源：Gartner）

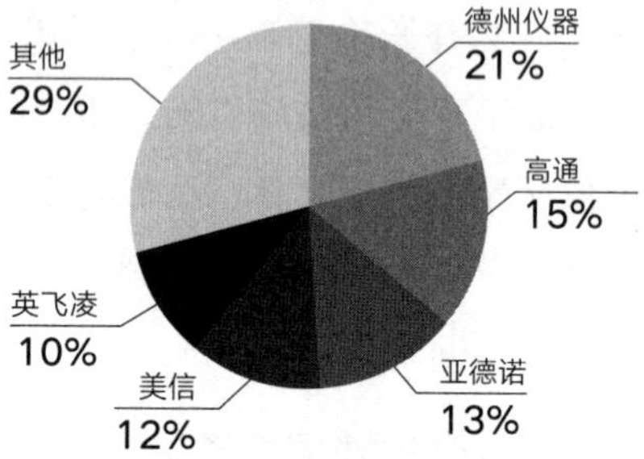

图10 2018年电源管理市场份额

（资料来源：Gartner）

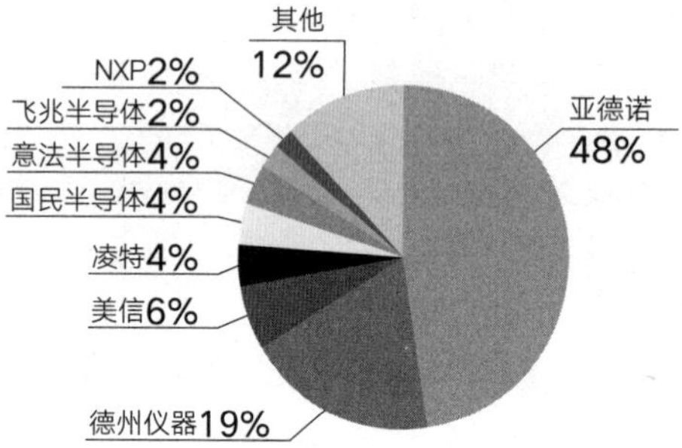

图11 2010年数据转换器市场份额

（资料来源：Databeans）

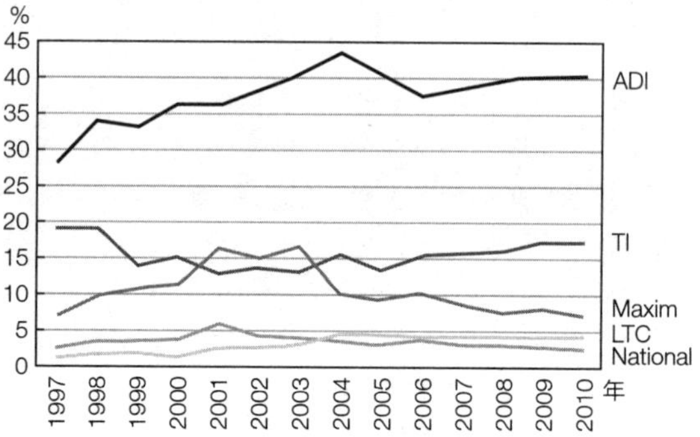

图12 数据转换器龙头亚德诺份额逐渐扩大

（资料来源：Gartner）

二、需求发展驱动模拟芯片三大变化

（一）从下游看，消费电子占信号链比重减小

模拟芯片下游的市场主要有工业、通信、消费电子和汽车，工业市场即工控和航空组成的市场，通信市场主要是基站等通信设备，消费电子即手机、笔记本电脑、MP3、

数码相机等的市场。

20世纪80年代后期，亚德诺曾经依靠消费电子迅速发展。六七十年代在亚德诺发展的早期，其业务大多集中在工业及军用器材上。1985年开始，受移动通信推动，消费电子市场兴起，亚德诺将发展重心转移到消费电子，其营收占比在2000年一度到25%，推动整体营收翻7倍。而到2018年，消费电子的营收占比减少到14%。

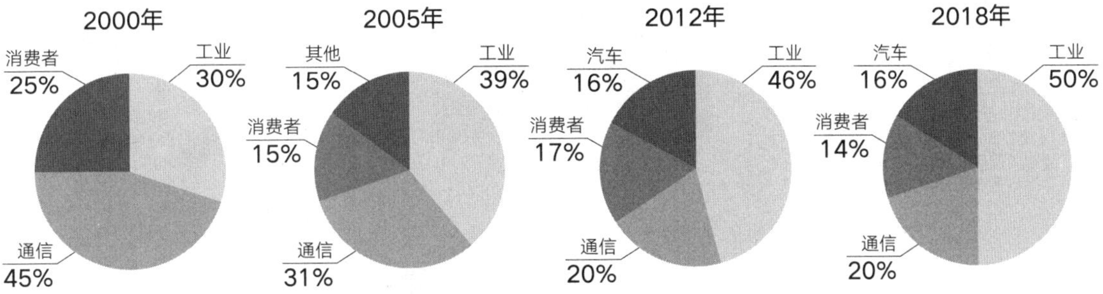

图13 消费电子市场曾支撑亚德诺1/4的营收

（资料来源：亚德诺）

如今，信号链的下游市场中，消费电子占比已经很小。2015年，运算放大器芯片的下游主要是通信（36%）和工业（33%），消费电子占比仅有8%。数据转换器的下游市场有同样的情形，销售给工业领域的占比超过50%，而消费电子占比仅为12%。

为什么信号链产品的下游市场中，消费电子的占比在缩小呢?

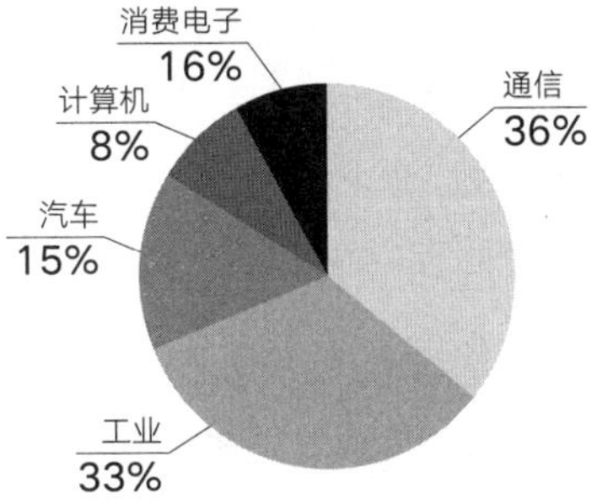

图14 运算放大器芯片下游市场各类产品占比

（资料来源：Gartner 2015）

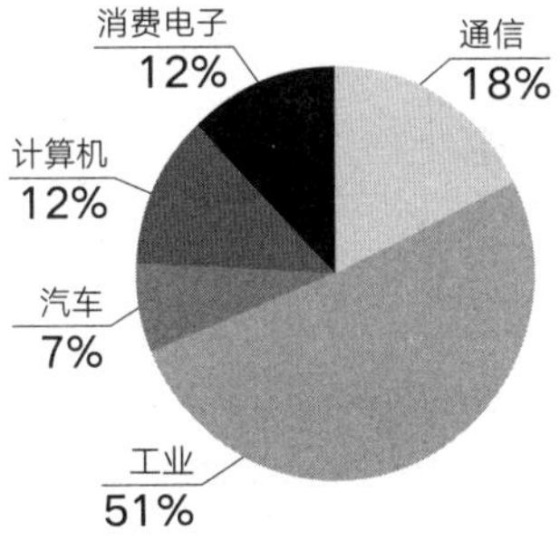

图15 数据转换器下游市场各类产品占比

（资料来源：Gartner 2015）

我们认为，电子行业一向是需求推动技术增长。信号链主要需求是交互，在20世纪六七十年代模拟芯片发展的早期，信号链主要用于工业下游，工业设备连接电脑及飞机的航电系统，起到工业设备、飞行设备与外界交互的功能。例如，飞机上有大量的传感器以辅助飞行，送到数字系统前，都需要信号链产品来处理。同时，芯片作为集成化的电路，比当时的分立器件更能降低体积和成本。因此，六七十年代工业领域对信号链的需求，推动了早期亚德诺、德州仪器等模拟巨头的成长。1980—2000年，消费电子的交互需求经历从无到有的过程，同样驱动了信号链在消费电子下游的增长。

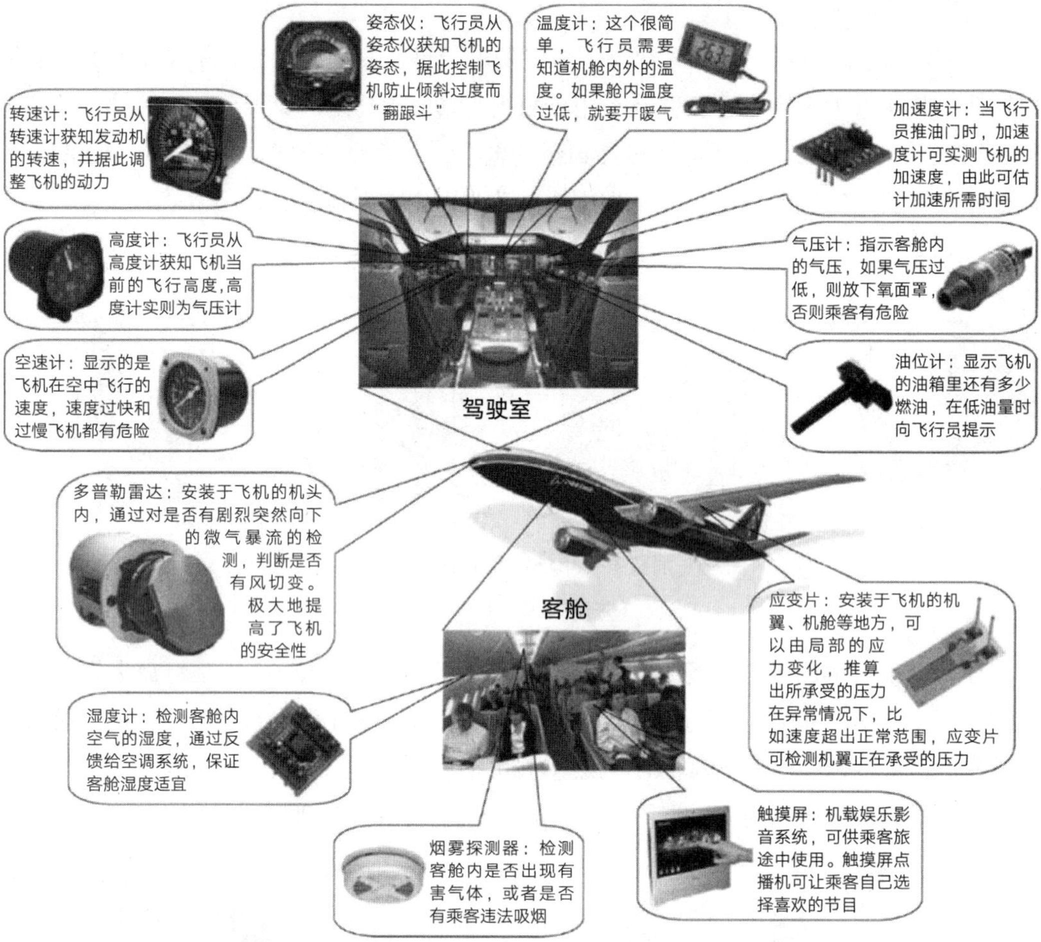

图16 飞机上丰富的传感器产生大量的交互需求

（资料来源：杨欣．实例解读模拟电子技术［M］．北京：电子工业出版社，2013）

消费电子市场的特点是产品变化迅速与成本优先，因此比起工业市场追求的高精度、通信市场追求的高速率，消费电子市场的需求是更低的成本与更短的设计周期，集成度更高的信号链产品比分立的更能满足需求。近10年来，消费电子在交互的需求对继续带动信号链复杂程度的提升作用有限。从性能来说，集成了数据转换器的微控制器已经能满足大部分消费电子的性能要求。从成本来说，由于手机功能的增加，提高集成度更能减少能耗。从设计周期来看，分立的数据转换器虽然性能更高，但是对系统的设计复杂度要求更大，消费电子厂商需要考虑一系列的速度、分辨率、功耗等问题，如果都使用分立的信号链芯片，将很难适应快速变换的市场需求。因此，近10年来，用于消费电子的信号链产品更多地集成进入微控制器/SoC里，从统计上来说，消费电子这一下游市场增长平缓。

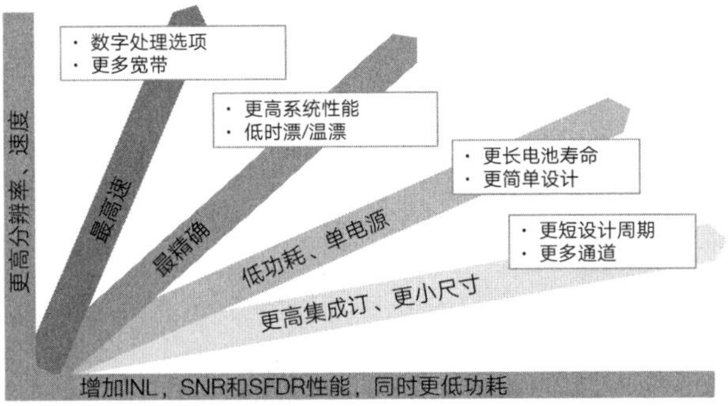

图17 模拟芯片的多个技术路线

（资料来源：Databeans）

未来，工业市场将是模拟芯片的主战场。工业市场稳定性高，客户黏性强，前景广阔。工业市场的用户分散，但对产品的质量和工程技术支持非常重视。工业市场的产品前期设计时间很长，但是一旦电路设计出来以后，产品具有很长的寿命，一般有了一个模拟电路产品，都倾向于在以后设计中继续使用。因此，工业市场具有稳定性高、客户黏性强的特点。另外，由于工业领域应用技术水平高，因此产品毛利往往也比较高。未来，随着工业应用领域的自动化程度提高，应用于工业领域的模拟芯片市场有望迎来较快的增长。

（二）从产品结构看，电源管理明显受益于消费电子和工业的增长

从20世纪90年代开始，信号链产品的占比逐渐缩小。1981年，运算放大器市场规模占模拟芯片的19%，而2018年这一数字减少到6%，市场规模也仅从2亿美元增长到35亿美元。数模转换器同样，从1981年到2018年，数模转换器在模拟芯片的占比从19%减少到6%，市场规模从3亿美元增长到39亿美元。

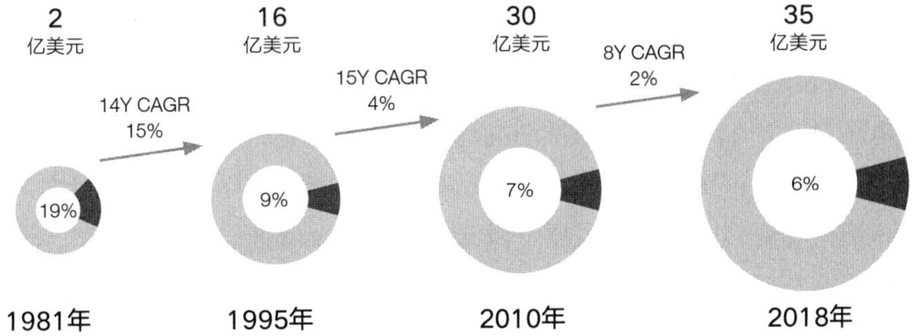

图18 运算放大器占模拟芯片比例减少

（资料来源：亚德诺、Databeans、SIA）

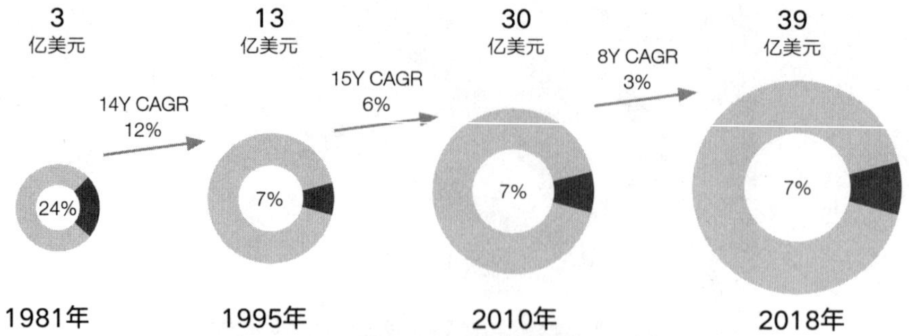

图19 数据转换器占模拟芯片比例减少

（资料来源：亚德诺、Databeans、SIA）

而电源管理芯片从20世纪90年代开始快速发展，成长为模拟芯片产业的一个重要行业。1981年，电源管理芯片市场规模仅有1亿美元，而如今已发展成为一个250亿美元的行业。电源管理芯片占模拟芯片市场的比例从1981年的8%、1995年的9%，迅速增大至2018年的43%。

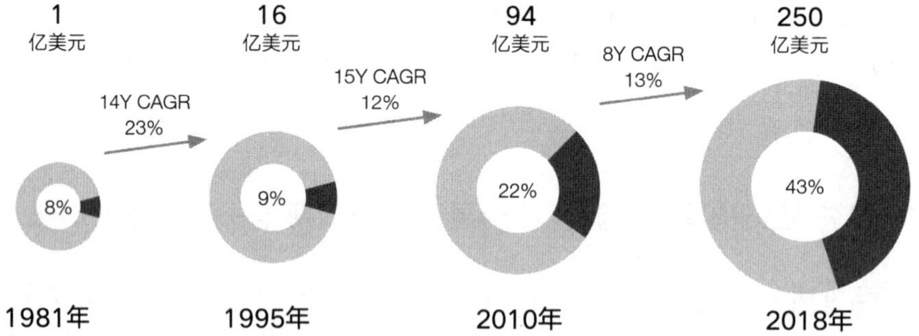

图20 电源管理占模拟芯片比例大幅增加

（资料来源：亚德诺、Databeans、SIA）

为什么电源管理产品在模拟芯片占比迅速增大？

我们认为，这是因为电源管理在消费和工业等的领域有持续的新需求驱动。由于低功耗、低质量和可便携设备的发展，使得电源转换效率技术和要求不断发展。

消费电子对小功率节电的需求推动电源管理芯片行业的成长。随着消费电子新增功能如音频、摄像等，消费电子不断复杂化，不仅电子产品的耗电量与日俱增，同时需要支持的电压数量也变多，客观上需要电源管理芯片能在增加能源转换效率、增加待机时间的同时，提高集成度以支持多个电压。另外，由于锂电池的功率密度发展减缓，因此只能从电源管理芯片上寻求突破，提高电源利用效率。所以，消费电子的发展不断驱使着模拟芯片厂商推出功能更复杂、更高效率、更低体积的电源管理芯片，进而促进了电源管理芯片整个行业的成长。

表5 手机内不断新增的功能模块，提升了电源管理复杂度

功能	要求	对应供电方式
射频VCO和PLL	低噪声高抑制比	线性稳定器
射频功率放大器	适应范围宽，效率高、电流大	动态调整的DC/DC转化器
基带	最高效率	开关型降压转换器
背光白色LED	高且稳定的输出电流和电压	电荷泵或电感升压转换器
OLED显示屏	超低电源抑制比	LDO
音频放大	噪声抑制比、高功率、低电压	LDO
闪光灯白光LED	高压、大电流	高效率开关式DC/DC

资料来源：水木清华。

工业领域大功耗器件节电的需求同样推动了电源管理芯片行业的成长。工业领域的能耗主要来自于电机和照明，电机主要是泵、风机、压缩机、传输机等，电机消耗的能量几乎占工业电力消耗的80%。因此，工业领域对节能的要求，促使电源管理芯片不断提高转换效率。比如，使用变速电机能节省40%的能耗，使用高效的开关电源可以节省35%的能耗，这背后均是由更先进的电源管理芯片支撑。

未来，智能化的需求将会继续推动电源管理发展。LED照明从最初的简单逻辑控制到如今调光、变色等更个性化的要求，对电源芯片提出更复杂的智能化控制需求。另外，一些设备为适应便携性趋势，设备供电方式从适配器供电转变为电池供电，带来很多电池供电系统的芯片需求。

（三）从商业模式看，应用型芯片的崛起降低自建厂房的重要性

标准型和应用型的模拟芯片，在出货量和市场规模的结构上截然相反。在出货量上，标准模拟芯片占比（64%）远高于特殊应用模拟芯片（36%），但在市场规模上是特殊应用模拟芯片（62%）高于标准模拟芯片（38%）。

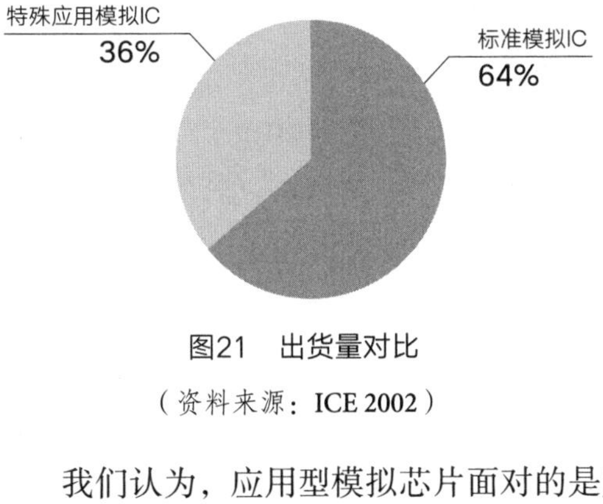

图21 出货量对比

（资料来源：ICE 2002）

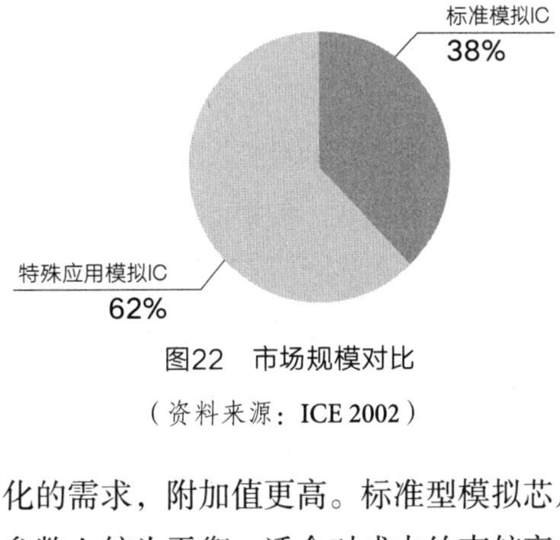

图22 市场规模对比

（资料来源：ICE 2002）

我们认为，应用型模拟芯片面对的是定制化的需求，附加值更高。标准型模拟芯片是针对通用需求的模拟芯片，在芯片的各性能参数上较为平衡，适合对成本约束较高的

产品。工艺和结构设计是模拟器件性能改进的两大方法。因此，标准型模拟芯片是通用化的，各个厂家的设计都相差不大，因而附加值低，厂商间竞争更多依靠制程和工艺，对自建厂房有很大的要求。而应用型芯片常常针对某一客户开发，因而能比通用型芯片更能符合用户的需求，对芯片厂商的设计能力要求非常高。

为什么说应用型模拟芯片降低了自建厂房的重要性呢？

标准型模拟芯片面对的是低成本、低体积的通用化需求，因而更注重工艺。实现低成本主要是通过缩短芯片制程以减少线宽，因此能够实现同样性能下的更小体积、更低成本。早期模拟芯片主要需求是标准化的通用芯片，比如，亚德诺在20世纪八九十年代通过迅速投资建厂，积累了明显的制程优势。

应用型模拟芯片面对的是千差万别的需求，因而更注重设计，附加值更高。在后期，随着电子系统复杂程度提高，对某一类细分行业进行专门的定制变得更重要，特别是在工业领域，许多客户在速度、精度、集成性、成本、体积方面的要求都不一致，需要模拟芯片厂商作出取舍，以达到整体最优，这需要有经验丰富的研发人员进行设计。因此，自建厂房以提升制程的重要性降低了，到2000年之后，亚德诺的资本支出占经营性现金流的比重大大减少，大多数芯片都使用台积电代工。

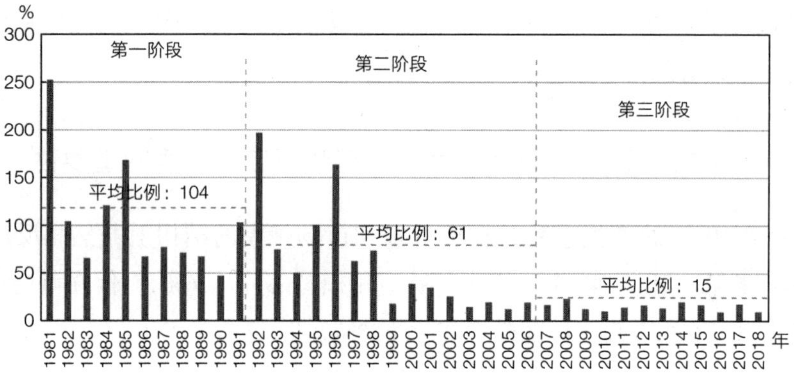

图23　亚德诺的资本支出占经营性现金流比重减少

（资料来源：亚德诺）

未来，应用型的模拟芯片将推动无晶圆厂商蓬勃发展。由于台积电、中芯国际等晶圆代工厂商的出现，使得芯片公司可以避开大量的建厂负担，专注于芯片应用本身，促成了一批优秀无晶圆厂（Fabless）的诞生。中国的IC设计产值从2010年的56.6亿美元逐年成长至2016年的247.5亿美元，年复合增长率达28%，无晶圆厂商数从2012年的569家，增加至2016年的1 362家。未来，随着各行业对应用型芯片的需求增加，拥有优秀设计研发能力的无晶圆厂商将有望脱颖而出。

三、展望未来，中国能否出现下一个德州仪器？

（一）技术差距有望缩短

模拟芯片技术进步依赖于经验积累。不同于大部分数字芯片，模拟芯片技术发展不依赖于摩尔定律，技术发展主要以实验的次数、对材料等的技术经验积累为主。因此，模拟芯片设计人员的经验积累程度，对所设计产品的技术水平和整体性能起到至关重要的作用，一般要拥有5~10年设计经验才能够独立完成芯片设计。像德州仪器、亚德诺等老牌的模拟芯片大厂，积累了大量研发经验，我国模拟芯片企业与国外巨头差距客观存在。

我国工程师红利将有利于缩短中外技术差距。我国的集成电路产业，基本是上从20世纪90年代才刚刚起步，虽然目前与国外巨头还存在一定差距，但我国仅花了近20年的时间，就实现了国外40~50年的技术发展历程，整体实力突飞猛进。同时，我国工程师队伍不断壮大，2017年，我国高等院校培养的芯片专业领域毕业生约20万人，其中与集成电路强相关的微电子科学与工程、微电子学与固体电子学、集成电路设计与集成系统、集成电路工程专业毕业生在2万人左右，为我国芯片产业发展提供了重要的人才储备。更进一步，在成本上来说，美国模拟工程师平均年薪50万~60万元人民币，首席设计师年薪上百万元人民币，而中国仅为美国的1/3到一半，为研发带来较大的成本优势。

（二）巨大市场提供国产替代机遇

纵观历史，模拟芯片龙头都是从巨大的市场中成长的。像德州仪器、亚德诺等模拟巨头，早期都直接受益于20世纪60~80年代美国工业和国防的巨大需求。比如，亚德诺在90年代以前，近21%的营收来自于政府，依靠美国政府庞大的国防开支带来的需求，迅速成长为名列前茅的模拟芯片厂商。

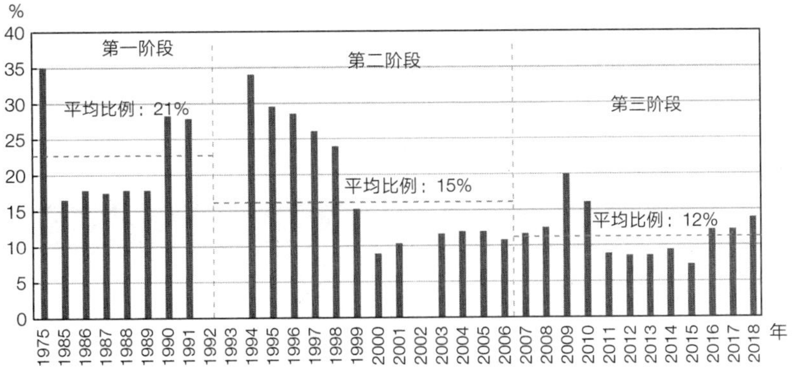

图24　亚德诺早期发展依赖于政府营收

（资料来源：亚德诺）

目前中国半导体市场规模最大、增速最高，有望复刻当年亚德诺迅速成长的条件。2018年，中国半导体市场规模占全球比例为48%，高于亚太其他地区（23%），美国（12%），欧洲、中东及非洲（10%），日本（7%），是世界上最大的半导体市场。在增速上，根据WSTS数据，中国半导体市场增速20.5%，同样高于全球平均增速6.8%，以及美国（16.4%）、欧洲（12.3%）、日本（9.3%）、其他环太平洋地区（6.1%）。虽然中国的半导体市场最大且处于快速增长期，然而，我国使用的模拟集成电路产品约占世界产量的45%，而我国的模拟芯片产量仅占世界份额10%左右，模拟芯片国产化率不足1%。因此，中国模拟芯片公司未来的进步空间巨大。

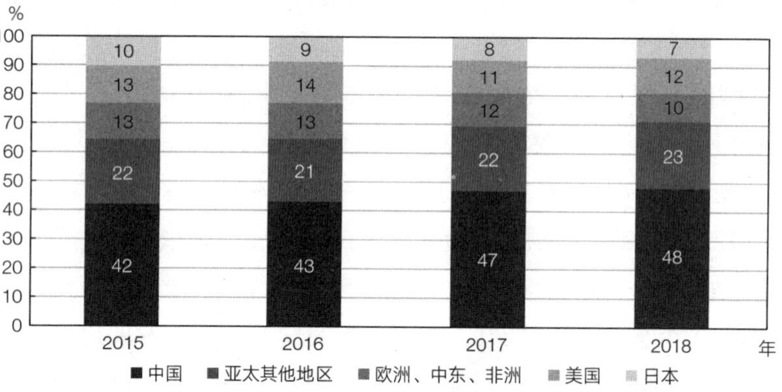

图25 中国为全球半导体最大市场

（资料来源：英飞凌）

贸易战提供国产替代大机遇，本土模拟芯片厂商有望扩大份额。自从2019年5月华为被美国列入“实体清单”后，中美贸易战进一步升级，国产替代已成必然趋势，为国内电子产业赶超欧美提供重大机遇。国内涌现出一批优秀的模拟芯片厂商，目前上市的模拟芯片公司有圣邦股份（300661.SZ）和硅力杰（6415.TW）。圣邦股份作为A股唯一的覆盖信号链及电源管理两个技术方向的公司，对本土的模拟研发团队有“外部效应”的吸引力。除此之外，公司延续自创立之初的一贯传统，积极吸引海内外模拟芯片人才，自上市以来，对海外模拟人才吸引力加大，多位具有丰富经验的海外模拟人才纷纷加入，公司的研发实力进一步加强，拉开了与国内竞争对手的距离，加速追赶美系模拟芯片大厂。

表6 本土模拟芯片厂商代表

公司	代码	典型产品	2018年营收/亿元人民币
圣邦股份	300661.SZ	运算放大器、比较器、模拟开关、电源管理	5.72
硅力杰	6415.TW	电源管理	19.04
思瑞浦	837539.OC	放大器、数据转换器、电源管理	1.14

资料来源：前瞻产业研究院。

IDC：

数字中国发展的基石

李　娜　东兴证券研究所通信组
李美贤　东兴证券研究所通信组

产业描述：

IDC（Internet Data Center，互联网数据中心）产业是专门提供对入驻企业、商户或网站的服务器群进行托管的服务商集合，其功能是集中的数据存储和处理，属于互联网产业在基础设施方面的细分领域。IDC为ICP（互联网内容提供商）、企业、媒体和云计算厂商提供大规模、高质量、安全可靠的专业化服务器托管、空间租用、网络带宽批发及ASP（动态服务器网页）、EC（电子商务）等业务。

一、IDC 是数字经济发展的基石

（一）IDC是互联网高速发展时代精细化分工的产物

IDC是互联网高速发展时代精细化分工的产物。国家对信息高速公路和移动互联网络的建设带动移动互联网领域快速发展和云计算技术的广泛应用，各行业内线上服务多样化使数据存储规模、计算能力及网络流量大幅提升。企业对网络带宽和安全性的要求愈发强烈，且IDC下游运营商、证券公司、SaaS、内容服务商及政府等各类企业或组织对数据中心时延、全球范围、网络密度、可靠性和生态系统访问的需求层次差距较大，企业自建数据中心无法同时兼顾带宽、安全性及成本等要求，因此诞生了专业的IDC服务商，专门为企业提供网络服务器托管、网站托管等服务。

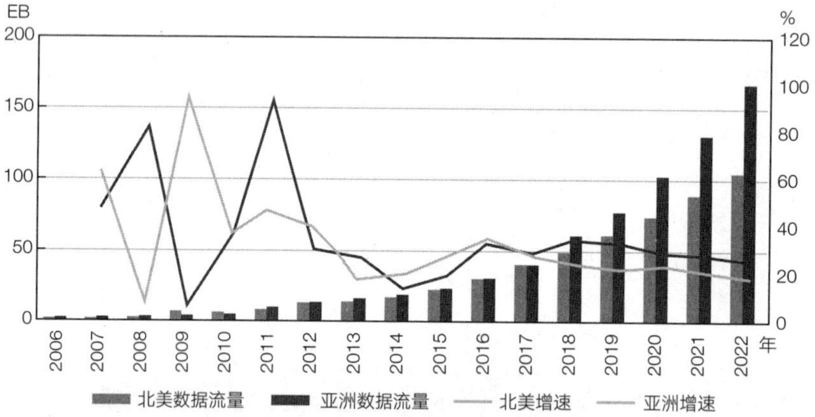

图1　北美和亚洲数据流量及增速

（资料来源：Cisco VN 2007—2017）

表1　各行业对IDC需求特征

	代表行业	低时延	全球范围	网络密度	高可靠性	生态系统访问
Network	运营商，ISP		√	√	√	
Financial	证券/结算等	√	√	√	√	√
Cloud/IT	SaaS/MSPs/SIs	√	√	√	√	√
Content	CDN/游戏/媒体	√	√	√	√	√
Enterprise	商业/医疗/政府		√	√	√	

资料来源：DLR公司公告。

目前，下游用户获得IDC服务主要有两种途径：一是直接向第三方IDC企业定制数据中心解决方案；二是向电信运营商或者第三方零售型IDC服务商租用标准机械获得专业的IDC服务。

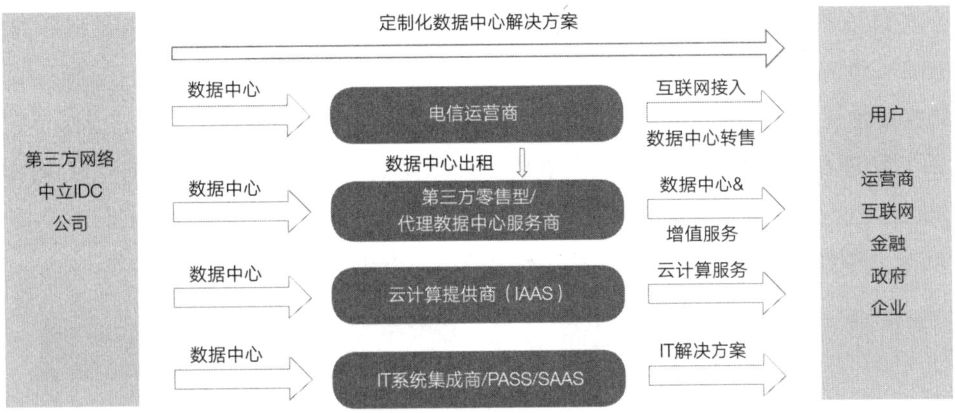

图2 IDC的主要商业模式

（资料来源：数据港公司招股说明书）

（二）全球IDC向产业4.0时代迈进

随着互联网和通信技术的不断发展，企业的数据处理和存储趋于规模化、灵活化和节能化，IDC也不断与新技术结合（云计算、边缘计算等）从基础的主机托管、带宽出租等业务拓展到网络安全服务、代维服务、虚拟数据存储和计算等综合化业务。随着5G时代的来临，IDC向着产业4.0时代迈进。

◆ 产业1.0时代：数据中心大多用于科研方面，基础电信运营商提供少量中心机房、机柜出租，服务内容单一，主要包括出租机柜，提供场地、电力、网络带宽、通信设备等基础资源和设施的托管和维护服务。

◆ 产业2.0时代：随着互联网高速发展网站数量激增，企业已经意识到IDC是企业IT基础建设的核心。IDC除基础的主机托管业务外，同时提供数据存储管理、安全管理、网络互联、出口带宽的网络选择等服务。部分运营商由提供机柜托管转向数据存储管理、互联出口带宽选择等服务。同时自建IDC成为大型互联网企业建设趋势。

◆ 产业3.0时代：云计算技术的成熟开启了IDC的IaaS时代。数据中心概念被扩展，大型化、虚拟化、综合化数据中心服务是主要特征，数据中心突破了原有的机柜出租、线路带宽共享、主机托管维护、应用托管等服务，更注重数据存储和计算能力的弹性化、设备维护管理的综合化。在此阶段，规模化建设和运营带来成本降低，业务向龙头聚拢，产业整合加快。

◆ 产业4.0时代：全球5G开始规模部署后，5G应用诞生边缘计算需求，产业分工进一步明确，此阶段规模化、模块化的超大型数据中心与小型化边缘数据中心同时部署。

从整体发展历程来看，中国IDC产业经历20年发展，在技术基础和主要服务方面达到美国IDC近30年的发展水平。欧美发达国家互联网发展近50年，2000年左右其第三方IDC产业开始逐步发展，Equinix、DLR（数字房地产信托公司）等著名第三方IDC企业凭借灵活的管理及高效的收购，迅速发展成为全球龙头。在同时期，我国的互联网刚刚起步，2002年我国IDC企业开始对IDC机房进行扩容和改造项目，该阶段IDC需求主要由运营商承接，随着互联网产业不断发展，专业的第三方IDC服务商诞生。

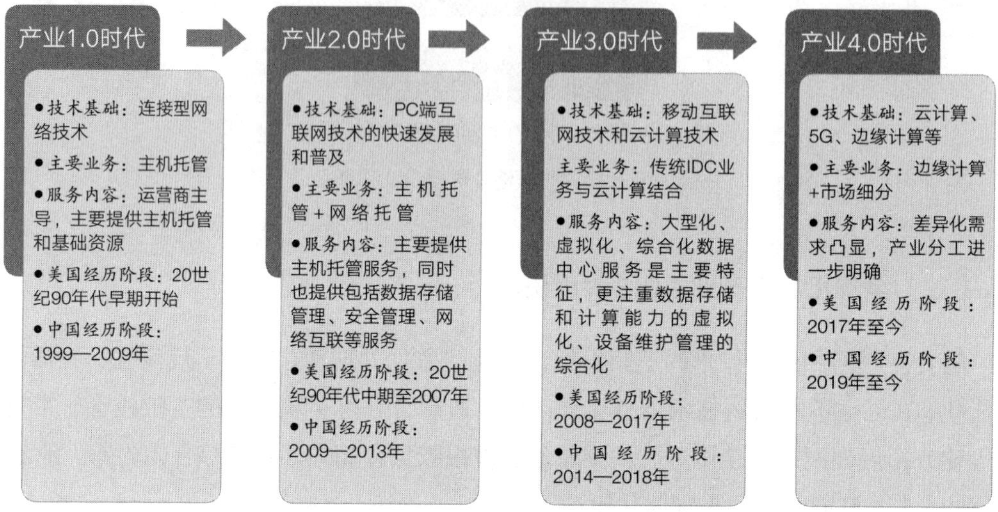
产业1.0时代
•技术基础：连接型网络技术
•主要业务：主机托管
•服务内容：运营商主导，主要提供主机托管和基础资源
•美国经历阶段：20世纪90年代早期开始
•中国经历阶段：1999—2009年
产业2.0时代
•技术基础：PC端互联网技术的快速发展和普及
•主要业务：主机托管+网络托管
•服务内容：主要提供主机托管服务，同时也提供包括数据存储管理、安全管理、网络互联等服务
•美国经历阶段：20世纪90年代中期至2007年
•中国经历阶段：2009—2013年
产业3.0时代
•技术基础：移动互联网技术和云计算技术
主要业务：传统IDC业务与云计算结合
•服务内容：大型化、虚拟化、综合化数据中心服务是主要特征，更注重数据存储和计算能力的虚拟化、设备维护管理的综合化
•美国经历阶段：2008—2017年
•中国经历阶段：2014—2018年
产业4.0时代
•技术基础：云计算、5G、边缘计算等
•主要业务：边缘计算+市场细分
•服务内容：差异化需求凸显，产业分工进一步明确
•美国经历阶段：2017年至今
•中国经历阶段：2019年至今

图3 IDC产业发展阶段

（资料来源：智研咨询（中国IDC圈）、前瞻产业研究院）

二、中国与全球 IDC 市场竞争格局截然相反

（一）中国IDC市场发展迅速

全球IDC市场保持平稳增长，中国IDC市场发展迅猛。根据中国信通院《数据中心白皮书2018》，2017年全球数据中心市场规模近465.5亿美元（仅包括数据中心基础设施租赁收入，不包括云服务等收入），较2016年增长10.7%，IDC下游仍以互联网、云计算、金融等行业为主。得益于我国近年来移动互联的快速发展崛起，根据IDC报告，国内IDC市场规模将在2022年达到354亿美元，2017—2022年复合增长率达27.1%。

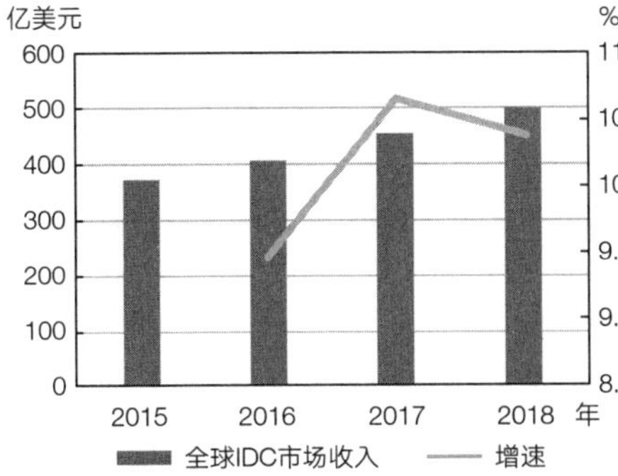

图4 全球IDC市场规模

（资料来源：中国信通院．数据中心白皮书（2018年）［R］，2018）

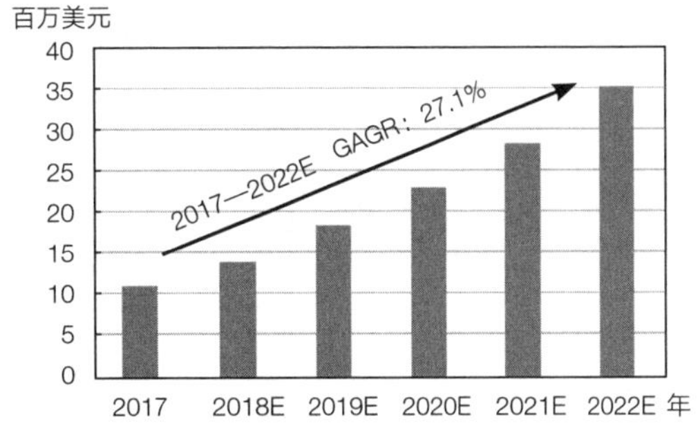

图5 中国IDC市场规模

（资料来源：IDC、世纪互联公司公告）

（二）互联网和云计算发展是IDC产业发展的核心动力

IDC产业链主要由上游设备供应商（包括电源设备、精密空调设备、光模块供应商、动力环境监网络设备供应商、油机等），中游数据中心服务商（IDC设计方/承建方、土地供应方、基础电信运营商、第三方数据中心服务商）和下游终端客户（互联网公司、云计算企业、金融机构、政府机关等）构成。

上游设备供应商主要是生产数据中心服务所需要的硬件设备供应商，包括电源设备、精密空调设备、光模块供应商等设备供应商。上游设备供应商涉及各行业，数据中心只是作为其一类下游，上游集中度较为分散，其中具有一定技术壁垒的领域包括网络设备、电源设备和精密空调等，市场价值最大的是服务器。

中游数据中心服务商由IDC设计方/承建方、土地供应方、基础电信运营商、第三方数据中心服务商构成，主要是整合土地、电力、带宽等资源，为下游提供服务器托管等服务，是IDC产业产业链最重要的环节。客户根据不同需求，可选择租用第三方IDC数据中心和运营商数据中心或云计算厂商提供的公有云服务。

下游终端用户指IDC产业下游面向的各类行业客户，包括所有需要将内容计算/存储在IDC机房托管服务器的互联网企业、金融机构单位、政府机关等。

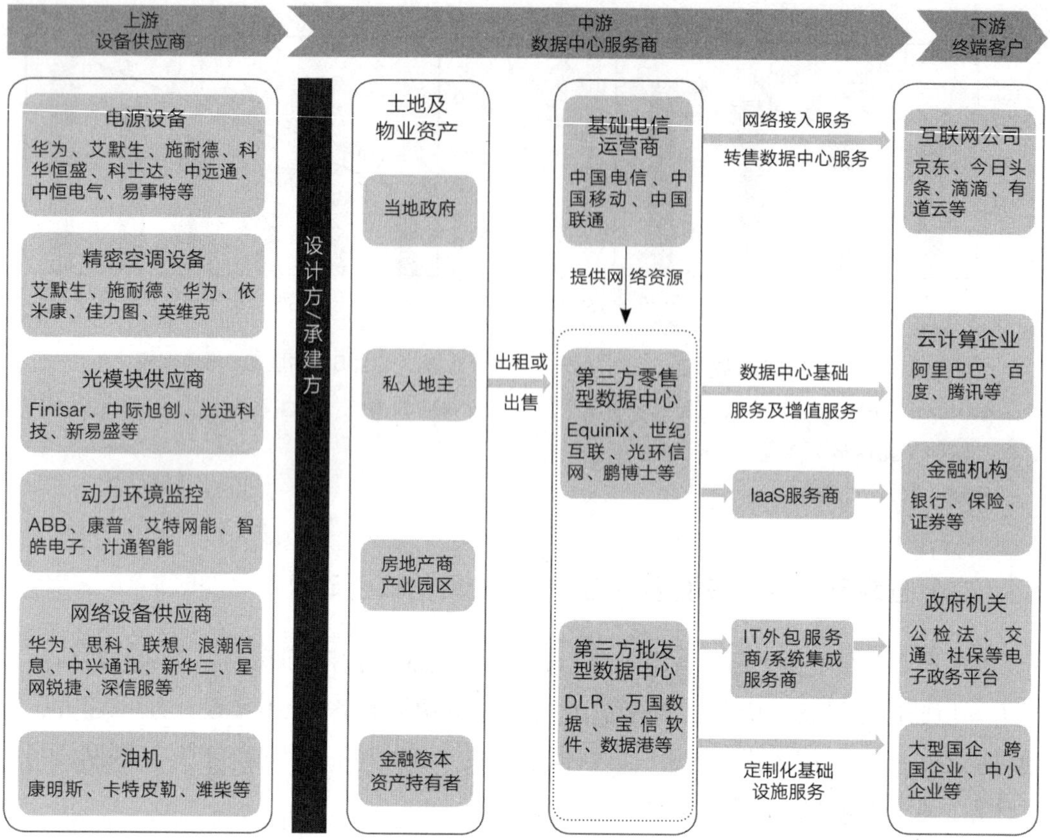

图6　IDC产业链

（资料来源：薛亮．资本协同的数据中心特征［C］，2019-12-19）

（三）中国与全球IDC市场竞争格局截然相反

全球IDC市场主要参与者包括电信运营商和第三方数据中心服务商两大类。

电信运营商自身业务需要数据中心支撑，在IDC领域具备得天独厚的先天优势，尤其体现在资金、土地和带宽资源方面。同时，电信运营商依靠其垄断地位，比其他数据中心服务商更容易获取客户。

第三方数据中心服务商专门建设并运营数据中心，相对于业务复杂且多元化的电信运营商，这类公司在数据中心方面有边界成本更低、专业化程度更高、可扩展优势强、灵活性高、服务多样化等特点。

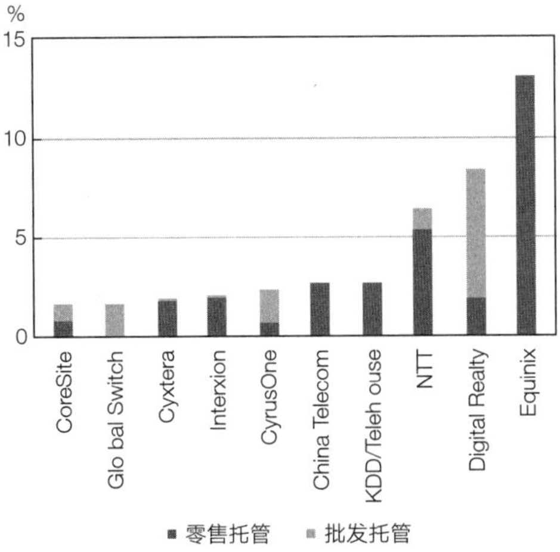

图7 全球 IDC 服务（场地出租/托管）市场竞争格局

（资料来源：Synergy）

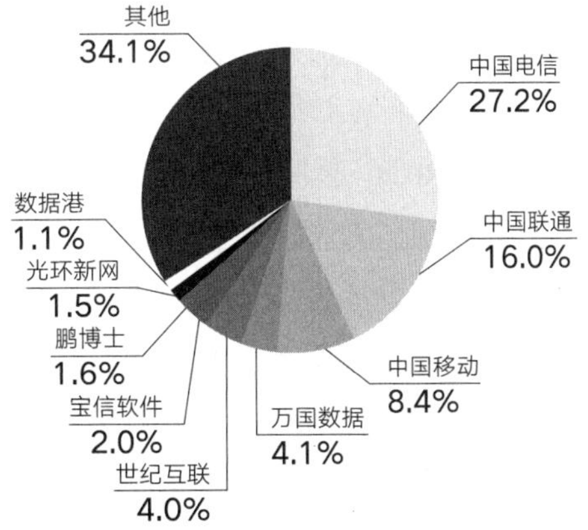

图8 我国IDC市场格局

（资料来源：中国信通院、前瞻产业研究院）

由于电信运营商资源垄断程度不同，中国与全球IDC市场竞争格局截然相反。全球IDC经历30年发展，市场化程度成熟，电信运营商逐步退出IDC市场，IDC由第三方主导。根据Synergy数据，2018年美国 Equinix 公司占据全球托管市场近13%的份额，排名第一。其次为 Digital Realty，占全球份额约9%。国内由于电信资源强垄断，电信运营商占据IDC 54%的份额。由于数据量暴增下游需求旺盛，国内第三方IDC近年来发展迅速，根据中国信通院数据，2018年国内第三方IDC企业万国数据、世纪互联、宝信软件等分别占据4.1%，4.0%和2.0%的份额，头部企业扩展迅速。

表2 主要IDC公司汇总

公司	运营模式	机柜数	上架率	IDC业务营收占比	IDC业务毛利率
Equinix	零售为主	29.7万个	79%	94.0%	49.48%
Digital Realty	批发为主	450万平方英尺可租赁面积	—	98.0%	—
万国数据	批发为主	总承诺面积约24万平方米	70%~72%	100.0%	25.72%
世纪互联	零售为主	32 116个	66%~72%	100.0%	27.62%
光环新网	零售为主	约30 000个	70%~75%	21.5%	56.0%
宝信软件	批发为主	约30 000个	90%~95%	—	—
鹏博士	零售为主	约30 000个	—	25%	44.7%
数据港	批发	28 200个	80%~90%	96%	37.6%
奥飞数据	零售为主	7 200个	60%~70%	50.6%	24.6%

资料来源：各公司公告。

Equnix 通过并购整合成为全球零售型数据中心龙头企业。Equinix成立于1998年，公司主营数据中心设备托管和互联业务。截至2019年末，Equinix在全球52个城市及地区运营210个数据中心，Equinix服务客户数超9 700家。2007—2019年，Equinix的整个收购案例多达19起，通过对全球各地数据中心资源的收购不断扩张，同时积累客户资源，逐渐成为全球零售行IDC龙头。

Digital Realty通过并购整合成为批发型数据中心龙头企业。Digital Realty成立于2003年，公司可面向大型客户提供定制化数据中心解决方案，同时也将数据中心出租给电信运营商、第三方零售型数据中心和云计算提供商，由它们将数据中心转租给最终用户并向其提供其他增值服务。截至2019年末，Digital Realty在全球运营225个数据中心，服务客户数超2 300家。

万国数据是中国最大的第三方批发型数据中心供应商。公司成立于2003年，于2016年11月在纳斯达克上市。公司主要提供主机托管、托管管理等服务。公司拥有北京、成都、上海、深圳、苏州、广州的跨地区增值服务许可证。公司是目前国内收入复合增速最快的第三方IDC公司。截至2019年第二季度末，万国数据在全国拥有44个数据中心，总承诺面积183 423平方米，服务客户数超562家。

世纪互联是中国最大的零售型第三方数据中心供应商。公司成立于1999年，2011年4月在纳斯达克上市。公司提供数据中心服务，VPN服务及云服务（公司运营微软、IBM在华云服务）。公司拥有北京、上海、广州、深圳、杭州、西安的跨地区增值服务许可证。截至2019年第二季度末，世纪互联在全国运营58个数据中心，运营机柜32 116个，服务5 000多客户。

光环新网成立于1999年，2014年在深圳证券交易所挂牌上市。公司主要提供IDC服务及云计算服务。公司目前重点布局核心城市数据中心，拥有机柜约30 000个，储备项目约5.2万个，是目前国内发展最快的零售行第三方数据中心供应商。

宝信软件成立于1994年，依托宝武集团，天然具有强势的融资能力及区位优势。2013年开始，公司开始大力推进IDC业务，建设宝之云一至四期。公司项目IDC签约率高达90%以上，目前宝之云四期签约率超过100%，部分项目9月30日前交付上海电信。

鹏博士成立于1985年，1994年于上海证券交易所上市。公司主营业务从特钢冶炼转型至互联网接入、数据中心等互联网增值服务业务，公司是国内最早开始运营第三方IDC的服务商。公司数据中心分布在北京、上海、广州、深圳等一线城市，目前拥有机柜约3万个，公司计划未来着重发展数据中心业务。

数据港成立于2009年，2017年上市。公司实际控制人为上海市静安区国资委，主要为BAT建设和运维数据中心。截至2019年底，公司共运营17个数据中心，共部署约2.8万个机柜。

三、IDC供需缺口长期存在，超大型+边缘小微型数据中心是未来主要发展趋势

（一）全球数据中心长期处于供不应求状态

IDC重资产投入导致数据中心将长期处于供求不平衡状态。随着5G应用兴起，车联网、智能家居等应用诞生，互联网的流量增长暂未看到天花板；而IDC供给上受限于土地、电力、带宽等资源投入，全球供给增速远不及需求增长。根据451 Research预测，全球2023年多租户数据中心的需求达1 988万平方米，而供给仅有1 542万平方米，两者相差446万平方米。

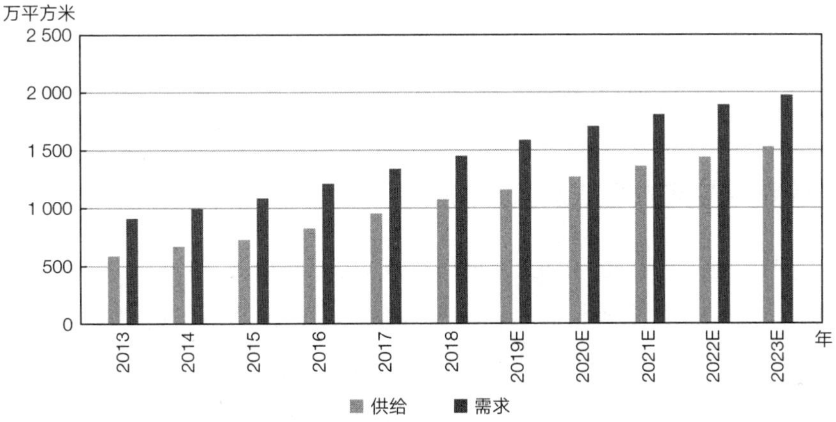

图9　2013—2023全球多租户数据中心（MTDC）的供求情况

（资料来源：451 Research，Statista Estimates）

（二）5G建设时期，国内第三方数据中心份额有望进一步扩大

对比建网时间、流量增速和网民规模，IDC供需缺口远大于发达国家，IDC供求缺口更胜。

从需求看：国内3G晚于发达国家近5~7年，4G晚于发达国家近3~5年，根据Cisco数据，2017年亚洲和北美的数据流量接近相同，未来亚洲数据流量的复合增速大于北美；中国境内流量自2014年起开始爆发式增长，几乎每年数据流量都翻倍式增长，而全球数据流量增速已呈现下滑趋势；网民规模而言，中国具备全球规模最大的网名数量。至2018年6月，中国互联网用户总数达8.02亿，位居全球网民数量首位。

从供给看：在中美流量总额近似的水平下，中国IDC储备量不及美国1/5。根据Synergy统计数据，中国IDC最大的提供商中国电信占全球约2.6%的份额，仅是Equinix的1/5。

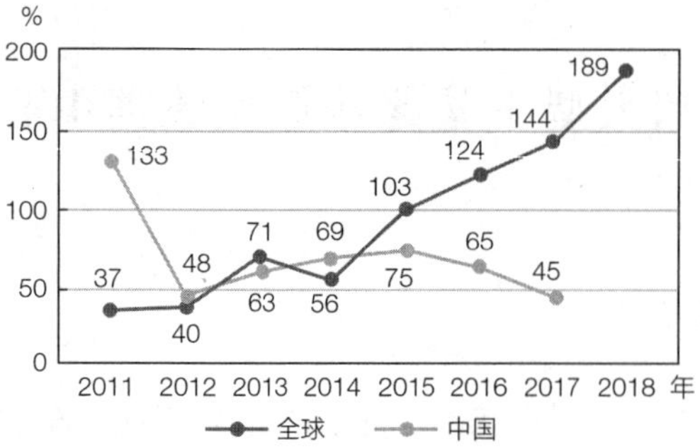

图10 全球及中国数据流量增速

（资料来源：中国信通院）

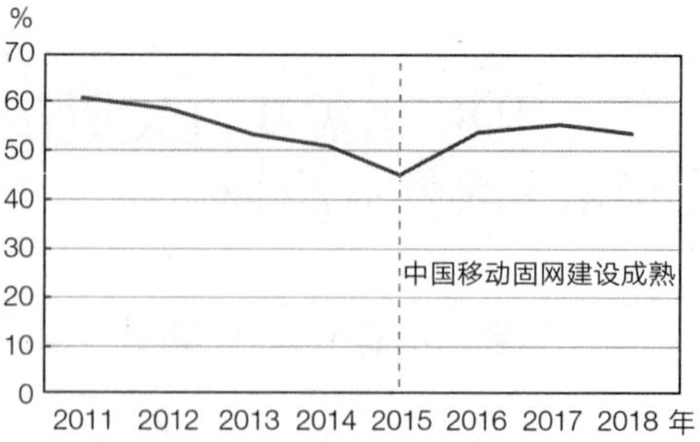

图11 运营商IDC市场份额有下降趋势

（资料来源：IDC、世纪互联）

在IDC供需严重失衡的背景下，5G建设期正是第三方IDC公司发展的最好时机。第三方IDC投入具备灵活性，与市场需求相关性更强，我国第三方IDC市场份额在稳步扩张，根据IDC的统计数据，2011—2015年市场份额持续降低，2016年走强则是由于中国移动固网建设成熟。运营商投资与通信代际更迭相关性更强，运营商面临5G高投入建设时期将是第三方IDC发展的有利时机。

（三）收购兼并成为产业扩张方式

总结北美IDC巨头Equinix和DLR发展历程来看，横向收购整合是IDC公司的主要扩张模式。北美市场IDC通过大规模收购进行全球化布局，行业市场集中度不断提升，龙头企业增速远超行业增速，云计算企业也开始选择往上游拓展收购数据中心资产。

近年来，国内的IDC服务商开始并购其他企业，进一步扩大市场份额，一些拥有土地或电力等资源的传统企业通过并购IDC相关公司进入数据中心领域。国内部分第一梯队的企业（如万国数据、光环新网）已经进行收购整合，行业的集中度将不断提升。同时，一些资源方企业在传统行业步入下行周期后，通过并购或者合作转型做IDC业务。以科华恒盛为例，科华恒盛深耕UPS电源27年，是中国本土最大的高端电源企业，UPS电源也是数据中心必备产品，2017年公司通过收购天地祥云涉入IDC领域。

表3 国内IDC并购事件汇总

时间	并购事件
2017年4月	科华恒盛发布重大资产重组方案，拟支付现金6.37亿元收购天地祥云75%的股权。收购完成后，公司将持有天地祥云100%股权，科华恒盛的数据中心设备租赁及天地祥云的数据中心及网络运营服务将产生协同效应和规模效应
2017年5月	2017年5月19日，华星创业发布公告，公司拟通过发行股份及支付现金的方式，购买互联港湾49%的股权，交易价格为53 900万元。通过此次交易，华星创业将业务领域进一步拓展到IDC和云计算服务等互联网服务领域，产业布局更加全面
2017年6月	2017年6月15日，沙钢股份披露拟作价258.08亿元收购苏州卿峰及德利迅达100%股权，进入数据中心行业。交易完成后，公司主营业务将由特钢业务转为特钢、数据中心双主业，实现业务结构调整和转型发展
2017年6月	2017年6月2日，中通国脉披露重组预案，拟收购上海共创100%股权，交易作价4.14亿元。上海共创是一家专业从事IDC运营维护、IDC增值服务和软件及系统集成服务的公司

续表

时间	并购事件
2017年7月	南兴装备拟通过发行股份及支付现金方式，购买广东唯一网络科技有限公司100%股权。唯一网络已为近3 000家互联网公司提供IDC等领域的服务
2018年2月	光环新网拟以发行股份和支付现金相结合的方式购买科信盛彩85%股权，科信盛彩拥有在亦庄的绿色互联网中心，规划标准机柜数量达到8 100个
2018年3月	万国数据宣布在广州收购一个数据中心（广州三号），其机房面积达13 000平方米
2018年5月	华明装备筹划发行股份及支付现金购买资产事项，标的公司主要从事IDC行业的相关业务
2019年8月	沙钢集团将斥资18亿英镑（约合158亿元人民币），收购英国数据中心运营商Global Switch剩余24.01%的股权，以实现对Global Switch 100%的全资控股。此次收购完成后，沙钢以总计金额达63亿英镑（约合558亿元人民币）完成对欧洲最大的数据中心公司Global Switch的全资收购。

资料来源：各公司公告。

（四）技术推动下数据中心呈两极化发展趋势

随着5G网络建设的推进，VR/AR、车联网等应用快速演进，对数据中心的规模和性能各方面产生重要影响，数据中心呈现两极化趋势：一极是云计算大型、超大型数据中心，另一极是边缘计算小微型数据中心。

5G时代流量将主要流向大型的云计算厂商，预计77%的数据将在数据中心内运算，资源逐步整合。IDC大型化、集约化的发展导致全球数据中心数量开始缩减，但是单机架速率快速提升。定制化、模块化的超大数据中心将成为我国的数据中心建设主要目标。据Gartner统计，截至2017年底全球数据中心共计44.4万个，预计2020年将减少至42.2万个。从部署机架来看，单机架功率快速提升，机架数小幅增长，2017年底全球部署机架数达493.3万架，安装服务器超过5 500万台，预计2020年机架数将超过498万架，服务器超过6 200万台。

5G低时延要求导致通信网络逐步中心化，部署边缘计算中心成为5G重要投资方向。为了更好地支撑高密度、大带宽和低时延业务场景，5G时代将选择在靠近用户的网络边缘侧构建业务平台，提供存储、计算、网络等资源，以减少网络传输和多级转发带来的带宽与时延损耗。

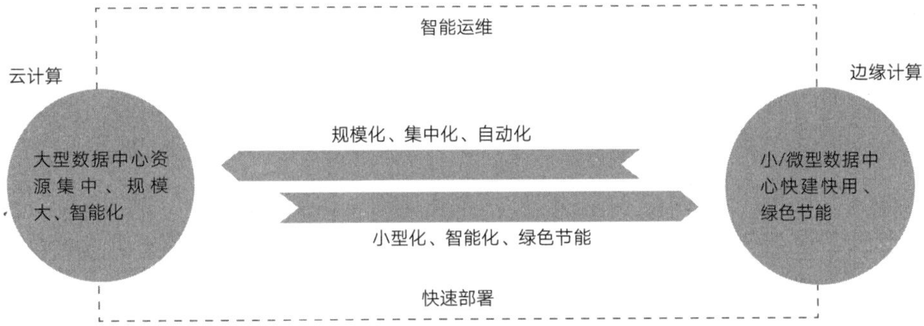

图12 数据中心呈现两极化趋势：云计算大型、超大型数据中心+边缘计算小微型数据中心

（资料来源：IDCC．携手IDC全生命周期共赢新产业［OL］）

（五）空间维度：一线市场资源紧缺，二线城市布局进一步明朗

我国IDC市场布局整体呈现“东部沿海居多、核心城市集中、中西北部偏少”的格局。一线城市IDC机房因为政策限制，具有稀缺优势，长期供给不足，市场零售需求旺盛，上架率达到70%~80%。二线城市数据中心最容易供给过剩，风险较大，互联网企业通常会选择与当地政府合作建设区数据中心，目前上架率不足50%。

政策引导IDC产业重心正向二、三线城市和西部地区延伸。为引导国内IDC合理布局，工信部发布的《关于数据中心建设布局的指导意见》及《全国数据中心应用发展指引（2017）》，规范数据中心建设标准、建设选址，推动国内数据中心建设向气候适宜、能源充足、土地租用价格低廉的西部、东北地区延伸。比如，北京供销大数据集团在河北承德和贵州贵阳两地建设的两个高标准、一体化大数据中心——承德德鸣大数据产业园和贵阳乾鸣国际信息产业园，建成后可拥有8万多个机柜规模；中金数据也计划在武汉投资建设数据中心。二线城市拥有低成本电力和地价优势，而且当地政府大多会在财政税收等方面提供支持，五年后数据中心或在网络资源和气候条件适宜的二线城市聚集。

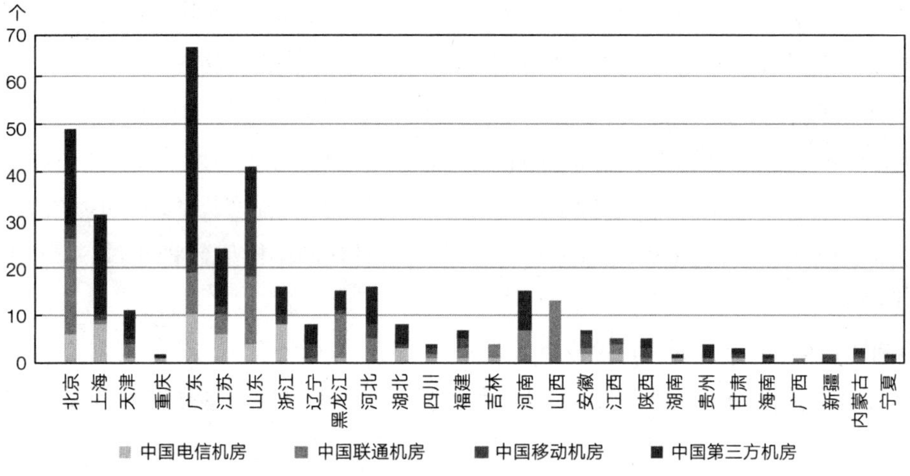

图13　数据中心布局以一线城市为主

（资料来源：中国IDC圈. 中国IDC行业资讯大全（2020年版）[R]）

激光加工：

东风已至，未来可期

龙海敏　东兴证券机械行业分析师

产业描述：

激光加工产业是指用激光技术来进行加工制造的产业。激光加工产业是借助激光这种新技术，给生产方式带来全面升级，并对生产力产生促进效应的所有业态的集合。这个业态集合由上游的激光器核心零部件行业，中游的激光设备行业，以及下游众多如机械、电子、医疗、航空航天等应用激光设备的行业构成。下游最初应用为高端加工领域，由于激光器技术的进步，应用领域逐步下沉，开拓了以消费电子领域为开端的应用领域扩张，同时伴随着产品制造的转移，整个产业开始向中国转移，现在国内的下游应用相对已经形成局部规模化，上游核心零部件才刚刚开始发展，整个产业迎来爆发前夜。

一、激光器国产化是行业发展之东风

（一）技术进步推动激光器成本降低

激光的产生从原理上是物质受到能量激发，然后释放出更大能量的过程。从具体实现的过程上，物质的基本结构是原子，原子由中心带正电荷的原子核和周围带负电的电子构成。电子可以通过吸收或者释放能量来实现能阶跃迁，当电子吸收一个光子时，电子会向外跃迁到能量较高的能阶。相对应地，当电子从高能阶跃迁到低能阶时，电子也会释放出一个光子。而激光则利用外来的光子诱发电子由高能阶向低能阶跃迁，这样诱发的光子加上电子跃迁所释放的光子会产生两个光子，实现受激放大。

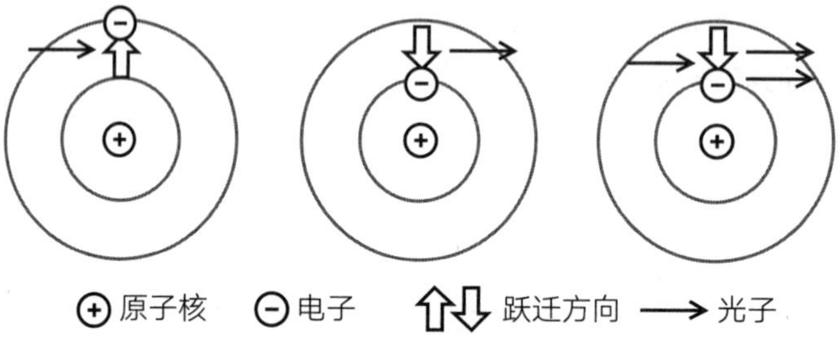

图1 激光产生原理

依据激光的产生原理，通过各种工艺实现了各类激光器。激光的使用方向，则主要分为能量激光和信息激光两类，其中能量激光主要用于材料加工领域使用的切割和焊接，视网膜脱落修复、白内障手术，以及军事上的激光炮，而光通信、激光扫描、激光制导等应用场景则利用激光的信息特性。

表1 激光使用方向分类

使用方向种类	典型用途
能量激光	材料加工，激光手术，激光炮
信息激光	光通信，激光扫描，激光制导武器

按照激光器增益介质的不一样，激光器主要可以分为液体激光器、气体激光器、半导体激光器和固体激光器，各种激光器的增益方式和泵浦方法都不尽相同，其中转换效率是最重要的评价指标之一。半导体激光器的转化效率最高，未来可能成为激光器的发展方向，但与当今主流的光纤激光器对比，半导体激光器的技术发展还不够完善，光束质量不如光纤激光器。

表2 不同增益介质激光器主要特点

增益介质		泵浦方法	转换效率
液体	染料	光	
气体	准分子、CO_2等	放电	8%~10%
半导体	化合物半导体	电流	70%~80%
固体	YAG	光	1%~3%
光纤	铒、镱、铥	光	30%~35%

资料来源：锐科激光招股说明书。

光纤激光器也是固体激光器的一种，光纤激光器是指以掺有稀土离子的增益光纤作为增益介质，增益光纤固定在两个光纤光栅之间构成谐振腔，泵源通电产生的泵浦光传输至掺有稀土离子的增益光纤中，当泵浦光穿过增益光纤时，增益光纤中的稀土离子会吸收泵浦光，其电子被激励到较高的激发能级，实现离子数反转，反转后的粒子以辐射形成从高能级转移到基态后从纤芯中输出激光。

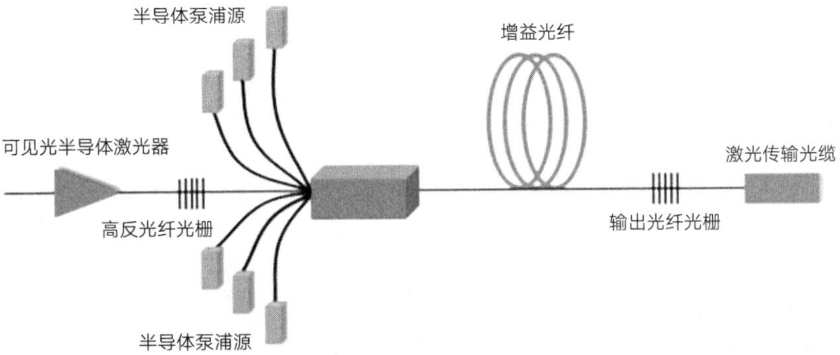

图2 光纤激光器原理图

（资料来源：锐科激光招股说明书）

光纤激光器具有结构简单的优点，这直接降低激光器的原材料成本，在使用过程中，光纤激光器除了电能，也不需要其他额外的耗材，进一步降低激光器的使用成本，另外得益于全封装的结构，激光器的维护成本也大大降低。

（二）激光器国产化促进了国内设备的高速增长

改革开放以来，我国依靠人口红利逐步成为世界的制造工厂。21世纪开始后，人口红利逐步升级成工程师红利，再结合我国加入世贸组织的契机，制造业获得了飞速发展，我国成为实力雄厚的制造大国。同时，制造大国的历史背景也积累了国内大量的中低端加工需求，中低端加工的产品利润率低，从而对加工成本十分敏感，传统的激光加工作为高端加工方式，不能惠及国内大量的加工产业。激光技术进步和激光器的国产化促进了激光加工设备价格的大幅下降，可以满足国内大量的加工需求，国内激光加工设备销售规模获得持久高速增长。

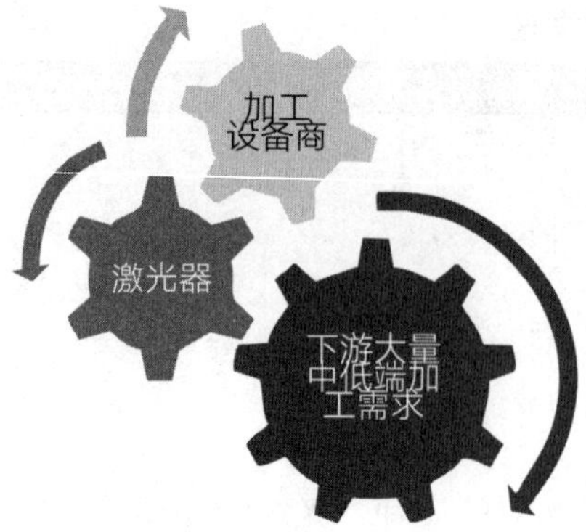

图3 激光器国产连接了设备商和大量中低端的加工需求

激光器作为整个设备中价格最高的核心零部件，它的国产化带来了整个设备成本的大幅下降，从而带来了激光设备行业的蓬勃发展。国内激光设备的销售规模由2011年的117亿元上升到2018年的605亿元，7年复合增长率高达26%。

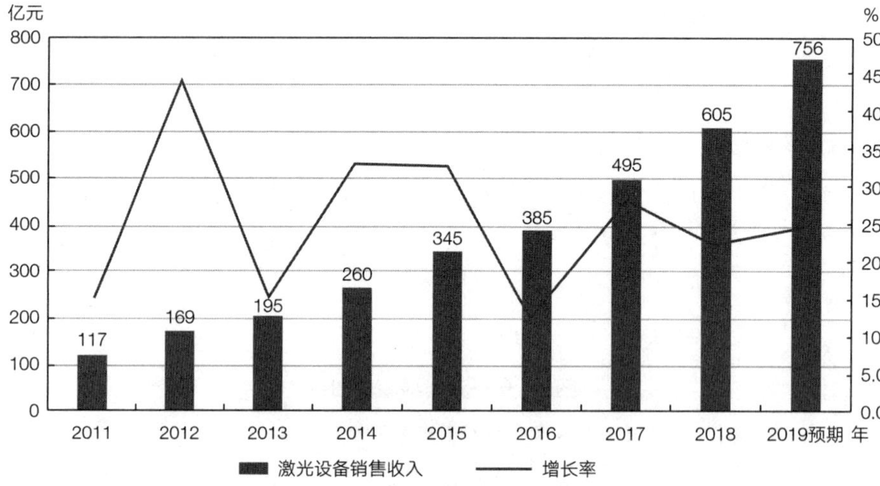

图4 国内激光设备销售规模

（资料来源：创鑫激光招股说明书）

二、激光产业向国内转移，国产替代正当时

（一）中国成为激光产业快速增长的新市场

激光加工产业的上游主要由激光器及组成激光器的核心元器件构成，加上结构件和数控系统。产业链的中游是激光加工设备，即将零部件组装成为一台可以进行激光加工的设备。产业链下游面向各个行业的终端需求，根据不同应用场景的区别，对设备有一定的定制化需求。

表3 激光加工装备产业链环节

产业链环节	主要构成
零部件构成	光学元器件（激光器、传导镜片、激光头、摄像头等）、电子元器件（激光电源、光栅尺、电机及驱动器、开关电源等）、结构件（机身、工作平台、传动装置、输送料装置、冷却装置等）、数控系统等。
激光加工设备	按功率分：高功率（1 000W以上）、中功率（100~1 000W）、低功率（100W以下）激光加工设备；按工作方式分：连续激光器、脉冲激光加工设备；按脉冲宽度分：毫秒、微秒、纳秒、皮秒、飞秒激光加工设备；按增益介质分：气体、固体、液体、光纤激光加工设备
下游需求	汽车、航空航天、船舶、电子、五金制品、纺织服装、印刷、广告等

资料来源：中国知网。

国内大量中低端的加工需求，造就整个激光加工产业链向国内进行转移。以集中度很高的光纤激光器行业来分析，龙头IPG占据了绝大部分市场，通过分析它的收入变化也基本能确定整个行业的转移情况。从2013年开始，中国的收入增速为30%左右，2017年达到了63%，而其他地区的收入增速平均不到15%。另外从收入体量来看，2013年在中国的收入为11.7亿元，占公司总收入的30%，到2017年在中国的收入规模超过40亿元，占公司总收入的44%，中国市场的增长现象十分明显。

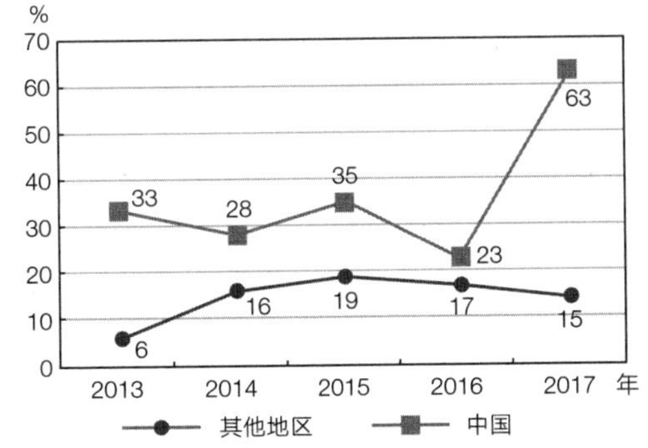

图5 IPG中国收入增速与其他地区对比

（资料来源：Wind）

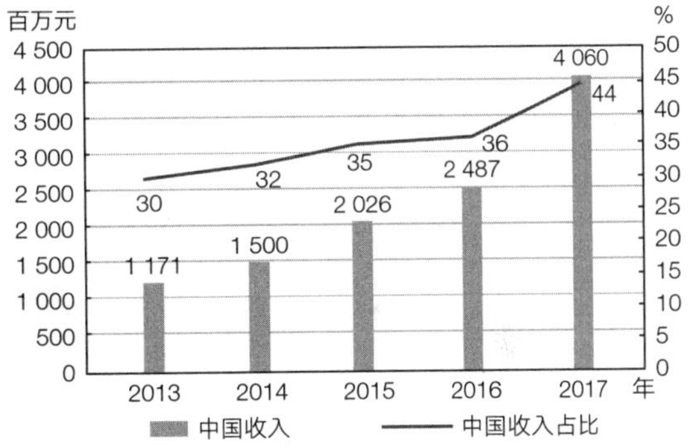

图6 IPG中国收入及其占总收入的比例

（资料来源：Wind）

国内激光产业近年来增长迅速，形成了珠三角（以中小功率激光加工机床为主）、长三角（以大功率激光切割焊接设备为主）、华中地区（覆盖大、中、小激光加工设备）、环渤海地区（大功率激光熔覆和全固态激光为主）四大激光产业带，涌现了像大族激光、华工科技等一系列优秀的激光行业代表企业，但这些企业大多数还是集中于下游集成环节，技术实力有较大提升空间。

激光器行业进入有壁垒，市场集中度高，全球激光行业市场规模呈现加速增长的趋势。随着制造业的不断升级，激光作为一种新型、高效的工具获得了广泛应用，尤其是在2015年以后，激光行业市场规模获得加速增长的趋势，截至2018年市场规模达138亿美元。

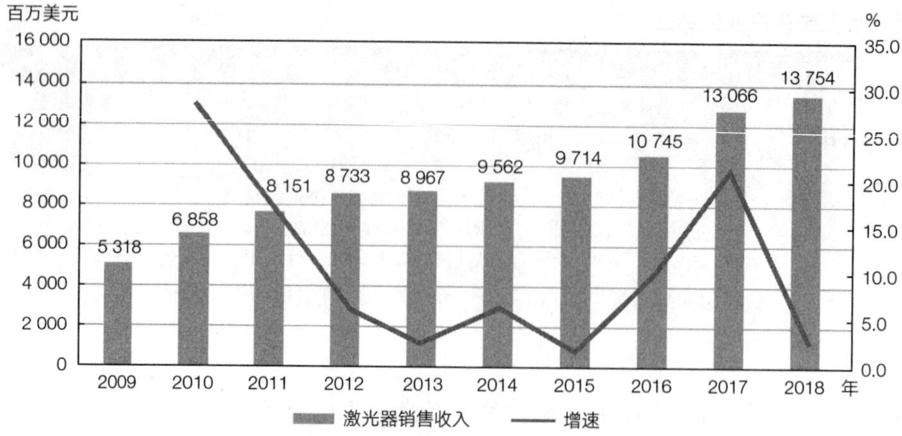

图7　全球激光行业市场规模及增速

（资料来源：创鑫激光招股说明书）

材料加工是制造业升级的最主要领域，截至2018年的分类数据，材料加工涵盖了激光45%的使用场景，市场空间为61.6亿美元，现在材料加工领域中使用最多的是切割，其次是金属焊接、打标、半导体生产等。

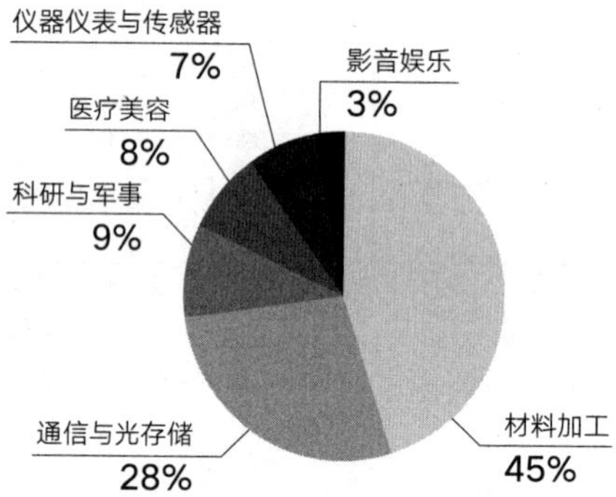

图8　激光器应用场景分类

（资料来源：创鑫激光招股说明书）

光纤激光器由于结构简单、光电转化效率高、光束质量好等优点正逐渐占据主流的市场份额。从统计数据来看，2017年和2018年光纤激光器占工业激光器比例分别为50.5%和51.5%，已经占比超过一半。毋庸置疑，未来光纤激光器将成为主流的激光器产品。

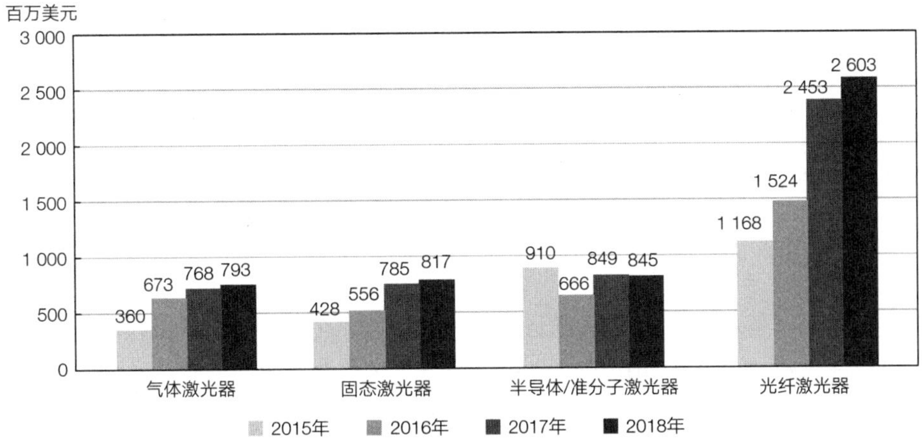

图9　工业激光器销售情况对比

（资料来源：创鑫激光招股说明书）

当前国内光纤激光器的市场份额主要由IPG占据，国内市场占有率接近50%，以锐科激光为首的国内企业市场占有率在迅速提升，其中锐科的市场占有率从2017年的12%提升到18%，增长速度明显。

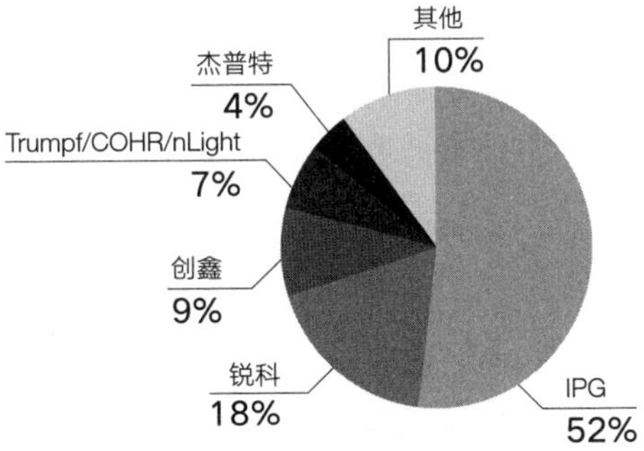

图10　2018年国内光纤激光器市场占有率情况

（资料来源：各公司年报）

从发展阶段来看，国内的激光器生产企业基本是后起之秀，进步迅速的同时也脱离不开底蕴不足和经验积累欠缺的弱点，整体还处于追赶者的局面。

表4　主要激光器生产商

公司名称	国别/地区	成立年份	企业简介	收入规模/亿元人民币
IPG	美国	1998	世界最大的光纤激光器制造商	92
锐科激光	中国武汉	2007	国内光纤激光器龙头，从事激光器及关键材料研发	14
创鑫激光	中国深圳	2004	国内排名第二的国产光纤激光器制造商	7
NLIGHT/恩耐	美国	2000	生产高功率半导体和光纤激光器及其关键零件	13
SPI	英国	2000	光纤激光器生产商	被通快收购
Rofin/罗芬	德国	1975	提供工业及其他应用的激光解决方案	被相干收购

资料来源：Wind、各公司官网。

（二）激光设备具备广阔的应用市场空间

激光与原子能、半导体、计算机共同被视为20世纪的现代四项重大发明，对社会的发展和科技的进步产生了重大的影响，带来了生产方式的变革，光加工相对于传统的机械加工具备高效、环保、精细度高等优点，生产方式的变革必然是用光加工来全面替代机械加工。

基于光加工在各行各业具备普遍适用的特点，激光在各种领域的应用市场广阔。据美国科学和技术政策办公室2010年分析和统计，美国当年GDP的50%（约7.50万亿美元）与激光在相关领域的市场应用及不断广泛拓展相关。

表5 激光设备的广泛应用领域

激光光源设备	应用领域	产生GDP/万亿美元
半导体激光器、光纤激光器	信息、计算机、远程商务、光纤通信	4
二氧化碳激光器、光纤激光器、飞秒超快激光器、准分子激光器	交通运输、工业制造业	1
全固态激光器、准分子激光器、飞秒超快激光器	生物技术、人类健康、医学诊断治疗	2.5

资料来源：锐科激光招股说明书。

激光加工设备的进入门槛不高，激光器和控制系统都可以外购，大部分激光设备商进行的是组装工作，按照客户的要求选取相应的激光器，将零部件与机械结构件进行组装，最终完成产品的交付。

准入门槛不高，也就带来同质化竞争激烈，整体上优先进入的企业更容易依靠规模化效应来拉开与后续进入者的距离，从收入规模来看，同样国内的企业差距也会十分巨大。

现有的竞争格局是龙头优势明显。以收入规模来看，龙头企业通快（Trumpf）的收入远大于其他企业，这也是多年底蕴所造就的综合供应商优势。国内激光设备龙头为大族激光，得益于消费电子产业在国内的发展，大族激光的收入规模已经可以并肩国际一流激光设备企业。

表6 主要激光设备生产商

公司名称	国别/地区	成立年份	企业简介	收入规模/亿元人民币
通快	德国	1923	工业生产领域机床与激光器的市场及技术领导者	289
相干（Coherent）	美国	1966	主要业务分两部分：商用激光器和组件（CLC），特种激光器和系统（SLS）	101
大族激光	中国深圳	1999	国内激光装备行业领军企业	110
华工科技	中国武汉	1999	以激光为主业，涵盖装备制造、光通信、传感器等领域	52
联赢激光	中国深圳	2005	提供精密激光焊接设备及自动化解决方案	9.8
帝尔激光	中国武汉	2008	提供光伏行业的精密激光加工设备	3.6
金运激光	中国武汉	2005	提供金属/非金属材料数字激光加工设备	2.1

资料来源：Wind、各公司官网。

（三）国际龙头企业优势明显

德国通快是全球激光设备龙头，同时发展历史悠久，企业保持了持续的竞争力。

从通快发展历程来看，业务全部聚焦于加工设备领域，不断用新技术来提高产品价值，加强设备生产和创新能力，并积极拓展应用领域，在很多高精尖的领域均崭露头角。例如，在最新的财年报告中，通快在半导体加工设备中最核心的极紫外（EUV）光刻机领域实现收入4.88亿欧元，主要来自向ASML的产品销售。

通快公司能够长期处于行业领先的位置，技术领先是必要的条件，这需要长期的研发投入。通快的研发费用占比平均在10%，最新财年总计研发费用为3.96亿欧元。

表7　全球激光设备龙头通快的发展历程

时期	阶段	主要业务产品
1923—1949年	简单部件及设备时代	医用和工业用途的挠性轴、简单的钣金加工的手动机床、台式剪床
1950—1977年	开始数控时代	发明数控系统，推出第一台带有导轨数控系统的金属板加工机
1978—1995年	成熟技术与新技术组合时代	推出激光冲裁复合机、等离子切割机
1996年至今	立足主业开辟新领域	金属厚板切割机、高功率全新理念的激光加工机床、增材制造

资料来源：公司官网。

德国通快最初以医用和工业用途的挠性轴起家，之后逐步开始做一些用于简单加工的手动机床和剪床。机床的制作使通快公司积累了丰富的机械加工技术。数控系统扎根于机床技术，是对于机床加工有了深入理解后，为了提高效率进行的自主创新，这是技术积累的水到渠成。通快在之后的发展过程中不断应用新的技术来提高加工效率，延伸产品范围，出现了等离子切割和激光切割等设备。综合来看，通快公司首先扎根于主业，不断加强自身的核心竞争力，同时也以开放的心态关注技术的进步，不断使自身的设备符合技术的发展潮流，设备广泛应用于众多行业。

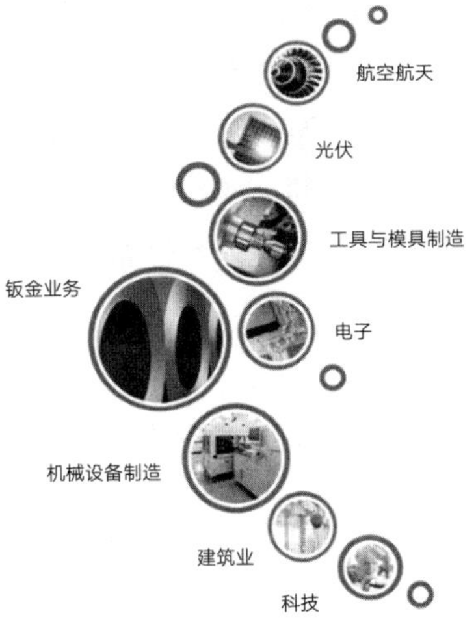

图11　在众多行业中均体现出专业性造就通快成为行业龙头

（资料来源：通快公司官网）

三、设备集成领域孕育巨大的市场空间

（一）激光装备依靠下游快速发展，将涌现出细分领域的龙头企业

激光器是通用性产品，便于批量化和标准化的制造，业务规模能够快速提升，从而带来激光设备也在一个层级上实现快速的推广。从国内的市场空间来看，激光器属于百亿元级的市场空间，而设备至少是千亿元级别的，市场空间的广阔更容易诞生伟大公司。

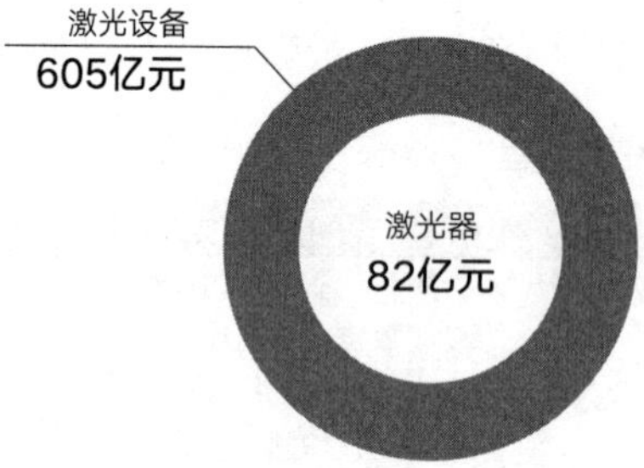

图12　2018年国内激光器和激光设备市场规模

（资料来源：Wind）

未来激光设备的竞争格局必然出现多细分、多龙头的局面，核心在于设备依附于下游所服务行业的壮大。国内龙头大族激光的发展得益于消费电子行业在国内的爆发，激光设备新秀帝尔激光表现也十分亮眼，得益于光伏行业近几年的蓬勃发展，基于这样的发展趋势，下游行业扩张之时，带来的加工需求也必然爆发，能够满足这种加工需求的激光设备商能够快速获得发展和壮大。从下游市场的集中度来看，中国的市场不论是内生出来，还是承接了产业转移，都具备一个广阔的发展空间，具备孕育优秀企业的肥沃土壤，技术储备扎实的企业将获得优先成长的先机。

激光加工产业发展要突破层级来进行扩张，瓶颈在于应用场景的突破，核心在于激光设备厂商要满足终端客户的需求，甚至培养终端客户的使用习惯，即需要集成出适应新应用场景的定制化设备。设备集成商的核心在于从单一的设备提供商变成综合的方案解决商，通过差异化使企业从同质化竞争激烈的设备行业脱颖而出，建立起自身的核心竞争力。

（二）新的应用场景将成为行业增长的重要领域

工业激光器在材料加工中进行大规模应用的时间还不长，主要还集中于切割领域。从材料加工的应用领域来看，切割大多集中于粗加工阶段，粗加工设备的价值量也相对较低，向复杂度和精细度更高的加工场景拓展是行业的发展方向。

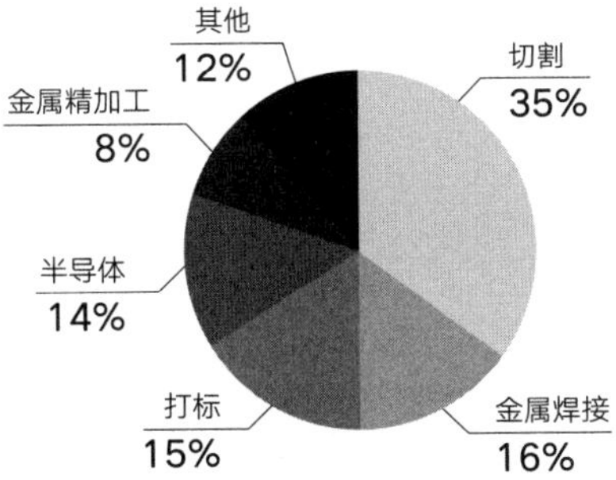

图13　工业激光器在材料加工领域用途分类

（资料来源：杰普特招股说明书）

（三）持续稳定的研发投入是技术领先的必要条件

通过对比海外优秀的设备企业，企业需要通过持续稳定的研发投入来保持技术的领先性。国内企业不仅在研发投入的绝对值上远不及需要追赶的同行，在研发投入的比例上也有很大的欠缺。中国制造由大转强，必然需要技术实力的增强，这样才能占据产业链的核心位置，最终参与甚至主导整个行业的发展方向，实现有效研发投入比例的提高，这样设备企业才能有序进行“研发一代，储备一代，销售一代”的可持续性发展战略。

第三篇

新模式

医药外包 / SaaS 产业 / 出版产业 /
工业气体 / 光伏产业 / 动力电池 /
建筑防水材料 / 种子产业

医药外包：

承接产业转移，兴于全球市场

胡博新　东兴证券医药行业首席分析师

许　睿　东兴证券研究所医药组

产业描述：

医药外包是指为医药研发企业服务，以合同研发为基础，承接研发中某一段或全流程工作的企业，医药外包工作主要可以分为临床外包（CRO）和生产外包（CMO），可以统称为CXO型企业。医药外包起源于20世纪80年代，近年来，医药外包行业蓬勃发展，在全球研发投入高的背景下，医药研发成本快速上升，生产力却有所下降，医药外包可以有效降低成本提高效率，因此得到快速发展。近年来，亚太地区医药产业得到长足发展，且各项产业要素如原料成本、人工成本等相比欧美更加优廉，并且国内近年来大力普及高等教育，丰富的工程师红利给医药外包产业快速发展奠定了基础，国内的CXO类企业正在享受产业转移带来的红利，外包行业数年保持20%增速，未来随着国内药审改革持续推进，国内医药产业逐步向好，医药外包企业将长久受益于本土医药产业崛起及走出国门分享全球市场的机遇。

一、医药外包提升效率节约成本，为资源配置优化产物

（一）医药外包兴起是基于成本和效率的产业链再分配

医药外包作为新兴行业，诞生于20世纪80年代初，当时欧美对新药研发管理逐步完善，对新药研究要求更加复杂，另外各大外企快速发展竞争加剧，为了提升效率，部分药企开始走向合同研究的外包道路，并逐步延伸至制药业各个领域。医药外包公司最初主要集中在欧美等地，如IMS、Parexel、Covance和Lonza等，近年来，随着各项产业链要素优化和再分配，全球制药产业正在进行新一轮转移，拥有工程师红利和成本优势的亚太地区成为新一轮医药外包产业转移的重点，如印度、中国等新兴工业化国家。

外包公司根据合同内容负责研发、生产或销售，服务范围涵盖药物生产全周期，包括临床外包（CRO）、生产外包［C(D)MO］和销售外包（CSO），主要是CRO和C(D)MO。跨国制药企业近年来大规模裁员、关闭工厂、缩减研发团队，但其管线资产未见明显减少，意味着发达国家药企正在更多使用CRO和C(D)MO等更快捷、成本更低的外部供应链，医药外包行业迎来前所未有的发展机遇。

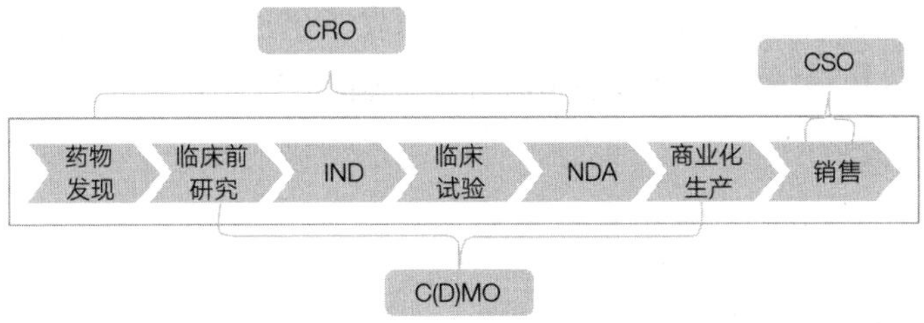

图1　CRO、C（D）MO、CSO业务

（资料来源：根据公开资料整理）

全球医药外包市场近年来高速增长，年均复合增速超过10%。根据火石创造数据，全球医药外包市场增速平稳，2013—2017年年均复合增速为10.3%，2017年市场总体规模达到1 041亿美元，其中CRO市场规模446亿美元（占43%），C(D)MO市场规模595亿美元（占57%），未来5年全球医药外包行业仍将保持高速增长，预计到2022年行业规模将达1 784亿美元，年均复合增速达11.4%。

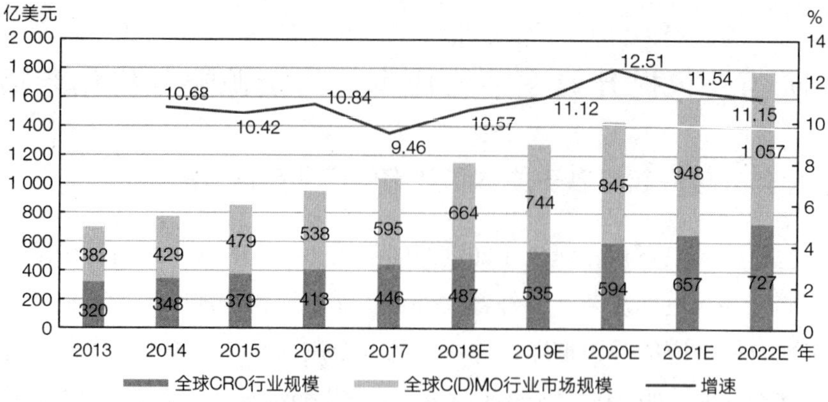

图2 全球CRO、C(D)MO行业市场规模

（资料来源：火石创造）

（二）医药研发的高投入、高成本为促使外包产业发展

1．全球医药研发投入持续加大，外包意愿逐步加强。

医药外包产业与全球医药行业整体研发投入呈现正相关的关系，企业研发投入加大将持续拓展外包产业的市场空间。近年来，全球制药行业研发支出在持续上升，研发支出占销售额比重也逐渐上升，2017年全球制药研发支出达1 650亿美元，比上年同期增长3.9%，同时研发支出/销售额比重从2010年的18.7%提升到2017年的20.9%，预计未来仍将进一步提升。

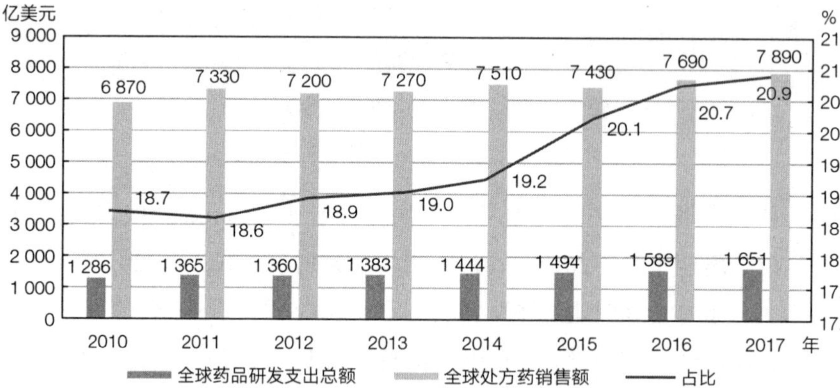

图3 2010—2017年制药公司研发支出占销售额比重

（资料来源：智研咨询）

此外，中小型新型生物公司兴起也促进了外包产业的扩容。中小型生物公司的运作更加灵活，正逐步成为全球医药市场创新主力。目前，全球在研的新药项目中约有63%来源于中小型生物公司，FDA批准新药的数据显示，小型制药及生物技术初创公司获得FDA批准的新药比例已由2009年的31%上升至2018年的63%，预计未来这一占比将进一步提高。

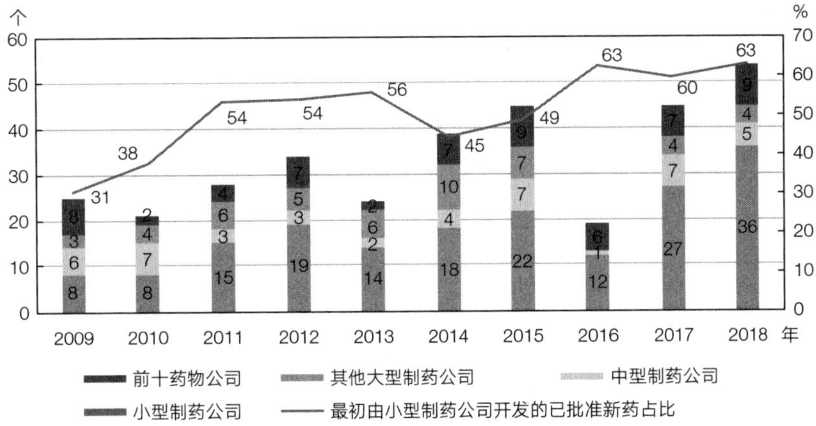

图4 不同规模企业的新药批准发布情况

（资料来源：火石创造）

中小型生物公司一般创立时间短、研发管线单薄，尤其缺乏高标准的合格产能。为了精简开支和提高研发效率，中小型生物公司更依赖于研发和生产服务外包，尤其是虚拟药企和初创型公司，它们选择外包意愿更为强烈。智研咨询数据显示，50%~70%的虚拟药企和新兴Biotech会将50%以上的生产业务进行外包，将70%的临床业务外包，而在大型药企及仿制药企业中，生产和临床外包的比例在20%以下，可见两者之间在外包意愿方面的差距巨大，中小型新型生物公司对外包产业扩容起到明显的促进作用。

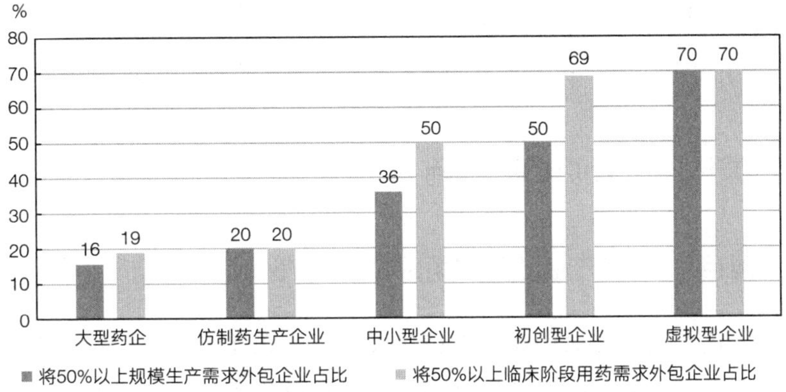

图5 50%以上规模生产需求与临床阶段用药需求外包企业占比

（资料来源：中国产业信息网）

2．投资回报率下降促使产业分工细化，提升研发效率。

根据德勤发布的《2019年医药创新回报评价》报告，近十年日益增加的成本压力削弱了生物制药行业的研发生产力，导致全球药品投资回报率持续下降。2019年全球TOP12生物制药巨头研发投资回报率仅有1.8%，同比下降0.1%，处于10年来最低水平，同时2019年新药成本虽然较2018年有所下降，但较2010年相比增加67%，可见制药企业均面临着生产力挑战和投资回报率降低的问题。

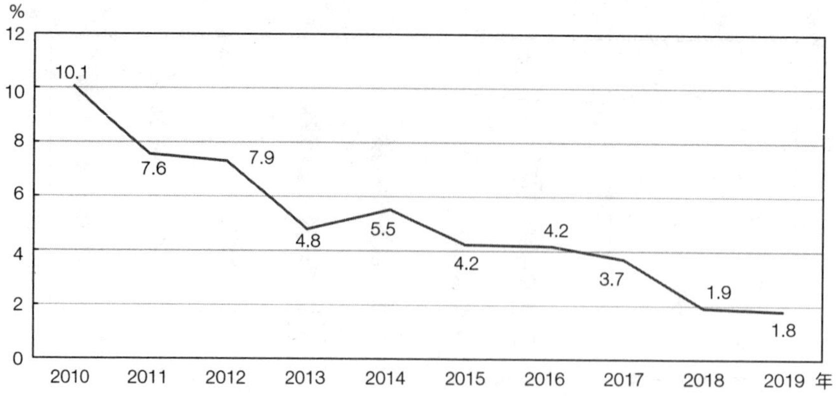

图6 历年全球药品投资回报率

（资料来源：德勤）

为了解决回报率降低的问题，企业加速创新疗法研发，积极补充后期管线资产。相关统计结果显示，2019年TOP12公司管线资产总数量已增加至183个，创近三年新高，且非常接近10年平均值186.5个，可见2019年全球药企研发管线得到有效补充，后期管线数量有明显提升。未来全球药品研发仍将聚焦缺乏药物的多种疾病或低发病率的药物市场如孤儿药，市场开发成本高、耗时久，为提高研发效率，制药企业必须调整运营模式以持续推动创新，因此除加速创新疗法研发外，企业需要通过各种方式来减轻成本压力，如缩短临床周期、采用更先进的分析技术、纳入早期合作者及评估不同来源创新的价值差异等。

二、我国医药外包产业目前正处在发展黄金期

（一）我国目前外包产业已度过萌芽期，正在快速成长

根据前文所述，宏观方面产业环境在国家药审改革组合拳打出后已然逐步向好，中观层面行业景气度持续高涨，整体医药外包市场持续扩容，2012—2016年我国CRO行业销售额由188亿元上升至465亿元，年复合增长率为25.41%，在产业政策支持下未来国内CRO行业仍继续高速增长，2021年市场有望达1 165亿元；2012—2016年我国C(D)MO行业则由138亿元扩大至270亿元，年复合增长率达16.02%。预计2021年将上升至626亿元，年复合增长率为18.14%。

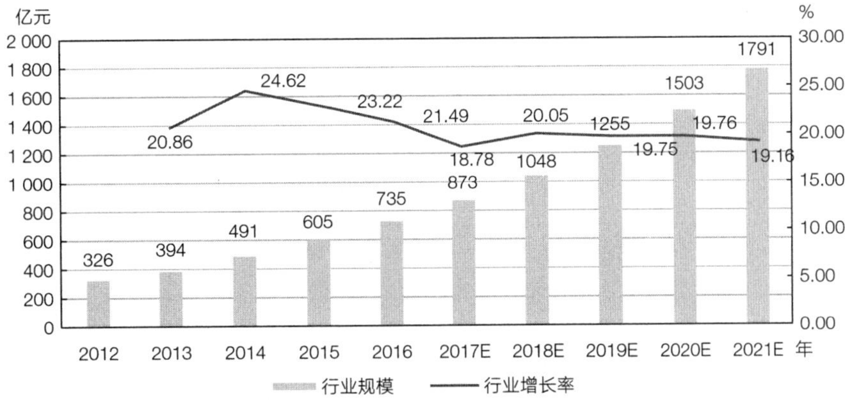

图7 我国（CRO+C(D）MO)外包行业市场规模

（资料来源：火石创造）

从公司个体层面看，国内龙头上市公司业绩近年来均保持高速增长，以药石科技、凯莱英、药明康德、泰格医药、康龙化成5家上市公司为例，收入增速大多都保持在30%以上，净利润增速也大多在30%左右。相比医药其他子行业，外包服务公司的收入和利润增长明显，行业景气度可见一斑（药明康德是由于投资收益年度间变动导致，不影响公司主营收入的高增长）。

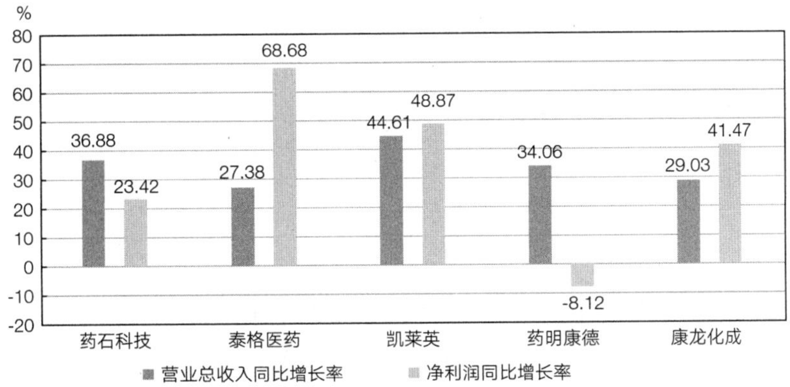

图8 2019年第三季度国内龙头上市公司营业总收入与净利润同比增长率

（资料来源：Wind）

然而与发达国家相比，我国等新兴市场的医药外包行业虽然正在快速发展，但与国际巨头相比仍然存在较大差距。从生命周期的角度来看，我国新兴市场的医药外包行业仍然处在快速发展的初期，增速较快，市场快速增长，但外包服务的附加值和质量标准和欧美相比仍有较大差距，而欧美国家的医药外包产业已经接近成熟，附加值高，产品标准高，市场增速处于自然增长状态。

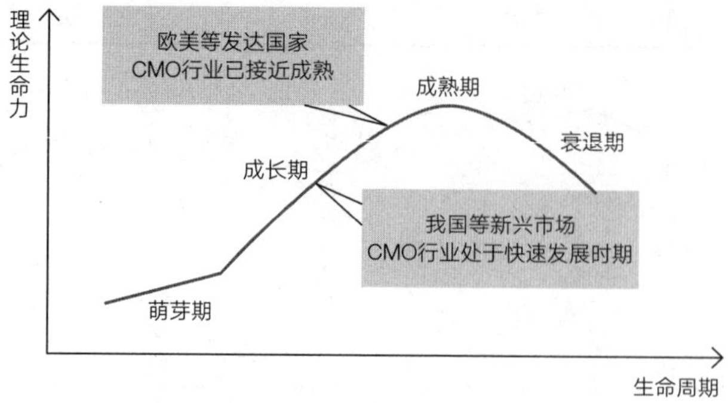

图9 医药外包行业生命周期图（以CMO产业为例）

（资料来源：凯莱英招股书）

从新兴市场和成熟市场对比的角度来看，2018年我国医药外包市场CRO+C(D)MO大约为1 000亿元人民币，而全球相关市场有1 150亿美元（约合8 000亿元人民币），中国市场占全球市场的1/8，占比仍然较低，产业转移仍将继续，在全球药物研发投入持续增加的背景下，整体医药外包市场持续扩容，国内医药外包市场还有巨大空间。

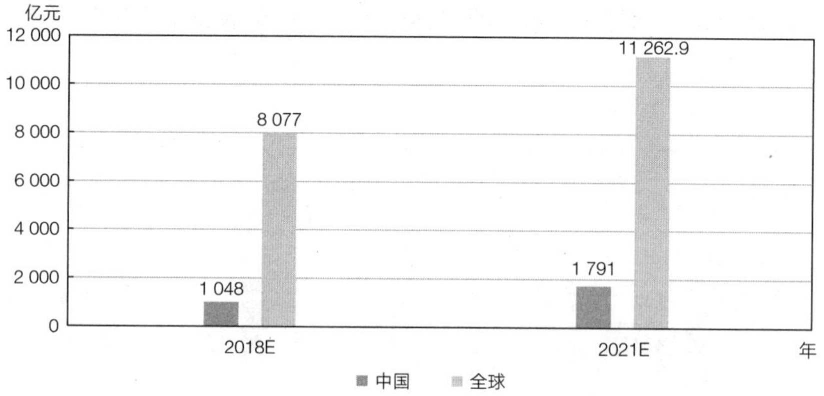

图10 2018年与2021年中国与全球医药外包行业市场规模

（资料来源：中国产业信息网）

（二）医药外包产业正逐步向亚太地区转移，中国受益明显

亚太地区经过若干年启蒙与发展，工程师红利逐步丰富，这是离岸外包的核心。以中国为例，从21世纪扩招大学生至今已有20年的时间，大学升学率大幅提高，2019年大学毕业生为834万人。根据教育部数据统计，近年来我国研究生毕业人数每年以2%~4%的速度稳步增加，2018年已接近60万人，给中国的外包产业提供了丰富的人力资源。

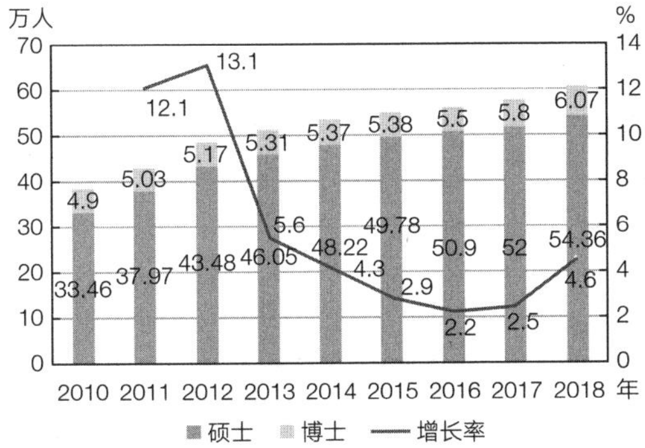

图11　历年研究生毕业人数不断增加

（资料来源：教育部）

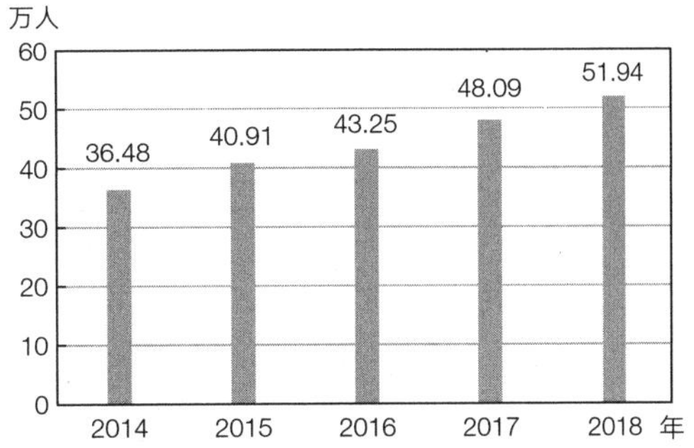

图12　历年留学生归国人数变化

（资料来源：教育部）

相比欧美地区，发展中国家的人力成本显得更为便宜，以国内主流的医药外包公司如药明康德、凯莱英等公司为例，人均薪酬基本在20万元人民币，而欧美CDMO龙头Lonza、Catalent的人均薪酬则在7万~9万美元/年，几乎是国内的2~3倍，可见国内人力资源丰富且成本低，尤其是临床外包这种对人力资源需求比较密集的行业，国内丰富的工程师红利得以被消化。

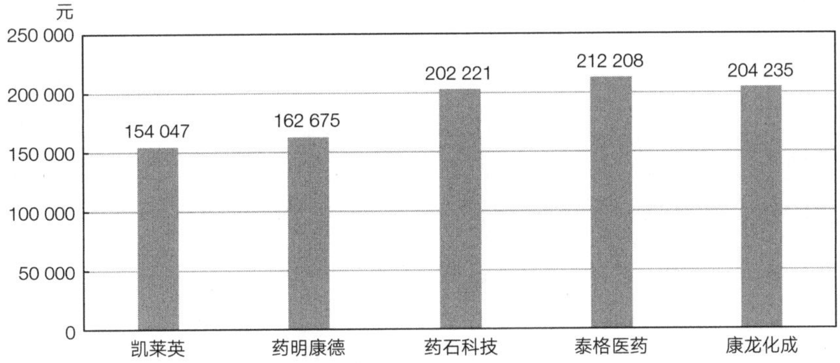

图13　2018年国内主流医药外包公司人均薪酬

（资料来源：Wind）

产业发展由要素构成，如原料成本、人工成本、项目管理能力及知识产权保护能力等。人工成本在上文已经充分分析，以人为核心的CRO产业对工程师红利受益良多，而对C(D)MO行业来说，国内低廉的原料成本也得到充分体现，因为我国具备强大且完善的化工产业基础，各项原料成本显著低于国外欧美甚至印度等国。以CDMO产业为例，国内CDMO企业所从事的业务整体附加值低于欧美CDMO企业，但毛利率可以达到40%~50%，欧美CDMO企业毛利率则普遍在30%~40%。

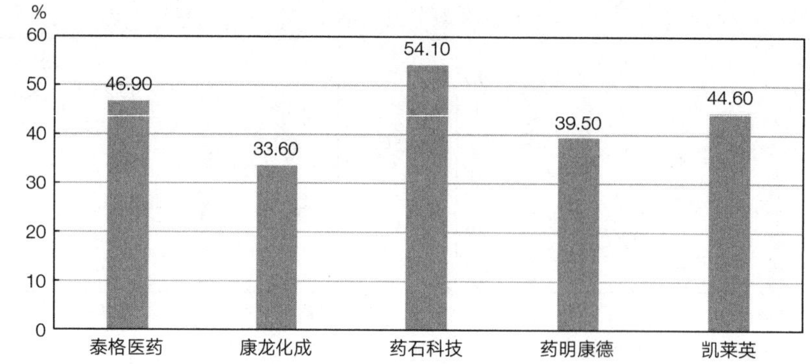

图14 2019年第三季度国内主流医药外包公司销售毛利率

（资料来源：Wind）

从CRO角度来看，目前以中国和印度为代表的亚太地区拥有庞大的人口基数、丰富的疾病谱及快速成长的医药消费市场，大型制药公司纷纷在此布局，加强在新兴市场的国际多中心临床试验和产品上市推广工作。以中国市场为例，CDE受理的MRCT（国际多中心临床试验）数量每年都在快速增长，中国已经逐步成为全球CRO行业的新生力量。同时，由于新兴地区成本优势显著，平均完成一项临床试验只有海外的1/3左右，低廉的试验成本也更加速了外包产业转移的趋势。

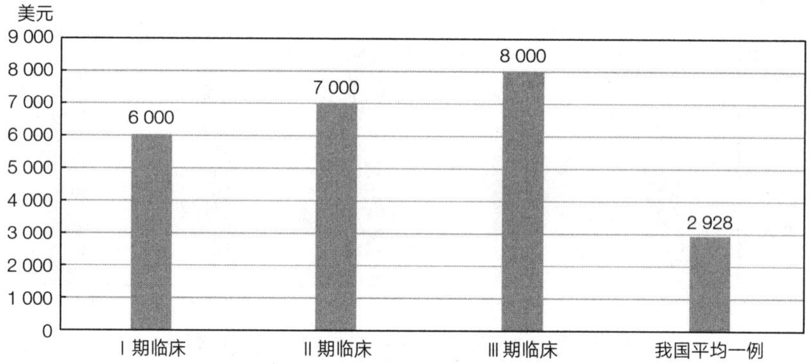

图15 国内外临床试验成本比较

（资料来源：中国产业信息网）

中国药物审评审批改革一直在路上，从2015年国务院发布《国务院关于改革药品医疗器械审评审批制度的意见》开始，在药物临床改革、药物审批等方面的一系列改革迅速拉开，先后通过一系列国际通行的标准如临床试验默认许可制、原料药关联审评、药品上市许可人（MAH）制度等，国内逐步与国际接轨。医保政策也在不断改革，超级医保局横空出世，不仅整合城镇职工和城镇居民基本医疗保险、生育保险职责，国家卫健委的新型农村合作医疗职责，民政部的医疗救助职责，还将国家发展改革委的药品和医疗服务价格管理职责收入囊中，真正做到了价格、质量、付钱等一手抓。此外，国家对知识产权保护力度不断加强，促使国内产业外包环境产生质的变化，不仅使中国药品从原料药到制剂的生产能力全面达到欧美规范市场标准，而且在很大程度上降低了海外药企对中国企业知识产权保护意识不足的顾虑。

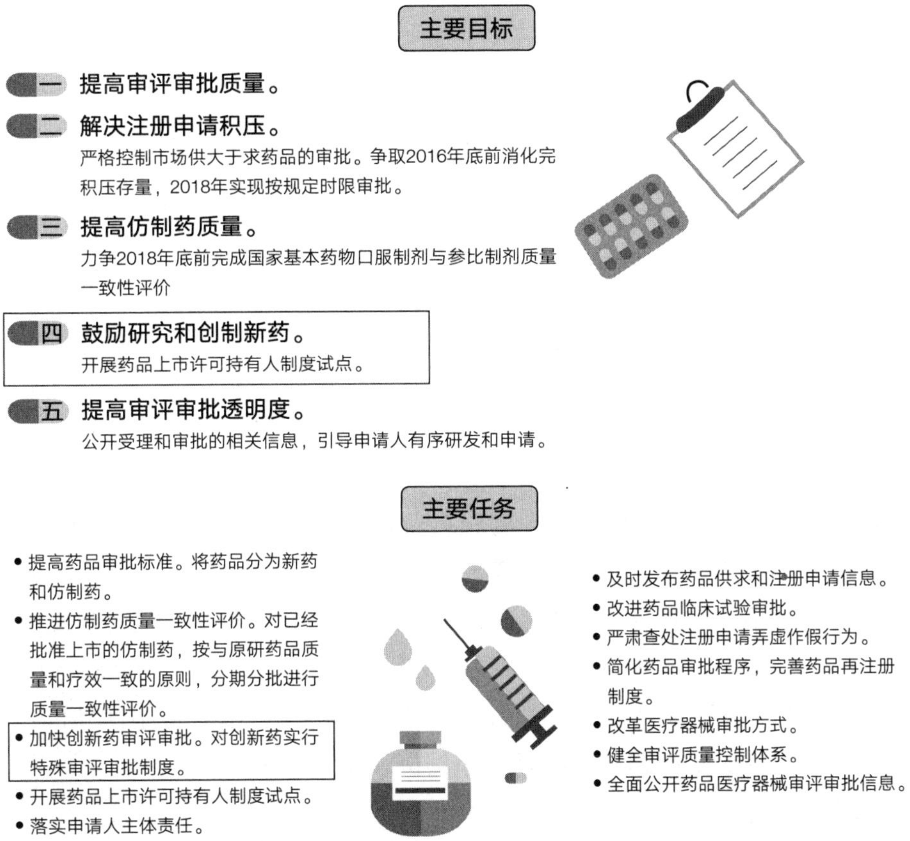
主要目标
一 提高审评审批质量。
二 解决注册申请积压。
严格控制市场供大于求药品的审批。争取2016年底前消化完积压存量，2018年实现按规定时限审批。
三 提高仿制药质量。
力争2018年底前完成国家基本药物口服制剂与参比制剂质量一致性评价
四 鼓励研究和创制新药。
开展药品上市许可持有人制度试点。
五 提高审评审批透明度。
公开受理和审批的相关信息，引导申请人有序研发和申请。
主要任务
• 提高药品审批标准。将药品分为新药和仿制药。
• 推进仿制药质量一致性评价。对已经批准上市的仿制药，按与原研药品质量和疗效一致的原则，分期分批进行质量一致性评价。
• 加快创新药审评审批。对创新药实行特殊审评审批制度。
• 开展药品上市许可持有人制度试点。
• 落实申请人主体责任。
• 及时发布药品供求和注册申请信息。
• 改进药品临床试验审批。
• 严肃查处注册申请弄虚作假行为。
• 简化药品审批程序，完善药品再注册制度。
• 改革医疗器械审批方式。
• 健全审评质量控制体系。
• 全面公开药品医疗器械审评审批信息。

图16 国务院关于改革药品医疗器械审评审批制度的意见

（资料来源：国务院官网）

表1 中国与欧美和印度在CDMO业务领域的优劣势分析

	欧美	中国	印度
优势	技术研发能力	较强成本	较低成本
	客户渠道关系成熟	管理水平尚可	与客户沟通能力较强
	管理水平完善	医药市场需求庞大	技术研发能力尚可
	/	制造基础扎实	/
劣势	成本较高	客户渠道关系一般	知识产权保护力度弱
	/	与客户沟通能力较弱	客户渠道关系较弱
	/	技术研发能力较弱	管理水平较弱

资料来源：智研咨询。

从CRO产业格局来看，目前仍然以欧美国家为主，且市场集中度较高，全球前50名的CRO企业大部分位于欧美发达国家。但从市场份额来看，由于亚太地区市场增速明显快于欧美地区，亚太地区市场份额持续上升，2015年市场份额为12.9%，预计到2021年市场份额将接近20%。随着CRO巨头的全球扩张及亚太地区医药外包产业启蒙的完成，CRO产业逐渐向亚太地区转移。

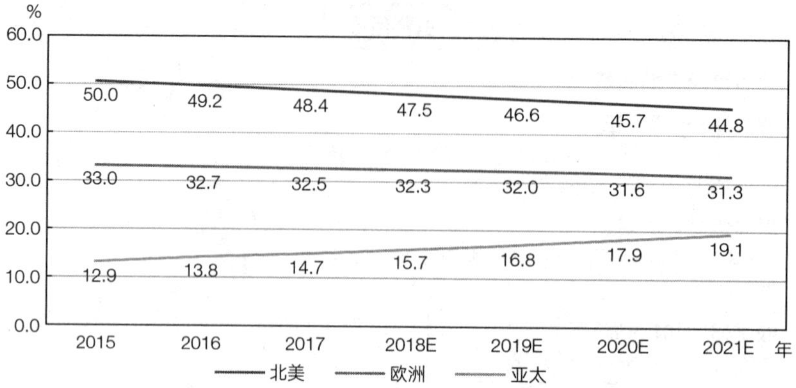

图17　2015—2021年全球各区域市场规模占比

（资料来源：中国产业信息网）

相比CRO行业，C(D)MO行业集中度相对较低，全球前五名公司市场份额综合约15%，主要是由于C(D)MO业务本质仍是高端制造，而每个药物的原料、生产工艺和检测标准都不同，很难有一套标准化流程。C(D)MO行业同CRO一样也呈现向亚太转移的趋势。根据火石创造数据，2011年到2017年间欧美地区市场份额占比从77%降低到71%，亚太地区的份额从14%提升至18%，证明亚太地区经过多年发展，借助成本优势和更充沛的化学、生物人才承接欧美的C(D)MO市场，市场份额逐步提高。

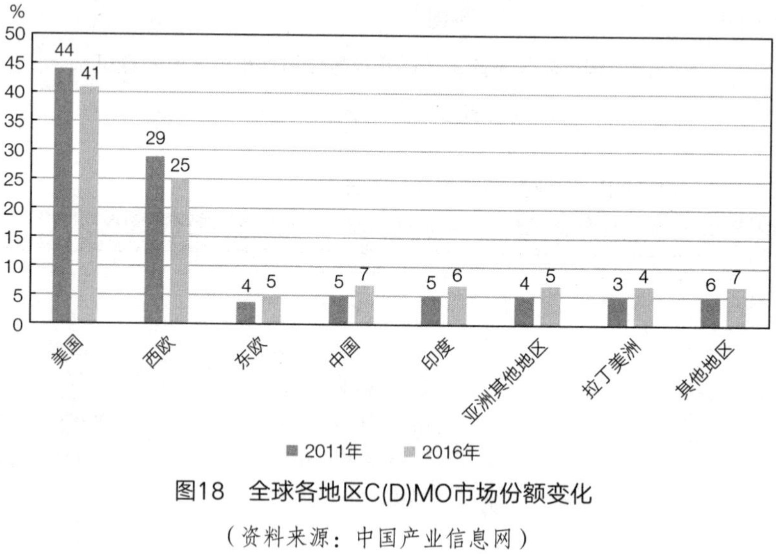

图18　全球各地区C(D)MO市场份额变化

（资料来源：中国产业信息网）

（三）国内医药外包企业各具特色，呈现“一超多强”的发展格局

国内医药外包参与者众多，由于市场还有很大发展空间，各个公司都能保持较快的增长态势，互相竞争的存量市场暂时还没有大规模出现（不排除可能会有个别订单层面的竞争），在全球范围内可以提供药物研发服务的企业数目众多，但是大多数企业业务集中于药物研发的某一阶段或者某些阶段，有各自的核心竞争力。

国内医药外包格局呈现“一超多强”，“一超”指药明康德，“多强”指泰格医药、昭衍新药、药石科技、凯莱英等其他公司。药明康德的业务范围涵盖新药研发的整个生命周期，覆盖小分子药物及大分子药物两大领域，外包的深度和广度远超国内其他外包企业，在国内占据绝对主导地位。除药明康德外，睿智化学专注于新药发现，泰格医药专注于临床试验和数据统计，昭衍新药专注于临床前新药，九洲药业专注于商业化生产，药石科技专注于分子砌块服务，这类企业在国内外市场中也享有较高声誉，在各自的细分领域独具优势。海外方面，Covance也能够做到“一站式”的服务，其他公司如PAREXEL、PPD、Lonza等公司均有自己的优势。此外，海外公司的外包服务更加集中在临床阶段及生产阶段，附加值更高，出于成本和效率考虑，对于早期风险更大的化合物研究和临床前阶段订单更为谨慎，而国内的企业更多集中于临床前较低附加值阶段，因此也说明产业转移正在持续进行，未来国内企业也将向更高附加值的下游转移。

表2　医药服务产业链主要公司覆盖范围

	化合物研究		临床前阶段				临床阶段					生产	
	药物靶点认证	药物发现	化学实验	生物实验	药物安全评价	临床前药物生产	Ⅰ期临床	Ⅱ期临床	Ⅲ期临床	中心实验室	临床药物生产	商业化生产	Ⅳ期临床
药明康德	■	■	■	■	■	■	■	■	■	■	■	■	■
泰格新药			■	■	■		■	■	■	■			■
康龙化成	■	■	■	■	■	■							
昭衍新药			■	■	■		■						
凯莱英			■	■	■	■							
九洲药业						■							
博腾股份						■							
药明生物	■	■	■	■		■							
方达控股			■	■	■								
IQVIA				■			■	■	■	■		■	■
Covance	■	■	■	■	■	■	■	■	■	■	■	■	■
PAREXEL				■			■	■	■	■	■	■	■
Invenive Health				■			■	■	■			■	
ICON			■	■			■	■	■	■	■	■	■
PPD		■	■	■	■	■	■	■	■	■			■
PRA				■			■	■	■				■
Charles River	■	■		■	■	■					■		
Chiltern				■			■	■	■			■	■
INC Rcscarch				■			■	■	■			■	■
Catalent						■					■	■	
BI											■	■	
Lonza						■					■	■	
Patheon						■					■	■	

资料来源：各公司公告。

（四）药物研发流程复杂，国内医药外包产业仍有较大提升潜力

药物研发是一项高风险、高投入、高壁垒和长周期的高端研发和制造产业，对专业要求高，有严格的研发流程和监管体系。根据研发过程，药物研发主要流程大致可以分为：化合物研究、临床前研究、临床阶段研究、药品申报上市、大规模商业化生产、上市后临床，药物研发的外包产业链如图19所示，在每一个流程中又有若干小阶段，如临床阶段总共包括四期临床试验，每个阶段试验的侧重点不一样。医药外包企业在从药物发现到大规模商业化生产的整条产业链当中均可为药企提供相应外包服务，目前大多数的国内外包企业仍然是在研发中的某一个阶段与企业展开合作，医药研发流程较为复杂，未来发展到在全产业链的紧密合作是大势所趋，国内医药外包未来仍有较大发展潜力。

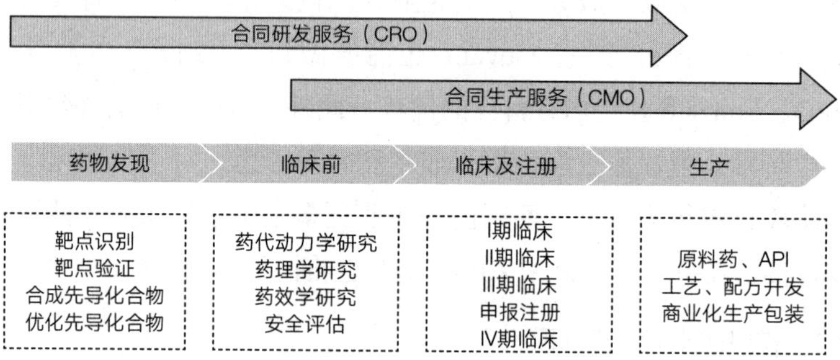

图19 药物研发外包产业链

（资料来源：康龙化成招股书）

三、医药外包产业仍有扩容空间，专业化优势、一站式服务或为未来突破之路

（一）医药外包产业渗透率有望提高，内需助推市场快速增长，集中度也将提高

我国医药外包产业享受产业转移叠加本土医药产业崛起的双轮红利，正处于高速增长时期，并且由于国内外医药产业包括外包产业仍存在较大的差异，未来一段时间内仍将享受这一红利，因此未来我国医药外包产业的渗透率将继续提高。根据翔哥数据，2016年全球CRO渗透率为30.5%，国内渗透率约为25%，预计2021年全球CRO渗透率有望提升至46.5%，而国内渗透率有望达到40%。由于中国早年以仿制药为主，CRO市场需求低迷，渗透率较全球水平低，随着国家出台政策鼓励创新药开发，企业在创新药研发上

的投入力度加大，越来越多小型创业型生物制药公司成立，而创业型制药企业将更多依赖CRO服务，未来CRO的需求和业务渗透率将快速提升。

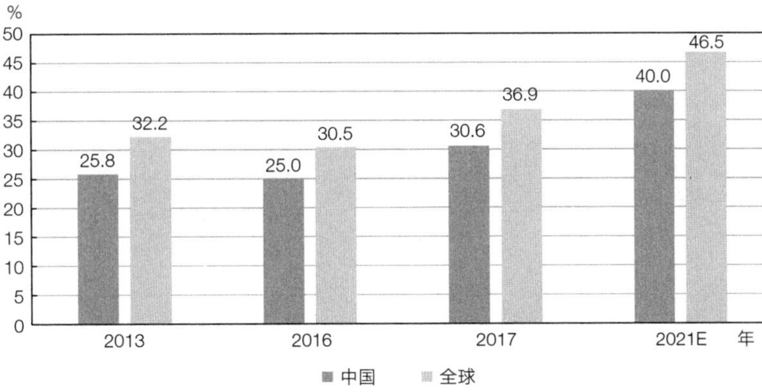

图20 医药外包服务产业渗透率

（资料来源：中国产业信息网）

我国由于人口基数庞大、消费结构持续升级、老龄人口深化、医保普及、医疗投入扩增等因素，国内医药行业规模巨大，目前我国已成为仅次于美国的第二大医药大国，目前全球排行前10位的制药公司已全部进军中国市场，为国内医药外包市场储备了雄厚的发展潜力。此外，由于我国过往的历史原因造成仿制药和辅助用药占较大比例，影响医药市场正常发展，同时压制重大疾病市场的释放。在国内一系列改革的推进下，国内医药市场的活力将继续被激活，释放出庞大潜力。

长远来看，医药研发外包行业更加规范，集中度有望进一步提高。从数量上来看，中国医药研发外包公司已经追赶上欧美，但整体发展水平并不高。随着监管要求提高，医药研发外包壁垒加厚，中小型企业将面临淘汰，集中度得以提升。

（二）未来专业化优势和一站式服务平台有望成为两大发展道路

在我国医药外包产业蓬勃发展的背景下，未来医药外包产业专业化优势和一站式服务平台有望成为外包企业未来两大发展道路。专业化优势是指在药物研发的某一个环节具有较高的技术壁垒、品牌知名度和客户黏性，如生物制剂的外包服务；一站式服务是指在医药研发平台化趋势背景下，必须不断延伸服务链，帮助客户完成系统化的医药研发服务，才能获得更大发展。

1. 发挥生物药外包研发的专业化优势

生物药包括单克隆抗体、疫苗、细胞因子、基因疗法和细胞疗法等。近10多年，全球治疗性生物药的研发取得迅猛进展，随着PD-1等新型治疗性抗体及CAR-T和基因治疗等新型生物治疗技术的不断进步，全球生物药研发不断升温，大型制药企业正在加大对生物药的研发力度，小型生物技术公司不断兴起，生物药服务外包规模增长。公开数据表明，2018年到2022年全球生物制剂研发服务的年复合增速为17.0%，远超行业平均增速，到2022年市场规模将接近200亿美元，中国是全球生物研发外包服务行业增长最快的市场。

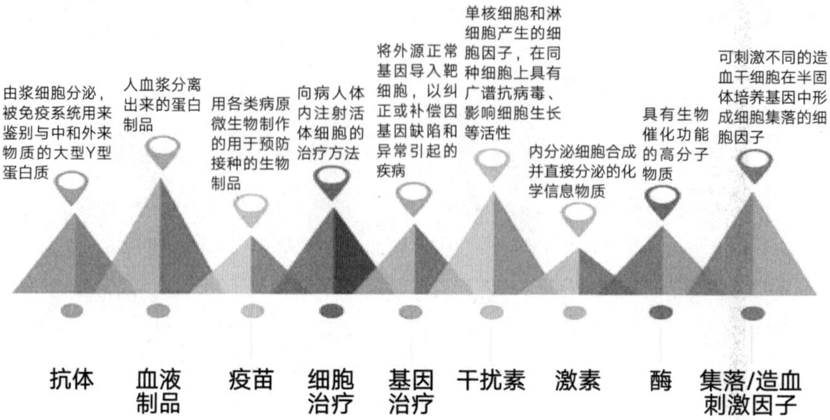

图21 生物药分类

（资料来源：火石创造）

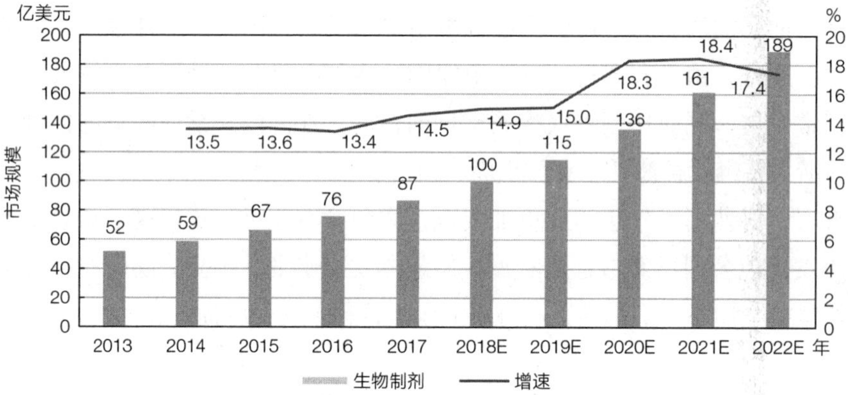

图22 医药服务产业集中度

（资料来源：火石创造）

生物药外包和化学药外包在设备、研发流程、商业化生产等方面均存在较大差异，生物药分子体积较大且空间结构复杂，对无菌环境要求极高，且生物药组分较为复杂，分析测试方法、大规模生产和质量控制均存在较大难度，此外对于符合监管要求的生物药厂房的投资可高达数亿美元，因此生物药的外包具有较高的技术和行业壁垒。企业如果能在生物药领域建立足够技术优势，则有可能长期受益于这一品牌带来的订单与客户黏性。

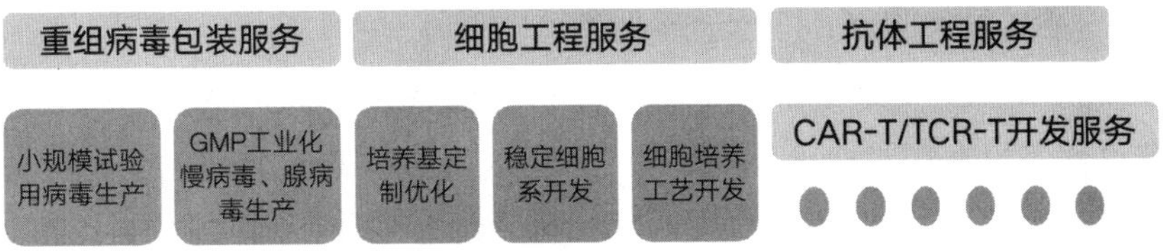

图23　生物药医药外包特有服务

（资料来源：火石创造）

目前，国内生产外包企业主要以化学药CMO企业为主，以博腾股份、九洲药业、凯莱英和合全药业为代表的企业已具备较大的生产规模和竞争优势。我国生物药CMO行业目前仍处于起步阶段，以药明生物为代表的企业正积极布局生物药CMO，未来得益于中国药品上市许可人制度（MAH）、数量庞大的生物技术人才及蓬勃发展的生物药研发创业企业，中国生物药外包具有巨大的增长潜力。我国生物药外包的产能还满足不了飞速发展的生物药市场，未来众多生物药外包企业均需进行产能储备扩张以深化“护城河”。

表3　国内部分抗药企业生产规模统计数据（部分）

企业	总规模/L	详细列表	企业	总规模/L	详细列表
药明生物	>200 000	无锡：5 000L（MGF1），30 000L（MGF2）10 000L（MGF4），60 000L（MGF5）	百奥泰生物	60 000	现已有9 500L，其余在规划建设中
		上海：6 700L（MFG3）	华兰基因工程	10 000	2016年7月完成：10 000L生产线
		石家庄：48 000L（MFG8），4 500L（MFG9）	君实生物	28 900	目前吴江生产基地：400L、1 500L
		海外：54 000L（爱尔兰），4 500L（新加坡），4 500L（伍斯特市）			2018年底吴江生产基地：3 000L
信达生物	81 000	3×1 000L			2019年底前投产，上海临港生产基地：2×12 000L
		预计2019年建造完成6×3 000L	丽珠单抗生物	2 000+	现有500L和1 500L，多个生物反应器正在建造中
		计划中：4×15 000L	上海复旦生物工程	2 000	2 000L
康宁杰瑞	18 500	4×250L，2×100L	泰州迈博太科药业	6 700	2×350L
		1期将完成：15 500L			建造中：2×3 000L
兴盟生物	4 200	规划中：200L、2×2 000L	百济神州	24 000	与广州凯得科技发展有限公司成立合资企业建造中
基石药业	10 000	选址中：4×2 000L，2×1 000L	中山康方	3 750	250L
上海复宏汉霖	12 700+	200L、500L：中试生产车间			一期：500L+1 000L
		原2×2 000L，2017年7月新增4×2 000L			二期：2 000L
嘉和生物	14 750L+	临床1至2期样品生产：×250L	三生国健药业	30 000L	2016年10月表示即将建成6×5 000L
		临床3期及商业化生产：6（to8）×500L、2（to4）×2 500L			

资料来源：火石创造。

2. 延伸一站式服务平台，打通全产业链

以国际巨头CRO公司发展路径为例，一站式服务平台是发展的必然趋势，国内行业龙头利用资本优势迅速扩张业务范围及服务规模，逐渐实现全方位的一站式服务布局，并继续将业务拓宽至到国际市场。目前，国内作为“一超多强”中超级CRO的药明康德早期已经通过一系列的并购整合，打通药物发现、临床前开发、早期临床开发、后期临床开发及商业化生产五个阶段的全产业链业务，能够实现一站式的服务与合作，有能力为初创医疗科技公司提供一体化的研发服务。

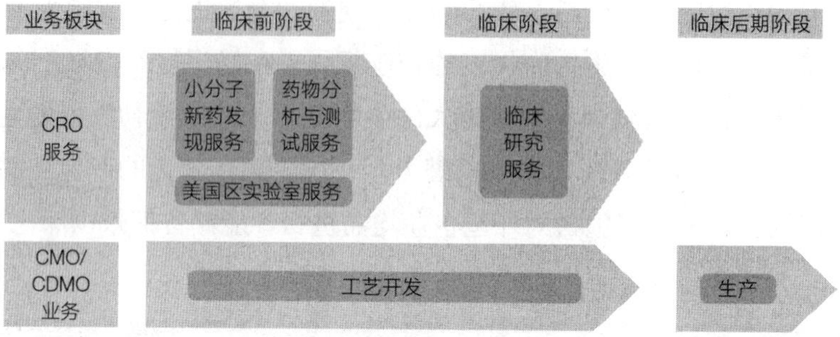

图24 生物药医药外包全产业链服务

（资料来源：药明康德）

一站式服务平台能够打通上下游产业链，减少服务断层，并且能够增强外包服务的广度和深度，带来多项业务的延展性，并且增强内部协同性，进一步提升公司上下游业务部门间渗透率，满足客户多元化需求，提高客户留存率和单项目收益，能够增厚订单利润，增强客户黏性，达到良性循环。此外，从“跟踪项目/订单”到“跟踪药物分子”，对药物分子更加熟悉，跟随研发从早期到后期直至商业化，可以一定程度提高新药研发成功率。而外包公司通过从早期开始参与创新药研发，能够分享创新药成长的长生命周期价值，甚至可以通过早期投资或者合作开发的方式分享超额收益。

SaaS 产业：

中国 SaaS 的时代变革和投资机遇

叶盛　东兴证券计算机行业分析师

产业描述：

SaaS（software as a service，软件即服务）是新一代的软件模式，是指通过网络提供软件服务。SaaS模式和传统软件的差别在于：

（1）客户不再需要一次性采购昂贵的软件，只需要花费较少的初始投入便可以享受原有的软件服务；

（2）客户总是使用到最新版本和更好的服务，而无须担心后期的维护和更新；

（3）SaaS通常采用客户预付费的收费形式，客户使用满意才会不断续费，迫使软件厂商必须始终关注客户的需求，而不像过去软件厂商只需要把软件卖出去就基本结束了。

企业级SaaS细分赛道众多，按照功能不同分为两大类：

（1）通用功能型SaaS：指服务于企业管理职能的通用SaaS产品，如CRM（销售）、HRM（人力）、营销、财税、内部协同等，每个细分职能都有SaaS产品可供服务；

（2）垂直行业型SaaS：指服务各个细分垂直行业的SaaS产品，应用较多的行业是电商、设计工具、建筑、医疗等其他行业。

目前，中国企业SaaS产业仍然在发展初期。大量的原生SaaS公司仍在一级市场阶段，预计3~5年后将会大规模上市。

一、中国企业级SaaS尚处于发展初期

（一）中国企业服务市场规模远小于美国

对比中美两国的软件互联网行业，有一个非常奇怪的现象：中美在消费互联网市场都诞生了世界级巨头，但是在企业服务软件市场却相差悬殊。

在消费互联网市场，美国诞生了Facebook、Google和Amazon，而中国也有阿里巴巴和腾讯。双方在市值、收入和创新方面，都处于并驾齐驱的态势。

表1 中美消费互联网头部公司市值情况（2020年2月4日）

公司	市值/亿美元	最近公布财年收入/亿美元
Facebook	5 981	707
Google	9 980	1 619
Amazon	10 203	2 805
阿里巴巴	5 979	560
腾讯控股	4 802	456

资料来源：Wind。

而在企业服务软件市场，中国市场规模都远小于美国同行。对比两国的头部企业的市值和收入：美国既有甲骨文（Oracle）、SAP这样的老牌企业服务商，又有Salesforce、Workday这种企业服务新贵，市值都在千亿美元以上；中国企业服务市场最大的软件公司用友网络，市值和收入都不到美国头部公司的1/10。

表2 中美企业服务软件市场头部公司市值情况（2020年2月4日）

公司	市值/亿美元	最近公布财年收入/亿美元
Oracle	1 733	395
SAP	1 664	309
Salesforce	1 671	133
用友网络	113	11
金蝶国际	40	4

资料来源：Wind。

而中国的企业SaaS产业，发展要更晚一些。整个行业真正兴起已经是2010年之后了。根据艾瑞咨询的数据，2018年中国企业级SaaS市场规模达243.5亿元，同比增长了47.9%。相比之下，Salesforce在2019财年的收入为132亿美元，是整个中国企业SaaS行业收入的近4倍。

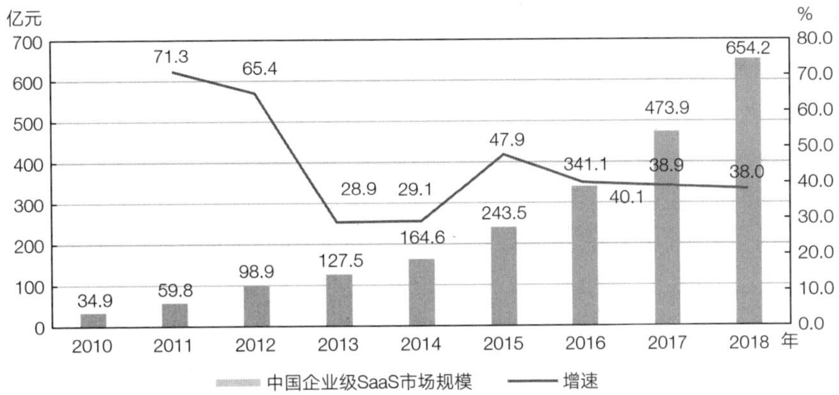

图1 2013—2021年中国企业级SaaS市场规模及增速

（资料来源：艾瑞咨询）

（二）市场规模差距的背后是劳动力成本差距

为什么中美企业服务软件市场差距如此悬殊呢？要回答这个问题，要先弄清楚企业服务软件的本质是什么。我们认为，企业服务软件的本质是工具，目的是用来提升效率的。

效率和劳动力成本相互对应：效率越高，能够给出的工资水平越高，导致劳动力成本越高。而劳动力成本越高，迫使效率进一步提升。

企业决定是否使用工具的核心考量是使用工具带来的收益是否会超过付出的成本，而衡量基准则是劳动力成本。劳动力成本越高，企业减人增效的动力越强，工具的市场规模就越大。

美国企业服务软件市场规模之所以要比中国大很多，核心因素在于美国的劳动力成本比中国贵好几倍。美国企业必须想方设法提升效率，各种软件工具的使用就成为必然选择。

我们可以比较一下中美两国的劳动力成本：

2018年中国人均GDP是美国的15.6%。截至2018年，中国人均GDP为6.47万元（按当时汇率约折合9 771美元），已经进入了中等收入水平。而美国2018年人均GDP为62 795美元，人均GDP水平排名全世界前10名。人均GDP能较好反映出各国的经济发展水平。两者对比，美国人均GDP约为中国的6.4倍。

2018年中国的劳动力成本约是美国的17%。根据美国商务部普查局数据，2018年美国人均年收入为税前36 080美元，按当时汇率约折合人民币23.9万元。而中国公布的是人均可支配收入，大致相当于缴纳了五险一金之后拿到手的收入。2018年中国居民的人均可支配收入为28 228元。简单假设企业用工成本的70%变成了居民的人均可支配收入，则企业人均用工成本为40 325元。两者对比，2018年中国劳动力成本约是美国的17%。

经过几十年的快速发展，中国劳动力成本仍然仅为美国的1/6。相对廉价的劳动力成本导致企业管理者对人均效率提升并不够重视，宁愿多使用几个人也不愿意购买软件来提高人效，这导致整个中国企业软件市场一直没有发展起来。

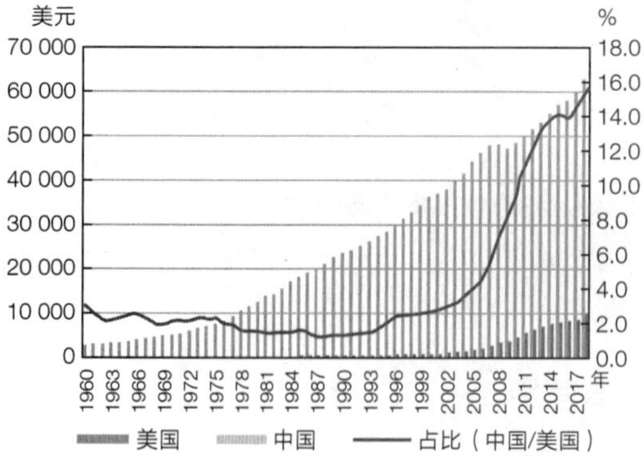

图2 中美人均GDP及占比

（资料来源：世界银行）

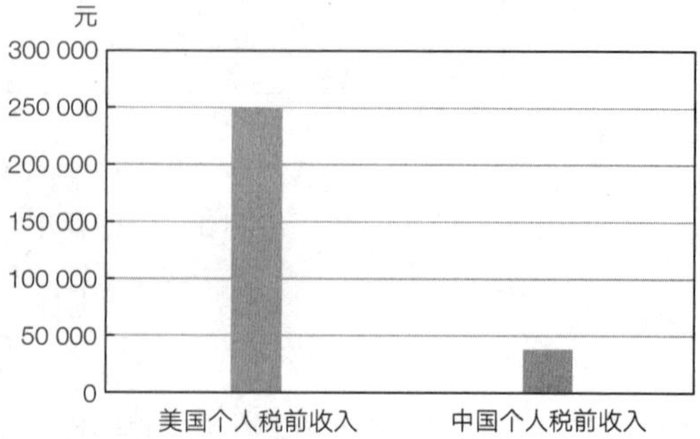

图3 2018年中美个人税前收入对比

注：汇率按照1美元兑换7元人民币计算。

（资料来源：国家统计局、美国人口普查局）

二、效率提升是推动中国企业软件发展的长期动力

2019年，中国人均GDP突破1万美元，正是典型的中等收入水平国家。从低收入国家成为中等收入国家较为容易，而从中等收入水平进一步迈向高收入水平则困难得多。目前，中国经济面临着双重压力：一是中低端产业纷纷外迁到劳动力成本更低的国家。像鞋帽服装等劳动力密集型产业，很多已经转移到越南、孟加拉国等地。二是高端产业链位置仍然被发达国家所占据。目前，中国虽然制造业规模庞大，但是产业链的高价值环节往往还在发达国家，原始创新也往往诞生在发达国家。

在此背景下，中国必须抛弃传统的粗放式经济发展方式，通过提升劳动者的价值来支撑经济转型升级。与美国相比，中国在软件上的投入少太多。在美国，SaaS客户平均每个企业会使用上百个SaaS产品。即使0～50人的小企业，也要用40个SaaS产品；而1 000人以上大企业，平均用203个SaaS产品。

美国企业客户平均每员工每年SaaS预算，在2018年大约是2 884美元，约合2万元人民币。虽然投入很大，但仍为美国企业节省了大量的成本。

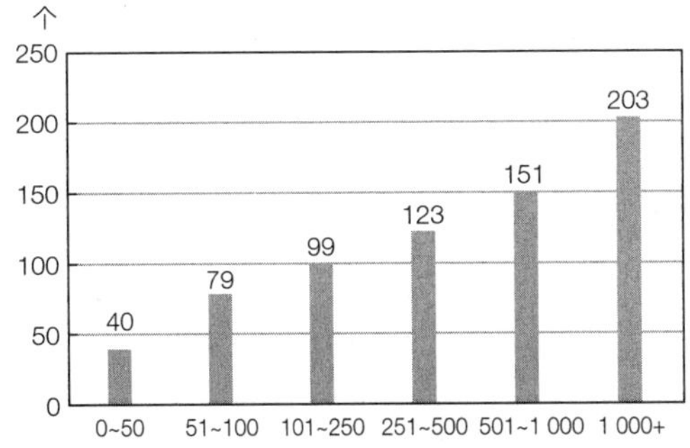

图4 美国不同规模企业客户使用SaaS数量

（资料来源：Ones）

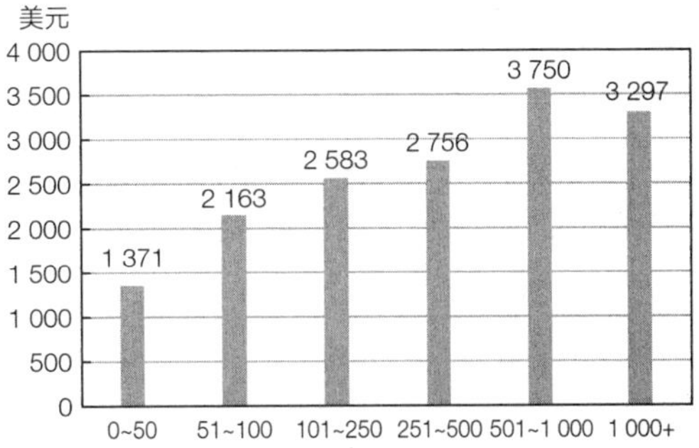

图5 美国SaaS客户平均员工的SaaS支出

（资料来源：Ones）

未来中国经济转型升级是必然方向，在这过程中需要不断地提升人员效率。这些背后都需要强大的软件工具的支撑，从而带动中国企业软件产业迎来黄金发展期。

三、人口形势助推中国企业软件市场长期发展

我国实行计划生育政策以来，人口增长得到有效控制，这对整个中国劳动力的供给也产生了长期影响。下面，我们参考《联合国世界人口展望2019》中所做的人口预测来展开分析。

按照国际通行的方法，我们把15～64岁年龄区间的人口划定为劳动人口。相比总人口，中国劳动人口的峰值到来时间要更早。按照《联合国世界人口展望2019》里的低方案预测，中国15～64岁劳动人口总数在2015年到达峰值10.2亿人，此后劳动人口总数一直处于下降通道中：从2016年到2030年，每年劳动人口净减少人数呈现逐年增长，2020年到2030年，劳动人口总数减少2 563万人；2030年之后，劳动人口总数每年减少近1 000万人，相当于劳动人口总数的1%。

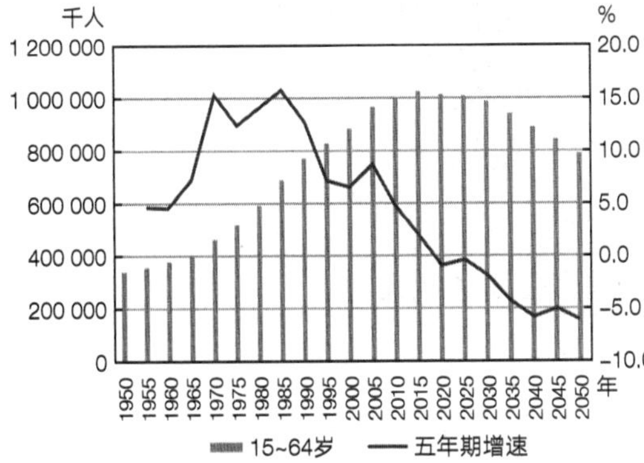

图6 15~64岁劳动人口总数及增速

（资料来源：联合国. 世界人口展望2019［R］）

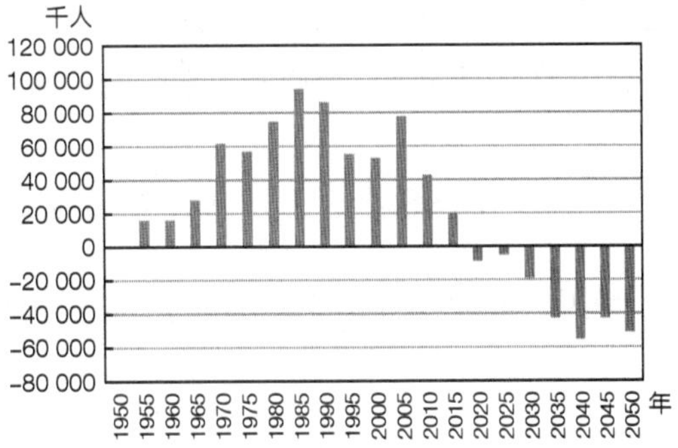

图7 15~64岁劳动人口五年净变化

（资料来源：联合国. 世界人口展望2019［R］）

在劳动人口总数净减少的同时，由于人均寿命的延长，人口中老年人的占比提升。通常由人口抚养比来衡量人口红利。人口抚养比指总体人口中非劳动人口与劳动人口之比。

而且从2020年到2050年，中国劳动人口和非劳动人口将分别由10.1亿人、4.3亿人变为7.9亿人、5亿人，也就是说由10.1个人养4.3个人变成了7.9个人养5个人。在这期间，中国人口抚养比将由42%上升到64%，其中老人抚养比将从17%上升到46%。

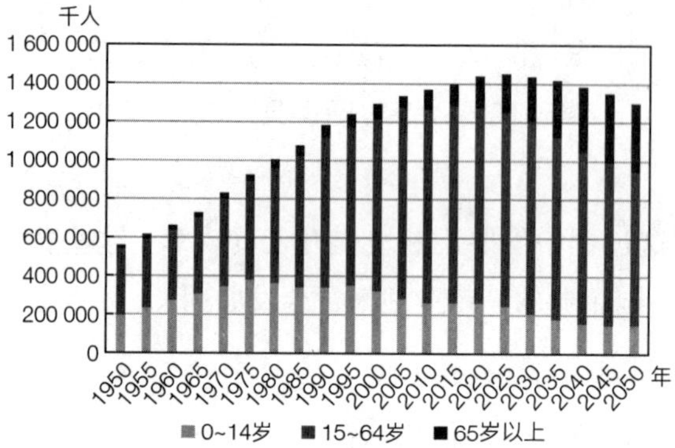

图8 各年龄段人口分布图

（资料来源：联合国.世界人口展望2019［R］）

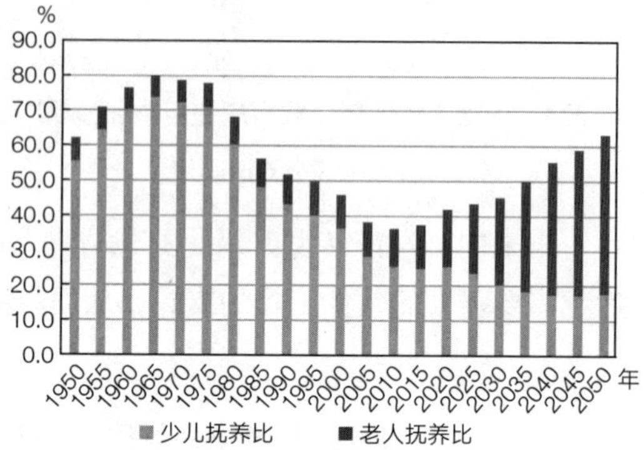

图9 人口抚养比变化

（资料来源：联合国.世界人口展望2019［R］）

综合以上，未来30年中国劳动力总数将减少2亿人以上，而需要抚养的非劳动人口将增加近1亿人。这将对未来中国劳动力供求关系产生非常重大的影响。过去的人口红利已经过去，未来劳动力将迎来紧缺时代。劳动力的紧缺将推动劳动力成本的刚性上升，从而迫使企业必须提高效率。这对中国企业软件市场将产生长期的推动作用。

四、哪些 SaaS 赛道会在中国率先爆发？

在产业升级和人口形势的双重影响下，中国劳动力成本的上升将是必然趋势。在此过程中，效率的提升将成为关键。我们看好在劳动力成本刚性上升情形下的企业服务软件行业的长期发展。企业服务软件行业将迎来黄金发展期。

（一）中国SaaS细分赛道龙头初现

中国SaaS产业也可按功能分为通用功能型和垂直行业型两大类。

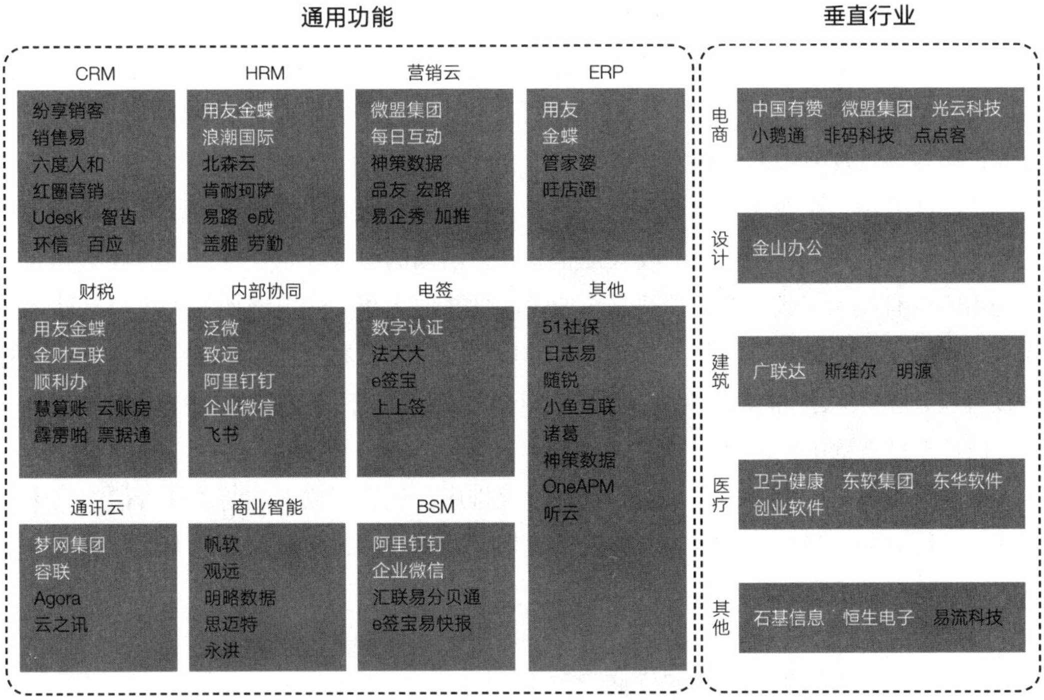

图10 中国SaaS产业细分赛道及主要公司

（二）SaaS赛道腾飞的分析框架

众多的新兴SaaS赛道，哪些会率先腾飞呢？我们根据客户价值高低和标准化难易程度两个分析维度建立SaaS腾飞赛道的分析框架。SaaS工具带给客户的价值排序从高到低分别是：能带来收入增长的创收型SaaS>能带来工作效率大幅提升的SaaS>能带来工作效率改善的SaaS；标准化难易程度排序一般是越容易标准化的SaaS排序越靠前。

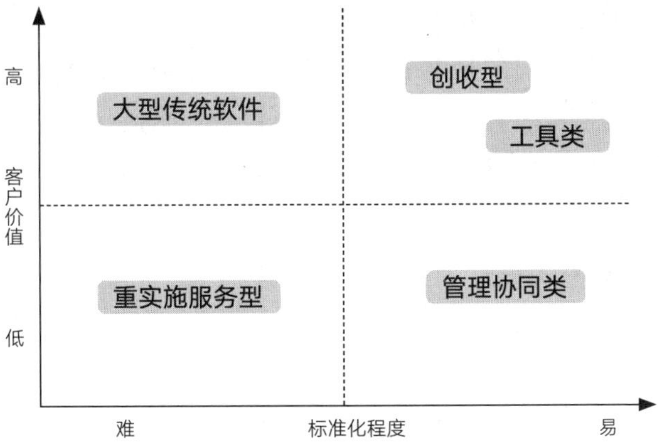

图11 SaaS赛道腾飞的分析框架

一般来说，客户价值高的SaaS产品更容易腾飞。

从客户角度来看，企业客户最为关心的永远是两点：增加收入和降低成本。企业服务软件带给客户的价值也会充分体现到这两点上：提升获客效率或者直接帮助客户增加收入；提升经营效率带来成本的大幅下降。

在这两者中，企业更容易感受到的是前者：提升获客效率或者直接帮助客户增加收入带来的价值。原因在于：（1）收入是企业经营活动的源头。企业可以暂时没有利润，但是不能没有收入。收入增长往往是企业关心的头等大事。（2）增加收入更容易被量化或者直观感受到。新客户的获取、新订单的增长都很容易看到并被感觉到，因此企业能够很直观地衡量软件带来的价值。相比之下，通过提升效率来降低成本，难度会大很多，而且不易被量化。

从客户价值角度出发，收入端的软件价值排序会优先于成本端的软件价值。当然，这并不是绝对的，当成本端软件能够极大地提升经营效率、带来成本的大幅下降时，企业同样能够充分感受到其价值。

（三）中国SaaS赛道将如何腾飞

按照上述框架，我们简要地分析一下中国各SaaS赛道的发展潜力。目前，中国SaaS公司数量已经非常多了，我们仅挑出一些代表性公司加以分析。全部SaaS赛道大致可以被划分为四类：

第一类：客户价值高，标准化容易的SaaS赛道。该类型的SaaS将率先腾飞，典型代表有两类：

一是创收型SaaS，能够直接给客户带来收入，或者帮助客户增加收入。在美国最早崛起的SaaS公司是Salesforce。Salesforce的主要产品是CRM（客户关系管理）软件，一方面能够帮助客户提升获客效率，帮助客户增加收入；另一方面产品标准化程度高，容易做成SaaS。在中国，率先腾飞的是电商类SaaS，它们能够让商家直接在微信、快手等各个流量地开店，可以帮商家直接创造收入，客户付费意愿强，市场空间巨大。之前中国照搬Salesforce模式的CRM基本没有成功，未来我们看好从中国企业生态环境里面生长出来的CRM模式。

二是大幅度提升效率的SaaS，工具类软件是其代表。它们一般标准化程度高，如果客户使用该工具软件能够极大地提升工作效率，也很容易率先腾飞。国外的典型代表是Adobe的Photoshop、微软的Office办公软件、Autodesk的AutoCAD软件，它们都顺利从传统软件转型成为SaaS模式。国内的典型代表是广联达的工程造价软件、金山办公的WPS、万得的Wind。

第二类：客户价值稍低，标准化容易的SaaS赛道。

众多的管理协同类SaaS都属于这种类型，这块也是SaaS细分赛道最多的领域。管理协同类SaaS主要是帮助企业提高工作效率，对企业管理者来说吸引力要低于能直接创收的SaaS，付费意愿也要低，而且由于管理协同类SaaS往往还要改变企业的管理流程，真正用好才能发挥作用。所以，整体赛道的推进速度会落后一些。

不过，正如我们前面报告部分所说，中国经济转型升级的需要，人口结构变化带来的供求关系转变，都会带来劳动力成本的长期上升，迫使企业更多地重视员工效率的提升。在这个长期趋势下，管理协同类SaaS将会迎来黄金成长期。

国外管理协同类SaaS的典型代表就是协同领域的ServiceNow、HRM领域的Workday、安全领域的Palo Alto Networks等。

国内管理协同类SaaS的典型代表包括内部协同类的钉钉、企业微信和飞书，财税类的用友、金蝶等，通信、商业智能、电子签名等。

第三类：客户价值高，标准化难度较大的SaaS赛道。

这类软件由于对客户价值高，往往客户付费意愿强，整体行业市场空间较大。但是由于产品标准化难度较大，所以SaaS化的比例不高，尤其是面向大中型企业的软件更是如此。典型代表软件有两类：

一类是以ERP软件为代表的面向大中型客户的传统软件。例如国外的SAP、Oracle，经过多年云化，现在整体SaaS占比仍然较低。而国内的用友和金蝶也在积极将传统软件转成SaaS产品，但是整体仍然处于初期，预计未来需要相当长的时间才能慢慢实现云化。

另一类是定制化软件。中国传统软件行业里面大部分都是从事定制化软件开发。由于客户的定制化要求各有不同，这种类型的软件总体很难SaaS化。但是其中有一些细分软件也会出现SaaS化的机会，如医疗行业的某些细分赛道。

第四类：客户价值低，标准化难度大的SaaS赛道。

这类软件客户价值低、标准化难度大，往往本身市场空间就不大，再加上标准化难度大，所以SaaS化的可能性很低。

（四）中国SaaS行业将迎来爆发

在美国，SaaS公司是过去十年最具成长性的行业之一。根据不完全统计，美国股市现有市值在50亿美元以上的原生SaaS公司37家，市值合计7 914亿美元。还有转型SaaS模式的传统软件公司19家，市值合计为21 943亿美元。

而中国的企业级SaaS规模较小，正处在高速增长期。从融资上可以看出，大部分企业SaaS融资轮次集中在A轮、B轮和C轮。真正登陆资本市场的SaaS公司非常少，目前仅有中国有赞（8083.HK）、微盟集团（2013.HK）两家。

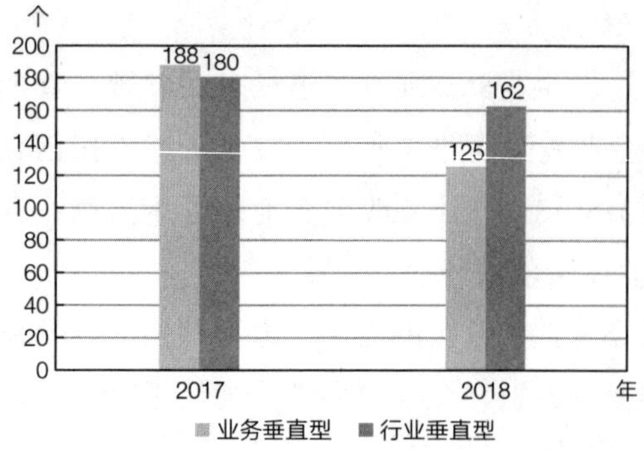

图12 2017—2018年中国企业级SaaS融资数量

（资料来源：艾瑞咨询）

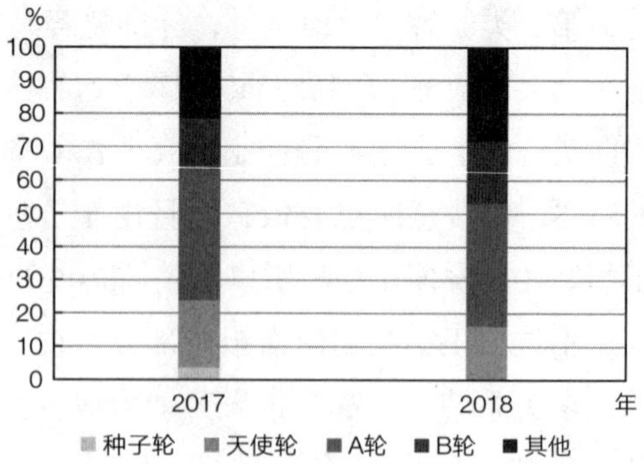

图13 2017—2018年中国企业级SaaS融资轮次分布

（资料来源：艾瑞咨询）

我们认为，未来3~5年，SaaS公司上市将迎来爆发期。目前，大量的细分SaaS赛道龙头公司收入体量都在1亿~5亿元，并且保持着高速增长。SaaS公司的商业模式往往导致其在高速增长期都是处于亏损状态，之前较难上市。随着科创板、创业板上市条件的放松，SaaS公司收入的高速增长，我们预计未来3~5年将会出现大批SaaS公司登陆资本市场，成为成长板块的重要支撑之一。

出版产业：

互联网催生新业态，新业态带来新活力

石伟晶　东兴证券传播与文化行业分析师
辛　迪　东兴证券研究所传播与文化组

产业描述：

出版产业可分为传统出版业和数字出版业两大部分。

传统出版业主要业务为图书、报纸、期刊等纸介质出版物的出版。

数字出版有广义和狭义之分。作为传统出版业的数字化传承，广义的数字出版可定义为整个出版业的数字化转型。而狭义的数字出版业指面向个人用户的网络文学、出版电子书、数字报刊杂志等，以及面向企业或教育机构的电子图书馆、电子数据库等。本篇报告中的出版产业主要包括纸质图书出版行业，以及网络文学、电子书、有声读物等数字出版行业。

一、出版体制改革和技术创新驱动产业发展

（一）出版产业处于融合创新阶段

出版产业处于融合创新阶段。1978年至今，我国出版产业经历四个发展阶段，分别为市场化改革下的快速发展期、依法管理下的繁荣发展期、出版体制改革下的进一步开放期、数字出版与传统出版并存的融合创新期。目前，国内传统出版数字化转型模式多元化，电子书领域出现阅文集团、掌阅科技等数字阅读平台；有声书成为数字出版新兴业态，涌现喜马拉雅、懒人听书等听书平台；传统图书IP全版权运营，授权改编成影视剧及网络游戏等产品。

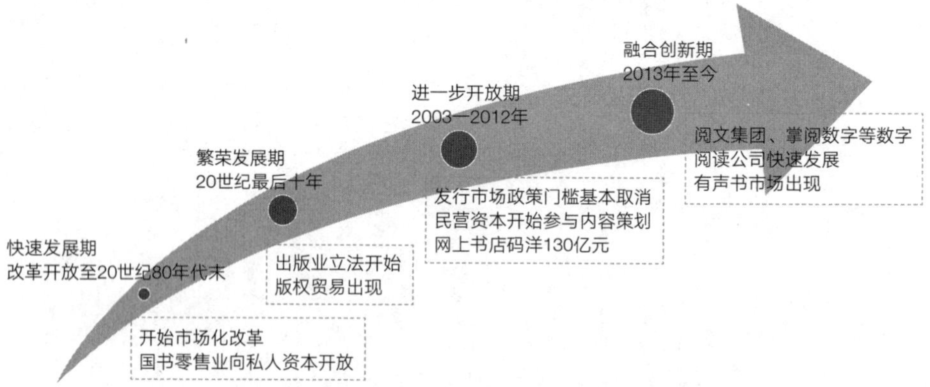

图1 改革开放以来我国出版业发展历程

（资料来源：董毅敏，秦洁雯．新中国期刊出版业70年：历程、成就与经验［J］．出版发行研究，2019（11））

（二）出版体制改革和技术发展是产业发展核心动力

出版体制改革在推动产业发展中起到决定性作用。1978年之前，我国出版业是单一的国有体制，出版、印刷、发行均是全民所有制单位；而目前传统出版产业链中发行与印刷环节基本均对民营资本和外资开放，尽管出版编辑环节仍有较高准入门槛，民营资本参与出版环节需与国有出版社合作，外资禁止进入出版编辑领域，但出版产业市场化已经形成。

表1　出版体制改革历程

	年份	政策
发行	1988	民营发行企业拥有二级图书批发权
	2001	外资可以通过各种方式逐步进入书报刊的零售、批发等发行领域
	2003	对从事出版物零售和批发、总发行、全国连锁等不再实行所有制限制
	2012	支持民间资本投资设立出版物总发行、批发、零售、连锁经营企业，从事图书、报纸、期刊、音像制品、电子出版物等出版产品发行经营业务
印刷	1980—1990	放开非国有制印刷企业的限制
	2005	非公有资本可以投资参股出版物印刷、发行等领域，但该领域国有资本必须控股51%以上
	2011	首次提出被认定为示范企业的中外合资、中外合作出版物印刷企业，外方可以控股或占主导地位
出版	2009	积极探索非公有出版工作室参与出版的通道问题，逐步做到在特定的出版资源配置平台上，为非公有出版工作室在图书策划、组稿、编辑等方面提供服务
	2012	支持民间资本投资设立网络出版包括网络游戏出版、手机出版、电子书出版和内容软件开发等数字出版企业，从事数字出版活动

资料来源：国家新闻出版署。

技术重塑出版业。互联网从出版物形态、发行渠道、经营理念和业务模式上对传统出版产业进行改造、传统出版物形态数字化，如电子书、网络文学、有声书；发行渠道线上化，如网上书店及KOL带货；经营模式持续创新，如将大数据应用于分析客群与选品。

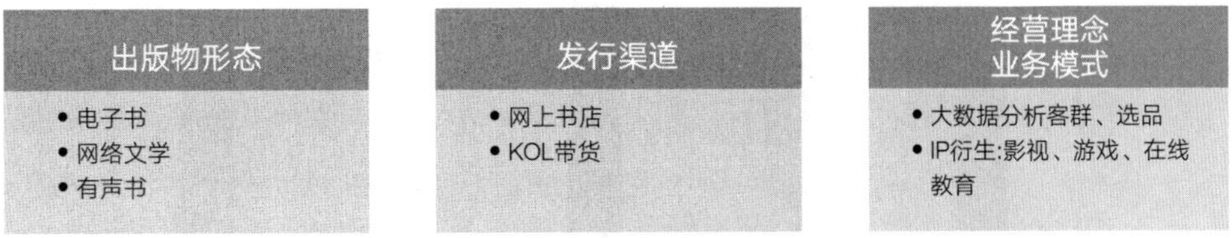

出版物形态
• 电子书
• 网络文学
• 有声书
发行渠道
• 网上书店
• KOL带货
经营理念
业务模式
• 大数据分析客群、选品
• IP衍生:影视、游戏、在线教育

图2　技术重塑出版业

二、数字出版成我国出版产业增长主要动力

（一）美国数字出版市场增长稳健

美国图书出版市场保持稳定。根据美国出版商协会披露数据，2018年美国图书出版销售金额为258亿美元，较2014年的280亿美元略有下降，总体规模保持稳定。

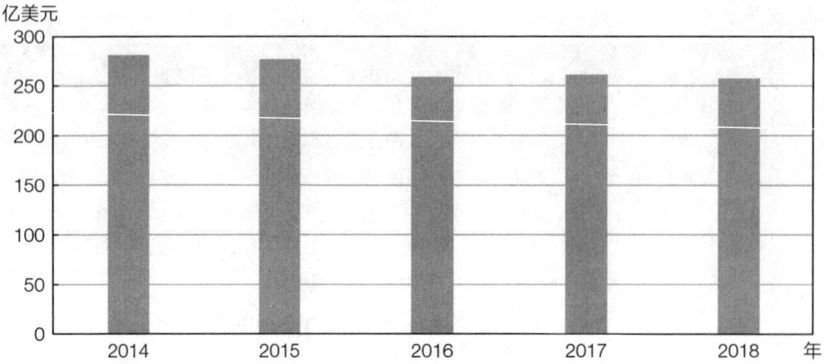

图3 美国出版业总收入

注：2016年数据根据披露的增速进行计算。

（资料来源：美国出版商协会）

美国数字出版市场增长稳健。2018年，美国数字出版总收入为79亿美元，其中电子书收入为53亿美元，电子杂志和电子报纸订阅分别为9亿美元和17亿美元，数字出版市场增长主要来自电子杂志和电子报纸订阅。

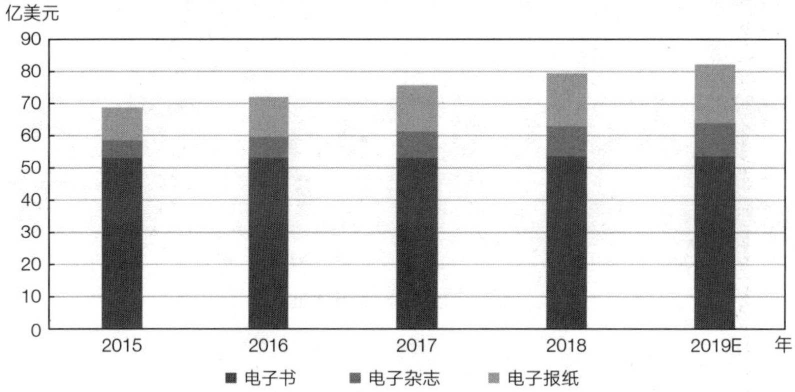

图4 美国数字出版业总收入

（资料来源：Statista）

（二）国内出版产业数字化是发展趋势

纸质图书零售市场稳健。据开卷信息统计，2019年国内纸质图书零售市场总规模为1 022亿元，同比增速14.4%，其中，网店渠道销售码洋715亿元，实体书店渠道销售码洋308亿元，行业近6年增长较为稳定。

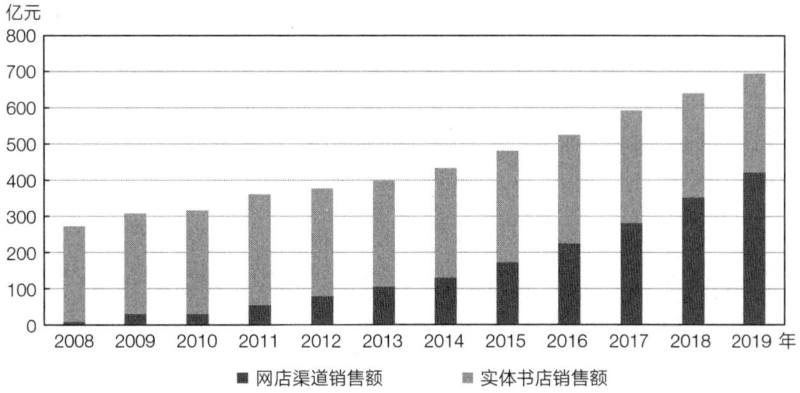

图5　国内图书零售市场规模

（资料来源：开卷）

数字阅读市场增长迅速。根据艾瑞咨询统计，2019年国内数字阅读市场规模达181亿元，预计2020年将达到206亿元。

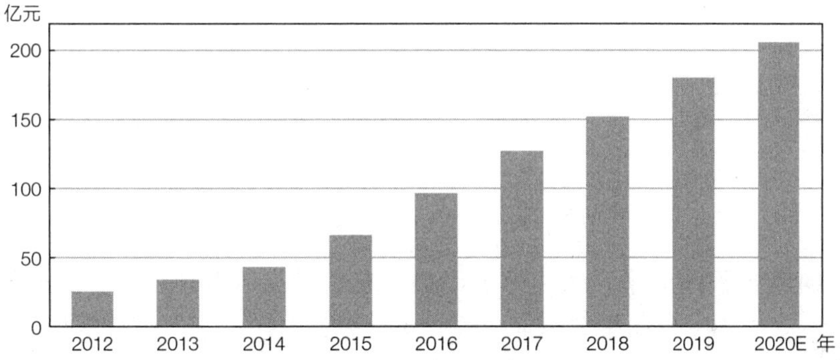

图6　国内数字阅读市场总规模

（资料来源：艾瑞咨询）

国内数字出版渗透率有进一步提升空间。2018年，美国电子书、电子杂志、电子报纸等数字出版市场占传统图书市场的比例为23.41%，国内相应为12.94%，可见国内数字出版渗透率还有较大提升空间。

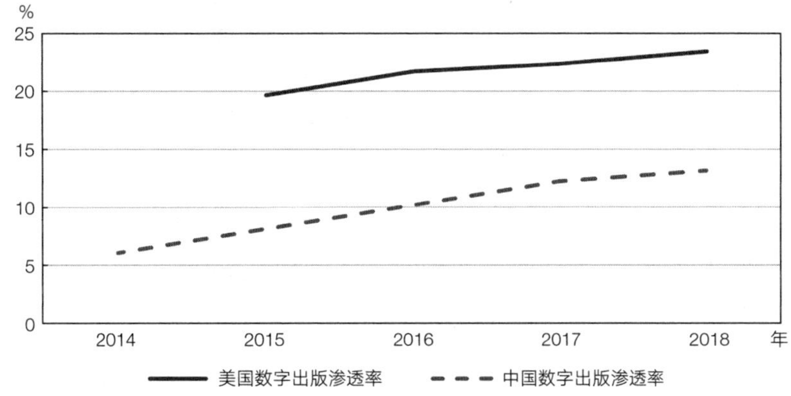

图7　中美数字出版渗透率对比

（资料来源：国家新闻出版署、美国出版商协会）

（三）内容服务商是数字出版核心环节

传统出版产业积极向互联网转型。传统图书出版产业链是以纸质书为产品形态的生产、印刷、发行、零售的过程。面对数字化转型，传统出版产业具有内容资源优势，一方面是覆盖纸质书、电子书、有声书等阅读业态，另一方面是拓宽影视、游戏、衍生品等泛娱乐领域的运营渠道，实现基于图书IP的全市场开发与全版权运营。

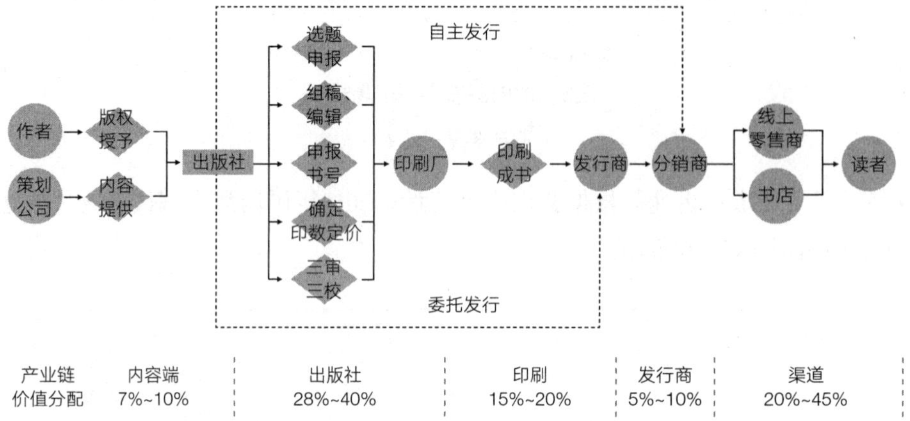

图8　传统图书出版产业链

（资料来源：新经典招股说明书）

互联网内容服务商的平台效应愈加凸显。在数字出版产业链中，互联网内容服务商聚合作者或版权代理机构旗下图书版权，并整合分发给读者。传统出版机构加速数字化转型，大部分出版社由于不具备自建线上内容整合分发平台的技术和资本，倾向于选择投入产出比更高的平台合作方式。在此趋势下，互联网内容服务商的平台价值将日趋凸显。

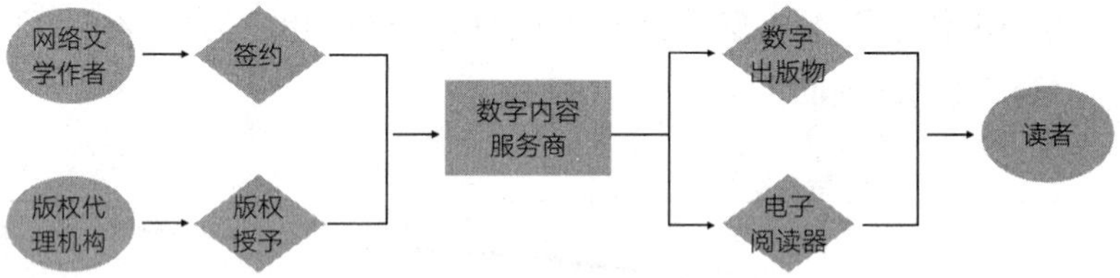

图9　数字出版产业链

（资料来源：掌阅科技招股书）

数字出版集中度有望持续提升。传统出版行业以国有出版为主，市场份额比较分散，但在数字阅读领域，目前阅文集团和掌阅科技市场占有率合计已超过30%。展望未来，市场份额将进一步向头部公司集中，或将出现平台型公司。

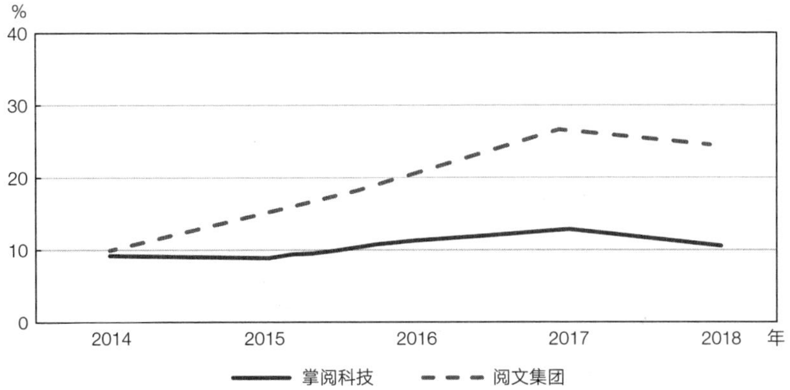

图10　数字出版前两大巨头市场占有率

（资料来源：艾瑞、掌阅科技、阅文集团年报）

三、付费和广告驱动数字出版市场增长

（一）版权产业快速增长

互联网用户付费市场空间广阔。2018年国内网络版权产业规模为7 423亿元，其中用户付费市场规模为3 686亿元，占比近半。用户付费消费内容成为不可逆趋势，同时付费内容逐步多元化，由网络游戏为主向网络视频、网文、有声读物等业态扩散，显示出互联网用户付费市场空间广阔。

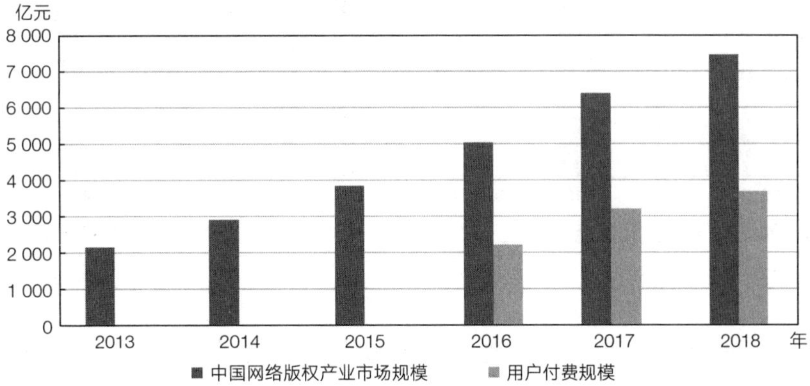

图11　国内网络版权产业市场规模

（资料来源：国家版权局网络版权产业研究基地）

网络文学用户付费率有较大提升空间。根据中国互联网络信息中心报告，2018年网络文学用户达4.32亿元，国内网络文学用户群体规模庞大，对比2018年数字阅读市场规模为154亿元，主要源于国内网络文学用户付费率偏低。根据阅文集团与掌阅科技财报显示，旗下活跃用户付费率均不足10%。

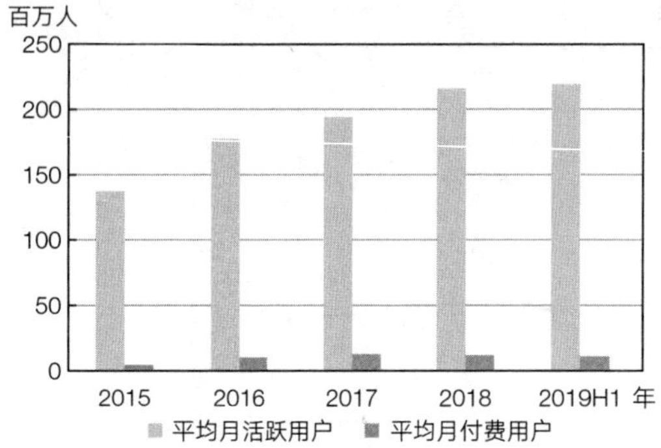

图12 阅文集团月活跃及月付费用户数

（资料来源：阅文集团年报）

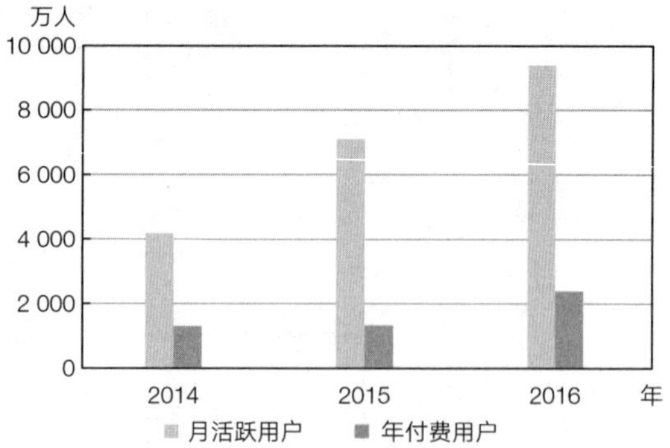

图13 掌阅科技月活跃及年付费用户数

（资料来源：掌阅科技招股书）

（二）免费阅读模式兴起

免费阅读模式兴起。用户付费是阅读类平台的主要盈利模式，平台收入提升依赖于用户付费率和客单价的提升。免费阅读模式将平台营收与流量运营挂钩，用户免费阅读，平台借助书中嵌入广告实现变现。2018—2019年，免费阅读用户数量由0.5亿人增至2.5亿人，免费阅读模式成为新热点。据QuestMobile测算，2019年，免费阅读市场的广告营收规模达到31亿元。

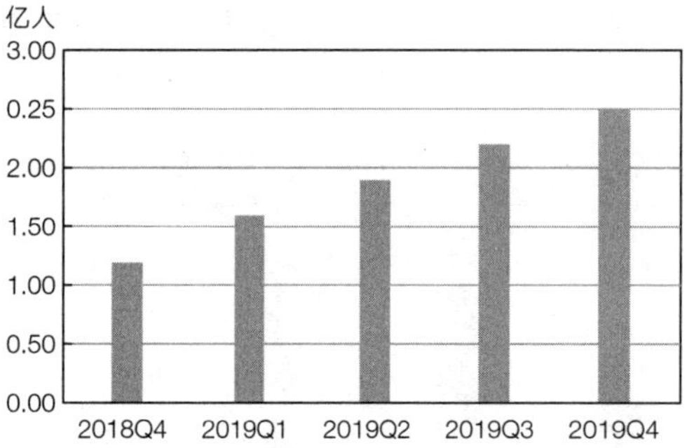

图14 网络文学免费阅读用户人数

（资料来源：比达咨询）

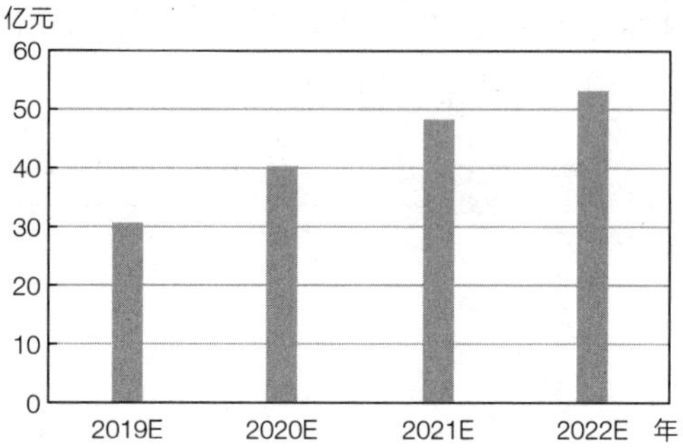

图15 免费阅读市场广告营收规模

（资料来源：QuestMobile）

免费阅读用户规模庞大。根据易观千帆的数据，2020年1月，付费阅读头部APP掌阅、QQ阅读、咪咕阅读的月活跃人数分别为5 533万人、4 920万人和3 567万人，免费阅读头部应用七猫免费小说、宜搜小说、连尚免费读书的月活跃人数分别为3 120万人、2 359万人和1 587万人。免费阅读虽然起步较晚，但用户数量直追行业龙头，瓜分网文市场用户。

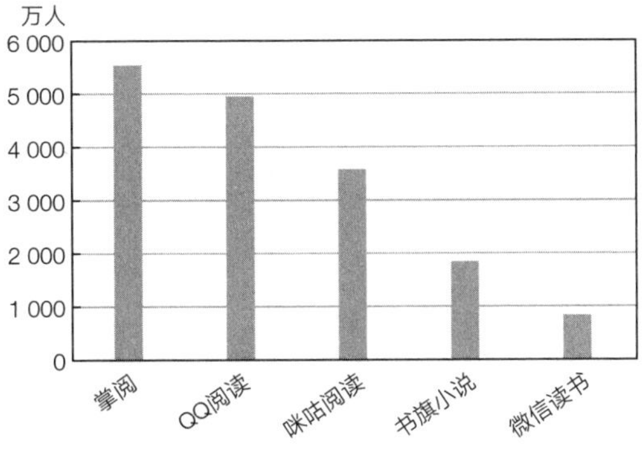

图16 付费头部阅读应用月活跃用户数

（资料来源：易观千帆）

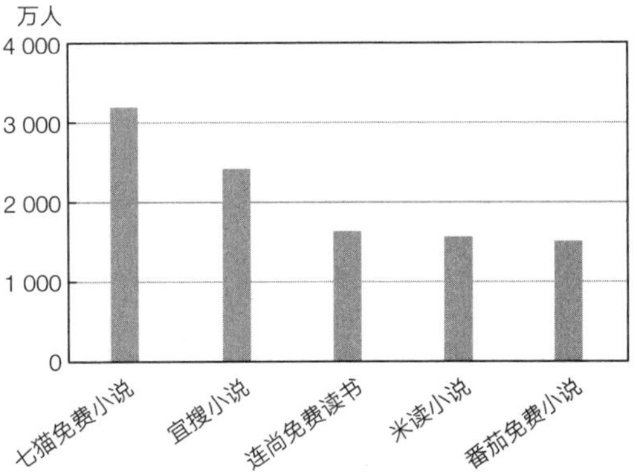

图17 免费阅读头部应用月活跃用户数

（资料来源：易观千帆）

数字阅读盈利模式向用户付费和广告收入双引擎驱动转变。根据第三方检测，米读小说、七猫免费小说等免费阅读应用与QQ阅读、掌阅等付费阅读应用旗下用户重合占比不足10%。可见免费模式并未冲击数字阅读付费用户群体。在数字阅读正版化趋势下，免费模式或与付费模式长期共存，用户充值与广告变现将成为数字阅读主要盈利模式。

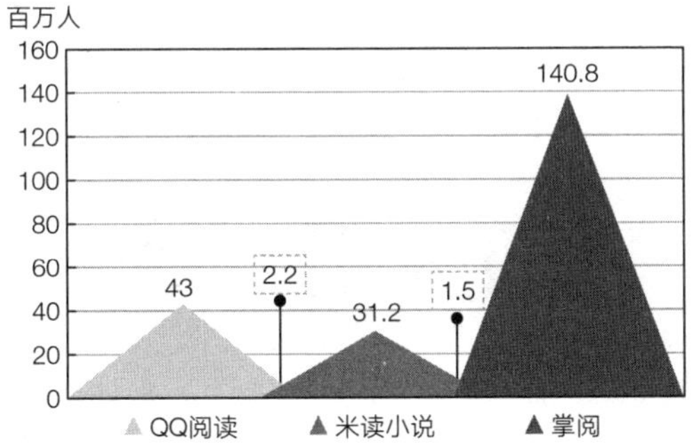

图18 米读小说用户交叉人数

（资料来源：Mob Tech）

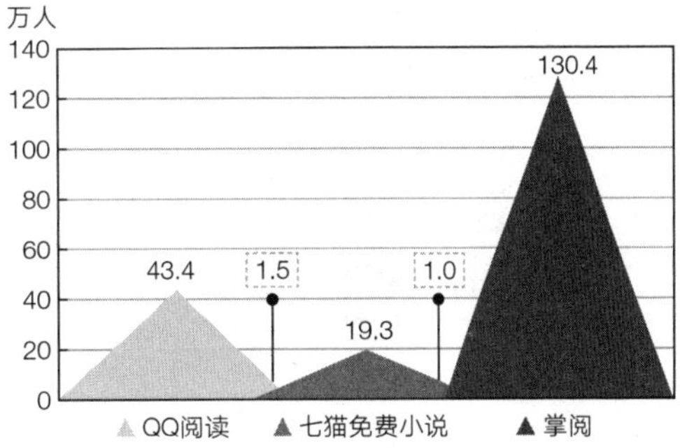

图19 七猫免费小说用户交叉人数

（资料来源：Mob Tech）

四、有声书丰富数字出版业态

（一）互联网音频市场发展迅速

互联网音频市场发展迅速。据荔枝招股书，2018年，中国互联网音频市场规模为16亿美元，渗透率（按收入计）为6%，而美国互联网音频市场规模为69亿美元，渗透率达20%。国内互联网音频市场正持续增长：一方面，国内在线音频用户数量持续提升；另一方面，在互联网正版化环境下，音频用户付费率也将进一步提升。

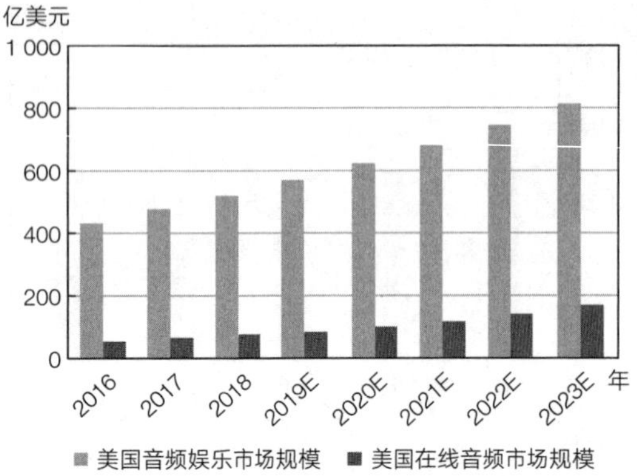

图20 美国音频娱乐市场规模

（资料来源：荔枝招股书）

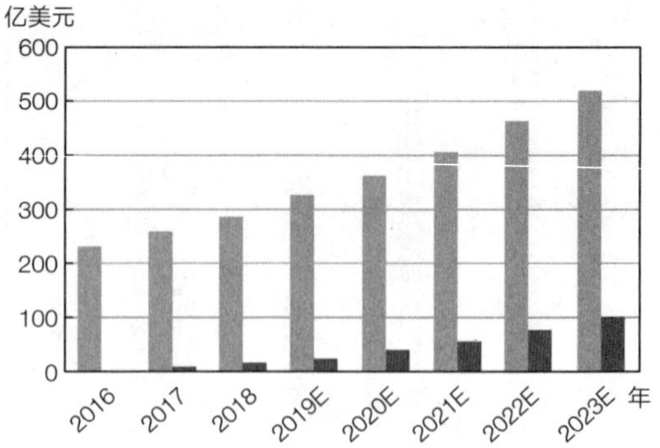

图21 中国音频娱乐市场规模

（资料来源：荔枝招股书）

各类互联网平台入局有声书市场。2018年国内有声书用户规模为3.85亿人，2020年有望达5.62亿人。有声书发展潜力吸引众多互联网企业入局。目前，国内有声书市场共有5类参与者：第一类是内容丰富、用户基数大的综合在线音频平台；第二类是布局有声书细分领域较早、产品针对性较强的垂直听书类平台，这两类是有声书市场的主体；另外三类是数字阅读平台、知识付费平台和阅读类微信公众号，它们也纷纷开启了听书功能。有声书市场竞争不断加剧。

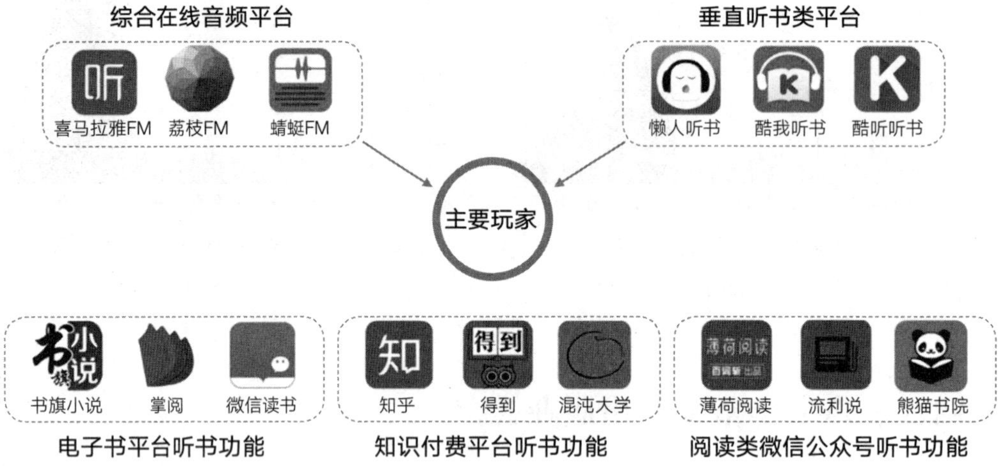

图22 有声书市场5类玩家

（资料来源：艾瑞）

（二）数字阅读平台切入有声书具有用户规模优势

数字阅读平台切入有声书领域具有用户规模优势。从iOS应用畅销榜看，2019年喜马拉雅、懒人听书、蜻蜓FM等在线音频应用排名均在100名以内，其中喜马拉雅长年霸榜图书（畅销）类第一名、应用（畅销）类前10名，可见有声书用户的付费能力较强。

根据易观千帆数据，2020年1月，掌阅、QQ阅读的月活跃数量分别为5 533万人和4 920万人，喜马拉雅、懒人听书、蜻蜓FM的月活跃数量为8 684万人、3 457万人和2 022万人，掌阅、QQ阅读等数字阅读平台进入有声读书市场具有用户规模优势。

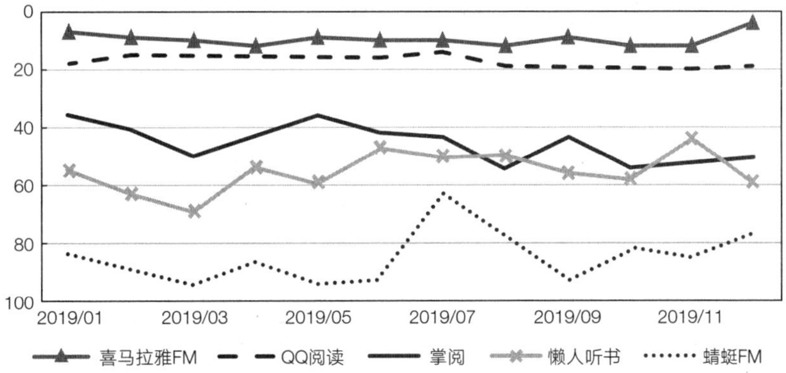

图23 2019年应用（畅销）排名

注：如遇应用下架，取当日最临近日期数据，误差不超过7天。

（资料来源：七麦数据）

（三）喜马拉雅先发优势显著，掌阅科技发力有声阅读

喜马拉雅是国内较早进入有声书领域的公司之一。截至2019年10月，激活用户数量已突破6亿人，月活跃用户超过8 000万人，平台提供的有声内容涵盖财经、音乐、新闻、商业、小说、汽车等328类。

喜马拉雅已建立较强的内容壁垒，平台提供优质有声内容。版权内容方面，喜马拉雅与阅文集团、中国出版、中信出版等版权方开展独家合作；原创内容方面，超过700万名主播、5 000家媒体和3 000家品牌入驻平台；渠道端，公司下游分发渠道广泛，涵盖手机、智能硬件、汽车等应用场景。

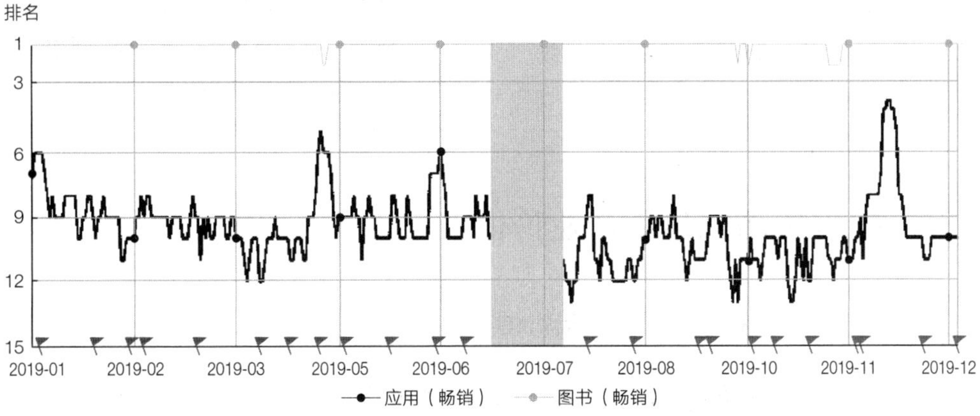

图24 2019年喜马拉雅APP在苹果应用商店中排名趋势（应用类和图书类）

（资料来源：七麦数据）

掌阅科技有声书业务孵化成型。2016年，掌阅科技与蜻蜓FM达成合作，将其核心版权作品如《指染成婚》《都市奇门医圣》等高点击量小说音频制作权授予蜻蜓FM；2017年，掌阅设立有声频道；2018年，掌阅开始大量引进和储备有声小说、亲子儿童、相声评书、精品课程等优质正版有声内容；2019年上半年，掌阅有声业务收入实现快速增长，2019年10月首届掌阅听书节期间，超过620万用户在掌阅APP上选择听书阅读。

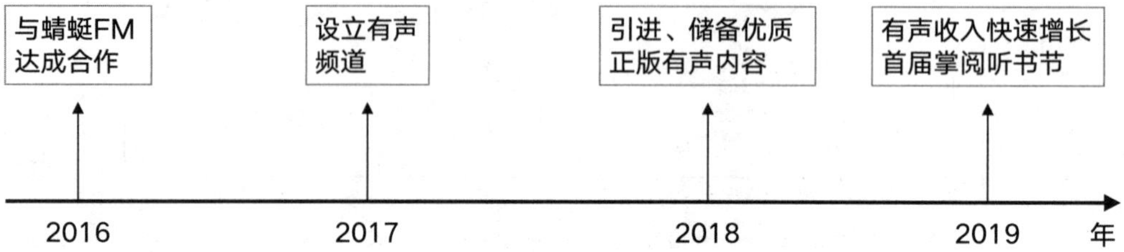

图25 掌阅科技有声书业务发展历程

（资料来源：各公司公告）

掌阅科技切入有声书领域具有用户规模和版权优势。用户方面，掌阅APP累计注册用户数超6亿人，在移动阅读类APP中稳居第一；2016年，掌阅APP付费用户数2 429万人，人均充值金额和用户日均阅读时长不断增长，平台用户付费意愿较高、黏性较强。版权资源上，掌阅与超过600家的版权方展开合作，拥有数字内容超过52万册。

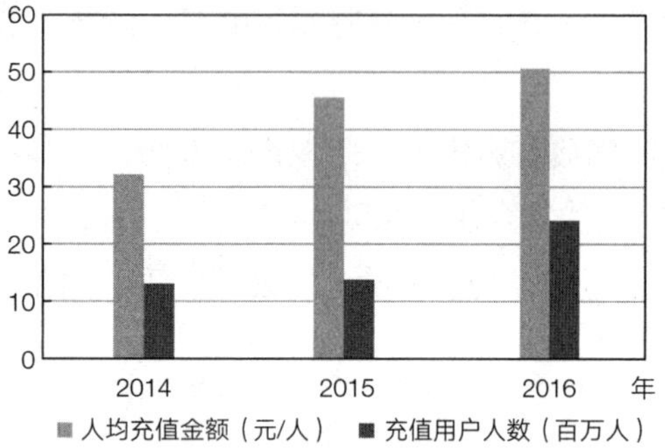

图26 掌阅科技年付费用户和单用户年付费

（资料来源：掌阅科技招股书）

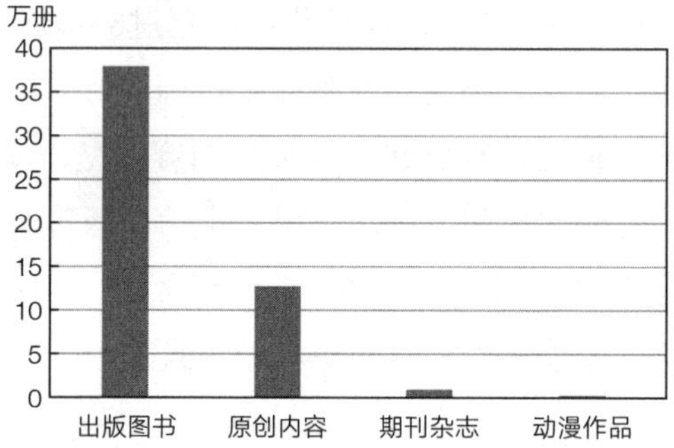

图27 掌阅科技拥有版权作品数量

（资料来源：掌阅科技招股书）

五、IP开发增强出版产业价值

（一）图书IP具有全产业链开发价值

图书IP具有全产业链开发价值。以《哈利·波特》畅销书为例，基于其IP的出版、电影、DVD及有线电视播放权、网络游戏、主题公园等商业总价值达70亿美元；国内网络文学作品《鬼吹灯》及授权的电影、动漫、游戏合计产生的商业价值超过4亿美元。文学作品作为IP的重要源头，其全产业链开发价值在海内外均已得到商业证明。

表2　中美图书IP改编案例对比

	美国	中国
图书IP	哈利・波特	鬼吹灯
改编形式	线下出版、电影、DVD及有线电视播放权、网络游戏、主题公园、其他衍生品等	线下出版、电影、电视剧、网络游戏、动漫
商业总价值	约70亿美元	约4亿美元

资料来源：阅文集团招股书。

IP授权方可以参与游戏分成。据伽马数据《2020—2019年移动游戏IP潜在价值评估报告》，2019年IP改编移动游戏收入为987亿元，占移动游戏市场总收入的65%。除固定授权费用外，部分IP还可以获得游戏收入中5%~9%的分成。长期来看，IP版权方在衍生娱乐产品方面收入来源将持续扩大，版权方商业价值将凸显。

图28　IP改编移动游戏收入

（资料来源：伽马数据）

（二）IP开发处于起步阶段

IP开发处于起步阶段。2018年，阅文集团版权收入为10.03亿元，占总营收的20%。近两年，数字阅读平台的版权收入占比仍然处于较低水平，阅文集团的版权收入主要来自IP授权，尚未深度介入IP开发。2018年阅文集团收购新丽传媒，今后有望借助影视改编获得IP衍生价值。

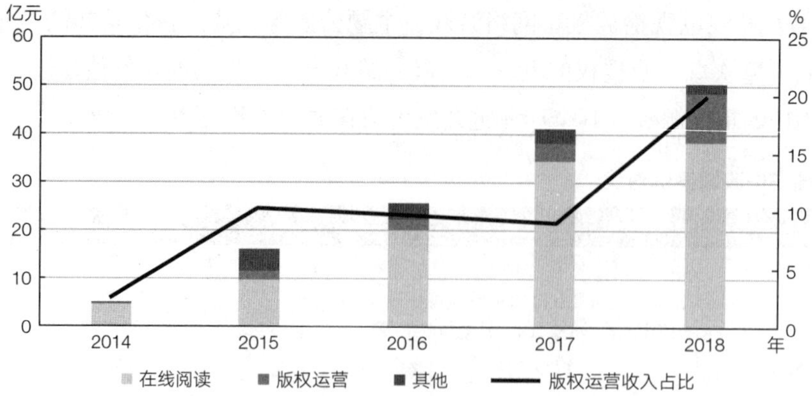

图29 阅文集团收入结构

（资料来源：阅文集团年报）

阅文集团网文IP资源丰富。阅文集团的核心业务为QQ阅读，旗下另有多个针对不同类型用户市场的自有平台，包括主要针对男性用户的起点中文网、创世中文网，主要针对女性用户的红袖添香、潇湘书院，针对二次元读者的元气阅读，针对有声书用户的懒人听书等。截至2019年6月，公司平台共有签约作家780万位，原创作品覆盖200余个种类，累计数量达1 110万部，网络文学市场超过70%的内容资源掌握在阅文手中。

阅文集团深化网文IP运营。2016年公司推出“IP共营合伙人”制度，与万达、光线传媒、腾讯企鹅影业、爱奇艺等影视公司及巨人网络等游戏开发商合作，对文学IP进行全产业链开发，改编形式包括电影、电视剧/网剧、游戏、动画、纸质图书、有声书等。2018年，公司收购新丽传媒，向产业链下游拓展，得以进一步把握IP开发自主权，控制改编产品的质量。目前公司已输出众多IP衍生作品，包括电影《九层妖塔》《寻龙诀》，网剧《琅琊榜》《花千骨》《庆余年》，游戏《斗罗大陆》《斗破苍穹》等。2018年阅文集团累计授权130余部文学作品改编为其他形式。

表3 阅文集团IP储备情况

	相关IP/作品
IP储备	《鬼吹灯》《琅琊榜》《盗墓笔记》《花千骨》《我欲封天》《凤求凰》《择天记》《恶魔法则》《武动乾坤》《爵迹》《老九门》《全职法师》等
已输出影视作品	《鬼吹灯》《琅琊榜》《盗墓笔记》《花千骨》《从前有座灵剑山》《芈月传》《扶摇》《庆余年》等
已输出游戏作品	《择天记》《圣墟》《斗破苍穹》《芈月传》等

资料来源：公司年报、公司官网。

工业气体：

渗入高精尖，老树发新芽

刘宇卓　东兴证券化工行业分析师

产业描述：

工业气体是指工业生产中在常温常压下呈气态的产品，作为现代工业的基础原材料，被誉为“工业的血液”。主要应用于冶金和化工行业，同时在新型煤炭化工、医疗、电子等行业拓展需求。其产业链主要包括四大环节：原材料和设备、气体生产制造、气体存储和运输及下游应用。

其产业供应模式分为零售供气和现场供气。零售供气多为高附加值特种气体，主要由几家外资巨头提供，部分由国内气体公司和研究所提供；现场供气则由外资巨头、国内气体供应商、空分设备制造商共同竞争。

全球工业气体行业于2018年底呈现“三足鼎立”格局，林德集团、法液空、空气化工产品公司合计市场占有率达77%。国内则呈现企业数量多、规模小、产品单一等特点，且多数企业从事于普通工业气体零售、充装等低端项目，未来兼并整合预期强烈。

一、工业的血液，全球千亿美元市场

（一）工业的血液，渗透传统工业

工业中，把常温常压下呈气态的产品统称为工业气体产品。

工业气体被誉为“工业的血液”，是现代工业的基础原材料，在国民经济中有着重要的地位和作用。工业气体广泛应用于冶金、化工、机械、建筑建材、电子、生物医药、环保、食品饮料等国民经济的基础行业及新兴行业，对国民经济的发展有着战略性的支持作用。

目前，工业气体的主要应用领域为冶金和化工行业，这两大领域对工业气体的需求占比近60%。同时，电子等新兴产业对工业气体的需求亦日益增加。

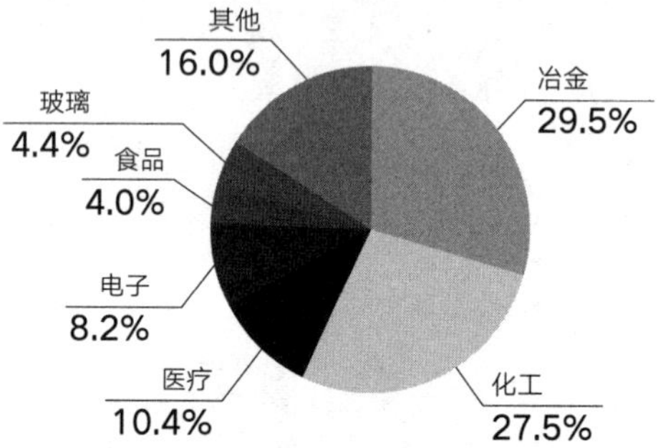

图1 中国工业气体下游消费结构

（资料来源：中国产业信息网）

根据制备方式和应用领域的不同，可分为大宗气体和特种气体。其中，大宗气体主要包括氧、氮、氩等空分气体及乙炔、二氧化碳等合成气体，该类气体产销量比较大，但一般对纯度要求不高，主要用于冶金、石化、煤化工、钢铁、造船、重工等领域；特种气体品种较多，主要包括高纯气体、混合气体等，主要用于电子、光伏、医疗等新兴领域。

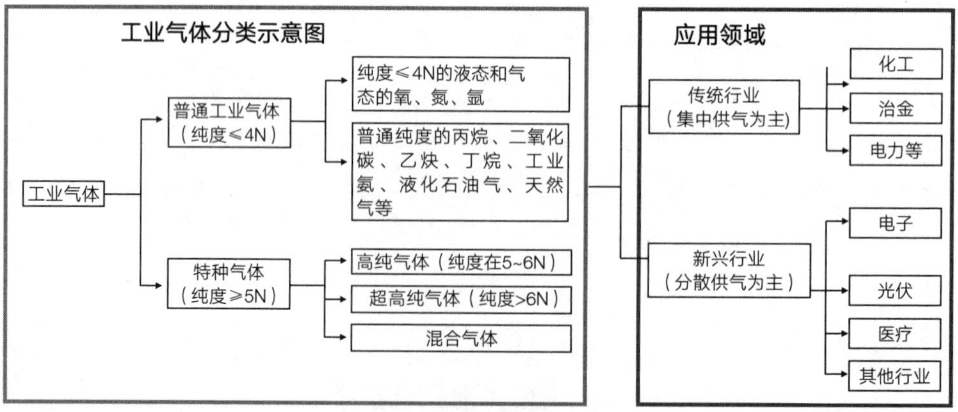

图2 工业气体的分类

（资料来源：华特气体招股说明书）

工业气体的产业链主要包括四大环节：原材料和设备、气体生产制造、气体存储和运输、下游应用。目前设备、气体生产制造和供应基本实现了一体化。

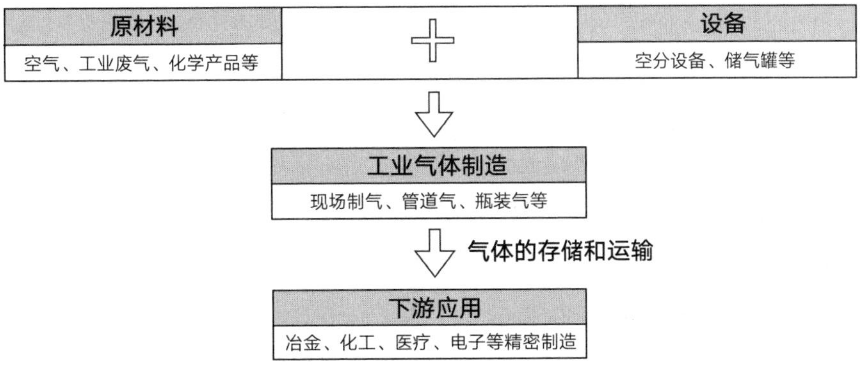

图3 工业气体产业链示意图

（资料来源：气体圈子）

（二）全球市场超千亿美元，中国市场高增长

全球工业气体行业规模已超过千亿美元。2018年全球工业气体市场规模超过1 200亿美元，预计未来5年全球工业气体市场仍将保持7%~8%的稳定增长态势。

工业气体行业的发展速度在很大程度上取决于所在国家或地区的经济发展水平。西方发达国家由于起步早、工业基础雄厚，工业气体行业在西方已有百年的发展历史，全球工业气体需求的主要市场仍然是北美和欧洲，但增速显著放缓；亚太地区近年来发展很快，已经成为拉动全球市场增长的主要引擎。

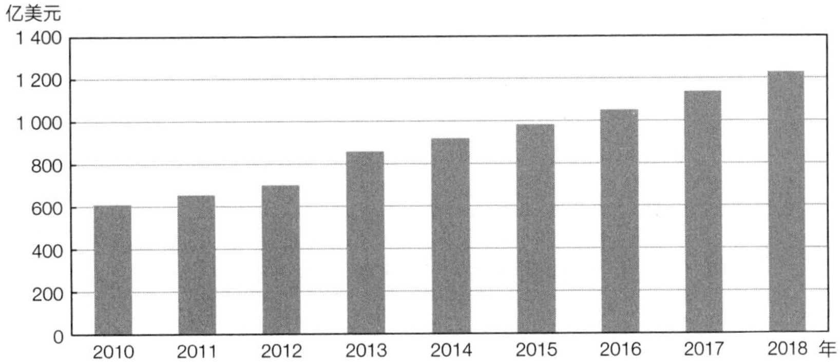

图4 全球工业气体市场规模

（资料来源：中国产业信息网）

中国工业气体行业发展起步较晚，以往钢铁企业、化工企业的气体车间或气体厂主要从事自用气体的生产。20世纪80年代起，外资企业开始进入中国气体市场，通过收购、新设等方式建立气体公司，向国内气体用户提供气体产品。随着气体供应商供气模式的引入，国内企业原有的气体车间、气体厂、供气站等纷纷发展为独立的气体公司，逐步形成了中国气体行业，推动了中国气体市场的发展。

目前中国工业气体市场规模约为1 350亿元人民币。伴随着改革开放的步伐，我国工业气体在20世纪80年代末期已初具规模，到90年代后期开始快速发展。2010年我国工业气体市场规模达410亿元，比2005年增长了67%，在全球市场的占比提高到10.6%；2015年我国工业气体市场规模达1 000亿元左右；2018年我国工业气体市场规模达1 350亿元，在全球市场的占比提高到17%。

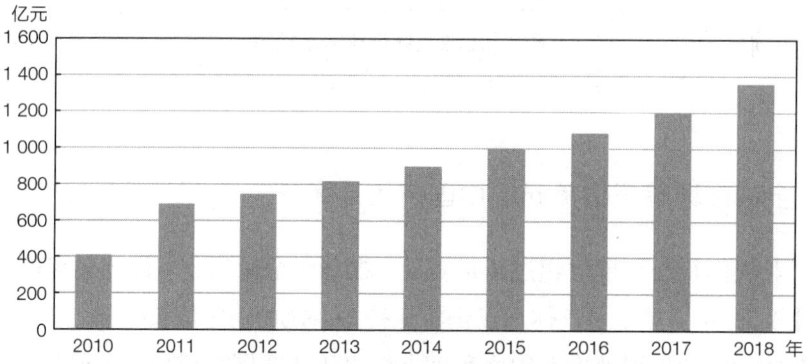

图5　中国工业气体市场规模

（资料来源：中国产业信息网）

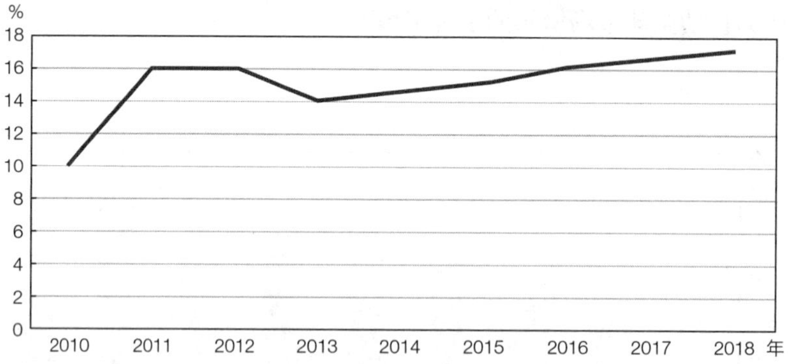

图6　中国工业气体市场规模占全球市场的比重

（资料来源：中国气体网）

（三）工业发展和制造商转型带动发展

工业气体作为现代工业的基础原料，产业发展与全球工业发展水平息息相关。由于亚洲新兴经济的快速增长，世界工业气体的生产中心向亚洲转移，带动了中国工业气体产业的快速发展。

欧美地区的气体设备制造商倾向于转型气体公司。20世纪80~90年代，国际上以林德集团和法液空为代表的空气分离设备制造企业纷纷向下游气体产品供应商转型，并且已经在工业气体的国际市场上占据了较大优势，目前气体业务已经成为这些企业的主要收入来源。

二、高附加值特种气体领跑，传统供气并行

（一）电子特气等高附加值应用引领产业高增长

2018年全球工业气体市场规模约为1 220亿美元，中国市场规模约为1 350亿元人民币，中国的市场份额约为17%。

中国工业气体市场增速远高于全球平均水平。2010—2018年全球工业气体的市场规模年均增速约9%，同期中国市场的年均增速约为16%。预计未来几年，全球工业气体市场规模的年均增速7%~8%，中国市场规模的年均增速在10%以上。

中国工业气体市场增长潜力大。据统计，我国的人均工业气体消费只有美国的1/26，不足西欧与澳大利亚的1/20，与南美和东欧国家也有较大差距。此外，我国工业气体市场规模的全球份额远低于我国工业制造产值的全球份额，2017年我国工业制造产值占全球工业制造产值的27%，而我国工业气体的全球市场占有率仅为17%。中国工业气体市场充满活力，未来几年将有几套大型气体装置投产，增长潜力较大。

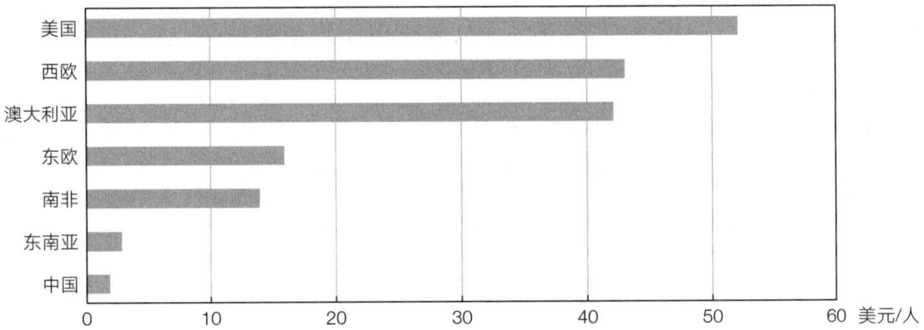

图7 全球各地区工业气体人均消费量

（资料来源：前瞻产业研究院）

电子等新兴领域的气体应用不断深化，为工业气体带来了大量新增需求。电子气体在电子产品制程工艺中广泛应用于离子注入、刻蚀、气体沉积、掺杂等工艺。电子气体在电子行业的地位日益凸显，电子元器件的性能优劣与电子气体的质量息息相关。基于未来几年中国半导体、显示面板等主要电子元器件的新增产能较多，以及电子化工材料的进口替代需求强烈，国内电子气体行业将迎来高速增长。

表1 电子气体的分类

类别	用途	主要产品
电子特种气体	化学气相沉积（CVD）	氨气、氦气、氧化亚氮、TEOS（正硅酸乙酯）、TEB（硼酸三乙酯）、TEPO（磷酸三乙酯）、磷化氢、三氟化氯、二氯硅烷、氟化氮、硅烷、六氟化钨、六氟乙烷、四氯化钛、甲烷等
	离子注入	氟化砷、三氟化磷、磷化氢、三氟化硼、三氯化硼、四氟化硅、六氟化硫、氙气等
	光刻胶印刷	氟气、氦气、氪气、氖气等
	扩散	氢气、三氯氧磷等
	刻蚀	氦气、四氟化碳、八氟环丁烷、八氟环戊烯、三氟甲烷、二氟甲烷、氯气、溴化氢、三氯化硼、六氟化硫、一氧化碳等
	掺杂	含硼、磷、砷等三族或五族原子的气体，如三氯化硼、乙硼烷、三氟化硼、磷化氢、砷化氢等
电子大宗气体	环境气、保护气、载体	氮气、氧气、氩气、二氧化碳等

资料来源：金宏气体招股说明书。

表2 下游应用中电子特种气体与电子大宗气体的占比 单位：%

领域	电子特种气体	电子大宗气体
液晶面板	30~40	60~70
美成电路	约50	约50
LED、光伏	50~60	40~50

资料来源：金宏气体招股说明书。

据卓创资讯统计，2017年全球特种气体的市场规模达241亿美元，其中电子领域（包括集成电路、显示面板、光伏能源、光纤光缆等）的特种气体市场规模预计超过100亿美元；中国特种气体的市场规模约为178亿元，其中电子领域的特种气体市场规模约为100亿元。

电子特气行业增速高。以半导体为例，电子特气在半导体制造的材料成本中占比高达13%，是仅次于硅片的第二大材料。据中国产业信息网数据，2018年全球集成电路用电子气体的市场规模达45.12亿美元，同比增长16%。

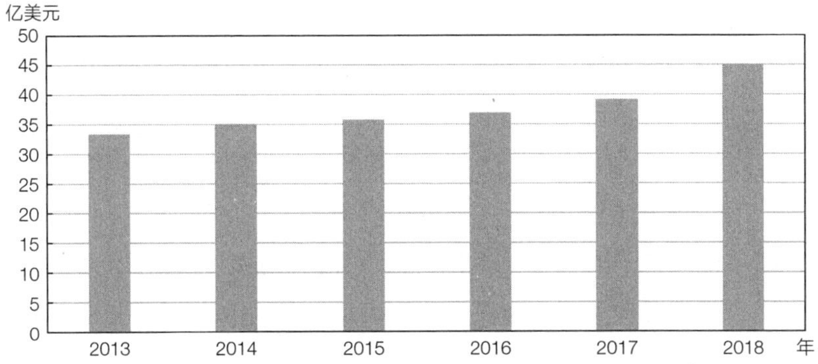

图8　全球集成电路用电子气体市场规模

（资料来源：中国产业信息网）

（二）零售供气与现场供气并行

工业气体产业的供应模式可以分为两大类——零售供气和现场供气。零售供气模式下，供应商通过采购、提纯、分装等工艺加工后向客户配送销售瓶装气和液态气；现场供气模式下，气体供应商一般在客户生产工厂附近修建气体工厂，通过管道供气，供应商拥有并为客户运营该工厂。

表3　工业气体的供应模式对比

业务模式		盈利模式	规模	运输半径	合同期	特点	客户群
零售供气	瓶装气业务	根据需要随时送达客户端	限于小批量气体用户	特种气体不受运输半径限制，大宗气体覆盖充气站半径50千米左右	1~3年	客户分布广泛，高度网络密集型，看重配送和交付能力	行业不限
	液态气业务	通过低温槽车送达客户端，将低温液态产品储存在客户现场的贮槽中，按客户规模要求自行气化使用	满足中等规模	200千米左右	3~5年	要求客户关系和配送能力易受市场影响	电子、化工、机械、塑料、食品饮料、医疗
现场制气		在客户端建造现场制气装置，通过管网供应气体	满足大规模用气需要	—	10~20年	资本密集、服务要求高，技术和客户关系稳定，盈利能力持续性强、现金流稳定	化工、炼油、电子、金属冶炼加工

资料来源：金宏气体招股说明书。

1．现场制气市场多服务于传统工业，以大宗气体为主。

现场制气主要服务于钢铁、化工等大型工业企业，其项目投资额大，供气量大且稳定，对企业的资金实力、运营能力等均要求较高。中国工业气体市场中，较早发展起来的就是以现场制气为主要供气方式的大宗集中用气市场。

目前国内大型现场制气市场形成了外资巨头、国内专业气体供应商、空分设备制造商共同竞争的局面，竞争较为激烈。其中，外资巨头如林德、法液空、空气化工、梅塞尔等凭借强大的资金实力、成熟的运营管理经验，在现场制气市场占有较大优势。而随着国内技术进步与产业升级，盈德气体、宝钢气体等国内专业气体供应商凭借本土化优势也占据了一定份额，且呈上升趋势。近年来，国内大型空分设备生产企业如杭氧股份、四川空分集团等也开始由单纯的设备制造商向大型现场制气供应商转型。

2. 零售气市场多服务于新型产业，产品种类丰富。

近年来，随着国内电子半导体、光纤通信、先进制造、新能源、生物医药、食品等产业的快速发展，新兴分散用气市场不断发展壮大，这一市场的特点是客户对单一气体需求量相对较小，但对气体品种需求较多，供气方式以零售为主。

在特定区域内，零售气市场的竞争企业主要分为两类：一类是将现场制气项目生产的富余气体对外零售的企业，另一类是专门从事瓶装、液态气零售业务的企业。

将现场制气项目生产的富余气体对外零售的企业：由于战略定位不同，经营现场制气项目的企业目前只是将瓶装气和液态气部分作为主营业务的补充，不会将较多资源投入零售气营销队伍的发展和物流配送体系的建设上，其市场开拓能力与运输保障能力均较为有限，且产品往往只有空分气体，品种相对单一，无法满足客户对多品种气体的需求。

专门从事零售气业务的企业：部分专门从事零售气业务的气体企业拥有丰富的产品线，可满足客户综合的气体需求，产量稳定，具有较强的产品优势，还可通过强大的物流配送体系满足客户的个性化需求。经过长期经营，专门从事零售气业务的企业与客户构建了长期的互利合作关系，铺设了全天候的销售服务网络，在零售气市场上的优势不断得到强化，一旦在区域内确立了竞争优势，优势企业对潜在竞争对手形成较高的竞争门槛，先发优势较为明显。

（三）全球供应“三足鼎立”，本土龙头初具规模

全球工业气体行业在2018年底实现了“三足鼎立”的竞争格局。2018年，林德集团（与美国普莱克斯合并）收入占整体市场的36%，法国液化空气集团占30%，美国空气化工产品集团占11%，CR3达77%，行业呈寡头垄断格局。

林德集团1879年成立于德国，1992年在纽约证券交易所上市，2018年与气体行业巨头美国普莱克斯公司合并，成为全球最大的工业气体供应商。林德集团气体业务遍布全球，也是最早进入中国、布局最多的气体行业外资巨头。公司在全球100多个国家和地区拥有约6万名员工。

法国液化空气集团1902年成立于法国，2007年在巴黎股票市场上市，目前是全球第二大气体供应商。公司目前在80多个国家和地区拥有近6.7万名员工，服务客户超过370万家。

美国空气化工产品集团1940年成立于美国，1980年在纽约证券交易所上市，是全球第三大气体供应商。公司在50多个国家和地区拥有1.7万余名员工。

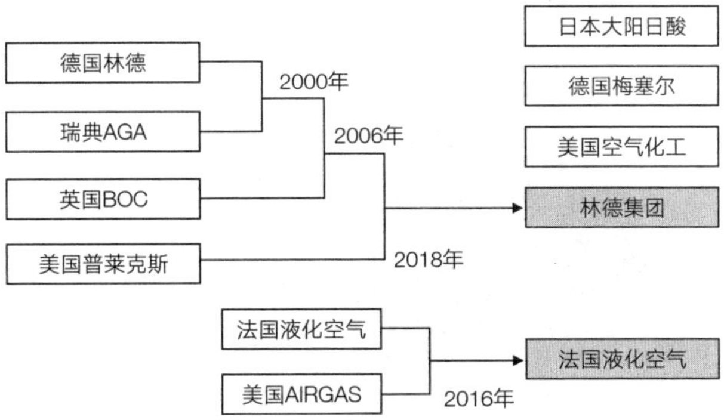

图9 全球工业气体企业2000—2018年主要兼并收购情况

（资料来源：华泰证券．工业气体四问：为何看好本土龙头的扩张［R］．2019-07-29）

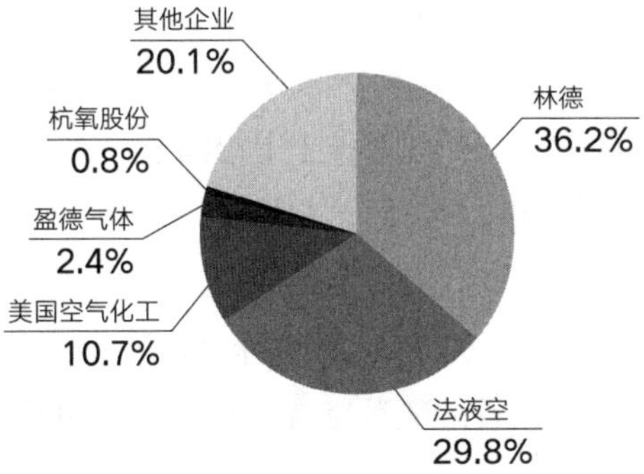

图10 2018年全球工业气体企业市场份额

（资料来源：华泰证券．工业气体四问：为何看好本土龙头的扩张［R］．2019-07-29）

外资几家主导，内资百舸争流。国内市场中，几家跨国公司占据大部分市场份额，包括林德、法液空、空气化工、德国梅塞尔、日本大阳日酸等。国内本土工业气体企业有数千家，普遍规模较小，且多为从事普通工业气体零售、充装的气体公司，业务单一、区域限制明显，同时又受限于设备、技术、资金、物流等方面因素，企业发展存在较大瓶颈，行业竞争激烈。

国内普通工业气体市场存在较大的市场整合空间。一方面，随着市场规范要求越加严格，大量不规范的小型企业将面临整改或关停；另一方面，由于普通工业气体存在运输半径限制，区域内规模较大、综合服务能力较强的气体公司将主动通过兼并收购的方式进行渠道、客户等的整合，不断完善区域内网络布局，同时拓展业务区域，逐步扩大市场份额。

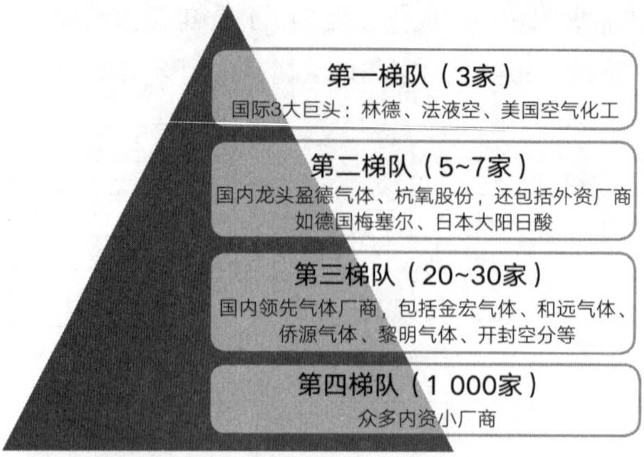

图11 中国工业气体供应厂商竞争梯队

（资料来源：气体圈子）

国内本土龙头企业盈德气体和杭氧股份在现场制气领域已经初具规模。根据华泰证券报告，2018年中国市场第三方制气的总体装机量约为700万立方米/小时，其中内资企业盈德气体、杭氧股份和陕鼓动力的市场份额分别为33%、20%和5%。

盈德气体集团成立于2001年，集团总部位于上海浦东自贸区，并在香港与杭州分别设立了投资总部与设计研发中心。公司以现场管道与液体供气等方式供应氧、氮、氩等高品质工业气体产品，并提供基于氢气及一氧化碳的合成气清洁能源解决方案。公司已在国内投资建设百余套空分装置，总装机容量（氧）250万立方米/小时，合成气（氢、一氧化碳）产能达40万立方米/小时。公司于2009年在香港证券交易所上市，于2017年8月退市并完成私有化。

杭氧股份1950年建厂，2010年在深圳证券交易所上市。公司为国内冶金、化肥、石化、煤化工、航天航空等领域提供成套空分设备4 000多套，产品遍布全国，并出口到美、欧、亚等40多个国家和地区，大型、特大型空分产品的国内市场占有率一直保持在50%以上。公司自“十二五”以来，大力进军工业气体领域，目前已在国内投资设立35家专业气体公司，总投资额超100亿元，总制氧容量突破200多万立方米/小时，发展成为国内主要的工业气体供应商之一。

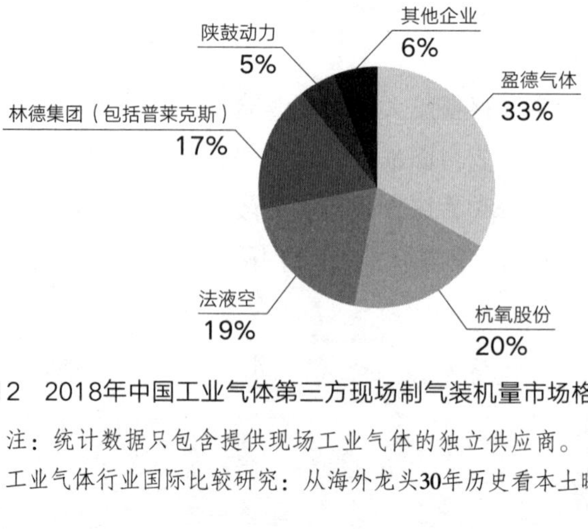

图12 2018年中国工业气体第三方现场制气装机量市场格局

注：统计数据只包含提供现场工业气体的独立供应商。

（资料来源：华泰证券．工业气体行业国际比较研究：从海外龙头30年历史看本土曙光［R］．2019-09-19）

三、集约化发展，提升附加值，带动产业增长

（一）国内市场发展潜力大，行业向专业化、集约化等方向发展

目前我国工业气体行业人均消费量较低，与发达国家差距大，未来还有很大的发展潜力。此外，国家重点发展的电子等新兴行业将拉动工业气体的高附加值应用需求，促进工业气体产业的长远发展。

特种气体的需求日益增加，品种也不断丰富。特种气体已成为高科技应用领域和战略新兴行业发展不可缺少的基础原材料。据不完全统计，现有特种气体的种类达260余种，随着非低温气体分离技术（吸附、膜分离）、混配技术和提纯技术的发展，更多的特种气体产品将逐步走向市场。

市场集中度将不断提升。目前，跨国公司已经采用收购整合的策略，扩大在我国的企业规模和市场占有率。同时，部分领先的内资企业也在逐步引导行业整合，扩大公司规模，丰富产品结构，提高技术水平，完善营销服务网络，提升综合竞争力。

（二）专业化外包供气占比提高

传统上我国大型钢铁冶炼、化工企业自行建造空气分离装置，以满足自身气体需求。随着专业化分工合作的快速发展，外包气体供应商可以满足客户对气体种类、纯度和压力等不同需求，为其提供综合气体解决方案，有利于减少客户在设备、技术、研发上的巨额投入。

预计我国工业气体外包比例仍将不断提升。我国工业气体的外包比例从2007年的41%逐步提高到2010年的45%、2015年的50%、2017年的56%，据估计2018年已提高至57%，但仍低于全球工业气体68%的平均外包比率、工业气体外包成熟市场80%的外包比率。

（三）废气回收循环利用占比扩大

回收化工企业排放的废气符合国家环保、减排的发展规划。对于排放量最大的二氧化碳，国家已经出台了一系列措施鼓励或要求企业进行二氧化碳回收。除此以外，还有氢气回收、天然气回收、氯化氢回收、氯气回收、氨气回收、氧化亚氮回收、氦气回收等。未来废气回收模式将会加速发展，占工业气体产量的比重将逐年提升。

光伏产业：

技术进步推动降本增效，市场空间巨大

李远山　东兴证券电力设备与新能源行业分析师

产业描述：

光伏发电作为清洁能源的代表，正在全球高速发展，光伏产业大致分为上游原材料（硅料、硅片）、中游（电池片、组件）和下游光伏电站（集中式，分布式）。

降本增效是产业进步的核心动力，我国光伏产业在“内平价上网”和“外反倾销”的双重压力下砥砺前行，已经具备绝对优势，成为中国制造新名片，诞生了一批全球龙头企业。目前，以晶硅技术路线为主的光伏产业已经步入成熟期，电池片环节的技术更迭将引领行业进步，薄膜电池作为新型技术具有轻薄柔韧等特性，正在商业化初期。未来，集中式大型光伏电站凭借成本优势可以解决全球供电急难问题；分布式光伏应用场景广泛正在向光伏建筑一体化发展，空间巨大。光伏产业作为中国新名片，正在点亮能源未来。

一、过去十年，光伏产业在政策支持和技术进步背景下快速发展

过去十年，光伏作为新能源的代表，在政策支持、技术进步和产业规模化的背景下，度电成本大幅下降，装机量快速提升，产业正在进入“无补贴”时代。目前，光伏产业继续降本增效，凭借较低的发电成本和多场景适用性，光伏产业有望高速发展点亮能源未来。

（一）政策支持和技术进步是产业进步的核心动力

光伏发电是利用半导体界面的光生伏特效应而将光能直接转变为电能的一种技术。光伏产业包括上游原材料（硅料、硅片等）、中游发电设备（电池片、组件等）及下游光伏电站。

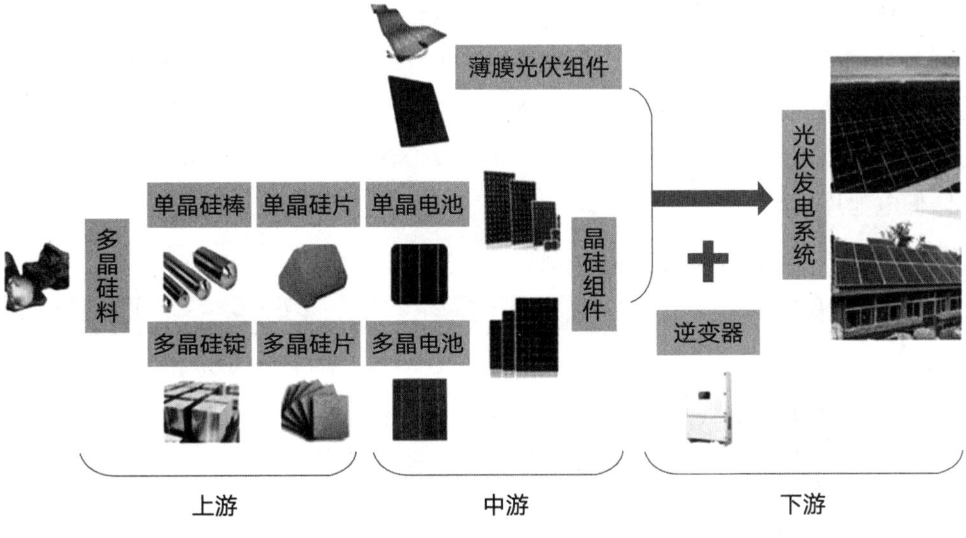

图1 光伏产业链示意图

（资料来源：百度百科）

光伏发电技术自1839年首次发现光电效应，到1954年第一块实用光伏电池问世，到现在的规模化产业化发展，经历了多个发展阶段。

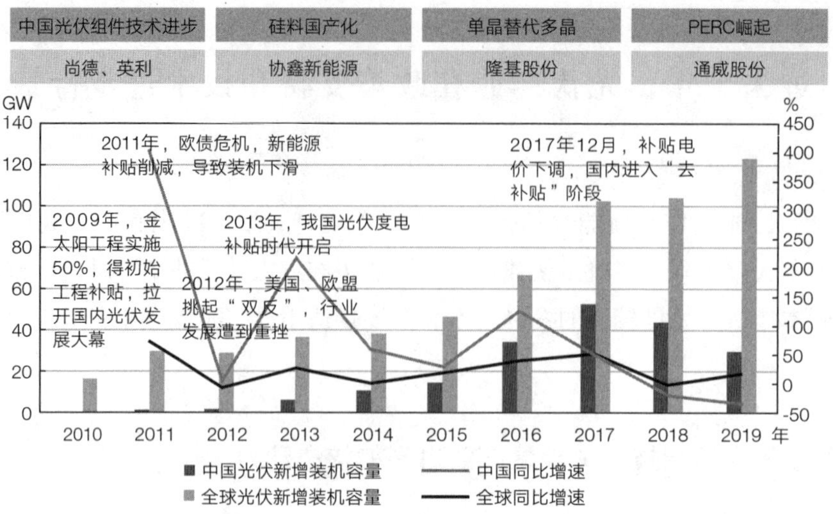

图2 光伏产业发展阶段

（资料来源：百度百科）

过去20年产业发展的驱动力主要是政策影响和技术更新。政策影响主要表现在各个国家对光伏产业的补贴或贸易政策对装机规模的影响，这也是技术进步要解决的问题，就是通过技术的迭代降本增效，使行业可以脱离补贴。协鑫新能源首先打破了多晶硅料的海外垄断，使光伏原材料成本大幅下降；隆基股份在市场不被看好的情况下，专注于单晶技术，大幅提高光伏组件装换效率；通威股份在电池片环节利用规模和技术优势，大幅降低电池片成本。

表1 2000—2019年政策对光伏行业的影响

年份	事件	影响
2000	德国颁布了世界上第一部《可再生能源法（EEG）》	欧洲光伏产业开始快速发展
2009	中国开始“金太阳工程”	中国光伏产业正式登上历史舞台
2011—2012	欧洲债务危机，新能源补贴下滑，欧美提出“双反”	行业发展受挫
2013—2017	我国开始光伏补贴	中国企业逐步摆脱进口依赖，成就了一批具有全球竞争力的企业
2018—2019	我国进入“去补贴”阶段	产业出海带动全球装机增长

资料来源：百度百科。

（二）“平价上网”促使产业降本增效，光伏已经成为中国制造新名牌

国内补贴逐步退坡，倒逼产业技术进步，降本增效。在此之后，我国光伏产业链价格大幅下降，光伏产业开始走向持续健康、高质量的发展之路，产业竞争力持续增强，

同时在全球市场中更具价格优势。在价格与技术的双领先下，我国光伏行业已经在全球市场中具有绝对竞争优势。

全产业链在全球占比超过70%。据中国光伏行业协会数据，中国光伏全产业链产品2018年全球市场占有率：多晶硅占57.8%，硅锭硅片占89.6%，电池片占72.6%，光伏组件占72.0%，除多晶硅外，全产业链在全球市场中所占份额均超过70%，遥遥领先于美国欧洲等地。2019年我国多晶硅产量34.2万吨，硅片产量134.6GW，电池片108.6GW，组件98.6GW，光伏产品出口总额207.8亿美元，在全球光伏领域内制造大国地位明显。根据国际能源机构（IEA）统计数据，2019年全球光伏装机值为114.9GW，在此产量及全球装机情况下，预计我国光伏产业规模仍稳定保持在70%以上。

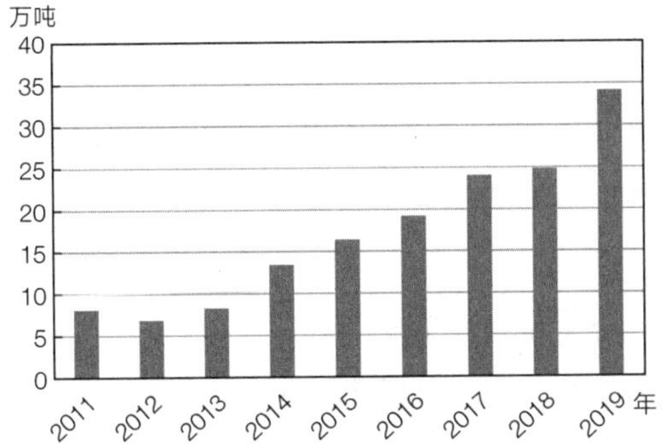

图3 2011—2019年我国多晶硅产量

（资料来源：CPIA）

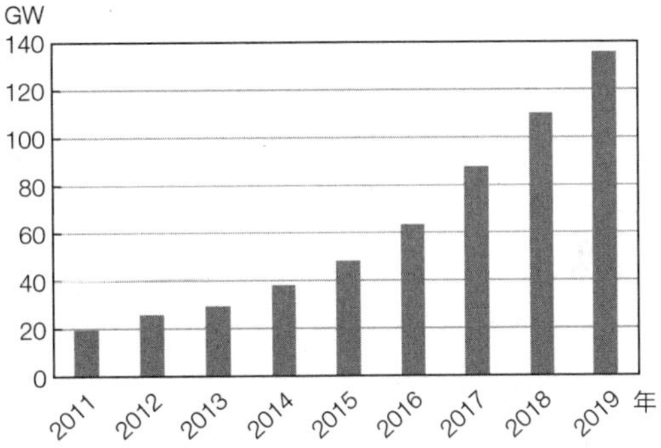

图4 2011—2019年我国硅片产量

（资料来源：CPIA）

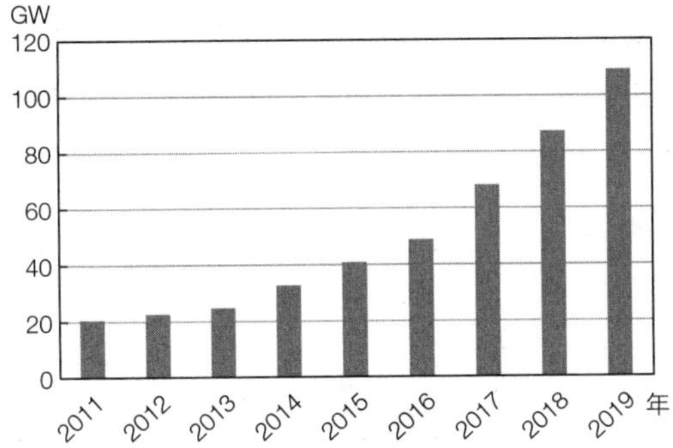

图5 2011—2019年我国电池片产量

（资料来源：CPIA）

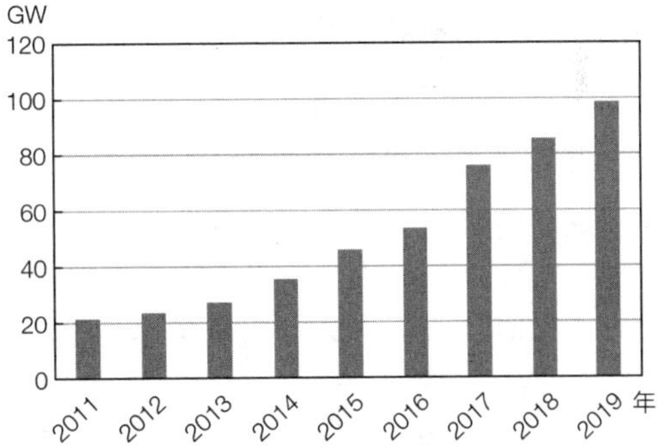

图6 2011—2019年我国组件产量

（资料来源：CPIA）

光伏发电技术水平处于全球领先地位。除产业规模之外，我国光伏技术实力同样处于全球领先地位，实力雄厚。2019年全球光伏企业20强排行榜（综合类）中，我国有16家企业入围，核心竞争力强。在电池片及组件转化效率上处于世界领先位置。

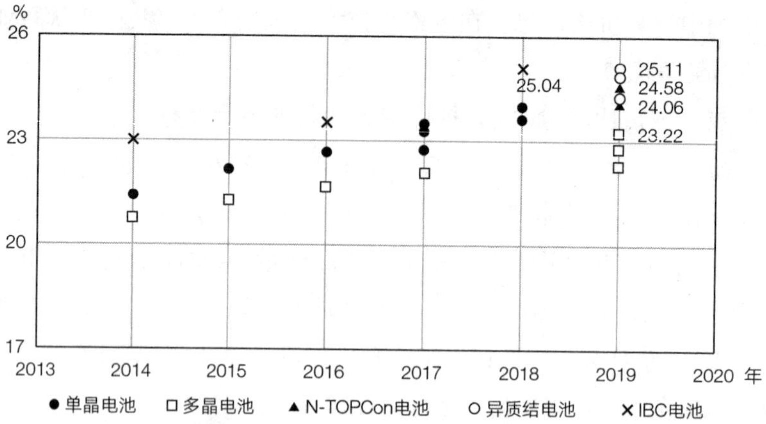

图7 我国光伏电池实验室效率破世界纪录情况

（资料来源：CPIA）

光伏产业发展的核心驱动力是降本增效，企业凭借规模优势和技术优势抢占市场份额，经过多年的发展，中国企业在全球产业链各个环节都已经形成具有绝对竞争力的龙头企业。

隆基股份：专注单晶，成就全球光伏龙头。公司是全球规模最大的单晶硅产品制造商，业务包括硅棒、硅片、单晶电池片及高效单晶组件，基本实现全产业链覆盖，一体化布局已经成型，尤其是在硅片领域处于绝对领先地位，是全球出货量最大的单晶硅片制造商。

公司的成功主要来源于“专注”。2000年公司成立开始就笃定不被看好的单晶技术路线，2013年单晶硅片产能突破1GW，之后开始了漫长的“单多晶之战”，几乎凭借一己之力让单晶技术成为市场主流。隆基股份抓住单晶市占份额大幅提升的机遇，大幅扩产，并加大海外市场扩产力度，不断推进技术创新和产业结构升级，实现全产业链一体化发展，将长时间受益于当前主流PERC电池片的持续发展。

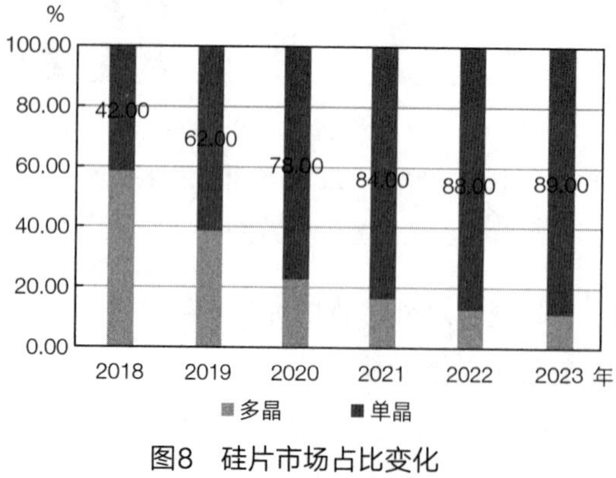

图8 硅片市场占比变化

（资料来源：PVInfoLink）

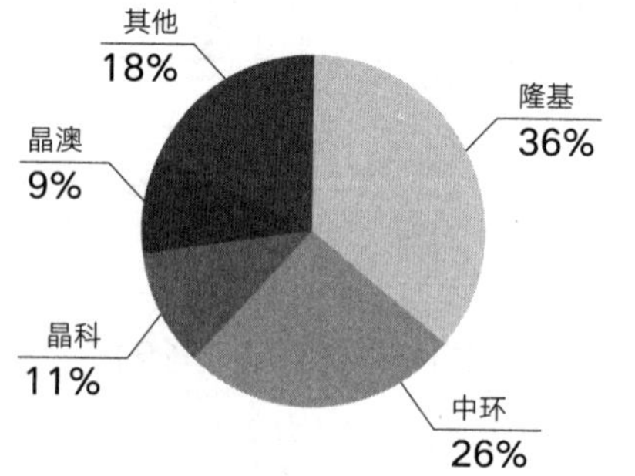

图9 2019年第四季度全球单晶硅片产能

（资料来源：PVInfoLink）

通威股份：精细化管理出色，以绝对成本优势战胜市场。公司以农业、新能源为双主业，精细化管理能力出色。在新能源领域公司凭借优秀的成本控制能力和领先的技术水平，在多晶硅料和电池片两个产业环节都形成了很强的竞争力。

截至2019年底，通威股份拥有高纯晶硅产能8万吨，成本远低于行业平均水平，未来公司会继续加大投产力度，预计到2023年公司硅料有望达30万吨/年，新产能成本也将继续降低。目前太阳能电池片产能约20GW，2023年有望达100GW，产能规模全球第一。此外，公司目前平均非硅成本低于0.25元/W，其中单晶Perc产品非硅成本平均为0.22元/W左右，远低于中国光伏行业协会统计的行业内平均单晶PERC非硅成本0.34元/W的水平。

表2　通威股份2020—2023年产能规划

项目	2019年	2020年	2021年	2022年	2023年
高纯晶硅/万吨	8	8	11.5~15	15~22	22~29
电池片/GW	约20	30~40	40~60	60~80	80~100

资料来源：通威股份公司公告。

作为硅料和电池片双龙头，通威股份成本优势明显，技术实力雄厚，尤其是电池片环节，不仅在目前主流量产的P型Perc电池上具有优势性价比，在Perc+、Topcon、HJT（HIT）等新型产品技术领域也在重点布局，其中HJT中试线规模已达400MW，产品转换效率在24.5%~25%以上，在太阳能电池领域始终处于行业领先水平。

二、度电成本持续下降，光伏正在点亮世界

（一）光伏度电成本还有较大下降空间

光伏度电成本持续下降，未来将在所有发电技术中处于较低水平。目前光伏电站的系统成本大概在3.8元/W左右，根据国网能源研究院各年度发布的《中国新能源发电分析报告》，我国大型光伏电站平均度电成本已经从2010年的1.47元/KWh，下降到2018年的0.377/KWh，成本下降迅速。2019年12月国家发展改革委能源所发布的《中国2050年光伏发展展望（2019）》中，预计到2035年和2050年新增光伏发电成本相比当前预计约下降50%和70%，达到0.2元/kWh和0.13元/kWh，在所有发电技术中处于较低水平。

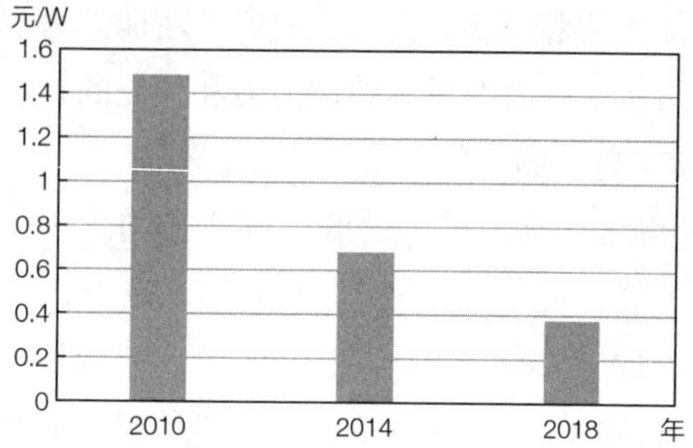

图10 2010—2018年我国度电成本变动趋势

（资料来源：国网能源研究院．中国新能源发电分析报告［R］）

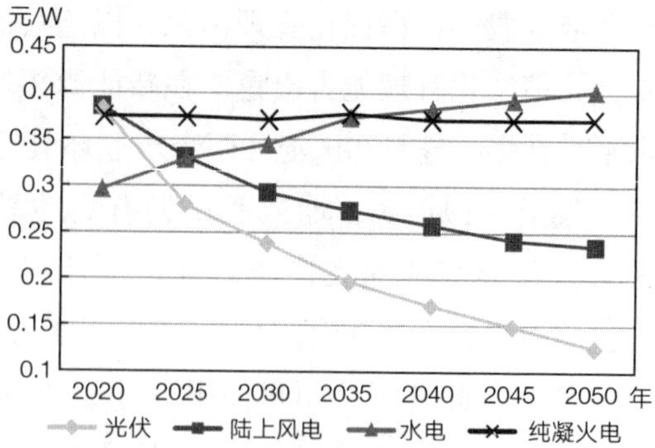

图11 2020—2050年各能源度电成本预测

（资料来源：国家发展改革委能源所．中国2050年光伏发展展望（2019）［R］）

在光伏发电效率不断提升，度电成本持续下降的驱动下，全球累计光伏装机增速较快，2011—2019年基本保持在3年翻一番的增长速度；新增装机容量也呈上升趋势，预计2019年新增装机约120GW，光伏装机持续扩张。

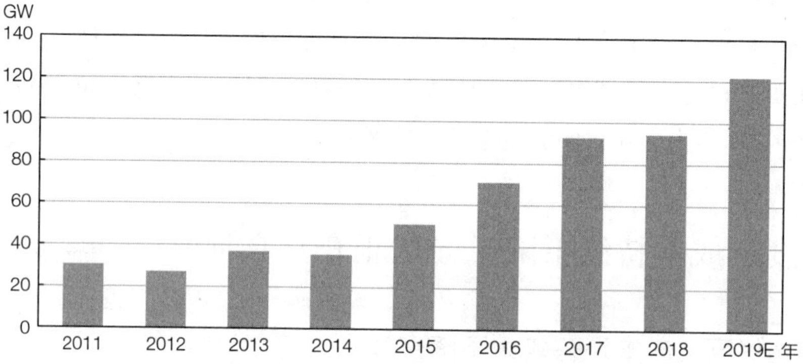

图12 2011—2019年全球新增装机量

（资料来源：国际可再生能源机构（IRENA））

全球市场中，前几大光伏装机市场为中国、欧洲、美国、印度，中国自2015年开始光伏装机规模始终保持在全球首位，中国市场的发展极大地推动了全球光伏的发展。欧盟的《可再生能源指令》要求欧盟范围内到2020年和2030年实现可再生能源在能源消费中占比至少达到20%和32%，而据ETIPPV研究分析，光伏发电是欧洲目前最便宜的电力形式，是可再生能源发电的首选。各国均对光伏发展给予政策支持。

表3 各国/地区光伏装机政策支持

国家/地区	建筑工程
欧盟	原版《可再生能源指令》（RED2009/28/EC）要求欧盟范围内到2020年实现可再生能源在能源消费中占比至少达到20%，新版《可再生能源指令》（RED2018/2001/EU）要求这一比例在2030年至少达到32%
美国	美国ITC政策颁布于2006年，获得ITC支持的太阳能项目可享受最高30%的税收抵免优惠，这一政策原定于2016年底到期。2015年美国国会同意延长ITC的适用年限，但2020年、2021年的抵免额度参数分别降至26%、22%；2022年，户用抵免额度降至0，商用抵免额度参数永久性降至10%
印度	2020年2月，印度财政部2020年拟为印度新能源和可再生能源部拨款30亿美元，同比增加8.1亿美元，增速达10.62%，其中有逾3.5亿美元的款项拟用于太阳能发电项目的开发建设，拨款数额最高
西班牙	2019年2月，西班牙批准了国家能源和气候综合计划2021—2030年，计划到2030年将西班牙的可再生能源装机提高到120GW，且主要来自风电和光伏，光伏装机目标达37GW
德国	2019年10月9日，德国总理安格拉·默克尔批准了一项气候计划，设定了2030年光伏装机量达到98GW的目标

在各国致力于低碳消费，大力开发可再生能源的政策驱动下，光伏产业界积极应对，开发创新新技术，持续开展技术变革，不断降本增效。光伏发电竞争力将日益增强，大有可为，成为最便宜最安全的清洁能源。

（二）集中式+分布式，全球光伏市场空间巨大

光伏并网发电系统分为集中式和分布式光伏并网发电系统。集中式大型并网光伏电站就是国家利用荒漠、矿产废弃地、水面等空旷场景集中建设大型光伏电站，发电直接接入高压输电系统供给远距离负荷，电站投资大、建设周期长、占地面积大。分布式小型并网光伏系统，就是各家各户利用屋顶进行光伏发电，供用户自己使用，多余的电量并入公共电网，投资小、建设快、占地面积小、政策支持力度大等优点，是欧洲发达国家并网光伏发电的主流。

集中式光伏电站是解决供电急难问题的绝佳选择。集中式电站利用规模优势，可以极大地降低发电成本。2019年阿布扎比Sweihan1.2GW光伏电站以“2.42美分/kW·h”，创下当时全球最低电站投标价格；2018年沙特北部Sakaka300MW光伏中标价格2.3417美分/kW·h；2018年印度Bhadla Solar Park 300MW，中标价格2.44卢比/kW·h（合0.24元RMB/kW·h），远远低于当地火电成本。

在全球日照条件较好的地区，光伏已经成为最便宜的能源。对于经济落后的国家和地区，光伏的成本优势凸显，叠加光伏电站建设周期很短，基本不到18个月。因此，以印度、中东为代表的地区光伏装机突增。南美、非洲、东南亚等地区也成为光伏的新兴市场。

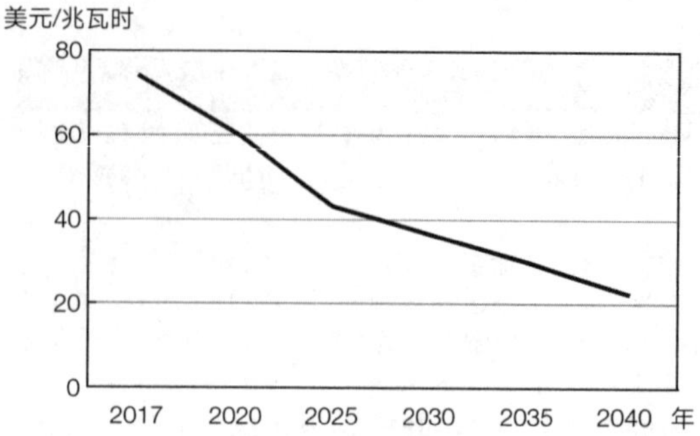

图13　大型光伏电站成本

（资料来源：彭博财经）

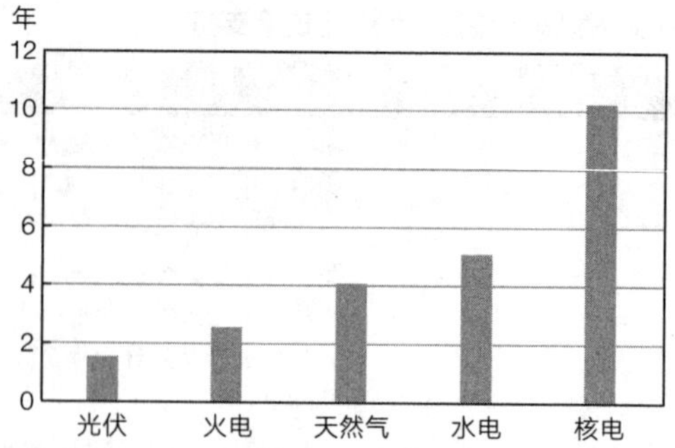

图14　各个能源建设周期

（资料来源：EnergyTrend）

发达地区“光伏+储能”满足居民用电需求。发达地区人均用电量较高，居民用电价格也较高。以美国为例，居民电价是工业电价的两倍，根据美国能源信息署的数据，2019年4月美国居民电价13.26美分/kWh，相当于人民币0.91元/kWh，高昂的电价使大多居民会选择“光伏+储能”的方式满足自身电力需求，这一方式能为居民带来较为直观的收益。北极星电力网相关报道显示，一套5kW的储能户用光伏系统，通过削峰填谷、使用模式的切换，业主的直接收益将较常规并网光伏系统提高15%以上。据新浪财经头条号“光伏说”报道，2018年美国约有1.7%的家庭安装了太阳能光伏系统，澳大利亚居民用户光伏安装体量更是达到27%，居民用电成本较高的发达地区都将是光伏储能的潜在用户，未来发展空间巨大。

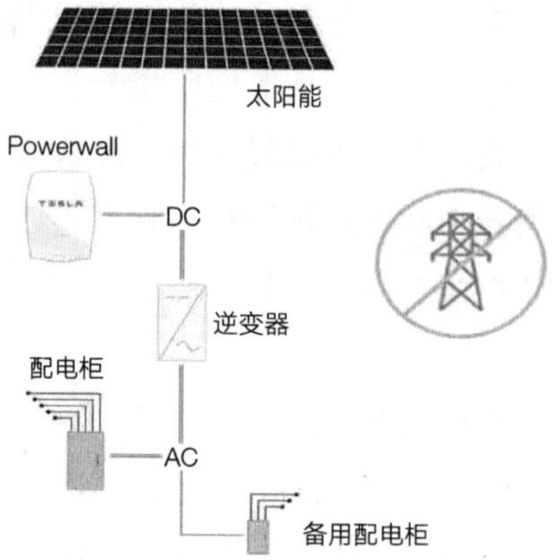

图15　家用分布式+储能系统

（资料来源：世纪能源网）

“光伏+储能”成为未来能源趋势。发达地区如美国、德国、澳大利亚等经过多年光伏发展，分布式装机应用广泛，户用装机占比较高，电力需求景气度高，拥有良好的光储一体化发展基础。由于太阳能的不连续性与波动性，储能问题是影响光伏产业发展和进一步利用的一大问题。储能可以有效地平抑光伏的出力波动性，提升电能质量，通过实现抑峰填谷，减少弃光率，获得增发收益，因此无论是从电网发展要求，还是能源供应要求来看，“光伏+储能”都已成为未来的发展趋势。

图16 光伏发展规律

光伏发电市场空间巨大。中国光伏行业协会秘书长王勃华介绍2019年全球GW级市场达到16个以上，我们预计2020年全球装机大约在130GW，全球GW级市场将达到20个，2021年全球装机约141GW。国际能源署（IEA）2019年11月发布的《世界能源展望报告》预计，如果按照目前各国的政策延续（CPS情景），2040年全球光伏装机可达2 465GW，发电量达3 658TWh，占全球发电量的8.5%；如果各国都全面落实巴黎气候协议的承诺，2040年全球光伏装机可达3 142GW，发电量达4 705TWh，占全球发电量的11.4%；如果按照全球可持续发展的目标要求，2040年全球光伏装机应该达4 815GW，发电量达7 208TWh，占全球发电量的18.6%。

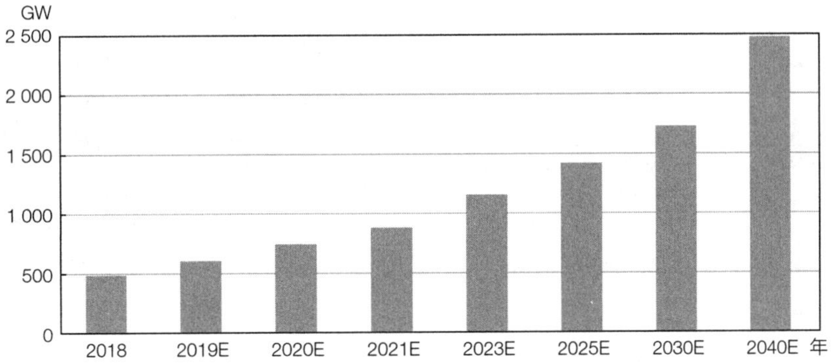

图17 2020—2040年全球光伏累计装机预测

（资料来源：IEA）

三、晶硅技术进入成熟阶段，电池片技术进步引领行业发展

（一）降本增效是行业进步的核心动力

技术进步带来的降本增效是推动行业进步的核心动力。经过多年的实验验证和商业应用，目前光伏发电产业按电池技术路线主要分为晶体硅光伏电池、薄膜光伏电池和新型电池，其中晶体硅光伏电池是目前发展最成熟的，在应用中居主导地位。

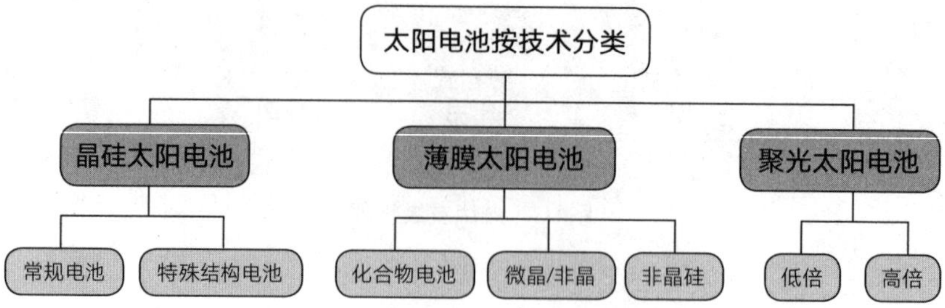

图18　太阳能电池技术分类

晶硅电池技术产业链主要包括硅料、硅片、电池片、组件，晶硅技术路线正在发生两个重要变化，第一是单晶替代多晶，这个产能切换已经接近尾声，单晶产品以更高的性价比迅速抢占市场，预计在2020年全球单晶渗透率将达78%；第二是高效电池片替代传统电池片，这个趋势正在加速中。

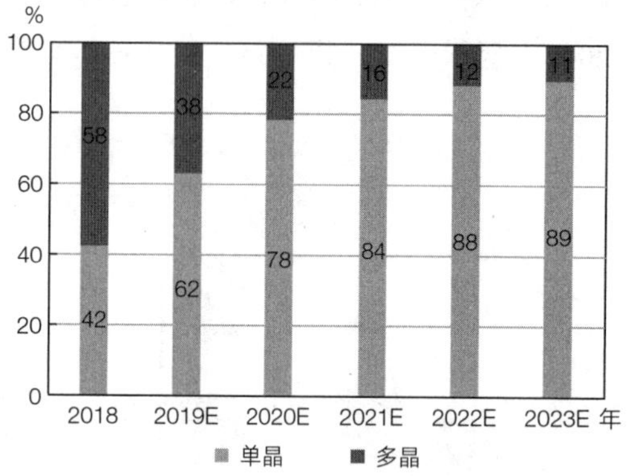

图19　单晶硅片和多晶硅片产出比例

（资料来源：PVInfoLink）

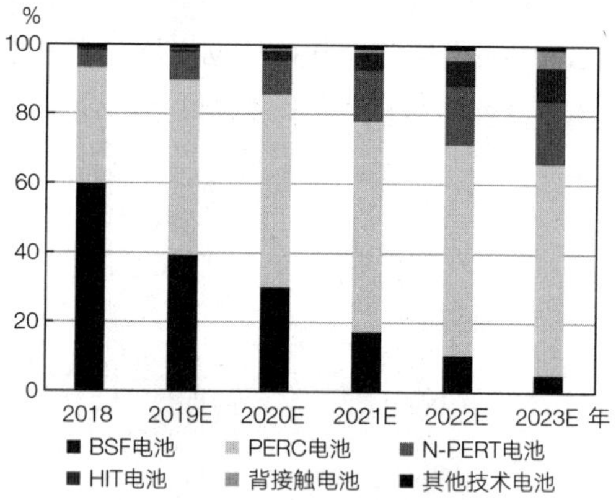

图20　各类型电池市场占有率

（资料来源：CPIA．中国光伏产业发展路线图（2018版）[R]）

（二）PERC电池片目前是市场主流，但是产能和转化效率接近瓶颈

PERC电池性价比高，效率表现良好。在过去四五年中，PERC电池技术变革造就了新一轮产业红利，各企业不断降本增效，发电效率纪录屡次被刷新，推动光伏发电成本的显著下降，为早日实现平价上网作出贡献。目前，最高发电效率为隆基股份的单晶双面PERC电池，正面转换效率达24.06%。PERC电池如今的发展已经超越了曾经行业对其的预期，表现良好，与高效HIT、IBC电池相比更具性价比优势。据PVInfoLink公布的价格，单晶PERC电池片（21.7%）已经跌至0.93元/W，其主流地位短时间内难以撼动，我们预计PERC电池在未来三年内仍将是行业主流。

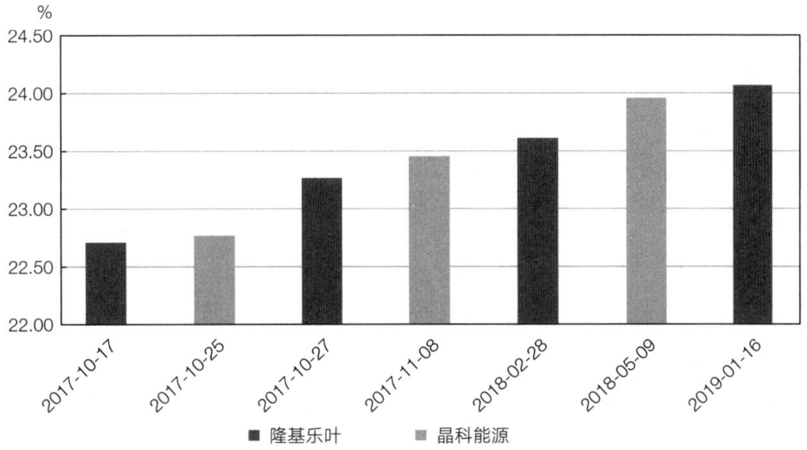

图21 单晶PERC电池效率纪录

（资料来源：公司公告）

受PREC技术的自身物理特性影响，24%已经是目前行业广泛认为的极限水平，23%左右是可见的量产瓶颈，各厂商生产工艺经过多年发展已经成熟完善，只能通过发射极、铝背场、硅片质量等小的改进来进行优化，未来效率提升空间有限。此外，PREC电池在经历了三年的飞速扩张后，据北极星电力报道，2019年底产能达116GW，已经出现产能过剩现象。就现阶段PERC电池的价格来看，0.93元/W也基本达到生产成本价，PERC电池已经难以像前几年一样获得高额利润，在阶段技术成熟、产能过剩的共同作用下，只能维持常规利润。

长远来看，N型高效电池效率优势突出，随着其技术发展逐渐成熟，成本及工艺难度下降，P型PERC电池会进入低迷，逐渐被市场淘汰，这种技术迭代也符合光伏产业技术密集型的特点。

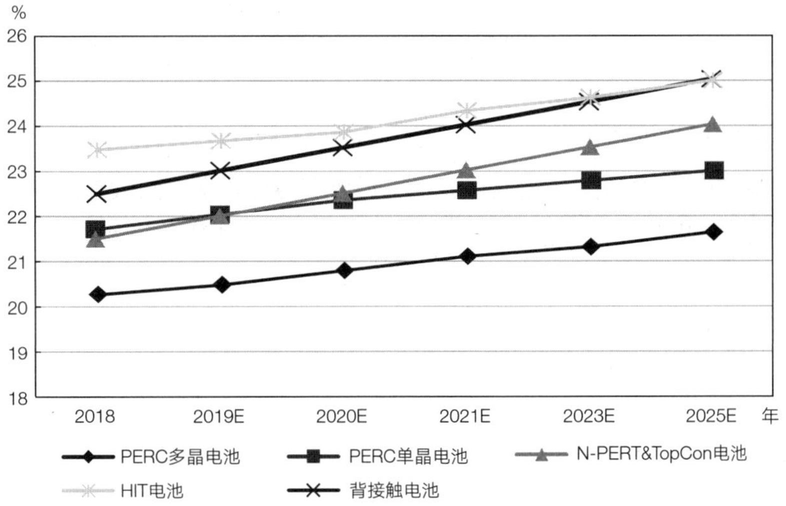

图22 各类型电池平均效率提升趋势

（资料来源：CPIA．中国光伏产业发展路线图（2018版）[R]）

（三）未来行业新星HIT，效率优势突出

HIT电池有望带来新一轮产业革命。在PERC电池接近行业天花板的同时，N型高效电池也在积极研发寻求突破，希望用新技术再一次带来光伏产业的新一轮革命。在各种高效电池技术路线中，HIT（异质结电池）具有突出的物理特性和优势，HIT电池正、背面结构对称简单，更易于向薄片电池、双面电池方向发展，其中薄片化不仅可以节约原料，更可以进一步增大开路电压，提高转换效率；整个工艺无须通过热扩散在晶硅表面进行扩散掺杂，可以实现低温工艺，生产效率得到提高，同时拥有天然无光衰减、弱光响应强的特质（PERC技术由于掺硼的原因，在初始使用的几天及后续使用过程中出现输出功率下降的特点），以及区别于传统PERC电池的异质结钝化的高转化效率，使HIT电池目前被广泛看好，被认为是未来发展的新风口、新战场。

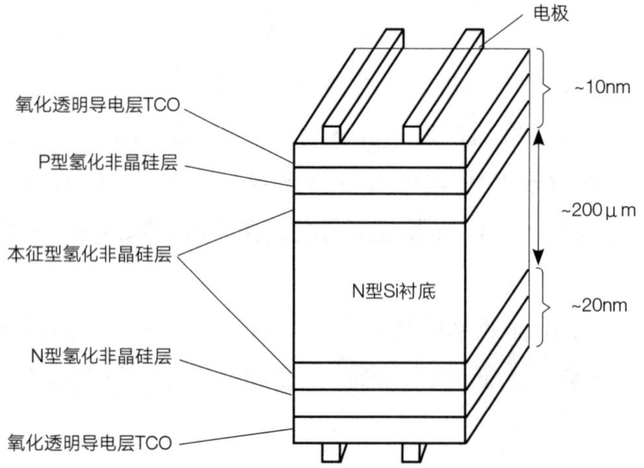

图23 HIT电池原理示意图

（资料来源：SolarZoom）

HIT电池效率稳步提升，未来潜力巨大。HIT电池是极具竞争力的下一代太阳能电池技术，拥有更高的转换效率，工艺流程简单，提效潜力与降本空间大。2017—2019年HIT电池转换效率稳步提升，未来潜力巨大。此外，HIT电池独特的正背面对称结构是双面电池的极佳选择。据索比光伏网报道，HIT双面率（指电池背面效率与正面效率之比）有望达95%以上，充分利用地表反射光带来更多的发电增益。

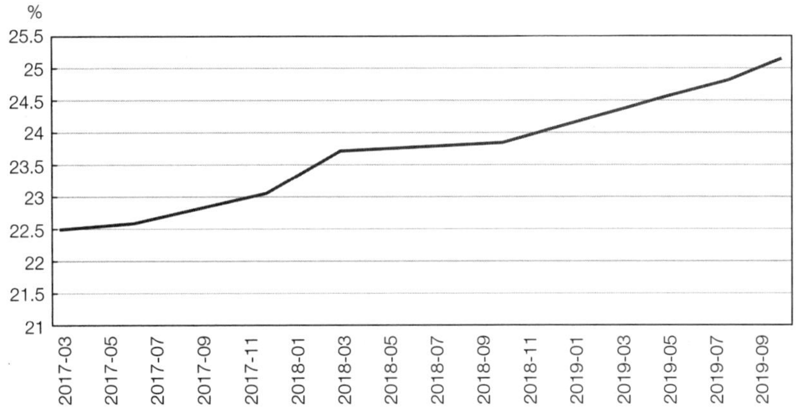

图24 HIT电池效率提升趋势（以汉能为例）

（资料来源：汉能控股官网）

工序简单易控成本。另外，在工序方面，通过对比可以清楚地发现，从传统电池到PERC到TOPCON，都是在小踏步式地提升电池效率，一步步地在原有的基础上对某一方面进行升级改良，工序不断增加复杂。HIT则是通过全新的生产过程实现低温工艺，其薄膜沉积也区别于PERC电池，工艺上易于控制，成本上也可减少生产中的热能消耗，从而降低生产成本，而且减少对基极硅片的热损伤。而在工艺水平，包括清洁度、精细度等，虽要求严格，但工序简单，仅有4步，在规模化量产时优势明显。通常情况下，工序数量越少，说明越简单，也更易控制，良品率也会随之提升，人工成本随之下降。

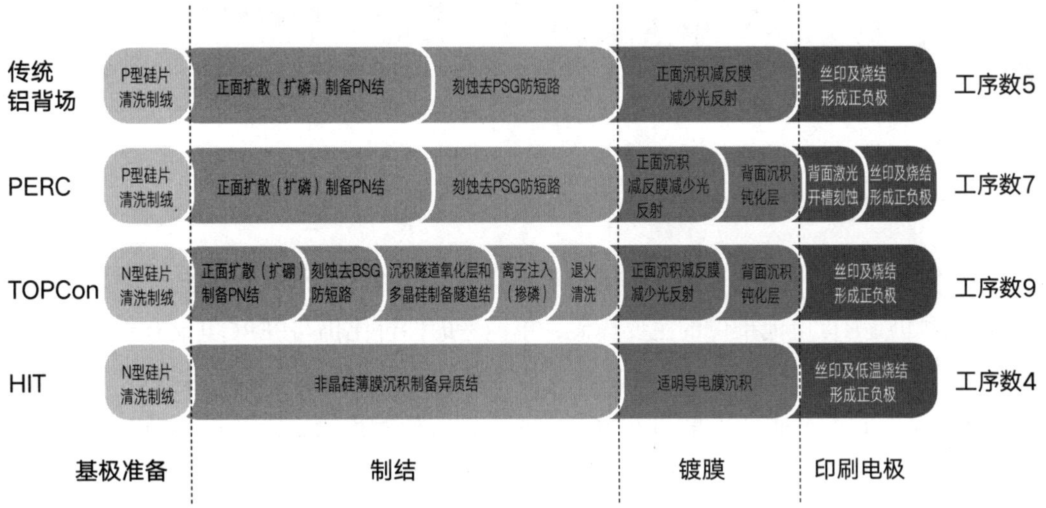

图25 不同类型电池工序对比

（资料来源：PVInfoLink）

2019年产业界开始加速布局HIT产能。我国最早开始布局HIT的企业主要有钧石能源、晋能科技、汉能控股、中智电力等。进入2019年后，HIT的产线建设开始加快，据光伏们统计发现，国内已有10多家企业参与到异质结电池研发、生产中，规划总产能已超过20GW。这些规划产能大多在未来2~3年内落地，随着HIT电池投资产能的增多，生产工艺及设备制造链条也将逐渐成熟，从而推动HIT电池的规模化、产业化发展、逐渐成长为未来的行业新星。

表4 HIT电池产能规划

企业	现有产能	效率	规划产能
晋能科技	100MW	平均23.85%，最高24.73%	规划产能1GW，设备采购中
通威股份		第一片超高效HIT已在2019年6月成功下线，电池片转换效率达23%	和中科院上海微系统与信息技术研究所、三峡资本共同建设规划2吉瓦HIT产能项目
钧石能源	600MW	产线平均效率为23%，在建的新产线效率将超过25%	
彩虹集团			规划产能2GW
爱康科技			规划产能为5GW，分期实施，一期一号厂房已完成主体建设，原本计划2019年底投入生产
山煤国际&钧石能源			山煤国际与钧石能源签订了合作协议，双方将共建高达10GW的HIT生产基地
东方日升		超过23%	规划年产2.5GW电池片、2.5GW组件产线，预计将在2021年实现竣工
汉能控股	600MW	刷新世界纪录，转换效率达25.11%	
中智电力	160MW	23%	规划1GW
晋锐能源		采用钧石能源技术方案和核心设备，规划项目量产效率可达25%	规划5GW，2019年2月开工建设，第一期年产2GW

资料来源：光伏们。

（四）降成本为HIT现阶段最大挑战

2019年，越来越多的企业开始向HIT电池进军，HIT取代PERC电池已经成为行业共识，但成本仍是HIT电池推广的主要障碍，单纯考虑性价比仍与PERC电池有一定差距。晋能科技总经理杨立友曾表示，HIT进入大规模量产需要同时满足三个要求：转换效率达到24.5%，成本不能高于单晶PERC的15%，设备初始投资不能超过单晶PERC的1.25倍。也就是说，HIT现阶段的主要挑战就是如何降低成本。

HIT电池成本主要来自硅片、浆料和靶材，三者占比分别为49%、24%和4%，非硅成本比例明显高于PERC型电池，主要是由于导电银浆和设备折旧及靶材金额较高。

表5 PERC与HIT成本对比

	单晶PERC			HIT	
	金额（元/W）	成本占比/%		金额（元/W）	成本占比/%
化学试剂	0.01	1	IWO靶材	0.05	4
正银	0.09	10	导电银浆	0.29	24
背银	0.02	2			
背铝	0.02	2	热丝/网印	0.03	2
TMA	0.01	1	气体化学	0.02	2
电力	0.05	5	电力	0.04	3
人工	0.04	5	人工	0.01	1
折旧	0.05	6	折旧	0.15	12
辅助及其他	0.06	6	辅助及其他	0.04	3
非硅成本合计	0.35	37	非硅成本合计	0.64	51
硅片	0.60	63	硅片	0.61	49
合计	0.95	100	合计	1.25	100

资料来源：SolarZoom。

设备降本有望实现。据SolarZoom报道，目前HIT的进口设备成本为8亿~10亿元/GW，国产设备为5亿~8亿元/GW，而PERC电池仅为2.5亿~3亿元/GW，是PERC电池的两到三倍。晋能科技总经理杨立友表示，经过两年多的研发，晋能科技通过小型可行性实验，在某些工艺环节，可以实现降低对设备的要求。目前，晋能科技也在与国内的部分设备厂商进行深度的战略研究，如果技术方案能够实现，设备初始投资达到不高于PERC的1.25倍的水平还是非常有希望的。

电池薄片化、原材料国产化助力HIT电池降本。首先，HIT电池结构对称，易于薄片化，同时N型硅片薄片化也不会像P型硅片一样影响效率，当硅片厚度变薄后，硅料的耗用量就会大大减少，硅片的生产成本也就随之下降。其次，浆料成本中主要是由于HIT的低温工艺导致需使用低温银浆，而低温银浆的价格比普通银浆更高，一方面可以逆向推动银浆生产制造国产化，降低银浆生产成本；另一方面通过工艺改进减少银浆的使用量。最后，靶材作为原材料中的一种，未来可以推动国产化，以降低成本。

未来在设备投资、银浆靶材国产化、硅片薄片化多种举措同时发力，助推HIT电池成本下降的情况下，我们预计2021年HIT电池将会在效率及单瓦成本上全面领先于PERC电池，对PERC电池进行完美替代。但HIT的生产线投入很高，对厂商而言建设压力略大，同时生产线建设也需要一定的时间，预计5年内HIT扩张幅度有限，且扩张速度小于2017—2019年PERC型电池扩张速度，要实现占据市场主要份额还需更长时间的发展。

表6 PERC与HIT项目成本预测

	PERC					HIT				
年度	2019	2020	2021	2022	2023	2019	2020	2021	2022	2023
电池效率/%	21.85	22.20	22.40	22.60	22.70	23.10	23.50	24.00	24.50	25.00
硅片面积/cm^2	244	245	246	247	247	244	244	244	244	244
电池功率/（W/片）	5.33	5.44	5.51	5.58	5.61	5.64	5.73	5.86	5.98	6.10
CTM损失/%	2.80	2.80	2.80	2.80	2.80	0.10	0.10	0.10	0.10	0.10
60型组件功率/W	311	317	321	326	327	338	344	351	358	366
电池成本元/W	0.95	0.88	0.82	0.77	0.73	1.25	0.98	0.79	0.73	0.69
组件价格元/W	2.1	1.95	1.82	1.7	1.61	2.8	2.18	1.75	1.62	1.53
BOS成本元/W	2.00	1.94	1.89	1.85	1.81	1.85	1.78	1.72	1.67	1.63
项目成本元/W	4.10	3.89	3.71	3.55	3.42	4.65	3.96	3.47	3.29	3.16

资料来源：SolarZoom。

四、薄膜电池正在商业化初期，未来可期

薄膜电池是继晶硅电池之后又出现的新型发电技术，将一层薄膜制备成太阳能电池，采用直接带隙半导体材料代替晶体硅发电，在理论上有更高的转换效率和更低的生产成本，现在仍处于发展初期，市场份额远低于晶体硅电池，占比仅在5%~10%。而且它除了是一种高效能源产品，还是一种新型建筑材料，具有轻便、柔韧性强的特点，更容易与建筑完美结合，在建筑发电一体化、柔性发电等领域前景广阔，已成为国际光伏市场发展的新热点。

目前，国内汉能和美国First Solar在薄膜电池领域有较好的商业化应用，协鑫新能源在钙钛矿组件取得了一定的突破。我们认为，未来光伏还是会以晶硅技术路线为基石，新型薄膜电池具独特优势，可以与晶硅电池完美结合，在光伏建筑一体化（Building Integrated Photovoltaics，BIPV）大有可为。

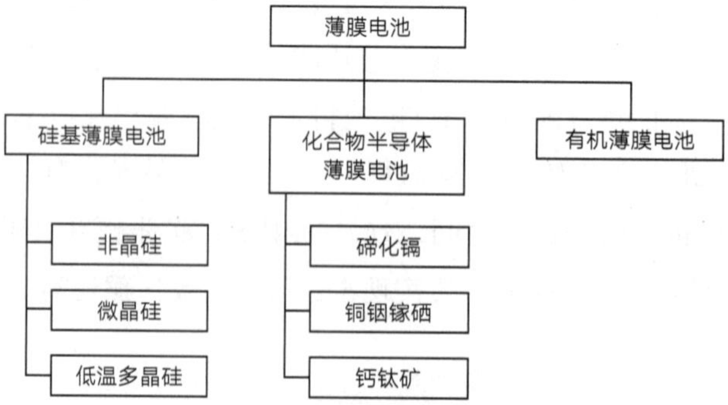

图26 薄膜电池分类

（一）薄膜电池优势独特，运用灵活

薄膜电拥有着独特的优势，材料消耗低、运用灵活。首先，薄膜材料可以使电池厚度仅为1~2μm，而目前的晶硅电池，厚度通常在180μm，因此薄膜电池材料消耗较低。此外，超薄的电池也使其应用场景更为广阔，部分柔性电池可折叠、重量轻、不易碎，轻薄柔韧的特性可以满足各种复杂的发电场所，更重要的是薄膜太阳能电池可根据需要制作出不同的透光率，灵活代替各类玻璃幕墙、农业大棚等。

在生产工艺上，薄膜电池生产流程少，产业链短如图27、图28所示。转换效率方面，部分化合物薄膜电池提升迅速，不断取得突破，实验室转换效率与晶硅电池已经不相上下。2020年1月，美国国家可再生能源实验室（NREL）称钙钛矿太阳能电池效率世界纪录被刷新，达29.15%。作为对比，晶硅电池实验室的最高效率为26.3%。薄膜电池的潜力正在被激发，未来或将大范围应用于各种场景，尤其是分布式装机，与每栋建筑物融为一体。

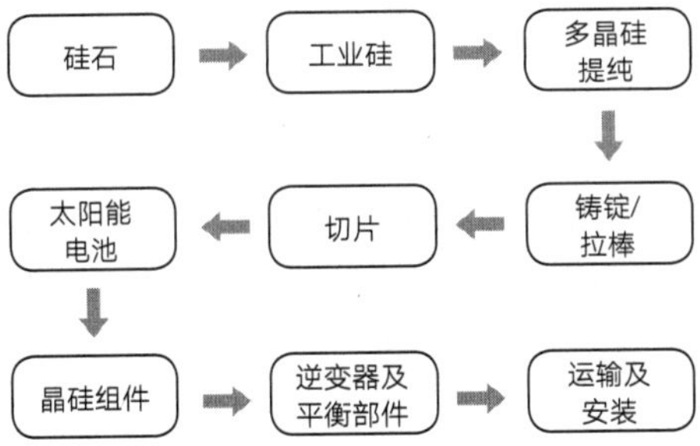

图27　晶硅电池产业链

（资料来源：山西阳泰龙焱能源科技公司官网）

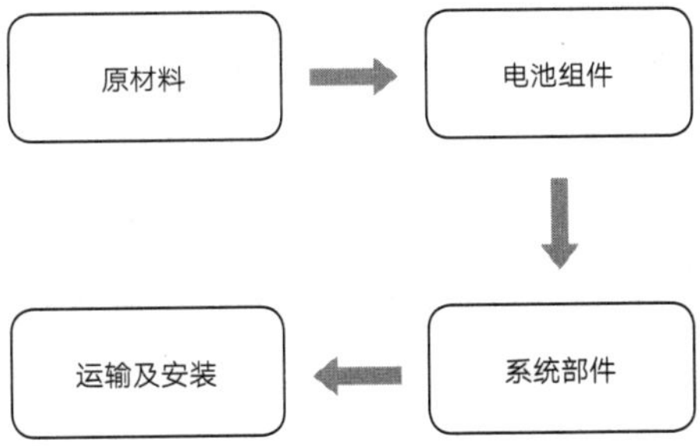

图28　薄膜电池产业链

（资料来源：山西阳泰龙焱能源科技公司官网）

汉能产业化进展加快，在商用CIGS组件转换效率取得突破，达到18.64%。汉能在高效硅异质结太阳能技术，以及铜铟镓硒、砷化镓等多条技术路线上均保持技术领先地位。汉能高效硅异质结（SHJ）电池6寸硅片全面积转换效率达25.11%，MiaSolé柔性铜铟镓硒电池商用大尺寸柔性铜铟镓硒组件有效面积转换效率达18.64%，砷化镓单结电池研发效率达29.1%、单结组件效率达25.1%。

汉能旗下发电绿建的产品——薄膜太阳能发电瓦“汉瓦”采用的就是MiaSolé柔性CIGS芯片。汉瓦将轻薄、高效、柔性的铜铟镓硒（CIGS）薄膜太阳能芯片通过内外双层的夹胶封装工艺，精密封装在高透光度玻璃内层中，既能最大限度地保持薄膜太阳能的高转换率特性，又能满足建筑的整体性和审美设计需求，成为生态建筑屋顶的新选择。汉能自主开发了汉瓦、汉墙、汉路等绿色发电建材和汉包、汉纸、汉伞等移动能源应用产品。

位于上海临港的“拉斐尔云廊”，规划建筑面积100万平方米，其建筑屋总面积15万平方米，约20多个足球场大小，也铺设了MiaSolé的高效CIGS柔性组件。

第一太阳能（FirstSolar）是全球最大的薄膜太阳能组件生产商，掌握着先进的碲化镉薄膜技术，无论是出货量还是产品技术均处于前列。其最新的Series6组件量产效率达18%，这是全球碲化镉光伏组件的最高量产效率水平，与目前主流的晶硅光伏组件效率几乎持平。

基于Series6组件0.20美元/W的制造成本，其2019年出货量将达5.5GW，比2018年的2.6GW增长一倍以上。公司到2020年的订单基本售罄，2021年的订单也很可观。正处于全球大规模扩张之中的第一太阳能对于已经到来的2020年，称其Series6的产量在2020年将达5.7GW，到2021年将达7.3~7.7GW。Series6的贴牌产能将从2019年的5.5GW提高到2021年的8GW。

协鑫钙钛矿光伏组件领域取得突破性进展。作为一家以新能源、清洁能源为主，相关产业多元化发展的科技引领型综合能源龙头企业，协鑫新能源在钙钛矿光伏组件技术方面已取得突破性进展。2019年8月，协鑫纳米制造的大面积钙钛矿光伏组件在莱茵TüV成功完成功率测试。该组件有效面积为1 300平方厘米，且在有效面积内的转化效率达13.48%。本次测试结果表明协鑫纳米朝着钙钛矿组件的产业化再进一步。目前，协鑫的钙钛矿光伏组件效率已经进一步提高到16.4%。

协鑫纳米已经率先建成10MW级别大面积钙钛矿光伏组件中试生产线，完成了相关材料合成及制造工艺的开发，并启动100MW量产生产线的建设工作，钙钛矿光伏组件的商业化生产指日可待。

（二）薄膜电池叠加晶硅电池，更大发挥太阳能潜力，解决能源问题

薄膜电池将在BIPV场景中大展身手。随着太阳能清洁能源的发展，BIPV成为一种新兴的光伏应用市场。现代建筑物经常会出现非平面的不规则形状，且对透光率和美观度要求较高，传统晶硅电池韧性较差、不透光，且都是标准尺寸，无法满足需求，而薄膜电池则可实现定制化柔性加工，保持材料透光性等特点，是BIPV应用的最佳选择。

薄膜电池与当今主流晶硅电池根据自身特性充分利用太阳能，不断开发新的光伏应用场景，将更大地发挥光伏发电潜力，解决世界能源问题。

动力电池：

从政策驱动走向创新驱动

郑丹丹　东兴证券电力设备与新能源行业首席分析师
张　阳　东兴证券研究所电力设备与新能源组

产业描述：

动力电池产业是指以动力电池生产为目标而形成的多个行业的集群，主要包括动力电池行业本身和动力电池生产的上游正极材料、负极材料、隔膜、电解液四大锂电材料行业。从技术角度看，动力电池作为产品有多种技术路线，有一定的多样性，以满足新能源汽车的需求。这带动了上游产品的多元化发展，正极材料有三元和磷酸铁锂等（一般依次划分动力电池种类），负极有天然石墨、人造石墨、硅碳负极等，隔膜有干法、湿法之分。从需求角度看，整个产业处于成长期，不足5%的行业渗透率和完全禁售燃油车的目标之间还有广阔的成长空间。从产业格局看，全球化供应的格局正在形成。国内优质的锂电材料供应商正在加大对外供应力度，动力电池产品也受到认可，海外电池厂商也正在加速在华布局进程。产业处于不断发展之中，从基础材料到动力电池结构的技术进步与创新，将极大改善动力电池和下游应用产品——新能源汽车的性能，从而带来动力电池产业的二次腾飞。

一、动力电池产业：高速成长中的新兴产业

（一）动力电池是新能源汽车重要组成部分

动力电池是指专用于新能源汽车上的电池，是新能源汽车出现之后的专有名词，与消费电子电池、储能电池共同组成了电池的三大应用领域。按照电池的种类分，有铅酸（碳）电池、镍氢电池、锂离子电池、（半）固态电池等。锂离子电池天然具有能量密度高、占地小、长循环寿命等有点，是目前最重要的动力电池品类。

表1 电池的分类和应用领域

	铅酸（碳）电池	镍氢电池	锂离子电池	（半）固态电池
消费电子电池			√	√
动力电池	√	√	√	
储能电池	√		√	

锂离子动力电池作为应用最广泛的动力电池，一般根据正极材料的不同，又分为三元锂离子动力电池、磷酸铁锂锂离子动力电池、锰酸锂锂离子动力电池等。其中，以磷酸铁锂作为正极材料的电池充放电循环寿命长，但其缺点是在能量密度、高低温性能、充放电倍率特性方面有一定不足，且生产成本较高；锰酸锂电池能量密度低，高温下的循环稳定性和存储性能较差；三元锂离子动力电池因具有综合性能和成本的双重优势，逐渐被行业所关注和认同，超越磷酸铁锂锂离子电池和锰酸锂锂离子电池成为主流的技术路线。

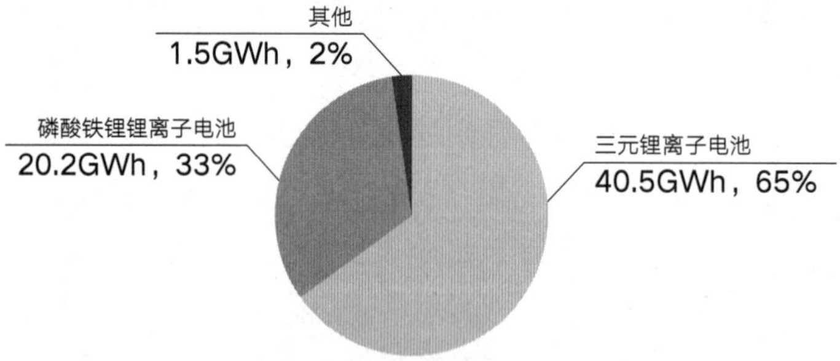

图1 中国2019年动力电池装机结构（按容量计算份额）

（资料来源：中国汽车工业协会）

动力电池是新能源汽车重要零部件之一，对新能源汽车的续航里程、整车寿命、安全性等关键指标具有重要影响。动力电池在新能源汽车整车成本中占比接近40%，是新能源汽车成本占比最大的部分。

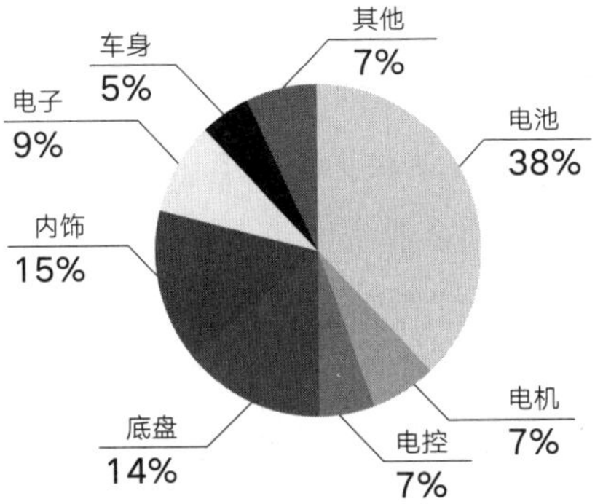

图2　新能源汽车整车成本结构

（资料来源：钜大锂电）

（二）动力电池需求随新能源汽车销量快速增长

动力电池产业随着新能源汽车市场快速发展而不断壮大。据中国汽车工业协会数据，2013—2019年中国新能源汽车年销量增长了68.52倍，而中国储能网、新产业智库等多方数据显示，作为重要配套零件的动力电池年装机量在上述期间增长了89.11倍。

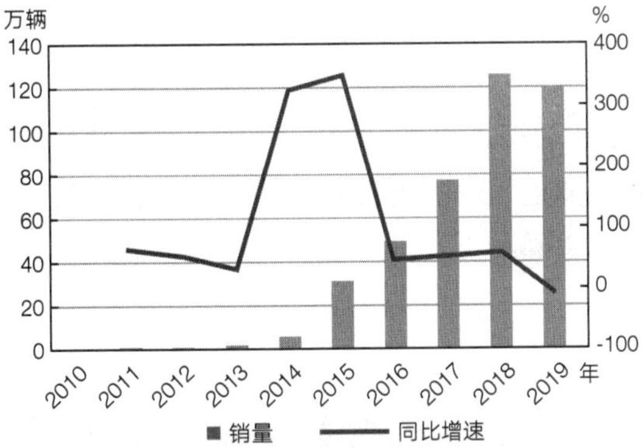

图3　国内新能源汽车销量及增速

（资料来源：中国汽车工业协会）

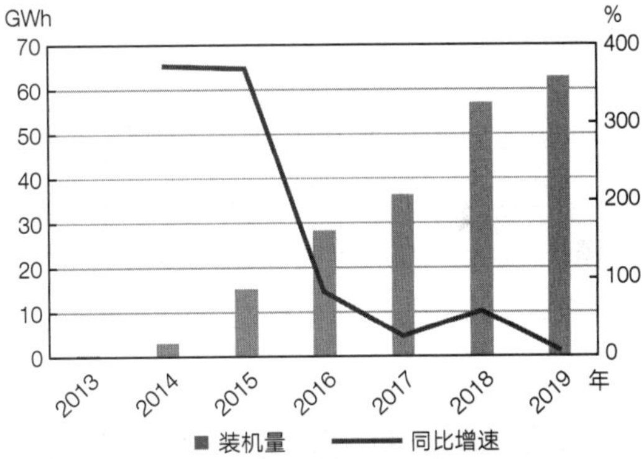

图4　国内动力电池装机量及增速

（资料来源：中国储能网、新产业智库）

我们在此引用钜大锂电总结的国内动力电池发展历程的几个阶段，并结合我们的分析予以补充。

2001年：动力电池元年，“十五”计划确定电动汽车发展，2001年启动车载用动力电池的研究。

2002—2008年：锂离子动力电池属于初创期和积累期。2006年以前属于原创期，借鉴3C锂离子电池的技术。2008年奥运会锂电池大巴示范项目让大家看到产业化可能。

2009—2011年：“十城千辆”计划实施，加上亚运会、世博会示范效应，动力电池走上“短平快”发展之路。技术同质，品质管控贫乏。

2012—2013年：国家补贴政策的延缓，路线转型的适应，致使短期内市场需求不稳定。同时，第一批示范运营的电池存在的问题已经显现，技术问题凸显，在多因素综合影响下，行业出现了需求的疲软和技术上的观望、摇摆。这使很多“半路出家”的企业“知难而退”，部分纯做动力电池的企业资金匮乏，无以为继，退出历史舞台。

2014年：国家从宏观层面对新能源车再次重新定位，上升为国家战略。

2015年：新能源车的发展进入快速道，因此带来了对动力电池的强劲需求。

2016—2018年：因为“骗补”事件和动力电池引起的事故频发，工信部开始实施《新能源汽车推广应用推荐车型目录》和《汽车动力蓄电池行业规范条件》，行业开始进入规范化发展阶段。

2019年：工信部官网发布公告称，决定自2019年6月21日起废止《汽车动力蓄电池行业规范条件》（工业和信息化部公告2015年第22号），第一、第二、第三、第四批符合规范条件企业目录同时废止。这意味着动力电池企业“白名单”制度正式废除，外资动力电池厂商参与国内市场竞争将不再受到限制。国内动力电池市场逐步走向市场化。

2020年之后：此前公布的双积分征求意见稿预计将于2020年逐步落实成为正式文件，双积分有望替代补贴驱动新能源汽车需求继续成长，带来动力电池需求的持续增长。

（三）政策是推动产业发展的驱动力

动力电池产业从无到有，从野蛮扩张到有序发展，离不开政策的支持、引导与规范。尤其是在早期起步阶段，补贴政策是吸引企业进入的关键因素。一方面，补贴政策的刺激使得动力电池的需求逐步提升，产业规模不断扩大；另一方面，动力电池产业内的政策驱动行业向规范化的方向发展。

表2 动力电池产业领域政策文件

时间	文件	部门	内容
2001年	—	科技部等	同意在深圳组建国家863计划锂动力电池研究发展中心
2008年	—	—	奥运会推广示范
2009年	—	—	“十城千辆”推广计划
2015年3月	汽车动力蓄电池行业规范条件	工信部	该规范从多角度对动力蓄电池生产企业提出要求，建立动力电池“白名单”
2016年1月	电动汽车动力蓄电池回收利用技术政策（2015年版）	发展改革委、工信部、环保部、商务部、质检总局	明确动力电池回收利用的责任主体，明确建立动力电池编码制度，建立可追溯体系

续表

时间	文件	部门	内容
2016年11月	《汽车动力电池行业规范条件》（征求意见稿）	工信部	提出锂离子动力电池单、金属氢化物镍动力电池、超级电容器单体企业年产能力分别不低于80亿Wh、1亿Wh、1千万Wh。系统企业年产能力不低于8万套或40亿Wh
2017年3月	关于印发《促进汽车动力电池产业发展行动方案》的通知	工信部、发展改革委、科技部、财政部	提出分三个阶段推进我国动力电池发展：2018年，提升现有产品性价比；2020年，改进的锂离子动力电池实现大规模应用；2025年，采用新化学原理的新体系电池力争实现技术变革和开发测试
2018年2月	新能源汽车动力蓄电池回收利用管理暂行办法	工信部、科技部、环保部、交通部、商务部、质检总局、能源局	汽车生产企业应建立动力蓄电池回收渠道，汽车生产企业应建立回收服务网点，负责收集废旧动力蓄电池。鼓励汽车生产企业、电池生产企业、报废汽车回收拆解企业与综合利用企业等通过多种形式，共用废旧动力蓄电池回收渠道
2019年6月	《中华人民共和国工业和信息化部公告》	工信部	自2019年6月21日起废止《汽车动力蓄电池行业规范条件》（工业和信息化部公告2015年第22号）

资料来源：宁德时代招股说明书、工信部等。

二、产业链集群效应明显，全球化供应逐渐开启

动力电池产业链是新能源汽车产业链上的一部分，整个产业链较长，上游可追溯到锂、钴、镍等矿产资源端，中游是四大锂电材料及其他辅助材料，动力电池的下游是新能源汽车，整车之后是下游运营与服务等环节。

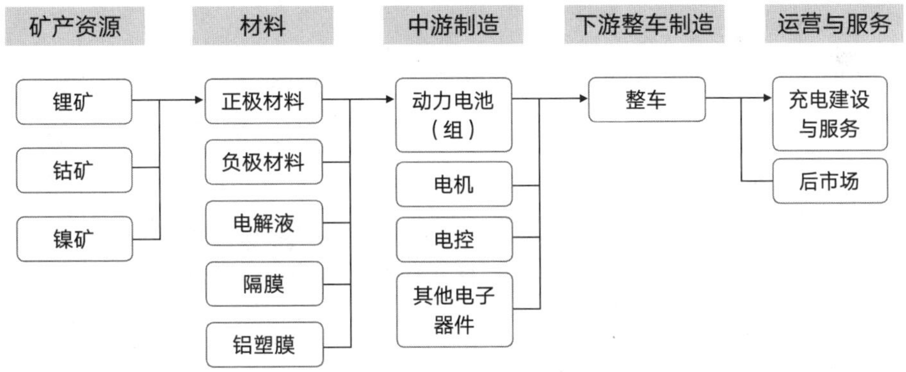

图5　动力电池上下游及主要产业链概况

（一）动力电池环节在产业链处于较强势地位，产业集中在中、日、韩地区

1．动力电池环节在整条产业链中议价能力较强。

动力电池在产业链中具有较高的议价能力。对于上游锂电材料供应商而言，因为供需格局和技术壁垒的问题，一般会被动力电池厂商压低价格，因此毛利率较低。而对于下游整车厂而言，在即将到来或者已经在实施的政策带来的压力下，发展新能源汽车是

刚性任务。虽然动力电池行业产能过剩，但更多的是结构性的过剩，符合车厂需要、有一定竞争力的动力电池对车厂而言相对稀缺。例如，近期有外媒报道，捷豹、奥迪等车企因为LG欧洲工厂产能不足，不得不推迟新车型量产计划，或降低产量预期。优质的动力电池企业无论是对上游还是下游，都具有较强的议价能力，处于重要且较为强势的地位。我们从不同环节企业的毛利率水平可以看出这一特征。

表3　动力电池及其上下游企业相关业务毛利率统计

产业链环节	企业名称	2018年毛利率/%	2019年第一季度毛利率/%
动力电池	宁德时代	34.10	28.88
	国轩高科	28.80	30.35
正极材料	当升科技	16.42	16.10
	容百科技	18.21	15.31
	德方纳米	20.43	—
负极材料	贝特瑞	35.27	36.30
	璞泰来	33.9	—
	杉杉股份	24.41	—
隔膜	恩捷股份	46.82	48.59
	星源材质	48.39	47.33
电解液	新宙邦	27.52	26.66
	多氟多	17.30	17.07
	天赐材料	24.21	25.40
新能源汽车	比亚迪	19.78	23.22
	北汽蓝谷	14.53	—

资料来源：Wind。

但新能源汽车补贴在逐步退坡，下游整车厂对产业链降成本需求提升。我们认为，未来动力电池环节毛利率有一定下降可能，因为在动力电池成本中占比最大的正极材料环节毛利率下降空间已经不大，降低其他环节的成本对动力电池成本下降帮助有限。因此，我们认为动力电池降成本的空间主要在于自身工艺的提升，通过工艺等方面的改进降低单位Wh动力电池的成本，同时压低自身毛利率，使动力电池环节毛利率回归产业平均水平是较为合理的发展趋势。

2．动力电池产业链主要聚集在中、日、韩地区。

全球动力电池行业竞争格局已经较为集中。2019年国内和全球动力电池行业前十厂商占据86.88%的份额。从全球动力电池装机量前十的企业看，主要是中国、韩国和日本的企业。

据中国储能网2020年2月18日转载“盖世汽车网”文章，引用韩国SNE Research统计数据，2019年全球动力电池装机量合计116.6GWh。装机量Top 10的企业中，中国企业有5家，合计占有全球45.10%的市场份额，在Top10装机量中占比52%；韩国企业有3家，合计占有全球15.78%的份额，在Top10装机量中占比18%；日本有2家企业，合计占有全球25.99%的市场份额，在Top10装机量中占比30%。

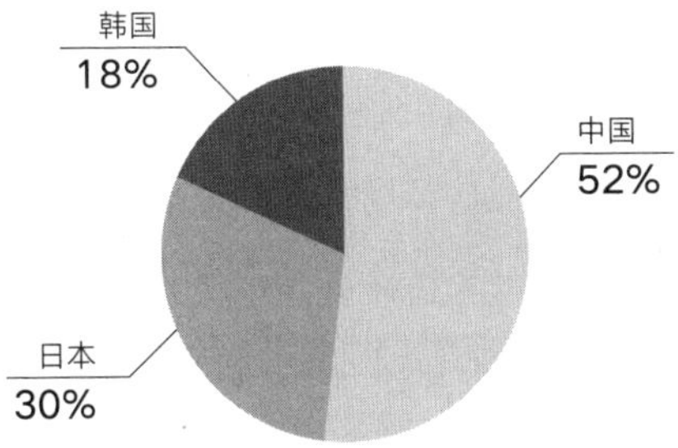

图6 2019年全球动力电池装机量top10企业所在国家分布（以装机量计）

（资料来源：中国储能网、盖世汽车、SNE Research）

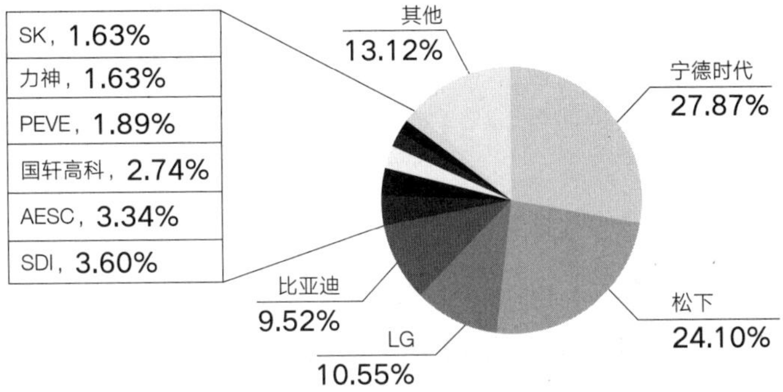

图7 2019年全球动力电池市场装机结构

（资料来源：SNE Research、中国储能网、盖世汽车）

表4 2019年全球动力电池出货量

排名	品牌	出货量/GWh	市场份额/%	出货量同比增速/%	国家
1	宁德时代	32.5	27.87	38.89	中国
2	松下电池	28.1	24.10	31.92	日本
3	LG化学	12.3	10.55	64.00	韩国
4	比亚迪	11.1	9.52	-5.93	中国
5	三星SDI	4.2	3.60	20.00	韩国
6	远景AESC	3.9	3.34	5.41	中国
7	国轩高科	3.2	2.74	0.00	中国
8	PEVE	2.2	1.89	15.79	日本
9	力神电池	1.9	1.63	-36.67	中国
10	SKI	1.9	1.63	137.50	韩国
11	其他	15.3	13.12	-23.12	—
	合计	116.6	100	16.60	—

资料来源：中国储能网、盖世汽车、SNE Research。

注：PEVE是丰田与松下成立的合资动力电池企业；日本动力电池企业AESC被中国远景集团收购后成为远景AESC。

动力电池供应商几乎都是中、日、韩企业，因此全球锂电产业链也呈现明显的集群特征。包括上游正极材料、负极材料、隔膜、电解液、锂电设备等产业均集中在中、日、韩地区。三个国家之间基本实现了动力电池产业链的闭环。

表5 全球主要动力电池供应商梳理（不完全统计）

品牌	正极	负极	隔膜	电解液
宁德时代	长远锂科、振华新材、德方纳米等	杉杉股份、璞泰来等	恩捷股份、东丽等	国泰华荣
松下电池	住友化学等	日立化学、贝特瑞等	住友化学、东丽、恩捷股份等	三菱化学、宇部兴产等
LG化学	L&F、优美科等	贝特瑞、璞泰来等	W-scope、恩捷股份、星源材质等	新宙邦等
比亚迪	当升科技等	璞泰来等	星源材质、恩捷股份等	—
三星SDI	EcoPro、优美科等	贝特瑞、璞泰来等	旭化成、东丽、恩捷股份等	新宙邦等
SKI	EcoPro等	中科电气	自产	—

资料来源：根据公司公告等公开资料整理。

上述全球主要动力电池的供应商中，除了优美科是比利时企业外，其他均是中、日、韩地区企业。动力电池及其上游产业均集中于中、日、韩地区。

（二）上游：四大材料行业呈现不同特征

1．正极材料：决定动力电池性能，竞争格局分散。

2017年国家发展改革委、工信部和科技部联合发布《汽车产业中长期发展规划》，其中明确提出：到2020年，动力电池单体比能量达到300Wh/kg以上，力争实现350Wh/kg，系统比能量力争达到260Wh/kg。到2025年，动力电池系统比能量达到350Wh/kg。这样的动力电池单体能量密度目标对于磷酸铁锂电池而言几乎是不可能达到的。因此，此后三元动力电池逐渐成为主流，2019年国内动力电池装机中65%是三元锂电池。

表6 不同正极材料对比

正极材料	结构	能量密度/（Wh/kg）	循环次数/圈	优点	缺点
镍钴锰三元	层状	170~200	≥800	能量密度较高，成本相对较低	安全性能较差
镍钴铝			≥500		
磷酸铁锂	橄榄石结构	130~150	≥2 000	安全性好、循环性能好	能量密度低
钴酸锂	层状	360	≥500	能量密度高	成本高
锰酸锂	尖晶石	150	≥300	成本低	能量密度差，高温循环性差

资料来源：中国产业信息网。

从电池角度测算，2019年全球动力电池出货116.6GWh，中国装机62.2GWh，其中40.5GWh是三元，因为海外基本都用三元动力电池，所以2019年全球动力电池使用三元正极材料的比例大概为80.96%，中国三元正极材料的需求在全球占比大约为42.90%。

中国在较短时间内切换至三元技术路线，并做到三元材料全球需求占比超过40%，快速增长的需求吸引众多企业入局。同时，也因为行业发展红利期，下游客户结构复杂，存在部分迎合补贴政策的低端车型对正极材料质量要求不高，以成本为导向，致使三元正极材料门槛有所降低，技术不那么领先的企业也可以生存。这在一定程度上导致了国内三元正极材料市场较为分散的竞争格局。而海外市场则因为一直走三元技术路线，并且拥有成熟的化工产业体系，加之下游动力电池企业对正极材料企业质量要求严格，因而格局较为集中。

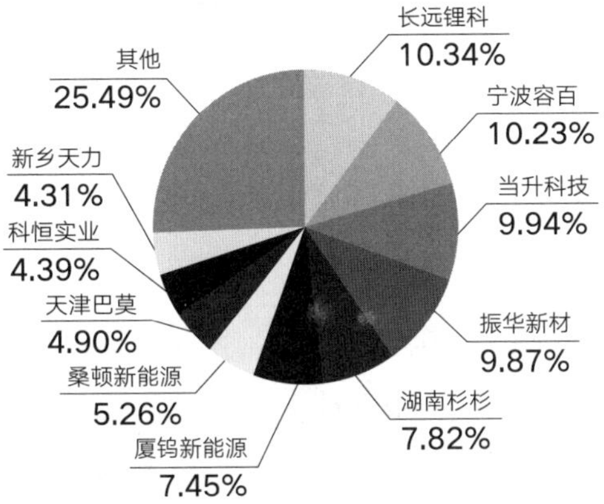

图8　2018年国内三元正极市场格局

（资料来源：高工锂电）

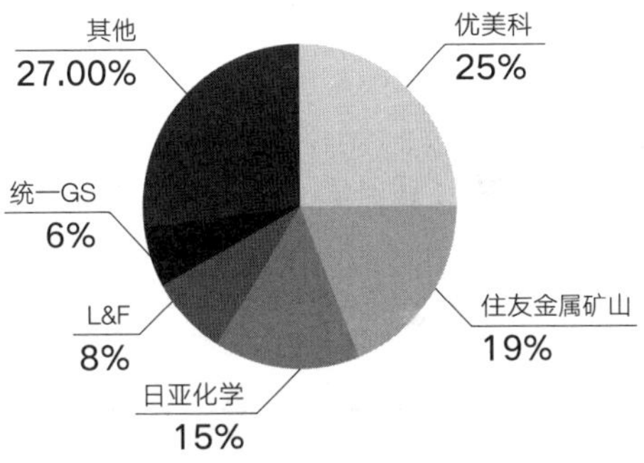

图9　海外正极材料市场竞争格局

（资料来源：亚化咨询）

配套下游电池厂或引起正极材料行业业绩分化，或带动行业产能出清，格局走向集中。2019年国内正极材料厂商业绩逐渐出现分化，通过研究发现，客户结构良好的正极材料厂商具备更好的业绩增速。我们认为，这一趋势将在未来得以延续。

短期磷酸铁锂需求或有回暖，但长期看三元正极材料仍将是主流。工信部发布的《新能源汽车产业发展规划（2021—2035年）（征求意见稿）》未提及能量密度要求，将技术关注点转向单车电耗等，从中可以看出，监管部门不再鼓励一味追求高能量密度。同时，面临补贴退坡压力，具备成本优势的磷酸铁锂材料将受到关注。新能源汽车头部企业特斯拉已经宣布与宁德时代合作采购无钴电池，路透社等媒体援引消息人士观点，无钴电池是磷酸铁锂电池。因此短期看，磷酸铁锂电池材料需求或有所回暖。但长期看，能量密度提升的趋势不会改变，保证安全性的前提下追求长续航里程仍是行业主要发展方向。因此，我们认为，长期看三元材料仍将是主流。

2. 隔膜材料：产业链中毛利率最高的环节。

隔膜行业高毛利率主要与其较高的技术壁垒有关。动力电池隔膜企业生产的两项关键要素是稳定的设备和成熟的工艺，设备一般需要提前从海外定制，而将设备调试至可以稳定生产、良品率高的状态一般需要花费3年左右的时间，因此进入这一行业需要3~4年准备时间，这种投入及不确定性形成了进入行业的壁垒。也正因为如此，隔膜行业拥有良好竞争格局，2019年上半年国内企业恩捷股份和星源材质两家企业就占据了行业接近44%的市场份额。

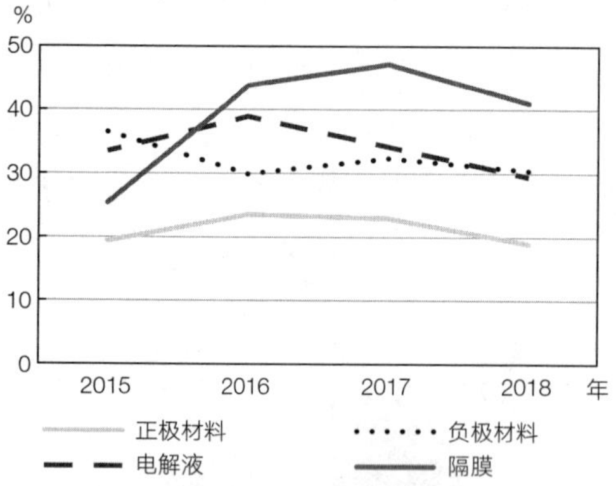

图10 四大锂电材料销售毛利率对比

（资料来源：Wind）

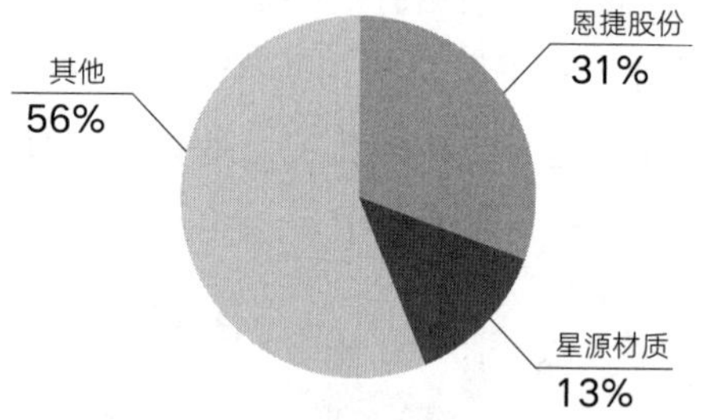

图11 2019年上半年国内隔膜市场竞争格局

（资料来源：公司公告）

从技术路线角度讲，湿法隔膜正在取代干法隔膜，逐渐成为主流。两种隔膜因生产的过程和技术存在差异，导致产品成本和性能存在差异。湿法隔膜因更轻薄，有助于能量密度提升。我们认为，湿法隔膜是未来主流方向，干法隔膜将以自身的成本优势，更多应用于磷酸铁锂电池等领域。

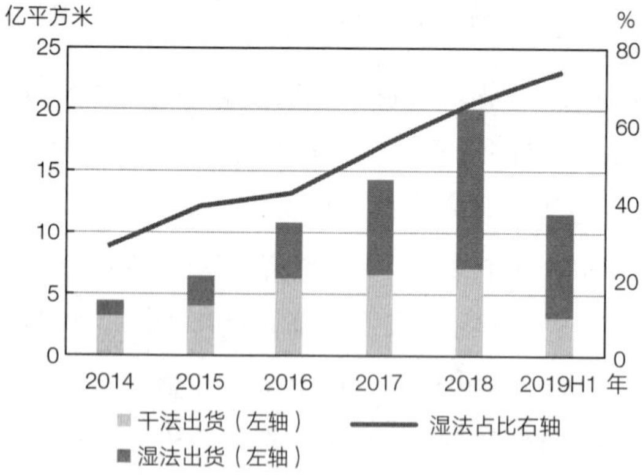

图12 国内隔膜出货量结构及湿法占比

（资料来源：GGII、前瞻产业研究院）

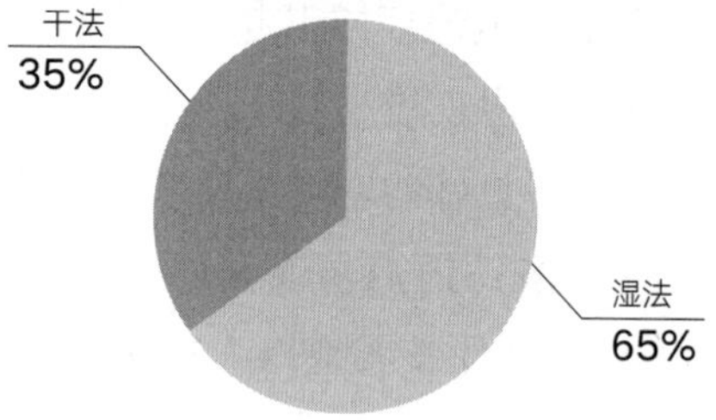

图13 2019年上半年国内隔膜产量结构

（资料来源：高工锂电）

在海外市场和客户方面有突破的企业或具有更强盈利能力。据公开资料和调研确认，海外动力电池厂在采购价格方面高于国内企业，海外电池厂更看重质量。技术领先、产品质量上乘、与海外电池厂达成合作关系的头部企业或将拥有更高的单位产品售价。同时，我们判断未来一段时间海外新能源汽车和动力电池市场增速本就快于国内。因此，这类企业有望实现产品价格和需求量上的双重提升。

表7 国内隔膜企业进入海外电池供应链情况统计（包含动力和消费电子电池）

隔膜企业	相关公告日期	公告内容
恩捷股份	2019年5月19日	2019—2024年向LG化学供应车用湿法隔离膜，金额不超6.17亿美元
星源材质	2019年8月7日	在国际市场，公司产品批量供应韩国LG化学、日本村田等国外著名厂商
中材科技	2019年12月5日	湖南中锂LG、SK已实现小批量供货，三星已完成第一轮审厂

资料来源：公司公告。

3. 负极材料：盈利和格局较为稳定。

目前常用的负极材料主要是石墨类材料，包括天然石墨、人造石墨、硅碳负极、中间相碳微球等。不同材料优势各不相同，人造石墨因其良好的倍率、循环性能及较低的价格获得了更多市场份额。

表8 常见负极材料性能对比

负极材料	比容量/（mAh/g）	振实密度/（g/cm^3）	压实密度/（g/cm^3）	工作电压/V	循环寿命/次	安全性能	倍率性能	价格
天然石墨	340~370	0.8~1.2	1.0~1.85	0.2	1 000	一般	差	低
人造石墨	310~370	0.8~1.1	1.5~1.8	0.2	1 500	良好	良好	较低
硅碳负极	380~950	0.6~1.1	0.9~1.6	0.3~0.5	300~500	良好	一般	高

资料来源：中国产业信息网。

技术路线方面，人造石墨占据了行业主流。当前主要使用的负极材料是石墨类材料，一般的天然石墨因为价格低仍有部分需求，人造石墨因为良好的循环性能、倍率性能、安全性能备受关注，已经成为当前负极材料领域主流。数据显示，全国使用的负极材料中人造石墨的占比不断提升，2019年已经达78.49%。硅碳负极是下一代负极材料，需要相应的高能量密度正极材料与之相匹配，并且硅碳负极面临硅颗粒容易膨胀等问题。

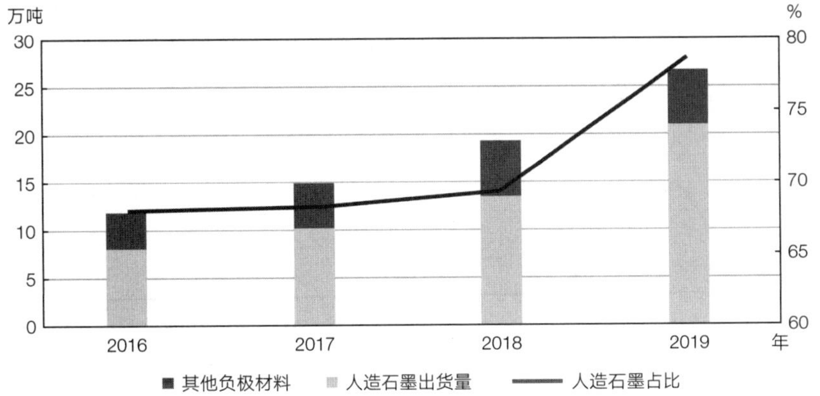

图14 国内负极材料出货量及人造石墨占比

（资料来源：GGII、新产业智库）

国内负极材料行业毛利率常年维持在30%左右。以行业头部企业贝特瑞、璞泰来、中科电气三家企业的负极材料业务为研究对象，其负极材料业务综合毛利率自2013年以来一直维持在30%~33%。

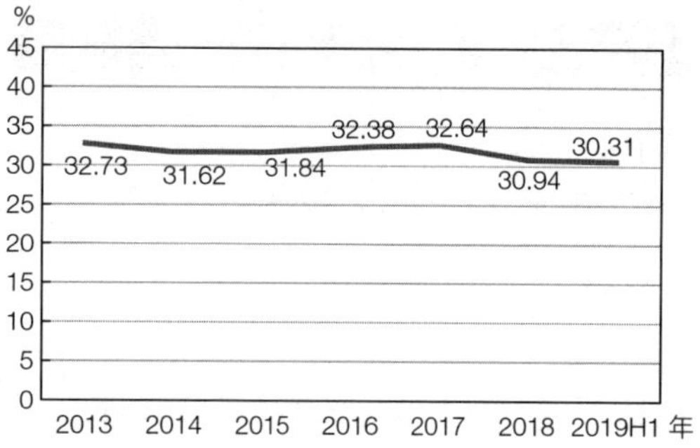

图15 负极材料企业综合毛利率

（资料来源：Wind）

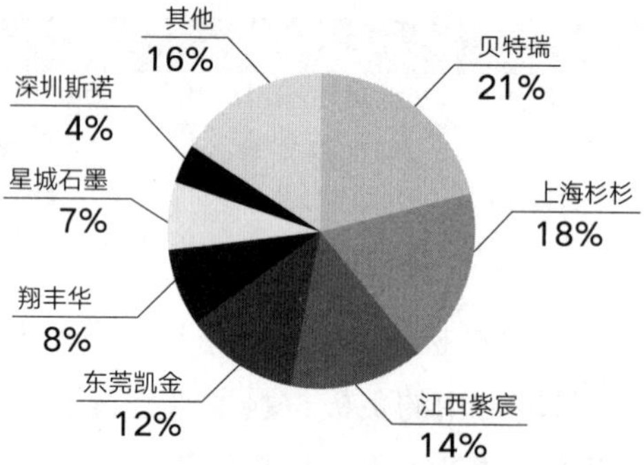

图16 2018年国内负极材料市场竞争格局

（资料来源：中国产业信息网）

行业集中度高，格局基本保持稳定。璞泰来和杉杉股份合计份额于2019年上半年接近32%，较2018年32%左右的合计份额基本保持稳定。

负极材料行业稳定的状态与负极材料行业需求、技术较为稳定有关。现在动力电池使用负极材料的是石墨，储备用于下一代的是硅碳混合负极。技术路线已经十分稳定，即使有技术进步也是在碳基材料上改进。另外，动力电池使用的负极与此前的消费电子电池等领域的负极材料基本无差别，经过多年发展，行业格局基本已经稳定，未来这一格局有望持续。

4. 电解液：周期属性明显，格局较为集中。

电解液由溶质和溶剂组成，六氟磷酸锂是关键原材料，电解液制备属于氟化工产业，产能投放周期较短，行业盈利周期性波动特征明显。行业格局方面，天赐材料、新宙邦、国泰华荣合计占据超过一半的份额。电解液最为重要的是配方，溶质、溶剂、添加剂的选择和配比是核心技术，传统氟化工企业在这一领域具备竞争优势，天赐材料、新宙邦等企业不仅在国内处于领先地位，同时还进军海外市场。

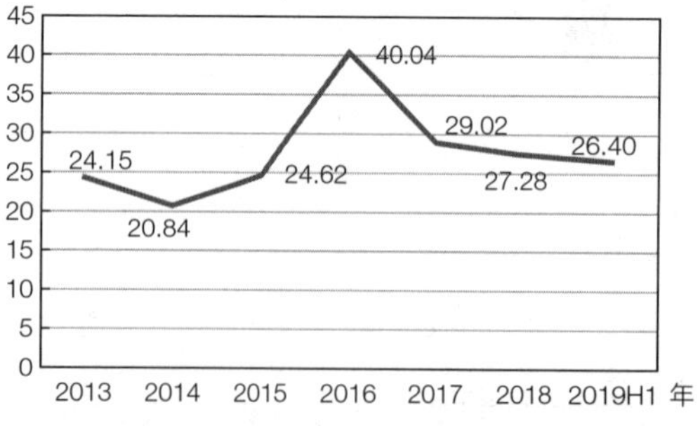

图17 电解液环节企业综合毛利率

（资料来源：Wind）

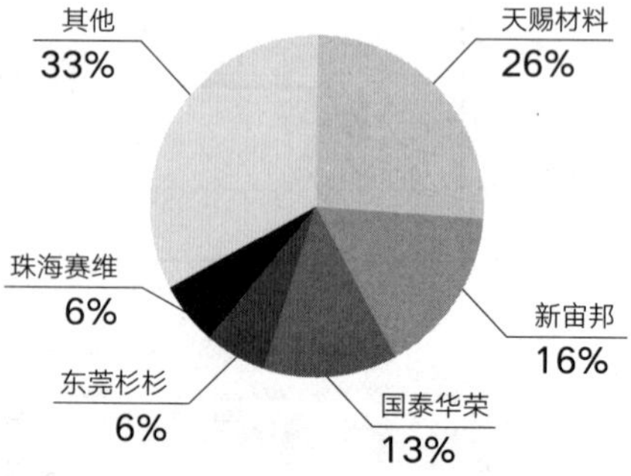

图18 国内电解液市场竞争格局

（资料来源：前瞻产业研究院）

（三）下游：专用于新能源汽车，市场空间广阔

1. 新能源汽车处于成长期起步阶段，动力电池市场空间大。

无论国内市场还是海外市场，新能源汽车均处于成长期起步阶段，有望带动动力电池产业需求持续旺盛。

国内方面，据中国汽车工业协会数据，2019年国内新能源汽车销量120.6万辆，在2 576.9万辆的汽车销量中占比仅4.68%，新能源汽车行业空间广阔，将带动动力电池需求持续增长。工信部官网2019年12月3日发布《新能源汽车产业发展规划（2021—2035年）（征求意见稿）》，提出2025年国内市场新能源汽车销量占比要达到25%。市场成长空间巨大。

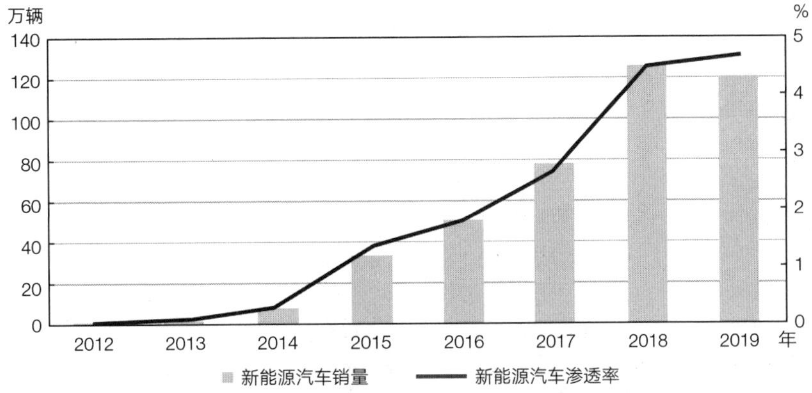

图19 新能源汽车销量及渗透率

（资料来源：中国汽车工业协会）

放眼全球，在欧洲市场持续贡献增量的背景下，新能源汽车市场发展呈现加速之势，将为动力电池带来大量需求。

根据国内政府规划、外资新车型投放进度、双积分要求等，我们测算2020—2022年国内新能源汽车产量分别为155.2万辆、205.1万辆、253.6万辆。

表9 国内新能源汽车产量预测

单位：万辆

年份	2019	2020E	2021E	2022E
新能源汽车产量（锂电系）	123.9	155.2	205.1	253.6
纯电动—乘用车	87.74	117.7	151.7	189.2
纯电动—客车	8.87	8.5	8.5	8.5
纯电动—专用车（含物流车）	5.34	5	6.3	7.7
PHEV—乘用车	21.40	29.5	38.1	47.7
PHEV—商用车	0.55	0.5	0.5	0.5

资料来源：中汽协、东兴证券研究所。

根据《欧洲议会和理事会第（EU）2019/631号条例》相关规定，我们测算2020年欧盟新增零排放和低排放轿车合计将超过174万辆，占比超过11.6%。综合多方面考虑，我们预计，2020年欧洲（包括但不限于欧盟）新能源汽车销量将达181.3万辆，同比增长超2倍。2021年和2022年欧洲地区新能源汽车销量分别达225万辆（欧盟204.15万辆）、272.8万辆（欧盟247.8万辆）。

假设中国2020—2022年新能源汽车产销量一致，欧洲新能源汽车销量如上所述。综合EV-sales和中汽协统计数据，我们测算，2019年全球新能源汽车市场合计销量为222.9万辆，我们预计，2020年有望达到386.8万辆，同比增长73.53%，其中海外市场销量231.6万辆，同比增长1.26倍。我们预计2020—2022年全球动力电池需求将分别达193.4GWh、244.05GWh、296.45GWh，三年复合增速达到36.76%。

表10　全球动力电池需求测算

年份		2019	2020E	2021E	2022E
新能源汽车销量/万辆	中国	120.6	155.2	205.1	253.6
	欧洲	56.4	181.3	225.0	272.8
	美国	32.5	35.0	40.0	45.0
	日本	4.4	5.0	6.0	7.0
	韩国	3.4	4.0	5.0	6.0
	加拿大	5.1	5.5	6.0	7.0
	其他地区	0.5	0.8	1.0	1.5
	全球合计	222.9	386.8	488.1	592.9
	全球新能源汽车销量增速/%	10.44	73.53	26.19	21.47
	单车带电量假设/（kWh/辆）	52.0	50.0	50.0	50.0
	全球动力电池需求/GWh	115.91	193.40	244.05	296.45
	全球动力电池需求增速/%	9.35	73.53	26.19	21.47

注：1. 纳入统计的新能源汽车仅包括BEV和PHEV车型；

2. 2019年中国数据来自中汽协，欧美日韩加销量来自EV Sales。

未来几年，国内市场和海外市场动力电池需求均处于30%左右的中高速增长中，行业成长属性明显。在国内即将出台的《新能源汽车产业发展规划（2021—2035年）》的指导与欧盟最新碳排放法规的要求下，全球新能源汽车市场将产期保持增长态势。随着部分国家规划禁售燃油车，整个动力电池产业需求有望持续增长。

2. 动力电池下游客户全球化发展。

2020年开始，随着补贴逐步退出，国内市场政策逐渐放开，日韩动力电池企业进入中国市场，LG、SKI、松下、三星SDI均在中国开始或重启动力电池产能建设。海外市场方面，随着2020年欧盟最新碳排放规定开始逐步实施，欧洲车企发力新能源汽车，动力电池需求猛增。中日韩地区动力电池企业角逐欧洲市场。动力电池企业的客户逐渐从对国内转向面向全球客户。

表11　海外动力电池厂商在华布局

企业	计划公布时间	地点	内容
LG化学	2018年7月	南京江宁	2020年建成年产32GWh电池的基地
三星SDI	2018年12月	西安	重启二期产能建设
SKI	2018年	常州金坛	建成年产7.5GWh动力电池的基地
松下	2018年	江苏无锡	建成年产30GWh的动力电池基地

资料来源：路透社、电池网、高工锂电等。

表12　动力电池企业全球化供应情况

车企	动力电池供应商
特斯拉	松下、LG、宁德时代
日产	AESC
雷诺	LG
宝马	宁德时代、三星SDI
戴姆勒	SKI、亿纬锂能、孚能科技
大众	SKI、LG、宁德时代、Northvolt
奥迪	LG、比亚迪

资料来源：特斯拉、Northvolt、比亚迪官网，电动邦、环球网、高工锂电等媒体报道，公司公告及其他公开资料。

三、技术进步将驱动动力电池产业再发展

（一）现有锂系电池路线基本较稳定

早期的动力电池是铅酸电池、镍镉电池、镍氢电池，其特点基本都是能量密度偏低、成本低，但污染严重。随着行业发展，锂离子动力电池以其优异的能量密度、充放电性能等多方面优势对上一代电池展开了替换。在锂离子电池技术路线内部，也经历了从钴酸锂到当前的三元（镍钴锰/镍钴铝）动力锂离子电池时代。

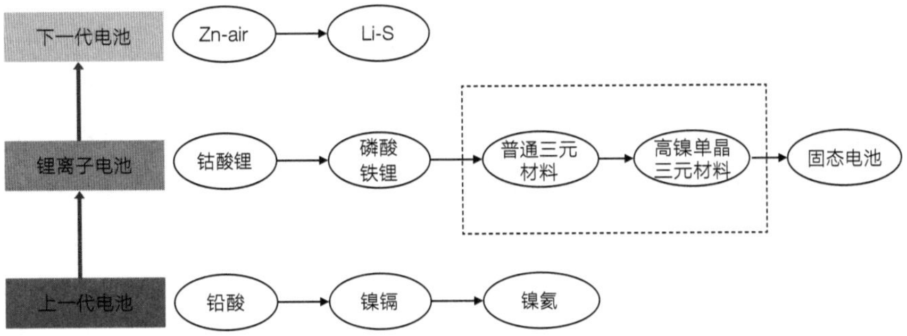

图20　动力电池技术路线示意

目前的锂系电池技术路线基本较为确定，锂离子电池有望长期在电池领域担任主导角色。

（二）锂系电池路线内的技术创新将推动产业进一步发展

当前处于动力电池产业技术进步关键时期，动力电池产业技术不断进步将改善新能源汽车的性能，推动新能源汽车性价比提升，使新能源汽车从“政策刺激需求”进入“供给创造需求”的新阶段，从而带动动力电池产业的二次腾飞。动力电池产业的技术进步从底层材料一直延续到动力电池端。

1．铜箔轻薄化发展。

根据厚度不同，铜箔可以分为极薄铜箔（≤6μm）、超薄铜箔（6~12μm）、薄铜箔（12~18μm）、常规铜箔（18~90μm）和厚铜箔（>70μm）。铜箔作为锂离子电池的负极载流体，其厚度、性能对电池的重量及能量密度有较大影响。目前，中国锂电铜箔以8μm为主，部分企业已经在推进6μm铜箔的量产和商业化应用。在控制其他因素（正负极材料、涂布厚度等）不变的情况下，1GWh的动力电池使用的铜箔的面积是一定的，8μm铜箔改用6μm铜箔将减轻负极载流体25%的重量，而换用4.5μm的铜箔则能减重负极载流体43.75%的重量，从而提升能量密度。

表13　铜箔轻薄化发展带来动力电池负极载流体质量减少

动力电池产量/GWh	1	
铜箔厚度/μm	8	
铜箔质量/吨	900	
铜质量密度/（g/cm^3）	8.9	
铜箔面积/m^2	12 640 449.4382	
换用减薄铜箔/μm	6	4.5
铜箔质量/吨	675.00	506.25
铜箔减重/%	−25.00	−43.75

资料来源：根据嘉元科技招股说明书测算。

2．三元高镍正极与富锂锰基正极材料不断发展。

为了实现动力电池更高的能量密度和新能源汽车更长的续航里程，具有更高能量密度的三元高镍正极（镍金属含量高的镍钴锰酸锂/镍钴铝酸锂）等正极材料受到关注。近年来，国内高镍三元正极材料的出货比例有所提升，NCM622、NCM811、NCA的销量合计占比已经从2016年的12%增长至2018年的23.07%，这在一定程度上促进了动力电池性能的提升。

富锂锰基是Li2MnO3和LiMO2（其中M指的镍、钴等金属元素）组成的混合物，具有较高能量密度。三元高镍材料和富锂锰基将分别实现200mAh/g、300mAh/g左右的比容量，带来动力电池在能量密度这一性能上的极大提升。

3．进一步提升能量密度的下一代硅碳负极材料逐渐商用。

硅碳负极技术储备逐渐成熟。当前产业化使用的负极材料无论是天然石墨还是人工石墨，其本质是碳元素，比容量上限为372mAh/g。而与碳的同族元素硅则拥有4 200mAh/g的比容量，同样可以发生锂离子的脱嵌反应，因而理论上可以被用做负极材料。但纯硅元素存在易团聚的缺陷，因此硅碳负极兼具了碳和硅的优点，被视为下一代负极材料。国内企业贝特瑞走在行业前列，其硅碳负极已经通过三星公司认证，率先达到产业化应用要求。硅碳负极的商业化应用为匹配下一代正极材料做好了准备。

4．隔膜材料涂覆材料创新提升动力电池安全性能。

隔膜领域的技术进步则主要发生在涂覆材料上。目前动力电池所用隔膜的基膜主要是PP（聚丙烯）和PE（聚乙烯）材料，涂布膜的涂布材料成为影响隔膜的关键。传统隔膜所用的PVDF（聚偏氟乙烯）、氧化铝等涂层正在被新的技术替代，具备成本低、硬度低、磁性异物含量低、吸水率低等优势的勃姆石材料正在加速氧化铝的涂覆材料的市场替代。同时，芳纶涂层有抗氧化、耐酸碱、阻燃等优点，破膜温度超过260℃，极大地提升了电池的安全性。新的隔膜涂层或将提升动力电池安全性能。

5．固态电池的商业应用处于不断探索之中。

动力电池自燃主要是电解液中可燃物燃烧所致，固态电池直接使用固态电解质，极大改善了动力电池的热稳定性能，固态电池产业化之路也在不断探索中。浙江锋锂新能源科技有限公司投资建设第一代固态锂电池研发中试产线。固态电池的应用将从根本上解决动力电池的安全问题。

我们认为，从底层材料到动力电池自身结构的改变将带来动力电池技术极大的进步和性能的改善，整个产业的共同努力将带动全产业链的向好发展。

建筑防水材料：
集中度加速提升

赵军胜　东兴证券建材行业分析师
韩　宇　东兴证券研究所建材组

产业描述：

建筑防水材料施工后形成防水层，保护建筑物免受水的渗透和湿气的侵蚀。建筑防水材料包括防水卷材和防水涂料等，下游需求主要集中在地产和基建，上游原材料主要是沥青等石化产品。

中国防水材料产业从20世纪80年代后进入快速发展期，目前产业内形成了以东方雨虹为龙头的“一强多优”的产业格局。中国防水材料产业规模在1 600多亿元，集中度仍比较低，CR10不到23%。

随着行业监管趋严和环保标准提升，以及下游地产集中度提高，防水材料产业集中度提高成为趋势，2017年是加速的拐点。

欧美发达国家的防水材料产业已经进入集中度较高的成熟阶段。由于欧美建筑业已经进入发展后期，防水材料需求以存量建筑防水为主，对防水材料的需求更多来自房屋修缮。同时，国外的优秀公司多在全球发展，企业的市场占有率都发展到很高水平，比中国的防水材料产业集中度高出很多。但国外防水材料厂商在中国市场水土不服的现象较为严重，目前国外品牌在国内市场占有率总和不到1%。

展望未来，从需求侧来看，新房建设和基建将支撑初次建设对防水材料的需求，所以阶段性看，2B模式将主导企业的阶段性发展壮大。而随着存量房时代到来和新建建筑进入发展后期，修缮和二次装修需求将成为主要需求方向，2C模式将成为产业中企业稳健和长期发展的方向。从供给侧来看，推动行业集中度提升的三重因素仍在，随着消费水平提升和国内防水标准的提高，集中度将继续提高，且与国际相比，国内产业龙头市场占有率的天花板仍高，中国的防水材料产业集中度进入加速提高阶段。

一、中国防水材料产业在20世纪80年代进入快速发展期

建筑防水材料属于建筑功能材料的一种，其在经过施工后可以在建筑物表面形成防水层，从而保护建筑物免受雨水、雪水、地下水渗透及空气中的湿气、蒸汽的侵蚀，并阻止水进一步向下渗漏。

表1 建筑防水材料的主要产品类型

产品类型	产品名称	主要种类	耐候性	耐腐蚀性	延伸率	使用情况	应用部位
防水卷材	传统沥青基防水卷材	沥青油纸和沥青油毡	较差	较差	较低	淘汰品种	多用于屋面及地下室工程
	改性沥青防水卷材	SBS/APP改性沥青防水卷材	较好	较好	较高	推广使用	
	高分子防水卷材	橡胶高分子防水卷材、塑料高分子防水卷材	较好	较好	较高	推广使用	
防水涂料	高分子防水涂料	聚氨酯防水涂料为主	较好	较好	较高	推广使用	多用于建筑室内厕浴间及外墙的防水、防渗和防潮工程

资料来源：中国建筑防水协会、百度百科、科顺股份招股书。

最初的建筑防水材料为起源于欧洲的沥青油毡，这种材料20世纪40年代开始在我国应用。1947年，第一家防水材料厂——上海万利油毛毡厂成立，主要生产防水浆。中华人民共和国成立后，使用石油、沥青、纸胎、油毡作为主要的防水材料。改革开放以后，改性沥青防水卷材、高分子防水卷材及防水涂料等新型建筑防水材料被引进国内，中国的防水材料产业开始快速发展。

目前，我国建筑防水材料的产品结构以包括SBS/APP改性沥青防水卷材、合成高分子防水卷材、防水涂料及自黏聚合物改性沥青防水卷材在内的4种新型建筑防水材料为主，2019年普通改性沥青卷材占比为34.16%，高分子卷材占比为12.10%，防水涂料占比为28.09%，自黏聚合物改性沥青防水卷材占比为17.50%，合计占比达91.85%。其中，防水卷材仍是防水材料主要类型，占比为63.76%，而从所用原材料的种类来看，沥青类防水材料是使用的主流，占比为51.66%。

建筑防水材料下游应用在地产和基建。住宅等地产需求约占75%，水利、桥梁等基建需求约占25%。使用区域上，屋面和地下室占68%，厨卫阳台占10%；此外，还用于路面、桥面等。

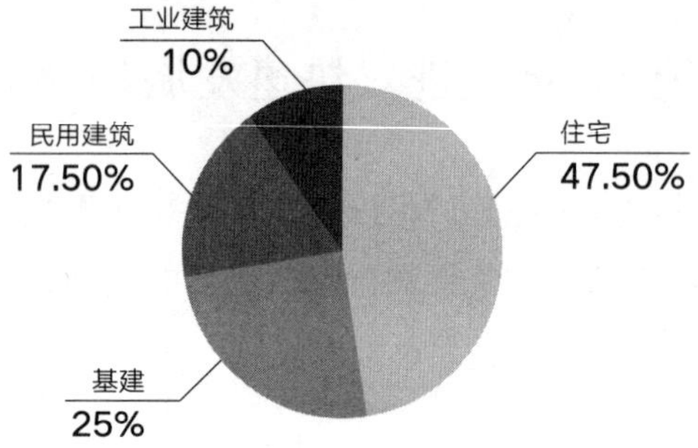

图1 建筑防水材料下游应用情况

（资料来源：中国产业信息网）

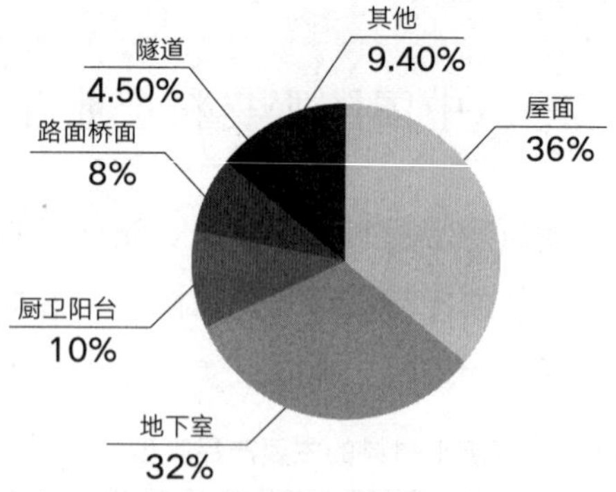

图2 建筑防水材料应用部位情况

（资料来源：中国产业信息网）

二、千亿元大产业集中度仍低，产业链地位在提升

（一）产业规模大集中度低，形成“一强多优”格局

防水材料产业国内市场规模巨大。2019年规模以上防水企业（主营业务收入在2 000万元以上）主营业务收入规模为990.43亿元，假设规模以上企业收入占到全行业总收入的60%~65%，则建筑防水材料的市场规模为1 524亿~1 651亿元。

中国防水材料产业已形成“一强多优”的产业格局。“一强”为行业龙头东方雨虹，“多优”为行业领跑企业科顺股份、凯伦股份、北新建材（收购3家区域龙头防水企业）、宏源防水、潍坊宇虹、深圳卓宝等。

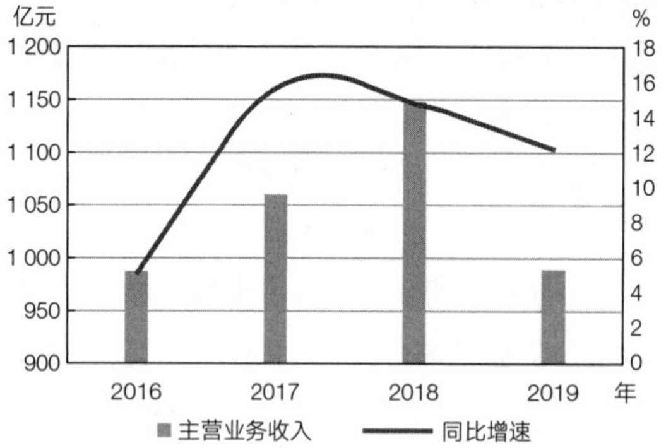

图3 建筑防水材料规模以上企业主营业务收入及同比增速

（资料来源：中国建筑防水协会）

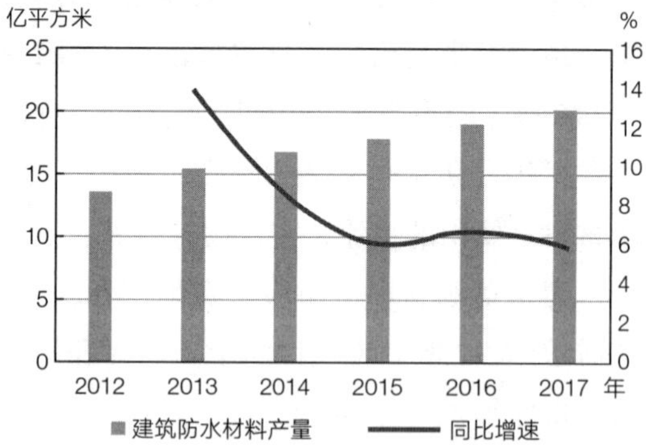

图4 建筑防水材料历年产量及同比增速

（资料来源：前瞻产业研究）

防水材料行业的集中度仍较低，CR10不到23%。行业内目前有3 000余家生产企业，非标产品占到行业总产量的80%左右。其中，规模以上防水材料生产企业仅有653家。在

2019年9月防水卷材生产许可证没有取消前，有证的占比不到一半，而更小的工厂和作坊数量占比达到一半以上。

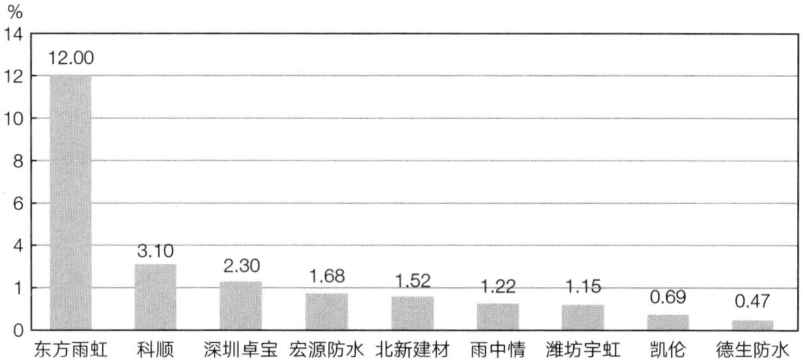

图5 建筑防水材料生产企业市场占有率排名

（资料来源：中国建筑防水协会、各公司官网或财报）

（二）中国防水材料产业链地位逐步提升

防水材料产业上游是石油化工，下游是建筑工程。从发展历程看，防水材料产业面对下游地产和建筑商规模和体量大，而行业以民营小企业为主，产业链地位相对弱势，但是随着行业中优秀企业的不断发展壮大，地位得到逐步改善。

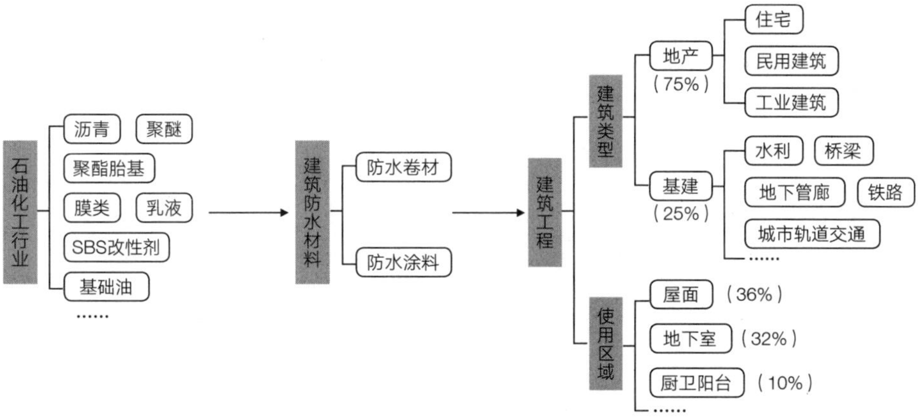

图6 建筑防水材料所在产业链位置

防水材料的原材料为沥青等石油化工产品，上游的化工原材料在防水材料成本中占比超80%，其价格波动基本与石油价格同步，其中沥青价格与国际原油价格相关度很高。

防水材料下游客户比较容易追踪到其成本端的变化，因而其毛利水平较容易受到上游原材料价格变化的影响。近年来，伴随着行业集中度的提升，优秀防水材料企业在产业链中的话语权进一步提升，体现在面对下游地产商和基建项目商的议价能力越来越强，能够将原材料价格的变动进行向下传导。

图7 国际原油与国内沥青价格走势

（资料来源：Wind）

三、产业集中度提升成为趋势，2017年是加速的拐点

东方雨虹、科顺股份、凯伦股份这三家公司营收总额占规模以上防水企业营收总额的比例在2017年提升了3.17个百分点，并且在2018年和2019年前三个季度呈现继续加快之势。2019年第三季度末，三家营收总额占规模以上企业营收总额的26.10%。利润总额占比达53.17%。行业集中度加速提升的背后是三大驱动力：行业监管趋严、环保标准提高和下游地产集中度快速提高。

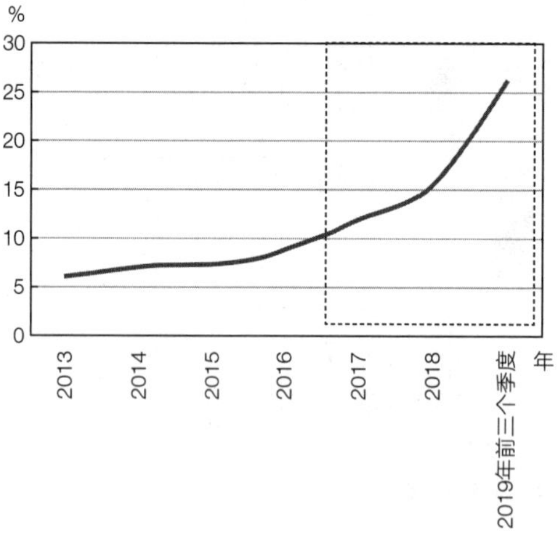

图8 三家上市公司占规模以上防水企业营收总额之比

（资料来源：Wind、中国建筑防水协会）

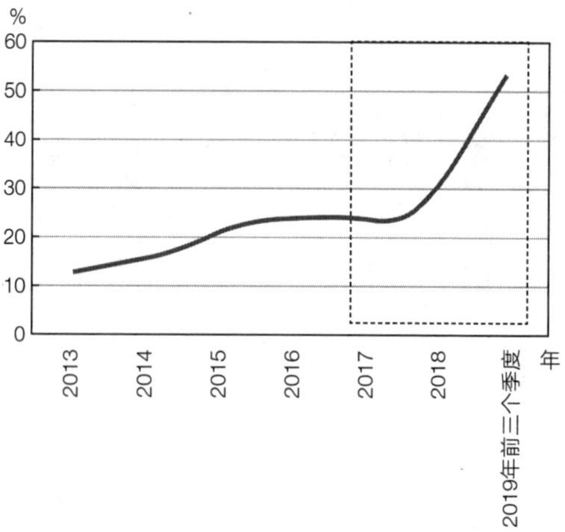

图9 三家上市公司占规模以上防水企业利润总额之比

（资料来源：Wind、中国建筑防水协会）

（一）行业监管和环保趋严，淘汰非标产品和落后产能

质量监督加强打击非标产品，政策推动淘汰行业落后产能，环保成本上升致使中小企业承压。国家层面不断开展质量监督抽查，打击非标产品；持续出台文件明确淘汰低端落后产能。防水材料行业属于重污染行业，近年来，国家对大气污染的整治力度非常大，环保督察和“回头看”力度不减，对行业内小企业形成了持续的淘汰压力。

表2　2016年以来国家层面针对建筑防水材料行业展开的质量监督抽查行动

时间	抽查行动名称	抽查内容详情	产品合格率/%
2016 年4~6月	2016年第2批防水涂料产品质量国家监督抽查	9个省、39家企业的39批次产品，抽查企业占比为4%	74.40
2016年12月	2016年第4批建筑防水卷材产品质量国家监督抽查	17个省、180家企业、180批次产品	93.33
2017年8月	2017年第2批防水涂料产品质量国家监督抽查	12个省、40家企业、40批次产品	95.00
2017年12月	2017年第3批建筑防水卷材产品质量国家监督抽查	19个省、126家企业、126批次产品	89.68
2017年	2017年建筑防水产品质量提升专项行动方案	10个省，102家企业	90.90
2018年	建筑防水卷材产品质量国家监督抽查	26个省、124家企业、124批次产品	89.52
2019年	2019年童鞋等51种产品质量国家监督抽查	22个省、178家企业、180批次产品	86.10

资料来源：国家市场管理监督总局。

表3　2010年以来国家层面针对淘汰建筑防水材料行业落后产能的文件政策

发布时间	文件或政策名称	内容要求
2013年1月15日	《建筑防水卷材行业准入条件》	明确了建筑防水卷材新建生产规模、工艺与装备要求，同时对生产线能源消耗、环境保护、产品质量等都提出明确要求
2013年12月31日	《沥青基防水卷材单位产品能源消耗限额》	将现有有胎沥青基防水卷材能耗限定值提高到220kgce/km²，有胎沥青及防水卷材能耗先进值提高到180kgce/km²
2016年9月28日	《建材工业发展规划（2016—2020年）》	推广使用长寿命、低渗漏、免维护的高分子防水卷材、防水密封胶
2016年9月30日	《建筑防水卷材产品生产许可证实施细则》	规定发证产品及标准、企业申请生产许可证的基本条件、生产设备及工艺要求等，提高行业发展规范化程度
2019年10月30日	产业结构调整指导目录（2019年本）	淘汰落后生产工艺装备

（二）下游集中度提升推动产业集中度提升

地产行业集中度不断提升。2017—2019年的3年间，前100大房地产企业销售面积和销售金额占比分别大幅提高了11.49个和7.96个百分点。下游地产集中度提升对防水材料的品牌、产品品质及综合生产服务能力提出更高的要求，压缩了小企业的生存空间。

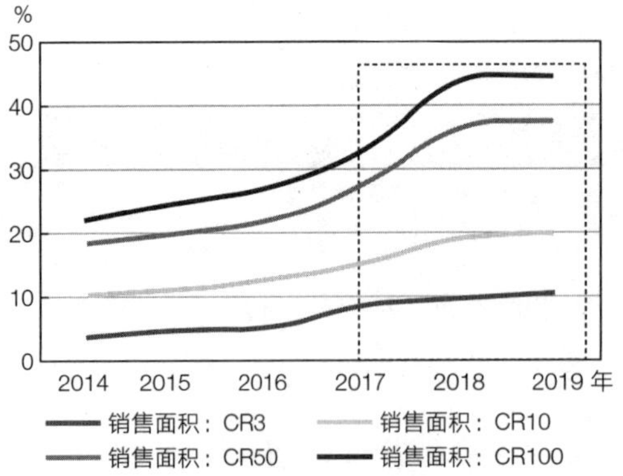

图10　头部房企销售面积占比迅速提升

（资料来源：Wind）

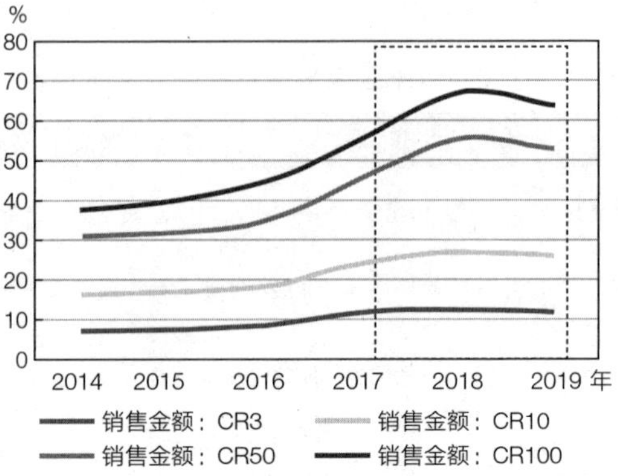

图11　头部房企销售金额占比迅速提升

（资料来源：Wind）

地产500强企业对于产品品牌的选择也越来越集中。从中国房地产开发企业500强首选防水材料5强榜单历年的变化情况来看，东方雨虹等优秀企业2012—2019年始终稳定在榜单前列。

表4　中国房地产500强企业首选防水材料供应商五大品牌

2012年		2013年		2014年		2015年		2016年		2017年		2018年		2019年	
品牌名称	首选率	品牌名称	首选率	品牌名称	首选率	品牌名称	首选率	品牌名称	首选率	品牌名称	首选率	品牌名称	首选率	品牌名称	首选率
东方雨虹	25%	东方雨虹	26%	东方雨虹	27%	东方雨虹	29%	东方雨虹	30%	东方雨虹	32%	东方雨虹	25%	东方雨虹	36%
卓宝	20%	科顺	11%	科顺	10%	科顺	14%	科顺	15%	科顺	20%	科顺	19%	科顺	20%
科顺	7%	卓宝	10%	卓宝	9%	宏源	10%	宏源	14%	宏源	14%	宏源	19%	宏源	8%
宏源	7%	禹王	8%	宏源	7%	卓宝	9%	卓宝	9%	卓宝	11%	蓝盾	9%	蓝盾	8%
宇虹	4%	德生	8%	德生	6%	德生	6%	蓝盾	5%	蓝盾	5%	卓宝	9%	卓宝	8%

资料来源：中国房地产业协会、中国房地产测评中心。

优秀企业在渠道、全国布局、品牌和服务四个方面存在对接地产需求的较大优势。地产集中度提升使直销渠道成为获取订单的关键。布局全国的公司对接全国房地产企业项目可以享受规模和运费减少带来的成本优势。大型房地产企业试错成本较高，会选择具备更强品牌力的公司。施工和服务对防水工程质量影响大，施工和售后服务更好的企业易受青睐。

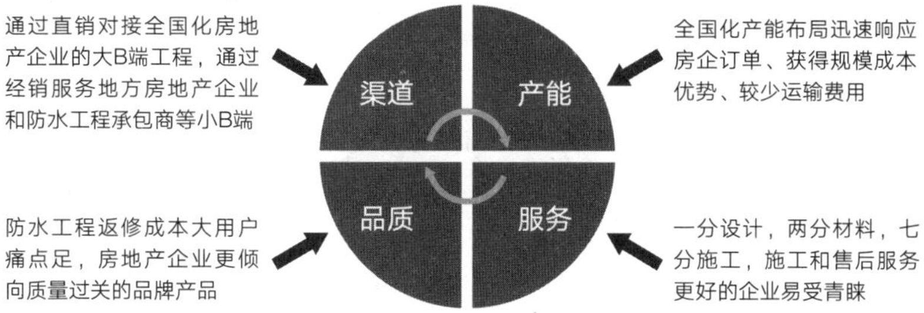

图12 防水材料企业把握当前产业趋势的四大竞争要素

（三）优秀公司快速崛起，带动集中度提升

行业龙头东方雨虹综合优势明显。按照四大竞争要素框架进行分析，东方雨虹总体优势明显。从渠道上来看，东方雨虹直销占比达70%，为上市公司中最高，对地产直销渠道的重视助力公司把握下游地产B端集采放量的市场机会。

表5 2016年至2019年前三个季度东方雨虹直销与渠道销售情况 单位：%

	2016年	2017年	2018年	2019年前三个季度
直销比例	64.56	63.63	64.76	70
渠道销售比例	35.44	36.37	35.24	30

资料来源：东方雨虹债券跟踪评级报告。

从产品上来看，公司拥有最为丰富的产品类别，并且长期坚持高研发投入，研发投入在营收中的占比长期保持在4%以上，为上市公司中最高。

从产能上看，目前公司是行业中唯一完成全国化布局的防水企业，有28个生产基地，产能布局合理，辐射全国各地，能够以更低的物流和仓储成本、更快的响应速度为全国各地的客户提供服务。公司产能利用率历年来处于行业领先地位，产销率保持在高位，在产品生产上更具备规模成本优势。

从服务上看，公司拥有专业的建筑防水施工团队，并且设有建筑修缮子公司，工程施工收入占总收入的13%，为行业最高，可以更好地服务地产客户。

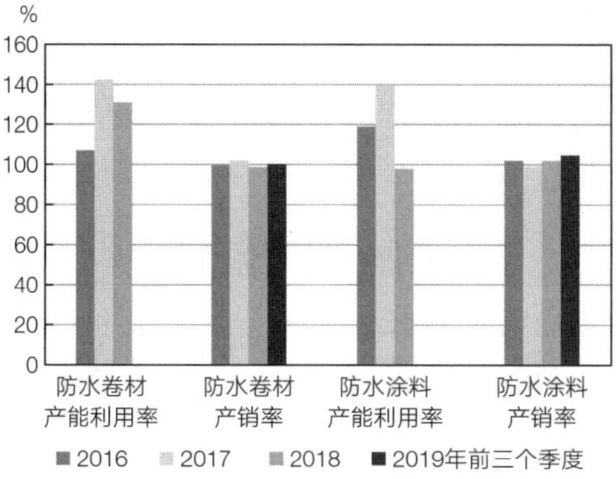

图13 东方雨虹防水材料产销率和产能利用率

（资料来源：东方雨虹跟踪评级报告）

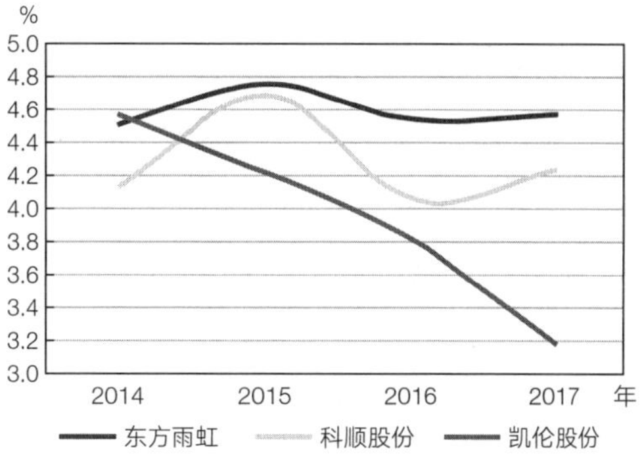

图14 三大行业龙头研发支出占营收比例

（资料来源：Wind）

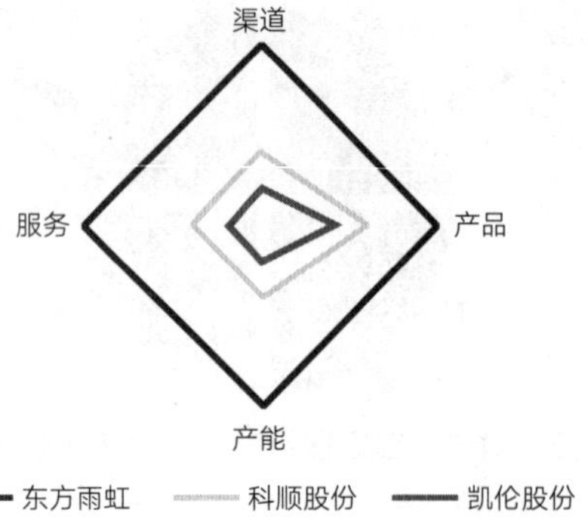

图15 防水材料上市企业四维度竞争雷达图

四、国外防水材料需求以建筑修缮为主，龙头公司市场占有率水平很高

（一）欧美防水需求以修缮类为主，高分子卷材发展快

欧洲平屋面使用沥青类防水卷材的为2.5亿平方米，占比为71.43%，使用高分子类防水卷材的有0.85亿平方米，占比24.29%。高分子防水卷材在欧洲呈现出较快的发展态势。美国沥青瓦占据70%左右的坡屋面市场。而平屋面以改性沥青卷材和单层高分子卷材为主，随着橡胶和塑料技术的发展，且高分子卷材相较沥青类卷材更为环保、安全和节能，单层高分子卷材迅速成为美国主要的单层屋面防水材料，2015年高分子卷材占防水材料总产量之比为15.83%。

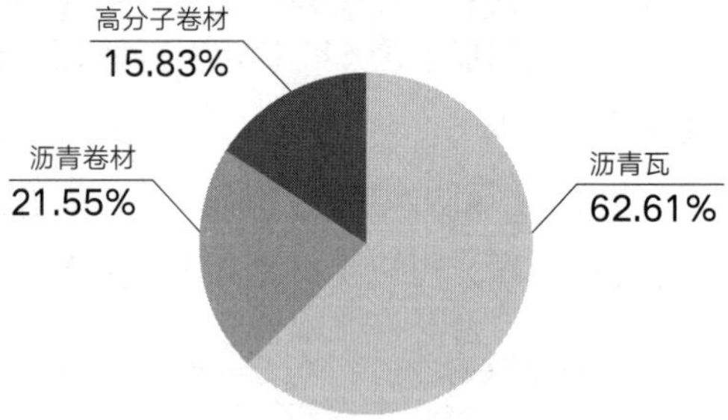

图16 2015年美国防水材料产量结构

（资料来源：中国建筑防水2016（11））

欧美防水材料的下游需求基本以建筑修缮为主。因为欧洲的建筑业发展已经到后期，存在更多的存量建筑的修缮需求。美国新建屋面防水需求约为25%，改造比例高达75%，对防水材料的需求主要以修缮类为主。同时，欧美防水材料发展历史长，产业发展进入成熟后期，集中度水平较高，也在全球布局。

全球主要防水材料企业市场占有率水平高。奥地利碧谢霍夫曼在2002年占奥地利85%的市场份额。索普瑞玛在北美改性沥青防水卷材市场占比达40%。美国GAF公司在美国的市场占有率达25%。这些企业比中国防水材料产业的龙头公司的市场占有率水平要高出一大截。

表6　欧美主要防水材料生产商集中度和竞争优势比较

公司名称	营收规模及市场占有率	业务覆盖范围
奥地利碧谢霍夫曼（Btisscher&Hoffmann）公司	8.19亿欧元（2014年）；防水卷材年产量为5亿平方米，占有奥地利85%的市场份额（2002年）	在世界各地拥有26个分支机构（2014年）
瑞士西卡（Sika）	销售收入为81亿瑞士法郎（包括工业系统在内），在全球建筑化学品领域拥有9%的市场占有率（2019年）	在100个国家有分支机构，在全球有超过300余家工厂
索普瑞玛（soprema）	30亿欧元（2019年），占北美改性沥青防水卷材市场的40%	在全球90多个国家和地区拥有50多个制造工厂
GAF	超过32亿美元，美国市场占有率为25%	美国23个工厂，欧洲36个工厂，2015年收购欧洲最大防水公司Icopal集团，成为世界最大防水和屋面系统供应商

资料来源：①羡永彪．防水技术考察团访欧成果分享［J］．中国建筑防水，2016（5）。②各公司网站、瑞士西卡2019年度报告、中国建筑防水协会。

（二）国外品牌在国内市场水土不服，市场占有率总和不到1%

国内防水材料厂商的先发优势和产品高性价比形成“护城河”。防水材料技术壁垒较低，容易模仿学习，国内企业对下游需求的反应速度更快，且提供的施工服务更有针对性，在与国外产品的竞争中获取了先发优势。近年来，国内建筑防水标准要求不断提高，但国内优秀防水企业也已经成长起来，国内防水材料的高性价比更符合国内市场需求。目前，国外品牌在国内市场占有率总和不到1%，一些国外的大牌公司在中国一直难以做大，甚至被迫退出中国市场。

表7　国外防水龙头公司在中国市场明显水土不服

公司名称	进入时间	进入方式	发展策略	发展现状
卡莱集团公司（CSL）	2000年7月	与北京奥克兰建筑防水材料有限公司（前身是北京油毡厂）合资设立北京卡莱尔防水材料有限公司，由卡莱尔控股	以“卖系统，不只卖材料”为理念，主推三元乙丙防水卷材和环保型聚氨酯涂料	2006年退出中国市场
瑞士西卡（Sika）	2005年	合并渗耐公司，组建西卡渗耐防水系统（上海）有限公司	主要推行PVC卷材系统	销售收入在1亿元以上
基仕伯（GCP APPLIED TECHNOLOGIES）	2014年	2010年收购武汉美利信新型建材公司，2014年鄂州工厂投产	主要推行自黏卷材	2016年销售收入2 400万美元

资料来源：大隐于水公众号。

国内企业大幅向国外拓展仍需时间。中国的产品由于在国外的品牌度低，品质优势也不明显，加上产品运输的成本等各种制约因素，所以难以形成自己的竞争优势。同时，国内市场空间巨大，向国外市场拓展必要性较小，中国巨大的需求空间仍是国内企业主要拓展的方向。

五、需求结构改变带来模式新变化，供给端集中度提升加速

（一）新建需求保证阶段性2B模式发展，存量房时代2C模式是长远方向

1. 国内新房建设和基建仍有较大空间，阶段性保证B模式优势。

新房建设需求仍有增长空间。中国城镇化率仍有提升空间，城市圈建设带来增量需求。我国防水材料需求目前主要来自新房市场，横向对比来看我国城镇化率有较大提升空间，新房市场将仍会保持增长势头，对防水材料的需求在5~10年将会保持稳定。

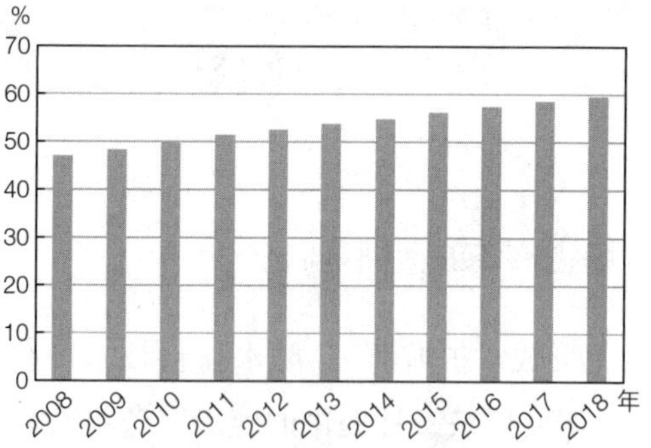

图17　我国城镇化率

（资料来源：Statista）

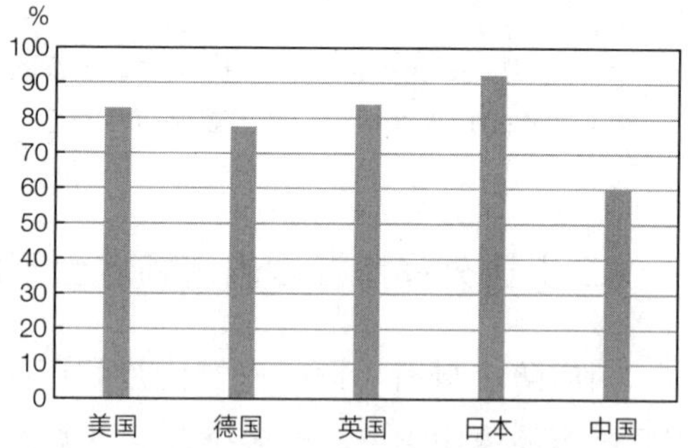

图18　各国城镇化率比较

（资料来源：Statista）

中国基础设施建设空间仍很大。我国目前基础设施建设水平大约相当于发达国家的30%。美国和中国国土面积相差不多，但是我国的铁路里程、公路里程、机场数量及城市轨道交通长度分别为美国的58.22%、72.97%、4.58%及27.50%，与美国有较大差距，建设空间仍然很大。与此同时，我国国内西部与东部的基础设施建设水平仍有较大差距，补短板需求较大。

海绵城市和地下管廊建设带来新需求。根据国务院的指导意见，2020年和2030年海绵城市面积在城市建成区要分别达到20%和80%以上。地下管廊建设也是国家新的基础设施建设的方向。

中国建筑市场的增量需求保证阶段性2B模式的占优。随着地产和建筑等下游集中度提升，2B模式对于企业来讲是阶段性加快发展的重要发展路径模式，像东方雨虹依赖2B模式快速提升规模效应，从2015年不到2亿元的规模经过15年的发展到近200亿元的规

模，较第2名科顺股份40多亿元的规模遥遥领先，龙头地位稳固，规模优势突出。

2. 存量房时代来临改变需求结构，2C新模式保证长期稳健发展。

从1999年到2019年末，我国已累计销售商品房187.71万亿平方米。按照住房翻新周期为10~15年计算，2010年二次装修市场需求开始释放，2014—2018年我国住宅二级装修产值由3 900亿元增长到6 900亿元，CAGR高达12.08%，目前二次装修住宅市场在家装市场中的占比已达33.8%。随着存量住宅装修耐用年限的逐渐到来和二手房市场的持续发展，大量住房的二次装修需求将会逐步释放，巨大的旧房翻新装修需求将会直接拉动防水材料的需求。

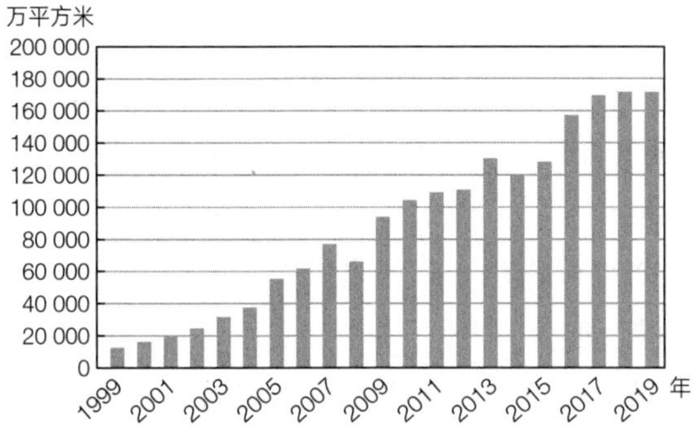

图19 1999年以来我国商品房年度销售面积

（资料来源：Wind）

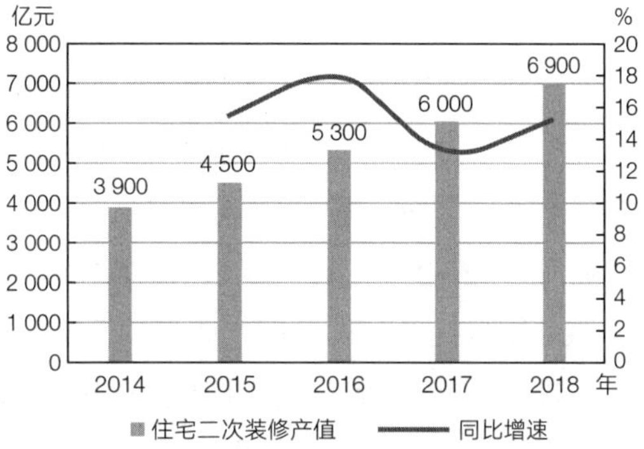

图20 住宅二次装修产值及同比增速变化情况

（资料来源：中国建筑装饰协会）

房屋渗漏问题严重，防水修缮市场空间大。我国的建筑渗漏问题较为严重，渗漏比例较高。发达国家建筑防水成本可以占到总成本的8%~10%，而我国仅在3%左右，防水工程的维修成本为初次施工的2~8倍，较为严重的建筑渗漏问题或将导致我国建筑物防水修缮的市场需求大于发达国家。

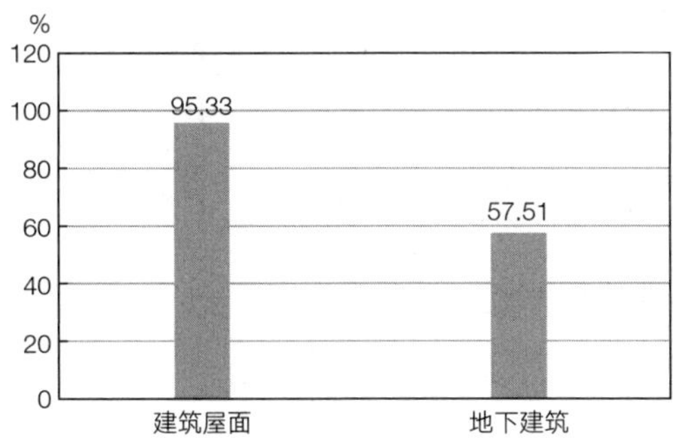

图21 我国建筑屋面和地下建筑的渗漏比例较高

（资料来源：中国建筑防水协会、零点调查）

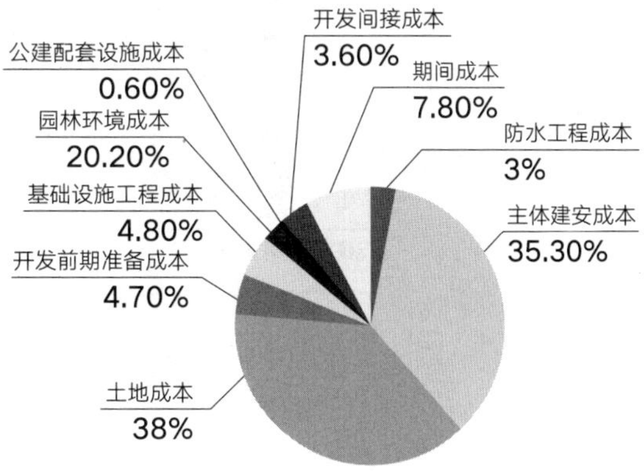

图22 防水工程成本在我国建筑工程总成本中仅为3%

（资料来源：中国产业信息网）

存量房时代2C模式将成为未来防水材料行业长期稳健发展的保证。参考发达国家对防水材料的需求结构，进入存量房时代后，二次装修和修缮需求或将占到我国防水材料需求的80%左右，在存量房需求占比提升的过程中，更适用于室内防水处理的防水涂料或将迎来更加快速的发展，而由于高分子卷材具有环保和施工安全等优秀性能，也将受益于居民消费升级而得到更多应用。与此同时，沥青类卷材具有成本低、性价比高等特点，仍将在产品结构中占据稳定比例。存量房的修缮将使行业的发展从原来的2B模式向2C模式转换，2C模式将成为未来企业稳健发展的新模式。

（二）国内产业集中度提升空间大，集中度提升加速中

展望未来，随着国内人均收入水平的提升，我国居民对建筑物的品质要求也走在“消费升级”的路上，同时随着中国对于防水标准的提升，品牌和优质产品将获得越来越多的青睐。目前，推动建筑防水材料产业集中度提升的行业监管趋严、环保标准提升及下游地产集中度提升这三大因素受益于此，也将继续作用于产业供给端，推动企业产品和服务质量提升，进而使产业集中度提升趋势得到延续。

国际比较来看，碧谢霍夫曼在奥地利的市场占有率为85%，对本国市场几乎形成垄断，而GAF在美国的市场占有率也高达25%，并在收购欧洲最大防水公司Icopal集团后成为世界最大防水和屋面系统供应商。目前，国内建筑防水材料产业龙头东方雨虹的市场占有率仅为12%左右，行业CR10也达不到23%，国内产业集中度天花板仍高，集中度提升仍在路上。

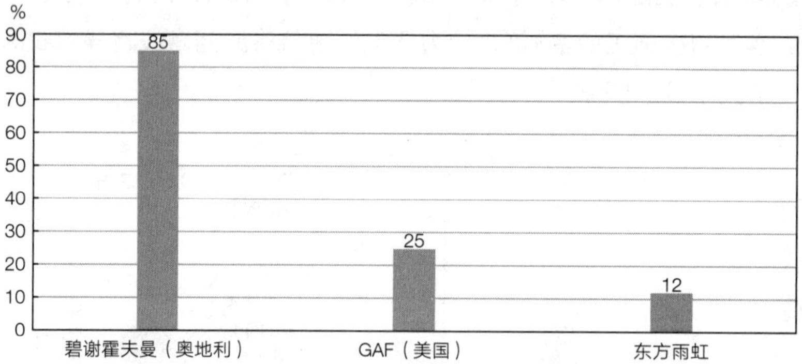

图23 东方雨虹与国外产业龙头在本国市场占有率对比

（资料来源：中国建筑防水协会、各公司官网）

六、风险提示

房地产市场需求和基建投资增速下滑带来行业需求阶段性的波动。

种子产业：

农业芯片，技术为王

程诗月　东兴证券农林牧渔行业分析师

产业描述：

种子产业是指以市场为导向，以科技为基础，品种选育、种子生产、种子品种技术推广、种子营销各环节有机联系，互相促进的产业系统工程。种子产业化包括规模化生产、企业化管理、集约化经营、社会化服务等。产业内主体以效益为中心，企业带动，科研合作，农户参与，形成利益共同体，共同促进分享产业链利润。

一、七十载发展，种业步入深化改革新阶段

（一）种业市场化改革逐步深化，发展环境不断优化

国以农为本，农以种为先，种子作为农业生产的起点，对于保障我国农业可持续发展具有重大意义。自中华人民共和国成立以来，我国种业历经四个阶段，随着2000年《种子法》颁布并实施，种子产业发展步入新阶段，市场化进程开启，种业现代化建设加速。

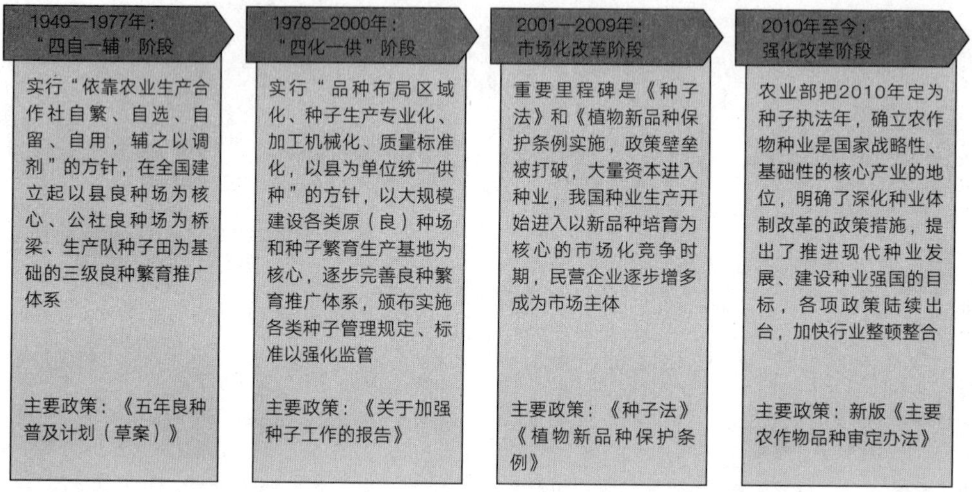
1949—1977年：
“四自一辅”阶段
实行“依靠农业生产合作社自繁、自选、自留、自用，辅之以调剂”的方针，在全国建立起以县良种场为核心、公社良种场为桥梁、生产队种子田为基础的三级良种繁育推广体系
主要政策：《五年良种普及计划（草案）》
1978—2000年：
“四化一供”阶段
实行“品种布局区域化、种子生产专业化、加工机械化、质量标准化，以县为单位统一供种”的方针，以大规模建设各类原（良）种场和种子繁育生产基地为核心，逐步完善良种繁育推广体系，颁布实施各类种子管理规定、标准以强化监管
主要政策：《关于加强种子工作的报告》
2001—2009年：
市场化改革阶段
重要里程碑是《种子法》和《植物新品种保护条例实施，政策壁垒被打破，大量资本进入种业，我国种业生产开始进入以新品种培育为核心的市场化竞争时期，民营企业逐步增多成为市场主体
主要政策：《种子法》《植物新品种保护条例》
2010年至今：
强化改革阶段
农业部把2010年定为种子执法年，确立农作物种业是国家战略性、基础性的核心产业的地位，明确了深化种业体制改革的政策措施，提出了推进现代种业发展、建设种业强国的目标，各项政策陆续出台，加快行业整顿整合
主要政策：新版《主要农作物品种审定办法》

资料来源：中国产业信息网。

图1　中国种业历史发展阶段

（二）政策红利激发创新活力，推动种业持续扩张

随着《关于加快推进现代农作物种业发展的意见》《全国现代农作物种业发展规划（2012—2020）》等政策相继出台，我国种业开启新篇章，育繁推一体化企业迎来快速发展。我国商品种子终端市场规模自2011年起稳步增长，稳步迈上1 200亿元大关。

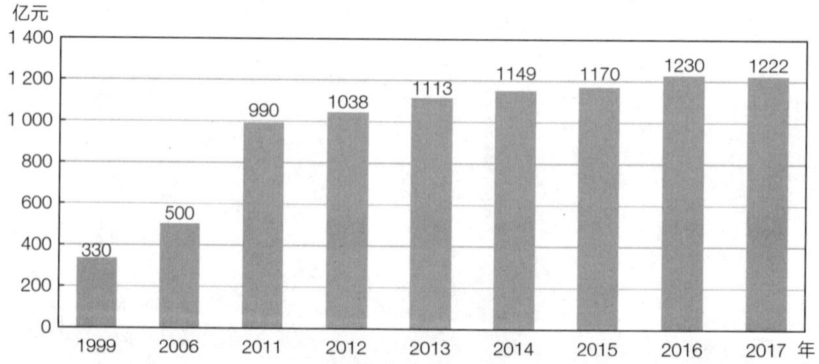

图2　中国种业市场规模

（资料来源：中国产业信息网）

拓宽审定实验渠道，国审品种数量井喷。2014年新版《主要农作物品种审定办法》实施，对符合要求的育繁推一体化企业开放“品种审定绿色通道”。2016年依据新《种子法》对该办法进行了修订，明确具备实验能力的企业联合体、科企联合体和科研单位联合体等可组织开展自由品种试验，再次拓宽了品种审定试验渠道，带动品种数量激增，新品种的出现为产业持续注入活力。2019年664个玉米品种和372个水稻品种通过国审，同比增长28.7%和38.3%。

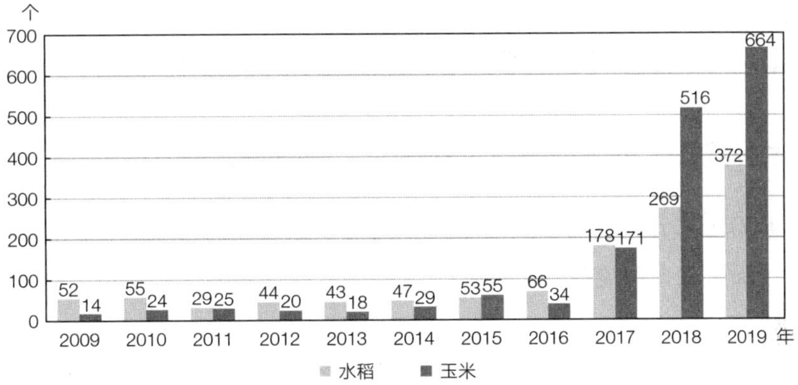

图3 国审通过品种数量大幅增加

（资料来源：农业部种业管理司）

政策利好消息不断，推进现代种业发展。我国自2015年来深入推进农业供给侧结构性改革，作为农业生产的芯片，种业改革是重点方向，自国家取消玉米等农作物临时收储政策及全面下调小麦、稻谷最低收购价水平，种业市场化改革迈出实质性步伐。

表1 政策导向聚焦产业市场化改革和提质增效两个领域

时间	事件	影响
2018.01	《中共中央国务院关于实施乡村振兴战略的意见》颁布	属于纲领性文件
2018.01	《2018年种植业种植要点》发布	强调结构调整、提质增效
2018.02	2018年稻谷最低收购价格公布	主粮市场改革持续推进
2018.04	习近平考察国家南繁科研育种基地	明确了种业的重要战略地位，行业提质增效的抓手为品种
2018.05	《乡村振兴攻略规划（2018—2022年）》和《关于打赢脱贫攻坚战三年行动的指导意见》审议通过	农业发展阶段性目标方向划定
2018.07	财政部、农业农村部、银保监会日前联合下发《关于将三大粮食作物制种纳入中央财政农业保险保险费补贴目录有关事项的通知》	将水稻、玉米、小麦三大粮食作物制种纳入中央财政农业保险保险费补贴目录，从风险保障层面扶持制种产业
2018.11	国家公布2019年小麦最低收购价	粮食市场化改革持续推进，“价补分离”有望让粮价逐步走向市场化
2019.02	2019年中央一号文件	农业、农村优先发展，加快种业核心技术研发，提高我国种业的全球竞争力
2019.09	三省一市签订《长三角地区种业一体化战略合作框架协议》	推进品种创新与协作攻关，推进品种管理数据共享，改善种业发展环境

续表

时间	事件	影响
2020.01	转基因玉米、大豆获农业转基因生物安全证书	为种业创新发展提供新动能，有望加速种业升级和集中
2020.02	2020年中央一号文件	培育一批农业战略科技创新力量，推动种业自主创新
2020.02	《2020年种植业工作要点》发布	在工作目标上突出“守底线、优结构、提质量”
2020.03	《2020年种业市场监管工作方案》	强调严查非法转基因种子，加强植物新品种权保护

资料来源：中国产业信息网、Wind、农业农村部。

二、市场格局分散，龙头企业初具国际竞争力

（一）世界第二大种子市场，龙头企业初具国际竞争力

我国是世界第二大种子市场，市场规模仅次于美国。经过几十年的发展历程，我国种业已经步入深化改革的现代化发展阶段，然而行业整体发展相比成熟市场还有一定差距。

以美国市场为例，和我国相似，随着美国植物专利法（1930年）、联邦种子法（1939年）等法律的颁布，美国种业进入市场化商业化阶段，研发育种主体由科研机构逐步过渡到企业。随后大量兼并收购在国内国际市场陆续开展，跨国集团逐步由种子的生产销售商升级为整合农化、农资的综合服务提供商。

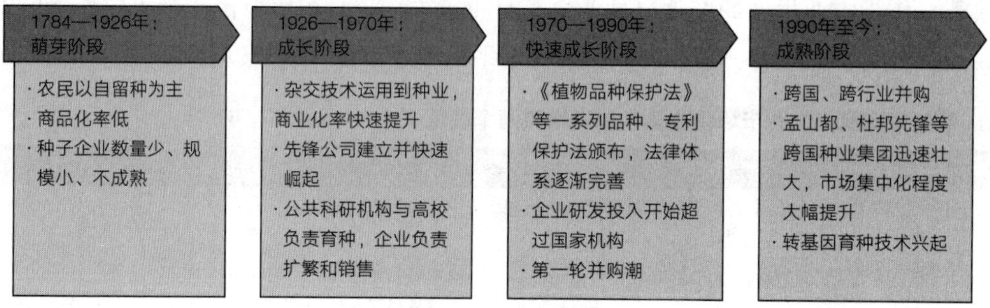

图4 美国种业历史发展阶段

（资料来源：中国产业信息网）

图5 孟山都的业务构成

（资料来源：孟山都2017年年报）

我国近年来新品种选育推广持续推进，良种在农业科技贡献率中的比重达45%。不过相比成熟市场，我国种业对种植增产的贡献率还有进一步提升的空间，美国等发达市场良种贡献率能够达60%以上。这种现状也造成了我国种子价格相对较低，以玉米为例，2018年我国玉米种植费用中种子费用占比为5.33%，而美国同期种子费用占比达14.21%。从经济效益角度，我国商品种子的平均毛利率偏低，粮食作物种子平均毛利率在10%~30%，部分龙头企业能够达到30%~40%，可以媲美世界寡头。

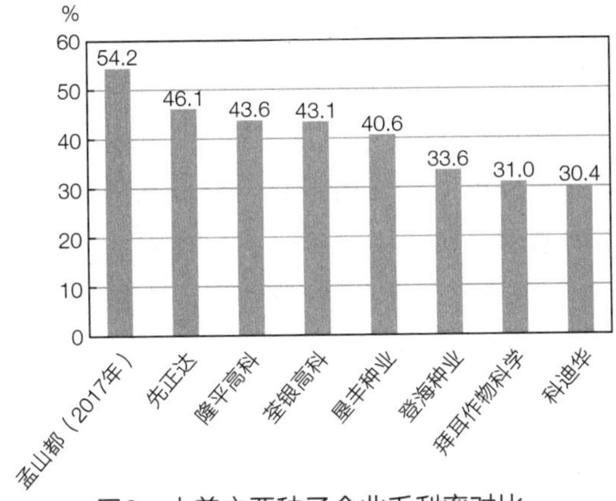

图6 中美主要种子企业毛利率对比

（资料来源：Wind）

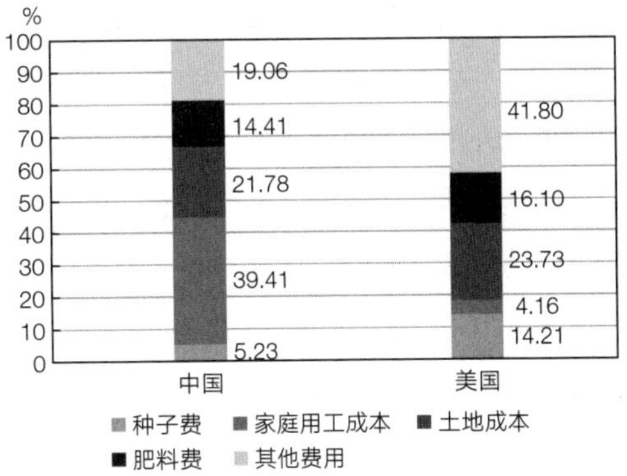

图7 2018年中美两国玉米种植费用构成

（资料来源：Wind、USDA）

我国进入种业市场化阶段接近十年的时间，企业正逐步成为研发育种的主体，市场化的机制培育出了包括隆平高科、登海种业在内的一批育繁推一体化的龙头企业。这些企业通过积极投入研发，自主创新，拥有了自主知识产权，具备了在国内市场独具竞争力的种子产品。

（二）品种结构多元，三大粮食作物占据半壁江山

2019年我国种子市场规模约为1 230亿元，玉米种子作为我国第一大粮食品种，市值最高，占比为23%；其次是水稻种子，占比为15%（其中杂交稻占比为11%，常规稻占比为4%）；小麦种子占比为13%，三大粮食作物种子合计占比超50%。

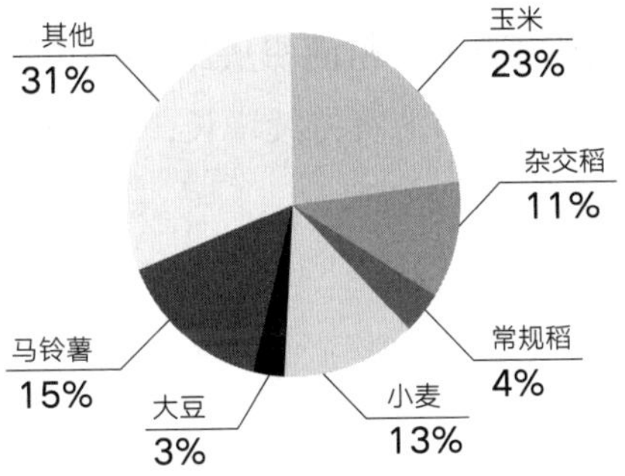

图8 2019年种子市场结构

（资料来源：中国产业信息网）

玉米种子市场回暖，供需结构有所改善。2019年玉米种子市场规模约279亿元，其商品化率已经接近100%。从品种看，"郑单958""先玉335"两个经典品种依然"宝刀不老"，"京科968"则作为"中生代"代表后程发力。目前，我国规模较大的玉米种子企业为垦丰种业、登海种业、隆平高科等。

2019年全国杂交玉米制种面积约260万亩，连续两年调减后实现回升，相比2018年增加23万亩，制种量为9.9亿公斤，平均单产为387公斤/亩，处于历史较好水平，全国玉米销售折合成亩用种成本在45元/亩左右。我国玉米种业共经历了六次品种变革，"郑单958"和"先玉335"推广多年来，尚未出现突破性品种，目前市场表现突出的新兴品种如"豫单9953""隆平275""全玉1233"等意向制种面积扩大。自2004年开始，我国玉米种子常年供过于求，库存高企。近年来，受到品种审定渠道增多、引种备案实施的影响，新入市品种数量剧增，同质化程度高，竞争激烈。2019年玉米种子有效库存为6.5亿公斤，2020年总供给量约为16.4亿公斤，预计商品种子需求量在10.6亿公斤左右，期末库存将下降到5亿~6亿公斤，玉米种子供给过剩局面将有效缓解。

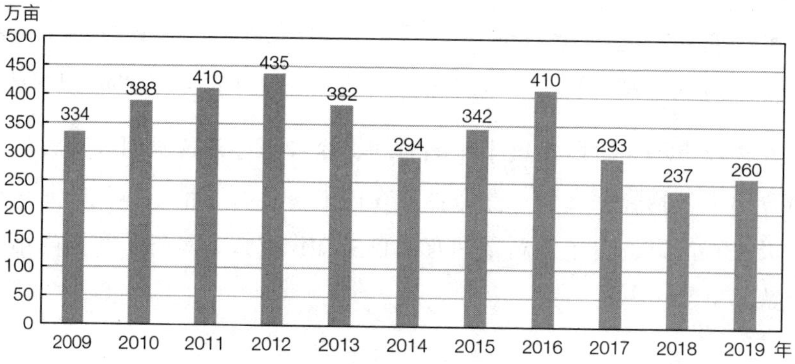

图9　杂交玉米制种面积

（资料来源：Wind）

2019年我国玉米种植面积继续下滑至4 128万公顷，产量26 077万吨，同比增产1.4%，单产约6.32吨/公顷，目前全国玉米均价在2元/千克左右。受农业供给侧改革、临储收购价下调及取消影响，国内玉米种植面积从2016年起持续下滑，同时，国家对玉米饲料加工、深加工的补贴刺激使玉米消费持续增长，供需格局有所改善，玉米价格波动上升，将带动玉米种子需求改善。

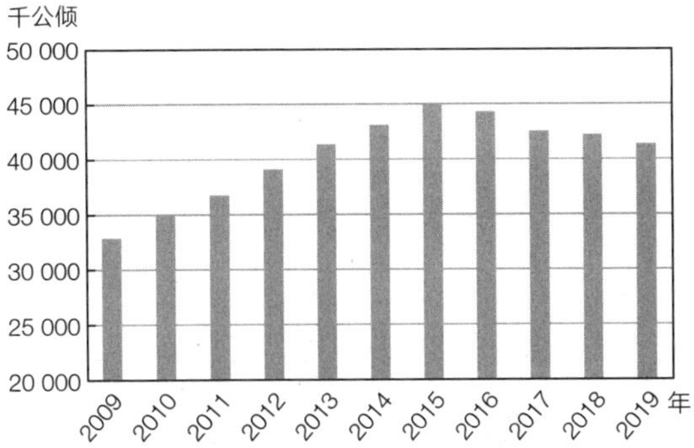

图10　玉米种植面积

（资料来源：Wind、国家统计局）

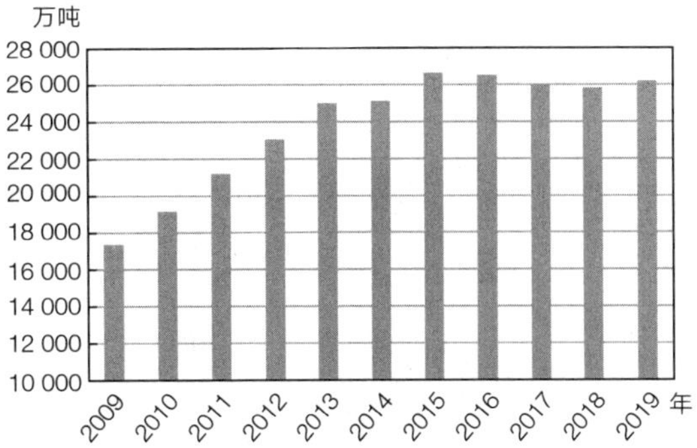

图11　玉米产量

（资料来源：Wind）

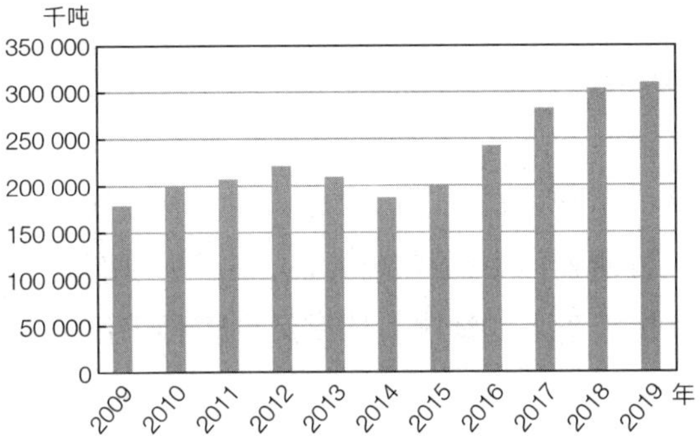

图12　国内玉米消费量

（资料来源：Wind）

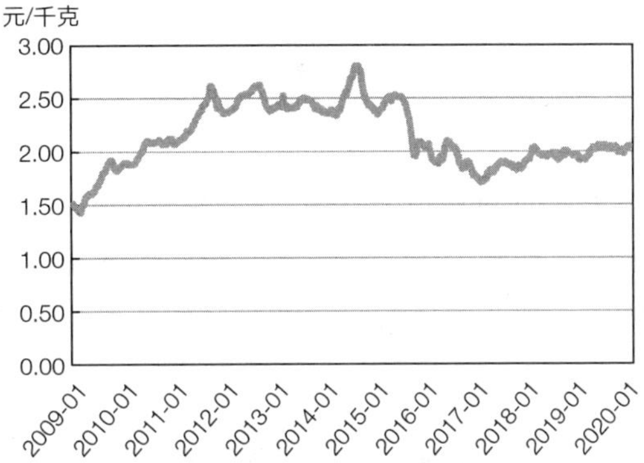

图13　22个省市玉米平均价

（资料来源：Wind）

迎政策利好，2020年转基因时代元年开启。玉米转基因技术能够解决目前我国玉米品种瓶颈问题，是我国玉米育种技术的发展方向。相较于普通的杂交玉米来说，此次获批的抗虫耐除草剂玉米对单产的提升率约在10%~20%，同时具有抗虫害的特性，对于草地贪夜蛾也有较强抗性。

水稻种子供求压力持续，进入结构转型阵痛期。2019年水稻种子市场规模为194亿元，其中杂交稻139亿元、常规稻55亿元，杂交稻种子商品化率高达100%，常规稻种子商品化率为70%左右。野香优系列等优质稻品种、甬优系列等产量优势品种制种面积稳中有升，主要制种企业有隆平高科、荃银高科、垦丰种业、大北农等。

2019年杂交水稻制种面积136万亩，大幅回调，制种量2.4亿公斤，单产为176公斤/亩，略高于上年，种子平均价格59.81元/公斤，同比下降12.13%。常规水稻制种面积173万亩，制种量8.64亿公斤，单产为499公斤/亩，种子均价为7.11元/公斤，较上年减少3.17%。常规稻种子均价为10.31元/公斤，同比上涨10.38%。直播稻、双季稻改单季稻面积进一步扩大，优质常规稻持续挤压杂交水稻种植面积。

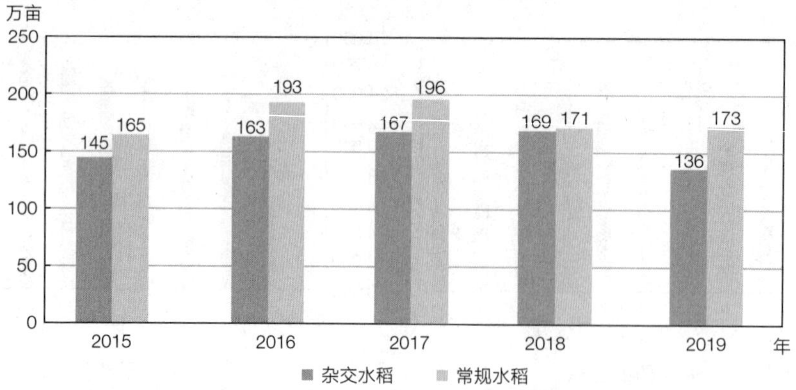

图14 杂交水稻与常规水稻制种面积

（资料来源：Wind）

我国水稻育种技术经历了三次更新，当前国内的品种创新仍以杂交育种等常规技术为主，C两优系列等近年推广面积大但优质特点不突出的品种、Ⅱ优系列和冈优系列等推广时间较长的普通品种制种面积大幅下降，杂交水稻种业进入结构转型阵痛期。自2008年开始，我国稻谷最低收购价逐步走高，致使我国水稻产量持续上升。为了有效去库存，2016年开始国家下调最低稻谷收购价，供过于求的情况有所缓解，但种子供给过剩态势依旧严峻。

表2 中国水稻育种技术三次重大突破

	矮化育种	三系法杂交育种	两系法杂交育种
时间	1959年	1973年	1985年
标志性事件	矮杆籼稻品种“广场矮”	《利用野败选育三系的进展》论文发表	国家成功验证石松名的研究成果
代表性品种	广陆矮4号、桂朝2号	汕优2号、汕优63	两优培九
影响	水稻产量增产30%	在矮化育种的基础上再增产20%	使杂交育种变得更简单

资料来源：中国产业信息网。

2019年稻谷种植面积为2 969万公顷，减少50万公顷，稻谷产量为20 961万吨，减产1.2%，水稻现货价在2 500元/吨左右震荡，受疫情影响，2020年短期波动上涨。目前优质常规稻挤压效应持续，稻田综合种养在一定程度上变向调低水稻种植面积，杂交水稻种子供过于求的程度不减。全国杂交水稻种子市场滞销品种大规模转商出清、优质品种市场规模迅速扩张并行的态势已经确立，水稻种业结构转型阵痛加剧，种子价格分化继续加剧。

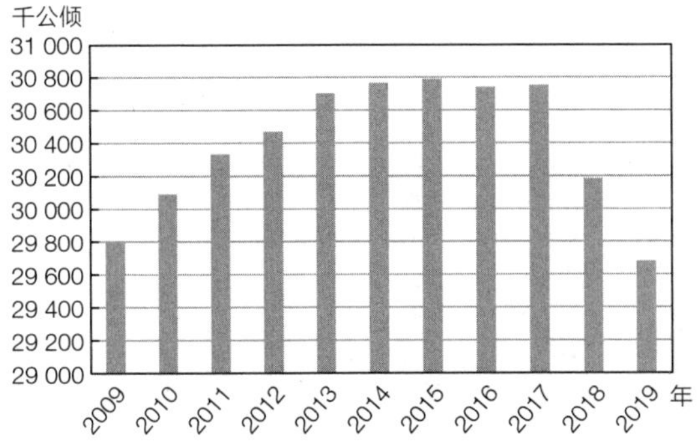

图15　稻谷种植面积

（资料来源：Wind、国家统计局）

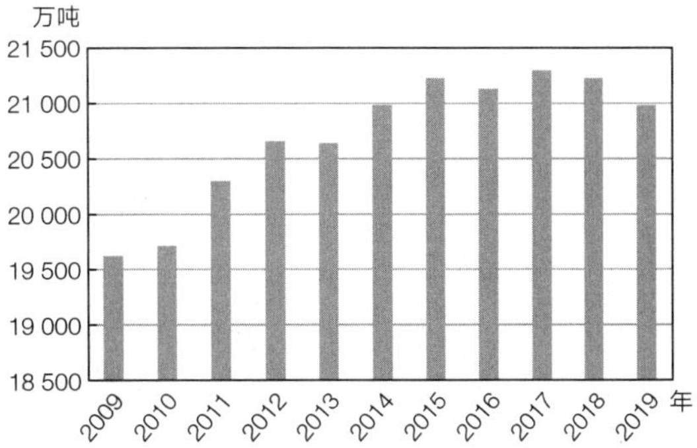

图16　稻谷产量

（资料来源：Wind）

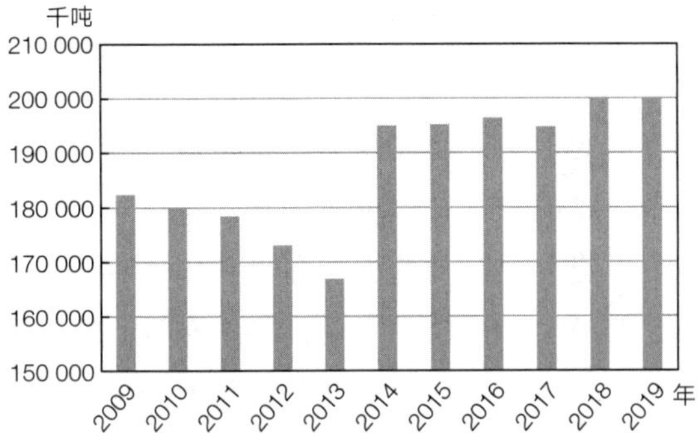

图17　国内稻谷消费量

（资料来源：Wind）

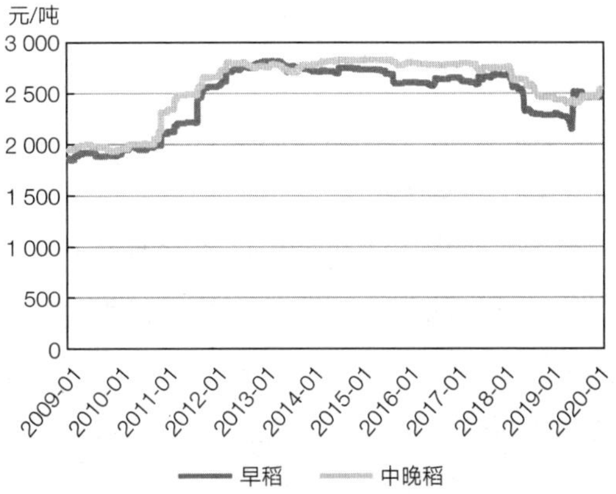

图18　国内水稻现货价格走势

（资料来源：Wind）

大豆种子制种面积回升，满足用种需求。2019年大豆种子市场规模约为40亿元，种子商品化率约70%。北大荒是我国大豆种子行业的优势企业之一，近年来年销售额维持在亿元级别，占我国大豆种子产业规模份额维持在4%左右。

2019年大豆制种面积371万亩，比上年增加48万亩，收获种子5.75亿公斤，比上年增加0.87亿公斤，单产为155公斤/亩，种子市场售价为7.54元/公斤，较上年增长2.03%。国产大豆单产多年来一直未有显著提升，大豆新增品种销售量占比不多，老品种仍是市场销售主体，其中高秆、蛋白质含量高的品种更是受到农民欢迎。受市场和政策因素利好，各地企业繁种意愿增强，制种面积有所回升。预计商品种子需求量或将达到5亿公斤左右，今年新产大豆种子能保证明年用种需求。

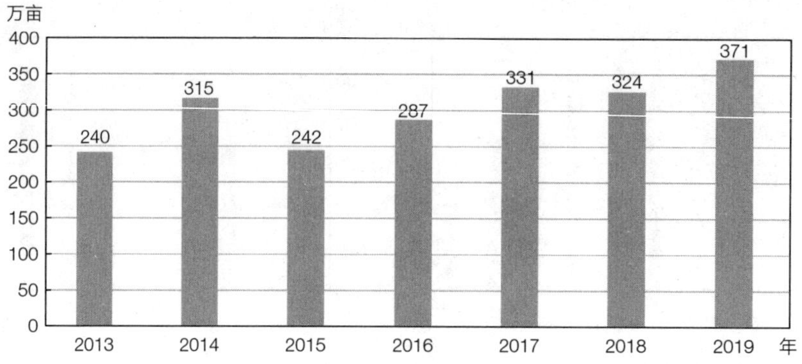

图19　大豆制种面积

（资料来源：Wind）

2019年大豆播种面积933万公顷，增长10.9%，大豆产量1 810万吨，增长13.3%，目前大豆现货价在3 545元/吨左右。我国作为世界最大的大豆进口国，国内大豆供应远低于市场需求。近几年我国政府加快了土地流转制度改革的推进，提高规模化种植水平，尤其针对我国大豆对外依存度较高的现状，还出台多项政策鼓励农民种植大豆，包括对内蒙古和东北三省等优势产区的大豆种植户给予补贴，使大豆的种植面积在近几年也有明显回升，预计明年大豆种植面积继续调增，种子需求增加，推动种子价格稳中有升。近期国产转基因大豆品种首次获得安全证书，该品种在1～4倍田间浓度的草甘膦处理下，株高和覆盖度之间无显著差异，生长没有明显影响。提升大豆种子种植技术、种植效率为当前关键，转基因大豆推广未来可期。

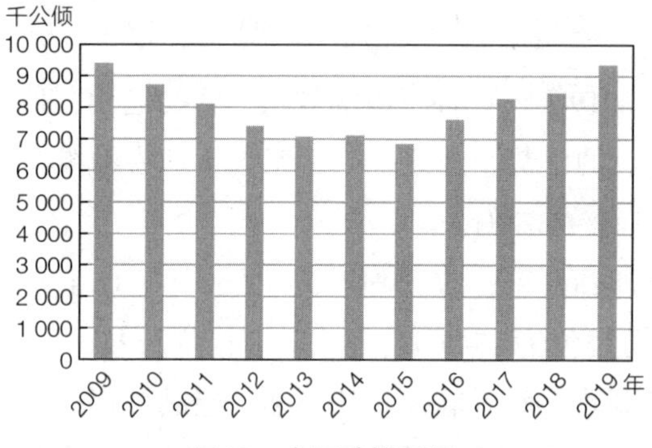

图20　大豆种植面积

（资料来源：Wind、国家统计局）

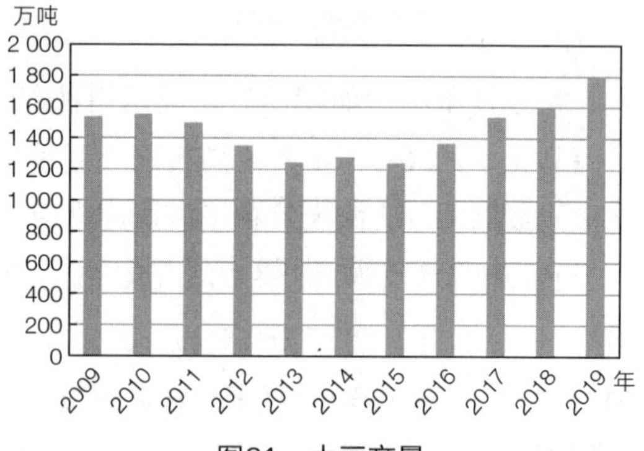

图21　大豆产量

（资料来源：Wind）

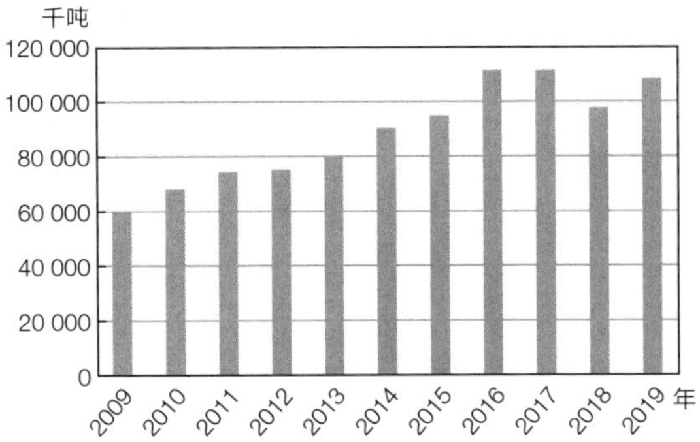

图22 国内大豆消费量

（资料来源：Wind、国家统计局）

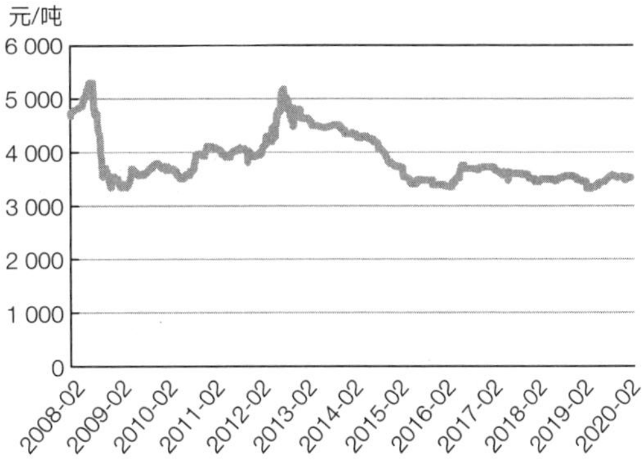

图23 国内大豆现货价格走势

（资料来源：Wind）

（三）龙头企业跻身世界十强，然行业格局仍分散

跨国企业拥有自主知识产权，通过控制育种技术关键节点的专利来保持公司的核心竞争力。跨国企业通过兼并收购，横向扩充品类，纵向完善技术、品种和渠道，逐步建立起完善的一体化产业链条，而后通过并购目标市场企业，在全球范围内扩张。继拜耳收购孟山都、原有种子业务剥离被巴斯夫收购、陶氏杜邦完成合并（现科迪华）、中化收购先正达之后，全球种子市场已经进入寡头垄断阶段，按照2018年全球种业市场规模400亿美元计算，CR3已经达55%。

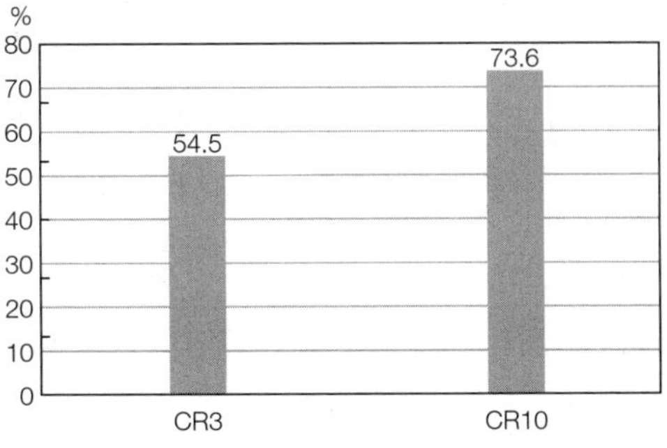

图24 全球种业呈现寡头垄断局面

（资料来源：Wind）

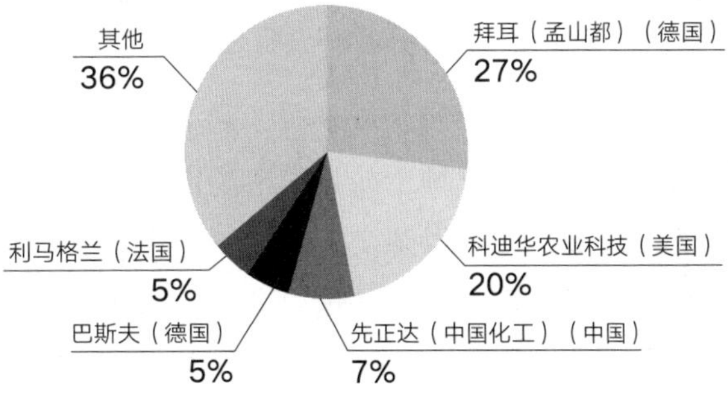

图25 2018年全球种业市场竞争格局

（资料来源：Wind、USDA）

我国国内种子市场竞争格局还相对分散，2017年CR10仅为18%，CR50为35%，行业集中度还有很大的提升空间。不过，我国企业也在积极通过内生外延的双轮驱动，完善自身的育繁推体系，积极参与国际市场竞争。中国化工在2017年全资收购先正达，成为国际种业巨头和农化航母，隆平高科2018年跻身世界8强。目前我国在世界种业10强中已占两席。

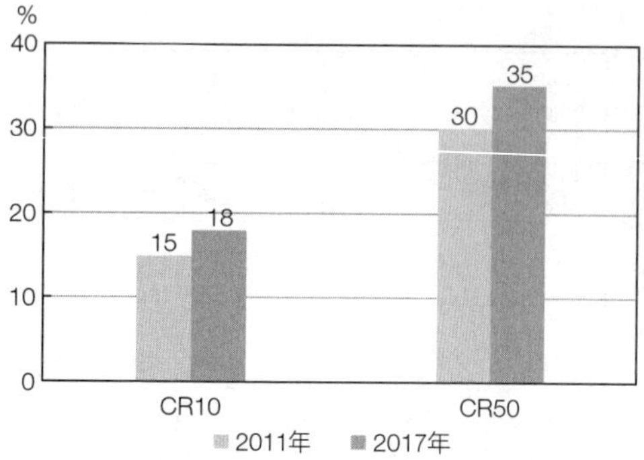

图26 我国种子行业发展较为分散

（资料来源：农业农村部）

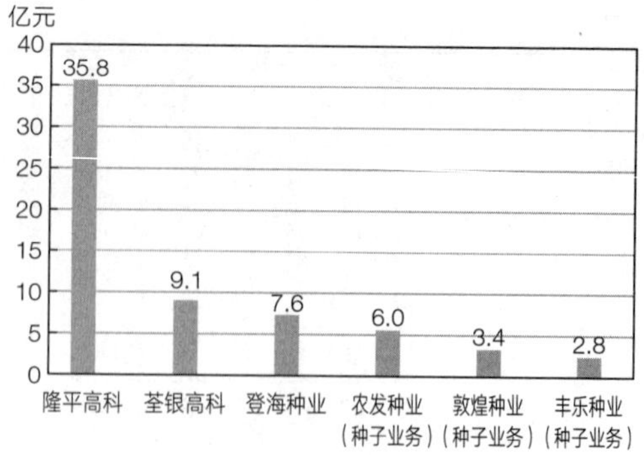

图27 2018年我国上市种企销售收入

（资料来源：Wind）

从收入体量来说，我国经营规模最大的种子企业是中国化工旗下的先正达集团，2018年整体收入为135亿美元，其中种子收入约为30亿美元。其次是隆平高科，2018年营收达35.8亿元。从盈利能力来看，由于头部企业的规模优势和技术壁垒，先正达和隆平高科也呈现了更强的盈利能力。

表3 中国部分种子企业经营规模及盈利对比

	中国化工（先正达）	隆平高科	北大荒垦丰种业	大北农	登海种业
收入体量	135亿美元	35.8亿元	16.52亿元	193.02亿元	7.61亿元
种子收入体量（2018）	30亿美元	32.51亿元	15.44亿元	3.91亿元	7.61亿元
种子收入占比（2018）	22%	90.81%	93.46%	2.03%	100.00%
毛利率	46.10%	43.60%	40.62%	37.87%（种业）	33.59%

资料来源：各公司2018年年报、先正达官网。

从经营品种和区域来看，隆平高科和登海种业分别是国内杂交水稻和杂交玉米的龙头企业，在细分种子品类中市场占有率较高。先正达被中化收购后，主要业务仍集中在欧洲区域，国内以杂交玉米种子为主。北大荒垦丰种业依托黑龙江农垦集团，主要业务集中在黑龙江地区，并辐射东北。大北农作为一个综合性农牧集团，种子业务主要由子公司大北农生物技术和金色农华开展，在杂交水稻领域有一定市场竞争力。

表4 中国部分种子企业品种及经营区域对比

	中国化工（先正达）	隆平高科	北大荒垦丰种业	大北农	登海种业
产品结构	杂交玉米（国内主力） 转基因玉米种子海外： 转基因大豆种子海外： 蔬菜种子	杂交水稻（主力） 杂交玉米（次主力） 蔬菜瓜果及经济作物	杂交玉米（主力） 水稻种子（次主力） 大豆种子	杂交水稻（主力） 杂交玉米	杂交玉米（主力）
优势品种	玉米：先达210、先达304、三北2号等 海外：转基因大豆种子、玉米种子	水稻：晶两优534、晶两优华占、隆两优534、隆两优华占 玉米：联创808、中科玉505、裕丰303、隆平206	玉米：德美亚1号、2号、3号、垦沃系列 水稻：龙粳31、三江6号、龙垦201、垦稻系列 大豆：垦丰16、垦丰17、垦丰20、垦豆43、垦鉴豆28	水稻：C两优华占、天优华占	玉米：登海605、登海618、先玉335、良玉99

续表

	中国化工（先正达）	隆平高科	北大荒垦丰种业	大北农	登海种业
市场地位	国内整体农化市场占比3%~4%	杂交水稻市场占有率约21%	2017年，玉米种子市场占有率1.80%；常规水稻种子市场占有率9%；大豆种子市场占有率7.78%	C两优华占、天优华占推广面积业内领先	杂交玉米种子市场占有率约10%
覆盖区域	全球性企业	全国性企业，巴西、东南亚布局	区域性企业：黑龙江为主	全国性企业	全国性企业

资料来源：各公司2018年年报、先正达官网。

聚焦种业最核心的研发实力，特别是未来发展方向的生物育种和转基因技术研发实力，先正达、隆平高科和大北农在生物育种领域实力领先行业。先正达作为世界种业龙头，已经具备了完善的研发团队和研发平台，在海外市场已经具备自主研发的成熟的转基因种子品种。隆平高科近年来研发投入占比赶超世界寡头，已经逐步搭建起全球范围的育种平台和新品种生态测试网络；在转基因领域技术、产品和人才储备行业领先，参股子公司杭州瑞丰的转基因玉米“瑞丰125”是国内首批获得转基因生物安全证书的转化事件。大北农在生物育种领域十年磨一剑，公司旗下“DBN9936产品”获得转基因生物安全证书，大豆转化事件于2019年2月获批在阿根廷种植。

表5 中国部分种子企业研发实力对比

	研发支出占比（2018）	研发团队构成	研发体系构建	转基因技术储备
中国化工（先正达）	10.20%	全球超过5 000名研发人员；位于北京的生物科技研究中心现有约100人的研发团队	7大关键研发中心，覆盖化学品研发、制剂、生物化科学和环境科学等；公司利用整合的研发平台，建立本地研发能力，拉动基于种植者需求的创新	转基因玉米种子和转基因大豆种子在海外市场已有成熟产品
隆平高科	12.55%	杂交育种由杨远柱、王义波等各种子行业杰出人物领军；转基因育种有瑞丰沈志成线上和隆平生物吕玉平博士为核心的专业研发团队	公司在中国、巴西、美国、巴基斯坦等7个国家建有13个水稻育种站，22个玉米育种站，7个蔬菜育种站，4个谷子育种站和3个食葵育种站，试验基地总面积近10 000亩；生态测试网络覆盖各品种主产区，东南亚和美洲多个国家	杭州瑞丰的转基因玉米“瑞丰125”是国内首批获得转基因抗虫耐除草剂玉米农业转基因生物安全证书的转化事件；后续品种实验中
北大荒垦丰种业	4.30%	构建了以首席科学家为核心、岗位科学家为重点、科学家助理为辅助的玉米、水稻、大豆新品种创新团队，研发中心已经构建25个团队	公司已经基本完成商业化育种研发体系构建和研发基地的调整布局；现已完成1 个研发中心、13个区域育种站、60个生态测试站、113个农场试验鉴定站建设,拥有配套设施完善的海南南繁基地	生物育种研发体系正在建设中，公司研发中心实验室获批“农业部作物生物技术育种重点实验室”；公司自主研发生物育种项目，项目处于实施中期

续表

	研发支出占比（2018）	研发团队构成	研发体系构建	转基因技术储备
大北农	2.56%	大北农技术中心在动物营养、生物饲料、生物育种、动物保健及生物农药方面设有7个科研中心，现有核心研发人员1 635人，其中博士97人、硕士753人	公司先进的作物育种平台，拥有“作物生物育种国家地方联合工程实验室”“农业部作物基因资源与生物技术育种重点实验室”平台，与国内外科研机构广泛合作；建有5个水稻育种中心和4个玉米育种中心，拥有115个水稻品种测试站和174玉米品种测试站	公司旗下“DBN9936”产品在2020年1月21日获得了农业农村部发布的转基因生物安全证书；公司大豆转化事件于2019年2月获批在阿根廷种植
登海种业	7.24%	“中国紧凑型杂交玉米之父”——李登海研究员带领的杂交玉米研究团队	公司被纳入国家和农业部重点实验室，在海南省和公司驻地建有稳定的育种基地	作为国家转基因重大工程项目的参与单位，与掌握转基因技术的相关单位密切合作，并承担本公司玉米自交系转基因后续试验工作

资料来源：各公司2018年年报，先正达官网。

综合来看，我国种业整体行业集中度还不高，然而包括隆平高科、先正达和大北农在内的龙头企业，已经在国内种子市场中占据了重要的市场地位，并在生物育种技术领域具备了较强的先发优势。

三、生物育种推升行业集中度，产业链和跨界融合是未来趋势

（一）育种技术推动行业成长，转基因技术迎政策开放

育种技术是未来种业发展的核心动力。种业市场规模可以拆分成种子消费量和种子销售价格。我国耕地面积保持稳定，种子消费量的增长主要依靠种子商品化率的提升；种子价格的提升与种子的质量、能够为种植产业带来的经济效益直接相关，而这二者都离不开育种技术的升级。

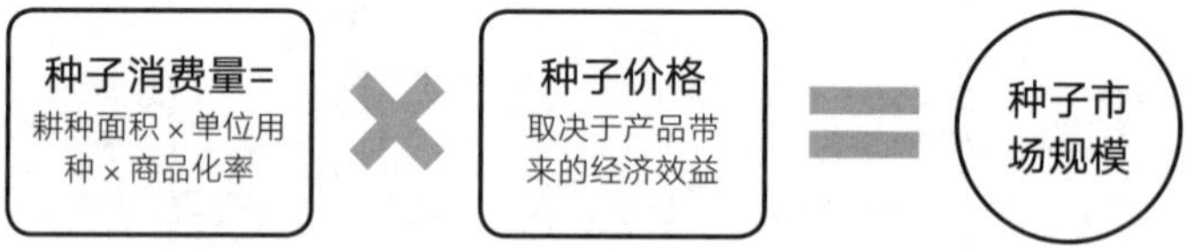

图28　种子市场规模影响因素拆分

技术升级能够提升种子商品化率。目前全球应用范围最广的育种技术是杂交和转基因两类。我国主要使用的是杂交育种技术，杂交种子能够提升种植产量、增强抗逆性，并且杂交种子后代会出现性状分离，因此杂交种子的商品化率非常高。转基因技术应用在杂交种子上同样无法留种。高附加值的杂交种子和转基因种子将推进种植业提质增

效，无法满足市场需求的传统自留品种将逐步被市场淘汰。因此，育种技术的升级能够持续提升种子的商品化率。

技术升级能够提升种子销售价格。种子自身商业价值是通过分享种植效益来体现的。在1996—2016年这20年间，以转基因为代表的生物育种技术通过增产降费，为全球种植业增加了1 861亿美元的总产出。与之对应的，转基因种子的价格也显著高于普通种子，在应用转基因技术之前，美国玉米种子价格年涨幅不足5%，自1996年转基因技术商业化应用后，年复合涨幅在20%以上。

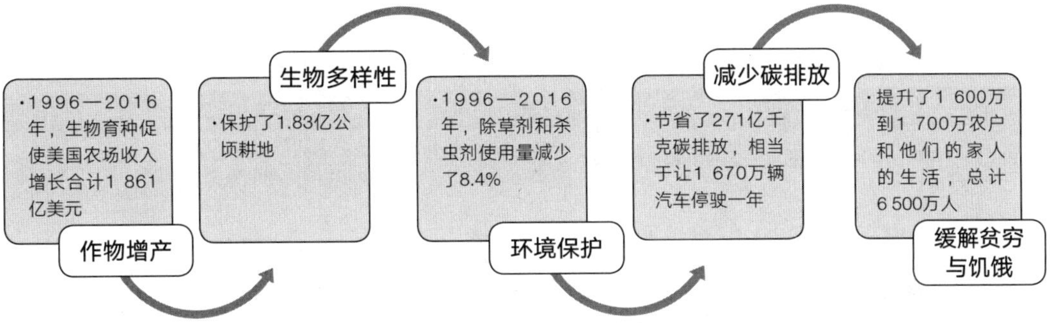

图29　生物技术作物对粮食安全、可持续性和减轻气候变化的贡献

（资料来源：ISAAA．Global Status of Commercialized biotech/gm crops: 2018［R］）

转基因作物种植正在全球范围快速推广应用。2018年全球转基因作物种植面积已经达1.92亿公顷，种植转基因作物的国家由最初的6个增长到26个。大豆是最大的转基因种植品种，种植面积占比在50%，除此之外，玉米、棉花和油菜占比较高。

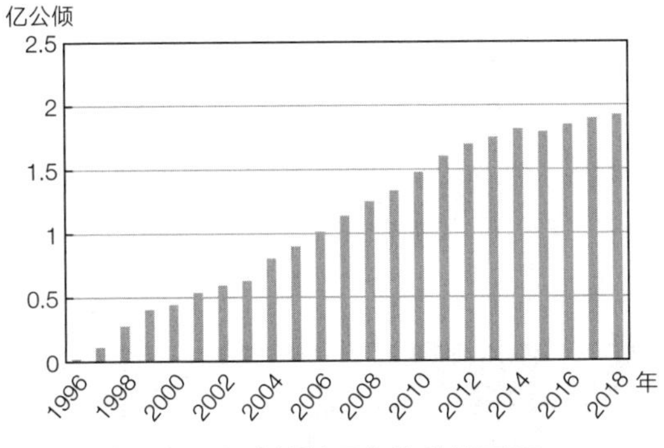

图30　全球转基因作物种植面积

（资料来源：Wind）

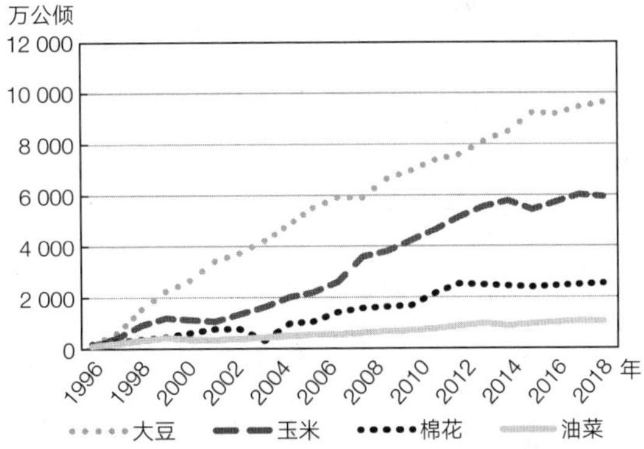

图31　四大转基因作物种植面积

（资料来源：Wind）

转基因种子商业化是我国种植业提质增效、绿色发展的大势所趋。我国是最早参与生物育种和转基因种子研发的国家，然而转基因作物尚未实现大面积商业化种植。未来强化以转基因、基因编辑为代表的生物育种技术是我国种植业提质增效、绿色发展的必然选择。目前，我国实现大规模种植的转基因作物只有棉花，截至2019年底，转基因专

项共育成转基因抗虫棉新品种176个，累计推广4.7亿亩，减少农药使用70%以上，国产抗虫棉市场份额达99%以上。

为保粮食安全，转基因种子迎来政策支撑。中美贸易摩擦第一阶段协议签订，中国将加大从美国进口农产品。为了减少进口农产品对我国市场的冲击，保护我国粮食安全，种植业提质增效迫在眉睫，而转基因种子商用也终于迎来政策上的放松。2020年1月21日，农业农村部发布2019年农业转基因生物安全证书（生产应用）批准清单，其中包括2个玉米品种和1个大豆品种，这是国产转基因大豆首次获得安全证书，也是继2009年后转基因玉米再次获得安全证书。

表6　2019年农业转基因生物安全证书(生产应用)批准清单中玉米与大豆品种

审批编号	申报单位	项目名称	有效期
农基安证字（2019）第291号	北京大北农生物技术有限公司	转cry1Ab和epsps基因抗虫耐除草剂玉米DBN9936在北方春玉米区生产应用的安全证书	2019年12月2日至2024年12月2日
农基安证字（2019）第292号	杭州瑞丰生物科技有限公司浙江大学	转cry1Ab/cry2Aj和g10evo-epsps基因抗虫耐除草剂玉米瑞丰125在北方春玉米区生产应用的安全证书（转基因生物原名“双抗12-5”）	2019年12月2日至2024年12月2日
农基安证字（2019）第293号	上海交通大学	转g10evo-epsps基因耐除草剂大豆SHZD3201在南方大豆区生产应用的安全证书（转基因生物原名“SHZD32-01”）	2019年12月2日至2024年12月2日

资料来源：农业农村部．2019年农业转基因生物安全证书批准清单。

转基因技术能够显著提升种业的市场规模。我国玉米种植面积在4 218万公顷，每公顷种子费用在675元，绝大部分为杂交种子，而美国玉米多为转基因品种，因此我们假设美国玉米的种子费用为种植转基因种子的单位费用。在转基因玉米种子渗透率达50%、70%和90%时，我国玉米种子市场规模将达470亿元、546亿元和622亿元，相比2019年279亿元的市场规模，增幅为68%~123%。仅考虑玉米这一个品种，转基因技术也能够带来种业规模的显著提升。

表7　转基因玉米种子空间测算

玉米种植面积/万公顷	美国玉米种子费/（元/公顷）	转基因种子渗透率/%	市场规模/亿元	杂交种子渗透率/%	杂交种子费/（元/公顷）	市场规模/亿元	总规模/亿元
4 128	1 600	50	330.24	50	675	139.32	469.56
		70	462.336	30		83.592	545.928
		90	594.432	10		27.864	622.296

资料来源：Wind，USDA。

（二）生物育种技术推广将显著提升种业集中度

包括转基因技术在内的生物育种技术将显著提升种业的行业集中度。生物育种技术壁垒高，无论是投入的资金成本还是时间成本都显著高于常规育种，因此也就使头部企业的研发和品种优势进一步强化，加速产业升级和行业集中度提升。参考美国市场，引入一个新的转基因性状的平均总成本是1.36亿美元，平均耗时在10年左右。

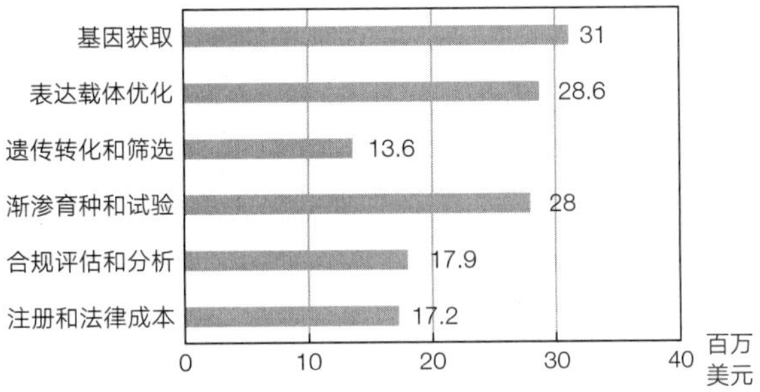

图32 引入一个新的转基因性状所需成本

（资料来源：Phillips McDougall）

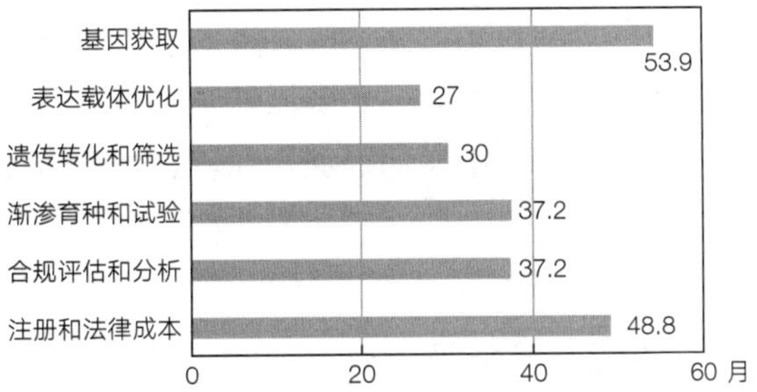

图33 引入一个新的转基因性状所需时间

（资料来源：Phillips McDougall）

大北农和杭州瑞丰都是经历10年以上的研发和沉淀才得以实现转化事件的安全评价获批。我国转基因种子想要实现最终上市，需要经过安全评价、品种审定、种子生产许可、种子经营许可和生产加工许可等多个步骤，其中安全评价和品种审定最为关键。

图34 我国转基因作物管理的总体流程

（资料来源：百度知道专栏）

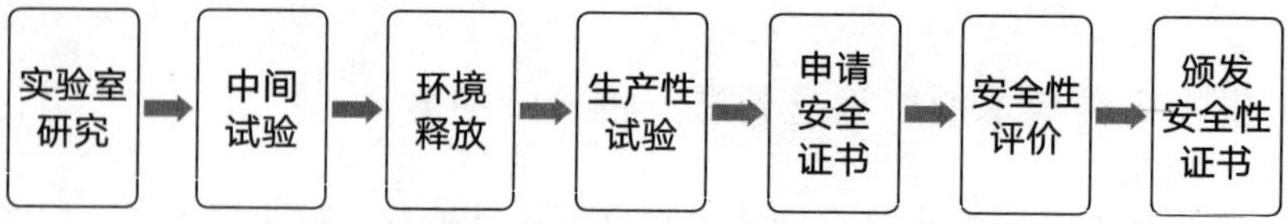

图35 转基因作物生物安全性证书申请流程

（资料来源：农业农村部．农业转基因生物安全管理条例）

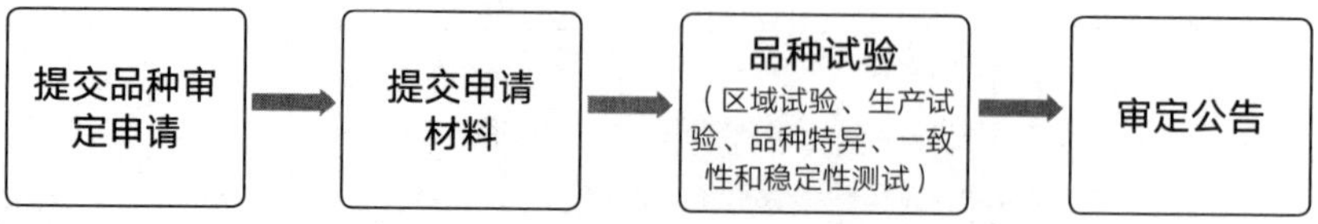

图36 农作物品种审定流程

（资料来源：农业农村部．主要农作物品种审定办法）

除了高额的研发费用和时间成本之外，转基因种子可以在研发核心环节申请专利保护，维护自主知识产权，而且由于转基因种子产品内部包含转化体，因此更好识别。新品种权的获取和专利的保护能够有效打击假冒种子和农户私自留种售卖等侵权行为。

因此，我们认为在生物育种新技术的引领下，种业集中化的趋势是必然的。考虑到我国目前种业的市场竞争格局还较为分散，转基因种子商用后也需要一段时间来推广，预计未来我国种业整体还会呈现多强引领的局面，在特定转基因种子领域或会呈现寡头垄断局面。

（三）产业内部结构演变：产业链一体化和跨界融合集团化

通过对标国际种业寡头的发展历程，我们认为未来我国种业内部结构演化将呈现产业链一体化和跨界融合集团化两个趋势。

产业链一体化：我国种业未来发展的初步方向会是产业链横纵一体化的整合。通过内生外延的方式，横向丰富优势品类，实现经营品类的多样化；纵向向上提升研发平台体系，向下整合区域销售和推广渠道，从而建立起研产销一体化的完善产业链。而伴随着产业链整合的将是持续加剧的并购活动和行业集中度的持续提升。

以孟山都为例，公司在2005年之前进行了大量的产业链整合活动。孟山都通过整合并购育种和生物技术、基因研发公司，形成了完善的综合育种技术平台，奠定了研发优势。在常规育种领域，公司在美国、巴西整合了种质资源，收购市场优势销售渠道，丰富了在区域和品类端的布局。

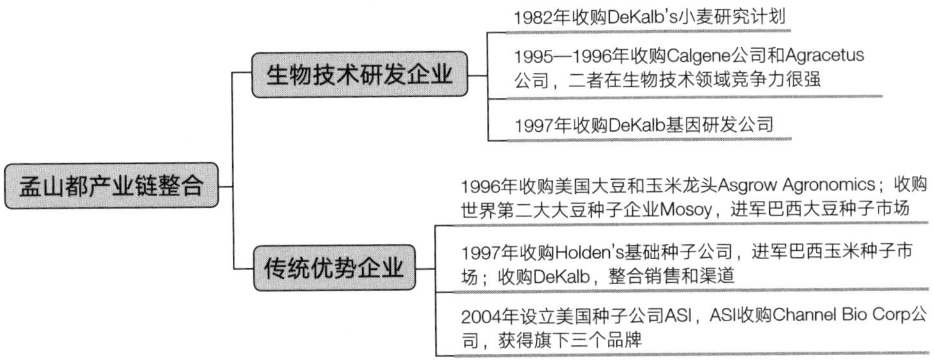

图37　孟山都产业链整合方向及事件

（资料来源：谢小玲．中外种子企业商业成长模式比较研究——以孟山都为例［D］．浙江大学，2014）

跨界融合集团化：在产业链整合的下一阶段，我国种业将走向跨界融合的方向，企业将由传统的种子产品提供商逐步发展为种植链的综合服务提供商。企业将进一步整合种植业所需的其他农资、农化产品，引入物联网技术，配合灌溉技术等相关生产环节业务，为种植户提供综合解决方案。

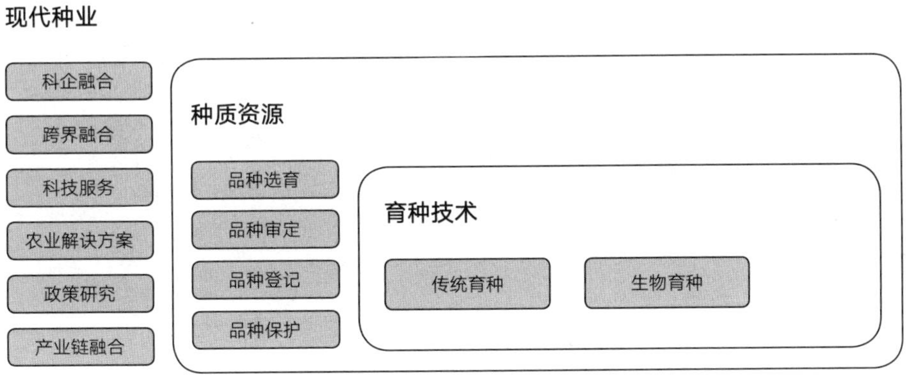

图38　现代种业将呈现新格局

（资料来源：农资头条公众号）

四、结语

种业作为农业芯片，其对我国粮食安全的重要性不言而喻。我国种业目前市场规模大，但行业集中度较低，随着转基因技术为代表的生物育种技术的持续推广，我国种业将迎来行业规模的持续扩大和产业集中度的显著提升。产业内部结构将向产业链一体化和跨界融合集团化这两个趋势发展，具备生物育种技术储备的企业将显著受益，迎来黄金发展期。

第四篇

新领域

聚氨酯产业 / 汽车后市场产业 / 第三方检测产业 /
电商代营产业 / 第三方支付 / 互联网金融产业 /
辅助生殖产业 / 基金管理产业 / 物管行业

聚氨酯产业：

西方种花，东方结果

罗四维　东兴证券化工行业首席分析师
薛　阳　东兴证券研究所化工组

产业描述：

聚氨酯是由异氰酸酯和多元醇缩聚合成的高分子树脂。聚氨酯材料已经广泛应用于制革制鞋、建筑、家具、家电等领域，具体应用形态包括墙体保温材料（硬泡）、沙发等的填充物（软泡）、氨纶（化纤）、塑胶跑道（弹性体）、粘合剂、涂料等，已经成为生活中不可或缺的重要材料。聚氨酯材料的产业发展史是一部新材料从无到有、由弱至强的典型成长史，亦是"西方种花，东方结果"的产业链转移史。

目前聚氨酯行业呈现上游寡头垄断、下游结构性分化的总体趋势。上游原材料的生产，特别是异氰酸酯，具备较高的技术壁垒和资金壁垒，产业集中度高；下游行业发展结构性分化，C.A.S.E.类产品（包括涂料、密封剂、胶粘剂和弹性体）及氨纶消费量一直保持稳定增长，但泡沫塑料、浆料、鞋底原液等进入相对瓶颈期。

未来，通过材料改性提升聚氨酯产品性能从而扩大其下游应用范围，以及推出功能先进的新产品是聚氨酯材料发展的主要驱动力。例如，通过改性等方式提升聚氨酯硬泡抗燃性能，使之符合国家防火要求，打开市场需求。此外，聚氨酯材料在记忆枕、道床固化等诸多全新应用场景的开发，也将具有很好的市场前景。

一、新材料新性能，聚氨酯崭露头角

（一）聚氨酯材料是烧瓶中摇出来的大风暴

聚氨酯材料作为人工合成的化学物质，从第一次被人们从实验室合成出来至今仅有100多年，而真正大规模工业化应用也不过50年。聚氨酯材料的发展历程是新材料从无到有、由小及大的真实写照，它的商业化历程同样给众多新材料的发展以启迪。

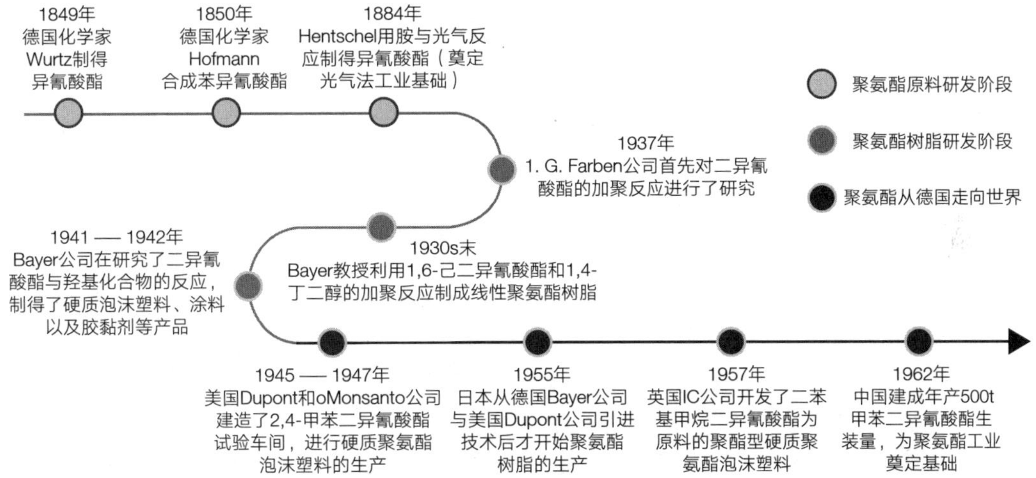

图1　全球聚氨酯产业发展里程碑

（资料来源：李绍雄，刘益军．聚氨酯树脂及其应用［M］．北京：化学工业出版社，2002）

聚氨酯真正的产业化可以20世纪40年代全球第一条聚氨酯泡沫制品生产线投产作为标志。此后，聚氨酯作为一种新材料从萌芽期逐渐进入目前的成熟期，其发展历程可以大体可分为三个阶段。

第一阶段：第二次世界大战后至20世纪70年代。这段时间是聚氨酯产业的快速发展期，产业的年复合增长率达23%。聚氨酯工艺从德国向美国等主要经济体扩散。

第二阶段：20世纪80~90年代。这段时间是聚氨酯产业的平稳增长期，产业的年复合增长率为4.6%。

第三阶段：20世纪90年代至今。这段时间是聚氨酯产业的“第二春”，全球产业的年复合增长率为6.7%，聚氨酯工业开始由发达国家向发展中国家转移。在此期间，中国超越美国，成为世界最大的聚氨酯制品消费国。

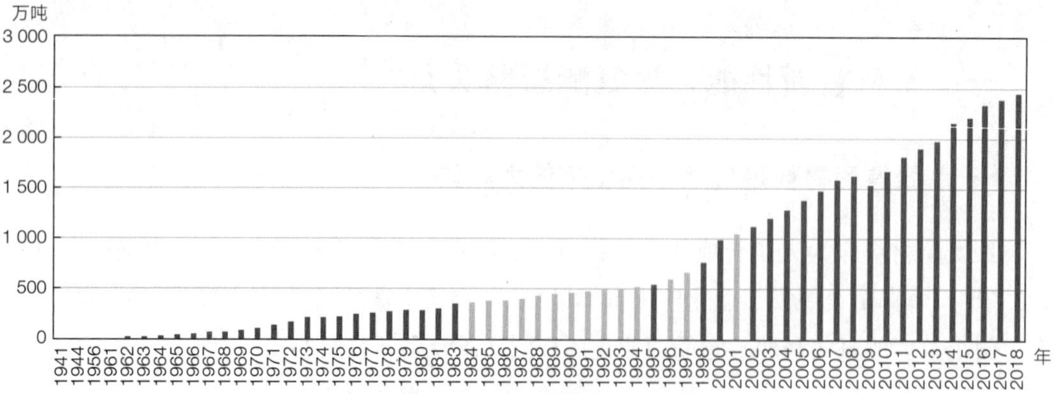

图2　全球聚氨酯类产品产量及下游消费占比变化

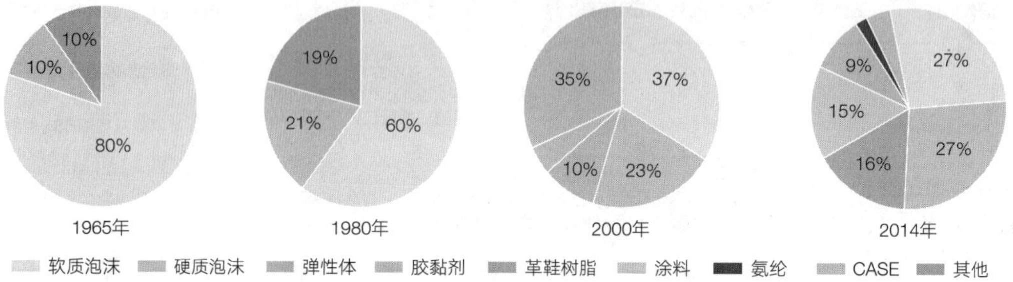

图3　全球聚氨酯类产品下游消费占比变化

注：浅色数据为匀速增长外推所得。

（资料来源：李绍雄，刘益军．聚氨酯树脂及其应用［M］．北京：化学工业出版社，2002）

（二）中国聚氨酯产业的崛起是产业升级的真实写照

我国的聚氨酯产业起步相对于发达国家较晚，但目前已发展为全球最大的聚氨酯生产国和消费国。聚氨酯材料在我国的萌芽可以1962年第一条TDI工业生产线的建成作为标志，此后，聚氨酯产业在我国的发展主要可以分为三个阶段。

第一价段：改革开放前。由于缺乏规模性和完善的上、下游体系，聚氨酯产品还没在我国形成产业，主要是对聚氨酯合成工艺的前期摸索，其模式还是停留在以华东地区科研单位进行的各类聚氨酯产品生产线的中试试验为主。

第二价段：改革开放后至21世纪初。我国通过积极引进海外的成套设备，上下游同时发展，行业随即进入了快速增长期，其中具有代表性的是：（1）1984年投产的山东烟台合成革厂从日本引进的1万吨/年MDI/PAPI的装置；（2）1987年投产的沈阳石油化工厂从意大利引进1万吨/年聚醚多元醇装置投产；（3）1989年先后投产的天津石化公司三厂和棉西化工总厂从日本引进的2万吨/年聚醚多元醇装置；（4）1989年山东烟台氨纶厂引进日本技术建成的我国第一家氨纶丝生产厂。

第三阶段：进入21世纪以后。这段时间我国聚氨酯产业的龙头企业异军突起，称雄世界舞台。在突破了大规模合成的技术和工艺壁垒后，我国行业内龙头企业凭借规模优势明显、成本技术领先的“超级基地”迅速占领市场。此后，我国聚氨酯产业在生产规模、产品种类、技术水平等领域开始持续进步，部分产品已经成为世界最强。截至2019年，中国本土聚氨酯原料异氰酸酯的企业共有6家，包括万华化学、甘肃银光、东南电化、中国化工沧州大化和烟台巨力等，其中万华化学拥有60万吨（烟台）+ 120万吨（宁波）MDI产能，为世界级聚氨酯原材料龙头之一。

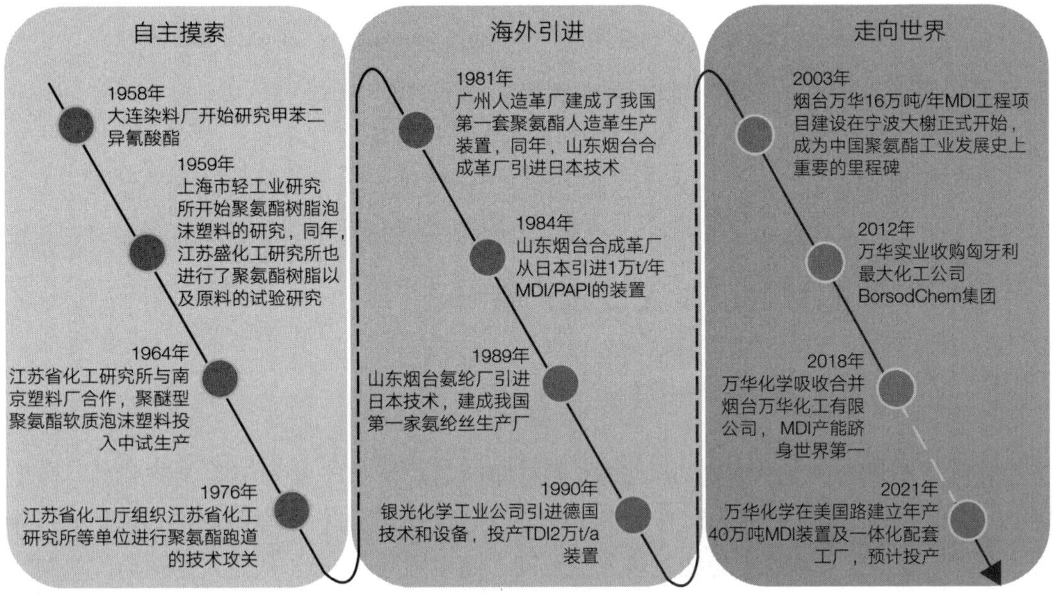

图4　我国聚氨酯产业发展历程

（资料来源：李绍雄，刘益军．聚氨酯树脂及其应用［M］．北京：化学工业出版社，2002）

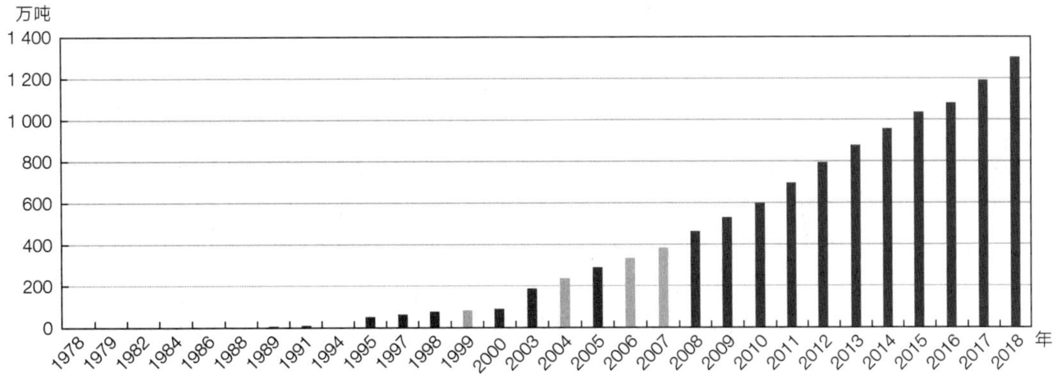

图5　我国聚氨酯类产品产量

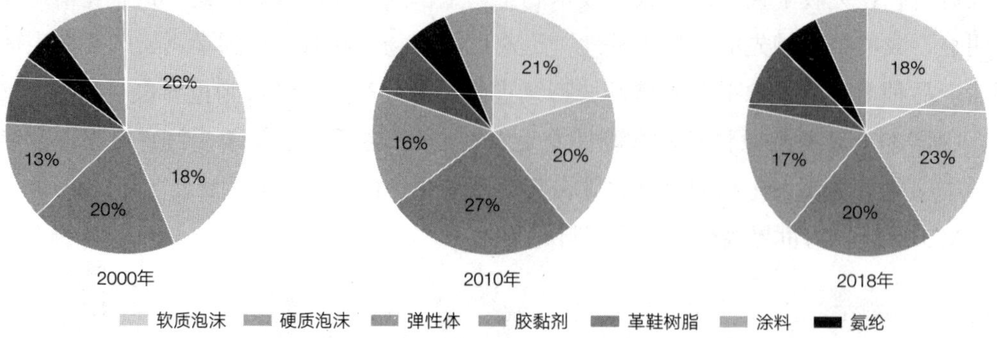

图6　我国聚氨酯类产品下游消费占比变化

注：浅色数据为匀速增长外推所得。

（资料来源：李绍雄，刘益军．聚氨酯树脂及其应用［M］．北京：化学工业出版社，2002）

二、聚氨酯材料已步入成熟产业

（一）聚氨酯下游应用十分广泛

纵观聚氨酯行业近十年发展，全球聚氨酯制品消费量年复合增长率为4.1%，而中国为10.9%。近三年，全球为3.5%，中国为5.4%。按照产业生命周期理论10%增速的界定，全球聚氨酯产业在21世纪初就步入成熟期，而中国则在近3年从导入期转为成熟期。2018年，中国聚氨酯制品产量已超过1 300万吨，占全球52%，消费量1 180万吨，占全球48%，是世界聚氨酯产业的第一大国。

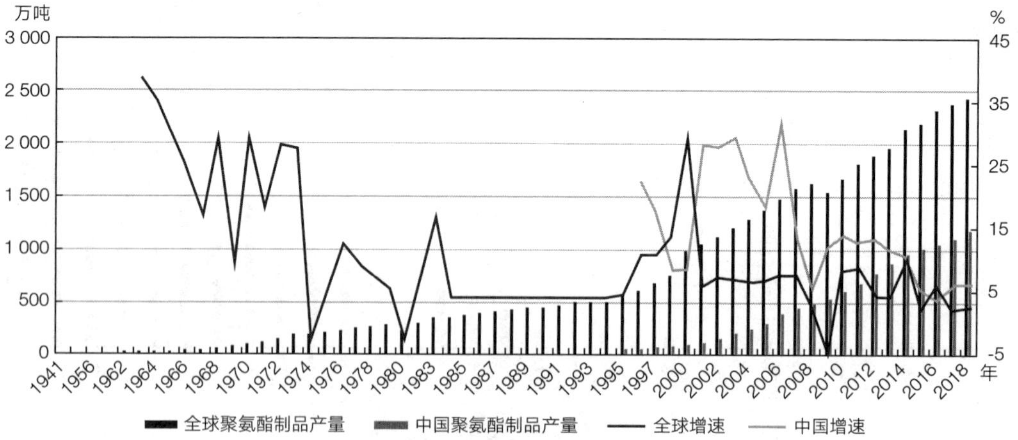

图7　全球及中国聚氨酯类制品产量及增速

（资料来源：李绍雄，刘益军．聚氨酯树脂及其应用［M］．北京：化学工业出版社，2002）

聚氨酯材料的产业链较长，上游的原料是异氰酸酯和多元醇，其中异氰酸酯主要为MDI、TDI以及PAPI，多元醇可分为聚醚多元醇和聚酯多元醇。聚氨酯材料的直接下游为塑料、弹性体、胶粘剂、涂料、纤维等树脂初级制品，而后这些初级制品可以进一步加工利用到制鞋工业、建筑工业、家具工业、家电工业等生活中的方方面面，这些构筑了聚氨酯产业链的终端下游。

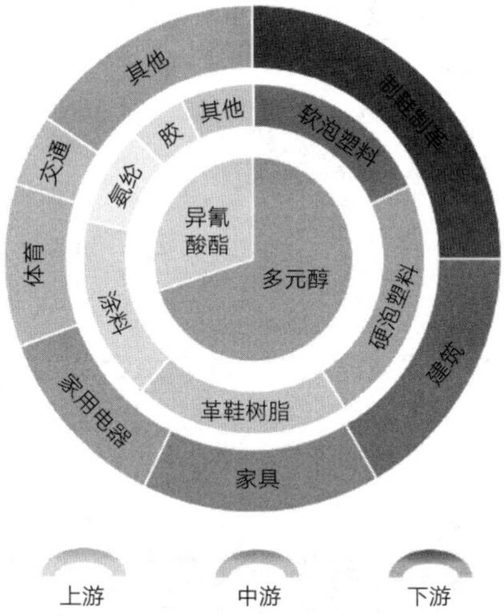

图8 我国聚氨酯产业链

（资料来源：CNKI、中国产业信息网）

（二）上游原材料异氰酸酯仍是产业中壁垒最高的部分

异氰酸酯的合成工艺线路较长，包括硝化反应、还原反应、酸化反应等，而其中最重要的一环是从氨基向异氰酸基的转化，而目前光气法几乎是唯一能够实现大规模工业化生产的方法，但此法需要使用剧毒的光气，而且发生在强酸性条件下，所以对于设备和工艺的要求均很高，这直接导致异氰酸酯工业的技术壁垒和资金壁垒很高。此外，包括TDI、MDI在内的异氰酸酯类化合物化学性质较为活泼，易与水发生反应变质，同时其凝固点较低，这又为整个生产过程的管控提出了很高的要求，而且需要有稳定的下游客户或者自身配套相关产业链；反过来，如果下游客户确定了供应商，一般也不愿意轻易更换，所以这就又带来了一定的客户壁垒。

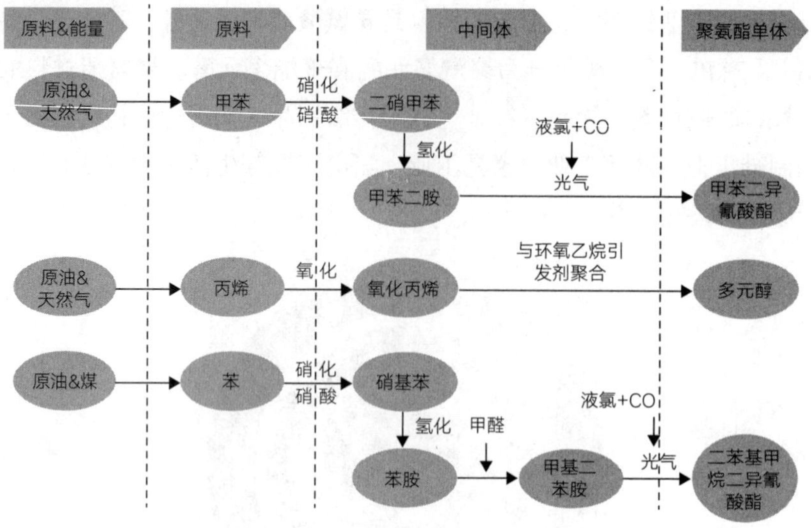

图9 聚氨酯原料单体的工业合成线路

（资料来源：BASF_TDI_handbook）

表1 中美消费互联网头部公司市值情况

化学名	甲苯异氰酸酯	二苯基甲烷二异氰酸酯	多苯基甲烷多
英文简写	TDI	MDI	PAPI
化学式	$C_9H_6N_2O_2$	$C_{15}H_{10}N_2O_2$	—
分子量	174.2	250.3	—
性状	无色透明液体	白色或浅黄色固体	淡黄色液体
气味	浓烈、刺激	无味	无味
NCO含量	48.20%	32.80%	20%~30%
相对密度	1.22	1.325	1.238

资料来源：Chemicalbook。

技术壁垒、资金壁垒及客户壁垒使异氰酸酯的行业准入门槛较高，尤其是MDI，被称为化工行业内综合壁垒最高的大宗产品之一，预计行业未来的供给端维持寡头垄断格局。截至目前，国内仅有6家本土企业拥有异氰酸酯的生产能力，尤以烟台万华为强。

MDI方面本土企业只有万华化学一家，在国内的产能达180万吨，万华化学是世界最大的MDI生产商和供应商。目前，全球产能为830万吨，国内所有MDI产能336万吨，位列全球第一，正是由于万华化学的崛起，中国从MDI进口国变为MDI出口国。

TDI方面，有6家本土企业具备生产能力，产能最大的为万华化学的30万吨，最小为葫芦岛连石5万吨。全球产能为352万吨，国内产能达119万吨，占比34%。

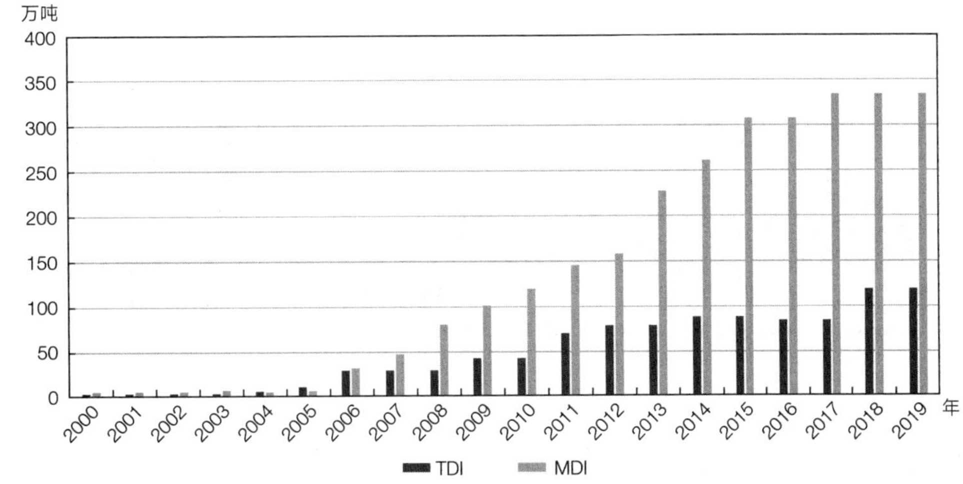

图10 我国TDI、MDI产能变化

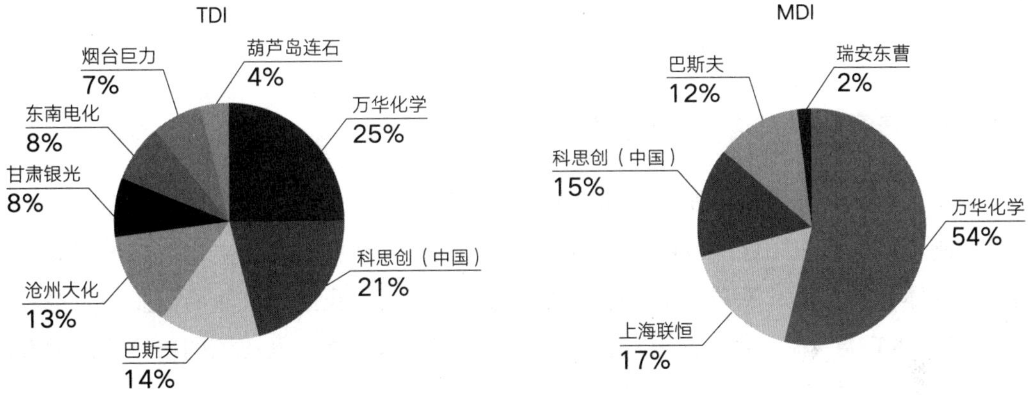

图11 我国TDI、MDI产业集中度

（资料来源：百川资讯、CNKI）

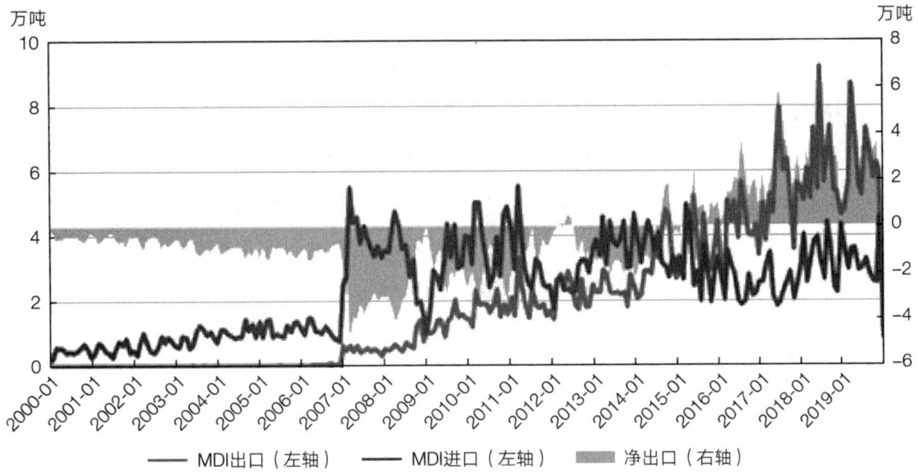

图12 我国MDI进出口情况

（资料来源：海关总署）

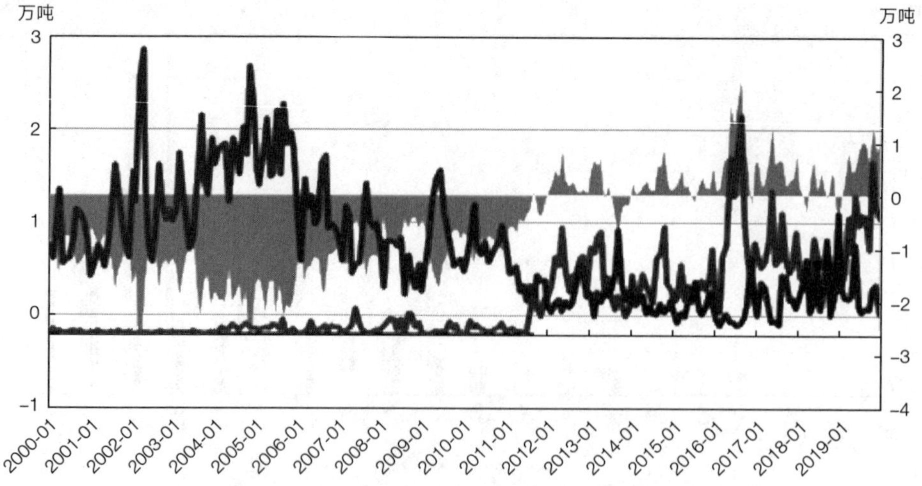

图13 我国TDI进出口情况

（资料来源：海关总署）

（三）聚氨酯材料结构性分化日趋显现

聚氨酯材料是通过将异氰酸酯和多元醇进行混合，反应获得的化合物，在该环节中通过控制不同的反应条件，就可以得到丰富多彩的聚氨酯材料，其主要形态包括泡沫塑料、弹性体、胶粘剂、革鞋树脂、涂料和氨纶等。目前，我国的聚氨酯行业的消费占比中呈现C.A.S.E.类产品（包括涂料、密封剂、胶粘剂和弹性体）及氨纶的占比逐渐增大，而泡沫塑料、革鞋树脂及浆料的占比逐渐减下的结构性分化阶段。

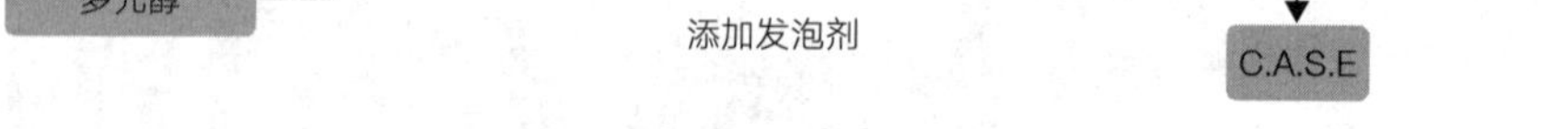

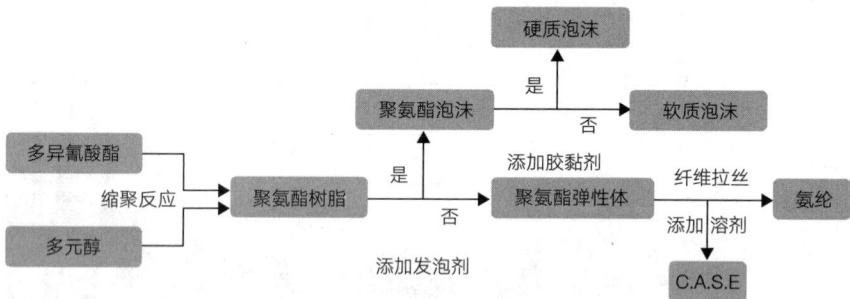

图14 聚氨酯类不同产品合成特点

（资料来源：CNKI）

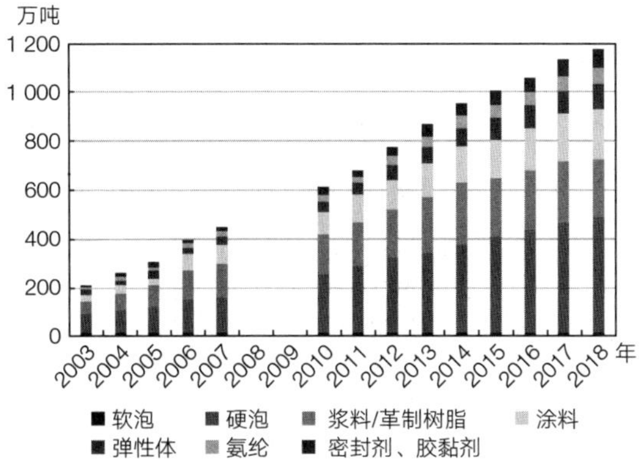

图15 中国聚氨酯中游产品消费量变化

（资料来源：CNKI）

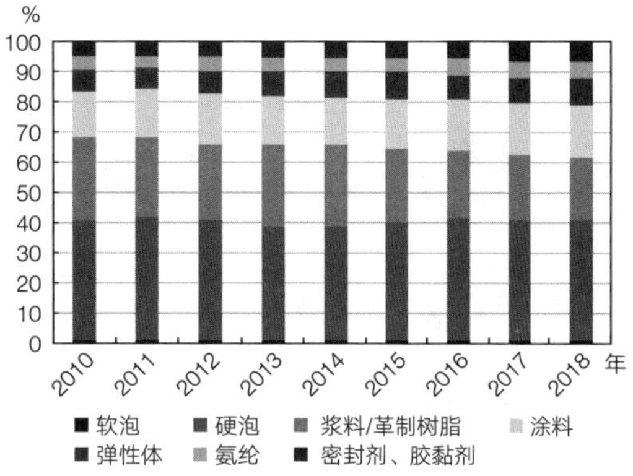

图16 中国聚氨酯中游产品消费占比变化

（资料来源：CNKI）

1．泡沫材料。

泡沫材料是聚氨酯材料最大的应用形态，又可以进一步分为硬泡塑料和软泡塑料两类。2018年泡沫塑料形态的聚氨酯产品占比超过40%，其中硬泡塑料占比约为56%，主要应用于冷链领域和建筑领域的应用，具有优良的隔热性和机械强度；软泡塑料占比为44%，主要用于沙发等软体材料，在柔软性和高回弹性等方面优势显著。

硬泡塑料行业：2010年聚氨酯硬泡塑料的三大终端消费市场是冰箱冰柜（57%）、建筑材料（23%）及太阳能保温材料（5%）。2019年冰箱冰柜依旧占据52%的消费市场，但建筑材料的占比已减少为11%，汽车行业消费占比升至13%。这主要是因为：第一，全球对轻型车辆的需求不断增加，政府对燃料排放的有利标准以及乘用车和商用车需求的增加将推动硬泡市场对汽车行业的需求；第二，国家颁布建筑设计防火规范（GB 50016），限制了聚氨酯硬泡在保温外墙中的应用。此外，伴随着太阳能热水器在市场中的减少，硬泡在热水器领域的消费占比也相应降低。

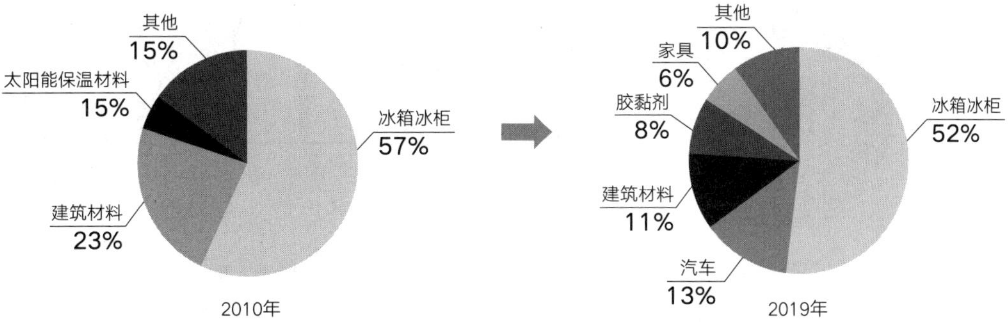

图17 2010年与2019年聚氨酯硬泡下游消费占比对比

（资料来源：CNKI）

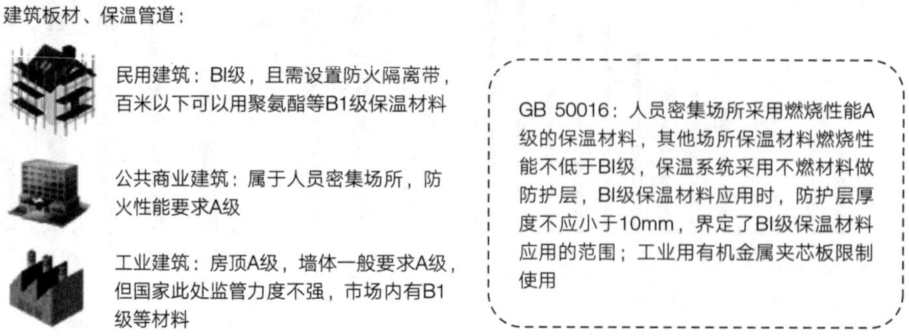
建筑板材、保温管道：
民用建筑：BI级，且需设置防火隔离带，百米以下可以用聚氨酯等B1级保温材料
公共商业建筑：属于人员密集场所，防火性能要求A级
工业建筑：房顶A级，墙体一般要求A级，但国家此处监管力度不强，市场内有B1级等材料
GB 50016：人员密集场所采用燃烧性能A级的保温材料，其他场所保温材料燃烧性能不低于BI级，保温系统采用不燃材料做防护层，BI级保温材料应用时，防护层厚度不应小于10mm，界定了BI级保温材料应用的范围；工业用有机金属夹芯板限制使用

图18　中国对建筑板材、保温管道的防火性能要求

（资料来源：三分钟看懂软泡下游应用［J］. 环球聚氨酯，2016（8））

软泡塑料行业：2018年聚氨酯软泡塑料的两大终端消费市场是软体家具（61%）、汽车行业（17%）。软体家具主要指的是以海绵、织物为主体的家具，如沙发、床、记忆枕等家具。根据中国轻工业联合会数据，2019年1～8月软体家具产量4 141万件，同比下降3.5%，如果按照2019全年同比下滑3%计算，则近十年年复合增长率为0.8%，增长较为缓慢。车用软泡一般为高回弹海绵，新能源汽车用海绵要求更高，主要是在环保性能方面。主要应用领域有：汽车座椅、靠背、头枕。我国汽车行业产量近年来有下降趋势，2017年以来已连续两年下降，近十年年复合增长率为1.8%。聚氨酯软泡占比最大的两个终端消费行业未来增速趋缓，软泡行业需求端承压。

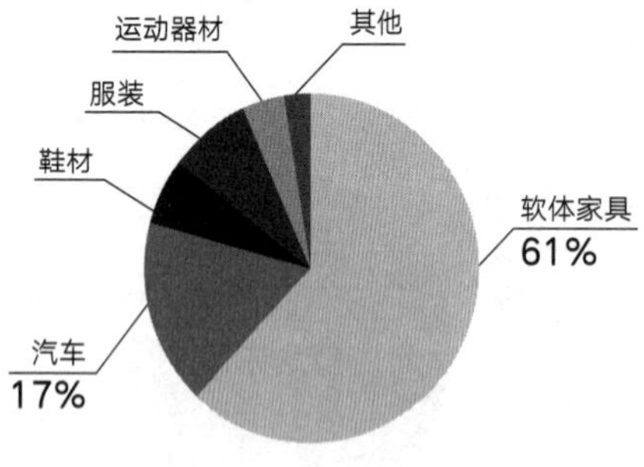

图19　中国软泡材料下游消费占比

（资料来源：中国产业信息网）

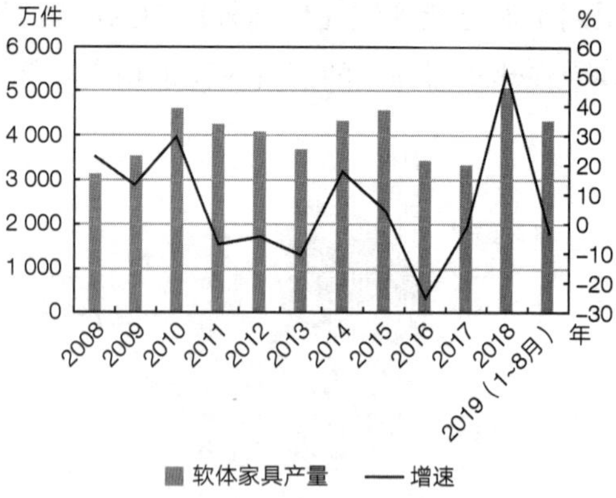

图20　中国软体家具产量变化

（资料来源：中国产业信息网）

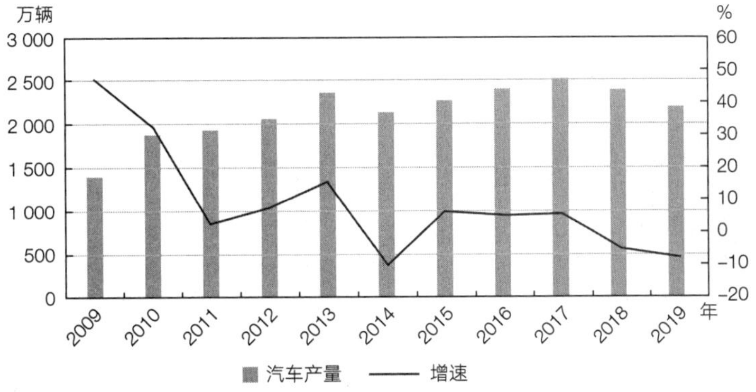

图21 中国汽车产量变化

（资料来源：国家统计局）

2. 革鞋树脂及浆料。

聚氨酯合成革目前是代替动物皮革最好的人造皮革，广泛应用于制鞋、箱包、围脖等。2018年我国聚氨酯革鞋树脂原料消耗约为242万吨，其中，浆料消耗185万吨，鞋底原液消耗57万吨。浆料市场的下游行业主要是人造革和合成，鞋底原液的主要产品为劳保鞋和皮鞋。

聚氨酯浆料：我国浆料行业整体开工率常年在50%左右，2018年产能约为390万吨，开工率为47.4%，产能过剩较为严重。近几年国内浆料行业面临巨大挑战，正逐步进行整合，产能产量向华峰集团、旭川集团等大企业集中。未来这一行业整合的力度将会进一步增大，伴随着服装制造业从我国向东南亚等国的转移，浆料行业产量预计空间有限。

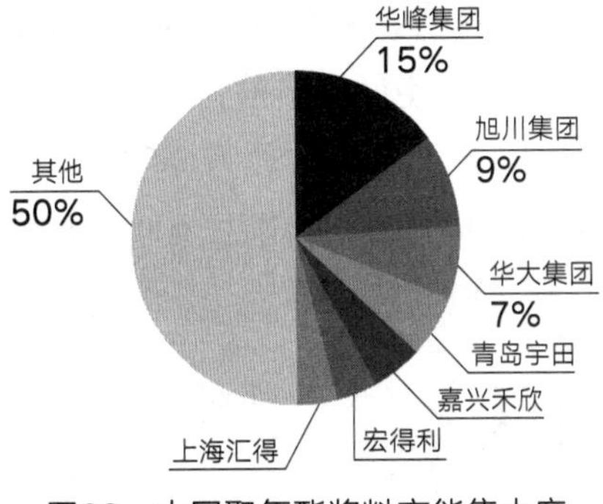

图22 中国聚氨酯浆料产能集中度

（资料来源：CNKI）

鞋底原液：中国目前是全球最大的PU鞋底原液生产国，同时中国拥有全球最大的PU鞋底原液生产厂家——温州华峰。早在2005年之前，国内生产PU鞋底原液的厂家众多，最高峰时期达40多家，但是随着市场竞争的日益激烈，部分厂家逐渐退出市场，截至2017年，中国PU鞋底原液的厂家数量萎缩到20家左右，各企业之间的优劣势非常鲜明。2018年中国鞋底原液总产能为117万吨，产量约为54万吨，开工率为46.2%。国内鞋底原液产能呈现先进产能供需两旺、低端产能日薄西山的两极分化阶段。

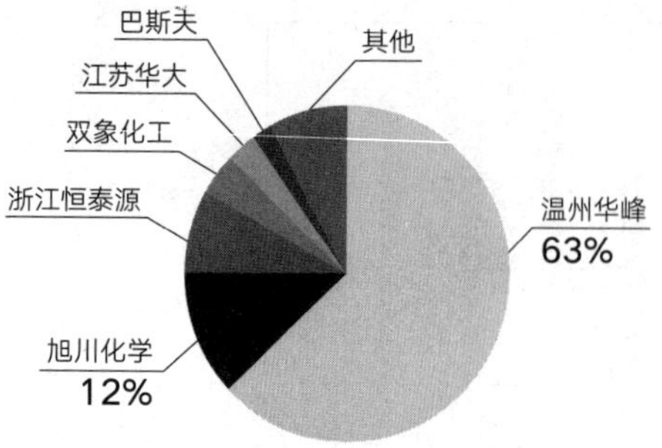

图23 中国鞋底原液产能集中度

（资料来源：CNKI）

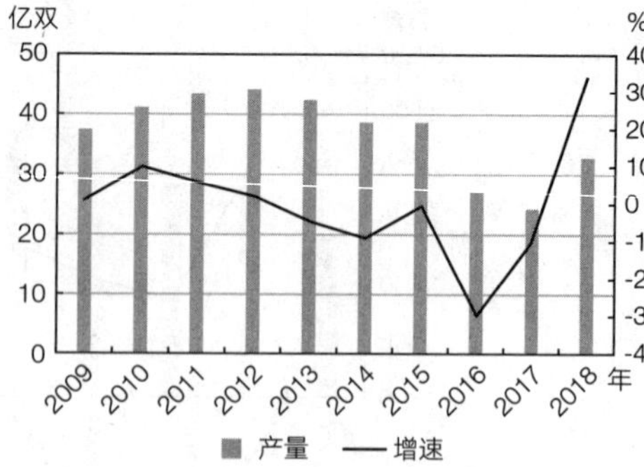

图24 中国皮革皮鞋产量

（资料来源：国家统计局）

3．C.A.S.E类产品。

C.A.S.E.类产品包括涂料、胶粘剂、密封胶和弹性体。2018年C.A.S.E.类产品占聚氨酯产品总量的35%，绝大多数C.A.S.E.材料的固化物（除去水和溶剂后）是非泡沫弹性聚氨酯材料。近十年里，C.A.S.E.材料无论是增长的绝对速度还是在聚氨酯产品中的占比都高于其他产品，优秀的耐水性、耐磨性、耐高温以及胶粘性使其具有很宽的应用领域。

聚氨酯涂料由于结构组分中含有极性较强的异氰酸根基团，因而可以与物体表面形成氢键，从而与表面牢固结合，该性质使得聚氨酯类涂料可以用作汽车修补涂料、防腐涂料、地坪漆、电子涂料、特种涂料、聚氨酯防水涂料等。纵观整个聚氨酯涂料的发展历程，不难发现其良好的发展趋势，逐渐在涂料市场中占据更大的份额。自2017年以来，涂料市场已经开始回落，但聚氨酯涂料的消费量依然保持增长，在涂料中的占比也进一步扩大。2010—2018年涂料产量的年复合增长率为4.6%，同期PU涂料为9.8%，2018年PU涂料占比为13.4%，相对较低，还有较大提升空间。目前，全球高质量功能性涂料主要来自PPG、宣威、巴斯夫等国际巨头，我国涂料行业整体较为分散，产品多为中低端涂料，仍有进口替代空间，PU涂料叠加在涂料行业中的份额不断扩大将更具成长属性。

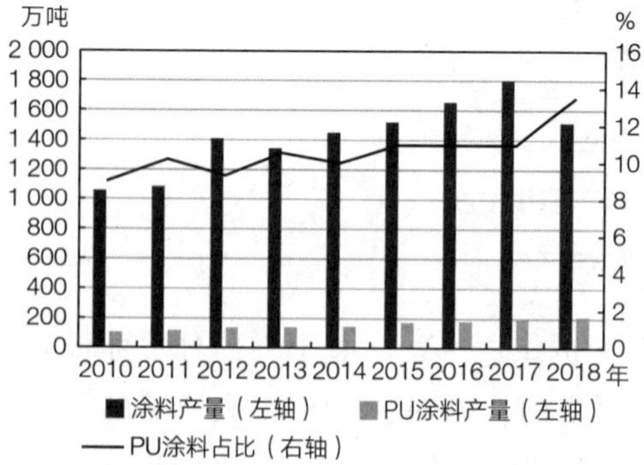

图25 中国涂料及PU涂料产量

（资料来源：CNKI、国家统计局）

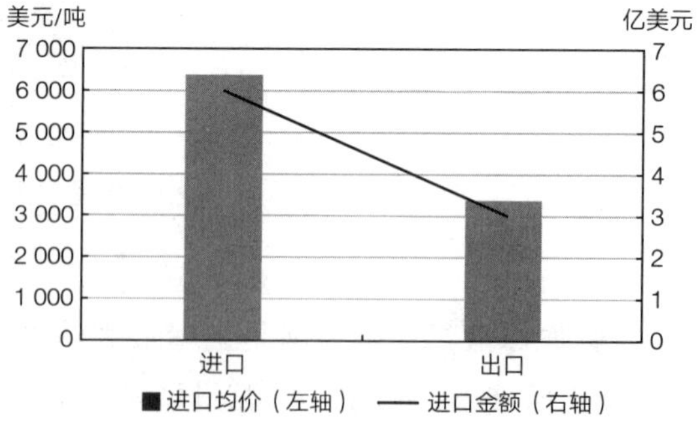

图26 2019年上半年中国涂料进出口情况

（资料来源：海关总署）

PU胶粘剂和密封剂可广泛应用于电子电器、建筑建材、汽车与交通运输等众多领域，是聚氨酯中增长较快的细分领域。我国已经成为全球PU胶粘剂和密封剂的消费中心，全球企业的生产也逐渐向我国转移，产品产销量保持高速增长。2018年我国胶粘剂市场消费量达838.3万吨，同比增长5.3%；胶粘剂销售额达1027.8亿元，同比增长4.0%，行业整体保持增长态势；根据中国胶粘剂和胶粘带工业协会发布的《中国胶粘带和胶粘剂市场报告及“十三五”发展规划》显示，“十三五”期间，我国胶粘剂行业仍处于重要发展机遇期，发展目标是产量年均增长率为7.8%，销售额年均增长率为8.3%，2020年末我国胶粘剂产量达1 033.7万吨，销售额达1 328亿元。2018年我国，PU类胶粘剂产量占胶粘剂总产量的比重不足10%，而美国占比为40%，PU胶粘剂的渗透率叠加整个胶粘剂行业的成长，保证了未来国内PU胶粘剂的发展。

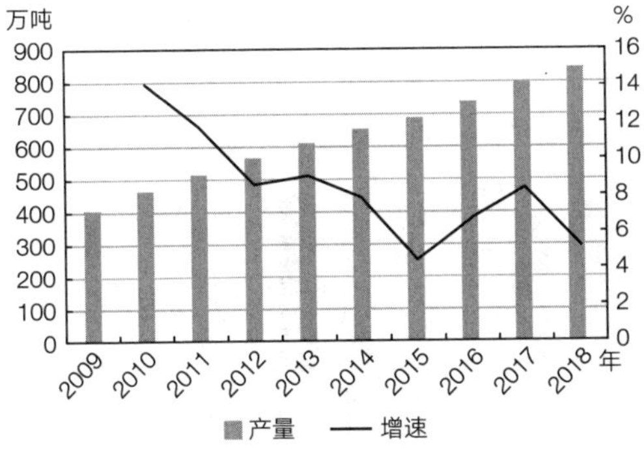

图27 中国胶粘剂产量变化

（资料来源：中国产业信息网）

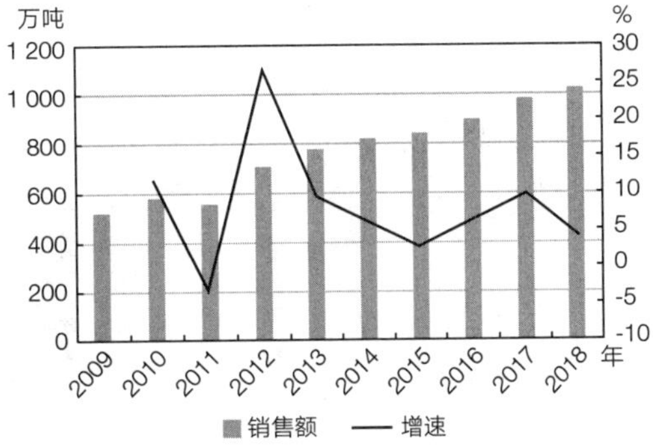

图28 中国胶粘剂销售额变化

（资料来源：中国产业信息网）

我国PU弹性体中，热塑性弹性（TPU）为较典型的产品。近几年来国内TPU市场需求表现出持续增长的态势，年均增长率超过10%。行业供给格局方面，2017年TPU行业CR5为50%，其中，华峰集团和万华化学产能均为12万吨，位列榜首。当下，受原料异氰酸酯价格波动影响，行业出现分化，小厂商部分关停产能，而包括华峰、巴斯夫、美瑞等在内的老牌生产商不断扩线、增产，加速抢占市场，行业集中度继续增加。2018年我国TPU产能约为79.9万吨，产量约为43.65万吨，整体开工率接近56%。随着TPU在聚氨酯弹性体中的比重增加到40%左右，我国已经成为全球最大的TPU市场，需求增速强劲。预计未来几年，我国TPU消费量将保持年均10%的增长速度，2022年TPU消费量将达到64万吨。

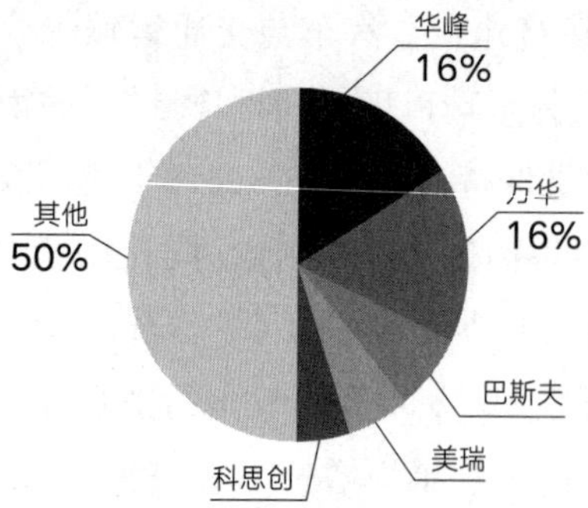

图29 中国TPU产能集中度

（资料来源：率捷咨询）

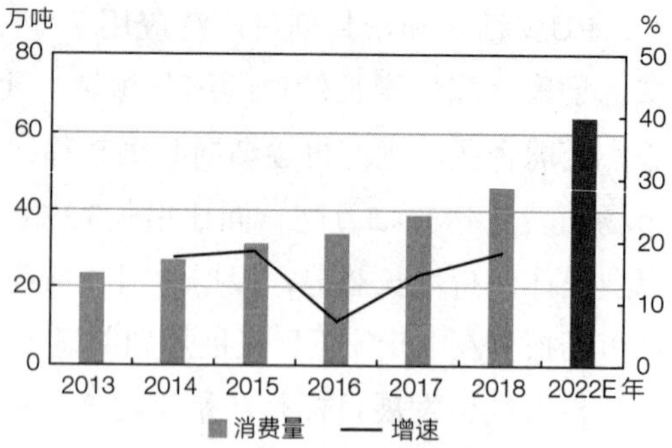

图30 中国TPU消费量变化

（资料来源：国家安全生产监督管理总局、新思界）

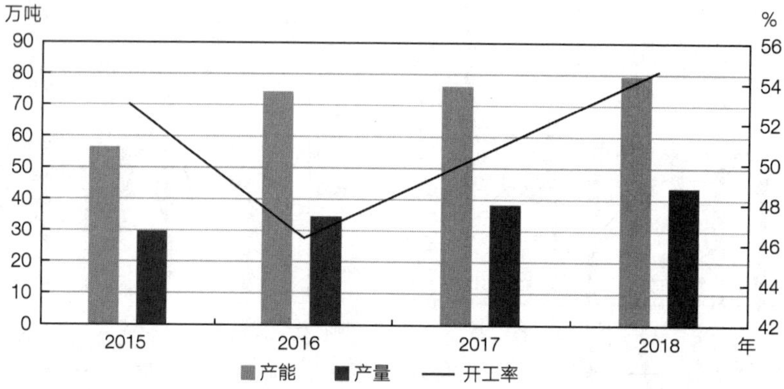

图31 中国TPU产能、产量、开工率变化

（资料来源：天天化工网）

4．氨纶。

此外，聚氨酯材料还有一种特殊的纤维形态，简称为氨纶。氨纶是一种弹性纤维，是聚氨酯在纺织服装领域应用的主要产品。我国是全球最大的氨纶生产国，2018年产能占全球比例超过70%。近几年，我国氨纶产量持续稳定增长，2019年产量为68.4万吨，同比增长8.3%。从消费量来看，2018年我国氨纶消费量为62.2万吨，同比增长13.7%，需求增速连续三年加快，需求量增速超过新建产能增速。竞争格局方面，我国氨纶行业集中度较高，2019年氨纶行业CR5为62%。鉴于当下供需严重错配且行业整体盈利能力下滑，多数企业的扩产意愿与能力降低，行业面临整合机遇，未来新增产能也主要集中在浙江华峰等行业龙头企业。若未来新增产能全部按计划投产，2021年氨纶行业CR5将提升至67%。

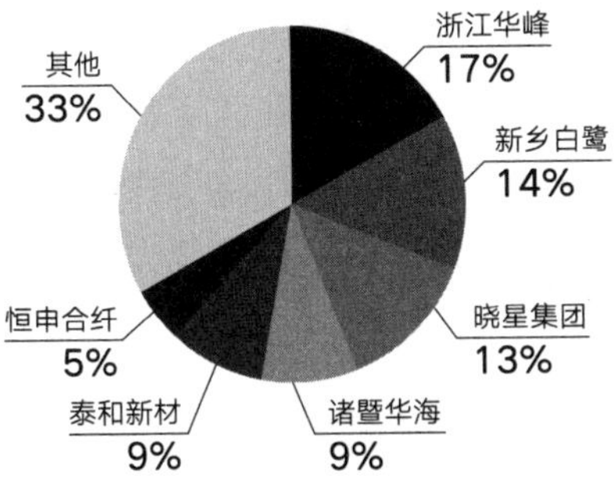

图32 中国氨纶产能集中度

（资料来源：百川咨询）

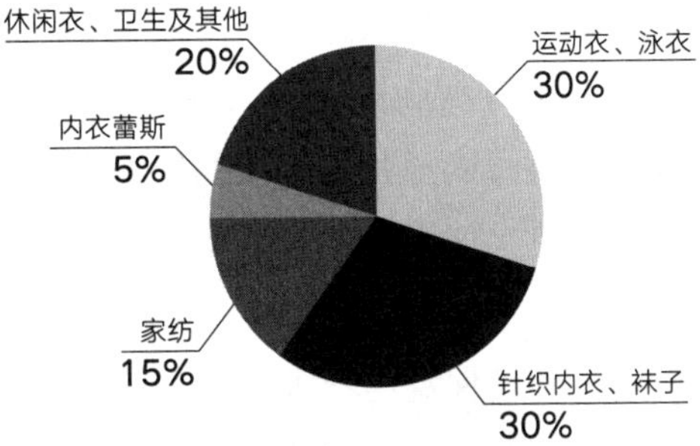

图33 中国氨纶下游消费占比

（资料来源：华经情报网）

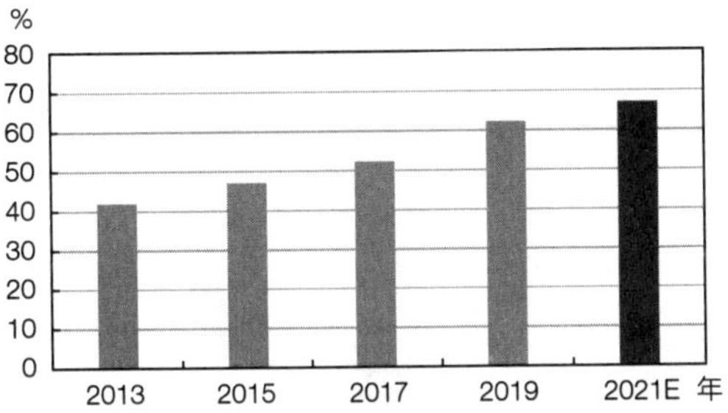

图34 中国氨纶产能变化

（资料来源：百川资讯）

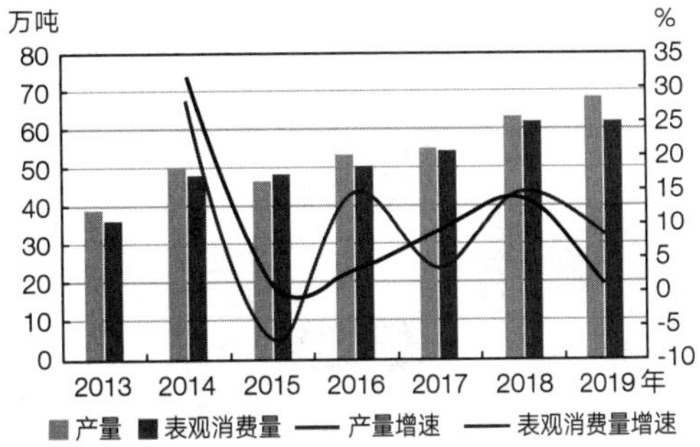

图35 中国己二酸进出口情况变化

（资料来源：百川资讯）

三、性能提升和新应用场景将为聚氨酯材料未来发展提供长期动力

（一）通过产品改性提升性能可以释放大量需求空间

聚氨酯材料经过几十年的发展，已经涵盖了生产生活中的各个方面，但未来仍有广阔的发展空间。

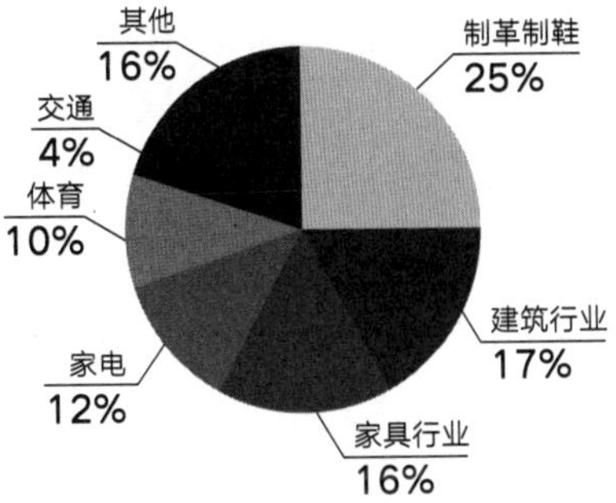

图36 中国聚氨酯终端消费领域

（资料来源：CNKI）

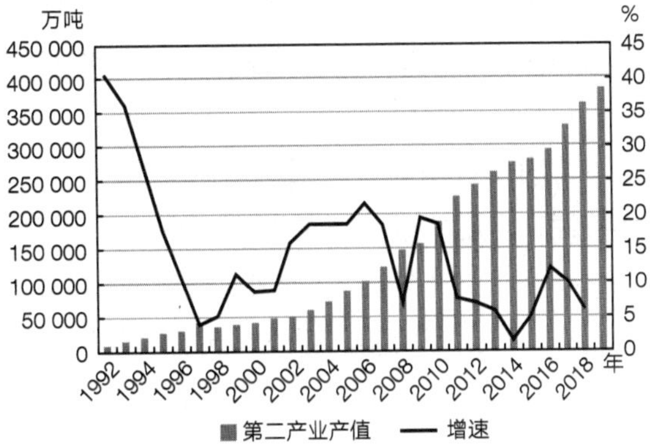

图37 中国第二产业产值变化

（资料来源：国家统计局）

硬质泡沫是聚氨酯材料的最大单一应用形态。在建筑保温材料外墙领域，我国聚氨酯硬泡占比为7%，而美国为65%，还有很大的提升空间。当下我国在建筑外墙领域应用较少的主要原因是我国生产的硬泡材料并未改性或添加阻燃剂，因而防火性能差，不符合相关规范，如若行业未来能够在量产改性上取得突破，外墙保温领域将为聚氨酯硬泡材料带来更多的市场需求。

除了外墙保温材料外，硬泡塑料在冰箱和冷链领域预计也有进一步的发展。2016年国家新修订的《家用电冰箱耗电量限定值及能效等级》强制性能效国家标准已经实施，高耗能的冰箱将会被低能效的取代，而硬泡作为优质的保温材料，预计在冰箱中的渗透率会进一步提升。其次，我国冷链物流的高速发展将会为硬泡带来更大的需求。

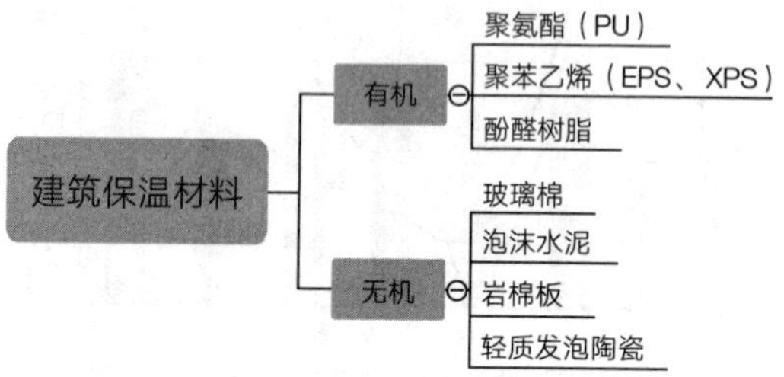

图38 中国建筑保温材料分类

（资料来源：三分钟看懂硬泡产业链发展趋势［J］．环球聚氨酯2016（10））

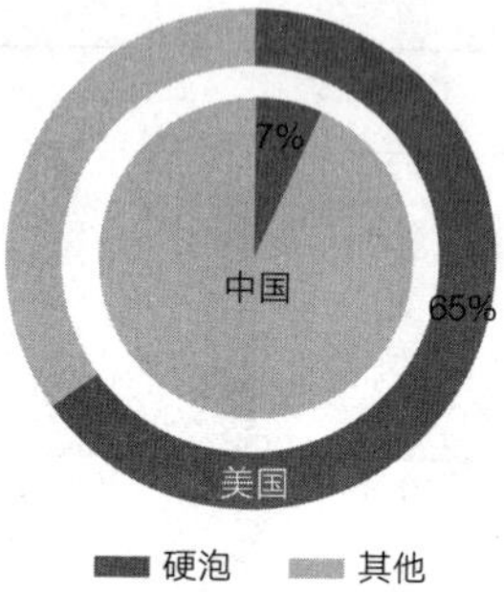

图39 中国聚氨酯中游产品消费占比变化

（资料来源：三分钟看懂硬泡产业链发展趋势［J］．环球聚氨酯2016（10））

聚氨酯软泡由于舒适性强，适用于瑜伽垫等体育器械和拳击手套等体育器材，符合我国服装行业的消费升级和全面健身的发展趋势，但对于产品的品质要求较高，所以如果相关企业可以进行产品研究，开发出广受大众欢迎的相关产品，也能有较好的增长空间。

（二）新的产品应用场景也带来从无到有的新需求

除了通过材料改性扩大聚氨酯作为一种先进材料对于传统材料的替代外，新的产品和新的应用场景也会为行业发展注入新的动力。

1．记忆型材料。

使用复合型高密度聚醚型的聚氨酯材料，可以制备成具有记忆功能的材料，具有黏弹特性，可随头颈位置的改变，自动发生形状的改变，随时保持与颈部紧密贴合，不让头部滑落造成“落枕”。此外，记忆型材料用于人体力学，能够吸收冲击力，具备记忆变形、自动塑型等功能。此外，还有着防菌抗螨和透气吸湿等特点。

表2 记忆枕特点

特点	表现
吸收冲击力	枕在记忆枕上没有压迫感，在使用平常的枕头时会有压迫耳廓的现象，使用慢回弹枕头不会出现这种情况
记忆变形	自动塑型能力可以固定头颅，减少落枕的可能；自动塑型的能力可以恰当填充肩膀空隙，避免肩膀处被窝漏风等问题，有效预防颈椎问题
防菌抗螨	慢回弹海绵抑制霉菌生产，去除霉菌生产产生的刺激气味，当有汗渍唾液等情况下，显得更为突出
透气吸湿	由于每个细胞单位间是相互连通的，吸湿性能绝佳，同时透气

资料来源：CNKI。

2. 道床固化材料。

聚氨酯作为道床固化材料，可以充分发挥其良好的弹性、稳定性好、耐磨等优点，解决有砟轨道桥隧区段养护维修困难的技术难题，同时具有良好的减振降噪功能，为城市轨道交通提供了一种合适的轨道结构形式。聚氨酯固化道床是一种新型轨道结构，它是在已经达到稳定的有砟道床内，浇注由异氰酸酯和多元醇等组成的混合料，并在道砟间完成发泡、膨胀和凝固，使泡沫状聚氨酯弹性材料挤满道砟间的空隙，并牢固黏结道砟颗粒，形成弹性整体道床结构。该项技术兼备了有砟轨道和无砟轨道的优点。2018年12月10日，济青高铁聚氨酯固化道床段时速350公里速度级实车试验顺利实施，最高试验速度达385公里/小时，成功地验证了聚氨酯材料用于道床固化的可行性。

3. 塑胶跑道。

塑胶跑道是由聚氨酯弹性体等材料组成，具有一定的弹性，而且可以上色。聚氨酯塑胶操场有着普通操场无法比拟的优势，是国际上公认的最佳全天候室外运动场地坪材料。随着我国经济社会的不断发展，国家也加大了对文化教育的投入，尤其在体育设施的投入比重占了很大一部分。田径场作为学生活动的必备场地，则是学校加强建设的重点。目前，我国人均体育场地不足2平方米，美国为16平方米，日本为19平方米，有很大的提升空间。《全民健身计划（2016—2020年）》提出，合理利用景区、郊野公园、城市公园、公共绿地、广场及城市空置场所建设休闲健身场地设施。可以预计，塑胶跑道行业将会保持持续发展动力。

四、风险提示

中国产业存在外迁风险，聚氨酯产业发展可能不及预期。

汽车后市场产业：

“后”积薄发，“后”发制人

刘一鸣　东兴证券汽车行业分析师
张觉尹　东兴证券研究所汽车组

产业描述：

汽车后市场是指汽车从售出到报废的周期内，围绕售后使用环节衍生出的一系列需求与服务。汽车后市场的主要细分领域有汽车金融、汽车保险、维修保养、二手车及汽车租赁等。其中汽车金融和汽车保险准入门槛较高，需要资本和牌照支持；维修保养门槛相对较低，市场集中度低，近年来吸引了大量资本进入；二手车未来将会成为中国车市的重要组成部分，销售格局分散；汽车租赁受不健全的法律法规限制而发展受阻，强劲的潜在需求将推动其扩张。随着互联网的进入，汽车后市场线上线下深度结合，新兴的电商平台开始优化和重塑传统的服务体系。

一、顺应汽车行业发展而生

汽车后市场顺应汽车行业而生，早期以独立维修店和配件制造为主，业务模式单一。初期汽修市场主要参与者为独立维修店，它们规模小且格局分散，仅有汽车维修一项业务。

纵向一体化推动部分独立维修店向4S店转型，形成“4S店为主、独立维修店为辅”的后市场格局。之后，4S店业务又向二手车、汽车金融、汽车保险等方向拓展，真正实现了业务的纵向一体化。由于4S店普遍存在运营成本较高、零配件可选择性少且价格高、客户等待服务时间较长等劣势，独立维修店仍能在4S店的围剿中守住一部分份额。

经销商：
William E. Metzger在美国建立了第一家汽车经销店
二手车：
纽约出现了最早的二手车公司之一（the Empire State Motor Wagon Company）
中国第一家有交易主体的旧车交易市场——中联二手车市场在北京成立
中国第一家4S店——广汽本田汽车第一特约销售服务店在广州成立
汽车金融：
中国第一家汽车金融公司——上汽通用汽车金融有限责任公司成立
通用汽车承兑公司（GMAC）成立，为汽车的批发和零售业务提供金融支持
汽车保险：
中国人民保险公司全面恢复中断近25年的汽车保险业务，车险逐步成为产险的主要组成部分
私家车消费增长，第一批汽配城、汽配一条街出现
强制性汽车保险计划首先在英国的《道路交通法》中提出
1898年
1898年
1919年
1930年

图1　世界汽车后市场早期发展时间线

（资料来源：Wikipedia）

中国汽车市场发展较晚，对应的汽车后市场也在20世纪90年代才萌芽。随着国外4S店模式和国际连锁汽修企业的进入，中国汽车后市场迎来发展阶段。

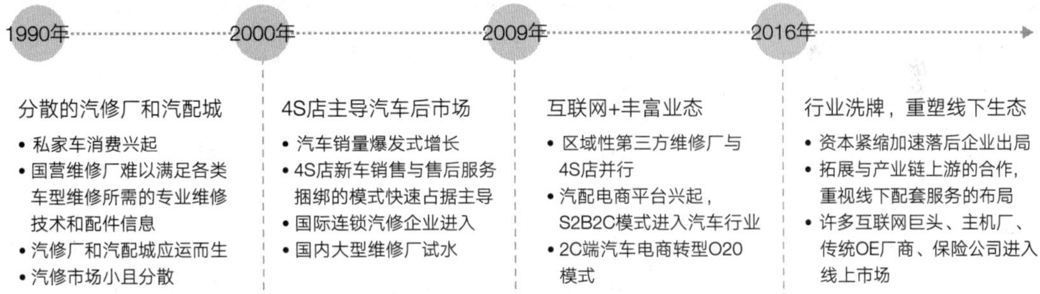

1990年
2000年
2009年
2016年
分散的汽修厂和汽配城
• 私家车消费兴起
• 国营维修厂难以满足各类车型维修所需的专业维修技术和配件信息
• 汽修厂和汽配城应运而生
• 汽修市场小且分散
4S店主导汽车后市场
• 汽车销量爆发式增长
• 4S店新车销售与售后服务捆绑的模式快速占据主导
• 国际连锁汽修企业进入
• 国内大型维修厂试水
互联网+丰富业态
• 区域性第三方维修厂与4S店并行
• 汽配电商平台兴起，S2B2C模式进入汽车行业
• 2C端汽车电商转型O2O模式
行业洗牌，重塑线下生态
• 资本紧缩加速落后企业出局
• 拓展与产业链上游的合作，重视线下配套服务的布局
• 许多互联网巨头、主机厂、传统OE厂商、保险公司进入线上市场

图2　中国汽车后市场发展历程

（资料来源：德勤研究．2019中国汽车后市场白皮书——站在新零售十字路口的红海市场[R]．2019）

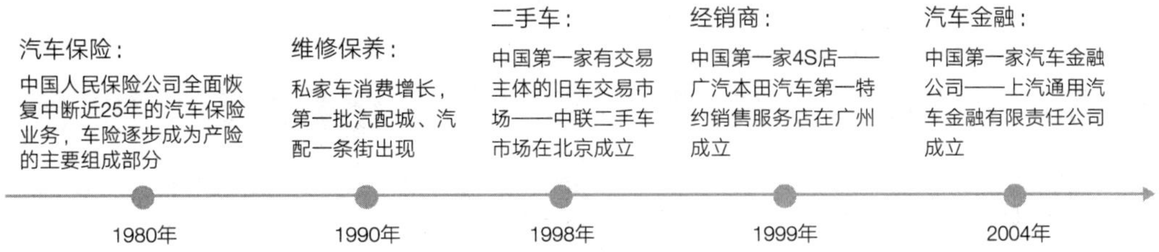

图3　中国汽车后市场发展时间线

（资料来源：百度百科）

后市场由于更接近消费者，对真实需求更加敏锐。许多汽车新功能如车载导航（GPS）、胎压监测系统（TPMS）都是先在后市场实现，随后才在前装标配。在汽车前装增加一个功能往往需要长达数年的多轮设计验证迭代才能实现，而后市场的配件厂商能够越过整车厂等多个中间环节，对新出现的消费者需求进行快速的响应。

二、业务繁多，线上线下多渠道并行

（一）中国特色的后市场

乘用车维保服务的形态，在美国以DIY（Do It Yourself，自己动手）为主，而在中国以DIFM（Do It for Me，交钥匙服务）为主。服务形态的差异导致中国汽车后市场产业链的结构、特点及发展路径都与美国明显不同。

1．中国消费者DIY能力较弱。

与美国相比，中国车主更需要全方位的服务。中国车主汽车知识和维修经验都很少，中国绝大多数家庭也没有像美国家庭的车库那样充裕的场地来进行汽车维修。

中国维修店、电商兼有销售配件与维修服务的职能。美国的配件多为消费者自行挑选、购买，维修店仅从事相对复杂的维修服务。因此，美国存在着以NAPA为代表的四大汽车连锁零售商，他们像超市一样仅售卖商品，不提供维保服务。而中国大多数汽车零配件的销售必须和维修服务绑定。中国不仅几乎不存在NAPA这样的汽车零配件零售商，超市中的汽车维保商品也仅限于清洁用品、装饰等不太受DIY环境限制的用品。

2．配件制造业齐全，IT巨头入局助力。

由于零部件产业较为完备，中国汽车后市场业务从低端到中高端蓬勃发展。外资企业技术优势明显，但主要的生产工厂都在中国，近年也为中国零配件企业的发展提供了技术土壤。

许多中国零部件企业通过后市场起家。国内汽车市场发展初期，后市场的低门槛给不少配件制造企业提供了野蛮生长的机会。还有不少制造商通过出口赚得第一桶金，从而进入前装领域，向高端发展。相反，在发达国家，由于售后配件门槛低于前装，部分企业在人工和设备高成本的环境下无法生存，而被市场淘汰。

表1 国内主要汽车后市场零部件制造厂商

厂商	主要后市场业务	2018年营业收入/亿元
玲珑轮胎	轮胎	153.02
骆驼股份	启动电池	92.24
保隆科技	胎压监测系统	23.05
金麒麟	刹车片	13.99
正裕工业	减震器	10.83
兆丰股份	轴承	4.97

资料来源：Wind。

近年华为、百度等IT巨头直接入局自动驾驶，给市场增加了新元素。

技术方面：相比传统的汽车零部件企业，IT巨头在软件开发方面的优势明显。自动驾驶系统中，代码的数量呈指数递增。未来随着车联网的普及，各IT企业的优势还将加大。

业态方面：IT公司的组织形式更灵活、产品研发节奏更快、管理模式更开放，这些都与传统汽车企业形成了鲜明的对比。IT公司在自动驾驶开发过程中高效、开放的作风也将影响整个汽车行业的竞争格局，部分迟缓、官僚的传统汽车零部件企业或被淘汰出局。部分传统零部件巨头选择了断臂求生：美国德尔福等公司在经历了破产危机后彻底剥离传统业务，新生公司以自动驾驶为核心业务，近年取得了良好的发展。

表2 国内科技巨头在汽车软件方面的布局

	华为	阿里巴巴	百度
自动驾驶	MDC智能驾驶计算平台	场景、智能物流	L4自动驾驶
车联网/大数据	车联网解决方案 安全认证、设备管理 华为云	云控平台、智能感知基站、协同计算系统	精准营销、整车设计、用户管理
人机交互（HMI）		斑马车载系统	L3级HMI人机交互产品
汽车维保、电商		天猫车站、汽车超人	途虎养车

资料来源：各公司官网、宣传资料。

（二）业务繁多，环节间信息流动是关键

汽车后市场主要细分领域包括：汽车金融、汽车保险、维修保养、二手车及租赁等。

后市场业务繁多，细分领域小而专。主要原因：一是汽车作为大件耐用消费品，后市场服务的需求频率较低，所以对服务流程的标准化要求也没那么高；二是汽车服务的专业性较强，每个部件的维修和保养都有不同的技术要求；三是后市场服务对质量的影响重大。

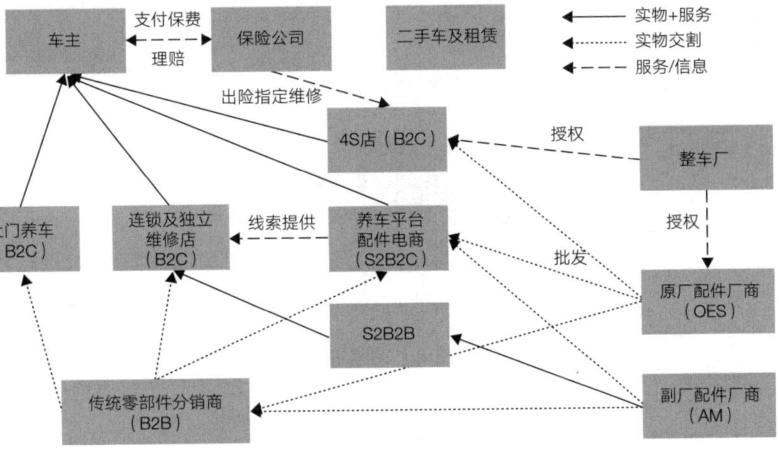

图4 汽车后市场产业链全景图

随着后市场业态的增多，各环节间的信息流动将越来越重要。与线下养车时代相比，掌握更多信息线索的养车平台、4S店和副厂配件厂商的议价能力将会提升。

· 养车平台：较好地解决了信息不对称的问题。在线下养车平台时代，零配件的质量、服务信息的搜索及评价一直是困扰消费者的难题。养车平台一方面通过大型平台为品牌和销量背书，让售后配件的选购过程变得透明；另一方面用信息化的手段将各维修网点的服务信息集中化，大大提升了市场有效性。

· 4S店：车贷和保险等新业务提升了行业议价能力。在传统经销时代，4S店只能面对单一供应商——对应品牌的整车厂，导致其议价能力低、利润微薄。随着4S店加强推行车贷、保险等中介类、轻资产业务，其议价能力也因经营风险的分散和在供给端拥有更多选择而得到提升。

· 副厂配件厂商（After Market，AM）：非整车厂授权的零部件厂商。过去整车厂垄断售后配件，AM厂商受到压制。随着法规层面不再区分原厂、副厂配件，AM厂商面对需求反应快的优势将进一步显现。

后市场其他环节还包括：

· 原厂配件厂商（Original Equipment Suppliers, OES）：整车厂授权的零部件厂商，主要为4S店供货，部分流向零部件分销商。

· 线下的连锁及独立维修店：既可从零部件分销商批发产品（Business-to-Business，B2B），又可以通过中间平台直接从副厂配件厂商批发产品（Supplier-to-Business-to-Business，S2B2B）。

· 上门养车：有别于传统到店保养的新型养护模式（Business-to-Customer，B2C）。

（三）营销渠道：线上线下并行

2019年中国汽车后市场所有业务中，4S店渠道占46%，线上电商渠道占50%，传统门店渠道占4%。

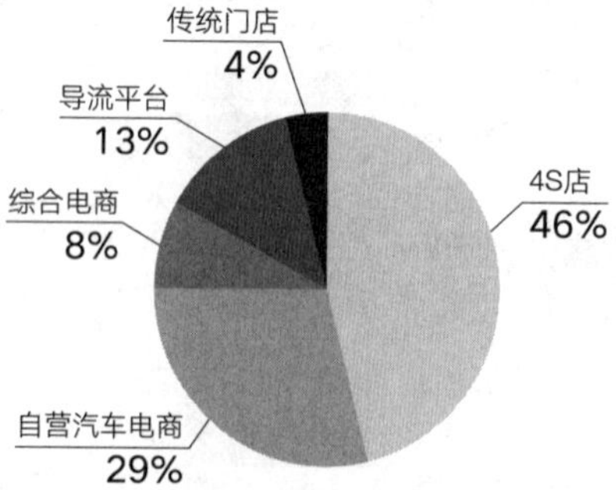

图5 2019年汽车后市场渠道占比

（资料来源：易观研究．中国汽车线上用户数字行为专题分析2019［R］．2019）

1．4S店渠道：利润下行，尾部出清。

新车销售利润率逐渐走低，对企业经营形成重大考验，经营不善者只能退出。在这个过程中，大型经销商集团逐渐胜出，主要原因包括：经营品牌多，有效平滑不同汽车品牌的景气周期；规模较大，面对强势供应商（整车厂）议价能力更强；维保、车贷、保险中介等业务结构更丰富，分散风险。

4S店龙头广汇汽车近年逆市扩张。受新车销量下行影响，公司整车业务毛利率从2015年的4.2%一路下行至3.9%。然而，公司一方面加大对维保等高毛利业务占比更高的豪华品牌的投入，另一方面加大对一些濒临退出企业的部分优质资产的并购力度，新车市场占有率从3%提升到3.7%。这期间公司来自非整车销售的毛利从59%稳步提升至67%，进一步拓宽了利润来源。

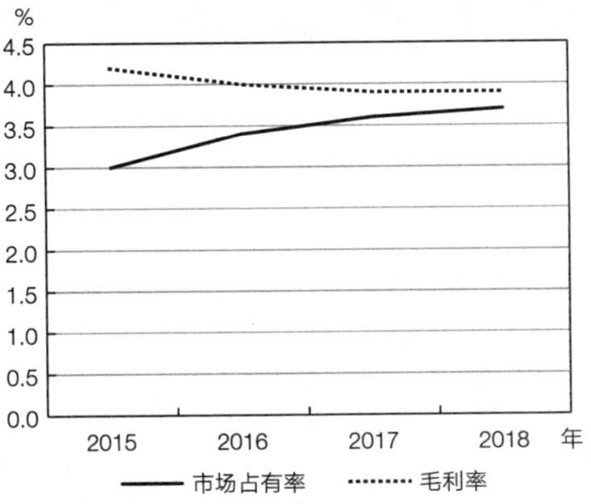

图6 广汇汽车整车销售市场占有率及毛利率

（资料来源：Wind）

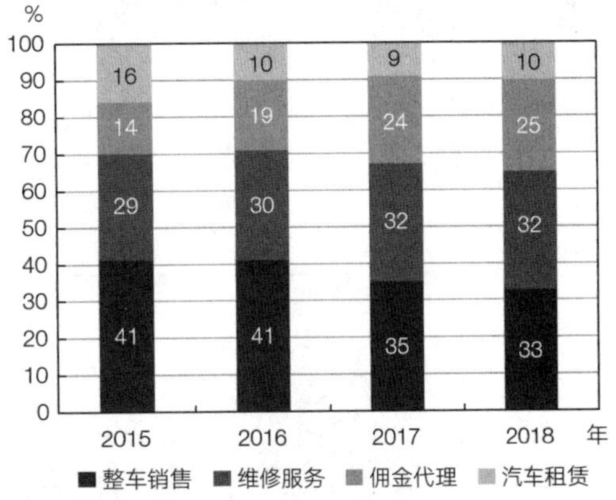

图7 广汇汽车毛利结构

（资料来源：Wind）

2．电商平台渠道：信息优势，流量为王。

电商平台凭借信息优势正在冲击4S店在汽车渠道中的统治地位。但同时因为电商平台的信息优势建立在很高的研发和营销成本之上，只有不断网罗更高的流量，才能维持电商的竞争优势。

途虎养车是线上电商平台领域的龙头，公司已完成E轮融资，以过万的门店数和超400万人的MAU稳居行业第一。途虎养车的发展历程主要是：（1）导流阶段：借助线上流量，以轮胎品类切入线下供应链；（2）品牌阶段：业务向保养、美容拓展，自建仓储物流，与大品牌合作的同时建立自有品牌；（3）工厂店阶段：全方位、多层次布局线下，利于自身流量优势；（4）资本阶段：多轮融资，与腾讯在供应链金融等方面深入合作。

表3 汽车后市场主要维修保养企业融资情况

	融资轮次	总融资额/元	首次融资时间/年	最近一次融资时间/年
途虎养车	E轮	40.725亿	2012	2018
汽车超人	战略投资	27亿	2015	2015

续表

	融资轮次	总融资额/元	首次融资时间/年	最近一次融资时间/年
中驰车福	C轮+战略投资	6.2亿（未透露部分未计入）	2012	2018
乐车邦	B轮	5.06亿	2015	2017
E保养	C轮	3.125亿（未透露部分未计入）	2014	2016
车点点	B轮	9 500万	2014	2017
有壹手	B轮	7 700万（未透露部分未计入）	2014	2016
养车无忧	A+轮	7 210万	2015	2017
卡拉丁	A轮	6 600万	2013	2015

注：总融资额中美元汇率按6.5计算。

资料来源：IT桔子。

表4　汽车后市场主要维修保养平台的规模

单位：个

	途虎养车	养车无忧	车享家	汽车超人	乐车邦
门店数	13 000	4 406	2 500	1 050	5 300
分布城市数	405	124	120	-	70

资料来源：公司官网、企查查。

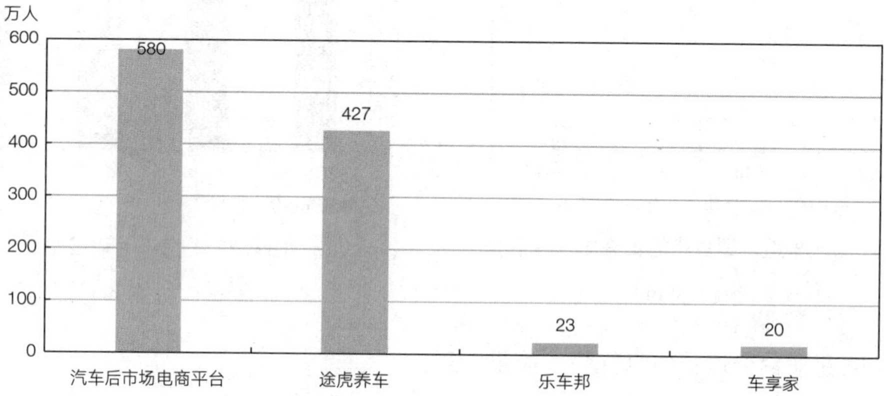

图8　2018年12月汽车后市场电商典型平台MAU

（资料来源：易观研究．汽车后市场电商行业数字化升级［R］．2019）

（四）维保行业存隐忧

1．反馈周期长，劣币驱逐良币。

对于汽车维保行业，客户难以对许多服务立即作出评价，影响了行业内部的优胜劣汰。与车辆事故维修服务的立竿见影相比，保养客户对服务效果的反馈周期更长，而且保养项目并不是汽车出现问题才进行，车主往往要多个保养周期甚至几年之后才能发现。因此，在客户给保养机构的评价中，往往门店的装潢、员工的服务态度，甚至维修人员外貌的影响都要大于实际保养效果的影响，行业容易出现劣币驱逐良币的现象。

维保行业客户反馈周期慢的缺陷，为大型连锁平台提供了机遇。由于单次维保的效用无法在短期得到判断，消费者将更加倾向于大型连锁维保店，尤其是有大型公众平台背书的连锁维保店。我们认为大型维保连锁店在常规保养领域的市场占有率将逐渐上升，而小型“夫妻店”的业务将更多地转向反馈时间比较短或非标准化的服务项目，如补胎、钣金和救援等。

2. 新能源车保养市场较小。

纯电动车的保养市场仅燃油车的一半左右。由于没有发动机，纯电动车不需要进行目前占保养业务比例相当大的机油、机滤和火花塞更换。我们推测燃油车车主的年化保养成本为1 638元，而纯电动车仅需843元，为燃油车的51.5%。

表5 燃油车与新能源车保养项目对比

	燃油车项目	年化费用/元	纯电动车项目	年化费用/元
机油机滤	√	660		
轮胎	√	296	√	296
蓄电池	√	226	√	226
火花塞	√	135		
洗车	√	120	√	120
空气空调滤芯	√	114	√	114
刹车片	√	49	√	49
雨刮器	√	39	√	39
合计		1 638		843

资料来源：京东汽车生活。

此外，纯电动车普及后，一些与发动机、排气系统相关的改装业务也将式微。

用电类的服务需求多种多样，未来将构成维保市场的重要补充。具体细分市场包括：

（1）换电站。作为差异化服务的一部分，蔚来和北汽新能源都推广了换电服务。换电的优势和劣势均十分明显，我们认为作为解决充电时间这一痛点的重要补充方案，换电站在一段时间内仍然会具有生命力。

表6 换电相对充电的优势和劣势

优势	劣势
时间远远短于充电	换电站设备、人工成本高
优化电池寿命	存在“以新换旧”现象，消费者存在疑虑
利用波谷电，降低电费	

（2）充电服务。如蔚来为车主提供的“一键维保”服务，为车主在忙碌时提供停车、充电的服务。

（3）充电设备维修保养。随着家用充电桩的普及，充电桩的维修保养需求也将逐步释放。

（4）动力电池回收。电动车的回收与处理比燃油车更加频繁。以一个小型纯电动轿车为例：电池成本5万元，残值为0.5万元（残值率按10%计），如未来中国纯电动车市场的中长期稳态年销量达到2 000万台以上，电池回收行业的年产值将超过1 000亿元。

三、发展趋势：线上线下深入融合、新旧势力开展合作

（一）总量："高龄"车和车主时间成本将继续推升后市场容量

相比增量，车主对存量汽车维保等后市场服务的需求属于"可选消费板块中的必选消费"，确定性很高。中国乘用车市场将进入低增速甚至零成长的时代。我们推测2020年乘用车市场或由于疫情的影响出现下行，2021年市场将略有反弹，2019—2023年的销量符合增速为2%左右。汽车各类产业中，后市场业务的占比将越来越高。

新车销量即使小幅下滑，保有量仍然将在相当长的时间内保持小幅增长，不断扩充汽车后市场的容量。我们推测到2023年国内乘用车保有量将达到2.48亿辆，2019—2023年的复合增速为3%左右。

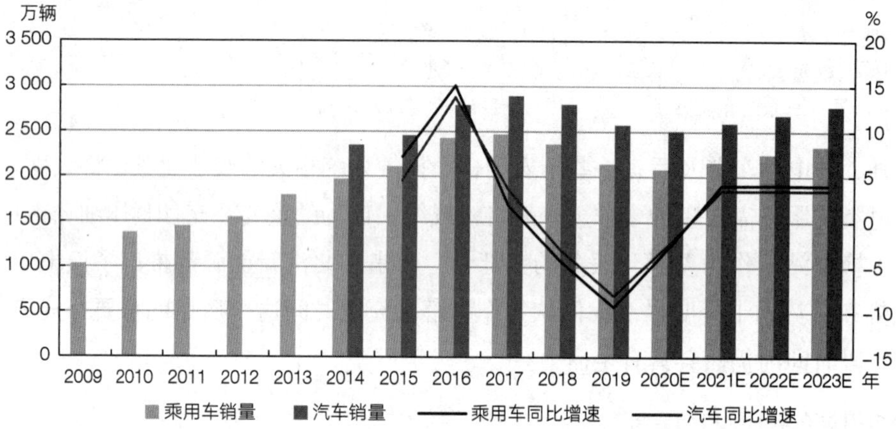

图9 中国汽车与乘用车销量与增速及预测

（资料来源：中国汽车工业协会）

随着国内新车销量的下滑，存量平均车龄将显著上升，相应的维保需求将逐渐上升。我们估算国内乘用车目前平均车龄4.3年，2023年将增长到4.9年。"高龄"车辆的维保项目将随着车龄的增长逐渐增多。

保养方面：皮带、链条、变速箱油等在6万公里内通常不需要保养，但超过6万公里（约4年左右）后保养需求将逐渐显现；车龄在8~10年时，密封、减震等系统中的部分橡胶零部件将逐渐失效，产生更换需求。

表7 部分长周期保养项目

保养项目	保养周期/公里	单次费用/元
正时皮带或链条更换	60 000	200~1 000
附件皮带更换	60 000	200~500
变速箱油更换	60 000	100~400
发动机积碳清洗	不定	不定
制动盘更换	100 000	500~1 500
橡胶件更换	10年左右	100~1 000

资料来源：途虎养车官网。

维修方面：部分10年以上的车辆，必须在发动机、变速箱大修后才能上路。车上其他系统的故障率，也都随着车龄的增长而上升。此外，高龄车辆的事故率明显高于较新车辆，车险保费中也可以体现这一点。根据太平洋保险的数据，车龄6年以上车辆的车损险保费高于2~6年车龄的车辆。

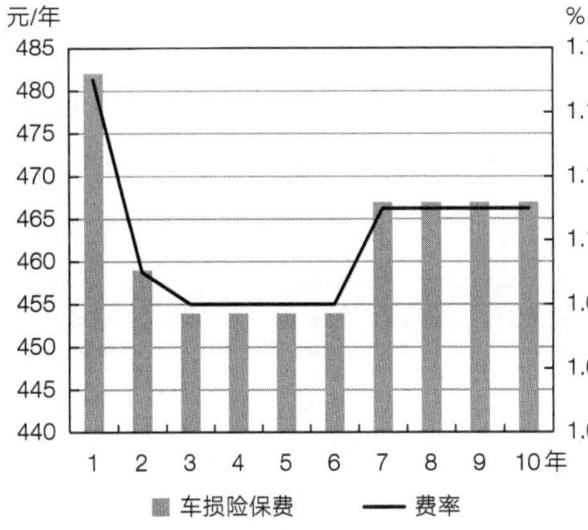

图10 车损险保费与费率

（资料来源：太平洋保险）

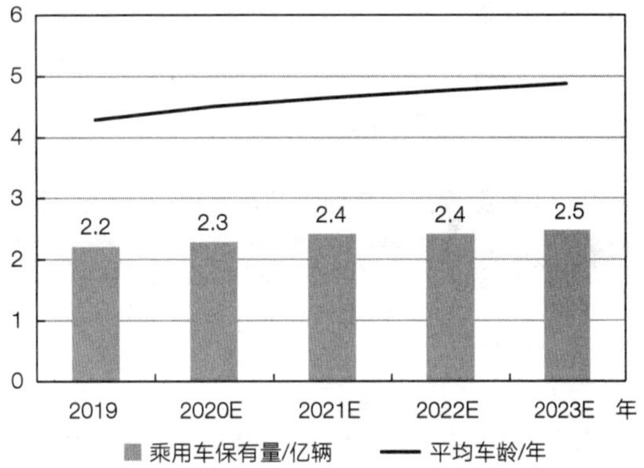

图11 中国乘用车保有量及平均车龄

（资料来源：Wind）

消费者时间成本上升将进一步推动汽车后市场的容量。近年中国城镇居民的人均可支配收入仍有8%左右的增速，消费者的时间成本不断上升，维保服务的时间价值逐渐显现。这种价值一方面体现在车主更加在意车辆的使用状况，以确保随时为家庭或公司的出行需求服务；另一方面体现在愿意DIY的车主比例越来越低，后市场中维保服务的增长将更加有保证。

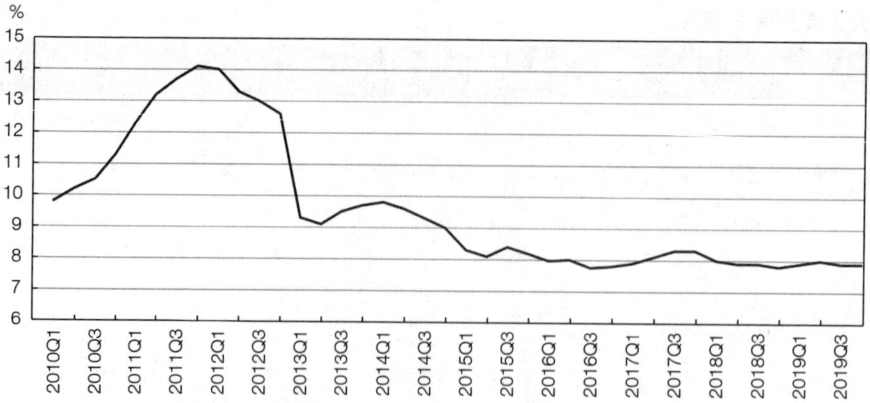

图12 中国城镇居民人均可支配收入累计同比增速

（资料来源：Wind）

（二）维修保养：各环节参与者自内而外拓展

1．配件制造商：品牌化与渠道合作。

随着汽车销量增速放缓，维保配件市场与前装零部件市场的比值还将继续提升。相比前装市场，后市场零配件制造业的议价能力将逐渐提升。

我们统计了汽车主要维保用品的后市场/前装市场容量比值，其中机油机滤的后市场容量最大，达到1 080亿元/年，后市场/前装市场的比值也最高，为28.8倍。

表8 主要维保用品市场容量及后/前装市场之比

	单次材料费用/元	消费频率/（次/年）	前装市场/亿元	后装市场/亿元	后/前市场之比
机油机滤	225	2.40	38	1 080	28.8
轮胎	1 380	0.20	230	552	2.4
蓄电池	514	0.40	86	411	4.8
火花塞	400	0.30	67	240	3.6
空气空调滤芯	140	0.60	23	168	7.2
刹车片	225	0.15	38	68	1.8
雨刮器	78	0.50	13	78	6

资料来源：京东汽车生活。

对于门槛较高的汽车零配件厂商，开创相应的后市场品牌将是将前装的技术优势变现的主要途径，具体途径包括拓宽原有前装产品线到后市场或直接并购一些后市场专用的品牌。零部件全球巨头博世借助前装市场的技术积累，在后市场布局广泛，涉及电子配件、发动机零部件、易损件和维修设备等。保隆科技主营胎压监测前装系统，通过收购已成规模的美国DILL公司成功进入美国胎压监测后市场。

对于已有成熟后市场业务的零部件制造商，争夺渠道将是获取成功的重点。后市场较前装市场的主要差异在于需要厂商寻找最优的渠道将产品送到消费者手中，多渠道并行有利于零配件厂商掌握话语权。以蓄电池龙头骆驼股份为例，公司的前装客户覆盖大部分整车厂，并且与瓦尔塔、风帆两个品牌一起占据了后市场大部分份额。此外，公司线上业务进展迅速，在线养车业务通过京东、天猫、途虎等S2B2C第三方渠道和公司自营的“骆驼养车”平台同时来实现，2018年线上订单同比增速达到255%。

2．4S店：向高端化、纵向一体化发展。

随着互联网在维保行业的逐渐渗透，经销商在中低端品牌的维保领域或将失去一些份额，而高端化与纵向一体化将是经销商未来的主要发展方向。

普通品牌4S店在维保市场中的话语权逐渐减弱。普通4S店的主要优势在于：获整车厂授权，垄断原厂配件，主要竞争对手——独立维修店在没有互联网赋能时获客难度很大。随着国家对汽车配件反垄断政策实施，以及互联网在维保行业的渗透，4S店在上下游的议价能力逐渐减弱。由于保修政策的规定，2年以内车龄的乘用车通常在4S店中保养。2年以上车龄的车辆尤其是普通品牌车，选择在独立维修店中修护的比例将随着车龄增加而不断上升。

4S店在豪车维保领域的支配地位还将持续。由于豪车车主的时间成本和对服务的要求都明显高于普通品牌车车主，豪车到4S店保养的比例明显高于普通品牌车。有整车厂背书的配件和服务为豪华品牌4S店构筑了“护城河”。

2019年国产豪车销量234万辆，进口车销量109万辆，二者合计同比增长5%，与乘用车总体-9%的增速形成鲜明对比。豪车的存量增长较普通品牌车将维持更长时间，结合在新能源、车联网等增值领域更高的渗透率，豪车维保行业的前景仍然广阔。

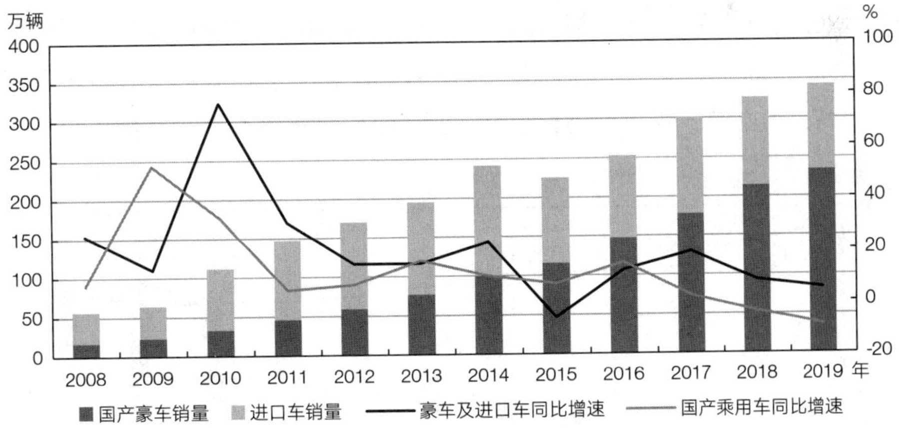

图13 中国豪车市场销量与增速

（资料来源：中国汽车工业协会）

纵向一体化：中国4S店可借鉴美国零售巨头和头部经销商Auto Nation的经验，基于渠道优势创立自有零配件品牌。Auto Nation从第三方供应商采购零配件，创立自有品牌来销售电池、雨刷片、过滤器等售后维修产品和配饰系列。此外，公司通过自创品牌来提供二手车集中定价服务，采取“新建+收购”的方式开设汽车碰撞中心、汽车拍卖店和汽车租赁店。

3. 养车平台：服务内容不断升级。

互联网养车平台以S2B2C的形式解决了市场信息不对称的问题，近年随着互联网尤其是移动互联网的兴起获得了巨大成功。未来车联网、汽车文化等新服务内容的出现将为养车平台带来更多机会。随着消费者、后市场服务人员的时间成本越来越高，养车平台在产业链中的地位将进一步提升。

在C端，互联网养车平台的主要发展方向将是不断丰富服务内容，配合汽车产业升级。在过去，互联网养车平台解决了线下维保时代的两大痛点：零配件质量无法保证、查找门店费时费力且服务质量未知。未来，养车平台在动力电池、车联网软件相关领域都有很大的拓展空间。此外，对于消费者来说，养车平台更大的价值是硬件（零配件）与软件（维保服务）的整合。若只考虑维保门店的搜索、对接和点评业务，互联网时代任何一个地图、点评软件都可胜任，相对来说门槛不高。

在B端，互联网养车平台的主要发展方向将是继续加强赋能与融合。随着消费者基本养护需求的基本满足，未来养车平台有望协同维修店继续向定制化、本地化发展。

（三）汽车保险：商业车险份额提升，新玩家入局

商业车险保额较交强险更高，份额随车主保险意识的提高将提升。2018年我国商业车险的份额为74%，较2008年增加了7%。目前，我国交强险在被保险人有责任时的最大赔偿金额为12.2万元（死亡伤残赔偿限额11万元、医疗费用赔偿限额1万元、财产损失赔偿限额2 000元），而商业车险中第三者责任险消费者最高可投保额能达100万元。随着保险意识的提高，车主将不再满足于强制投保的交强险，更关注保障金额更高的商业车险。

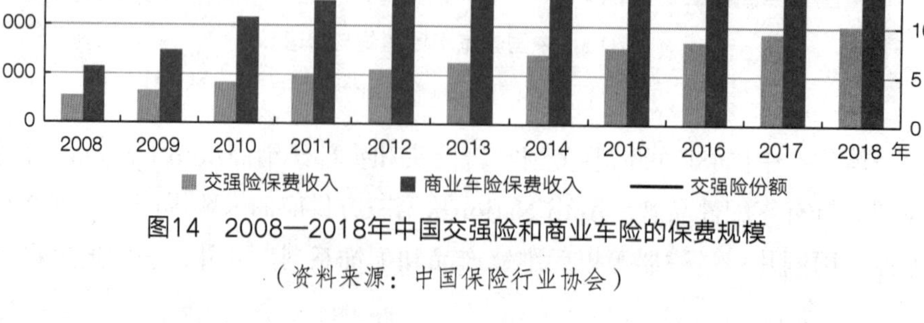

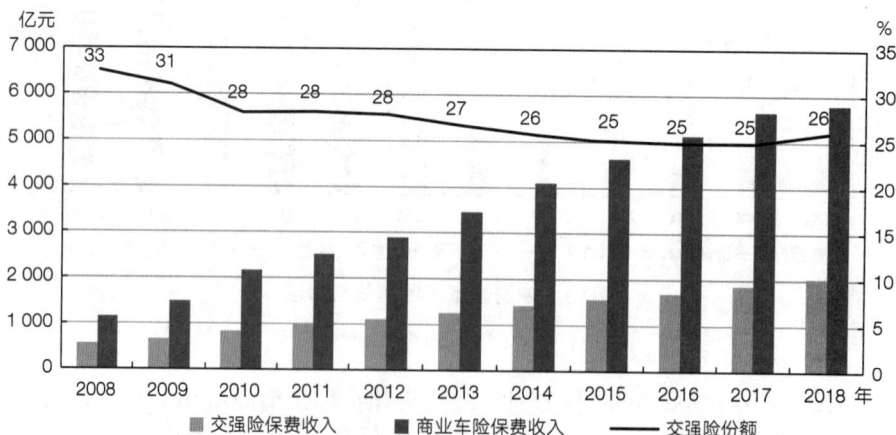

图14 2008—2018年中国交强险和商业车险的保费规模

（资料来源：中国保险行业协会）

汽车公司布局车险或为新风向，特斯拉“第一个吃螃蟹”。早在4年前，特斯拉就表达出对汽车保险的兴趣，并于2019年在加州正式上线特斯拉保险。汽车公司（尤其是新能源汽车公司）进入车险行业最大的优势是，可以通过摄像头和传感器来获得实时准确的驾驶员行为数据和车辆技术数据，而这正是传统保险公司定价的依据。传统保险公司由于缺少新能源汽车相关维修成本的历史信息，不能高效且低成本地给出定价，从而将成本嫁接到车主的保费中。汽车公司可以凭借这方面的优势来降低车主的投保成本，提供高性价比的服务。此外，传统保险公司的广告宣传费用高企，如中国平安在2018年的相关支出达119亿元。而汽车公司借助以往的经销商渠道，可以与新车销售实现一体化，减少支出。

（四）二手车：增值税减征，经销商自营是未来趋势

2020年3月31日，国务院常务会议决定，二手车经销企业销售旧车，从2020年5月1日至2023年底减按销售额0.5%征收增值税。长期以来，中国二手车销量占全部整车销量的比例不高，且明显低于美国等成熟市场。2018年中国、美国、日本的二手车/新车销量比分别为0.49、2.38、1.32。

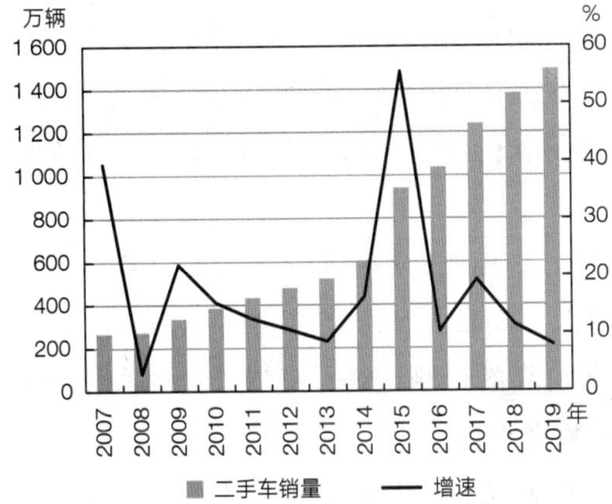

图15 国内二手车销量及同比增速

（资料来源：Wind）

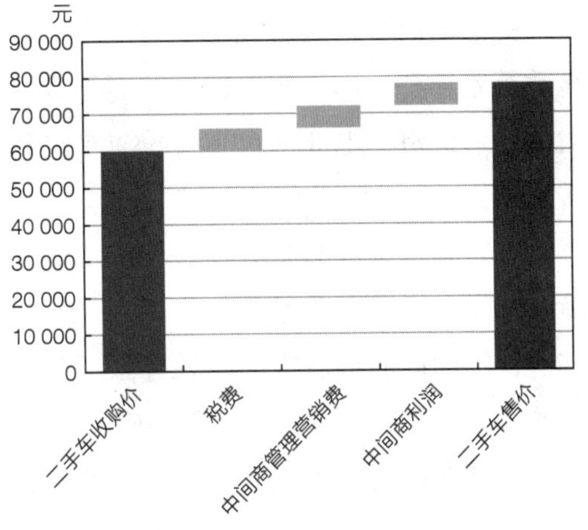

图16 二手车买卖价差拆分

（资料来源：东兴证券研究所整理（价格仅为示意））

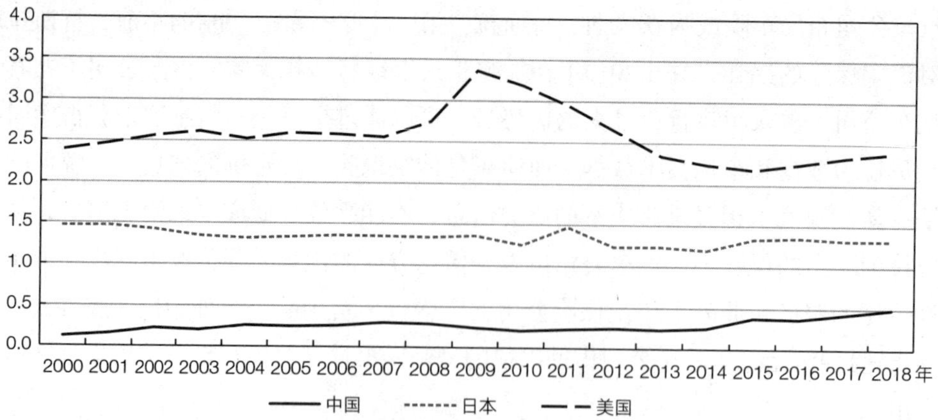

图17 中美日二手车/新车销量比

（资料来源：Wind、JAMA）

此项政策显著降低了交易环节的税费负担，将大幅提升二手车卖家的出售意愿和买家的购买意愿。税费负担和车主对信息不透明的担忧是中国二手车交易量相对不高的原因。先前较高的税费既增大了买卖两端的价差，又使价格透明度较高的自营经销商不愿意入市。

随着二手车增值税减、取消限迁等政策的松绑，拥有天然渠道优势和强大规模优势的头部经销商将会加大对自营二手车业务的投入，其主要优势体现在以下四个方面。

一是电商平台的替代者。与电商平台相比，经销商的线下渠道更具优势。受限于各地政策差异和远途看车、运车的额外费用，电商平台的全国范围车源并不会为其带来较大的竞争优势；电商平台主要扮演买家和卖家间撮合的角色，撮合效率较低，二手车周转周期长。

二是私人车贩的竞争者。与私人车贩（“黄牛”）相比，经销商的品牌专业性更具保障。首先，经销商受惠于本次减税，自营成本降低，而私人车贩之前就几乎没有增值税；其次，经销商的售后维保体系有原厂背书，具备可靠的检测认证；最后。经销商凭借天然的优势，可以提供在售二手车相关的维修保养数据支持。

三是上游的成本优势。整车厂推出的置换补贴政策利于经销商低成本收购二手车。整车厂推出的置换补贴政策，让购新车的车主更愿意把旧车卖给经销商。对经销商而言，不仅可以有稳定的二手车源，还可以低价获车。

四是下游的渠道优势。对接C端买卖家，经销商拥有现成的渠道优势。考虑到上述所提的置换补贴，车主在购买新车时卖旧车的概率加大。此外，有些车主因为有更多的经济诉求，买新车同时卖旧车的迫切性更强。

第三方检测产业：

上帝的归上帝，市场的归市场

樊艳阳　东兴证券机械行业分析师

产业描述：

第三方检测产业归属于质检技术服务行业，包括通过专业技术手段对动植物、工业产品、商品、专项技术、成果及其他需要鉴定的物品、服务、管理体系、人员能力等所进行的检测、检验、检疫、测试、鉴定等活动，还包括产品质量、标准、计量、认证认可等活动。检验检测作为生产性服务行业，具有专业性强、创新活跃、产业融合度高、带动作用显著等特点，掌握了检测话语权一定程度上也就意味着掌握了质量和标准的定价权，是全球产业竞争的战略制高点。

一、第三方检测万亿级市场，具备长期成长空间

按照检验检测业务活动类型，可将检验检测服务分为检验检测、检查、鉴定、检疫、计量和安全性评价等。

表1 检验检测服务分类及范围

检验检测	按照规定程序，由确定给定产品的一种或多种特性，进行处理或提供服务所组成的技术操作
检查	审查产品设计、产品、过程或安装并确定其与特定要求的符合性，或根据专业判断确定其与通用要求的符合性的活动
鉴定	具有相应能力和资质的专业人员或机构受具有相应权力或管理职能部门或机构的委托，根据确凿的数据或证据、相应的经验和分析论证对某一事物提出客观、公正和具有权威性的技术仲裁意见，这种意见作为委托方处理相关矛盾或纠纷的证据或依据
检疫	当人类、动物、植物等由一个地区进入另一个地区，为了预防传染病的输入、传出和传播所采取的综合措施，包括医学检查、卫生检查和必要的卫生处理
计量	实现单位统一、量值准确可靠的活动
安全性评价	综合运用安全系统工程学的理论方法，对系统存在的危险性进行定性和定量分析，确认系统发生危险的可能性及其严重程度，提出必要的控制措施，以寻求最低的事故率、最小的事故损失和最优的安全效益

资料来源：中国国家认证认可监督管理委员会。

检验检测作为生产性服务产业，主要为生产活动提供各种支持性服务，具有专业性强、创新活跃、产业融合度高、带动作用显著等特点，掌握了检测话语权一定程度上也就意味着掌握了质量和标准的定价权，是全球产业竞争的战略制高点。

根据性质和作用的差异，检测认证机构分为企业内部供需双方实验室和第三方认证机构。根据SGS的分析判断，全球检测、检验与认证（Testing, Inspection & Certification，TIC）市场规模在2 300亿美元左右，其中45%的份额由独立的第三方机构提供，市场规模约1 000亿美元。SGS是全球最大的综合性检测机构，市场占有率约为6%。全球市场占有率前20位检测机构占第三方检测市场比重约为40%。

检验检测和认证市场具备明显的消费和产业升级属性，成熟经济体对于检验检测和认证的市场需求更大。目前全球检测市场中，主要被欧洲（30.20%）、北美（32.10%）和亚洲（25.20%）占据，剩余地区合计占有检测市场的12.50%。

从检测产业的下游需求来看，工业检测占比最高，达52%，其中包括石油、燃气、化工、矿产、工业材料、机械、船舶、工业设备、仪器、新能源等行业检测。

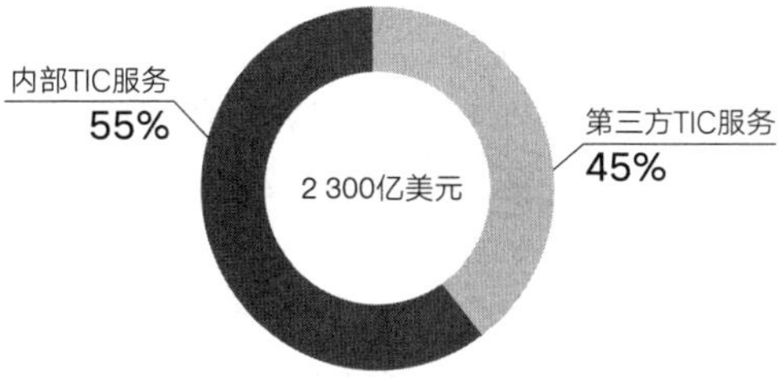

图1 全球TIC市场规模

（资料来源：SGS）

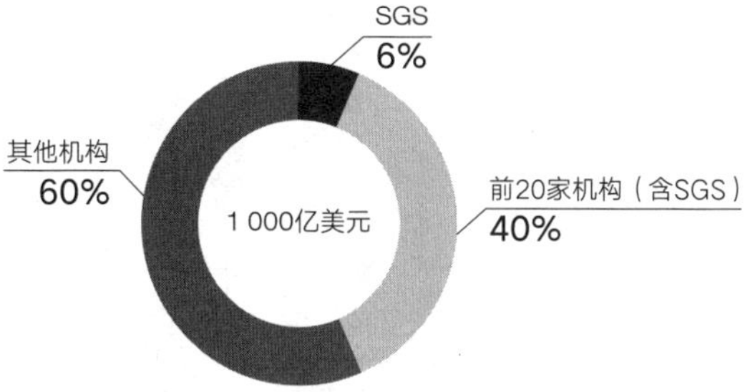

图2 检测认证市场份额分布情况

（资料来源：SGS）

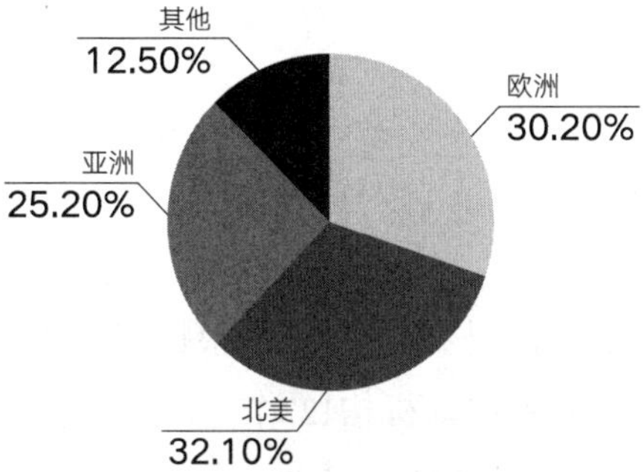

图3 欧美亚等主要经济体是检测的主要市场

（资料来源：前瞻产业研究院）

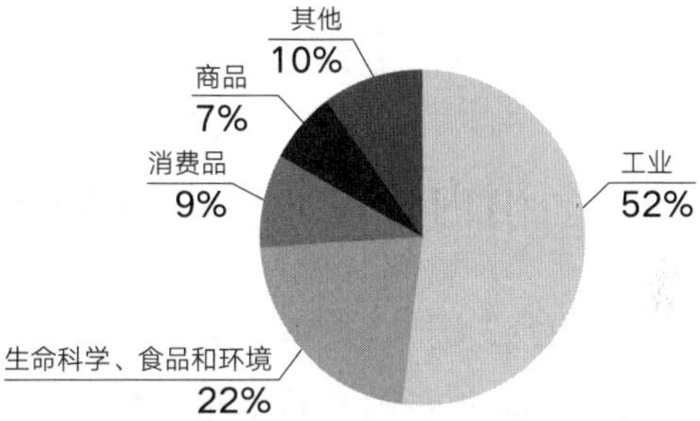

图4 全球检测市场主要下游分布情况

（资料来源：前瞻产业研究院）

生命科学、食品和环境检测占比达22%。生命科学检测的客户群主要分布在医药、农产品、食品、化妆品、食品、饲料、饮用水的生产流通行业；食品检测的客户群体来自食品制造商、零售商、采购商；环境检测主要面向的客户是对环境管理有需求的政府、企业或个人。

消费品检测占比为9%，主要包括电子电器、玩具、儿童用品、礼品、杂货、纺织品、服装、皮革、鞋类、汽车、摩托车、钟表、眼镜、家具、日用品、家用品等的测试服务。客户群体主要来自消费品制造业、零售业或消费者。

随着经济和社会的发展，国内第三方检测市场规模从2009年的230亿元增长到2017年的超过900亿元，复合增速超过20%。从未来增长潜力看，据IHS预测，到2020年，全球检验检测行业的市场规模将超过1 800亿欧元，中国有望成为最大的潜在市场。

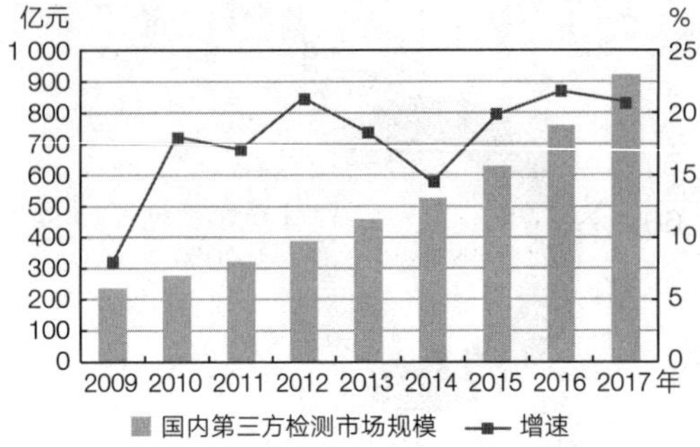

图5　国内第三方检测市场规模超900亿元

（资料来源：前瞻产业研究院）

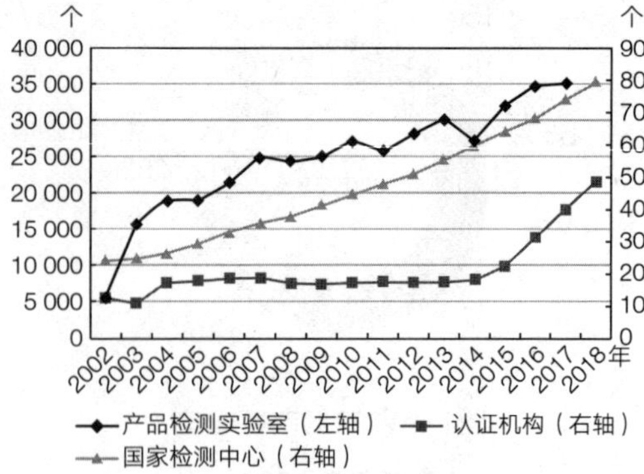

图6　国内实验室及检测认证机构数量持续增长

（资料来源：前瞻产业研究院）

二、国内检测机构快速发展，行业集中度提升空间巨大

随着检验检测认证市场的扩张，国内相关检测认证机构快速增长。根据国家统计局的数据，2002年我国产品检测实验室仅有5 500个，体系认证机构122个，国家检测中心240个，到2018年全国共有检验检测机构39 472家，较2017年增长8.66%。其中，国内产品检测实验室已经超过35 000个，认证机构484个，国家检测中心791个。

国内检测实验室基本保持了13%左右的年均增幅，与行业需求增长程度较为匹配，总体而言，我国检测认证机构数量众多，行业整体竞争充分，市场集中度相对较低，与外资检测机构相比仍有较大差距。

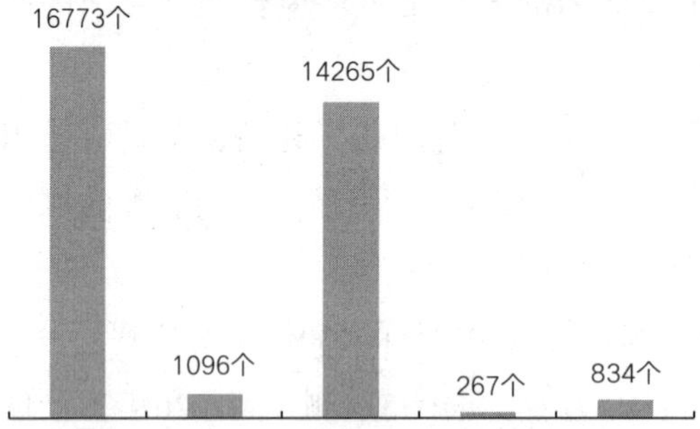

图7　国有及私营检测机构数量众多

（资料来源：前瞻产业研究院）

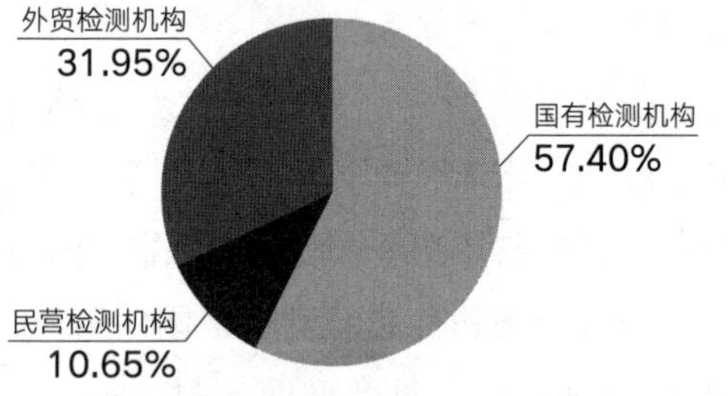

图8　国有及外资检测机构占据检测市场主要份额

（资料来源：前瞻产业研究院）

2018年，我国企业制的检验检测机构26 000家，占机构总量的65.87%；事业单位制10 924家，占机构总量的27.68%，事业单位制检验检测机构占机构总量的比重首次下降到30%以下。

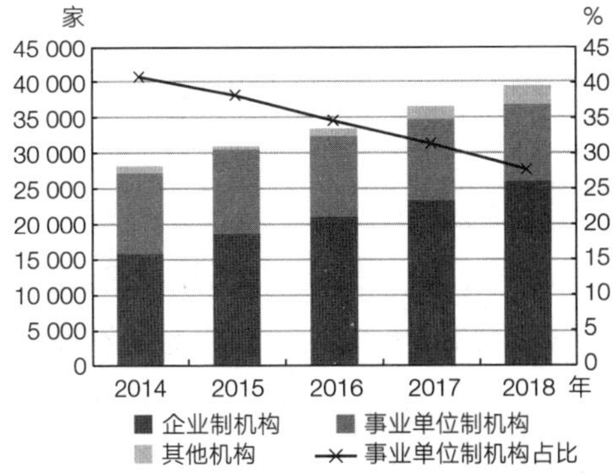

图9 事业单位制检测机构占比持续降低

（资料来源：中国国家认证认可监督管理委员会）

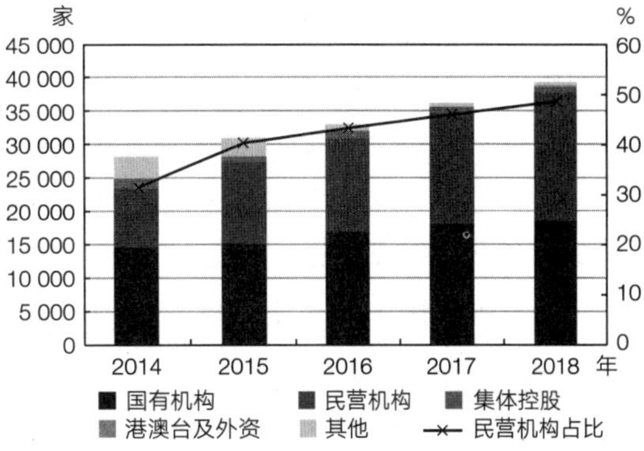

图10 民营检测机构快速增长

（资料来源：中国国家认证认可监督管理委员会）

尽管检测产业市场化进程持续推进，但也可以看到事业单位制检验检测机构的绝对数量并无明显下降，仍然维持在1.1万家左右，表明检验检测领域的事业单位改革进展缓慢，推进有一定阻力。

2018年全国检验检测机构实现营业收入2 810.5亿元，同比增长18.21%。从业人员117.43万人，较上年增长4.91%；共拥有各类仪器设备633.77万台套，较上年增长10.1%；仪器设备资产原值3 195.54亿元，较上年增长11.29%。2018年共出具检验检测报告4.28亿份，同比增长13.83%，平均每天对社会出具各类报告117.26万份。

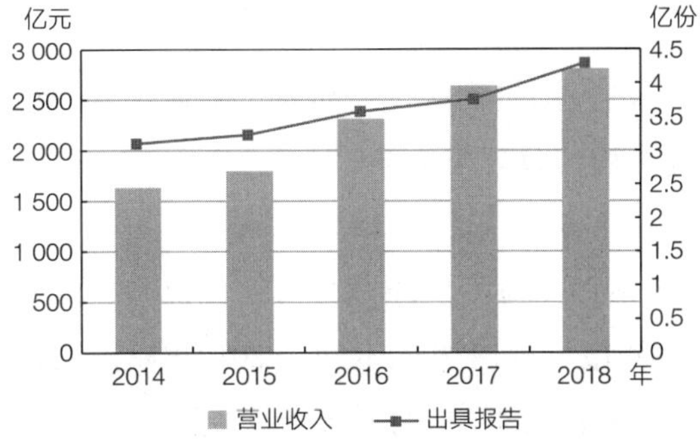

图11 国内检验检测机构收入规模及出具报告数量

（资料来源：中国国家认证认可监督管理委员会）

图12 国内检测从业人员及仪器设备数量

（资料来源：中国国家认证认可监督管理委员会）

2018年，全国检验检测服务业中，规模以上（年收入1 000万元以上）检验检测机构数量达5 051家，营业收入达2 148.8亿元。规模以上检验检测机构数量仅占全行业的12.8%，但营业收入占比达76.5%，头部效应较为明显。

2018年，全行业检验检测业务来源中，社会委托的检验检测报告3.76亿份，同比上年增长24.81%，占比87.7%；仅有0.25亿份报告来自政府指令性任务，占比5.92%，较上年下降43.71%。表明我国检验检测市场进一步成熟，政府导向式的市场色彩进一步淡化。

我国检测产业近年来发展势头持续向好，但“小、散、弱”基本面貌仍未改变。从机构规模上看，2018年，从业人数在100人以下的检验检测机构数量为38 023家，占机构总数的96.3%，绝大多数检验检测机构规模偏小。

从服务半径来看，我国检验检测机构仅在本省区域内开展检验检测服务的比例达76.94%，大多数检验检测机构是“本地化”检验检测机构，缺乏在全国开展服务的能力。

从人均产值来看，我国检验检测机构的人均营收为23.93万元，经营状况并不理想。作为对比，2018年外资机构人均产出达54.69万元。从国际市场拓展来看，能在国（境）外开展检验检测活动的机构仅273家，国际影响力较为薄弱。

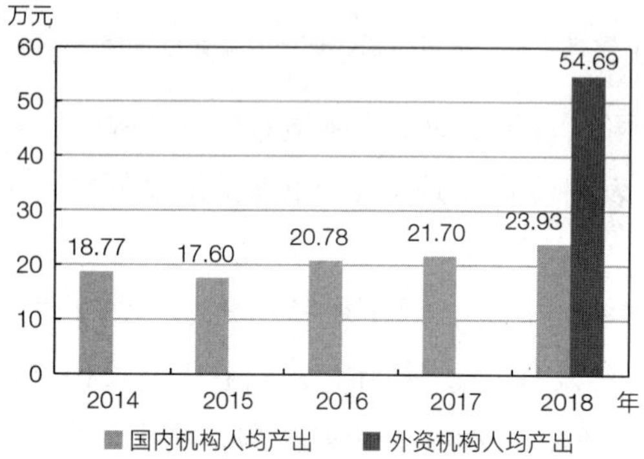

图13 内资检测机构人均产出

（资料来源：中国国家认证认可监督管理委员会）

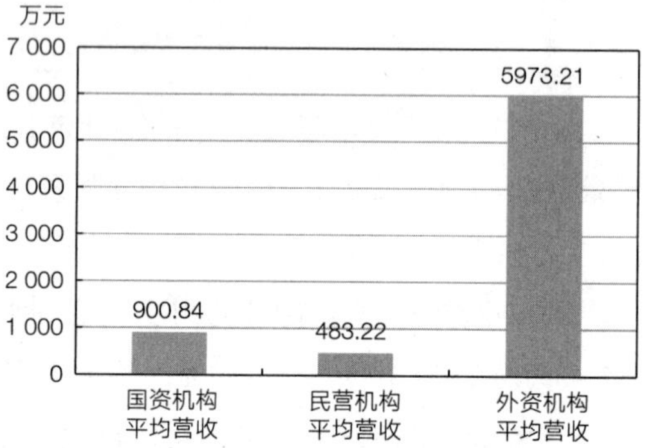

图14 内资与外资机构平均营收

（资料来源：中国国家认证认可监督管理委员会）

从机构平均营收规模来看，同样可以看出国内检测机构与国外机构的差距。2018年国资机构平均营收规模为900.84万元，民营机构平均营收规模为483.22万元，而外资机构平均营收规模达5 973.21万元，差距仍较大。

目前国内检测机构涉及比较多的检测领域包括食品检测、环境与可靠性试验、汽车检测、建筑建材检测等。截至2018年底，食品检测市场规模达665亿元，2010年以来复合增速达21.5%，目前华测检测、广电计量等机构在食品检测领域有积极布局。

2018年环境与可靠性试验市场空间超过100亿元，2010年以来复合增速达22.1%，广电计量、苏试试验在该领域布局较为领先。

2018年国内汽车检测市场规模超过300亿元，2010年以来复合增速达13.7%，国内上市公司在该领域有布局的包括安车检测、南华仪器、华测检测等。

建材检测市场也是规模较大的检测领域之一，2018年市场空间超过500亿元，2010年以来复合增速达14.7%，国检集团在建工建材检测领域处于领先。

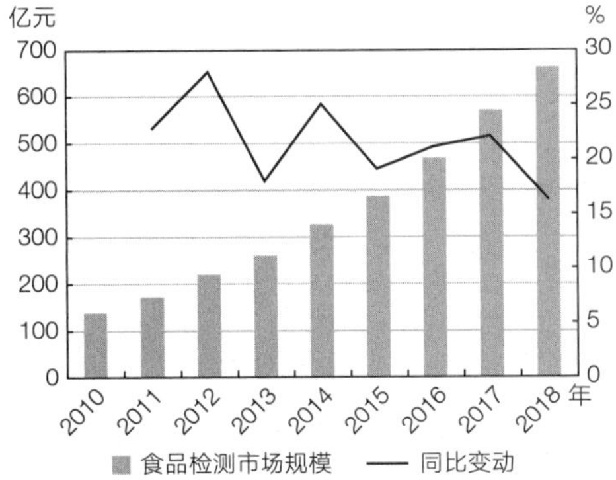

图15　国内食品检测市场规模

（资料来源：中国产业信息网）

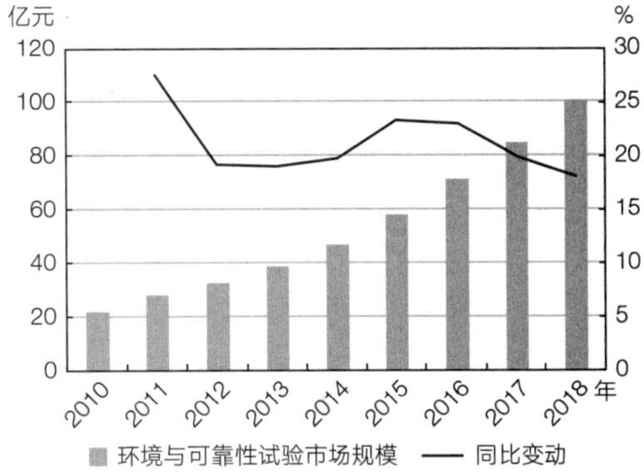

图16　环境与可靠性试验市场规模

（资料来源：广电计量）

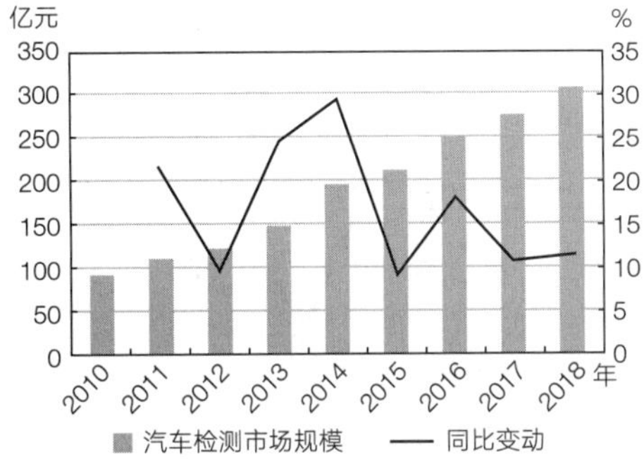

图17　国内汽车检测市场规模

（资料来源：安车检测）

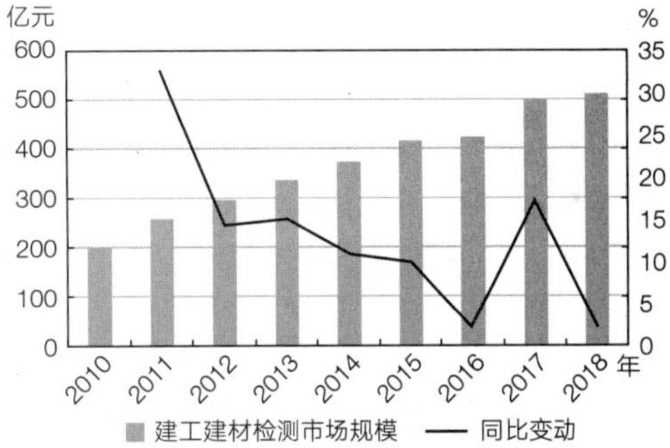

图18　国内建工建材检测市场规模

（资料来源：国检集团）

三、第三方检测的行业特性：公信立本、高度分散、资本密集、先发优势

（一）公信力是第三方检测立足之本

第三方检测服务的基本商业运作逻辑，是第三方检验检测服务机构以独立于供需双方（如供应商与采购商、销售商与消费者）、监管双方（如政府与企业）的第三方身份进行检测活动，将技术水平、服务质量融入自身品牌，在供需双方、监管双方之间传递质量可靠的信息。

而第三方检验检测服务机构出具的报告要能为需方、监管方所接受，对其公信力要求极高。甚至可以说，报告需求方很大程度上在为第三方检测机构的公信力付费。而一旦公信力受损，检测机构的报告价值就会大打折扣，甚至丧失市场。

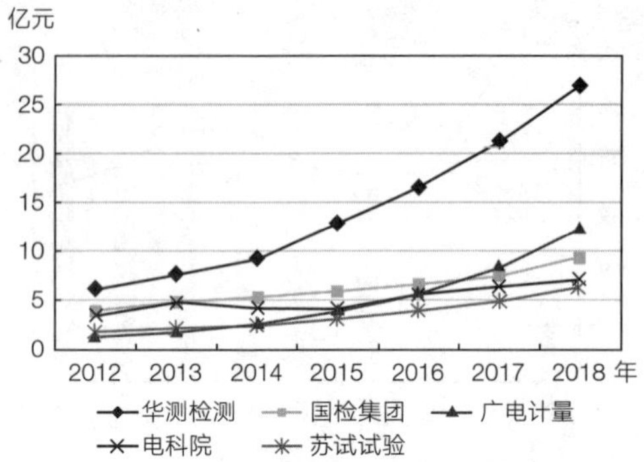

图19 国内上市检测机构营收规模

（资料来源：Wind）

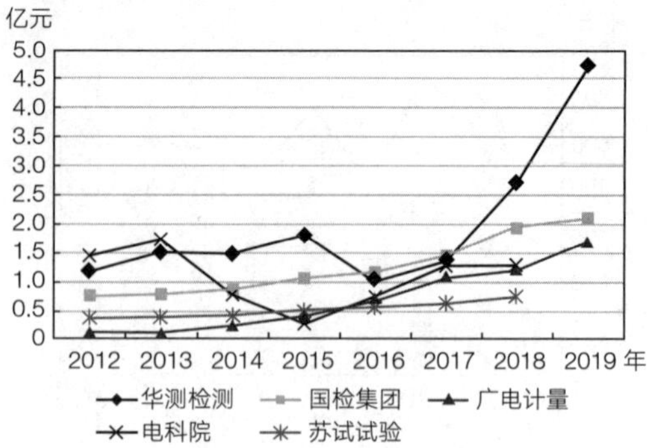

图20 国内上市检测机构利润规模

（资料来源：Wind）

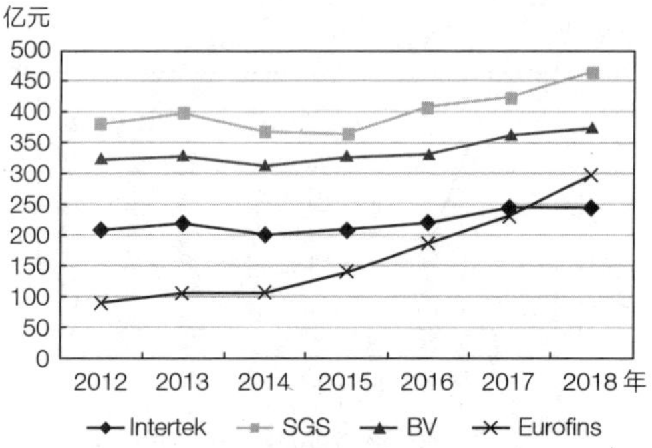

图21 海外上市检测机构营收规模

（资料来源：Wind）

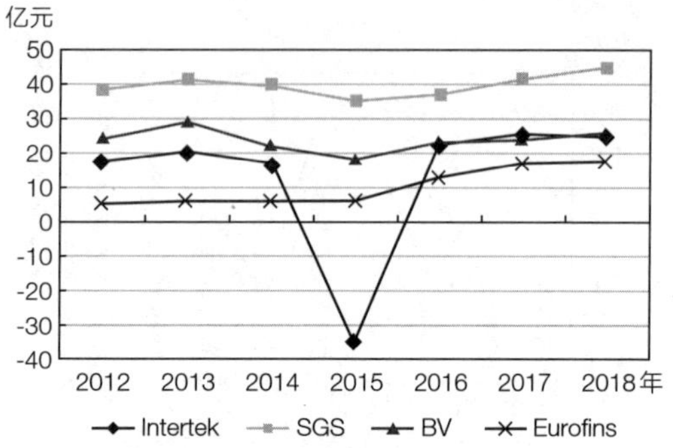

图22 海外上市检测机构利润规模

（资料来源：Wind）

（二）客户和下游市场高度分散

第三方检测机构提供的检验检测服务单价相对较低，2018年国内检测机构报告单价为656.66元/份。因此，营业规模较大的检验检测服务机构，具有客户数量较多且分散的特点，例如，国内第三方检测机构华测检测，每年服务客户超过9万家。

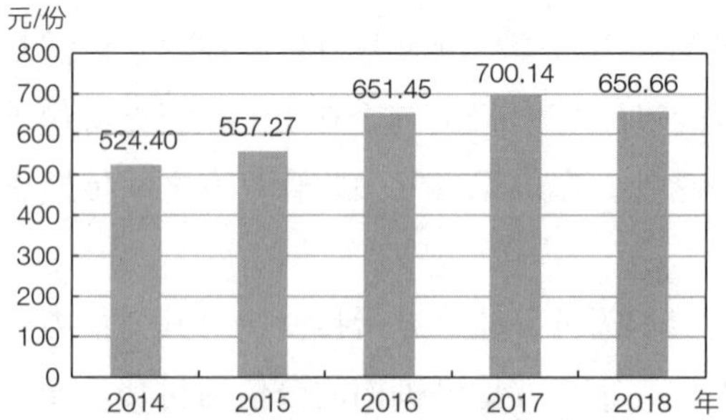

图23 国内检测报告单价

（资料来源：中国国家认证认可监督管理委员会）

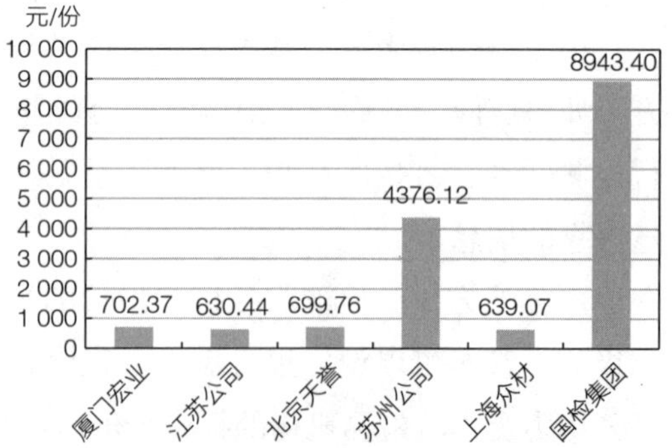

图24 国检集团不同板块报告单价

（资料来源：国检集团）

部分检验检测服务具有时效性要求，这就要求检验检测服务机构尽可能在全国各地进行多点布局。从国内第三方检验检测服务机构现状来看，国内少数大型检验检测服务机构均有广泛的地域布局，以保障各地客户的检验检测需求。

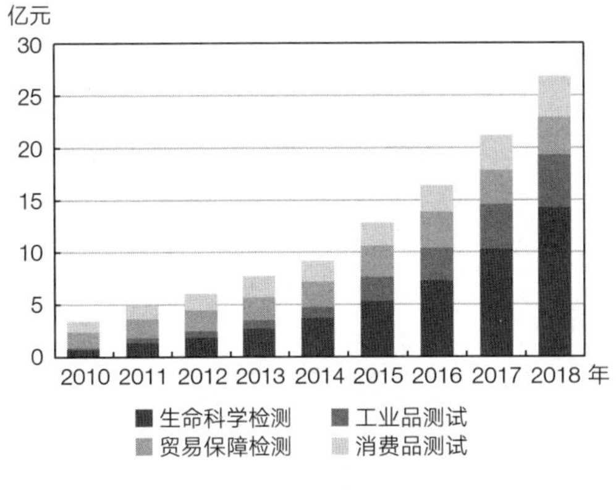

图25　华测检测业务收入构成

（资料来源：Wind）

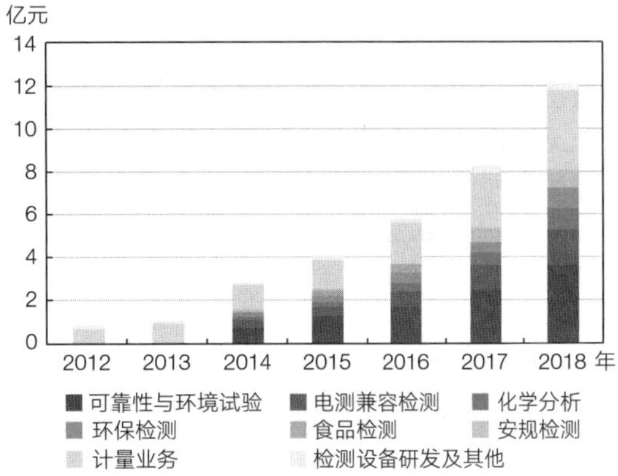

图26　广电计量业务构成

（资料来源：Wind）

此外，检验检测服务业客户的需求普遍具有多样性，第三方检测机构需要拓宽服务范围，尽可能为客户提供一站式综合检测服务。目前，国内大型检验检测服务机构一般能提供综合服务，但无法满足大型客户的全部需求，该类客户往往需要数家检验检测服务供应商。

（三）第三方检测为资金密集型行业

第三方检测机构对于人才和先进设备的需求都较为迫切，再结合广泛的地域分布，无论是人才方面的投入还是设备方面的投入，对资金的需求都非常大，这也决定了第三方检验检测服务业属于资金密集型行业。

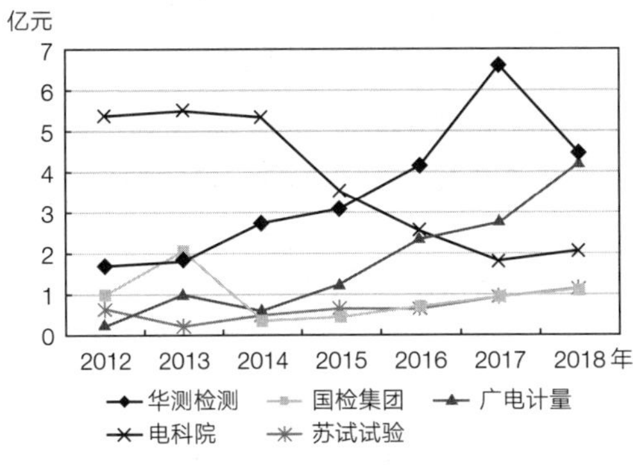

图27　国内上市机构资产购置投入

（资料来源：Wind）

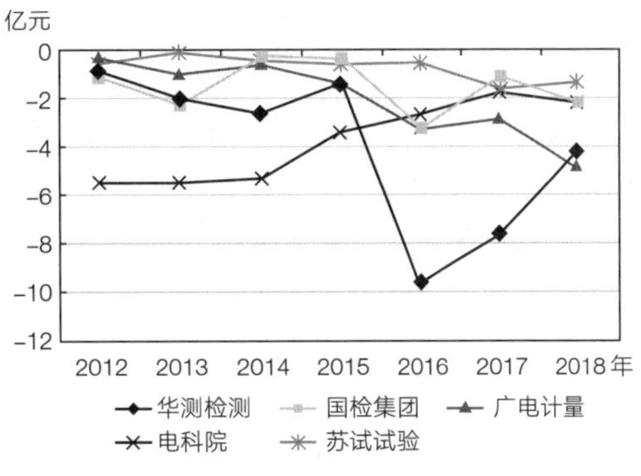

图28　国内上市机构投资性现金流净额

（资料来源：Wind）

目前国内检测机构普遍处于扩张阶段，新建实验室固定资产投入较大，并购重组同样需要资金投入。2018年，国内上市检测机构投资性现金流净额普遍为负，前期投入较大的华测检测、广电计量投资性现金流净额分别为-4.22亿元和-4.83亿元，显示扩张期机构资金投入需求较大。

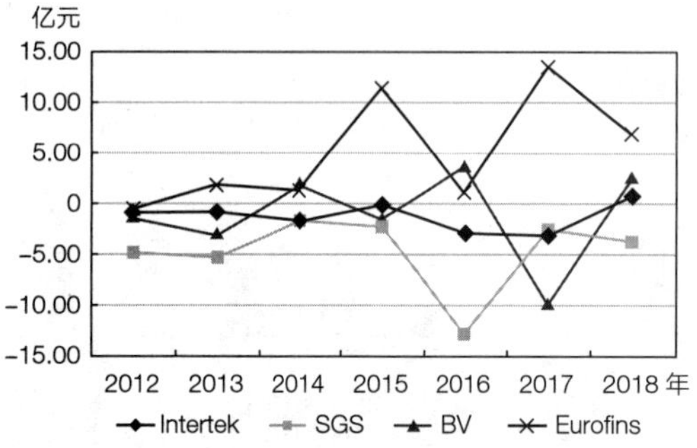

图29 海外上市机构筹资活动现金流

（资料来源：Wind）

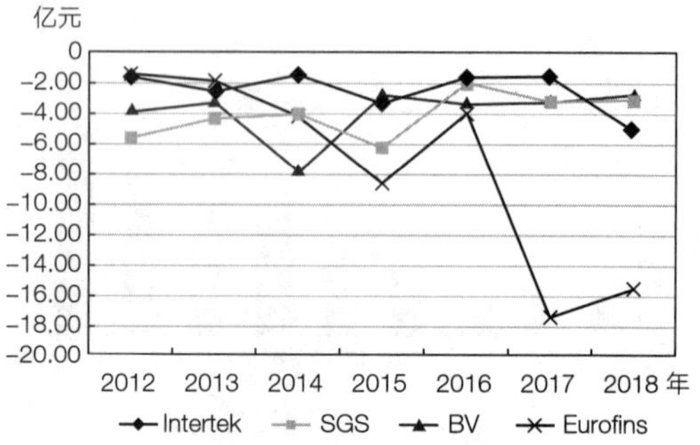

图30 海外上市机构投资性现金流净额

（资料来源：Wind）

从海外上市的检测机构现金流情况来看，筹资活动现金流净额，尤其是投资活动现金流净额为负是常态，显示检测行业对于资金投入的需求是常态化的。

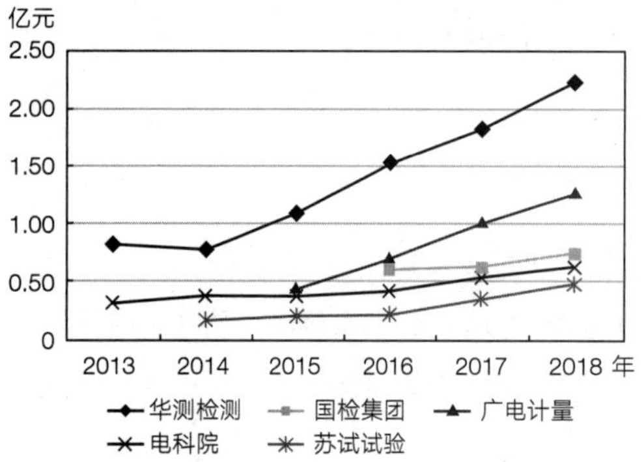

图31 国内检测机构研发投入规模

（资料来源：Wind）

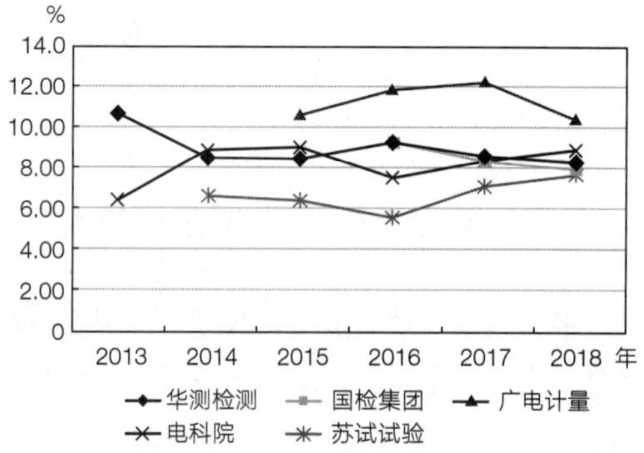

图32 国内机构研发投入占比

（资料来源：Wind）

从研发投入来看，国内检测机构多数研发投入占比在8%左右，华测检测、广电计量2018年研发投入达2.22亿元和1.28亿元，研发费用占营业收入比重分别达8.28%和10.40%，处于行业领先。

（四）先发优势明显

结合第三方检测行业的上述行业特性，公信力和对于细分领域的检测覆盖尤为重要，特别是对于成立较早的机构，可以用更长期的客户服务构建自己的公信力，增大对检测领域的覆盖面，进而对后进机构形成难以超越的先发优势。

（五）内生+外延是重要发展路径

第三方检测机构早期普遍通过新设实验室完善检测领域，尤其对于新出现的检测领域，尽早增加资本开支，投入实验室建设就能尽快抢占检测市场，构筑行业内优势。例如，华测检测在前期持续高资本投入建设实验室，在一定程度上抢占了在国内民营第三方检测市场的先机。

此外，并购优质检测标的也是很多成熟检测机构的选择，尤其对于成熟检测领域来说，收购市场中现存的检测标的是更好的选择，一方面减少了自建实验室的前期投入，另一方面也是机构做减法的方式，避免了加剧市场竞争。例如，SGS每年都会进行10起左右的并购，扩充检测领域和区域布局。

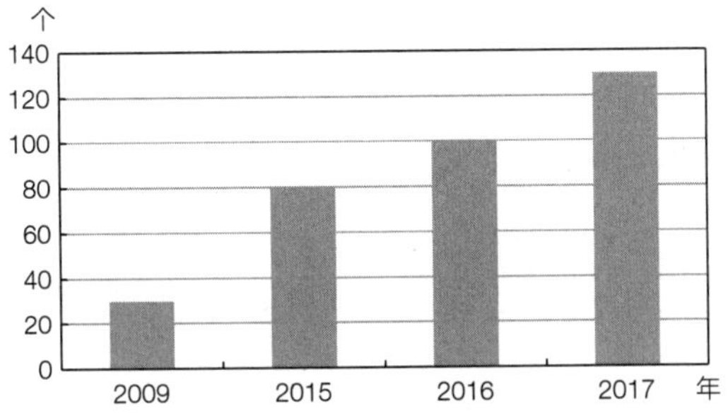

图33　华测检测前期持续推进实验室建设

（资料来源：华测检测）

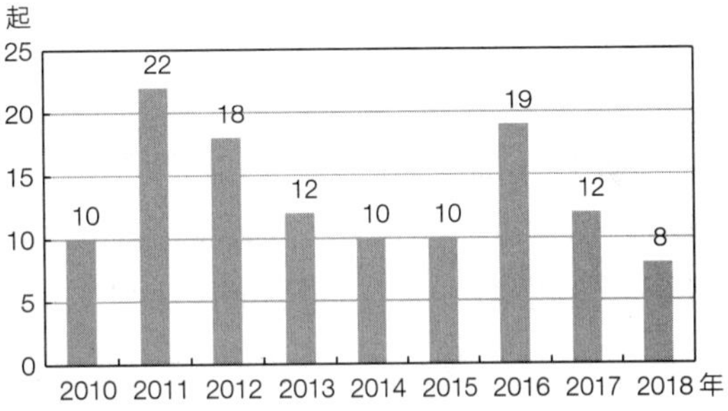

图34　SGS近年来并购数量

（资料来源：SGS）

（六）资产质量普遍较为优异

由于检测行业具有客户和市场分散的特点，报告单价并不高，且对于客户具备较强的重要性，所以检测行业现金流普遍较为优异，经营性现金流与营业收入和利润高度匹配。同时，稳定经营的检测机构盈利能力普遍较为优异。

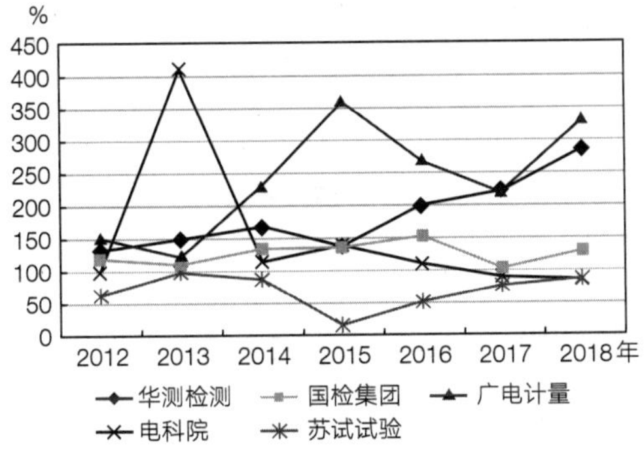

图35　部分机构经营性现金流净额与利润之比

（资料来源：Wind）

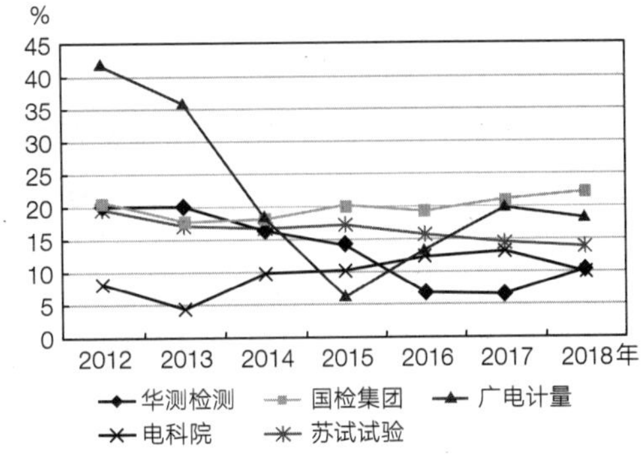

图36　国内检测机构近年来净利率情况

（资料来源：Wind）

目前，国内上市检测机构经营性现金流情况均较为健康，经营性现金流净额与净利润之比大多超过100%，多数机构净利率在10%以上，部分机构净利率超过20%，盈利能力保持长期稳定。

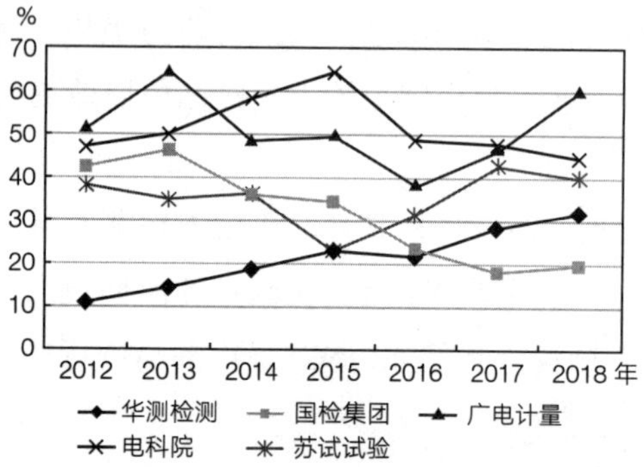

图37　国内检测机构资产负债率情况

（资料来源：Wind）

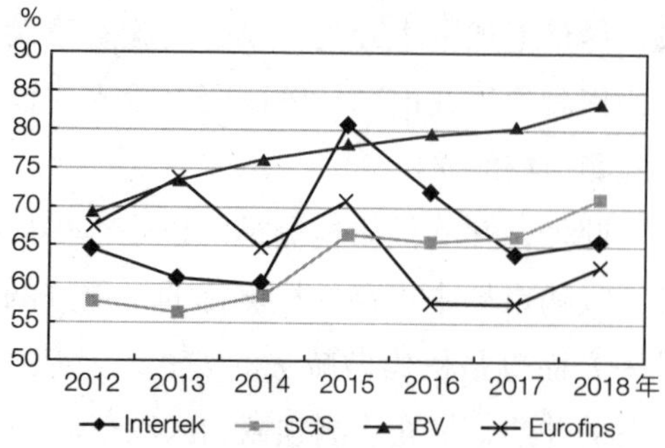

图38　海外检测机构资产负债率情况

（资料来源：Wind）

国内检测机构由于处于发展初期，资产负债率普遍较低，国检集团仅为19.36%，最高的广电计量为60.21%，多数检测机构资产负债率在50%以下。与之对应，外资机构由于检测领域覆盖更广，涉及地区更多，相应固定资产投入更大，资产负债率普遍较高，均在50%以上，最高的机构BV资产负债率达83.47%。

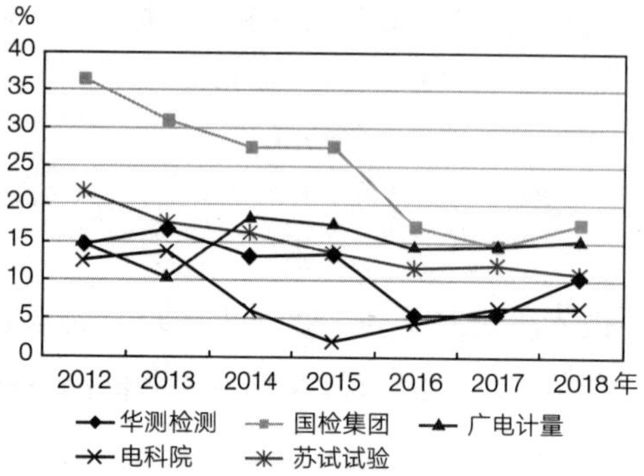

图39　国内检测机构ROE情况

（资料来源：Wind）

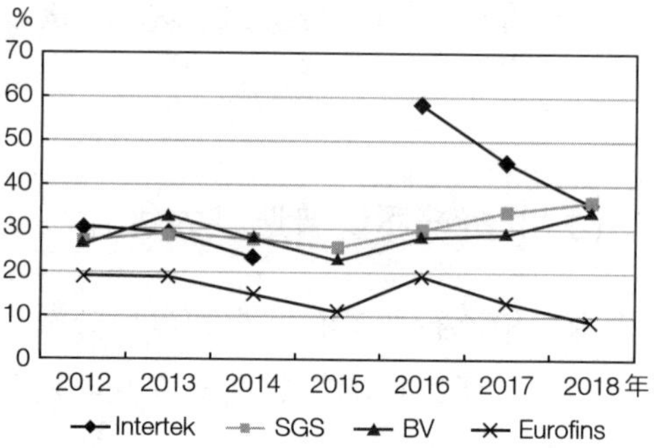

图40　海外检测机构ROE情况

（资料来源：Wind）

国内外检测机构的净资产收益率普遍出色，外资机构除Eurofins外均在30%以上，内资检测机构相对略有逊色。2018年国检集团、广电计量ROE分别为17.39%和15.65%。

四、从 SGS 等国际检测巨头看国内机构成长路径

目前，全球范围内的大型综合性检测机构基本上都来自欧洲，如SGS（瑞士）、BV（法国）、Intertek（英国）、TüV德国等。

1989年之前，国有检验检测机构几乎垄断所有商品检验。中国加入世贸组织以后，民营检测机构快速成长起来。2005年12月11日，中国根据加入世贸组织的承诺，允许外资独资机构进入中国检测市场。

根据中国分析测试协会统计，超过1.6万家国有检测机构在国内检测市场中业务占比达57.4%。外资检测机构数量虽然只有267家，但业务占比达31.95%。超过1.4万家的私营检测机构的合计市场占有率仅为10%。

表2 国内外检测机构上市公司2018年基本情况（市值取2020年2月26日收盘后规模）

企业名称	成立时间	营业收入	股东净利润	市值规模	主要业务
SGS集团	1878年	67.06亿瑞士法郎（约合469亿元人民币）	6.43亿瑞士法郎（约合44.95亿元人民币）	190.35亿瑞士法郎（约合1 371亿元人民币）	农业、食品和生命检测、矿业检测、石油、天然气和化学检测、消费、零售检测、认证、工业检测、环境、健康和安全检测、交通检测、政府机构业务
BV	1828年	47.96亿欧元（约合371亿元人民币）	4.17亿欧元（约合32.28亿元人民币）	106.78亿欧元（约合817亿元人民币）	认证、建筑、基建检测、消费品检测、农产品、食品等商品、工业品检测、船舶、海洋工程检测
Intertek	19世纪末	28.01亿英镑（约合241亿元人民币）	2.84亿英镑（约合24.47亿元人民币）	90.06亿英镑（约合817亿元人民币）	保险、测试、检验、认证
中检集团	1980年	—	—	—	拥有2万名员工和数百家实验室，服务范围涵盖贸易、制造业、消费品、服务业四大领域
华测检测	2003年	26.81亿元	2.70亿元	280.45亿元	生命科学检测、工业品测试、消费品测试、贸易保障检测
谱尼测试	2002年	12.51亿元	1.28亿元	—	食品、医药、保健品、农产品、生态环境、消费品、电子电器、汽车、基因、建材、验厂验货、计量、认证、毒理、职业卫生、绿色低碳节能等领域
广电计量	2002年	12.28亿元	1.23亿元	134.25亿元	计量校准、可靠性与环境试验、环保检测、食品农产品检测、化学分析、电磁兼容检测、安全检测与认证、技术咨询培训、农业检测
电科院	1965年	7.09亿元	1.28亿元	48.99亿元	电器检测、环境检测、其他业务
国检集团	2009年	9.37亿元	1.91亿元	63.94亿元	检测、延伸服务、认证、仪器销售、安全生产技术服务、其他业务
安车检测	2006年	5.28亿元	1.25亿元	96.05亿元	机动车检测系统、检测行业联网监管系统，驾考系统、其他业务

资料来源：各公司公告、Wind。

与外资检测龙头相比，中国第三方检测总体仍处于起步阶段，多数检测机构在全球化布局、实验室和人员投入、检测领域等方面仍有较大成长空间。

从SGS的成长路径来看，长期的信誉积淀、持续的研发和人才投入、推进多元化和全球化布局是成长为世界级检测龙头的必由之路。

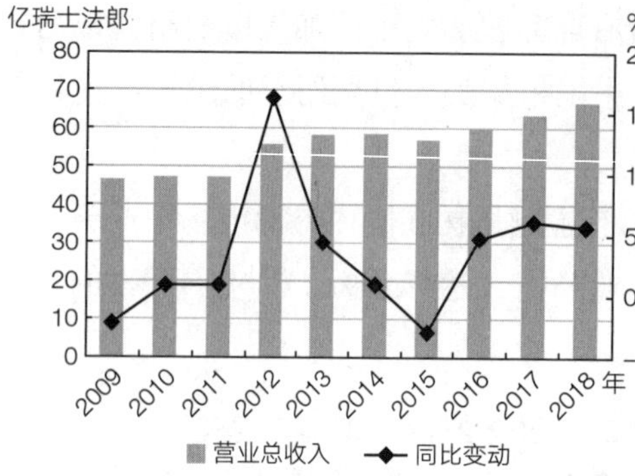

图41 SGS营业收入变动情况

（资料来源：SGS）

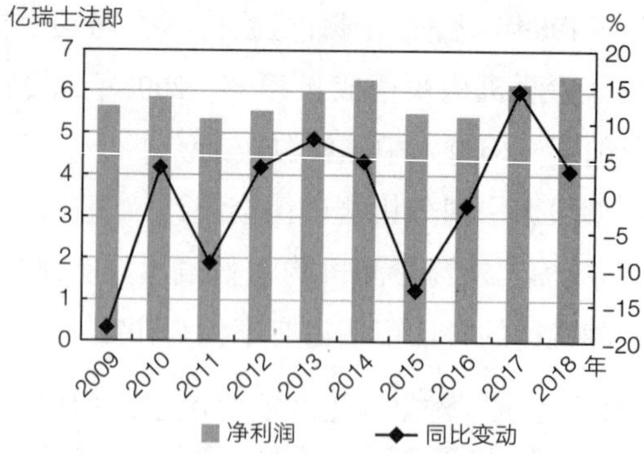

图42 SGS净利润变动情况

（资料来源：SGS）

SGS集团成立于1878年的法国鲁昂，早期为欧洲的粮食贸易商提供谷物运输检验服务，以降低出口商的损失。1915年，公司总部搬到了瑞士日内瓦，继续从事其业务。

经过第一次世界大战、第二次世界大战对世界经济格局的重塑，位于中立国的SGS成为最大的受益者，并在马歇尔计划下对检验货物进口并进入欧洲起了关键的作用。

到1950年，SGS公司80%的收入仍来自农业检验服务业务。管理层已经意识到要长期发展必须进行多元化。

1955年开始，SGS公司介入工业检测服务。

20世纪60年代，SGS陆续进入石油、天然气和化工检测服务；70年代，公司进入环境检测行业；80年代，公司通过不断并购，扩张第三方认证服务，生命科学服务等业务。

20世纪90年代后，随着苏联解体和全球贸易的快速增长，SGS迎来蓬勃发展的时期。

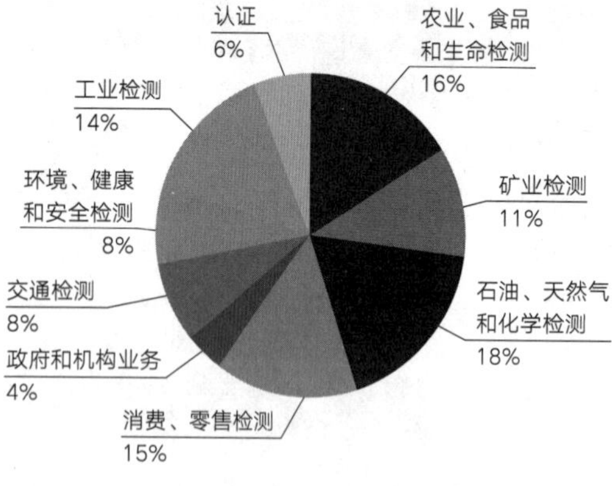

图43 SGS 2018年各业务板块营业收入占比情况

（资料来源：SGS）

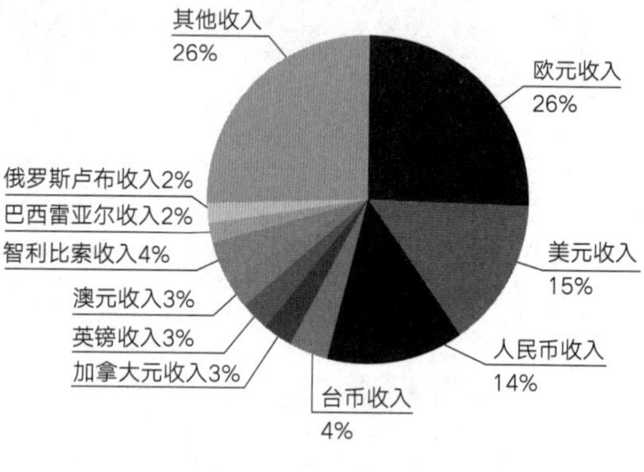

图44 SGS 2018年各地区收入情况

（资料来源：SGS）

1991年，SGS与中国标准技术开发公司（国家质监总局下属单位，持股15%）成立了合资公司——通标标准技术服务有限公司，正式进入中国市场。

经过20多年的发展，SGS通标在全国已建成78个分支机构和150多间实验室，拥有15 000多名训练有素的专业人员。

在中国，SGS的服务能力已全面覆盖到工业及建筑业、汽车、矿产、石化、农产及食品、纺织品及服装鞋类、电子电气、轻工家居、玩具及婴幼儿用品、生命科学、化妆品及个人护理产品、医疗器械等多个行业的供应链上下游。

表3 SGS在华主要检测业务及服务能力

检测领域	检测内容
消费品检测业务	玩具和轻工产品、食品、纺织品、电子电气产品检验，实验室测试、评估审核，技术咨询
工业服务	金属材料、高分子材料、建筑材料、健康环境认证，无损检测业务，其他服务等
国际认证服务	食品安全、制药、医疗设备、社会责任、森林、物流、汽车、航空、服务、电信、电子电器、信息安全、通用管理体系标准、质量管理体系、环境管理体系、职业健康与安全管理体系、持续改进标准及方法、客户定制解决方案等行业的国际认证服务
汽车服务	提供贯穿汽车及摩托车的零部件制造到整车出厂的全过程服务。针对材料和零部件的测试涵盖了化学、环保、金属和高分子材料、可靠性、车载电子设备、燃油及车用油品等方面；此外,还有零部件检验、新车物流链监测、售后市场零配件一站式服务和汽车体系认证服务等
石化服务	原油、石油产品、石油化工品和石油气体的检验和实验室分析，添加剂调和，样品管理，安全与技术服务
农产服务	谷物、油料油脂、饲料、动植物纤维（如羊毛、羊绒、棉花、木片等）、蔬菜水果、水产品、食糖等农产品的检验服务,实验室分析和认证服务
环境服务	提供全面系统的环境监测服务,包括土壤、水和废水、环境大气、工业废气、室内空气及职业卫生、洁净室的采样和分析
生命科学服务	生命科学实验室主要从事中西药品、药材、医疗器械、原料药及医药中间体的取样、检测，测试新药质量研究等方面的服务
政府及公共机构服务	为政府和国际机构提供进口核实服务，如产品符合性评定方案包括装船前检验及测试服务、贸易价格网等
矿产服务	煤和焦炭、有色金属、冶金产品、化工、化肥、钢铁、水泥、工业矿等矿产品的检验和化验分析服务,以及船舶检验服务

资料来源：SGS。

我们认为，SGS在中国乃至全球的发展，主要得益于以下方面的战略推进。

一是全球化的视野，覆盖各行业、供应链各环节的专业服务和对企业全球资源的整合。SGS在全球超过2 400个实验室、9.5万名员工，形成全球性的服务网络，只要有客户检测需求的地方就有SGS实验室。

二是公正、诚信、权威的品牌声誉。一百多年来，为了维护独立、公正的第三方立场，SGS从不参与任何经营活动。同时，通过贯彻到每一个员工的诚信培训和管理机制上的配套，在企业内建立了完备的职业道德建设和监督体系。

三是持续推进服务、技术创新。从农业到工业、矿业,到环境保护、节能领域，SGS跟随着国际贸易、全球化的浪潮,通过持续的改善与创新,以前瞻眼光不断投资和业务创新来保持长期竞争力。

四是研发能力。SGS通过成立技术研发部门,研究各国出台的法律法规,在法律法规出台或强制实施前，用创新的思维为客户提供专业的服务,帮助客户及时应对相关法律法规。

五是技术及人才的投入。SGS在人员、技术、设备方面进行了大量投资，以保持自己在分析技术方面的领先地位，及时掌握各国最新的法律法规要求信息。

六是本土化的经营策略。在全球不断扩张的过程中，SGS始终秉承本土化的策略。以中国为例，SGS通标包括高级管理层在内，在中国的一万多名员工基本都实现了本土化。

五、国内第三方检测未来趋势预判：上帝的归上帝，市场的归市场

国务院在2011年和2014年分别发布《关于加快发展高技术服务业的指导意见》和《关于加快发展生产性服务业促进产业结构调整升级的指导意见》，确定了检验检测行业八大高技术服务业之一的地位。相关部委对于检测行业的规划重点在于促进行业规模增长，提升检验检测能力和水平，培育头部检测机构，促进市场化改革等方面。

我们认为，国内检测产业规模稳健增长，市场化进程快速推进是大势所趋。未来民营第三方检测机构将快速崛起，国有检测机构与民营检测机构有望发挥在各自领域的优势。国有检测机构在强制性检测、对于国计民生有重大影响的战略产业具备优势，民营检测机构对市场化程度高、生产和消费领域的新兴检测需求反应更为灵活及时。

表4　检验检测行业主要相关政策

颁布时间	政策名称	相关内容
2011年12月	《关于加快发展高技术服务业的指导意见》	推进检验检测服务机构市场化运营，提升专业化服务水平。充分利用现有资源，加强测试方法、测试技术等基础能力建设，发展面向设计开发、生产制造、售后服务全过程的分析、测试、检验、计量等服务，培育第三方的质量和安全检验、检测、检疫、计量、认证技术服务。加强战略性新兴产业和农业等重点行业产品质量检验检测体系建设。鼓励检验检测技术服务机构由提供单一认证型服务向提供综合检测服务延伸
2012年2月	《质量发展纲要（2011—2020年）》	加强质量管理、检验检测、计量校准、合格评定、信用评价等社会中介组织建设，推动质量服务的市场化进程
2013年3月	《计量发展规划（2013—2020）》	量传溯源体系更加完备，测试技术能力显著提高，进一步扩大在食品安全、生物医药、节能减排、环境保护等重点领域的覆盖范围
2014年3月	《关于整合检验检测认证机构的实施意见》	到2020年，形成布局合理、实力雄厚、公正可信的检验检测认证服务体系，培育一批技术能力强、服务水平高、规模效益好、具有一定国际影响力的检验检测认证集团
2015年3月	《全国质检系统检验检测认证机构整合指导意见》	到2020年，基本完成质检系统检验检测认证机构政事分开、管办分离、转企改制等改革任务，经营类检验检测认证机构专业化提升、规模化整合、市场化运营、国际化发展取得显著成效，形成一批具有知名品牌的综合性检验检测认证集团
2016年7月	《质量监督检验检疫事业发展"十三五"规划》	强化计量基础地位。加强检验检测技术能力建设，加强共性检验检测技术和仪器装备开放发展，形成布局合理、实力雄厚、公正可信的检验检测服务体系，打造一批检验检测认证知名品牌
2016年11月	《认证认可检验检测发展"十三五"规划》	预计到2020年，检验检测认证服务业总收入达3 000亿元左右，比"十二五"末增长55%左右。总体来看，"十三五"认证认可检验检测服务业将继续保持较快增长，进一步发挥新兴服务业态的引领作用，同时在产业结构布局、核心竞争力、创新能力等方面将有显著提升
2018年1月	《关于加强质量认证体系建设促进全面质量管理的意见》	打破部门垄断和行业壁垒，鼓励和支持社会力量开展检验检测认证业务，加大政府购买服务力度，营造各类主体公平竞争的市场环境

资料来源：国务院、国家质检总局等。

检验检测市场作为生产性服务产业，与国民经济增长水平相关性较大。根据此前“十三五”规划，检验检测认证服务产业2020年总收入规模将达3 000亿元。我们估算，这一目标会在2019年提前完成，“十三五”期间国内检验检测认证服务业收入复合增速将达12.95%。

我们认为截至2025年的“十四五”规划期间，国内检验检测认证产业将维持8%左右的复合增速，2025年产业整体规模有望达4 861亿元。

随着检验检测产业市场化的推进，第三方检测市场渗透率有望逐步提升。我们预计到2025年，国内第三方检测市场规模将超过2 500亿元，“十四五”期间复合增速将达12.71%。第三方检验检测占整体检测市场的比重有望从2014年的约30%提升到50%左右。

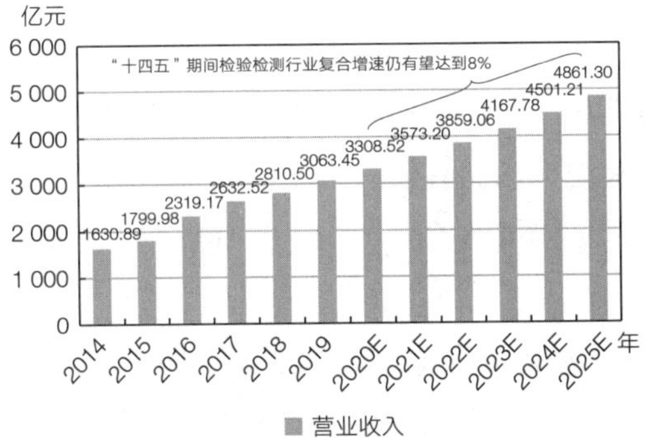

图45 检测产业复合增速

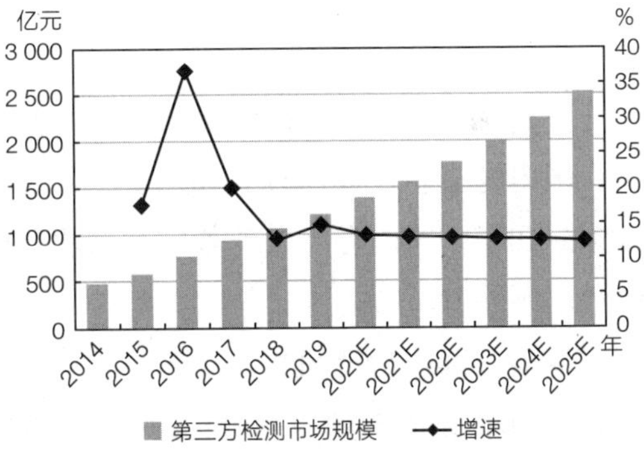

图46 第三方检测市场规模

虽然目前国内检验检测服务业扩张速度较快，但检验检测机构布局分散、规模偏小、同类型机构重复建设形成不良竞争等问题逐步凸显，不利于检验检测行业长期可持续发展。

根据相关部门此前规划，未来要培育一批技术能力强、服务水平高、规模效益好、具有一定国际影响力的检验检测认证集团。

目前，国内最大的国有检测机构为中检集团，拥有2万名员工和数百家实验室。国内最大的民营第三方检测机构为华测检测，2019年营收规模为31.79亿元，归母净利润规模为4.74亿元，目前华测检测拥有8 000多名员工和一百余家实验室。

除此之外，包括广电计量、国检集团、谱尼测试等国内检测机构也快速布局，不断丰富检测领域，提升检测实力。

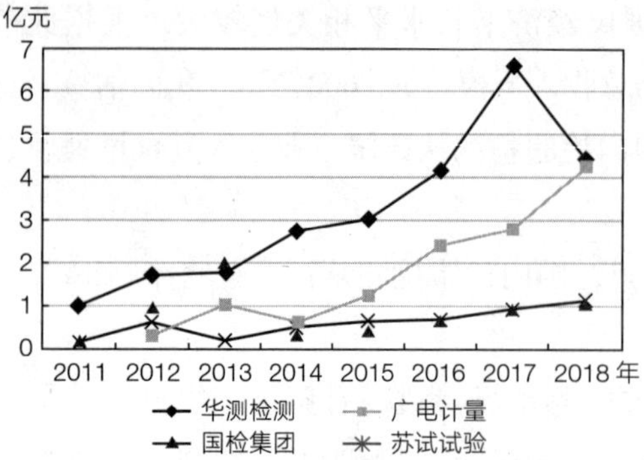

图47 部分检测机构资本性支出规模

（资料来源：Wind）

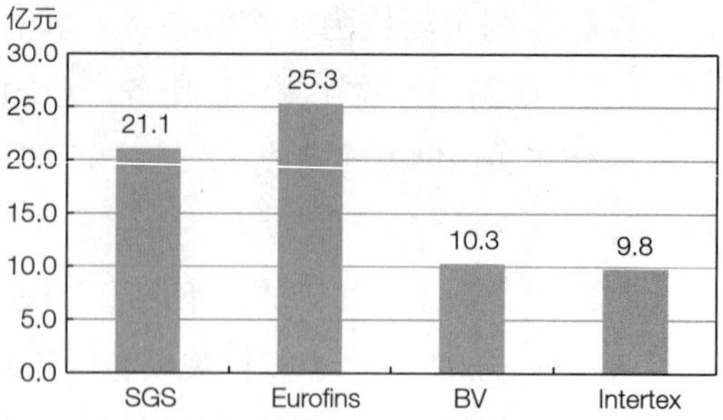

图48 海外机构资本性支出规模

（资料来源：Wind）

从资本开支来看，国内检测行业上市公司近年来总体持续攀升。2018年华测检测和广电计量资本开支均突破4亿元，国检集团和苏试试验较前期资本开支规模也有大幅增长。

我们认为，国内未来将培育出一批具备跨地域、跨领域检测能力的检验检测细分龙头，国内龙头企业规模较SGS、Intertek等海外检测机构仍有较大差距，成长空间巨大。未来5~10年，国内有望出现若干个营收规模超百亿元级的检测机构，并有望在优势检测领域向海外市场渗透。

目前，国内检测机构小、散、乱的情况仍较为突出，96.3%的检测机构员工人数在100人以下。随着头部检测机构的持续并购和市场开拓，以及公信力的积累，整个产业的规范程度将得到很大程度提升。

电商代营产业：

乘电商流量之东风，享品牌需求之红利

王刁　东兴证券零售行业分析师

产业描述：

电商代营产业，狭义上讲是为品牌方在网络购物平台提供线上门店运营服务的所有第三方业态的总称；广义上讲是指在电子商务活动中服务商为品牌商提供的部分或全部电子商务服务，包括多个子行业，如IT软件服务（如ERP、CRM系统，商品管理工具等）、营销服务、运营服务（如代运营）、仓储物流服务及客户服务等。电商代营产业属于服务输出型产业，产业的产生依托于在电商快速发展的背景下，品牌商拓展电商业务的刚性需求，属于电子商务的衍生。电商代营的发展历程与电子商务发展历程大致吻合，伴随着电子商务行业的自我优化与需求升级，品牌电商服务从最初的服务于C2C淘宝卖家，发展到如今定格于品牌B2C领域。未来，线上营销占比将持续增长，但考虑到成本等因素，品牌公司仍将选择与电商代营公司合作。随着品牌商的品质化进程，服务商的运营也愈发精细化，建立起了成熟的品牌建设体系。

一、源起于电商，兴盛于零售新业态带来的需求多元化

（一）起源及简史：源起于电商，历经四大发展阶段

电商代营产业，指为品牌方在网络购物平台提供线上门店运营服务的所有第三方业态的总称。整个电商代营产业包括供应链改造、流量运营和渠道建设三个部分。

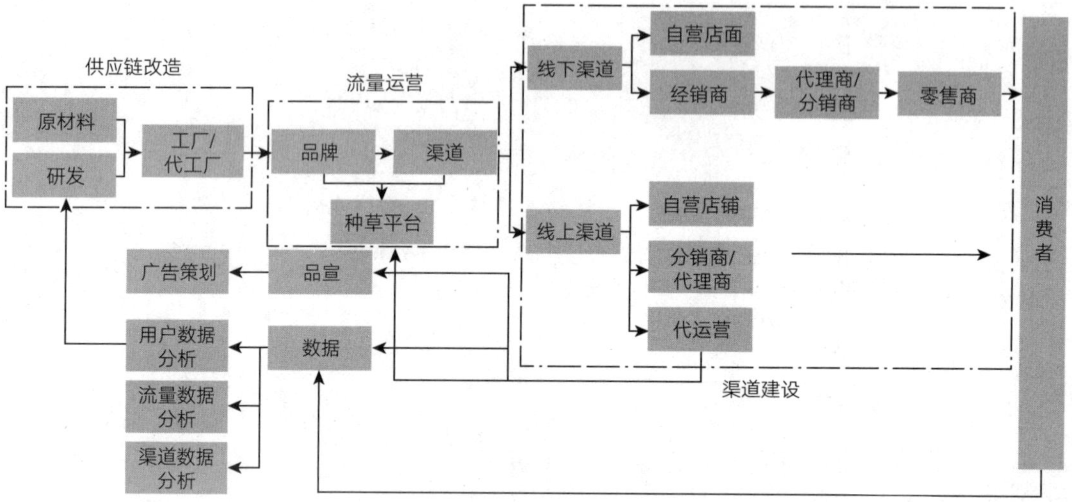

图1　电商代营产业一览

（资料来源：华映资本．起底电商代营产业［R］）

国内电商代营产业从2003年萌芽至今，主要经历了萌芽期—起步期—高速发展期—品质发展期四个阶段。

萌芽期（2003—2008年）：电商代营崛起于以淘宝网为代表的C2C平台，起初企业规模小、数量少，技术基因弱。在该阶段，电商商家为个体卖家，交易量小，产品较为个性化，对代营的需求较低，代营仅在萌芽中探索。

起步期（2008—2009年）：天猫上线，品牌商开始拓展电商渠道，代营的市场开始扩大。2008年，淘宝商城（天猫前身）上线，为品牌商的入驻提供了平台上的可能性，代营产业快速崛起，但所提供的服务仍较为初级。

高速发展期（2009—2014年）：代营开始转型为品牌电商服务；服务商数量快速增加，产业加速整合，竞争日趋激烈，市场开始细分。根据艾瑞咨询，2014年品牌电商服务产业交易规模达261.6亿元，服务范围也从初步代营逐渐转型为全面的品牌电商服务。同时，由于不同品类品牌差异化较为明显，电商服务市场开始细分。

品质发展期（2015年至今）：品牌开始注重品质及用户体验，电商服务产业开始重视发展新技术，转为规模型、人才技术密集型模式。部分资质优秀的服务商通过上市或被收购的方式获得持续融资的能力，产业开始转型。2015年左右，消费升级浪潮开启，随着消费者对品质要求的提升，品牌对品质运营、新技术的要求提升。产业内的优质服务商加速融资。截至2018年末，品牌电商服务产业交易规模已达1 613.4亿元。

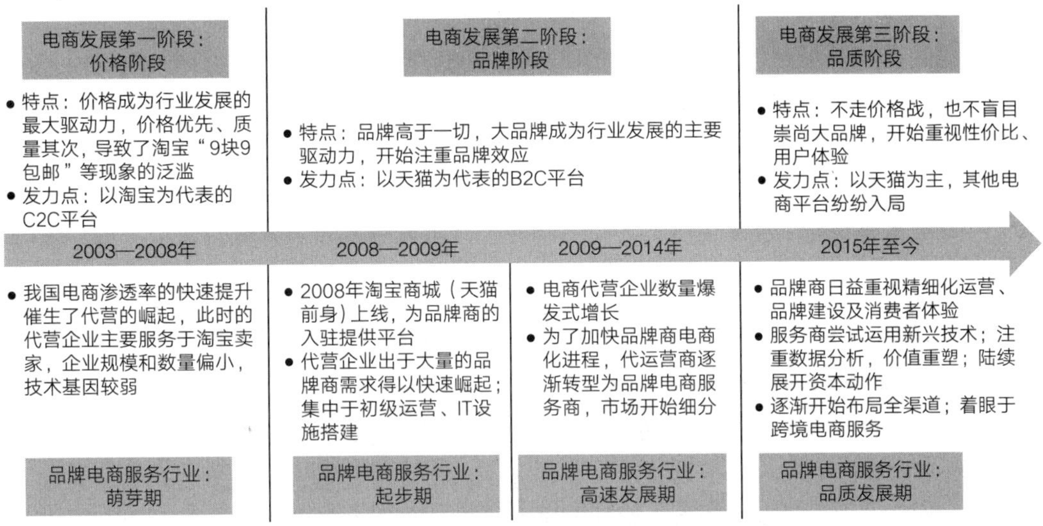

图2　品牌电商发展历程与电子商务发展史息息相关

（资料来源：艾瑞咨询．中国品牌电商服务行业研究报告［R］）

（二）B2C市场壮大提供繁衍土壤，品牌运营需求多元化提供发展动力

1．消费市场平稳增长，网络购物渗透率稳步提升。

根据商务部数据，消费市场运行总体呈平稳增长态势，2019年社会消费品零售总额为41.2万亿元，增长8%。根据艾瑞咨询，2018年网络购物市场规模为8.0万亿元，预计2019年可达9.7万亿元，网络购物增速有所放缓，但仍保持23.6%的高速增长。与此同时，2018年网络购物在社会消费品零售总额的渗透率突破20%，预计渗透率还将不断提升。我们认为，消费市场的向好、网络购物渗透率的提升为电子商务及其衍生的代营产业的发展提供了基础动力。

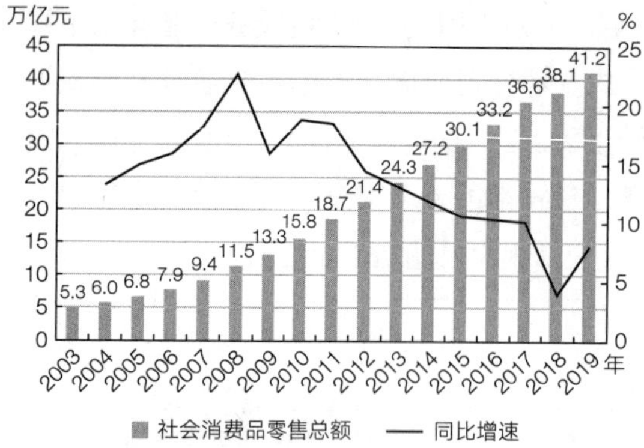

图3　社会消费品零售总额稳步提升

（资料来源：国家统计局、商务部）

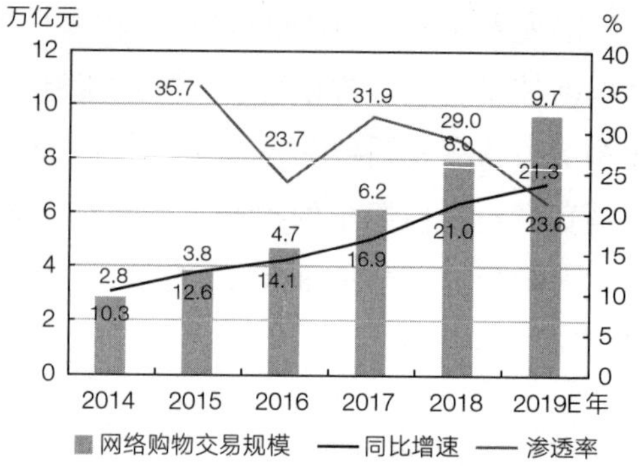

图4　网络购物交易规模及其增速

（资料来源：艾瑞咨询．中国品牌电商服务行业研究报［R］）

2．B2C市场规模不断扩大，行业痛点催生品牌电商服务需求。

根据艾瑞咨询，2018年B2C电子商务市场规模高达4.4万亿元，自2015年起，B2C在网络购物的市场份额超过C2C，2018年占比达55.5%。随着B2C市场规模的扩大，进入电商渠道的传统品牌商越来越多。

电商平台的供应/营销要求与传统线下渠道差异巨大，无论是变化迅速的平台规则，还是层出不穷的线上新场景、新媒介、新流量，都催生了传统品牌商对品牌电商服务商的专业运营需求，品牌电商服务商凭借专业的一站式服务提供能力，能够解决品牌方的线上渠道痛点。

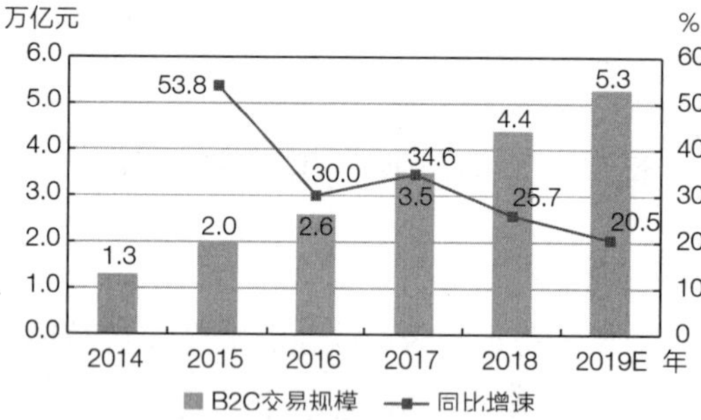

图5　中国网络购物B2C交易规模

（资料来源：艾瑞咨询．中国品牌电商服务行业研究报告［R］）

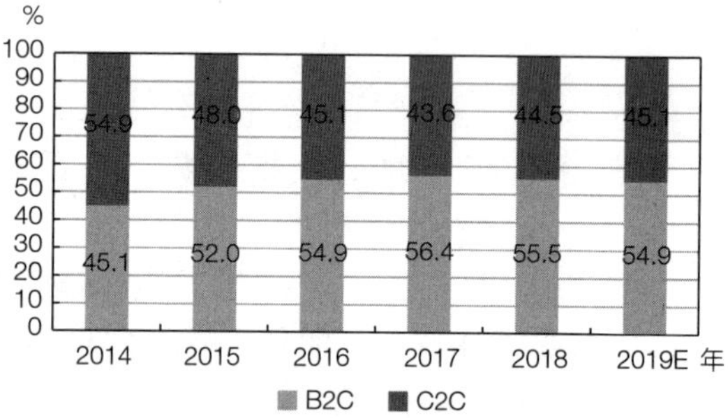

图6　中国B2C与C2C市场份额对比

（资料来源：艾瑞咨询．中国品牌电商服务行业研究报告［R］）

3．电商零售新业态兴起，需求升级日趋专业化。

消费者获取信息的手段越来越多样化，除了流量红利渐弱的传统电商平台外，品牌官网，社交平台如微博、小红书，短视频平台如抖音、快手，内容平台如豆瓣，私域流量领域如微信群聊、小程序、公众号、朋友圈等，均成为消费者的新兴“种草基地”。部分平台除了“种草功能”，甚至可以直链商城，极大地促进了购买转化。信息来源多样化意味着品牌商的多元渠道布局必须不断加快，品牌商对品牌运营的诉求也随之拓展。

除了渠道多元化之外，"社交电商""直播电商""网红带货"等新兴的电商零售模式也拓展了传统零售的维度，提高了品牌运营复杂度。品牌商一一与各大内容平台、MCN机构、KOL进行接洽投入高、管理难。

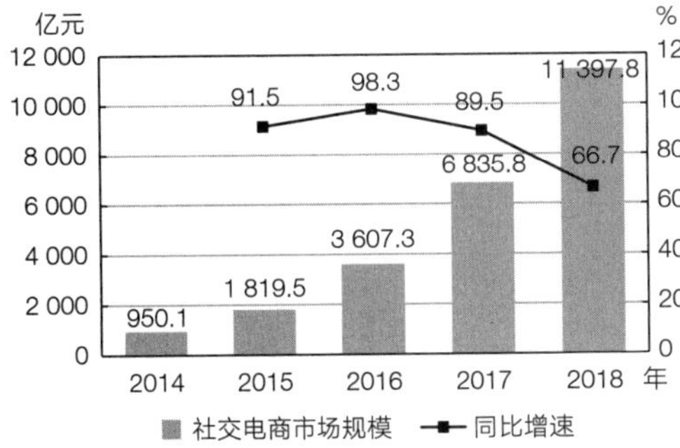

图7　中国社交电商交易规模及增速

（资料来源：创奇社交电商研究中心．2018中国社交电商行业发展报告［R］）

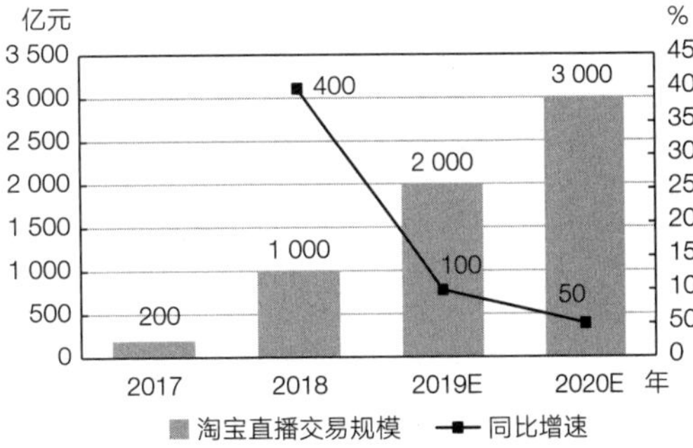

图8　淘宝直播交易规模及增速

（资料来源：淘榜单、淘宝直播）

4．精细化运营背靠大数据技术支撑。

为了快速对消费者进行识别与画像，品牌的运营策略需要大量数据的支撑。服务商可以通过有效的系统工具对数据进行收集、整合，定期跟踪分析，同时将数据应用于品牌建设与多元渠道布局，分析品类、区域、目标客群等，及时捕捉消费者需求偏好，结合大数据为品牌建设与多渠道策略提供依据。我们认为，专业的数据整合分析能力将成为品牌电商服务产业有效的壁垒之一。

大数据技术对精细化运营的助力分为三个阶段。在数据收集阶段，服务商收集如订单数据（尺码、颜色、价格、退货）、流量数据（访问时长/时间、浏览轨迹）、人群数据（性别、年龄、购买力）等类型的原始数据，并将其进行有效清洗、分类。在数据分析阶段，服务商通过WMS、ERP、CRM等软件针对原始数据进行有效分析。在数据应用阶段，对消费者进行画像，及时洞察消费者个性化需求，不断挖掘购物需求、释放消费潜力。

二、位于产业链最上游，赋能品牌商，优化线上渠道

（一）电商代营当前处于品质发展阶段，市场规模较大且增速较高

我们前文提到，当前电商代营正处于发展的第四个阶段，即品质发展期（2015年至今），在这个阶段，品牌开始注重品质及用户体验，电商服务产业开始重视发展新技术，转为规模型、人才技术密集型模式。部分资质优秀的服务商通过上市或被收购的方式获

得持续融资的能力，产业开始转型。

市场规模方面，根据艾瑞咨询，2018年中国品牌电商服务市场规模达1 613.4亿元，仍旧保持了45.7%的高速增长。随着人均可支配收入的持续提升，减税政策不断深化，电商行业天花板将进一步提升，国外品牌入驻也将逐步增加。电商服务产业内的品类与品牌商数量都仍有很大上升空间，预期产业规模仍有较大探索余地。结合历史复盘，我们认为，在未来品牌电商服务市场发展将与电商行业发展呈同步形态，表现为体量不断增大，但增速放缓。预计在2021年产业市场交易规模可达3 473.6亿元，增速逐步平稳于25%左右。

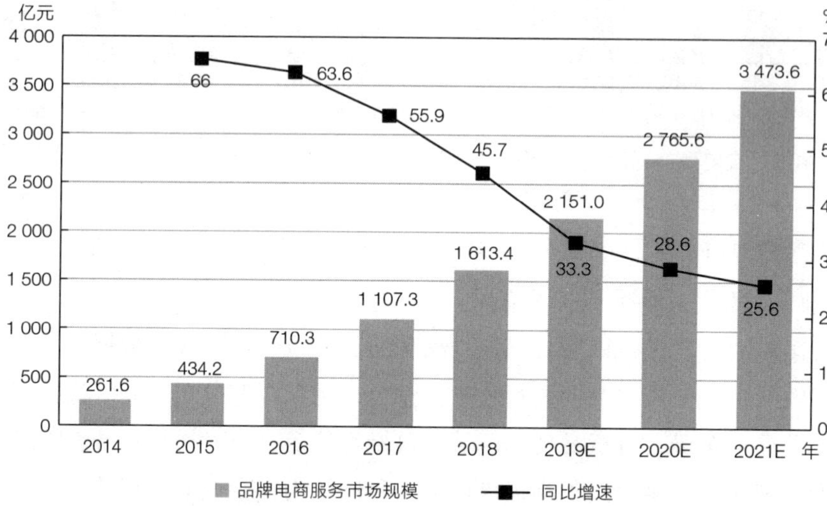

图9 中国品牌电商服务市场交易规模及其增速

（资料来源：艾瑞咨询. 中国品牌电商服务行业研究报告［R］）

（二）位于产业链最上游，赋能品牌商，优化线上渠道

电商代营产业的价值产生于渠道的精简和费率的再分配，主要起到的作用是连接平台、品牌和消费者，通过更有效的资源置换，达到效率最大化。

1. 赋能品牌商：美妆、服装仍是电商代营需求最大的产业品牌商。

根据艾瑞咨询，在产业链上游品牌商中，美妆、服饰和3C家电品类的服务品牌数量占比位居前三，2019年占比分别达到20.9%、18.9%、17.2%。美妆品类作为消费升级的重点品类，在电商服务市场中占比最大，原因主要在于美妆品类线上运营特点复杂，且要求的运营技巧多，使用电商服务较为普遍，因此该行业内部使用电商服务比例和佣金率均相对较高。服饰行业因一年中多次换季，要求产品迭代速度很快，且消费者需求变化越来越快，加大了服饰线上运营难度，因此服饰行业对电商服务需求较大，佣金率水平相对适中。

此外，随着消费升级不断深化，消费群体对品质生活要求越来越高，家装家居、食品饮料、美妆、健康、母婴品类成为近三年增幅较大的服务品类，年均复合增速均超过100%。

随着消费升级、消费者的迭代与特征变化，品牌商对电商服务的需求也随之升级：一是对品牌建设的需求不断增强。消费者需求变化速度越来越快，定位越来越难，品牌定位与维持消费者黏性的难度加大，因此品牌商不仅需要产品销量增长，也要求品牌不断扩大影响力，与消费者建立互动关系，不断增强消费者黏性。二是对多元渠道布局的需求不断增强。品牌商触达消费者的难度增大，需要积极布局新兴渠道，抢占新的流量来源。

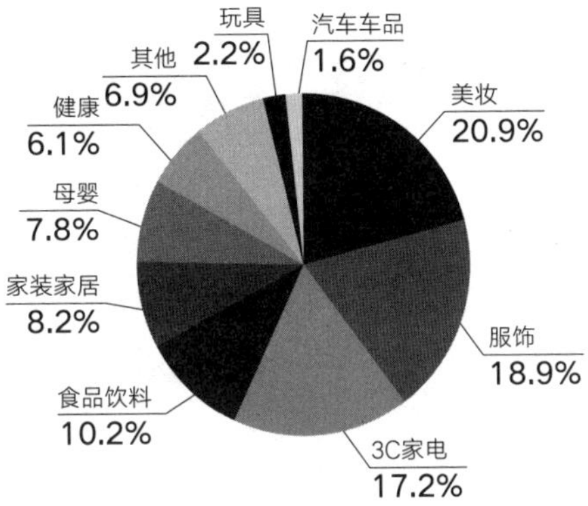

图10　2019年服务商主要服务品类品牌数量占比

（资料来源：艾瑞咨询．中国品牌电商服务行业研究报告［R］）

图11　常见上游品牌商

（资料来源：百度）

2．目前渠道平台以天猫为主，电商流量碎片化将拓展下游渠道。

品牌电商服务兴起于淘宝、天猫平台，但近几年，随着其他B2C平台逐渐发展壮大，新垂直平台、社交平台不断兴起，消费者获取信息手段多样化，品牌电商服务渠道也随之呈现多元化。服务商在为品牌商做好天猫渠道的同时，不仅布局B2C其他平台，也开始加码社交类新兴平台，因此京东、唯品会、苏宁易购、蜜芽、贝贝、微信小程序、抖音等平台也出现不少品牌服务商。品牌电商渠道的多元发展迅速，天猫渠道的品牌商增速有所下降，但天猫仍是品牌电商服务发展的最主要的产业链下游渠道。

（三）市场集中度较低，出现综合型品类与垂直型品类两个方向

目前，品牌电商服务服务产业整体仍快速成长，市场集中度相对较低，但经过几年的转型发展，产业已经建立了一定的进入壁垒，服务商整体水平提升，产业内出现几家较为出众的服务提供商，如宝尊电商、壹网壹创、丽人丽妆、杭州悠可、若羽臣等。

根据覆盖品类的范围，电商代营可以分为综合型品类与垂直型品类两个方向。综合

型品类力求覆盖多个行业、多品类，吸纳的品牌客户范围更广，有助于积累丰富的品牌基础。垂直型品类专注于单一或极少数品类，如美妆、家电3C、母婴等个性化特征较为突出的品类，基于对某一品类特性的深入理解和对目标消费者的认知，有针对性地开展营销策划，提升品牌影响力。

品牌电商服务行业内，不同的企业对自身的业务模式与盈利模式的分类并不统一。例如，壹网壹创将其业务模式分为品牌线上服务（包含品牌线上营销服务、品牌线上管理服务）、线上分销业务、内容服务三类；而丽人丽妆仅将其业务模式主要分为电商零售业务、品牌营销运营业务两类。虽然各公司对自身业务的梳理与分类标准各不相同，但我们将其总结为三类：线上经销模式、线上分销模式、一站式代运营服务模式。

表1　品牌电商服务商业模式、盈利模式梳理

商业模式	概述	商品所有权	面向客户	盈利模式
线上经销模式	以买断的形式向品牌方采购货品并销售	有	终端个人消费者	线上商品的销售收入与营销成本（包含采购成本及各项营销费用等）的差额
线上分销模式	以买断的形式向品牌方采购货品并销售	有	第三方B2C平台/天猫或淘宝卖家	线上商品的销售收入与营销成本（包含采购成本及各项营销费用等）的差额
一站式代运营服务	代为管理品牌方的线上店铺，并提供电商销售全流程服务	无	品牌方	公司收取固定服务费及与销售业绩等挂钩的浮动服务费，与发生的人力成本、各项费用的差额

资料来源：壹网壹创招股说明书、丽人丽妆招股说明书（申报稿）。

（四）产业先行者：宝尊电商、丽人丽妆与壹网壹创

1．宝尊电商：国内电商代营领军者，背靠阿里资源丰富。

宝尊电商市场份额占有率高，品牌客户认可度高。宝尊电商于2006年在上海成立，提供以品牌电子商务为核心的一站式商业解决方案，包括店铺运营、数字营销、IT解决方案、仓储配送、客户服务5大内容。宝尊CEO提出品牌升级是为了更好实践“4I”价值体系（Interpreter—诠释、Implementer—实践、Intergrator—整合、Innovator—创新），体现了宝尊电商以高价值商业服务和科技为品牌赋能、为消费者提升用户体验的决心。根据艾瑞《2017中国品牌电商服务产业研究报告》，宝尊电商已经在国内市场占据了决定性的优势，25%的市场份额位列第一，是第二名的近4倍。相对于一些针对细分行业的电商代营公司，宝尊电商拥有着更庞大的客户群体和更丰富的客户结构，合作品牌商家数量遥遥领先，且获得了华为、中国平安、BURBERRY等知名、受欢迎和交易规模较大的品牌客户，这样充足、多品类的品牌客户积累有望给公司经营带来一定的头部效应，吸引更多品牌进一步合作。另外，品牌客户的充足性和多元性也使品类间和品类内的协同效应有望实现，为公司经营质量带来进一步的改善。

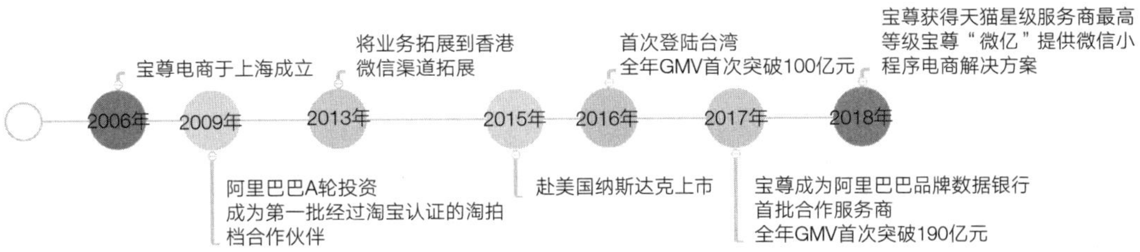

图12　宝尊电商发展时间轴

（资料来源：宝尊电商官网）

背靠阿里巴巴资源丰富，宝尊在2009年成为第一批经过淘宝认证的淘拍档合作伙伴，2010年阿里巴巴完成对宝尊两轮战略投资，2015年宝尊便赴美国纳斯达克上市，开启全球化扩张，截至2019年，公司分支分布在杭州、北京、香港及台湾，在日本、韩国及美国均设有海外办公室，覆盖8个垂直行业，服务超过220个全球品牌。

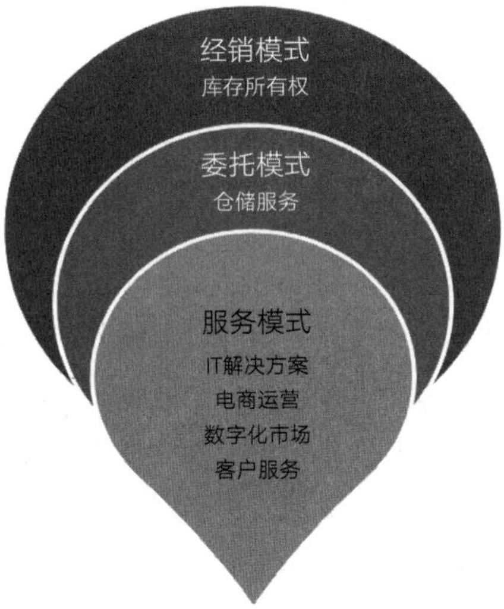

图13　宝尊电商服务模式示意图

（资料来源：宝尊电商官网）

图14　宝尊电商核心优势

（资料来源：宝尊电商官网）

2．丽人丽妆：领先的化妆品网络零售服务商。

丽人丽妆是电商美妆市场霸主，先发优势与规模效应显著。公司成立于2007年，于2019年申请A股上市。公司主要从事电商零售业务和品牌营销运营服务，其中，电商零售业务是公司的核心业务。具体包括为品牌方提供覆盖店铺基础运营、页面视觉设计、产品设计策划等网络零售综合服务，从而提高品牌线上零售的运营效率，助力品牌在线上渠道的价值重塑和销售转化，挖掘其市场潜力，提升其品牌形象与市场地位。公司深耕化妆品网络零售服务领域十余年，运营的"相宜本草官方旗舰店"作为第一家入驻天猫平台的授权美妆品牌官方旗舰店，对电商美妆市场产生了积极推动和标杆作用。公司凭借对行业特点、品牌特征及消费习惯的深刻理解和洞察，以及在线上零售服务方面积累的专业运作经验、数据分析及精准营销策划能力，持续拓展品牌授权规模，具有广泛的合作品牌基础。截至2019年6月30日，公司与美宝莲、施华蔻、兰芝、雅漾、雪花秀、相宜本草、雪肌精等超过60个品牌达成合作关系。

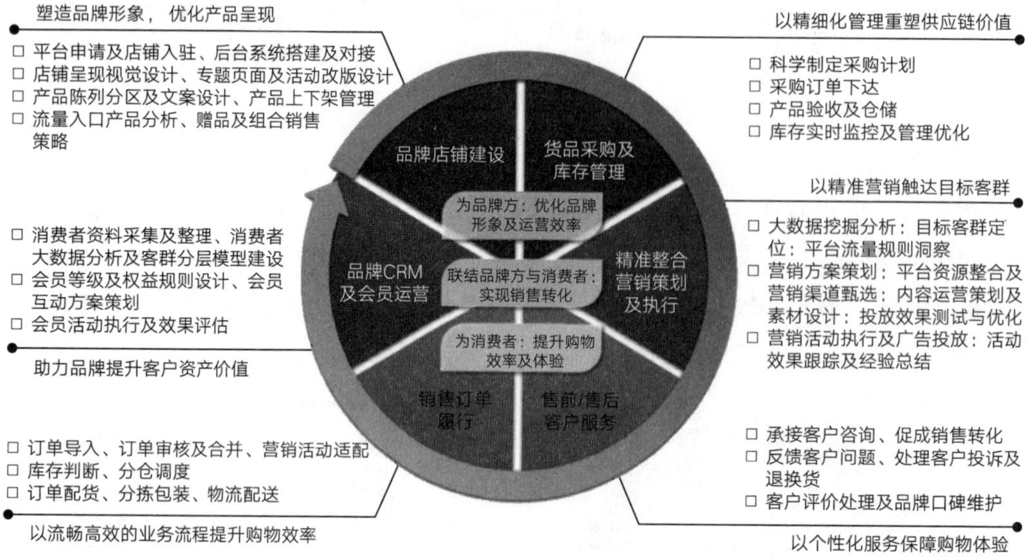

图15 丽人丽妆经营模式示意图

（资料来源：丽人丽妆招股说明书）

IT与大数据基础为供应链价值和品牌运营赋能。公司具备专业的IT研发与应用落地能力，研发建设并持续完善专业的互联网零售智能化运营系统，通过信息化系统衔接公司各部门的不同业务环节，确保各项业务的精细化管理和顺利推进，并实现供应链价值重塑，持续提高运营效率，为消费者提供流畅、高效的购物体验。公司利用电商平台的经营特点，在经营过程中积累和沉淀了庞大而有效的用户消费数据，并自行研发了BI商业智能分析系统、大数据存储处理系统和CRM客户忠实度管理系统，为品牌运营提供数据支持及策略建议。

3. 壹网壹创：快消品品牌电商服务提供者。

壹网壹创销售能力强大，引领营收高速增长。公司由杭州奥悦贸易有限公司于2016年整体变更设立，并于2019年在创业板上市，为国内外知名快消品品牌提供全网各渠道电子商务服务。自2016年成立至今，公司营业收入一直高速增长，增速在40%左右，主要原因是电商行业的高速发展、公司优秀的销售达成能力和精细化运营能力。公司主营业务收入主要为品牌线上营销服务、线上营销分销和内容服务三大类，其中，内容服务为2018年新增业务，规模较小。品牌线上营销服务是公司的核心业务、主要利润来源；线上分销业务收入占比不断增加，有望成为营收增长新的发力点。电商行业核心指标为销售额，而销售额是流量、转化率和客单价的乘积。公司通过整合营销和新媒体传播创造可传播内容，从平台外引流，获取客群与流量，并在付费广告推广方面具有规模和经验优势，从而产生流量的优势；通过精细化运营优化转化率，在选品组合、价格规划、卖点提炼等多维度建立了专业化、数据化、流程化的团队和体系，为所经营的品牌销售达成提供转化率保障；通过开发产品和赠品，淡化消费者价格敏感度，同时优化选品组合，设计规划套装产品，有效地提高客单价。这三方面的竞争优势赋予公司强大的销售达成能力，促使销售额一路走高。

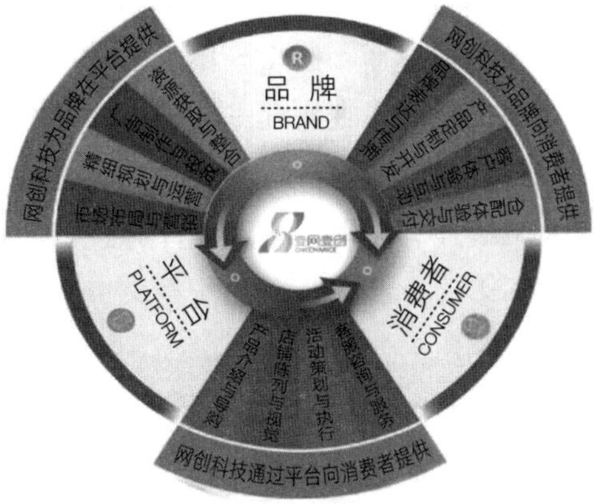

图16 壹网壹创的商业模式

（资料来源：壹网壹创招股说明书）

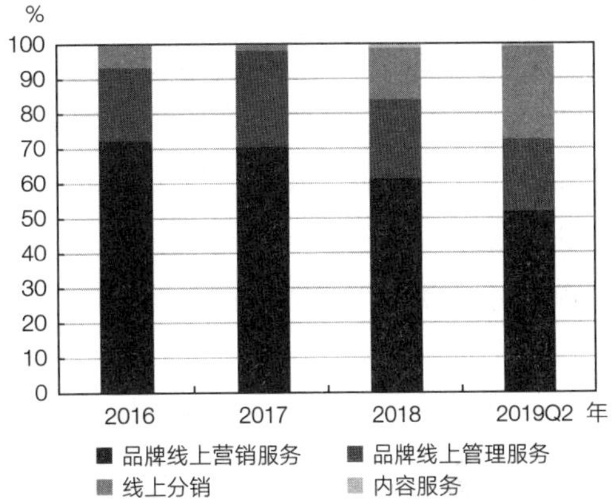

图17 壹网壹创营收构成

（资料来源：壹网壹创公司公告）

产品孵化、技术与创新保证持续发展。在激烈的市场竞争中，公司的可持续发展能力至关重要，而壹网壹创通过先进、自有的技术和持续的创新与服务拓展能力，保证自身的持续发展。公司具备产品孵化能力，能够协同创作部门、业务部门，为品牌方设计、改良产品，拓展消费人群。在电子商务信息化、网络化、数据化方面，公司拥有多个自主研发的信息系统，支持复杂的订单营销管理功能，让消费者获得超出期望值的体验，使公司在销售中形成独特的竞争优势。此外，公司在服务品质和服务范畴上拥有持续拓展能力，已孵化出内容创作与传播、多媒体设计与策划等多个特色服务项目，不断探索新的利润增长点。

三、马太效应将越发明显，从被动的费率再分配转向主动的价值创造

（一）下游消费者需求的变化和流量的多元化正在引领电商代营转型

第一，消费者需求变化越来越快，当代年轻人线上消费能力较高，且更喜欢娱乐化的生活方式。目前在移动购物行业，以“90后”为代表的年轻人购物欲望强烈，线上消费能力较强，根据QuestMobile研究院数据，2019年5月移动购物行业中“90后”“00后”活跃用户规模占比分别为33.4%和8.1%，而他们的线上消费能力要高于整体年龄段的平均

值。当代年轻人呈现出来的特点，一是重视品质，但不盲从价格；二是更加偏爱直观且互动的营销方式，如短视频、直播、社交平台，这些都是年轻人“种草”的好渠道。根据CBNData，微博数据显示“90后”更容易被网红博主“安利”。CBNData消费数据也显示，年轻人在消费过程中追求体验与互动，通过观看直播的购买转化效果持续提升。这一需求变化要求品牌电商服务商能够快速抓住消费者心理，进行差异化店铺营销。

第二，电商流量来源日趋多元化和碎片化。随着新兴渠道迅速发展，电商流量来源越来越碎片化，虽然传统电商仍占据主导地位，但消费者分布不集中，增大消费者触达难度。近年来，以拼多多为代表的社交分享型（拼购）电商迅速崛起。这类电商拥有好的流量入口，同时拥有海量的下沉市场用户。而以直播、抖音和快手为代表的内容型电商也在崛起。内容型电商以消费者为中心，围绕KOL、IP、直播、热点事件等进行内容创造，由内容驱动成交，从而提升电商的营销效率。多元化和碎片化的流量来源会驱动电商代营企业采取有针对性的内容服务和线上营销、分销。

第三，非搜索式购物兴起，对大数据用户画像及精准推荐的要求提高。无论是阿里还是拼多多，依靠算法精准营销都是大势所趋。淘系电商通过大数据一方面可以确定消费者画像，进行有针对性的主动首页推送；另一方面可以通过买家的营销关系路径推荐同类商品和店铺，令购买的转化率大幅提升。服务商可以通过有效的系统工具对数据进行收集、整合，定期跟踪分析，同时将数据应用于品牌建设与多元渠道布局，分析品类、区域、目标客群等，及时捕捉消费者需求偏好，未来专业的数据整合分析能力将成为品牌电商服务产业有效的壁垒之一。

（二）未来马太效应将越发明显，品牌电商服务专业化要求将越来越高

展望未来的电商代营竞争格局，处于产业领先地位的、规模较大的、资金及供应链实力较强的企业将继续巩固其竞争优势，形成更强的产业壁垒。头部公司中，宝尊电商、壹网壹创的模式较轻，丽人丽妆、凯诘电商的模式较重。根据艾瑞咨询，2018年产业内第一梯队的GMV在品牌电商服务市场的GMV比重达32.1%。未来市场集中度预计将进一步上升，马太效应愈发凸显。

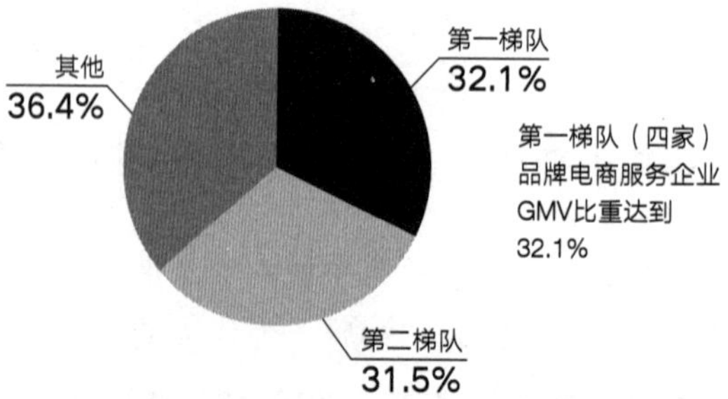

图18 2018年中国品牌电商服务市场竞争格局

（资料来源：艾瑞咨询．中国品牌电商服务行业研究报告［R］）

在零售新业态兴起与变迁的背景下，我们认为，品牌运营越发复杂化，品牌商对品牌电商服务的专业度要求也越来越高，能够提供专业“一站式”服务的代运营商将获得充足的发展空间。

（三）将从被动的费率再分配转向主动的价值创造

从价值创造角度看，过去电商代营产业本身并不创造价值，赚取的是线上营销费用的一部分，通过供应链改造、渠道运营、仓储物流和助力品牌宣传等行为达到有效的资源配置，瓜分产业链整体的利润空间（客户主要集中在美妆、母婴等利润率和渠道费用较高的产业），可以被视为是一种费率再分配。

展望未来，电商代营产业将从被动的瓜分营销费用转变为主动的价值创造，一件商品的销售额与流量、客单价、复购率等要素密切相关，电商代营未来将会尝试在每个环节主动创造价值。比如，引入多元化的流量来源、采用交叉营销和捆绑销售形式提高客单价，以及优化客户关怀，提高复购率。

第三方支付：

告别野蛮增长，走向精耕细作

林瑾璐　东兴证券银行行业首席分析师
田馨宇　东兴证券研究所银行组

产业描述：

第三方支付产业是指提供第三方支付服务的支付企业的集合。在互联网技术、智能手机、电子商务及物流业的推动下，第三方支付产业逐渐成长，目前正处于高速发展阶段。我国第三方支付产业核心业务有网络支付（包含移动支付和互联网支付）、银行卡收单、预付卡的发行和受理，其中移动支付占比最高。

第三方支付产业链主要由商业银行、清算机构、第三方支付机构、商户、用户和支付机构服务商构成。第三方支付机构是产业链核心，C端账户侧机构呈现支付宝、财付通的“双寡头”竞争格局；B端收单侧市场集中度不高，各家机构基于其资源禀赋形成相对竞争，市场潜力巨大。综合来看，第三方支付产业弥补了银行服务的空白，在提升金融交易效率、完善金融服务功能方面发挥重要作用。

未来第三方支付机构将聚焦中小企业数字化升级需求，提供个性化的产品和服务；跨境支付将成为支付机构的竞争重点。

一、技术加持，第三方支付产业逐步完善

（一）第三方支付日趋规范成熟

第三方支付的发展历程大致可分为以下三个阶段。

探索阶段（1999—2005年）：整体市场规模有限，同质化现象严重。在此阶段，我国第一批第三方支付企业相继成立，主要服务为支付网关模式，附加值和增值空间较小。由于产业链上游市场尚未兴起，市场规模较小，行业竞争激烈；且监管尚未明确，行业门槛较低，产品同质化现象严重。

起步阶段（2005—2010年）：电商市场带动第三方支付快速发展。在支付服务的基础上，支付机构开始提供各类增值服务，市场有序竞争逐步形成，但第三方支付企业仍处于前期投入阶段，盈利能力较差。

高速发展阶段（2010年至今）：支付牌照正式发放，第三方支付走向成熟。第三方支付牌照的发放标志着其合法地位的确立，监管趋严推动行业有序健康发展。第三方支付与保险、信贷、证券等金融业务的融合正步入快车道，将进入新技术、新金融、新体系、新格局不断涌现的重大变革阶段，逐步走向成熟和完善。

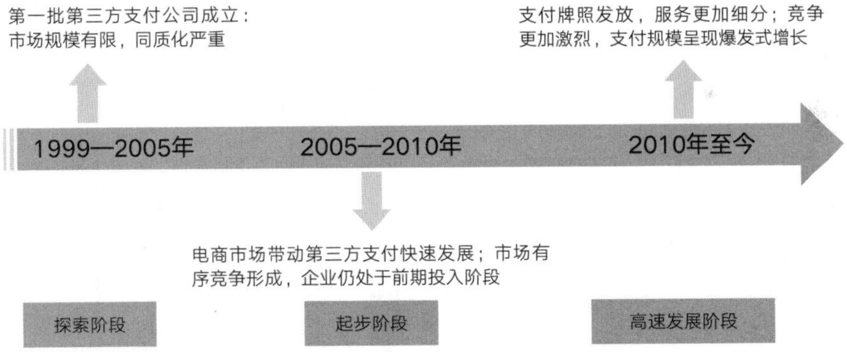

图1　第三方支付产业发展历程

（二）技术迭代推动产业发展

互联网技术推动第三方支付产业诞生。我国互联网技术，尤其是移动互联网技术处于世界领先水平，互联网基础建设不断完善，推动第三方支付诞生。截至2019年6月，我国网民规模达8.54亿人，互联网普及率达61.2%，高于全球平均水平，手机网民规模达8.47亿人。

智能手机普及，为第三方支付带来多样化应用场景。第三方支付以智能手机作为网

络连接设备，摆脱了计算机束缚，便于更好地融入用户生活场景。据工信部数据，截至2018年底，我国移动电话总数高达15.7亿户，普及率为112.2部/百人；其中4G用户总数达11.7亿户，占移动电话用户的74.5%。

电子商务和物流业推动第三方支付产业发展。我国是网络零售大国，电子商务交易总额已由2008年的3.14万亿元增长至2018年的31.63万亿元。电子商务离不开发达的物流业。截至2018年底，中国高铁营运总里程约为3万公里，高速公路总里程已达14.3万公里，位列世界第一，为物流业的发展提供了良好的基础设施。

技术迭代驱动产业升级创新。支付行业是新技术的应用前沿，5G、云计算、大数据、人工智能、LoT、区块链等技术均可在支付行业找到应用场景，有效应对高并发交易场景、用户精准营销和支付交易风险控制。支付方式层面，生物识别技术将成为支付方式的重要发展方向。

二、第三方支付监管趋严，综合交易规模增速放缓

（一）交易规模增速放缓，移动支付成为主流

第三方支付交易规模增速或将放缓。2013—2016年，第三方支付行业经历了高速发展阶段，复合增速达110%。随着行业渗透率的提高及监管政策的趋严，第三方支付交易规模增速逐渐放缓，预计年增速将回落至20%左右。

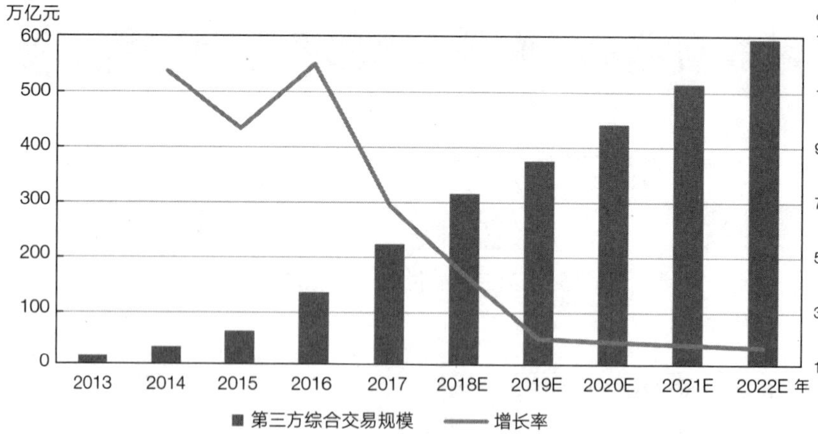

图2 2013—2022年我国第三方综合交易规模及增速

（资料来源：艾瑞咨询．2018年中国第三方支付行业研究报告［R］．2019）

根据中国人民银行出台的《非金融机构支付服务管理办法》，我国主要第三方支付业务模式包括银行卡收单、网络支付、预付卡发行与受理。

银行卡收单指收单机构与商户签订银行卡受理协议，为客户提供交易资金结算服务，并获得手续费收入的业务。其中，线下收单通过收单机构提供的POS机、自助消费终端等线下设备完成交易；线上收单通过基于互联网的支付平台完成交易。

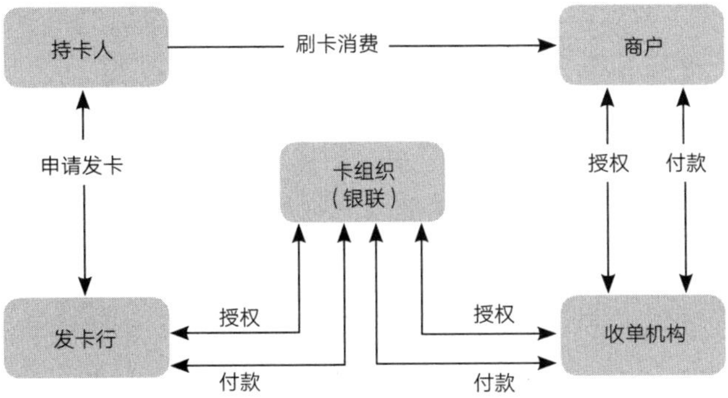

图3　银行卡收单业务流程图

网络支付指以互联网等开放网络为支付渠道，通过第三方支付机构与各商业银行之间的支付接口，在收付款人之间转移货币资金。网络支付通常包括货币汇兑、互联网支付、移动支付、数字电视支付等。

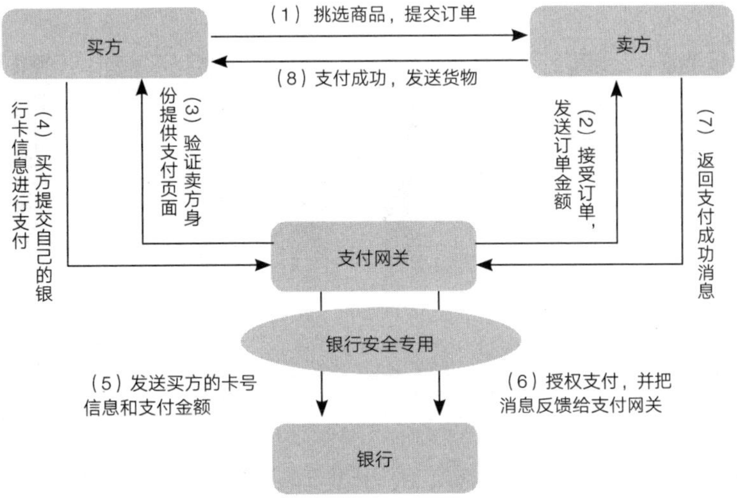

图4　网络支付业务流程图

预付卡发行与受理指第三方支付机构与众多商家签订协议，布放POS终端机；并向消费者发行多用途预付卡，消费者可以凭该卡到众多的联盟商户刷卡进行跨行业消费。典型的多用途卡有斯玛特卡、得仕卡等。

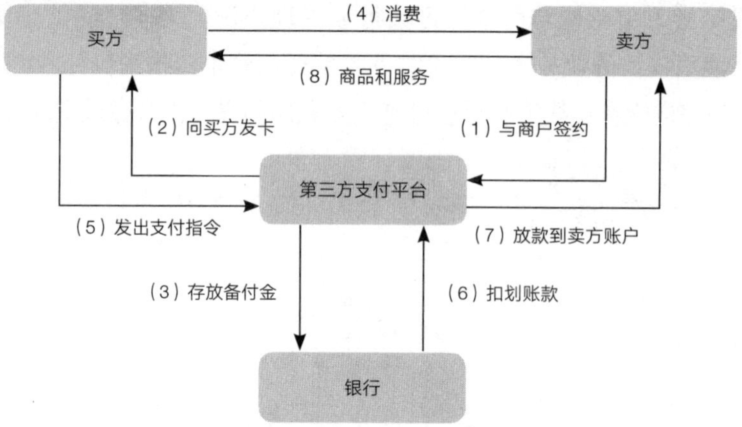

图5 预付卡受理业务流程图

从业务类型来看，移动支付逐渐取代银行卡收单成为当前主流的第三方支付业务类型。2015年以前，银行卡收单占比最高，随着电商市场的成熟、智能手机和4G网络的普及，网络支付加速发展，交易规模占比不断提高。截至2017年，移动支付交易规模占比已增至55%，成为当前主流支付方式。预计我国移动支付市场交易规模将进入稳步增长阶段。

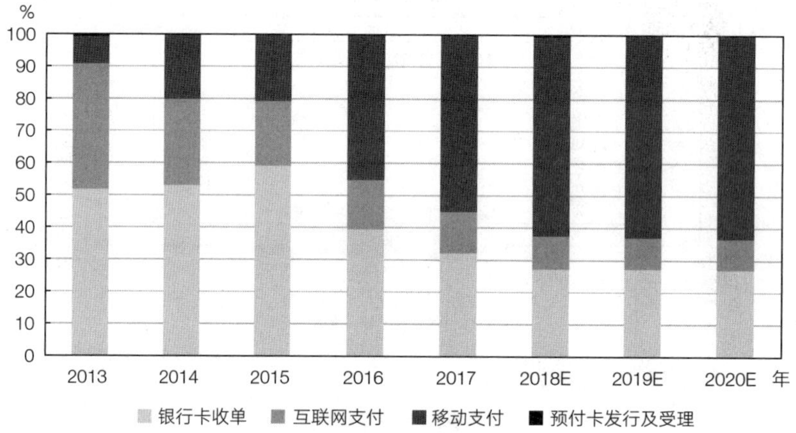

图6 2013—2020年中国第三方支付业务结构

（资料来源：艾瑞咨询．2018年中国第三方支付行业研究报告［R］．2019）

网络支付交易金额高速增长。截至2018年，非银行支付机构网络支付业务交易金额达200万亿元，同比增45.2%，主要得益于账户侧、收单侧及支付场景的创新升级。

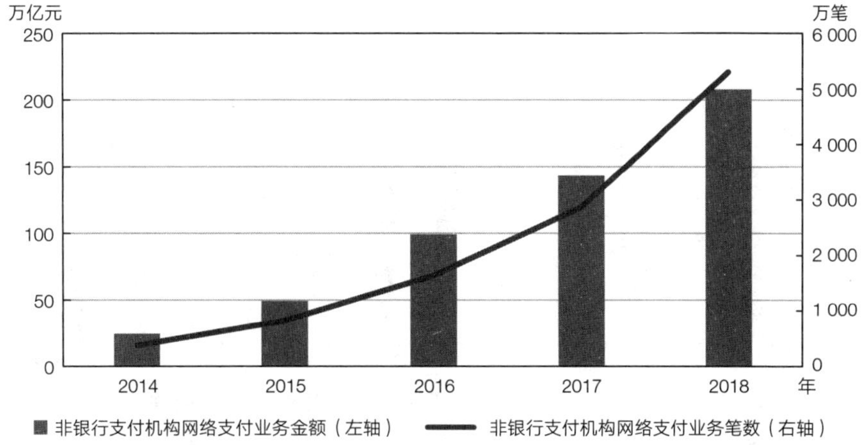

图7 2014—2018年第三方支付机构网络支付交易金额及笔数

（资料来源：中国人民银行）

银行卡消费类交易规模增速较快，市场逐渐下沉，支付场景不断拓展。截至2018年，消费类银行卡交易规模达92.8万亿元，同比增长35%；占银行卡交易规模的比重已升至10.76%。同时，自2014年起，消费类银行卡笔均交易金额持续下降，消费类银行卡支付市场持续下沉，预计未来支付场景将不断拓展。

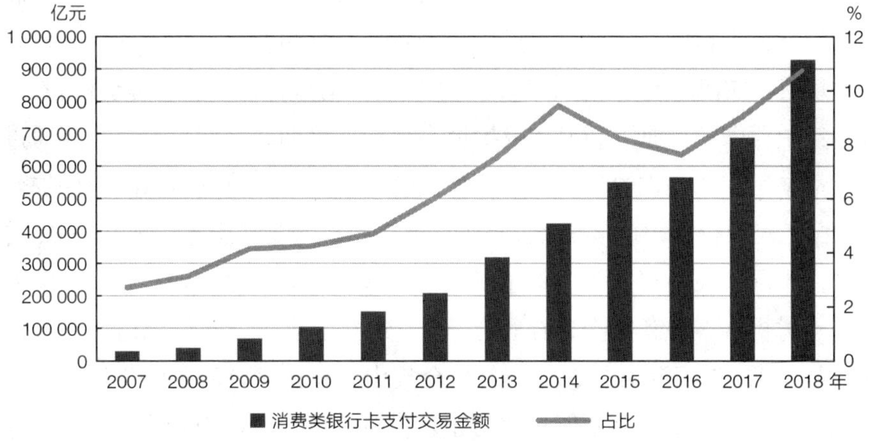

图8 2007—2018年我国消费类银行卡支付交易金额及占比

（资料来源：中国人民银行）

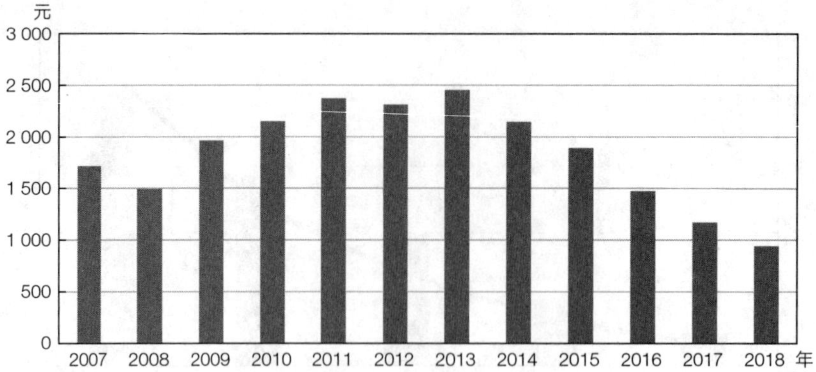

图9 2007—2018年我国消费类银行卡支付笔均交易金额

（资料来源：中国人民银行）

（二）监管趋严，行业盈利模式渐变

由于第三方支付机构的野蛮生长给支付市场和客户资产安全带来潜在威胁，近年监管层出台多项政策法规，对支付机构进行严格规范。目前，我国已建立起以《非金融机构支付服务管理办法》为政策核心，以中国人民银行为主导，行业自律管理、商业银行监督为辅的第三方支付监管体系，先后出台了备付金集中存管、断直连、支付牌照收紧等系列监管政策，在促进支付机构快速发展的同时，有效保障消费者合法权利。

备付金集中存管，行业盈利模式发生根本变化。早期，第三方支付主要通过吸收备付金、进行资本运作的方式盈利，处于监管灰色地带。为防范支付风险，保护当事人合法权益，中国人民银行于2010年颁布施行了《非金融机构支付服务管理办法》，首次将第三方支付纳入中国人民银行监管，禁止以任何形式挪用备付金。2013年，中国人民银行正式发布《支付机构客户备付金，存管办法》，建立了第三方支付机构客户备付金存管的基本框架与要求；2017年开始，客户备付金集中交存比例分阶段逐步提升，最终实现100%集中交存。备付金集中存管能有效防止支付机构挪用、占用客户备付金，保障客户资金安全，引导支付机构回归业务本源。收入端备付金利息收入、其他隐性投资收入、银行优惠费率消失，支付机构依靠备付金利息盈利的经营模式不复存在。

“断直连”重塑支付业态。原有业务模式下，备付金账户设在银行，第三方支付机构可以直连银行处理交易信息，完成资金划转。在备付金集中存管后，全部交易信息均通过银联或网联平台处理，以间连模式运营。成本端增加了支付机构的通道成本，支付机构直连银行的通道优势消失。

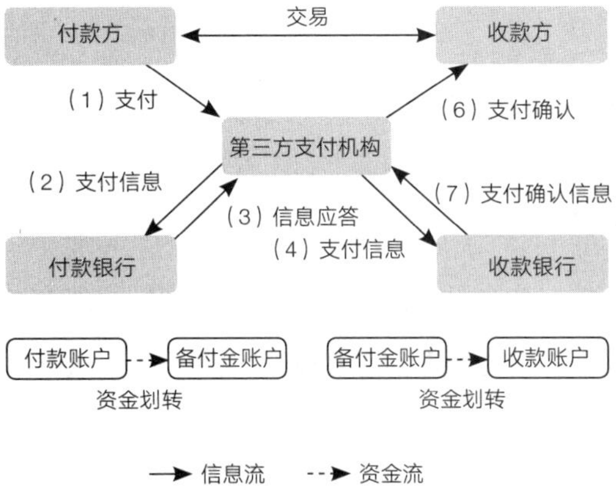

图10 第三方支付业务直连模式

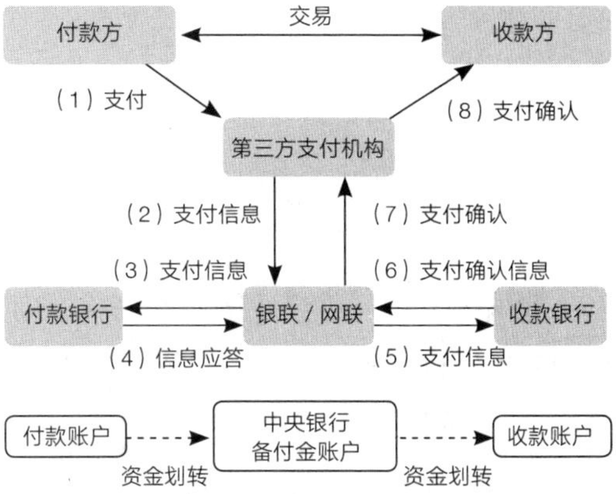

图11 第三方支付业务“断直连”模式

表1 第三方支付行业备付金存管及“断直连”相关政策一览

日期	文件	内容
2010年9月	《非金融机构支付服务管理办法》	将第三方支付纳入中央银行监管，对备付金的性质、使用、管理与监督做了原则性规定，禁止以任何形式挪用备付金
2013年6月	《支付机构客户备付金存管办法》	备付金全额交存至支付机构的备付金专用账户；其他基本要求
2015年12月	《非银行支付机构网络付业务管理办法 》	支付机构不得设资金池，不进行清算业务，回归支付服务本源
2016年10月	《非银行支付机构风险专项整治工作实施方案》	银行不向备付金账户计付利息；支付机构不得连接多家银行系统，开展跨行清算业务
2017年1月	《关于实施支付机构客户备付金集中存管有关事项的通知》	备付金按一定比例交存至指定机构专用款账户，不计付利息
2017年8月	《关于将非银行支付机构网络支付业务由直连模式迁移至网联平台处理的通知》	成立网联平台，要求自2018年6月30 日起，支付机构受理的涉及银行账户网络支付业务全部通过网联平台处理
2017年12月	《关于规范支付创新业务通知》	加强接口管理，各银行、支付机构之间不得相互开放和转接支付业务系统接口
2018年1月	《关于调整支付机构客户备付金集中交存比例的通知》	支付机构客户备金集中交存比例将由20%左右提高至50%左右
2018年6月	《关于支付机构客户备付金全部集中交存有关事宜的通知》	按月提高客户备付金集中交存比例，最终在2019年1月14日前实现100%集中交存

行业严监管常态化，市场进入整合阶段。2010年，中国人民银行制定《非金融机构支付服务管理办法》，开始发放第三方支付牌，累计发放271张，现存有效牌照236张。近三年新牌照发放基本停滞，存量牌照进入清理整合阶段，收购已有支付牌照的公司成为获取支付牌照的主要途径。预计未来将出现大量并购整合案例，小型第三方支付机构或被大型互联网或互联网金融企业收购，第三方支付行业集中度将进一步提升。

三、产业链交叉增多，支付机构竞争激烈

（一）产业链交叉增多，上下游合作加强

我国第三方支付产业链不断完善，商业银行、清算机构、第三方支付机构、商户、用户和支付机构服务商协同运行。产业链交叉增多，上下游合作加强。

1．清算机构。

中国人民银行指定的支付清算机构为商业银行、支付机构提供交易处理、资金清算等基础服务，包括中国银联、中国网联。中国银联通过银联跨行交易清算系统，实现商业银行系统间的互联互通和资源共享，保证银行卡跨行、跨地区和跨境的使用。中国网联为支付宝、财付通等非银行第三方支付机构搭建转接清算平台，并通过网联统一与商业银行系统互联。

2．商业银行。

商业银行负责处理机构所属的账户支付交易。第三方支付产业发展对商业银行中间业务影响突出，直接挤压商业银行传统的支付、结算、代收代付等中间业务；同时，第三方支付业务依托银行的结算清算系统，贡献相应银行中间业务收入。

3．第三方支付机构。

第三方支付机构是商户与用户支付、结算的中间方。其中，账户端主要服务C端用户，代表企业有支付宝和微信支付；受理端服务B端商户，代表企业有银联商务和拉卡拉。未来第三方支付行业巨头将不再局限于账户端或受理端，产业链上下游合作将进一步加强。

4．支付机构服务商。

支付机构服务商为支付机构提供软硬件支持，主要包括通信运营商、软硬件技术供应商、渠道服务机构。通信运营商提供支付交易信息的通信渠道，软硬件技术供应商提供第三方支付平台、第三方支付网关的搭建、终端设备应用开发等技术服务，渠道服务机构主要涉及商户的拓展和维护。

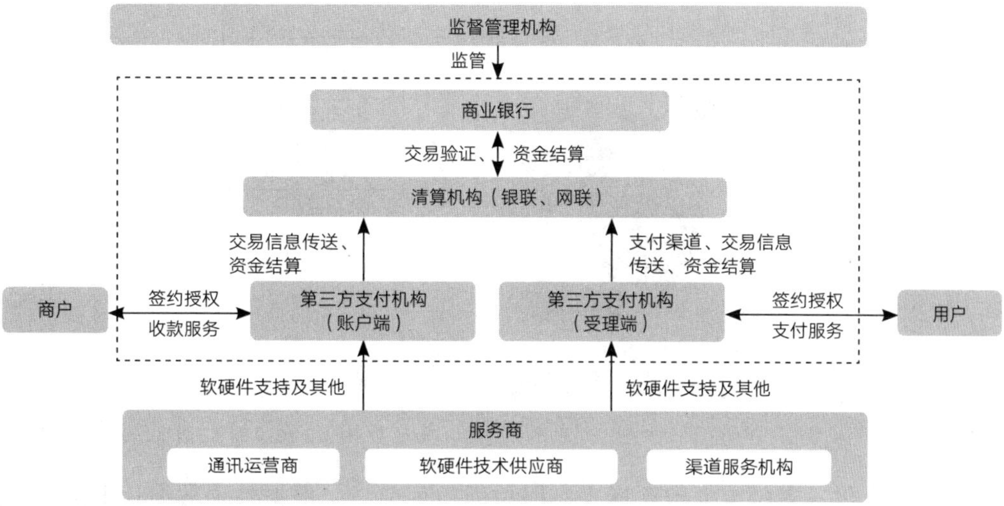

图12　第三方支付产业链

（二）市场集中度较高，中小机构竞争激烈

第三方支付行业集中度较高。据易观2019年第三季度中国第三方支付机构综合支付市场交易份额数据，支付宝、财付通、银联商务分别以47.05%、33.77%和7.96%的市场份额位居前三位，三者市场份额总和达88.78%。

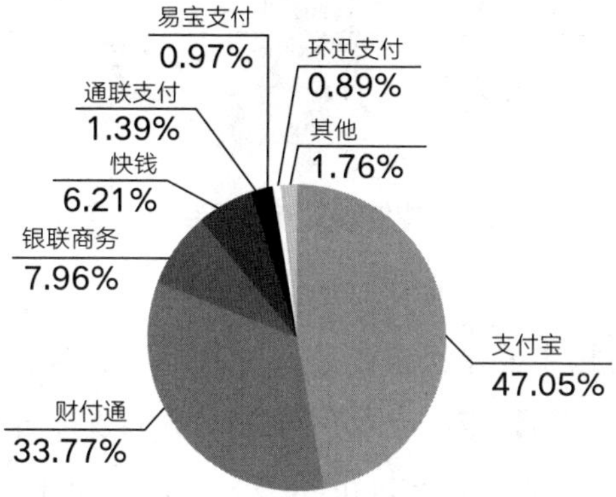

图13　2019年第三季度中国第三方支付综合支付市场交易份额

（资料来源：易观数据．中国第三方支付互联网支付市场季度监测报告2019年第3季度［R］．2019）

1．三类业务竞争格局。

移动支付：凭借社交、红包和电商、金融生态，已形成支付宝、财付通“双寡头”格局，以较强的客户黏性占据绝大部分C端客户资源。根据易观最新数据，2019前三个季度，支付宝、财付通分别占据第三方移动支付交易规模的53.58%和39.53%；中国平安旗下平安付推出的壹钱包市场份额占比仅为1.28%；其他第三方支付机构市场份额占比均低于1%。

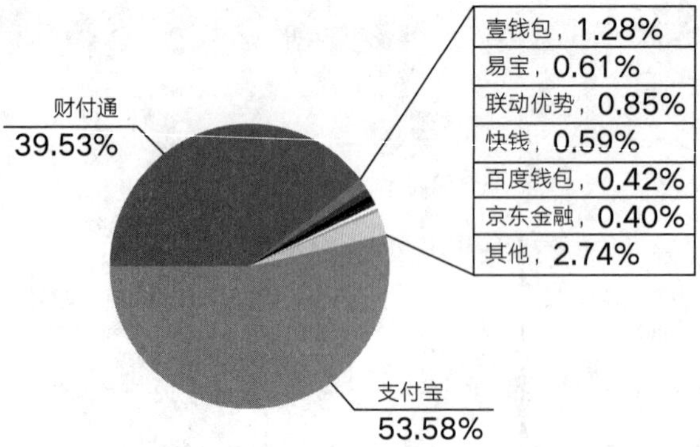

图14 2019年第三季度中国第三方移动支付市场交易份额

（资料来源：易观数据．中国第三方支付互联网支付市场季度监测报告2019年第3季度［R］．2019）

互联网支付：支付宝、银联商务、财付通位列前三。根据易观数据，支付宝、银联商务、腾讯金融位居2019年第一季度互联网支付交易份额前三，分别占比23.62%、23.49%、9.72%。快钱等支付机构致力于打造“支付+”增值服务，拓展教育、互联网汽车等特定场景，同样占据一定市场份额。

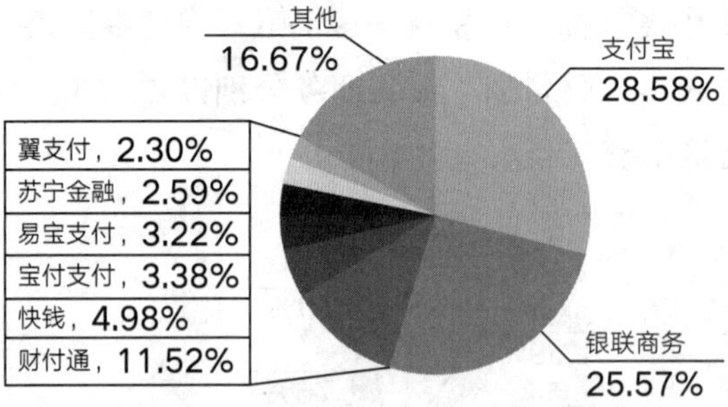

图15 2019年第三季度中国第三方支付互联网支付市场交易份额

（资料来源：易观数据．中国第三方支付互联网支付市场季度监测报告2019年第3季度［R］．2019）

银行卡收单：头部机构主要是银联商务、拉卡拉。根据尼尔森《2018年度亚太地区收单机构排名》，银联商务以高达77.7亿笔的收单交易笔数排名亚太地区收单机构榜首，近几年收单规模均位列国内第三方支付市场第一。拉卡拉第三方收单市场占有率约为4%，其他较大的第三方收单机构还包括通联支付、瑞银信等。

2．C端呈现寡头格局，B端市场潜力巨大。

目前国内C端支付基本被支付宝、财付通两大巨头垄断。支付巨头拥有大量的客户群体、丰富的支付场景；同时，不断拓宽场景覆盖，加快产品升级优化，提高增值业务服务能力；所占市场份额很大且稳定。在C端市场，中小支付机构竞争激烈，被电商、消费金融等收购的现象十分常见；进而通过收购方的客户资源、商业平台、支付场景发力垂直支付场景，实现差异化经营。例如，被万达集团收购的快钱支付。

B端市场潜力巨大。我国企业经营环境、金融服务环境的持续改善，企业对资产管理、财税、营销等相关增值服务需求不断提高，带来巨大的B端企业服务市场。许多中小第三方支付机构已将B端服务作为业务重点方向，主要包括行业解决方案和增值服务。行业解决方案需对行业有深入理解，为用户提供符合行业要求和标准的支付服务产品；增值服务主要是分析和挖掘支付数据，用于信贷、理财、营销等增值服务。

目前B端尚未形成寡头竞争局面，市场集中度不高。各家支付机构基于各自资源禀赋，在某个或某几个行业形成相对竞争优势。未来，支付机构能否以金融科技赋能，实现商户综合解决方案的定制化，将成为支付竞逐B端的关键点。

3. 优秀企业案例。

（1）支付宝：背靠阿里生态系统，集成多场景支付功能。

支付宝成立于2004年，依托线上电子商务的庞大场景，不断扩张其支付业务。2012年，支付宝获得基金第三方支付牌照，开始迈向金融业务领域。2014年，蚂蚁金服正式成立，网商银行获批。近年来，蚂蚁金服以支付为入口，打造金融服务生态平台，已形成以普惠、科技、全球化为首的三大发展战略和以支付、理财、微贷、保险、征信、技术输出为主的六大业务板块。

支付宝的核心竞争力在于阿里生态系统，新零售的发展为支付宝线上线下支付提供了丰富场景支撑。通过集成多场景支付功能，支付宝不断向B端服务靠拢。支付宝积累了大量用户消费数据，并通过大数据分析调整产品、配合阿里系生态产品。同时，持续推动用户和商户的下沉，提供花呗、借呗等差异化金融工具增强用户黏性。截至2019年末，阿里巴巴国内零售市场移动月活用户数已达8.24亿元。

（2）财付通：依托社交流量平台，下沉市场优势明显。

腾讯于2014年3月开通微信支付功能，利用微信社交关系链的高频场景，通过春节红包、朋友转账等形式实现快速发展，交易规模维持在较高水平。凭借庞大用户量和高使用率，渗透生活场景，成功实现线下支付逆袭。微信支付内嵌于微信，已覆盖大部分网民；在下沉市场和中老年用户的覆盖上更具优势。截至2019年末，微信月活跃用户数达11.51亿人。短期来看，微信用户数量和移动支付市场份额增速仍将高于支付宝。

（3）银联商务：商户覆盖率高，收单业务优势显著。

银联商务成立于2002年，中国银联控股，在收单服务领域优势显著。根据尼尔森的报告，2018年银联商务在亚太地区收单机构排名中居首位，全卡种收单交易额2.3万亿美元（约合14.9万亿元人民币），占亚太区前十大收单机构交易总金额的65.9%。

银联商务覆盖全国所有地级以上城市、超过800万商户，围绕“支付+”打造综合性支付服务体系，搭建覆盖全国的“开放式移动泛非接受理网络”，受理传统的银行卡支付、云闪付、扫码支付和银联手机闪付。同时，不断升级支付受理网络，探索刷脸支付、静脉支付、语音支付等新兴移动支付方式。

（4）拉卡拉：专注中小微企业支付，信息技术赋能经营。

拉卡拉成立于2005年，是第一批获得支付牌照的公司；最初主要通过便民支付为商户引流，而后进入线下银行卡收单市场，推出各种收款终端满足商户收款需求，并不断增加其他增值服务。2019年拉卡拉正式进入全面服务中小微商户的战略4.0时代，整合信息技术为中小微商户经营赋能。

目前，拉卡拉终端扫码受理笔数、智能POS产品市场占有率位居列行业第一，银行卡收单交易规模仅次于银联商务。2019年上半年，拉卡拉服务的有效商户超过2100万家，商户规模稳步增长；累计交易36.7亿笔，同比增长67%；实现交易金额1.7万亿元，同比减少11%，总体交易呈现出高频、小额、活跃状态。业绩快报显示，拉卡拉2019年实现归母净利润8.06亿元，同比增长34.45%。业务结构不断优化；已形成以企业收单为主体、个人支付和硬件销售服务为两翼的多层次业务模式。

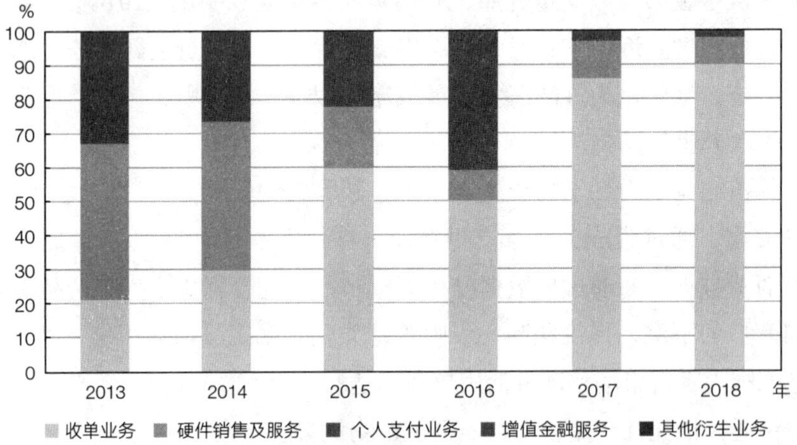

图16 拉卡拉主营业务结构

（资料来源：公司财报）

（5）壹钱包：背靠平安集团金融资源，提供深度定制化服务。

壹钱包成立于2014年，是中国平安旗下“平安付”推出的移动支付平台。壹钱包主要功能涵盖货币基金、定期理财、创新保障、电商购物、缴水电煤、还信用卡、转账等板块。除通过APP直接获取用户，壹钱包还基于大量平安集团内部场景，服务包括陆金所、寿险、普惠等场景用户。例如，为平安寿险用户定制的“续期宝”“首期保”等产品，提前将资金存入壹钱包理财，到期缴纳足额保费。

壹钱包的核心优势在于平安强大的金融资源和科技投入，立足金融科技能力创新和输出，重点向线下商户提供深度定制化服务，强调B端转型，业务重心逐渐转向企业、商户。

（6）快钱：背靠万达生态，创新支付产品体系。

快钱公司成立于2004年，专注于B端第三方支付业务，深耕保险、航空客票、零售、餐饮、网络购物等行业，积累了大量客户资源。2014年底，快钱与万达集团达成战略控股合作，共同打造以实体产业为依托的互联网金融平台，成为万达互联网金融版图中的支付入口。快钱借助万达自有场景，逐步发展为“实体商业+互联网”企业，发展不断提速。

快钱公司的核心竞争优势在于创新的支付产品体系，公司运用互联网技术、大数据等前沿技术打造创新型金融科技平台，面向企业客户与个人用户提供包括支付、定制化行业解决方案、金融云、增值业务等在内的高品质、多元化的金融科技服务。同时，不断将金融科技辐射到更多产业和场景，赋能企业和用户。

（7）易宝支付：擅长定制解决方案，深耕航旅产业数字化升级。

易宝支付成立于2003年，主要服务企业间支付，2006年首创行业支付模式，相继推出网上在线支付、非银行卡支付、信用卡无卡支付、POS支付、基金易购通、一键支付等创新产品，为众多行业定制解决方案。

易宝支付是国内率先深耕航旅业的第三方支付企业，经验丰富。主要为OTA、旅行社解决行业上游资源（机票、酒店、景区）及下游销售渠道（代理、分销等），提供产业链收单、结算、分账、跨境等多种支付服务，助力旅游产业链升级，完成产业链资金闭环。同时，帮助企业建立信用体系和风控模型，聚合用户需求，解决产业链上下游信息不对称问题，最终协同优化行业资源配置和产业升级布局。

四、海外支付企业启示：通过兼并收购整合资源

美国信用卡体系成熟，移动支付发展较慢。美国第三方支付起源于20世纪80年代的独立销售组织制度（Independent Sales Organization, ISO），随后Visa和Master两大信用卡组织相继成立，信用卡体系逐渐成熟。21世纪以来，电子商务蓬勃发展，第三方支付开始转向以移动互联网为基础的发展模式；eBay、Amazon、谷歌等电子商务交易商亦推动PayPal、Amazon Payment、Google Checkout等支付机构发展。美国在移动互联网支付虽起步较早，但由于信用卡体系已十分完善、移动支付受理环境相对落后，移动互联网支付业务发展速度不算太快。

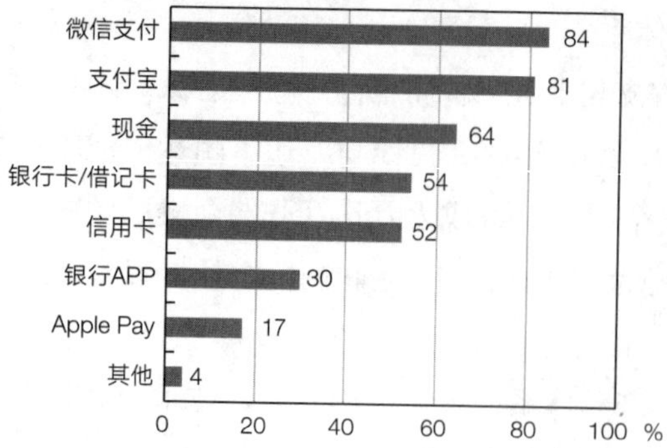

图17 中国各类支付方式使用率

（资料来源：贝恩咨询）

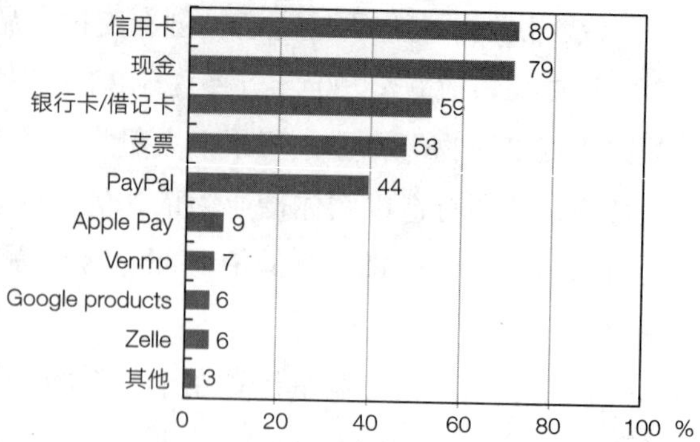

图18 美国各类支付方式使用率

（资料来源：贝恩咨询）

在美国第三方支付机构中，卡组织主要提供清算和支付网络服务，代表机构有Visa和Master等；收单机构为商户提供收单和数据处理服务，代表机构有World Pay和First Data等；网络支付机构则以PayPal为代表。

表2 中美主要第三方支付机构一览

机构类型	中国	美国
卡组织（清算机构）	银联、网联	Visa、Master、American Express、Discover
收单机构	银联商务-、拉卡拉、通联支付、汇付天下	World Pay、First Data、Global Payments、Square
网络支付机构	支付宝、微信、银联商务、易宝支付、快钱、壹钱包	PayPal、Visa Checkout、MasterCard Pay Pass、Amazon Payment

兼并收购成为支付公司重要发展策略之一。通过收购其他支付平台整合技术和资源，可以丰富支付产品、提升支付技术，共享客户及商户资源，提升客户运营能力。此外，金融科技公司也通过收购支付公司，拓宽市场空间、保持行业领先，实现双赢。

PayPal是第三方支付的鼻祖（成立于1998年），已由支付工具逐渐发展为全球领先的技术平台和数字支付公司，为个人和企业提供支付工具和支付解决方案。截至2019年末，PayPal已覆盖超过200个国家和地区的3.05亿活跃账户，其中，个人账户2.81亿户，企业账户0.24亿户。本土业务和国际业务均衡发展，2019年美国、英国、其他地区收入占比分别为52.99%、10.53%、36.48%。PayPal于2015年收购跨境支付平台Xoom，2018年收购移动刷卡机公司iZettle及在线支付平台Hyperwallet，支付平台用户数量和平台交易总额不断增长。2019年末，PayPal完成了对国付宝（GoPay）70%的股权收购，成为第一家获准在中国市场提供在线支付服务的外资支付平台。由于支付宝和微信支付用户黏度极高，PayPal在中国市场的发展阻力较大。

WorldPay是全球最大的收单机构（创办于1997年），已覆盖146个国家和126种货币。2019年7月，美国金融科技服务商FIS完成对WorldPay的收购，成为全球领先的技术和服务提供商，加速推动全球支付、银行业务和投资方式的发展。

First Data是全球领先的支付公司，服务的客户来自100多个国家、超过600万个经营地点及3 700多家金融机构。2019年1月美国老牌技术服务供应商 Fiserv收购First Data，合并后公司将支持一系列支付和金融服务，包括账户处理和数字银行解决方案、发卡机构交易处理和网络服务、电子商务、综合支付解决方案等。

五、产业支付市场潜力巨大，跨境支付是重点竞争领域

（一）产业支付：把握传统行业数字化转型机会

产业支付是传统行业数字化转型的主要方向。在产业互联网阶段，B端传统线下实体和商户迫切需要数字化转型升级，加快数字技术与实体经济融合已成为共识。未来第三方支付机构将聚焦中小企业数字化升级需求，依靠云计算、智能风控等技术定制解决方案，解决中小企业的运营效率和成本问题，深度赋能中小企业发展，加快数字经济融合发展。科技赋能也将成为第三方支付机构B端竞争的突破点。

提供专业化和个性化的产品和服务。B端客户所属行业、企业规模、场景应用需求各不相同，这要求第三方支付机构在深刻研究传统企业发展问题的基础上，提供有针对性的支付和经营解决方案。未来第三方支付机构的经营着力点将从拓展渠道转向增加客户黏性，关键点在于为客户提供多样化、个性化、高附加值的服务。

SaaS（Software-as-a-Service，软件即服务）以互联网为基础提供软件服务，具有简化管理、快速迭代、灵活付费和持续服务等优势，获得B端客户青睐，将成为未来第三方支付机构服务产业生态的重要方式。

（二）跨境支付：政策面利好，将成为重点竞争领域

跨境支付将成为重点竞争领域。国内第三方支付市场相对饱和，利润逐渐压缩；而海外市场发展模式尚未成熟，费率也相对更高。同时，“一带一路”倡议和人民币国际化增加了企业对跨境支付的需求，国民收入水平的提高带动了境外旅游、留学、电商等市场的发展，跨境支付市场空间不断扩大，第三方支付机构纷纷转战海外市场。

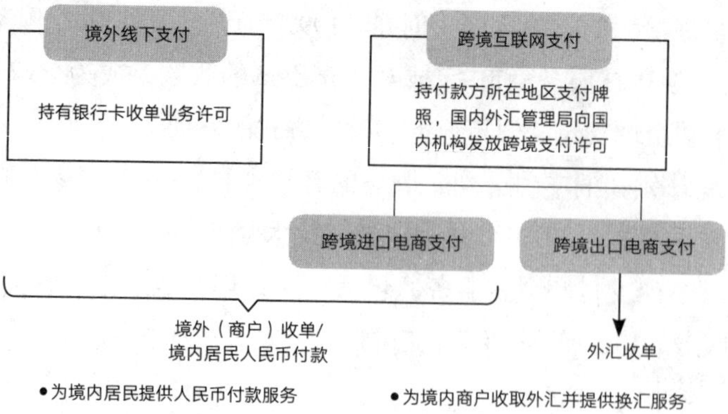

图19 第三方支付机构跨境支付业务定义及范畴

（资料来源：艾瑞咨询．2018年中国第三方支付行业研究报告［R］．2019）

传统跨境支付市场竞争参与者主要是国内商业银行、国际卡组织、保理公司等，2013年，外汇管理局发布《支付机构跨境电子商务外汇支付业务试点指导意见》，第三方支付机构成为跨境支付市场主要参与者。外汇管理局于2015年下发《国家外汇管理局关于开展支付机构跨境外汇支付业务试点的通知》，正式承认支付机构开展外汇业务的合法性，并初步规范业务发展。2019年4月，外汇管理局发布《支付机构外汇业务管理办法》，完善支付机构跨境外汇业务相关政策，促进跨境电子商务结算便利化，为第三方支付机构开展跨境支付业务创造便利条件。未来，跨境支付将成为第三方支付机构新的增长点，中国支付企业在全球的市场占有率有望进一步提升。

根据艾瑞咨询的数据，我国第三方支付机构的跨境互联网支付交易规模在2017年已突破3 000亿元，2013—2017年复合增长率达127.5%，预计随着跨境电商交易规模增长、出境游花费增加，以及非现金支付渗透率的提高，第三方支付跨境支付规模将进一步增长。到2020年，预计跨境互联网支付交易规模将超过5 000亿元。

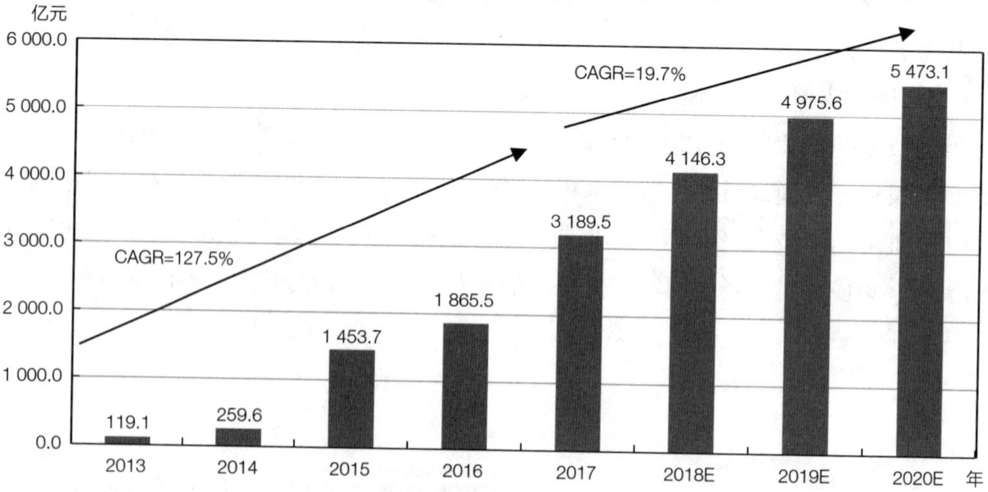

图20 2013—2020年国内第三方支付机构跨境互联网支付交易规模

（资料来源：艾瑞咨询．2018年中国第三方支付行业研究报告［R］．2019）

1．国内支付巨头重点布局海外C端服务。

支付宝主要通过与当地支付机构和退税机构合作的方式布局海外线下支付业务，优化用户体验。除了依托跨境电商推动支付宝推广，支付宝还通过反向技术输出，构建海外金融平台，即在当地挑选优秀合作伙伴，为其提供底层架构的技术标准输出，包括弹性可扩容的云平台、风控系统、大数据应用，于所在国发展本土化的“支付宝”。截至2019年5月，支付宝已与全球250多个金融机构建立合作关系。

微信跨境支付以华人线下支付为主要路径，以拓宽微信支付线下场景为目标。通过发展开放生态提升境外市场的覆盖率，2019年微信支付跨境业务已合规接入60个国家及地区，支持16个币种的直接换算，超过1 500个机构进驻，覆盖了百万家境外商户。同时，推出更多深入的行业场景应用，注重区域特色场景和境内经验的海外适配。

2．中小第三方支付机构主要发力B端市场。

跨境电商出口规模的增长带动资金服务需求不断增长，跨境交易资金流转的核心环节是海外收款和外币支付。以第三方海外收款为例，2013年前后，仅有PayPal、WorldFirst等少数外资机构提供海外收款服务，平均费率在2%~3%，收款时间为T+2以上。随着市场参与者的增加，竞争日趋激烈，目前市场平均费率已降至0.5%以下，并实现了T+0入账。目前连连支付、PayPal、支付宝国际、WorldFirst等服务商品牌渗透率位居前列。

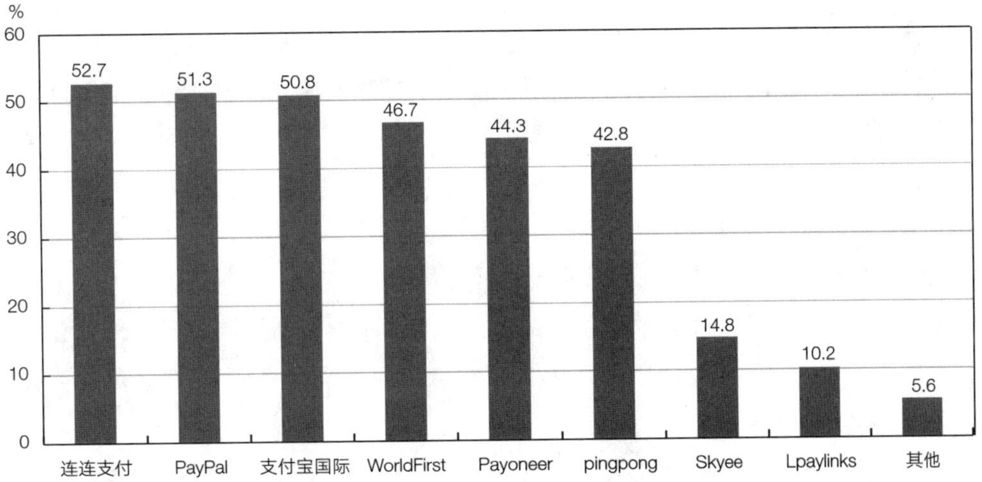

图21 2018年海外第三方收款工具品牌渗透率

（资料来源：亿邦动力研究院．2019中国跨境电商金融服务生态研究报告［R］．2019）

互联网金融产业：

科技金融与金融科技

王健辉　东兴证券计算机行业首席分析师
禹世亮　东兴证券研究所计算机组

产业描述：

互联网金融是指依托于互联网工具及云计算、搜索引擎等技术，实现资金融通、支付等业务的一种新兴金融模式。包括第三方支付、P2P网贷、互联网理财、众筹等多种商业模式业态。

作为国家"大众创业、万众创新"战略的有力支撑，近年来，互联网金融凭借其独特的经营模式和价值创造方式在国内得到迅猛发展。

互联网金融在一定程度上改变了金融行业的竞争格局和制胜要素。除传统金融机构外，互联网公司、互联网金融新兴业者（P2P、众筹、垂直搜索等）、通信运营商、基础设施提供商纷纷参与其中。

互联网金融通过创新的商业模式业态创造了一系列的社会经济价值。通过低成本、高效率的创新产品促进普惠金融的实现，提升小微融资覆盖和投资理财覆盖，降低金融业交易成本，推动中国金融体系改革。

过去，通过互联网与金融的结合，促进了金融行业经营理念、商业模式、运营模式的改革与提升。

未来，云计算，大数据及人工智能等新兴科技逐步发展成熟。在这样的大背景下，互联网金融将进入金融科技的全新时代。

一、互联网金融经过爆发式增长后已趋于平稳

（一）互联网金融是传统金融行业与互联网科技融合的产物

互联网金融是指依托于互联网工具及云计算、搜索引擎等技术，实现资金融通、支付等业务的一种新兴金融模式。

互联网金融包含三类参与机构：第一，传统金融机构的互联网化、科技化业务板块；第二，互联网巨头的金融业务板块或主业为互联网金融的机构，如蚂蚁金服、腾讯FiT、乐信、宜人贷；第三，金融行业客户占比高的科技企业，如百融云创、第四范式等。

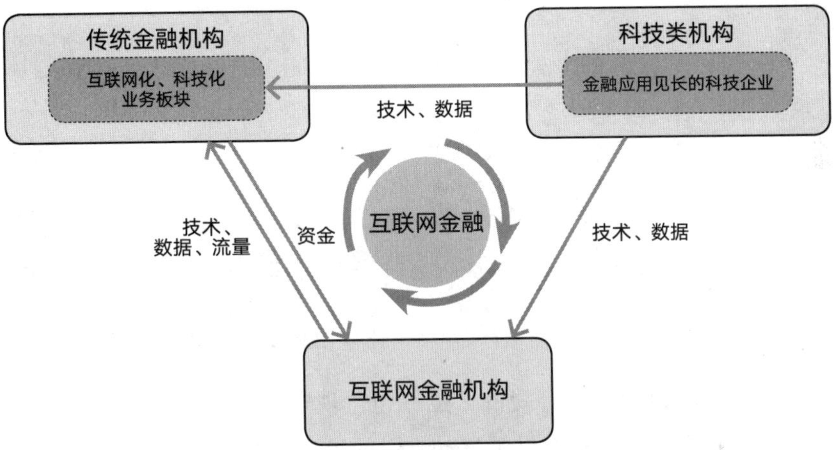

图1　互联网金融机构

（资料来源：艾瑞咨询．2019年中国互联网金融行业监测报告［R］．2019）

在电子商务崛起的背景下，互联网金融突破时间和地域的束缚，提供贴近方便的金融服务，客户覆盖面广泛且发展迅速。

（二）互联网金融的发展进入平台期

中国互联网金融萌芽于20世纪90年代，当时主要的科技创新是网上银行及证券公司的线上开户与交易。

在移动互联网时代，互联网金融作为一个商业模式创新的市场取得了蓬勃发展的黄金时期，标志性事件是2013年6月13日支付宝理财产品“余额宝”上线，一年内用户数超过1亿户，规模超过5 700亿元人民币，成为世界第四大货币基金。

随后，腾讯、百度等互联网企业，中国银行、平安银行、民生银行等多家银行也纷纷推出“宝宝类”理财产品。

表1　"宝宝类"理财产品（截至2019年10月30日）

产品名称	发行平台	挂钩货币基金	年化收益率/%
腾讯佣金宝	佣金宝	国金金腾通货币	2.87
中信银行薪金煲	中信银行	信诚薪金宝	3.348
		嘉实薪金宝	2.856
		华夏薪金宝	2.425
		南方薪金宝	2.812
京东小金库	京东金融	鹏华增值宝	2.565
		嘉实活钱包	2.707
百度百赚	度小满理财	华夏现金增利	2.542
工银现金快线	工银瑞信	工银货币	2.54
微信理财通	理财通	华夏财富宝	2.648
		广发天天红	2.375
		汇添富全额宝	2.377
		易方达易理财	2.563
新浪存钱罐	新浪支付	汇添富现金宝	2.437
苏宁零钱宝	苏宁金融	广发天天红	2.375
		汇添富现金宝	2.437
平安银行平安盈	平安银行	南方现金增利	2.436
		平安大华日增利	2.348
阿里余额宝	支付宝	天弘增利宝	2.342

资料来源：金牛基金网．泛宝宝类理财产品收益率排名［EB/OL］．2019.

2014年春节，腾讯微信凭借春晚的"抢红包"现象级营销活动使微信支付在短短几天内绑定上亿银行账户，极大地提升了移动支付的渗透率及资金账户数量。

2014年2月13日，京东推出"白条"服务，为用户提供1.5万元人民币额度以内的消费信贷。用户可在数分钟内完成在线实时申请和授信。

之后"互联网+金融"的概念进一步发展，催生出了大量的P2P公司。2015年，野蛮生长的P2P公司出现了大量的兑付风险事件。以e租宝为例，2015年12月e租宝涉嫌集资诈骗罪、非法吸收公众存款罪、走私贵重金属罪、偷越国境罪被立案调查，后被宣判执行。

在监管逐渐规范及行业自律的引导下，互联网金融行业增速放缓，并走向理性的道路。在近几年防范金融风险的大背景下，互联网金融发展走到了阶段性的调整期。

二、科技赋能诞生了金融业的三大商业模式

互联网科技的蓬勃发展对金融的改造产生了众多商业模式和细分赛道。

过去几年，互联网金融发展总体概括来说，新兴的商业模式业态主要包括"互联网+支付""互联网+借贷"。"互联网+理财"三大主流模式，分别诞生了"微信支付""支付

宝”“余额宝”“花呗”“借呗”“微粒贷”等新兴的互联网金融产品。此外，互联网金融不仅包括对原有金融行业的资源重整与连接，还包括了对全新商业模式从0到1的孵化，典型的就是线上众筹。

（一）“互联网+支付”延伸出的第三方支付已处于世界领先

第三方支付是指具备一定实力和信誉保障的非银行机构，借助通信、计算机和信息安全技术，采取与各大银行签约的方式，在用户与银行支付结算系统间建立连接的电子支付模式。

1999年，伴随着易趣网、当当网的成立，中国第一家第三方支付公司——首易信支付诞生。此后，第三方支付相继迎来了三个重要的发展节点。

第一个节点是2003年，淘宝网首次推出支付宝服务，支付宝诞生，自此，第三方支付行业经历了一段高速发展的时期。到2009年，我国电子支付产业交易量达5 677亿元。但是在这一时期，由于缺乏相应的法律法规，第三方支付处于监管的盲区，问题也频频呈现。

2010年之后，第三方支付相关管理办法出台，第三方支付牌照颁布。2010年6月21日，中国人民银行出台《非金融机构支付服务管理办法》，明确规定：非金融机构提供金融服务，应当依据该办法规定取得“支付业务许可证”，成为支付机构。2011年5月，中国人民银行向支付宝、银联、财付通等27家企业颁发了第一批“支付业务许可证”。

表2　首批27家获得支付牌照企业

牌照号	企业	日期
Z2000133000019	支付宝（中国）网络技术有限公司	2011年5月18日
Z2000231000010	银联商务有限公司	2011年5月18日
Z2000311000013	北京商服通网络科技有限公司	2011年5月18日
Z2000444000013	深圳市财付通科技有限公司	2011年5月18日
Z2000531000017	通联支付网络服务股份有限公司	2011年5月18日
Z2000611000010	开联通网络技术服务有限公司	2011年5月18日
Z2000711000019	北京通融通信息技术有限公司	2011年5月18日
Z2000831000014	快钱支付清算信息有限公司	2011年5月18日
Z2000931000013	上海汇付数据服务有限公司	2011年5月18日
Z2001031000010	上海盛付通电子商务有限公司	2011年5月18日
Z2001111000013	钱袋网（北京）信息技术有限公司	2011年5月18日
Z2001231000018	上海东方电子支付有限公司	2011年5月18日
Z2001344000012	深圳市快付通金融网络科技服务有限公司	2011年5月18日
Z2001444000011	广州银联网络支付有限公司	2011年5月18日
Z2001511000019	北京数字王府井科技有限公司	2011年5月18日
Z2001611000018	北京银联商务有限公司	2011年5月18日
Z2001731000013	杉德电子商务服务有限公司	2011年5月18日

续表

牌照号	企业	日期
Z2001811000016	裕福网络科技有限公司	2011年5月18日
Z2001912000014	渤海易生商务服务有限公司	2011年5月18日
Z2002044000013	深圳银盛电子支付科技有限公司	2011年5月18日
Z2002131000017	迅付信息科技有限公司	2011年5月18日
Z2002211000010	网银在线（北京）科技有限公司	2011年5月18日
Z2002346000018	海南新生信息技术有限公司	2011年5月18日
Z2002431000014	上海捷银信息技术有限公司	2011年5月18日
Z2002511000017	北京拉卡拉网络技术有限公司	2011年5月18日
Z2002631000012	上海付费通信息服务有限公司	2011年5月18日
Z2002744000016	深圳市壹卡会科技服务有限公司	2011年5月18日

资料来源：何飞．中国互联网金融发展历程及未来趋势衍变研究报告［R］．2016.

在众多第三方支付企业中，银联、支付宝、微信支付占据着主要的市场份额，所占比例超过90%。壹钱包占比达1.5%，其余企业占比均不超过1%。

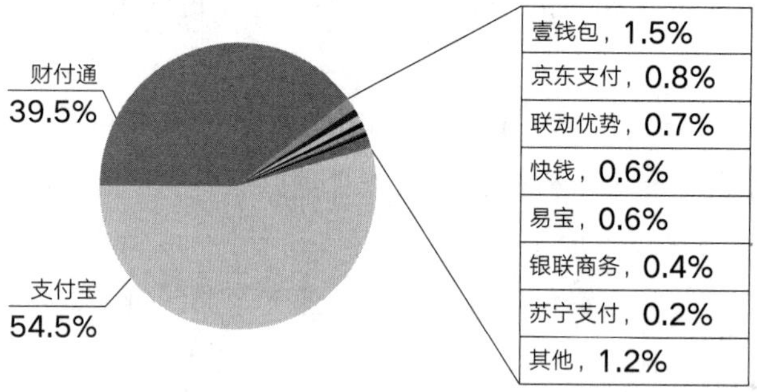

图2　第三方支付市场份额

（资料来源：艾瑞咨询．第三方移动支付2019Q3交易规模约56万亿［EB/OL］．2019）

2019年第三季度，中国第三方移动支付交易规模约为56万亿元，同比增速为15.2%。我国移动支付市场交易规模已经结束了快速增长期，进入稳步增长阶段。

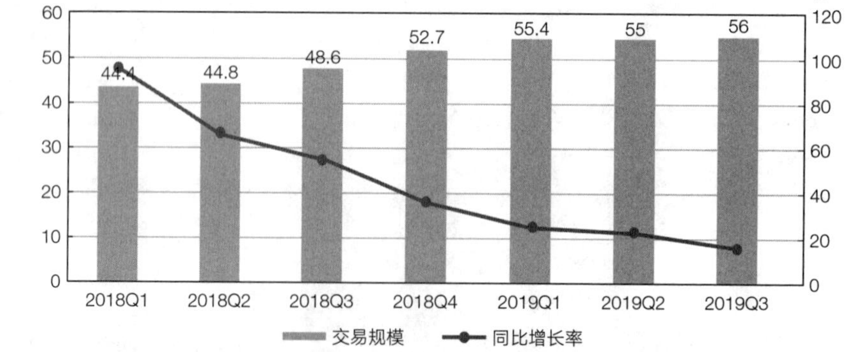

图3　2018年至2019年第三方支付交易规模

（资料来源：艾瑞咨询．第三方移动支付2019Q3交易规模约56万亿［EB/OL］．2019）

2018年中国移动支付用户规模达6.59亿人，预计2019年移动支付用户规模将突破7亿人。在移动支付的普及度已达到较高水平的情况下，各移动支付平台更加注重对产品的技术优化和用户体验的提升，刷脸支付技术在此背景下开始加速推广。

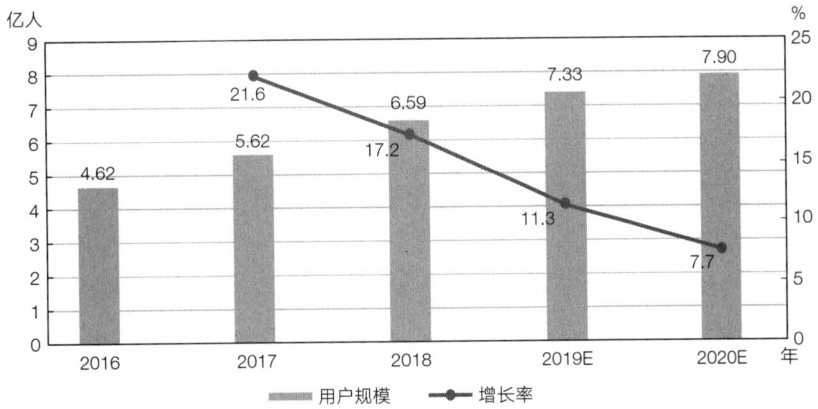

图4 移动支付用户规模

（资料来源：艾媒咨询．2019中国刷脸支付技术应用社会价值专题研究报告［R］．2019）

刷脸支付是指通过人脸识别技术，提取消费者的面部特征值并进行信息比对，再通过计算机视觉技术进行鉴别的新技术模式。相比于其他支付方式，刷脸支付能够大幅提高用户的支付效率，满足便捷支付的需求。

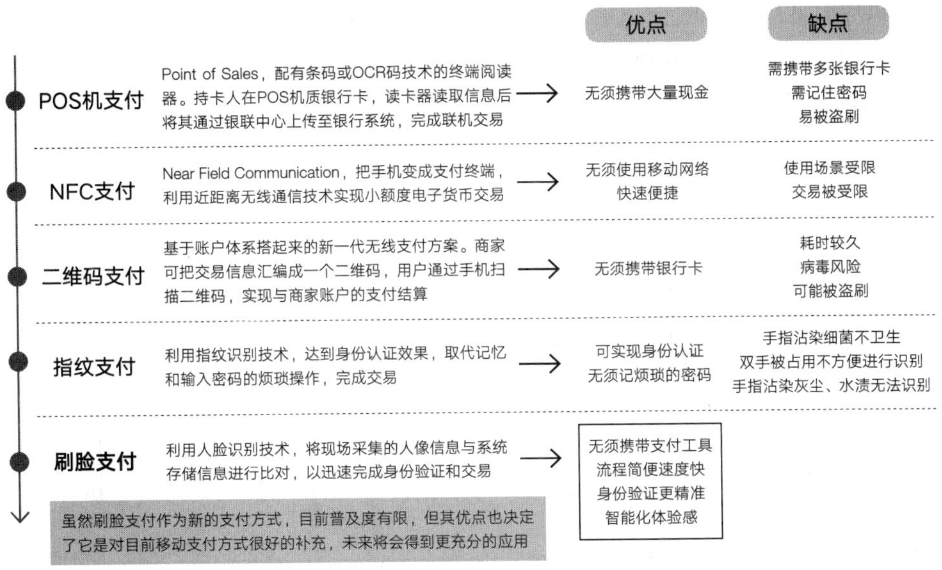

图5 支付方式演变

（资料来源：艾媒咨询．2019中国刷脸支付技术应用社会价值专题研究报告［R］．2019）

刷脸支付在中国大面积使用是在2017年智能手机厂商陆续推出人脸识别功能后。刷脸支付的推广和应用得益于完备的硬件基础、通信基础和数据基础，以及日益提高的市场认知度和信任度。在中国，支付宝等第三方支付机构已开始将刷脸支付技术运用于生活场景中。

在世界范围内，特别是发达国家，银行卡支付拥有较为悠久的传统和市场基础，移动支付的渗透阻力比较大。而我国移动互联网发展速度极快，并且在智能手机领域取得了巨大的发展，在这样的背景下，移动支付及其刷脸支付具有明显的后发优势。目前，刷脸支付在中国的技术探索和商业化方面均远远领先欧美，其发展对世界有重要作用，因此更值得国家政策的鼓励和支持。

但是，刷脸支付在拥有便捷性优势的同时，也具有技术上的风险，如何保证支付的安全性是当前主要的竞争焦点之一。

未来，伴随着物联网设备的发展，刷脸支付的应用场景也将继续拓展，存在巨大的发展潜力。

（二）“互联网+理财”延伸出的互联网理财业务，改变了网民理财习惯

2013年6月17日，阿里巴巴的余额宝正式上线。余额宝将传统的理财服务与互联网结合，其实质是将基金公司的基金直销系统内置到支付宝产品中。而用户将资金转入余额宝，实际上是进行了货币基金的购买，相应的资金均由基金公司进行管理。

当传统的货币基金与具有庞大用户群的支付宝对接，就产生了神奇的力量。余额宝依托支付宝的3亿用户，在推出后短短6个月时间，用户量就达8 100万户，而同期中国股市的活跃账户不过7 700万户。上线一年后的2014年6月30日，余额宝用户数量突破1亿户，资金规模达5 742亿元。

此后，微信理财通、网易“活期宝”、苏宁“零钱宝”等同类型产品上线，市场称其为“宝宝类”理财产品。

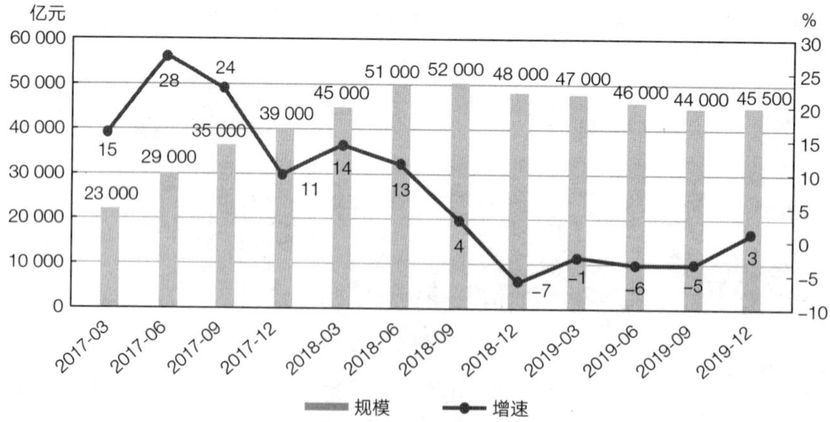

图6 宝宝类理财规模统计

（资料来源：融360大数据研究院．2019年第四季度互联网宝宝报告［R］．2019）

“宝宝类”理财产品发展经历了两个阶段：第一个阶段是初期的高速增长期，在这一阶段用户数量激增，且收益率具有优势；第二个阶段是在爆发性增长过后的平稳期，这一阶段用户增长速度及收益率均逐步下滑。

余额宝的成功，主要可归结于以下几个方面：

第一，当时中国的货币超发，带来了资产价格飙升，与之对应的是中国银行业存款利率过低。余额宝在这个空间中为用户提供了收益可观的理财渠道，当时其7日年化收益率一度达6.74%，远超同期银行活期存款利率。

第二，余额宝的投资门槛极低，1元即可购买。如此低的投资门槛对互联网用户非常友好。

第三，余额宝创造出了货币基金的“T+0”赎回模式，使用户在认知方面对银行存款进行了替代。

图7　余额宝的产品优势

（资料来源：何飞．中国互联网金融发展历程及未来趋势衍变研究报告［R］．2016）

经历了初期的成功后，余额宝的收益率开始下降，而且用户增速也逐步放缓。

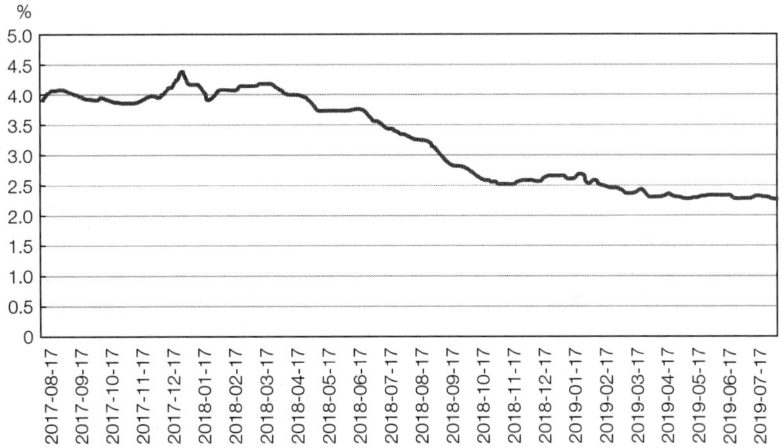

图8　余额宝收益率变化

（资料来源：融360大数据研究院．2019年第四季度互联网宝宝报告［R］．2019）

2015年11月余额宝7日年化收益率为2.79%，跌破3%以下，“宝宝类”理财产品发展进入稳定阶段。

当前银行系理财子公司的陆续落地也给互联网“宝宝类”理财产品带来竞争。理财子公司发行的公募理财产品也将成为平民化的产品，1元起投，投资者不再受到高起点的限制，投资选择多样化。

（三）“互联网+借贷”延伸出的P2P网贷业务，野蛮生长后恢复平静

P2P网络借贷是指个体和个体之间通过互联网平台实现的直接借贷。在P2P网络借贷平台上，借款人可以提出借款需求，并公布借款金额、利率、期限、借款目的等借款信息及个人信息。投资人通过综合分析借款人与P2P网贷平台提供的公开信息，自主决定投资的对象、金额。

而网络小额贷款是指互联网企业通过其控制的小额贷款公司，利用互联网向客户提供小额贷款。

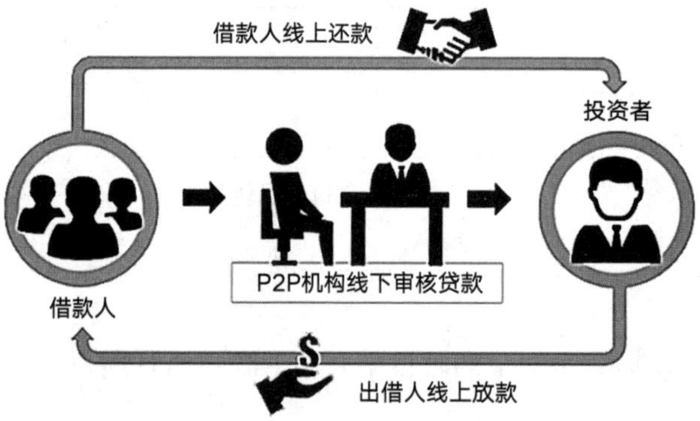

图9 P2P业务模式图

（资料来源：何飞．中国互联网金融发展历程及未来趋势衍变研究报告［R］．2016）

P2P网贷平台主要可以分为以向个人提供消费贷款为主的平台和以向小微企业提供项目融资为主的平台。截至2019年10月，前10大P2P网贷平台借款余额规模情况如表3所示。

表3 2019年前10大网贷平台规模情况

排名	平台	借款余额/亿元
1	玖富普惠	442.1
2	宜人贷	397.0
3	宜信惠民	352.3
4	人人贷	331.1
5	爱钱进	320.1
6	恒易融	292.7

续表

排名	平台	借款余额/亿元
7	恒慧融	184.3
8	微贷网	127.7
9	有利网	126.2
10	麻袋财富	125.5

资料来源：前瞻产业研究院．中国小额贷款行业市场前瞻与投资战略规划分析报告［R］．2019.

2007年我国的第一家P2P网贷平台“拍拍贷”成立，从此拉开了P2P发展的序幕。

其后，P2P网络借贷模式开始了以信用借款为主的发展阶段。

2013年开始，网贷行业进入快速扩张期。如人人贷、易贷365等公司合作开启了线下放贷线上融资模式。高回报的市场吸引了更多投资者，但是行业缺乏规范化导致P2P社会舆情走向“圈钱”等负面评价，P2P行业的金融风险不断暴露。

2018年下半年，P2P网贷行业进入爆雷事件高发时段。2018年全年停业及问题平台总计为1 279家。此次爆雷潮的发生是宏观经济环境和行业中观、平台微观共同作用的结果。

经历了2018年风险事件的高发，监管机构更加注重有序化解行业整体风险。从2019年初网贷监管“175号文”——《关于做好网贷机构分类处置和风险防范工作的意见》的发布，到银保监会2019年最后一份指导意见“52号文”——《关于推动银行业和保险业高质量发展的指导意见》的发布，网贷行业的监管日趋严格。2019年1~10月P2P网贷行业成交量为8 710亿元，同比下降44.8%，成交量逐步走低。

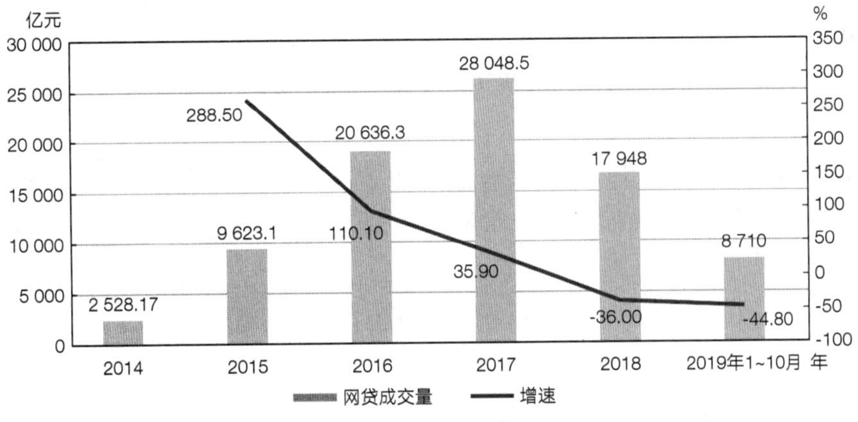

图10　P2P平台成交量

（资料来源：前瞻产业研究院．中国小额贷款行业市场前瞻与投资战略规划分析报告［R］．2019）

当前，在政策引导下，部分大平台逐步转型，发展助贷业务或转型金融科技服务于传统持牌金融机构，或转型消费金融公司。在未来，取得合法合规的持牌是网贷平台向前发展的唯一正途。

表4 P2P相关监管政策

时间	文件名称	主要内容
2015年7月	《关于促进互联网金融健康发展的指导意见》	网络借贷业务由银监会负责监管；P2P网贷为信息中介，主要为借贷双方的直接借贷提供信息服务，不得提供增信服务，不得非法集资
2016年11月	《网络借贷信息中介机构备案登记管理指引》	主要分为新设机构备案登记申请、已存续机构备案登记管理和备案登记后管理三部分，网络借贷平台备案工作正式全面启动
2017年4月	《关于开展"现金贷"业务活动清理整顿工作的通知》	"现金贷"纳入互联网金融风险专项整治工作，按照情节轻重对"现金贷"P2P网贷平台进行分类处置
2018年10月	《互联网金融从业机构反洗钱和反恐怖融资管理办法（试行）》	明确P2P网贷平台属于互联网金融业务反洗钱和反恐怖融资工作范围；通过网络监测平台完善线上反洗钱监管机制、加强信息共享
2019年1月	《关于做好网贷机构分类处置和风险防范工作的意见》（简称："175号文"）	坚持以机构退出为主要工作方向，除部分严格合规的在营机构外，其余机构能退尽退，应关尽关，加大整治工作的力度和速度
2019年9月	《关于加强P2P网贷领域征信体系建设的通知》	支持在营网贷机构接入人民银行征信中心、百行征信等征信机构；持续开展对已退出经营的网贷机构相关恶意逃废债行为的打击，要求各地将形成的"失信人名单"转送人民银行征信中心和百行征信
2020年1月	《关于推动银行业和保险业高质量发展的指导意见》	坚决清理和取缔未经批准从事金融业务的机构和活动；坚决遏制增量风险，稳妥化解存量风险；深入开展互联网金融风险专项整治，推动不合规网络借贷机构良性退出

资料来源：网贷之家．中国网络借贷行业年报［R］．2019.

网贷平台的运营与发展无外乎两个核心要素——"客户"和"风控"。

互联网金融的神奇之处在于其能够直接触达全量的网民用户，因此好的、优质的产品能够快速获客并壮大，而在这种情况下，竞争也会愈发激烈。

风控则是决定网贷平台能否走远的最核心因素。充足的资金是平台持续发展的保证。当前，与网络征信结合的网贷平台在风控方面具有突出优势，比如，微众银行及蚂蚁金服，数据成为其核心的壁垒。

三、未来的互联网金融将进入金融科技的新时代

前文所述的第三方支付、互联网理财及P2P是互联网与金融的初期结合业态。基于海量用户连接的互联网为金融带来了三大业务优势，即海量的流量入口及极低的边际成本，同时还具有易用性极强的用户体验。

而和"互联网金融"相比，金融科技（FinTech）是其更深入、更广泛的概念。金融科技不是简单的"互联网上做金融"，应用的技术不仅仅是互联网/移动互联网的海量用户连接，而主要是大数据、智能数据分析、人工智能、区块链技术。

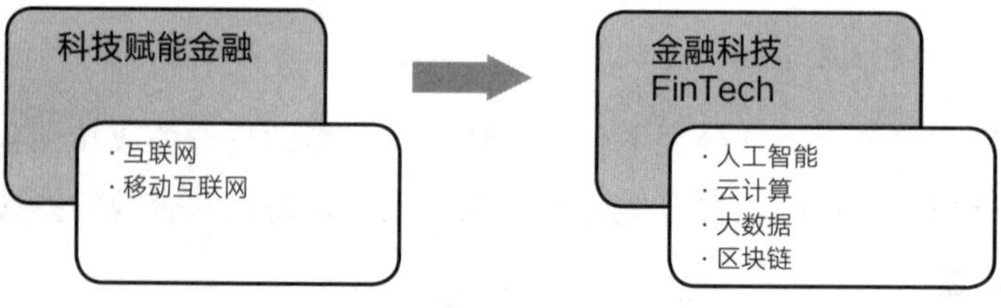

图11 科技金融发展为金融科技

（资料来源：36Kr．科技炼金，融汇未来——金融科技（FinTech）行业研究报告［R］．2016）

金融科技利用各类新兴科技手段对传统金融行业的产品及服务进行革新，还更深入地从体系运营方面全面提升金融机构运营效率。可以说，金融科技是一次更彻底、更深入、更全面的升级优化。

（一）拥抱人工智能、大数据、云计算，互联网金融进入金融科技新时代

在未来，互联网金融的新发展依托于金融科技，实现金融需求与互联网技术供给的对接，金融科技将进一步促进互联网金融行业的良性发展。

2017年被称作人工智能元年，人们通过人工智能与大数据技术的结合，归纳出可以被计算机运用在类似数据上的知识或规律，进而对应到场景中，全面提升运行效率。而云计算服务为企业搭建信息化所需要的所有网络基础设施及软件、硬件运作平台，并负责所有前期的实施、后期的维护等一系列服务。通过云计算平台，可以将人工智能技术快捷地应用到各个场景中。

金融科技从大数据、区块链、物联网金融、金融云、金融AI、生物特征识别等方面助力互联网金融发展。为追赶互联网金融行业变革的风口，传统金融机构纷纷布局金融科技。

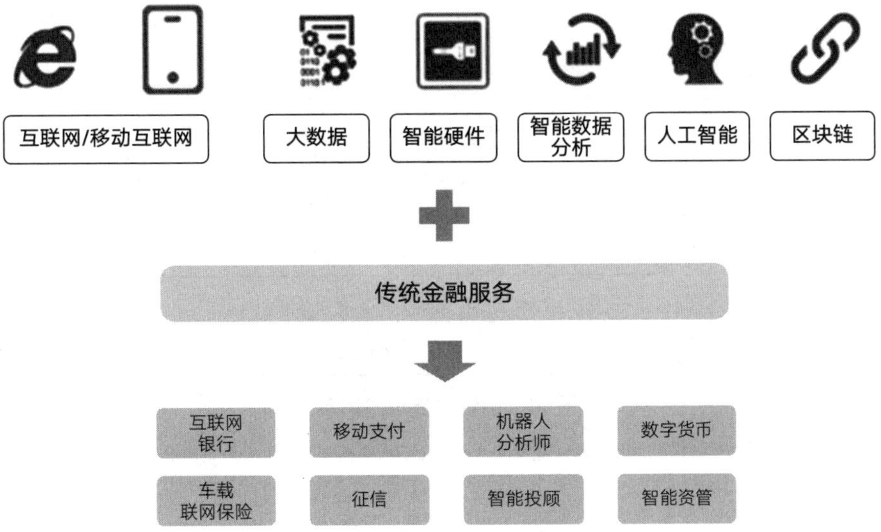

图12 金融科技概念示意

（资料来源：36Kr. 科技炼金，融汇未来——金融科技（FinTech）行业研究报告［R］. 2016）

银行方面，银行系金融科技子公司相继落地。在经历了从物理网点、电子银行到互联网银行的发展阶段后，商业银行进入“开放银行”的发展初期。

证券业方面，智能投顾扩大了客户覆盖面，降低服务费用，实现“一对多”投资建议服务。

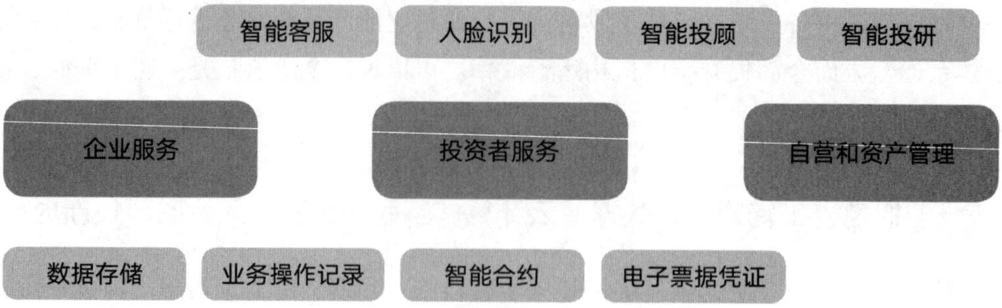

图13 银行的金融科技解决方案

（资料来源：艾瑞咨询. 2019年中国金融科技行业研究报告［R］. 2019）

在监管方面，防范化解金融风险作为党中央的一项重大决策部署，将持续规范互联网金融行业。在严格监管环境的驱动下，金融监管对监管科技的需求日益凸显。

未来监管科技将走向金融监管的全链条运用。当前，监管机构和金融机构之间的合作仍然需要进一步加强，如何完成金融机构系统和技术的改造，降低成本，是推行金融监管的一大问题。监管科技、合规科技的进一步普及，将带来更加敏捷化、实时化、智能化、标准化和数字化的金融行业监管模式。

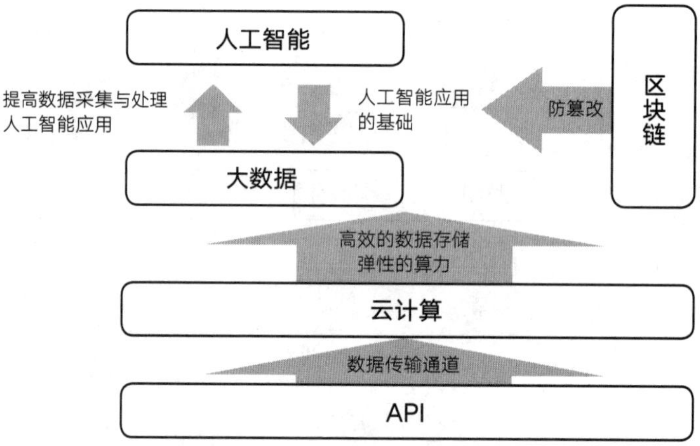

图14 监管科技技术体系

（资料来源：中国信息通信研究院. RegTech前沿技术与应用研究［R］. 2019）

（二）金融科技出海大有可为

在市场拓展方面，受到国内监管不断趋严的态势和国内市场空间缩小的影响，互联网金融公司纷纷开始拓展海外市场。在东南亚和非洲的一些国家，互联网金融发展程度相对程度低，仍然拥有较大的人口红利，有着广阔的互联网金融市场等待开发。除此之外，人民币国际化进程也促进了中国资本的对外输出，IDG资本、经纬中国等多家综合投资机构关注出海企业，为出海企业提供资金支持。

在互联网金融企业布局海外的过程中，一方面，互联网金融公司采取模式输出形式，将市场拓展计划外延至市场空间较大的东南亚国家。以蚂蚁金服为例，蚂蚁金服借助国人出境游带动海外市场对支付宝的认知，拓展支付场景。同时还收购泰国、菲律宾等国家的海外金融平台，致力于建立全球范围内的金融和科技服务生态系统。另一方面，互联网金融公司采取技术输出模式。品钛集团在东南亚地区推广数字化财富管理及智能投顾技术服务；京东金融也在泰国布局金融科技服务，与泰国尚泰集团成立合资公司，拓展泰国信贷、支付领域的市场。

未来，在提升互联网金融技术作用的同时，实现科技布局海外市场，向境外输出技术，有望成为行业下一步发展的方向。

四、风险提示

行业政策出现重大变化，龙头公司金融科技业务落地不及预期。

辅助生殖产业：

孕育摇篮，兴生之路

胡博新　东兴证券医药行业首席分析师
李　勇　东兴证券研究所医药组

产业描述：

从医学角度来看，不孕是指未采取任何避孕措施前提下，正常夫妇一年以上没有成功妊娠，主要分为原发不孕和继发不孕，发病原因分为男性不育和女性不孕。自1997年至2018年，全球不孕率由11.0%上升至15.4%，越来越多的夫妇无法自然受孕、妊娠，因此辅助生殖技术应运而生。不孕不育患者可通过辅助生殖技术实现成功妊娠、分娩。自1978年世界第一例试管婴儿诞生以来，辅助生殖技术在全球范围内迅速发展。1990年，中国大陆第一例试管婴儿诞生，经过30多年的发展，国内辅助生殖技术已经达到国际领先水平。

目前辅助生殖技术主要有三大类，一是人工授精，二是配子移植，三是试管婴儿，其中试管婴儿技术（IVF）为当前辅助生殖中心的主流选择与核心竞争力，技术成熟、安全，患者妊娠成功率最高。辅助生殖产业链主要围绕试管婴儿技术，迅速发展成熟。放眼全球，中国辅助生殖产业虽然起步晚，但是已经成为全球发展最快的产业集群之一，整体发展速度远高于发达国家。而且，中国为人口大国，患者众多，随着患者的有效转化，潜在产业规模可达万亿元。

一、全球不孕率呈现上升趋势，辅助生殖产业迅速发展成熟

全球不孕率持续上升，自1997年至2018年，由11.0%上升至15.4%。

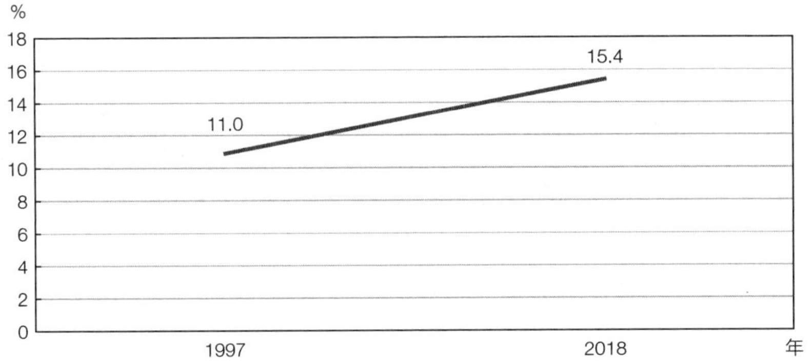

图1 全球不孕发病率情况

（资料来源：锦欣生殖招股书）

辅助生殖技术用于治疗不孕不育症，可通过医疗手段辅助不孕夫妇成功妊娠、分娩。自1978年世界第一例试管婴儿诞生以来，辅助生殖技术在全球范围内迅速发展。1990年，中国第一例试管婴儿诞生，经过30多年的发展，国内辅助生殖技术已经达到国际领先水平。

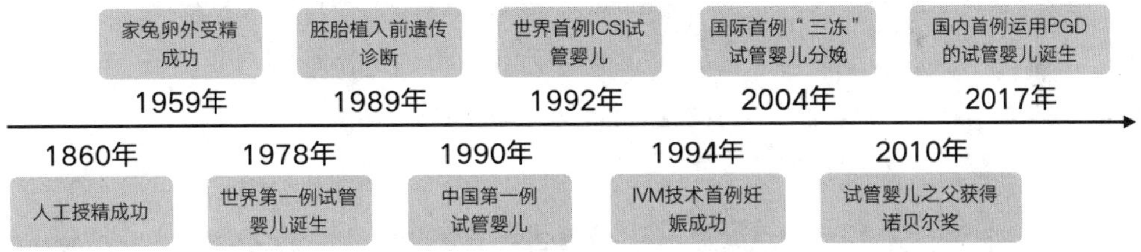

图2 辅助生殖技术的发展历史

（资料来源：梅志强．人类辅助生殖技术的发展历史与现状．中国计划生育学杂志2008（10）、中国产业信息网：2019年中国辅助生殖市场规模增长15.8%．国内外发展对比分析）

目前，辅助生殖技术主要有三大类：一是人工授精，通过非性交的方式将精子递送到女性生殖道中以使女子受孕的技术；二是配子移植，通过腹腔镜或腹部小切口将配子（成熟的卵子及活跃的精子）直接放进输卵管的壶腹部或子宫腔，使精子和卵子在人体正常输卵管内自然受精；三是试管婴儿，通过人工方法使得卵子和精子在体外受精，早期胚胎发育成熟后，再移植到母体子宫内发育、分娩。

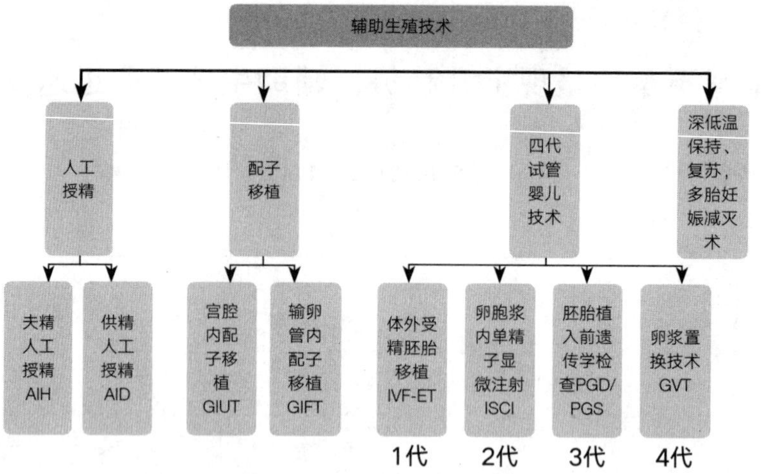

图3 辅助生殖技术的分类情况梳理

（资料来源：中商产业研究院；易凯行研．辅助生殖行业全解读［R］）

随着我国不孕不育症的市场刚需不断扩大，辅助生殖技术的进步成熟，国家通过规范审批程序，逐渐下放审批权，在2015年，提出各省制定生殖中心规划的主要参考，指出每300万人口设立1个辅助生殖中心。

表1 我国主要的辅助生殖相关政策

年份	政策	意义
2001	人类辅助生殖技术管理办法	首个较为系统的管理办法，从严审批、严格监督
2001	人类精子库管理办法	提出系统的管理办法，对医疗机构设立精子库采取审批制
2003	关于印发人类辅助生殖技术与精子库评审、审核和审批管理程序的通知	规范审批程序，明确“夫精人工授精”由省级卫计委审批
2006	人类辅助生殖技术与人类精子库校验实施细则	推动技术规范的法制化管理
2007	关于加强人类辅助生殖技术和人类精子库设置规划和监督管理的通知	医疗机构开展人类辅助生殖技术许可全面下放至省级卫计委
2015	人类辅助生殖技术配置规划指导原则（2015版）	提出各省制定生殖中心规划的主要参考，提出每300万人口设置1个机构
2016	关于简化人类辅助生殖技术治疗时生育证明查验程序的通知	简化患者生育证明查验程序，由患者夫妇做成符合计划生育政策的书面承诺即可

资料来源：前瞻产业研究院。

试管婴儿技术（IVF）是当前辅助生殖中心的主流选择与核心竞争力。IVF的妊娠、分娩成功率稳步提高。2006—2015年，上海全市辅助生殖中心的周期临床妊娠率从38.36%上升到46.75%；移植周期分娩率由30.95%上升到37.38%。

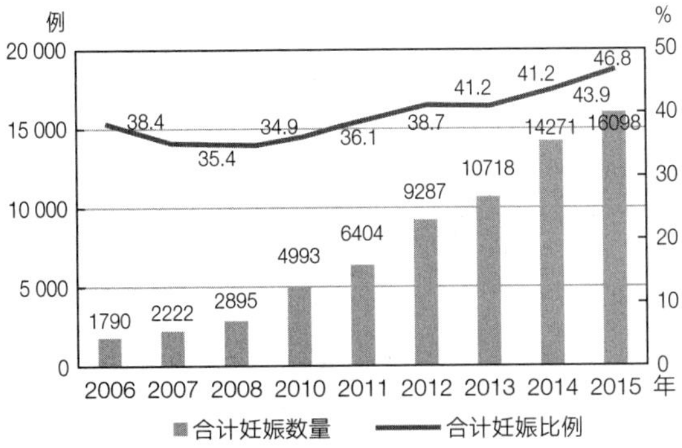

图4　上海市辅助生殖IVF-ET及衍生技术合计妊娠成功率

（资料来源：彭艾平，秦敏，朱丽均，许洁霜．上海市2006—2015年辅助生殖技术发展趋势分析［J］．中国妇幼保健2018（15））

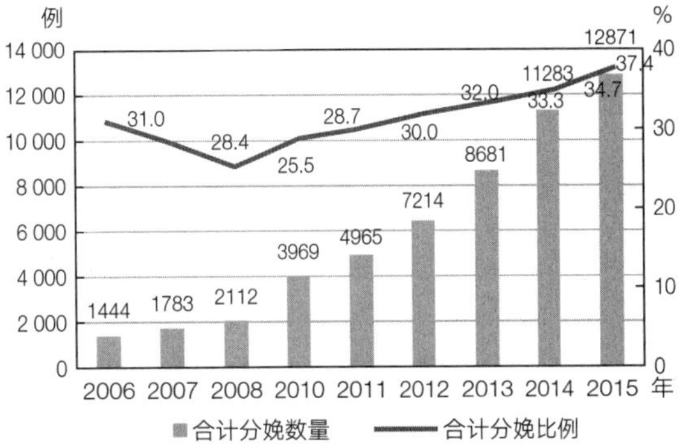

图5　上海市辅助生殖IVF-ET及衍生技术合计分娩成功率

（资料来源：彭艾平，秦敏，朱丽均，许洁霜．上海市2006—2015年辅助生殖技术发展趋势分析［J］．中国妇幼保健2018（15））

二、中国不孕夫妇基数大，IVF治疗渗透率低，产业发展速度领跑全球

国内存量约0.48亿对不孕不育夫妇，同期选择IVF治疗人数为56.8万人。2018年，中国约有2.98亿对育龄夫妇，其中有0.48亿对不孕不育夫妇，但同期治疗人数仅有56.8万人。国内IVF取卵周期数稳步增加，市场潜力逐渐释放。2014—2018年，中国的IVF取卵周期数由39万个增长到68.4万个，CAGR为15.1%。

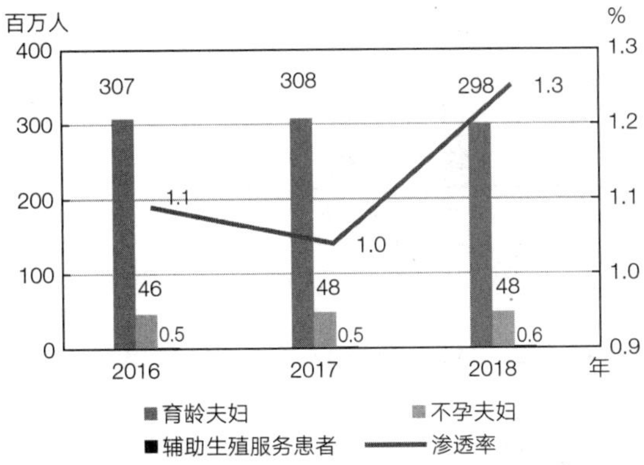

图6　中国不孕夫妇的数量与治疗患者数量

（资料来源：锦欣生殖招股书、弗若斯特沙利文）

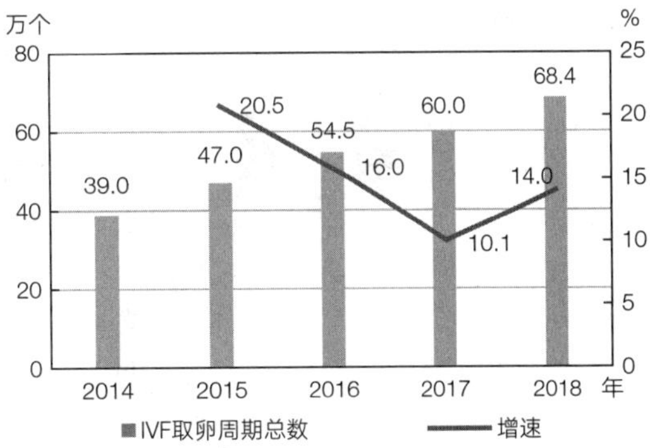

图7　中国进行的IVF取卵周期总数

（资料来源：锦欣生殖招股书、弗若斯特沙利文）

中国辅助生殖市场规模已达38亿美元。2014—2018年，中国的辅助生殖市场规模由23亿美元增长到38亿美元，CAGR为13.3%。

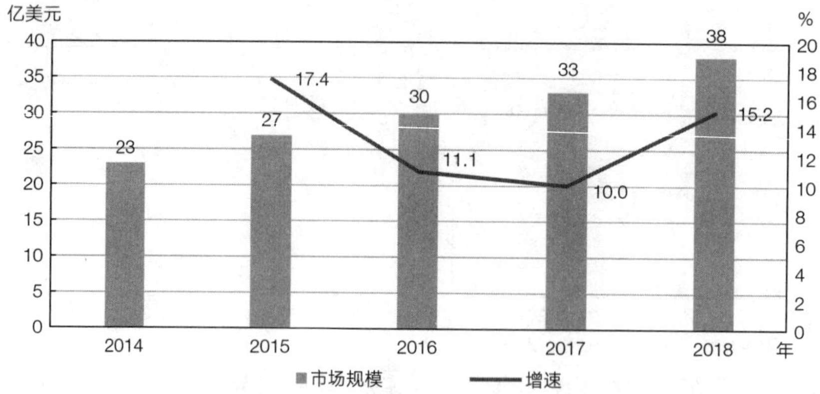

图8　中国辅助生殖市场规模预测

（资料来源：锦欣生殖招股书、弗若斯特沙利文）

中国35岁以下年龄段的女性使用辅助生殖技术的比例在全球领先。比较欧美地区与中国的辅助生殖技术的使用现状来看，选择辅助生殖治疗的患者中，年龄在39岁以下的女性平均治疗率达71%，其中，在中国低于35岁年龄段的女性使用辅助生殖技术来受孕的比例最大，为53%。

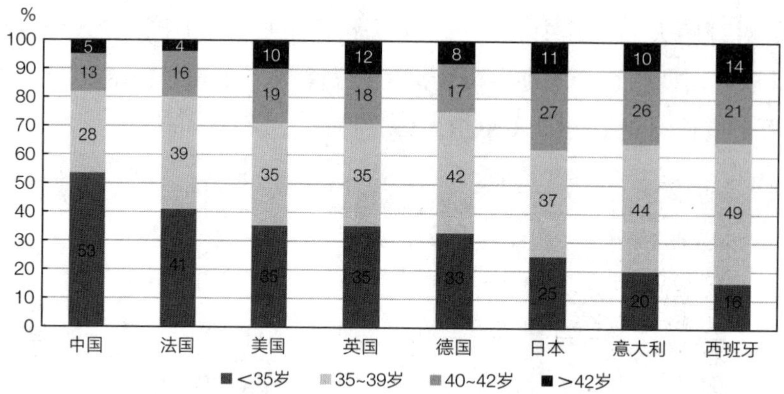

图9　全球各地区各年龄段辅助生殖技术应用情况

（资料来源：MedSci Reproductive Biology and Endocrinology）

中国辅助生殖市场5年的年均复合增速高达13.6%。2014—2018年，全球辅助市场规模由204亿美元增加到248亿美元，CAGR为5.1%。其中，中国市场规模由23亿美元增加到38亿美元，CAGR为13.6%；美国市场规模从29亿美元增长至37亿美元，CAGR为6.6%。

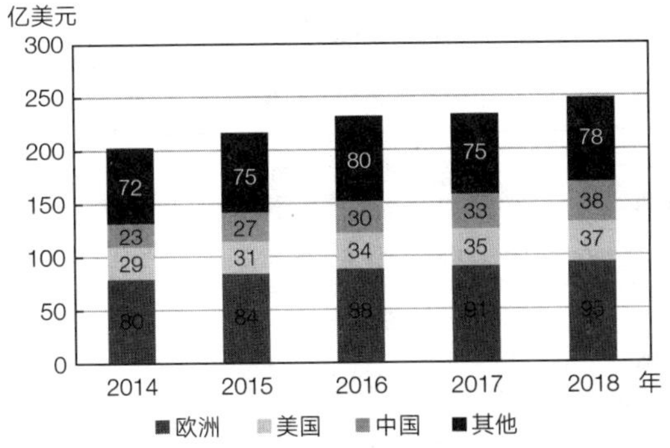

图10 全球地区的辅助生殖服务市场情况

（资料来源：弗若斯特沙利文）

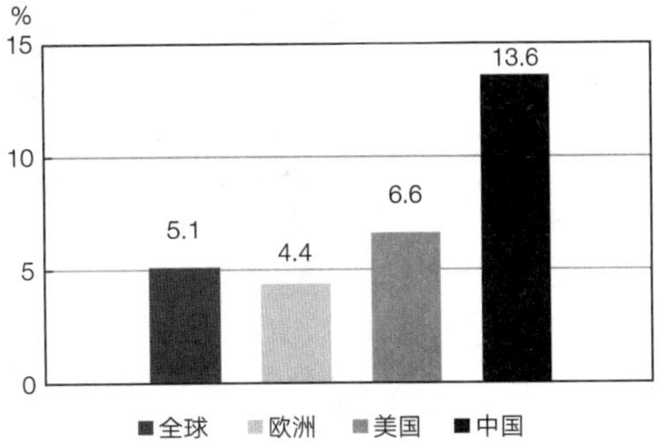

图11 全球地区的辅助生殖服务市场2014—2018年均复合增速

（资料来源：弗若斯特沙利文）

中国的不孕率与美国相当，辅助生殖技术的渗透率低。由于环境、工作、不良生活方式等影响，预计在2016—2018年，中国的不孕率将从15.1%增加到16.0%，虽然中国与美国的不孕率数据接近同步发展，但中国辅助生殖技术的渗透率远低于美国。在2018年，美国辅助生殖服务的渗透率达30.2%，中国同期的渗透率仅为7.0%。

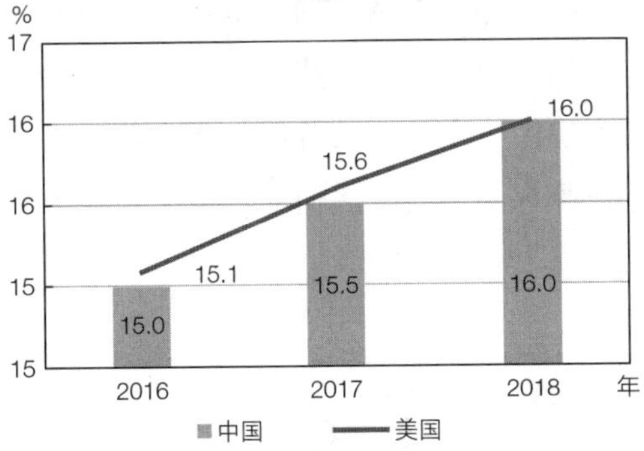

图12 中国及美国的不孕率情况

（资料来源：锦欣生殖招股书、弗若斯特沙利文）

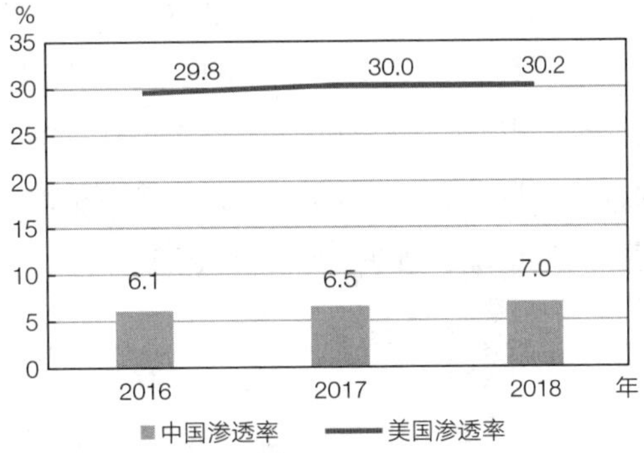

图13 中国及美国的辅助生殖渗透率情况

（资料来源：锦欣生殖招股书、弗若斯特沙利文）

三、产业链：上游国产替代进行时，中游渠道创新中，优质辅助生殖服务供不应求

上游主要为药物、检验试剂、器械供应商，可满足辅助生殖过程中的药、械需求，主要由外企寡头垄断，国产替代；中游主要为互联网服务平台，通过“互联网+辅助生殖”的渠道创新，可实现精准获客；下游是辅助生殖服务机构，以公立医疗机构为主，市场分散。

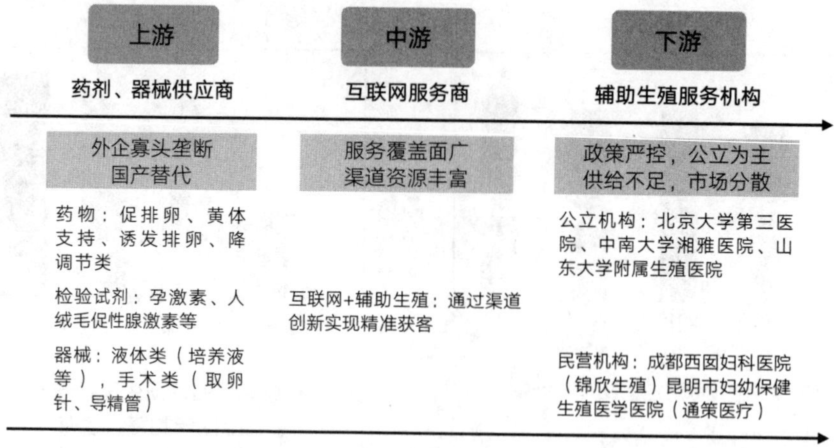

图14　中国辅助生殖产业链情况梳理

（资料来源：易凯资本、锦欣生殖招股书、通策医疗招股书）

（一）上游药物治疗市场形成寡头垄断

用药市场寡头垄断，外企竞争优势明显，国产品牌加速渗透。辅助生殖的用药治疗过程主要包括降调节、促排卵、诱发排卵、黄体支持。辅助生殖类药物市场已经形成寡头垄断，其中，外企默克雪兰诺、默沙东等市场竞争优势明显。随着仿制药一致性评价的推开，国内丽珠集团、仙琚制药、金赛药业等企业有望加快渗透辅助生殖用药和性激素的高端市场，加速国产替代进程。

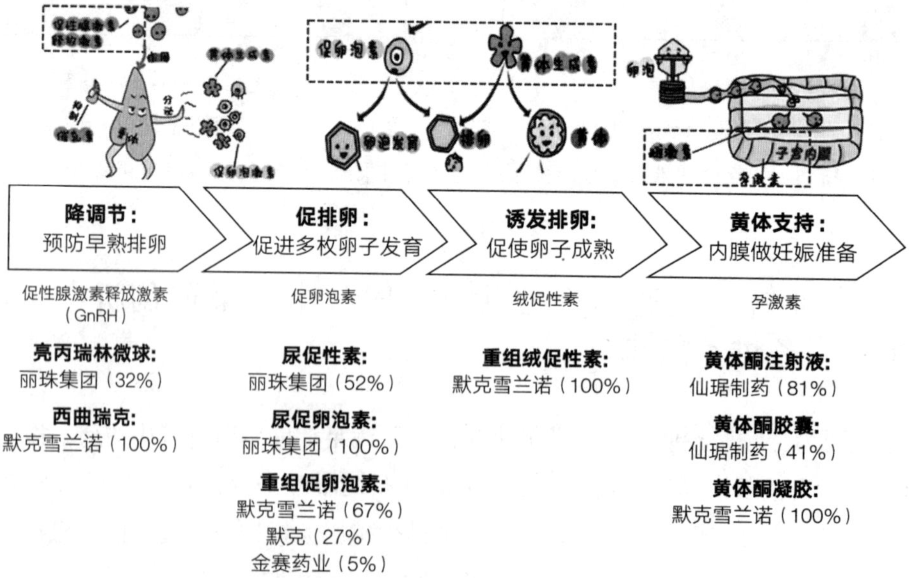

图15　辅助生殖药物的治疗流程及对应公司2018年在重点城市样本医院产品占有率

（资料来源：米内网、蒲荷孕育）

辅助生殖用药终端市场规模约百亿元，促性腺激素使用占比最高。据米内网统计，2008—2017年，国内重点城市公立医院的女性激素用药金额由4.8亿元增加到18.80亿元，CAGR为16.38%。假设按照5~8倍来估算，2017年国内女性激素用药的终端市场规模约为94亿~150亿元。2017年国内重点城市样本医院女性激素用药格局中，促性腺激素使用占比为60.6%，孕激素使用占比为21.9%，雌激素使用占比为6.5%，估计国内辅助生殖用药市场规模[1]达到约84亿~134亿元。

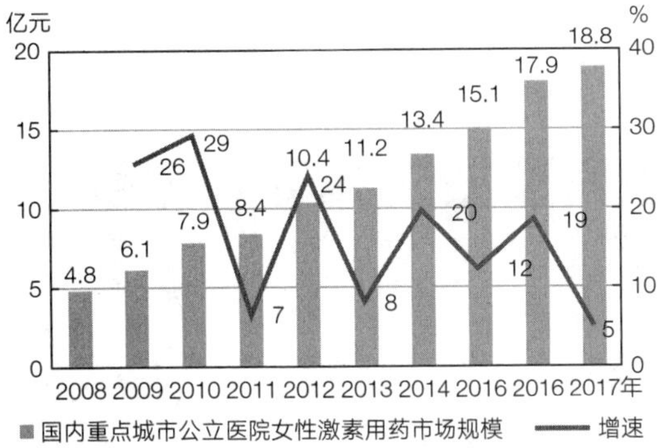

图16 国内重点城市样本医院女性激素用药市场规模

（资料来源：米内网）

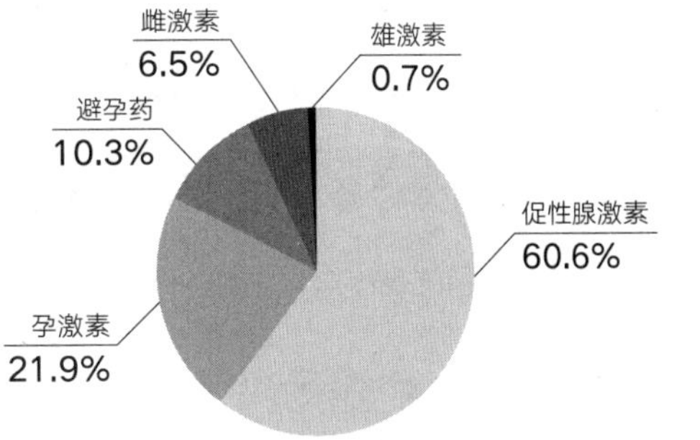

图17 2017年国内重点城市样本医院女性激素用药格局

（资料来源：米内网）

（二）中游“互联网+”商业模式引导精准获客

“互联网+辅助生殖”深度融合，实现客户精准导流。辅助生殖服务依托互联网的渠道优势，在线推出问诊APP，线下通过医疗服务实体精准获客。目前，主要有好孕帮、趣孕、贝贝壳、爱丁医生等在线服务企业，合计覆盖了全国80家以上的辅助生殖医院，全国400万人以上的用户。

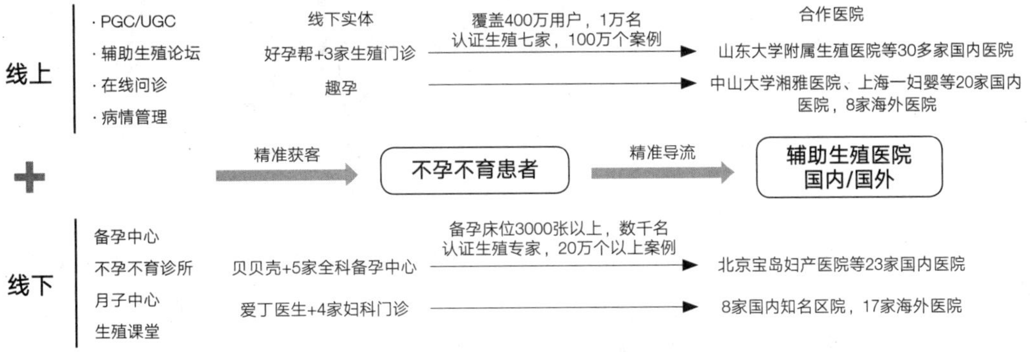

图18 产业中游的互联网+辅助生殖技术结合的营销模式

（资料来源：易凯资本、动脉网）

① 辅助生殖用药市场规模＝女性激素用药的终端市场规模×（促性腺激素比例＋孕激素比例＋雌激素比例）。

（三）下游竞争格局分散，头部生殖中心形成虹吸效应

生殖中心资质认证难度大，政策护城河深。辅助生殖中心的牌照主要有生殖中心牌照（人工授精）、试管婴儿牌照、基因筛查/诊断资质（PGD/PGS），审批难度逐级递增。其中，试管婴儿、基因筛查/诊断（PGD/PGS）为生殖中心的核心盈利业务，牌照审批受政策严格管控，对医院资质、医生技术有较高要求。

表2 辅助生殖医疗机构资质认证流程

资质	审批情况
筹建、评审	省市卫计委沟通规划要求，进行选址、立项、场地筹建、人员培训，卫计委专家审评
生殖中心牌照（人工授精）	至少运营1年后复审，通过后正式运营
试管婴儿牌照	人工授精正式运营后可申请，每2年进行复审
基因筛查/诊断资质（PGD/PGS）	试管婴儿业务运营4~5年后可申请

资料来源：易凯资本。

医疗资源丰富的地区生殖中心密度大，17个省市生殖中心配置未达要求。根据全国31个省市的生殖中心密度来看，北京、海南、上海、天津受益于当地医疗资源丰富、人口密度高，每千万人拥有的生殖中心数分别为7.9家、7.6家、7.4家、7.0家，密度远高于其他省份。

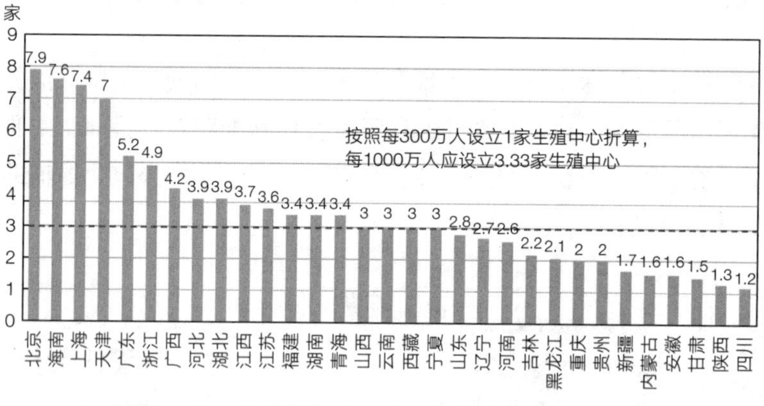

图19 2016年我国每千万人已设立的生殖中心数量

（资料来源：前瞻产业研究院、易凯资本）

全国26%的生殖中心未获得试管婴儿（IVF）牌照。在2016年，全国31个省市合计451家辅助生殖机构中，获得试管婴儿牌照（IVF牌照）的医院仅有333家，全国平均占比为74%。其中，27个省市地区的118家生殖中心受技术、服务年限等因素所限，尚未取得试管婴儿牌照。

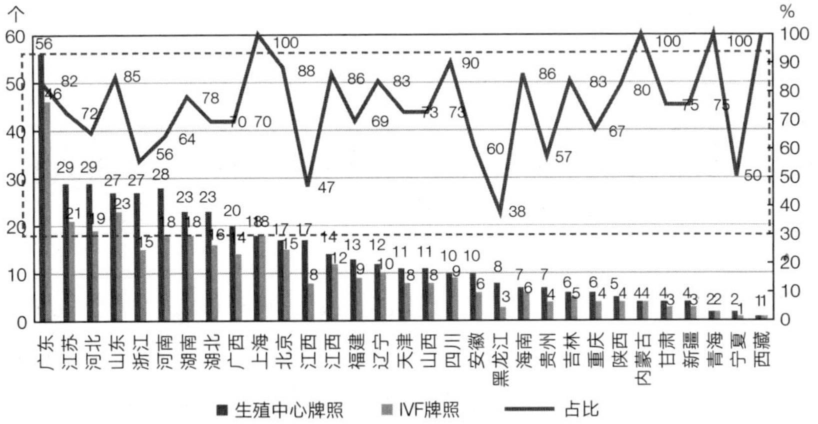

图20 2016年我国试管婴儿牌照分布与配置情况

（资料来源：各省官网、前瞻产业研究院）

辅助生殖下游行业集中度低，公立医疗机构优势明显。2018年，全国取卵周期数达到68.4万个，以治疗周期数衡量的CR5为18.4%，以销售收入衡量的CR5为19.3%，竞争格局相对分散。在市场占有率排名前五的医疗机构中，四家机构具有公立背景，唯一的民营医疗机构为锦欣生殖，2018年取卵周期数为20 958万例，市场占有率为3.1%，位列行业第三。

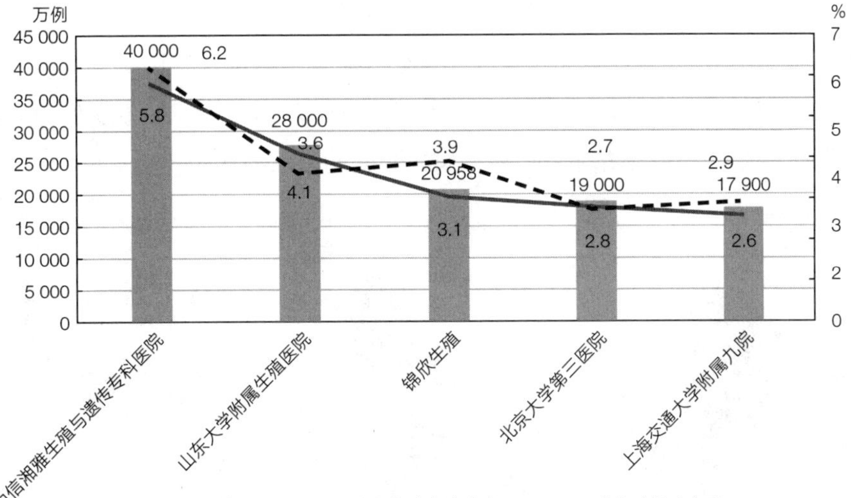

图21 2018年国内主要生殖中心的市场份额情况（全国前5名生殖中心）

（资料来源：锦欣生殖招股书）

头部生殖中心形成虹吸效应，服务辐射范围大。虽然辅助生殖技术已经在国内较为成熟，但不同生殖中心因技术掌握程度差异而妊娠成功率不同，其中头部辅助生殖中心凭借稳定高于全国平均水平的妊娠、分娩成功率已经逐渐在行业内形成口碑，形成具有竞争力、跨区域化的服务模式。因此，全国各地的不孕不育患者为获得更好的服务与成功率，持续选择第一梯度的辅助生殖中心，行业内头部生殖中心已经形成明显的虹吸效应。

锦欣生殖（1951.HK）是亚洲首家上市的辅助生殖民营企业。公司取卵周期数位居全国前列，患者妊娠成功率高。在2018年，集团取卵周期数总计为20 958例，其中，西囡医院集团取卵周期数为11 005例，深圳中山医院取卵周期数为5 352例，锦江/锦欣生殖中心取卵周期数为4 601例。公司生殖中心的患者妊娠成功率持续保持高于全国平均的45%水平，2018年，西囡医院集团、深圳中山医院、锦江/锦欣生殖中心的成功率分别为54%、52%、57%。

公司进军美国市场，打造国际品牌。美国市场竞争格局较为分散，以民营服务医疗机构为主。在2018年，锦欣生殖的子公司HRC Fertility的辅助生殖收入为0.94亿美元，位列行业第二，在美国的市场占有率为2.5%；IVF取卵周期数为4 500例，在美国的市场占有率为1.9%，市场排名第五。在2016年，在HRC Gertility治疗的患者妊娠成功率为62%，高于全美的53%。

四、辅助生殖刚性需求凸显，三代IVF成为核心技术

（一）不孕不育诱因众多，辅助生殖刚性需求显现

不孕夫妇中，男方不育的因素占比为50%，生育年龄推迟、内分泌失调、人工流产年轻化为女性不孕的主要诱因。从不孕不育症的原因来看，50%的发病原因是由男方导致，30%发病的原因是由女方导致，男女双方共同的原因占比为10%。

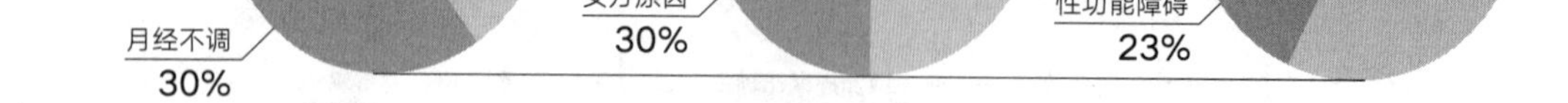

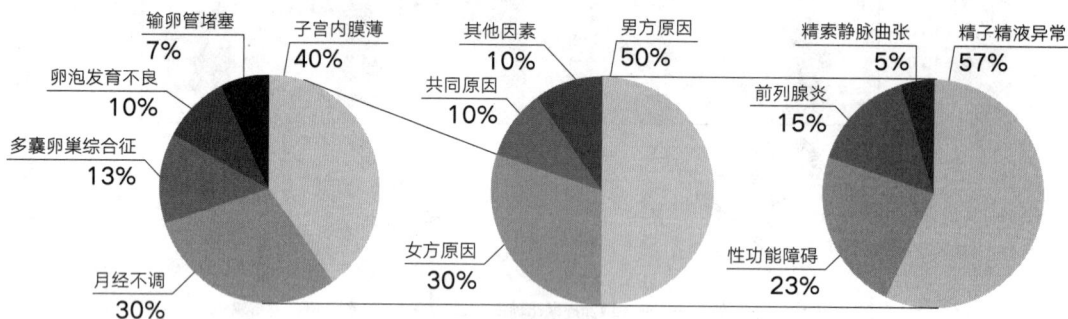

图22　2016年中国男性与女性不孕不育的主要原因情况

（资料来源：检验视界网）

在35岁以后，女性生育能力明显下降。2010年，中国女性的平均生育年龄推迟至29.13岁，比2000年提高10.72%，且女性初婚、初育年龄持续提高。根据统计来看，女性受孕率与年龄呈现负相关关系，35岁以前，女性受孕率在60%以上，不孕率在8%或以下，在35~39岁，不孕率提高至约15%，在40~44岁，不孕率明显提高至约32%，生育能力在35岁以后下降明显。

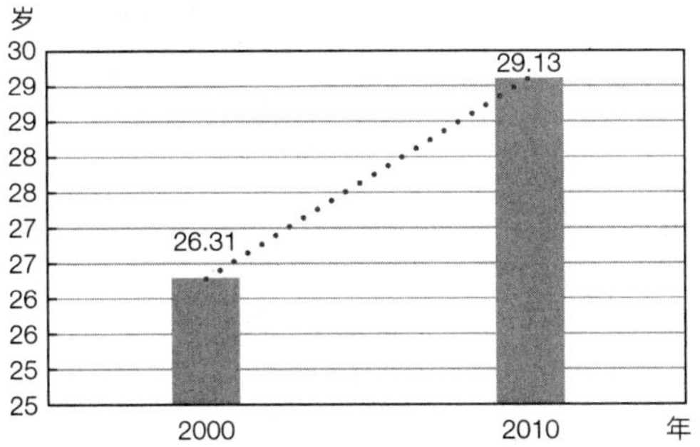

图23 中国妇女生育平均年龄

（资料来源：第六次全国人口普查、中国产业信息网）

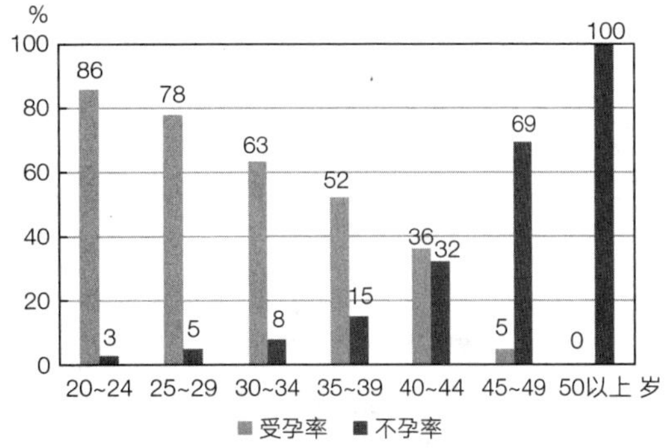

图24 女性受孕率与年龄相关关系

（资料来源：易凯资本）

（二）三代IVF技术应用为辅助生殖中心核心竞争因素

IVF综合妊娠率最高，为40%~60%，女性对胚胎质量的整体影响比重为80%。通过对辅助生殖技术的核心评判指标综合妊娠率统计来看，试管婴儿技术的妊娠成功率远高于其他技术，因此为当下主导辅助生殖技术。根据临床统计来看，胚胎质量的影响因素中，卵子影响比重为70%，精子影响比重为20%，子宫的影响比重为10%，总体来看，女性的综合影响比重为80%。

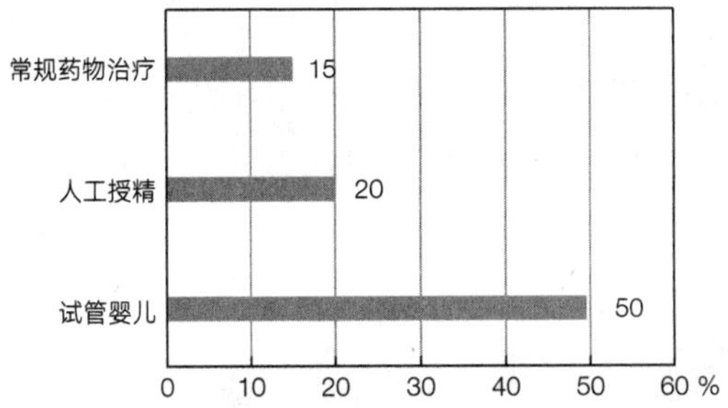

图25 不同辅助生殖技术妊娠成功率情况对比

（资料来源：中商产业研究院、易凯资本）

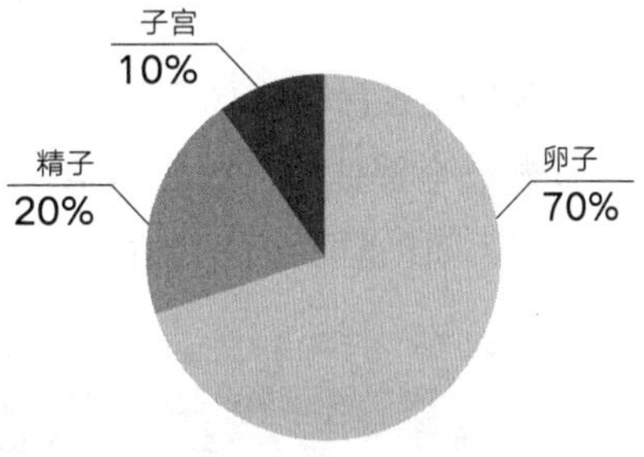

图26 影响胚胎质量好坏的因素比重

（资料来源：丁香园）

IVF技术不断升级，Ⅲ代技术成为核心竞争要素。第一代技术为体外受精—胚胎移植（IVF—ET），用于治疗输卵管黏连、卵泡发育与排卵异常、子宫内膜异位症等导致的女性不孕，技术最成熟、使用最广泛，妊娠成功率为40%~50%；第二代技术为卵胞浆内单精子显微注射（ICSI），用于治疗严重的少、弱精子症；梗阻性无精子症等导致的男性不育问题，妊娠成功率为40%~50%；第三代技术为胚胎植入前遗传学诊断（PGS/PGD），用于诊断夫妻双方的染色体异常、单基因遗传病等，以实现优生优育，妊娠率相对更高，为40%~60%，但技术难度大、价格贵，因此仅为少数生殖中心具备该技术。第四代技术为卵浆置换技术（GVT），通过将老化卵子与年轻卵子的卵核置换，形成新的卵子再进行移植，尚未正式在临床中应用。

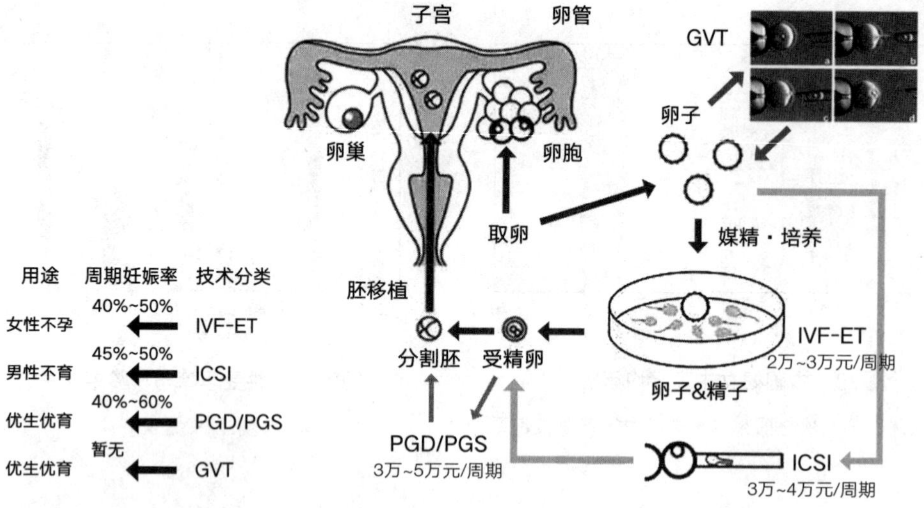

图27 四代试管婴儿技术（IVF）路径、用途、妊娠成功率、费用情况对比

（资料来源：易凯资本、日本英医院、中国试管婴儿网、锦欣生殖招股书、相因网）

五、国内万亿元市场规模潜力稳步释放，市场增速继续领跑全球市场

（一）国内辅助生殖潜在市场规模可达万亿元，短期内市场需求将稳步释放

中国辅助生殖潜在市场空间达3 211亿美元，IVF市场规模占比达95%。假设4 800万对不孕不育夫妇全部选择辅助生殖治疗，合计辅助市场空间达到3 211亿美元，其中2018年IVF市场规模占比达95%，则IVF合计市场空间达到约3 050亿美元。

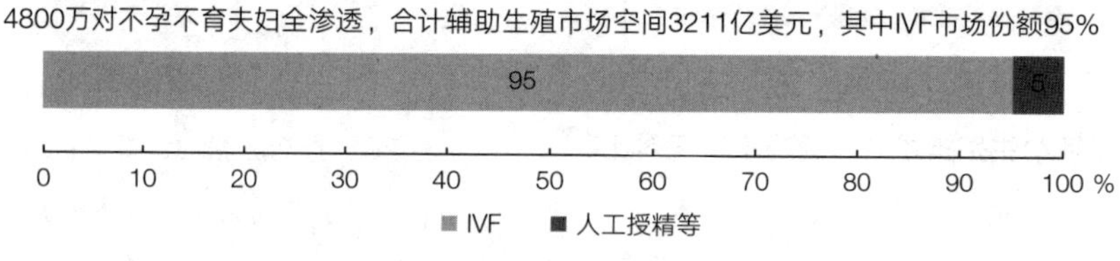

图28 存量市场充分渗透的市场空间

（资料来源：易凯资本http://www.ceccapitalgroup.com、弗若斯特沙利文http://www.frostchina.com、锦欣生殖招股书）

预计国内IVF治疗人数与IVF取卵周期数稳步增长。预计到2023年，中国将有0.50亿对不孕不育夫妇，同期治疗人数将有85.5万人，2018—2023年的CAGR为8.5%。预计在2018—2023年，中国的IVF取卵周期数有望由68.4万个增长到132.6万个，CAGR为14.2%。

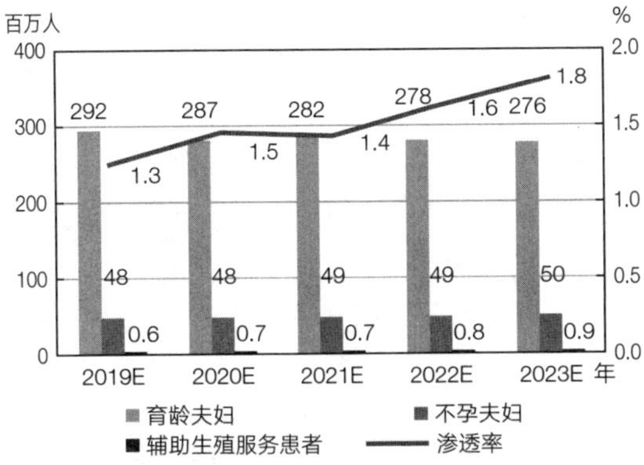

图29 中国不孕夫妇的数量与治疗患者数量预测

（资料来源：锦欣生殖招股书、弗若斯特沙利文 http://www.frostchina.com）

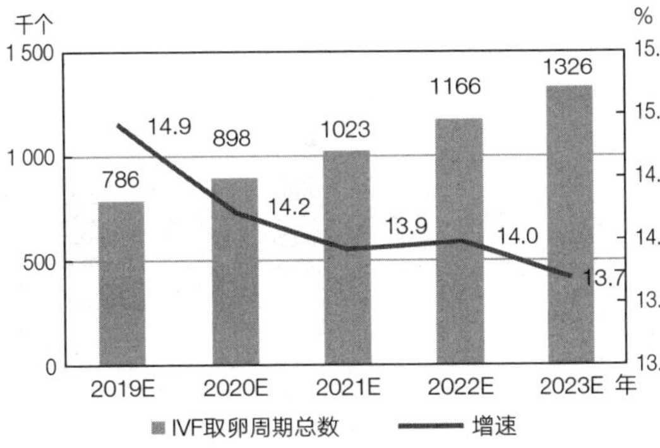

图30 中国进行的IVF取卵周期总数预测

（资料来源：锦欣生殖招股书、弗若斯特沙利文 http://www.frostchina.com）

预计中国辅助生殖市场规模在2023年增长至75亿美元。预计在2018—2023年，中国的辅助生殖市场规模有望由38亿美元增长到75亿美元，CAGR为14.6%。

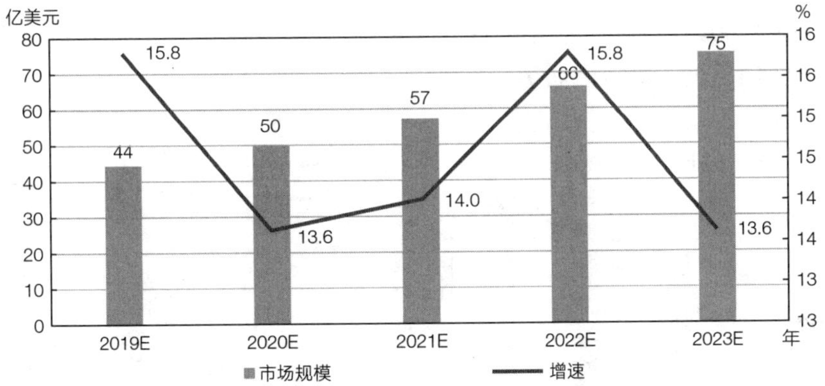

图31 中国辅助生殖市场规模预测

（资料来源：锦欣生殖招股书、弗若斯特沙利文）

（二）中国辅助生殖产业发展增速有望继续领跑全球市场

预计中国辅助生殖市场未来5年的年均复合增速高达14.5%，继续领跑全球市场。预计在2018—2023年，全球市场有望由248美元增加到317亿美元，CAGR为5.0%，其中，美国市场规模从37亿美元增长至49亿美元，CAGR为5.9%；中国市场规模有望由38亿美元增长到75亿美元，CAGR为14.5%，中国的市场渗透速度继续提高。

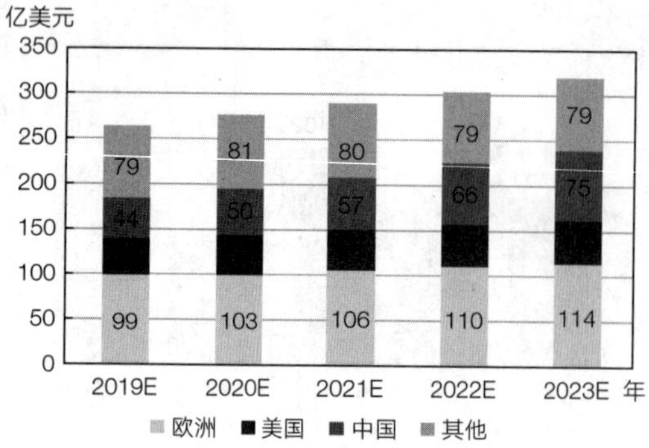

图32 全球地区的辅助生殖服务市场情况

（资料来源：弗若斯特沙利文）

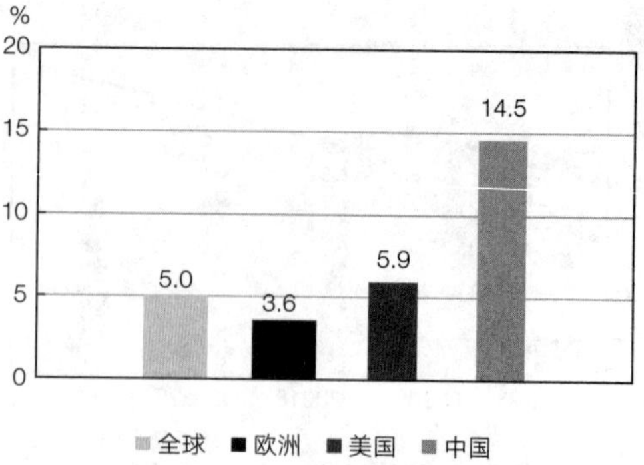

图33 全球地区的辅助生殖服务市场2018—2023E年均复合增速

（资料来源：弗若斯特沙利文）

中国辅助生殖技术的渗透率有望随着市场发展、患者观念改善而不断提升。由于环境、工作、不良生活方式等影响，预计在2018—2023年，中国的不孕率将从16.0%增加到18.2%，累计增长约13.75%，美国同期的不孕率将由16.0%增加到17.9%，累计增长约11.88%。受益于辅助生殖服务能力的提升与市场需求的拉动，预计2018—2023年，中国市场的渗透率有望由7.0%增加到9.2%。

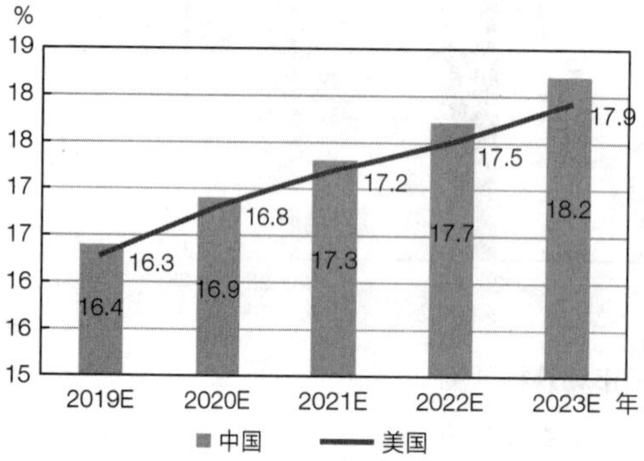

图34 中国及美国的不孕率情况

（资料来源：锦欣生殖招股书、弗若斯特沙利文）

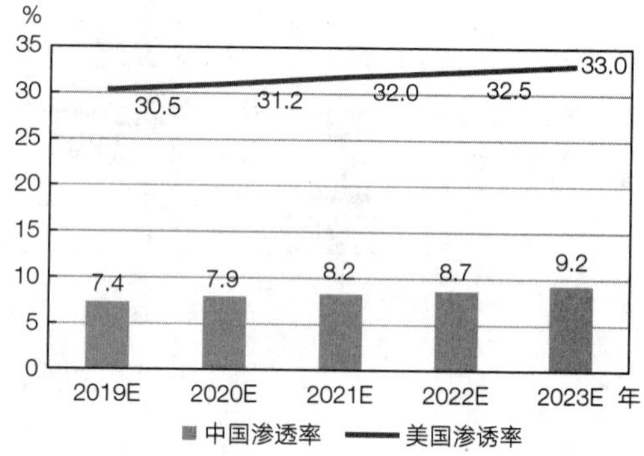

图35 中国及美国的辅助生殖渗透率情况

（资料来源：锦欣生殖招股书、弗若斯特沙利文）

六、风险提示

政策方向不确定性、市场竞争加剧、技术进步不及预期。

基金管理产业：

中国公募基金潜力无限

刘嘉玮　东兴证券非银行金融行业首席分析师
高鑫　东兴证券研究所非银行金融组

产业描述：

基金管理业来源于金融业的专业化分工，是我国资产管理行业的重要组成部分，其概念可以归纳为经中国证券监督管理委员会批准，在中国境内设立，从事基金管理及相关业务的机构的集合，业务范围包括基金发行、管理、销售等。证券投资基金由基金管理人管理，基金托管人托管，以资产组合方式进行证券投资活动，为基金份额持有人的利益服务，并收取管理费和业绩提成（或有）。

一、国内基金管理业进化史是一部后起之秀的快速成长史

主流观点认为，基金业19世纪60年代起源于英国，20世纪20年代进入美国，并得到了迅速发展，一百多年来在全世界范围开枝散叶，成为与银行、证券、保险并驾齐驱的现代金融体系四大支柱之一。而我国基金管理业起步较晚，这一概念的引入最早可以追溯到1987年，中国人民银行和中国国际信托投资公司首开中国基金投资业务先河，与国外机构合作推出了面向海外投资人的国家基金，标志着中国投资基金业务开始出现。

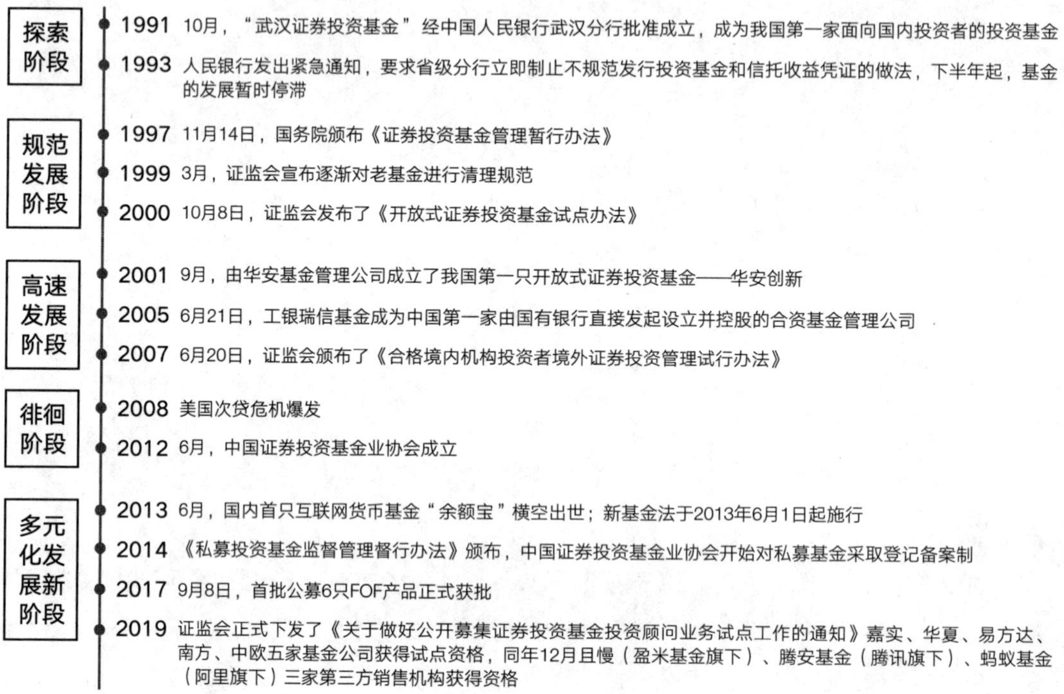
探索阶段
1991 10月，“武汉证券投资基金”经中国人民银行武汉分行批准成立，成为我国第一家面向国内投资者的投资基金
1993 人民银行发出紧急通知，要求省级分行立即制止不规范发行投资基金和信托收益凭证的做法，下半年起，基金的发展暂时停滞
规范发展阶段
1997 11月14日，国务院颁布《证券投资基金管理暂行办法》
1999 3月，证监会宣布逐渐对老基金进行清理规范
2000 10月8日，证监会发布了《开放式证券投资基金试点办法》
高速发展阶段
2001 9月，由华安基金管理公司成立了我国第一只开放式证券投资基金——华安创新
2005 6月21日，工银瑞信基金成为中国第一家由国有银行直接发起设立并控股的合资基金管理公司
2007 6月20日，证监会颁布了《合格境内机构投资者境外证券投资管理试行办法》
徘徊阶段
2008 美国次贷危机爆发
2012 6月，中国证券投资基金业协会成立
多元化发展新阶段
2013 6月，国内首只互联网货币基金“余额宝”横空出世；新基金法于2013年6月1日起施行
2014 《私募投资基金监督管理督行办法》颁布，中国证券投资基金业协会开始对私募基金采取登记备案制
2017 9月8日，首批公募6只FOF产品正式获批
2019 证监会正式下发了《关于做好公开募集证券投资基金投资顾问业务试点工作的通知》嘉实、华夏、易方达、南方、中欧五家基金公司获得试点资格，同年12月且慢（盈米基金旗下）、腾安基金（腾讯旗下）、蚂蚁基金（阿里旗下）三家第三方销售机构获得资格

图1 中国基金业发展历程

（资料来源：根据中国证券投资基金业协会、中国证监会等网络公开资料整理）

1997年11月，《证券投资基金管理暂行办法》颁布，宣告老基金时代的结束，标志着我国基金管理业从此进入一个规范化发展时期；2001年起，随着基金管理的监管法规体系不断完善，且同期国内股市步入强势，基金市场规模得以迅速壮大，基金可投资范围从股票市场扩展到债券市场和货币市场，基金品种也从股票型基金发展到债券型基金、混合型基金、货币市场基金等；2008年，受美国次贷危机的影响，国内证券市场快速下行，基金净值大幅缩水，众多公募基金投资者大量赎回，导致公募基金规模大幅下降，随后几年行业管理规模增长也较为缓慢；2013年第一只互联网货币基金“余额宝”上线，我国基金管理业业态迎来互联网新模式，行业走向多元化发展的新时期。

二、从“混乱”到“规范”，行业监管不断完善

与我国基金管理业发展历史基本同步，其对应的监管背景也可分为三个阶段。

表1 我国基金业监管发展三阶段

时期	特征
销芽阶段（1991—1997年）	我国证券投资基金监管制度建设不足，监管不当和监管缺失问题层出不穷
初步发展，筑牢基础（1997—2013年）	随着我国证券投资基金加快发展步伐，基金监管部门也在摸索中前进
加快发展步伐（2013年至今）	2013年，新《证券投资基金法》正式开始实施。2014年6月，首次明确规定股权基金的监督管理由证监会负责，并且确立了中国证券投资基金业协会作为自律部门的监管职责，自此我国基金的法律框架和监管主体正式明确，监管进入规范化阶段

资料来源：中国证券投资基金业协会。

2013年新《证券投资基金法》的实施是基金业加快发展的里程碑事件，证监会和证券投资基金业协会各司其职，基金业监管框架基本搭建完成，监管规范化逐步加强。2015—2017年，中国基金业监管法律和政策频繁出台，监管涉及的内容基本覆盖了基金运营的全过程。在行业发展过程中监管也逐渐精细化，但与基金业发达的国家相比，还处于发展和摸索的阶段。近两年来，一些关键政策的出台也透露出我国基金业未来发展的方向。

（一）“资管新规”① 时代来临，基金业迎来全新生态

“资管新规”打破了金融机构资产管理业务的分类监管体系和业务模式，相较于其他金融机构，基金公司的注册资本金较少，以净资本来衡量的抗风险能力相对较弱，基金公司面临的竞争压力也将持续增大。但作为国内最早实行制度化、透明化管理的资管机构，在“资管新规”施行后，基金公司作为国内净值型产品最为成熟的管理机构，主动管理的品牌效应将越发显著，有望进一步扩大客户优势。

（二）对外开放全面加速，行业国际化色彩渐浓

当前，在金融市场和金融行业对外开放进程稳步推进的背景下，基金行业开放进程正面临全面加速。一系列开放政策的出台将改变国内基金业的生态格局，外资控股基金公司的出现将为国内基金行业带来新的发展契机和挑战，一方面使国内基金公司有机会

① 2018年4月，中国人民银行、中国银保监会、中国证监会、国家外汇局联合发布《关于规范金融机构资产管理业务的指导意见》（银发〔2018〕106号，业内简称“资管新规”）。

进一步学习国外基金成熟的管理经验，带动我国基金业快速成长；另一方面也加剧了基金行业的竞争，国内基金业不得不快速适应新的竞争环境，打造自己的核心竞争力。

三、多业态构建产业格局，公募基金迸发新生机

我国基金管理业的参与主体主要包括基金持有人、基金管理机构、基金托管机构、基金销售机构、基金投资顾问机构，以及包括份额登记机构在内的基金服务机构等。

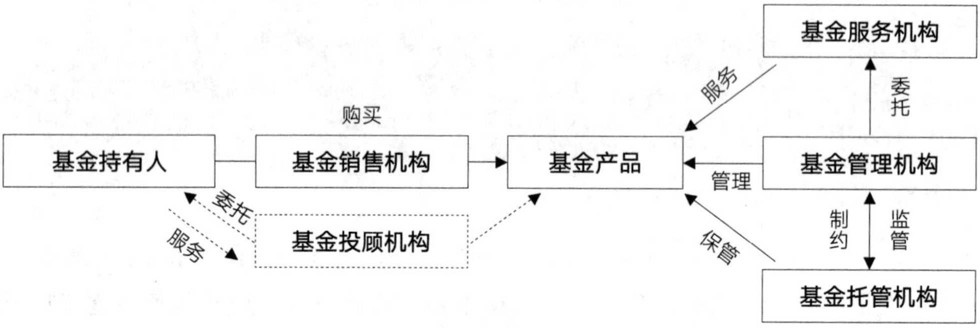

图2 中国基金业参与主体

（资料来源：中国证券投资基金业协会）

（一）基金管理公司：广度不断扩展，格局几近完整

基金管理公司负责基金的投资管理和运作，以申购赎回费、管理费和业绩报酬为驱动。基金管理机构主要分为公募和私募两大类，和公募基金相比，私募基金投资范围更为广泛，可分为私募证券投资基金、私募股权及创业投资基金（Private Equity Fund, Venture Capital Fund，PE&VC）、私募资产配置基金、其他私募投资基金四大类。

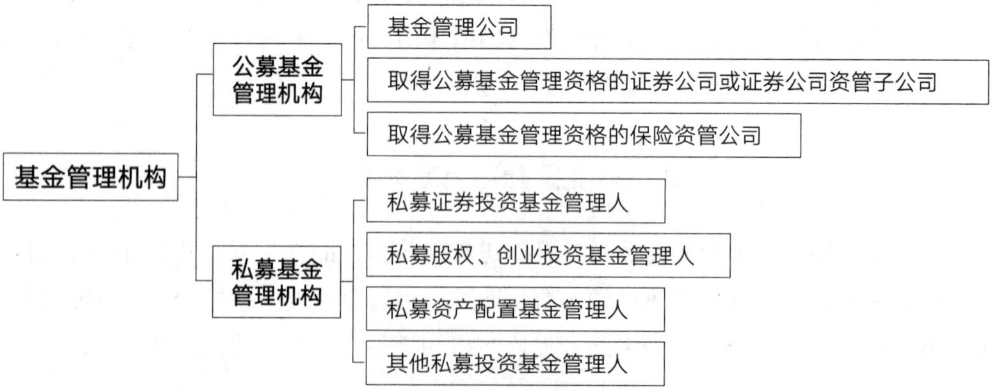

图3 中国基金管理机构分类

（资料来源：中国证券投资基金业协会）

1. 私募基金管理机构：监管制度日益完备，助力良性发展。

2014年，《私募投资基金监督管理暂行办法》颁布，中国证券投资基金业协会开始对私募基金采取登记备案制。与公募基金单一的管理形式不同，私募基金的组织形式和管理类型多样，行业格局相对复杂、监管难度也相对较高。

截至2019年底，中国证券投资基金业协会登记存续私募基金管理人24 471家，较2018年末存量机构增加23家，同比增长0.09%；存续备案私募基金81 739只，较2018年末在管数量增加7 097只，同比增长9.51%；管理基金规模13.74万亿元，较2018年末增加9 603.56亿元，同比增长7.52%。私募投资基金在经历爆发式增长后，整体增速逐渐趋缓。

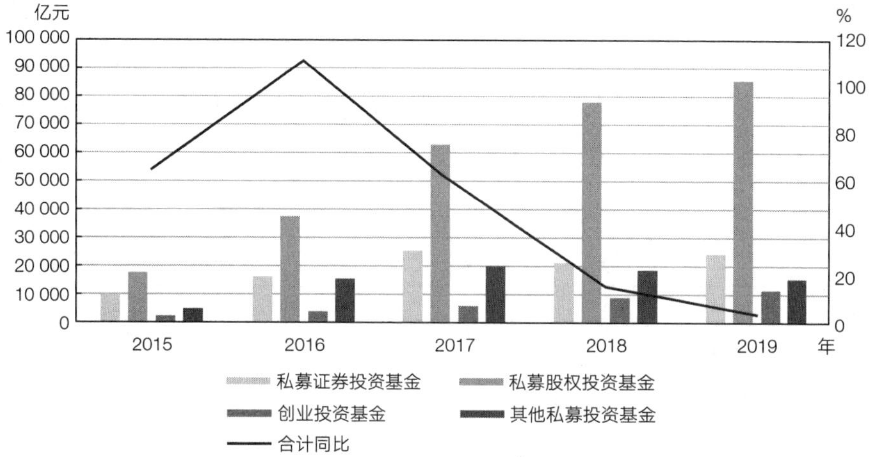

图4 截至2019年12月私募基金管理人管理基金规模分布情况

（资料来源：中国证监会）

细分来看，市场大幅波动和监管趋严等因素持续影响下，私募证券投资基金的市场空间正在承受来自于公募基金及其他市场竞争者的巨大压力，市场开始出现“私转公”的新趋势。私募资产配置基金是2018年8月中国证券投资基金业协会在下发文件《私募基金登记备案相关问题解答（十五）》中新添加的一类，资产配置类基金可以打破协会要求的“专项经营”规定，横跨一、二级市场，债权市场不同类别进行资产配置，最大限度降低风险，但由于牌照申请门槛高、跨类别监管难等问题，目前取得该类牌照的管理人仅有6家，管理规模5.89亿元，仍处于起步状态，短期对私募行业影响有限，但未来有望在扩大规模的同时实现私募行业多元化发展；而股权、创业投资基金规模在注册制快速推进、项目发行周期大幅缩短的背景下继续保持增长势头，但增速趋于平稳。2020年3月创投基金减持特别规定迎来修订，随着多项利好政策的逐步有效落实，创业投资基金和私募股权投资基金“投资—退出—再投资”通道畅通，行业有望收获良性发展。

维持证券类私募基金的长期存续，对管理人的长期盈利能力、市场应变能力来说都有很大的考验，我国成立较早且存续至今成绩优异的私募证券投资基金管理人凤毛麟角。淡水泉投资自成立以来短短几年就取得了傲人的成绩，其“逆向投资”的投资哲学更是被市场所熟知。但同时也不乏类似朱雀基金、鹏扬基金一类知名私募机构，在竞争压力下选择“转公”的生存之路，随着基金业外资持股比例限制的全面开放，外资“私转公”也将形成可能。

私募股权及创业投资领域的常青藤——红杉资本于2005年进入中国市场，凭借价值投资、产业链投资的理念，在内地成就了美团、滴滴、大疆、快手等多家知名互联网企业。国内知名创投公司达晨创投秉承“投资就是服务”，通过成立企业家俱乐部、投资人俱乐部、已投上市公司联盟等，将政府、金融、行业专家资源整合，为被投资企业提供更多增值服务。截至2019年12月，达晨创投共管理23期基金，管理基金总规模超过300亿元。成立较早、以政府主导项目为主的深创投自成立以来投资项目超1 000个，总投资额约491亿元，近年来公司商业化项目发展井然有序。截至2019年12月，深创投管理商业化基金45家，总规模约19.21亿元人民币。在当前波谲云诡的市场环境中，以政府资金做背书的商业化股权投资基金有望受到更多投资者的青睐，这一特质已成为深创投发展的重要原动力。

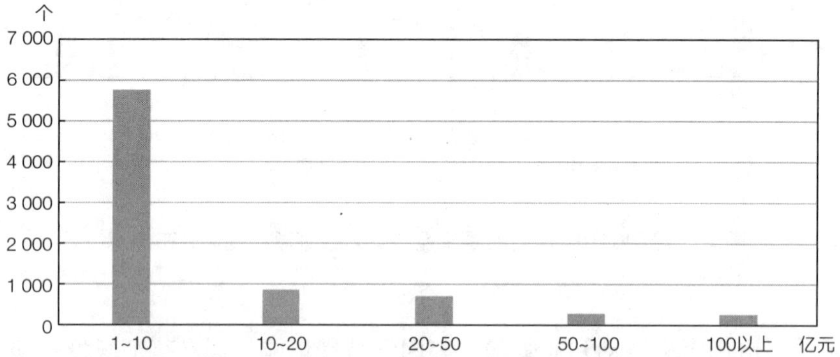

图5 私募基金管理人管理基金规模分布情况（截至2019年12月）

（资料来源：中国证监会）

市场存续的私募基金管理机构众多，行业集中度较为分散，竞争激烈。与信息透明度高的公募基金不同，私募基金投资者往往较少关注基金产品本身的过往成绩、资产投向或配置属性，而更青睐于基金经理个人能力、基金管理机构的品牌、机构股东背景等软实力。从私募管理人的角度来看，由于不能通过公开渠道募集资金、产品存续长，私募公司的客户资源相对固定，因此资源和项目储备成为公司制胜的关键实力。截至2018年末，管理规模前10的管理人规模合计占总规模的6.8%，前20的占总规模的11.2%，和公募基金相比，马太效应并不显著，潜在进入者少，行业竞争格局更稳固。

2．公募基金管理机构：入局者不断增多，行业发展机遇与挑战并存。

相比私募，我国公募基金监管体系更加完善，基金管理人普遍具备更高专业度，投资框架也相对完备，近年来投资数据更为亮眼。基于上述原因，公募基金已积累数量可观的“忠实粉丝”。随着未来募资渠道不断多元化和可投资范围的逐步放宽，公募基金产品的需求和供给端均有望大幅拓宽。因此，相比私募，我国公募基金市场行业前景更为广阔，想象空间巨大。

截至2019年12月，中国公募基金管理机构共有143家。经过20多年的发展，公募基金大家庭不断扩容，行业竞争也日益激烈，从拼规模到拼收益再到拼管理费，各基金公司八仙过海各显神通。但由于自身股东、渠道、历史因素的限制，各家基金公司综合实力相差较大，部分基金只在某些特定领域或市场具备一定影响力，行业集中度在前期缓慢上升后重回下降通道，公募基金前10强管理资产占比维持在50%左右。

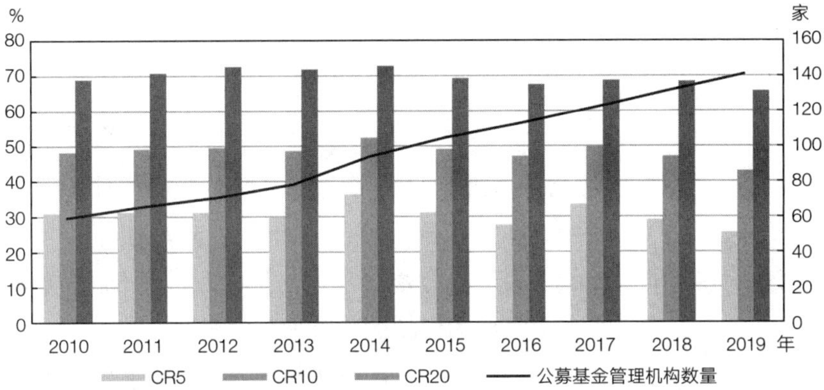

图6 中国公募基金行业集中度情况（2010—2019年）

（资料来源：Wind）

截至2019年底，资产规模排名前5的基金公司分别为天弘、易方达、博时、南方和工银瑞信。其中天弘基金2013年通过推出王牌货币基金产品——余额宝一举成名，2014—2019年连续5年蝉联规模首位，但产品结构相对集中，余额宝规模占据公司资产管理总额的85.45%。根据Wind数据统计，2019年末全市场存续的货币基金产品超过330个，其中余额宝以15.37%的市场份额继续稳坐行业头把交椅。依托阿里巴巴和蚂蚁金服的流量优势、市场影响力和极高的客户黏性，天弘基金余额宝产品有望在未来较长一段时间内持续占据细分市场上的竞争高地。

而易方达基金是当今非货币基金的王者，月均规模排名第一。作为国内基金管理公司的元老之一，公司拥有公募、社保、年金、特定客户资产管理、QDII、QFII、RQFII、基本养老保险基金投资等业务资格，是国内基金行业为数不多的"全牌照"公司之一。根据Wind数据，公司2019年存量基金产品达176只，产品种类丰富，在主动权益、固定收益、指数量化、海外投资、多资产投资等领域全面布局。从产品结构上看，易方达被动投资基金数量较高，在2019年二级市场回暖趋势下挂钩特定指数并取得了良好的投资收益，提升了客户美誉度。

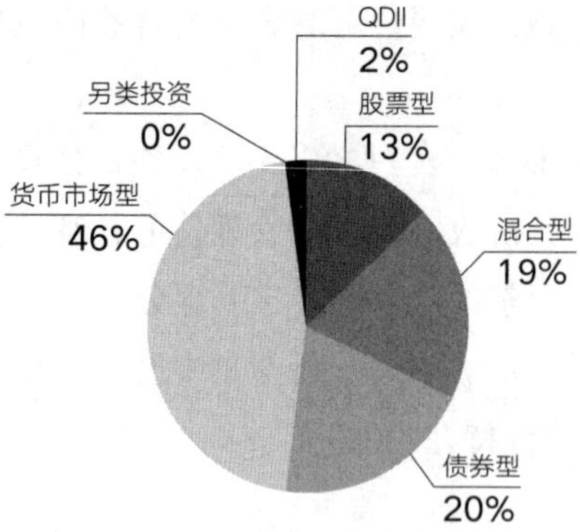

图7　易方达基金产品结构

（资料来源：Wind）

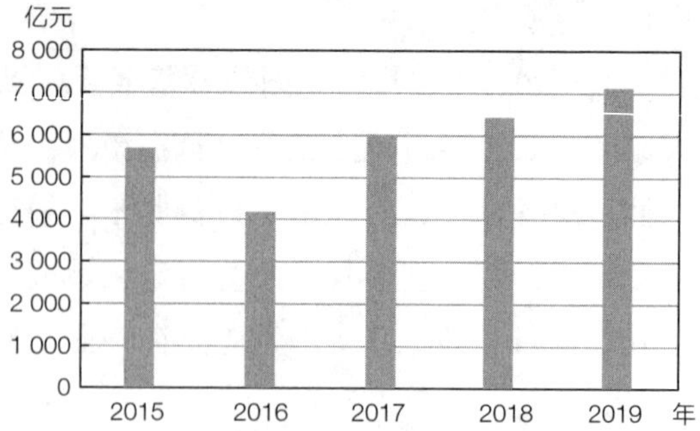

图8　易方达基金产品总资产净值（2015—2019年）

（资料来源：Wind）

在产品创新方面，易方达紧跟市场变化趋势，着力缩短产品设计和上市流程，在"网红"产品发行方面不居人后。同时，公司渠道覆盖面广，与包括银行、券商、小米金融、淘宝、京东等在内的线上线下渠道均有密切合作，并且为通过不同渠道购买产品的客户在官网开放入口，为投资者提供更为便捷的咨询服务。此外，完善的人才培养体系为公司培养了大批的明星基金经理，行业领先的员工持股方案也增强了核心投研人员的归属感和对企业管理文化的认同感，为公司在行业的激烈竞争中保留了中坚力量。

和天弘基金、易方达基金不同，工银瑞信基金是我国银行系基金管理公司的优秀代表，依附于大股东工商银行强大的线下渠道，大幅降低了公司的营销成本，新产品销售得到良好保证，管理规模稳居行业第一梯队。工银瑞信的投研体系在行业中久负盛名，2019年公司凭借强大的综合投研实力获得金牛奖、明星基金奖、金基金奖及晨星基金奖大满贯。公司的投研体系建设较为完善，投研团队人才储备丰富，坚持"稳健投资、价值投资、长期投资"的投资理念，为公司打造了多款"马拉松"型产品，长期回报喜人。同时，作为业内海外基金的先行者，公司QDII产品投资业绩优异，根据Wind数据，工银全球精选和工银全球股票成立以来总回报分别高达151.80%和130.35%，业绩均位居同类前列。

表2　市场主动偏股型回报率前列基金对比

基金代码	基金简称	最近一年总回报/%	最近两年总回报/%	最近三年总回报/%	成立以来总回报/%
486002. OF	工银瑞信全球精选	15.40	27.49	45.30	151.80
270023. OF	广发全球精选人民币	20.00	5.92	30.09	134.04
486001. OF	工银瑞信全球配置	17.01	23.23	51.06	130.35
000043. OF	嘉实美国成长人民币	20.18	29.02	45.42	117.40
118002. OF	易方达标普消费品人民币A	6.04	8.87	29.74	91.50

资料来源：Wind。

不过需要关注的是，在资管新规及基金业对外开放背景下，公募基金行业的入局者数量将快速增加，当前行业中综合实力领先的基金公司未来在投研领域的优势或将显著收窄，行业竞争格局或将发生微妙变化。

（二）基金托管机构与基金服务机构："左膀右臂"保驾护航

基金托管机构与基金服务机构分别服务于公募基金与私募基金，二者与基金管理机构共同构成基金业三大主体。其中基金托管机构负责保管公募基金资产，而基金服务机构为私募基金管理人提供服务支持。截至2019年末，获批开展基金托管业务资格的机构有47家，其中28家银行、17家证券公司和两家政策性机构；获批的私募基金服务机构有份额登记服务机构37家，估值核算服务机构40家、信息技术服务机构5家。随着协会对行业服务业务类别和责任范围等进行不断的规范和指导，基金托管与服务行业已初步形成市场化、规范化、多样化的竞争格局。

（三）基金销售机构：行业未来竞争主战场

早期公募基金销售模式以商业银行代销、基金管理公司直销和证券公司代销为主，呈现三足鼎立局面。在2013年之前，银行渠道占比超过50%；而随着互联网技术在金融领域的不断渗透和金融创新业态的发展，互联网基金销售开始大行其道。近几年基金销售模式发展成为以基金公司互联网和柜台直销为主，商业银行、证券公司、第三方基金销售机构渠道为辅的多元化体系。

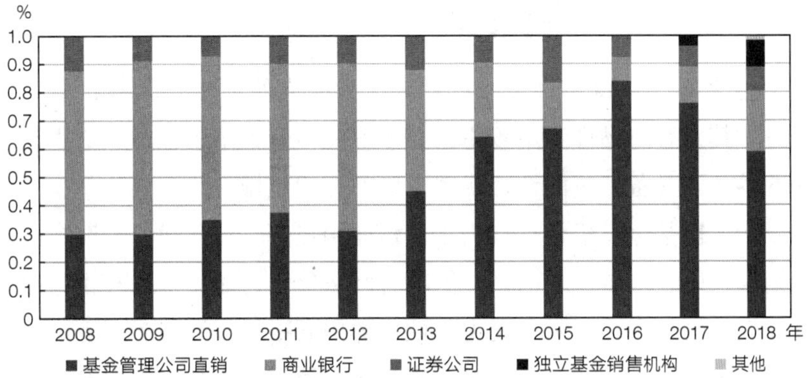

图9　各渠道基金（认）申购占比

（资料来源：中国证券投资基金业协会）

截至2019年第三季度末，包括银行、券商和第三方销售渠道等在内的基金销售机构已经达495家，第三方基金代销机构的数量已百余家，这种代销机构数量远超基金公司数量的现状导致各渠道间的竞争日趋白热化。

根据Choice数据，截至2019年末第三方基金代销机构的数量已超过100家，其中Top10代销的基金数量均超过千只，但也有36家代销的基金数量不足百只，部分代销机构由于自身经营问题面临着责令整改和被多家基金公司解除合作关系的困境。作为第三方机构的佼佼者，天天基金在2018年共上线128家公募基金管理人6470只基金产品，销量逆势增长，取得了傲人的成绩。天天基金是东方财富网旗下的基金平台，从门户网站起家到基金代销平台，东方财富拥有的庞大且高度匹配的流量基础是其进入基金代销领域并取得成功的关键。在良好的流量基础上，公司打造了一款流动性好、收益高于同类的理财产品——活期宝，关联多款货币基金，拥有一键互转功能，随时能将低收益货币基金转换为同期的高收益货币基金，为客户实现市场上收益最大化。同时，天天基金的门户网站因使其终端拥有产品及市场信息传导能力和“股吧”式投资者交流功能，都受到用户的青睐，有望助其持续扩大竞争优势。

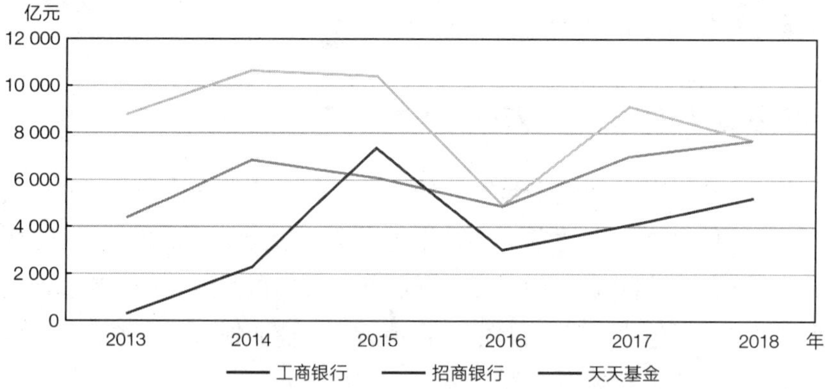

图10 三大基金代销机构年销售规模比较

（资料来源：上市公司年报）

在传统渠道之间，券商相对银行在零售上有较大的劣势，但随着券商财富管理转型进程的推进，其大客户黏性和市场份额有望缓慢上升，华泰证券、广发证券等财富管理转型超前的券商已具备一定的个体优势。而基金代销银行之间的市场“争夺战”从未停止，过去银行销售基金以柜台销售为主，营业网点多、覆盖面广、客户储备量大的工商银行的代销规模始终位居行业前列；但随着网络化、智能化手段和银行渠道的高度融合，金融科技应用更加广泛、服务更为人性化的招商银行有后来者居上的势头。招商银行将“人+智能”双引擎注入以攻克产品销售难题，利用“摩羯智投”“金葵花财务规划”等优质的产品体系，以“类投顾”思维为投资者选择与其风险承受能力相匹配的基金产品，充分满足客户的财富管理需求，逆势在2018年基金销售规模取得大幅增长。

综合来看，目前公募基金销售机构的数量已远超基金公司的数量，销售机构赚取的是基金交易的中间业务收入，因此它们有较大动机鼓励客户们进行频繁交易，这与基金公司的价值投资理念相悖。同时，通过代理销售模式，基金公司和投资者很难进行有效沟通，产品信息可能得不到充分宣传，因此基金公司也在努力追求通过直销渠道获客，以更直接地展现产品特性。我们预计，未来在投资顾问模式逐步成熟后，对基金销售的专业性要求将持续提升，天平将重新向基金公司倾斜，在这样的竞争格局中仅有少数头部机构掌握议价能力，行业马太效应有望更趋显著。

（四）基金投资顾问：完善产业链条，让基金更接地气

基金投顾的职责简单来说，就是帮助投资者选择基金产品，帮助投资者以获得投资收益为目标，引导其进行长期理性投资。

表3 已获得投资顾问资格机构

批次	机构类型	获批数量	机构名称
第一批	基金公司	5	华夏、南方、嘉实、易方达、中欧
第二批	第三方销售机构	3	腾安基金（腾讯旗下）、盈米基金、蚂蚁基金
第三批	证券公司、商业银行	7+2	银河证券、中金公司、中信建投证券、国泰君安、申万宏源、华泰证券、国联证券，招商银行、平安银行

资料来源：中国证券投资基金业协会。

目前，已有17家公司获得基金投顾牌照，涵盖金融行业各领域。现已有南方、华夏先后发布投顾产品预告，尽管在牌照上取得了先发优势，但各公司对业务模式仍处于摸索阶段。同时仍有多家资管机构争先恐后申请入场券，不久将群雄逐鹿。我们相信，投顾业务的逐步发展将促进更多有价值的资产配置方案落地，也有助于投资者获得更优质的服务，并树立长期投资理念，推动短期交易性资金向长期配置方向转变，促进资本市场持续稳定健康发展。

四、见贤思齐，以美国为鉴看我国公募基金发展空间

基金业在美国已有百余年的发展历史，在法律、监管及行业逐渐完善的过程中，经历了数次重大调整、规范和进化，才发展成为拥有当今全世界最庞大的基金管理规模的成熟业态。国际投资基金协会数据显示：截至2018年12月，全球受监管的开放式基金净资产规模达46.7万亿美元，仅美国就达21.4万亿美元，占比高达45.82%。而我国开放式基金净值为12.2万亿元人民币（约合1.8万亿美元），占全球总量的3.8%，与美国相距甚远。显然，我国公募基金行业规模追赶美国同行仍需时日，但也意味着我国公募基金市场拥有巨大的发展潜力。

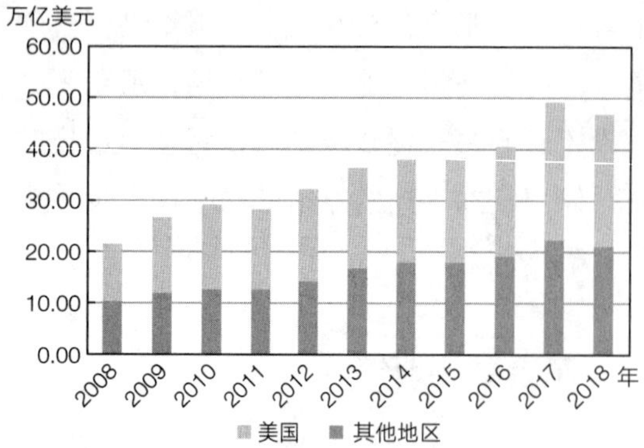

图11 全球开放式基金净资产规模

（资料来源：国际投资基金协会）

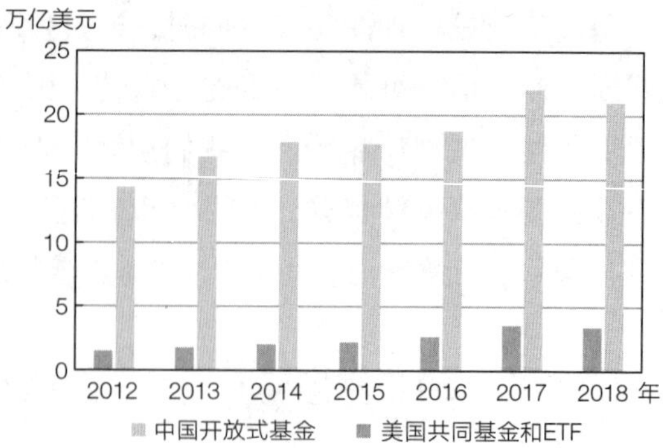

图12 2012—2018年中国与美国开放式基金资产规模

（资料来源：国际投资基金协会、中国证券投资基金业协会）

（一）个人投资者为主，交易活跃度高

归功于超长的牛市周期和完善的养老金制度，美国家庭投资者成为共同基金行业最大的参与群体。截至2018年底，有44%的美国家庭持有美国共同基金份额，在总计17.71万亿美元的共同基金中以家庭投资者为主的散户持有89%的份额。与美国投资者的投资理念不同，我国家庭的投资偏好更倾向于银行存款和理财，投资资产中公募基金占比仅为4%。

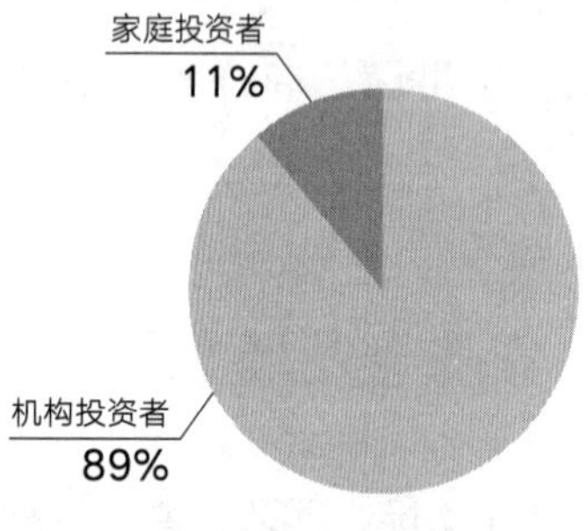

图13 2018年美国基金市场投资者结构

（资料来源：ICI）

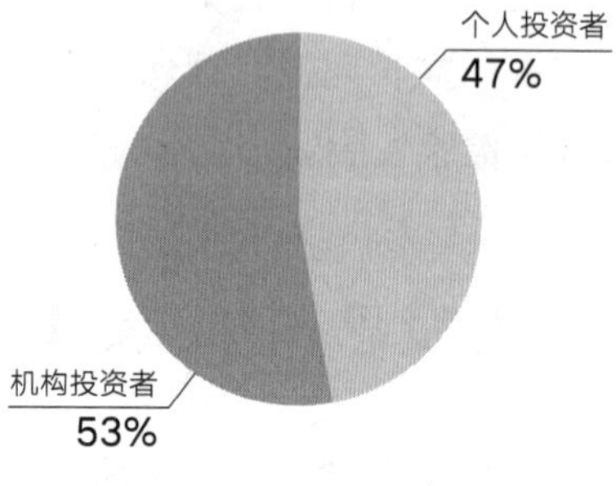

图14 2018年中国基金市场投资者结构

（资料来源：Wind）

在以个人为主的投资者结构下，基金短线投资、追涨杀跌等不理智行为较为突出，特别是在货币基金快速发展及余额宝等新型基金购买场景兴起后，我国基金行业申购赎回总规模快速提升，交易频率异常活跃。2018年我国A股权益类基金平均换手率约为305%，中位数达233%，美国权益类基金的换手率远低于我国，平均换手率只有66%左右。

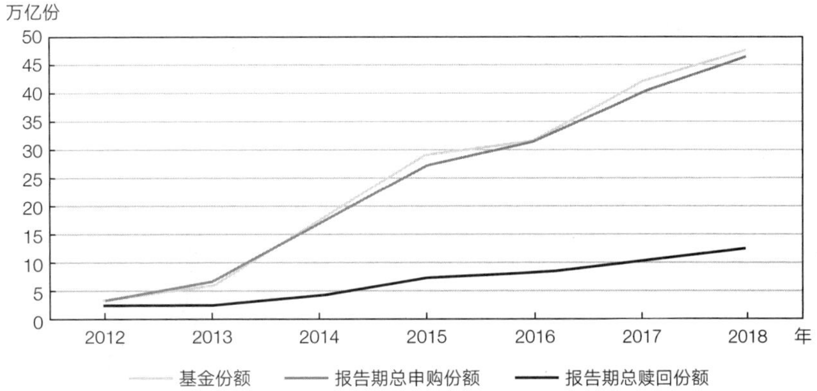

图15　基金份额、报告期申购份额与报告期赎回份额（2012—2018年）

（资料来源：Wind）

近年来，随着社保、养老、年金等保险资金流入二级市场，长期偏价值投资资金的比重正不断增加。但与美国相比，我国养老金市场还有巨大的发展空间，在我国社会逐渐老龄化的大趋势下，养老金等长期资金规模有望持续扩大，应成为未来公募基金重点培育的新方向。

（二）产品线日益丰富，但结构仍待调整

国内公募基金产品线日趋完善，当前已包含股票型、债券型、混合型、货币型等多种类型，交易类型则包含传统封闭式、ETF、开放式、LOF、FOF及创新封闭式、分级基金等多种交易方式，投资区域覆盖全国和境外多个领域。

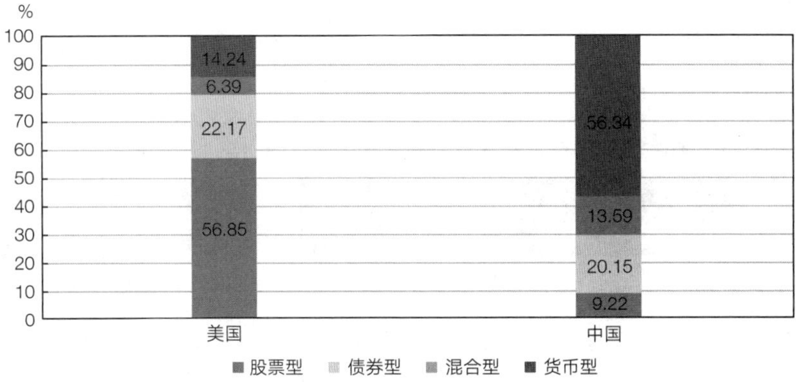

图16　2018年美国与中国基金产品结构对比

（资料来源：国际投资基金协会）

从历史数据看，我国公募基金产品结构随市场走势动态调整。在牛市阶段，股票型和混合型基金占比过半，整体风险偏好较高；而在熊市阶段，货币型、债券型这类风险相对有限、收益偏稳健型产品受到青睐，资产净值占比显著提升。特别是在2015年股市

经历大幅波动后，具备较强理财属性和极强资金流动性的货币基金乘势而上，余额宝发展速度举世瞩目。自此，货币型基金牢牢占据市场半壁江山。

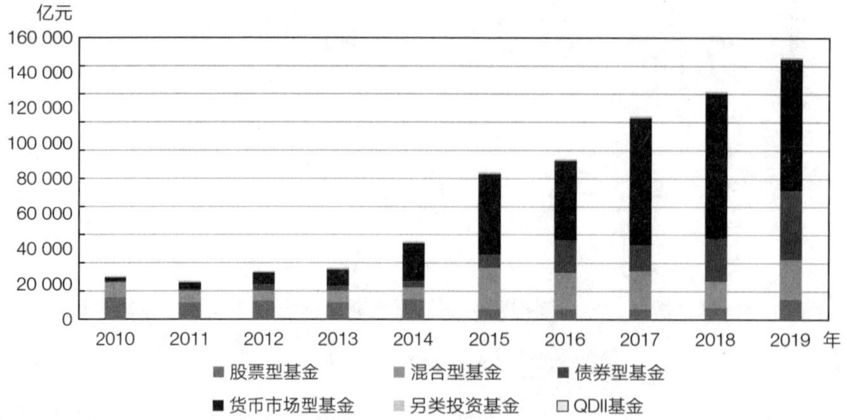

图17　基金分类资产净值（2010—2019）

（资料来源：Wind）

从数据中发现，我国基金产品结构与美国大相径庭。美国早期基金市场结构与我国当前情况较为类似，20世纪70年代美国货币型基金占比超过70%，但随着美国超长牛市周期的来临，股票型基金逐渐占据市场主导。类比美国基金市场发展历程，在我国利率市场化逐步推进、资本市场逐渐趋于成熟的过程中，我国货币基金收益率有望下行并维持在较低水平使其规模面临较大波动，而股票型和混合型基金将逐渐崛起，占据市场较大份额。

（三）投资专业化逐步显现，超额收益增加

从长期回报数据来看，近年来国内主动管理型公募基金能够持续为投资者获取超额回报，基金公司的主动管理能力逐渐获得投资者认同。

表4　2010—2019年基金指数与市场指数收益率对比　　单位：%

年份	基金指数			市场指数	
	股票型	混合型	债券型	沪深300	中债总财富
2010	0.21	4.72	7.28	-12.85	1.91
2011	-24.5	-21.81	2.37	-25.45	5.7
2012	5.72	3.87	8.18	7.75	2.51
2013	15.28	12.82	0.92	-7.98	-2.09
2014	21.33	18.94	18.07	52.69	11.19
2015	44.78	37.47	12.85	5.7	8.03
2016	-16.55	-7.96	0.7	-11.5	1.28
2017	13.44	10.33	2.21	22.27	-1.18
2018	-26.94	-13.9	5.85	-25.84	9.52
2019	51.23	31.71	5.04	36.93	4.34

资料来源：Wind。

从数据可以发现，股票型基金与混合型基金自2010年起获得超额收益的概率不断增大，且超额收益有所增加，而债券型基金从2013年开始稳定获得超额收益。基金超额收益的稳定增长趋势从一定程度上说明我国基金行业的主动管理能力逐渐优化，基金管理人的选券策略向更高级、更专业的方向发展，对宏观经济和各行业趋势的总体把控也更为精准。

此外，与美国对比，我国基金行业的量化策略类基金产品规模较小，占比较低。预计未来一段时期，虽然主动型基金产品仍有望持续获得超额收益，但在制度体系的建设和发展中，我国资本市场的有效性将逐步提升，基金投资策略随之将会出现鲜明变化，被动投资趋势有望逐步显现。

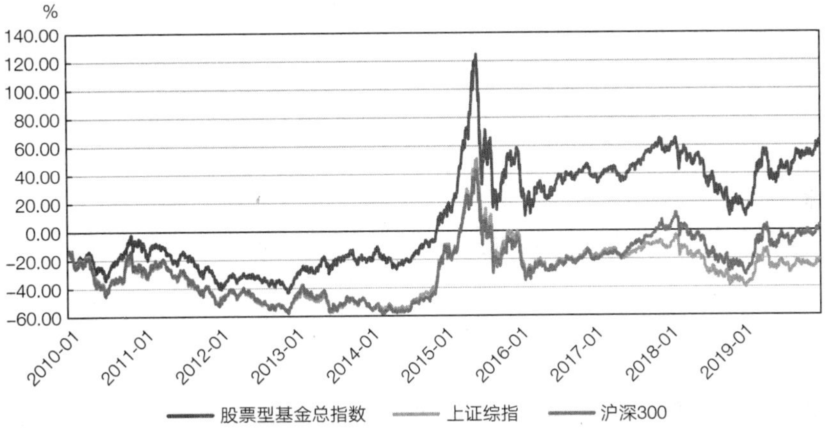

图18 股票型基金指数业绩走势（2010—2019年）

（资料来源：Wind）

图19 混合型基金指数业绩走势（2010—2019年）

（资料来源：Wind）

图20　债券型基金指数业绩走势（2010—2019年）

（资料来源：Wind）

五、立足当下、展望未来，我国基金管理业仍大有可为

（一）资金来源“机构化”，居民财富正加速向基金转移

近年来，中国银保监会多次发文鼓励保险、社保基金、央企和地方国企等中长期资金入市，养老金入市步伐也在不断加快，将会成为基金行业壮大的重要来源和主要动力，机构投资者的比重将因此大幅上升。预计未来随着中长期价值投资资金的“稳定器”作用显现，将带动更多社会资金进场，我国基金行业的资产管理规模有望迈上新的台阶。

随着“资管新规”打破刚兑及“房住不炒”要求的明确，居民投资将更多回归股票、债券和基金等各类净值型产品；同时我国居民可支配收入增长、财富年龄结构转向“80后”“90后”，在网络媒体传播的影响下，我国居民投资观念在发生转变。在供给和需求两端的调整下，个人投资者有望主动转向基金等机构投资模式，从而带动证券投资基金在大类资产配置中的比例不断提升。

截至2019年底，我国证券基金管理规模总计人民币17.21万亿元，同比增长13.45%。随着未来资产管理结构“机构化”进程的推进及个人投资者基金投资占比的提高，基金管理规模稳定增长趋势有望得以延续。我们预计，2020年至2023年基金管理规模增速分别为8.50%、7.50%、6.60%和5.30%，在2023年末将达22.53万亿元。

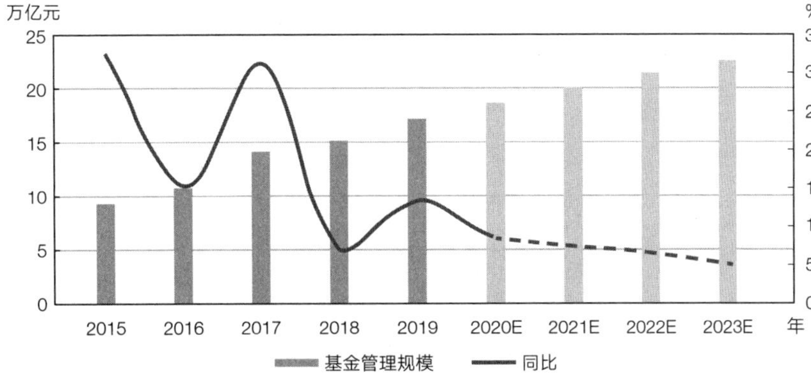

图21　我国基金行业规模及增速（2015—2023年）

（资料来源：Wind）

（二）货币基金或跌下“神坛”，资产配置选择不断丰富

从历史数据中可以看到，货币基金净值及占比呈现持续下滑趋势，与之形成对比的是权益类基金在过去一年的占比持续缓慢上升。主要原因在于“资管新规”及后续监管规定的发布对货币基金发行和运营的规范性提出更加严格的要求，使其操作灵活性显著下降，同时期利率下行的大趋势使货币基金收益率降低，对投资者的吸引力大不如前。

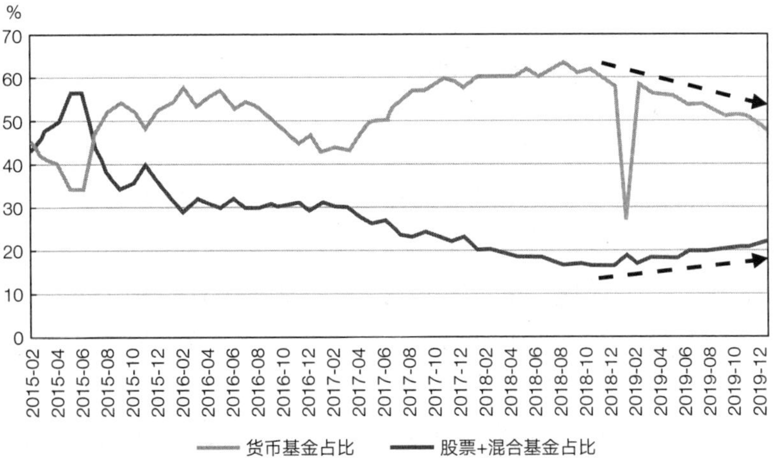

图22　货币基金和权益类基金占比（2015—2019年）

（资料来源：Wind）

与此同时，权益类基金产品种类更加多元，特别是被动型基金的投资者认可度大大增强。得益于透明、稳定的投资风格、低廉的管理成本，ETF的产品规模逐步增长。但由于A股退市机制仍不完善，所以当前市场中仍存在部分不良资产，Smartbeta基金在国内获得了越来越多投资者的认诃。Smartbeta基金在被动投资的基础上进行因子筛选，过滤掉不符合因子指标门槛的投资标的，可以获得介于β收益和超额收益之间的超过市场

平均回报的更高回报，在我国推出后很快获得投资者认可。可以预计，随着产品设计的不断优化，未来被动型基金规模仍有很大增长空间。

未来如监管层能够适时逐步“松绑”对冲工具，配合国内资本市场愈发完善带来的金融工具开发能力的提高，将为基金公司提供更多可选、收益率更为稳定的投资组合，而更加丰富的风险对冲手段将大大提高基金管理者管控权益类投资风险的能力，从而加快权益型基金的发展，使其规模及占比向发达市场靠拢。

（三）“黑天鹅”事件凸显线上渠道优势

过去基金营销通常采用线下渠道为主的方式，依靠基金销售团队或代销机构开展线下宣讲，进而达到对基金产品进行宣传的目的。然而，近年来随着网络直播平台等互联网渠道的飞速发展，线上营销的可行性和公众接受程度不断提升。

2020年初新冠疫情暴发使线下营销难以展开，越来越多的基金管理者选择线上平台进行基金宣讲。2020年2月6日至今，至少30家基金公司进行了线上直播，其中数家公司甚至卖出了爆款“日光基”，各家基金公司普遍表示直播路演带来的基金销量整体上比之前有所放大。尽管当前“直播带货”的模式仅为非常时期的临时策略，真正实施仍需市场及监管的多方考察，倘若未来放开对此类营销行为的监管力度，网上营销有望实现常态化，助推基金管理规模进一步上升。

（四）多重因素推动行业格局革新

1.“马太效应”加剧，行业向头部化集中。

当前，“马太效应”在基金行业中已相当显著。截至2019年上半年，106家公募基金管理公司发行的基金总规模接近4 800亿元，其中前20家基金公司募资规模占据了新发基金总规模的67%，“二八效应”正渐渐显现。在行业竞争日趋激烈的背景下，中小公募基金公司产品线布局不全面、创新能力弱、规模效应不显著、降费空间小、人员流动频繁等特征，均可能导致其在激烈的竞争中处于不利位置。因此，中小公司亟须探索差异化竞争路径，通过打造特色产品实现突围。此外，未来基金行业若实行类似于证券公司的分类监管模式，中小公募若评级不佳，将会面临品牌声誉不足、新业务拓展困难等困境，从而进一步加剧市场分化。

2．外资、银行双双入局，冲击之下仍存机遇。

外资持股公募基金管理公司比例限制在2020年4月1日取消，我国基金行业即将迎来外资的大举进入。大型外资基金公司具有更加成熟的资产管理策略和完善的经营结构，同时其品牌优势能够为其开拓国内市场提供支持。但是，外资基金公司对于国内基金业监管规则的理解和熟悉需要一定时间，且其风控较为严格，新产品创设的审批和全流程监管周期较国内机构更长。更重要的区分点是在渠道方面，外资与本土基金公司相比存在明显劣势，因此外资基金公司难以在短期内迅速抢占大量市场份额。

此外，银行理财子公司的出现对传统基金行业产生的短期冲击较外资机构更大。一方面，银行的资产来源和销售渠道相比基金公司具有压倒性优势；另一方面，银行拥有更多的投资选择。银行对标的价格下跌和违约风险具备更强的承受能力且可以进行非标投资，进而在债券型基金上更易于获得比基金公司更高的收益率。因此，银行理财子公司在部分产品上势必具有比基金公司更强的吸引力。但银行的投研能力和对复杂投资组合管理的能力尚有不足，目前仍基本停留在大类资产配置层面。因此在货币和债券基金以外的领域，银行理财子公司对传统基金公司造成的短期冲击是较为有限的。

3. 技术革新促进形成行业新生态。

人工智能技术在投资领域的应用不断深入，已逐渐成为资管行业发展的一大热点和趋势。人工智能投资依托大数据分析建立量化模型，从而挖掘更多细分领域的投资机会，未来基金行业可以选择和科技行业合作，以实现战略互补，形成资产管理能力提升的新动能。

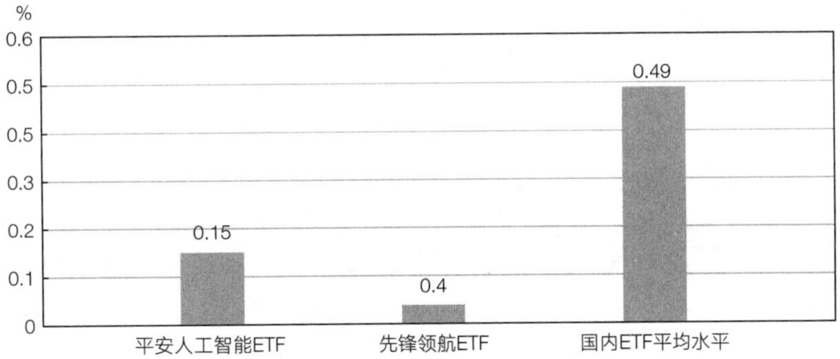

图23 2019年末ETF管理费率对比

（资料来源：Wind）

近年来，成本相对低廉的指数基金凭借其较高的灵活性和流动性得到机构投资者的广泛认可，“人工智能+被动投资”的产品更是不断压降成本，打开被动型基金的降费空间。目前平安人工智能ETF的管理费率约为0.15%，大幅低于国内ETF管理费率的平均水平。未来人工智能技术的深入应用在继续降低基金公司管理成本的同时，可能会将降费潮从被动型基金推向股票型等主动型基金，管理费结构的不断演进将对基金公司的投资决策能力和管理经营能力提出更高的要求。

物管行业：

快速增长的现金牛产业

陈　刚　东兴证券研究所房地产组

产业描述：

我国物管行业经过近30年的发展，在2014年之后开始加速走向市场化。物管行业政策逐步由规范型向鼓励型转变，发展迅猛，空间巨大。短期来看，随着上游地产竣工拐点性回升，过去两年积累的施工面积有望释放，未来1~2年物管行业将迎来一轮快速增长。长期来看，受益于城镇化率、人口增长、人均居住面积等因素的驱动，物管行业有望维持增量发展。我们预计，截至2025年，行业管理面积将达到283亿平方米，收入规模超1.1万亿元。

一、历经三大发展阶段，物管服务走向市场化

物管服务是指物业服务企业经业主委托，按照物业服务合同约定，对业主共有的建筑物、设施、设备、场所、场地进行维修、养护、管理并维护物业管理区域内的环境卫生和相关秩序等活动。物业管理服务可以分为住宅物业服务和非住宅物业服务，其中非住宅物业又可以细分为商办物业和公建物业两个领域。

表1　物管服务各细分领域的中外代表性公司

细分领域		国内各领域代表性上市公司	代表性项目	海外各领域代表性上市公司	主要业务介绍
住宅物业		绿城服务 碧桂园服务 保利物业 中海物业	住宅：各开发商的住宅项目	FirstService（FSV.O）	北美最大的住宅物业管理服务商，通过两大服务平台为客户提供服务：住宅平台依托物业经理人系统向客户提供基础的自营服务；品牌平台通过特许经营和直营提供更加个性化的服务
				ServiceMaster（SERV.N）	北美最大的基础物业服务提供商，主要收入来源是白蚁防治和住宅保修
非住宅物业	商办物业	宝龙商业	商业：宝龙广场，宝龙城	世邦魏理仕（CBRE.N）、仲量联行（JLL.N）、戴德梁行（CWK.N）、高力国际（CIGI.O）、第一太平戴维斯（SVS.L）	地产领域的“五大行”，普遍依托交易服务领域的优势向地产综合服务领域扩展，现在已经发展成为集不动产经纪、资产管理、物业管理和研究咨询等业务于一体的不动产综合服务提供商
		南都物业	商业：海宁银泰城、成都银泰城 办公：望京商务中心、上海绿地北外滩商务中心		
	公建物业（产业园区、政府类物业、公共类物业）	招商积余	政府机构：最高检西部办公楼、国家商务部办公楼 学校医院：南方科技大学、深圳大学总医院 公共场馆：中国科学技术馆	爱玛客（ARMK.N）	公司为医疗机构、各类院校、运动和娱乐场所以及商务中心，提供配餐服务、设施管理服务以及制服和职业装服务
		新大正	学校医院：重庆大学、重庆市大足区人民医院 航空物业：重庆江北国际机场、北京大兴机场 公共场馆：重庆科技馆、重庆国际博览中心	欧艾斯（ISS.CO）	欧艾斯是全球领先的设施服务集团，为全球的办公室、工厂、机场、医院等场所提供服务，是业内少有的能够在全球范围内提供服务的公司之一。公司业务涵盖设施管理服务、清洁服务、安保服务、餐饮服务、物业服务和办公支持服务

资料来源：公司官网、Wind。

我国的物业管理诞生于20世纪80年代，发端于沿海发达城市，并逐步向内陆地区延伸。1981年国内第一家物业管理公司——深圳物业成立，标志着我国物业管理业正式诞生。此后30余年间，物业管理行业先后经历了起步探索阶段（1981—2003年）、规范管理阶段（2003—2014年）和市场化运作阶段（2014年至今）。

在起步探索阶段，仅有基础物业服务，行业极度分散。随着2003年6月我国第一部物

业管理行政法规——《物业管理条例》的诞生，物管行业逐步进入规范管理阶段。2014年起，物管行业进入市场化运作阶段，政策逐步向鼓励性政策转型。伴随着政策的放开和支持，物管行业上市、并购频现，集中度加速提升。

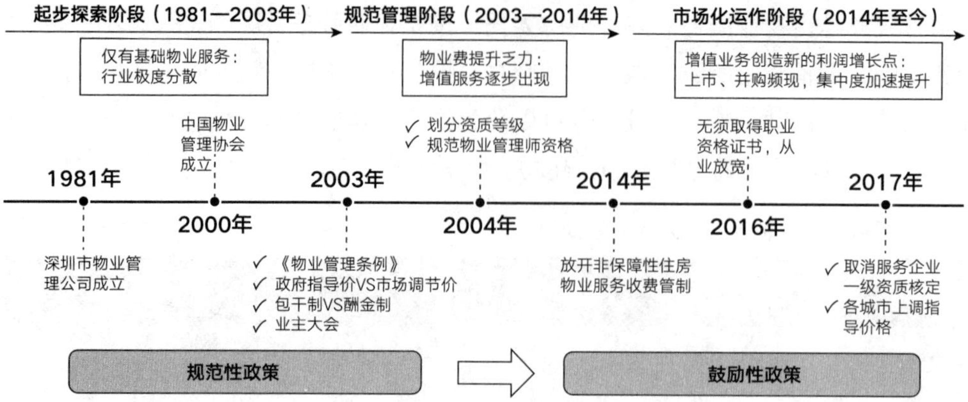

图1　物管服务业三大发展阶段

二、短期增长有驱动，长期发展有空间

（一）短期新房开发高景气度下，竣工面积的释放将带动行业快速增长

对物业公司而言，合约面积及在管面积一般有三大来源：地产关联企业的竣工面积直接转化、依靠品牌等实力进行市场化拓展、依靠自有资金或资本市场力量对存量项目进行收并购。其中，承接关联地产开发企业的项目目前仍是百强企业提升现有规模和充实储备的重要方式。根据中国指数研究院数据，2018年，百强企业中有开发背景的企业数量占比为76%，这些企业管理面积中约五成来自关联开发企业，较2017年下降一成，但依然是扩规模的基础手段。因此，地产上游的竣工面积是新增管理面积的重要来源，在很大程度上影响物管企业的未来增速。

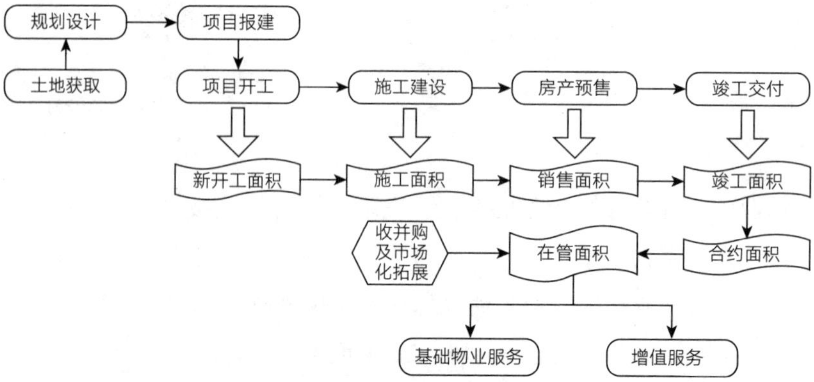

图2　竣工面积向合约面积和在管面积的转化

2016—2019年，全国商品房销售面积屡创新高，带来了新开工面积的快速放量。2019年新开工面积达到22.72亿平方米。但是，由于三、四线城市房屋销售面积占全国房屋销售面积的比例逐渐提高，以及房地产企业融资困难、拖延决算等原因，竣工面积同比增速持续下滑，导致2016—2018年新开工面积与竣工面积之差同比增速快速提升。这部分延迟竣工的面积将会在未来两三年逐渐放量，最终要转化成物业公司的在管面积。事实上，2019年房屋新开工面积与竣工面积之差同比增速已经由2018年的50%滑落至13%。我们认为，这一趋势短期内仍将延续，未来两三年具备大型开发商背景的物管公司在管面积将会随着竣工面积的释放而迎来一轮快速增长。

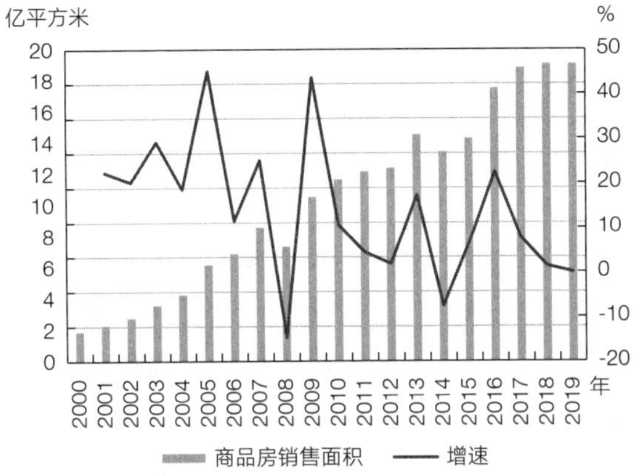

图3　2016年以来房屋销售面积维持高位

（资料来源：国家统计局）

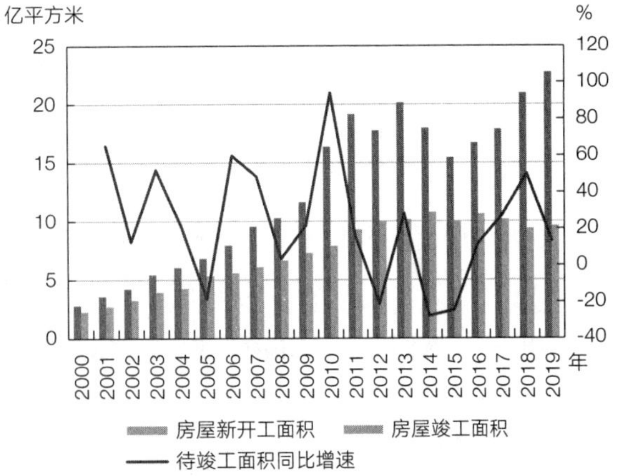

图4　待竣工面积同比增速2019年开始回落

（资料来源：国家统计局）

（二）长期受人口和城镇化率等因素驱动，行业在管面积有望持续增长

庞大的人口基数和城镇化率的提升是推动住宅物业在管面积增长的核心动力。截至2019年末，我国总人口达到14亿人。虽然目前我国总人口同比增速有所放缓，但由于其基数较大，未来人口增量仍较为可观。而物业管理行业的运作模式决定其是由“存量+流量”双因素驱动增长的，无论新交付商品房还是存量商品房，均需要缴纳物业费。因此，我国庞大的人口基数和稳定的人口增量均会成为物管行业未来发展空间的驱动力。

截至2019年末，我国城镇化率达60.60%，而美国和日本在1955年就已经分别达67.16%和58.42%。从历史数据来看，发达国家城镇化率在达到70%之前均有较快速的提升。根据《国家人口发展规划（2016—2030年）》发展目标，预计我国2030年城镇化率升至70%。因此，未来十年我国城镇化率还有10%的提升空间。城镇化率的提升有助于商品房市场的发展，我国人口基数大且稳定增长，城镇化进程下大量交付的商品房可以推动物业管理行业在管面积的稳步提升。

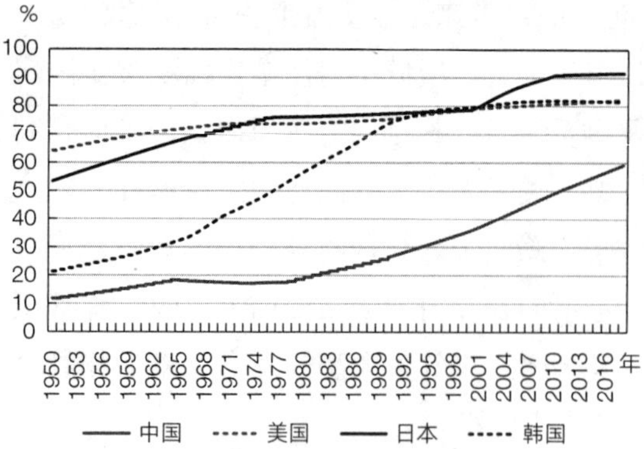

图5 各国城镇化率比较

（资料来源：Wind）

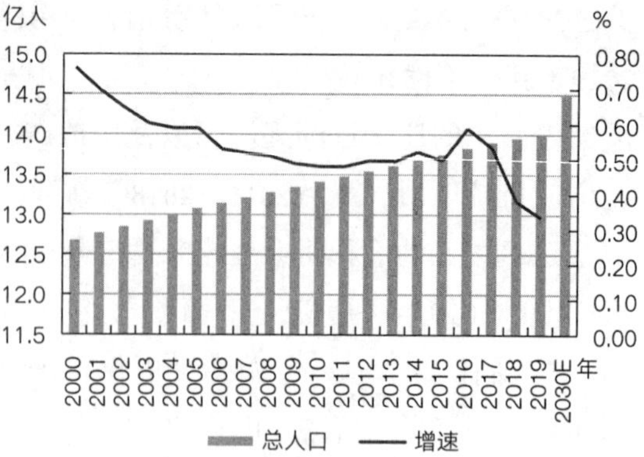

图6 我国人口情况

（资料来源：国家统计局）

（三）收入增长和收费市场化有望打开物业管理费提价空间

收入增长将提升对品质物业服务的需求。我国2003—2019年城镇居民人均可支配收入复合增长率达10.6%，人均消费性支出复合增长率达9.6%。收入的增长带来了居民消费的增长，人们有能力也有意愿去追求更高的生活品质。从恩格尔系数的持续下降也可以看出，随着收入的不断提升，生活必需品的花销占比逐年降低，居民的消费将更多地聚集于品质与服务。

具体到对于居住品质的追求来说，消费升级下的居住需求可以体现为对居住面积和居住品质的追求。我国人均居住面积从1998年的18.66平方米增长到2018年的39平方米，房屋销售均价也从2000年的2 112元/平方米增加到2018年的8 737元/平方米。房屋售价与人均居住面积的增长反映了居民对住房消费能力的大幅提升，在面积维度的需求得到极大改善的条件下，对于提升居住品质密切相关的物业服务，人们自然也就会有更高层次的需求。

根据中国指数研究院的数据，百强企业平均物业服务费水平已经多年未涨，远远落后于同期的房价涨幅，也大幅落后于同期的CPI涨幅。这一方面是由于前期的市场化程度不够，物业费指导价定价偏低；另一面也是由于目前成立业主委员会的小区较少，在没有业主委员会的情况下，物业费提价较为困难。随着2017年各城市上调指导价格、市场化制度逐渐完善，以及居民对于居住品质的日益重视，我们相信未来物业服务费的高低会与服务的品质直接相关，高品质的服务将会获得更多的认可，物业服务费的提价空间也将随之打开。

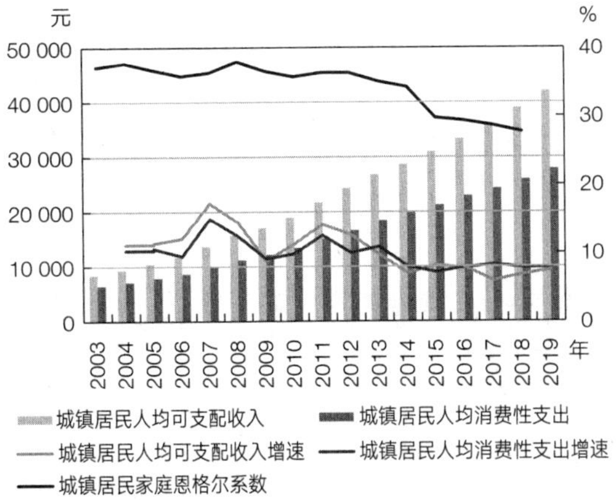

图7 城镇居民人均可支配收入、消费性支出及恩格尔系数的变化

（资料来源：国家统计局）

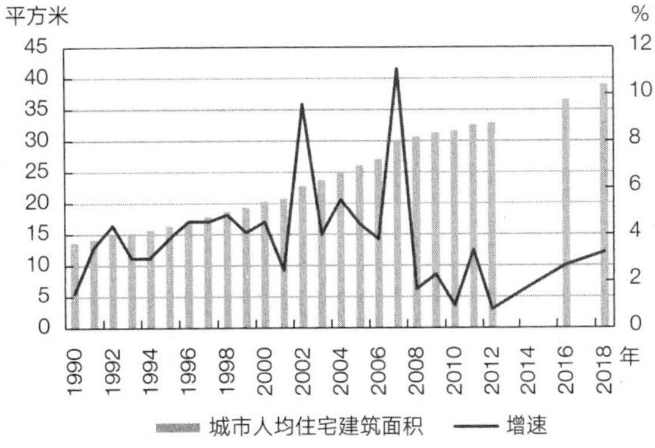

图8 城市人均住宅建筑面积变化情况

（资料来源：国家统计局）

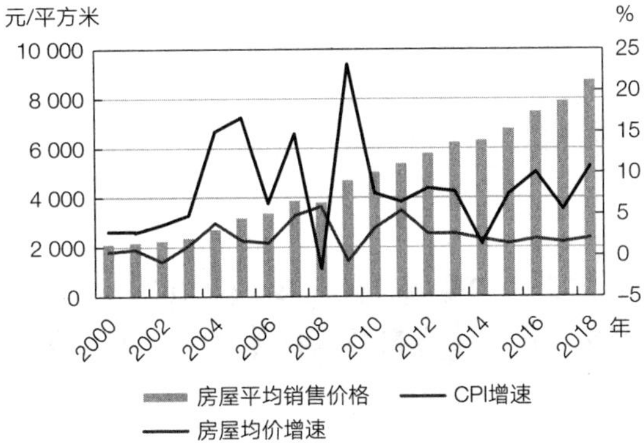

图9 商品房平均销售价格变化情况

（资料来源：国家统计局）

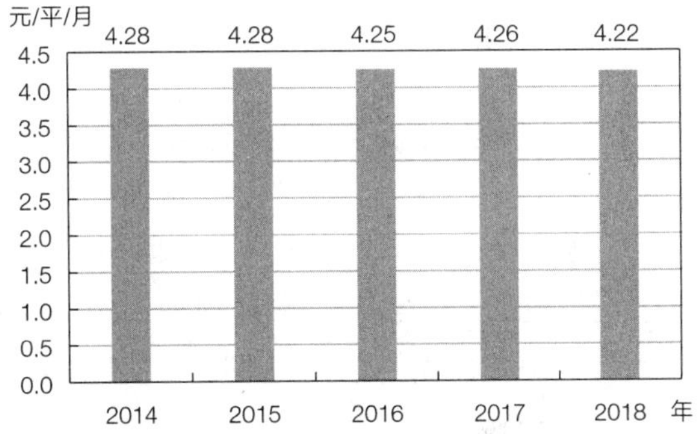

图10 物业百强企业平均物业服务费水平

（资料来源：中国指数研究院）

（四）后勤服务社会化改革将提升物管企业拓展空间

非住宅物业的管理单价明显高于住宅物业，并且非住宅物业领域的细分赛道众多，彼此之间存在着一定的专业技术门槛，是物管公司重要的业务拓展方向。根据中国指数研究院的数据，百强企业2018年住宅物业平均物业费仅为2.3元/平/月，而商业、办公和医院的平均物业费则分别高达7.01元/平方米/月、7.8元/平方米/月和6.84元/平/月。由于非住宅物业往往面对的是单一业务，不需要设立业主委员会等流程，物管企业的议价能力会更强，在成本上涨的情况下提价会比住宅容易，盈利能力稳定。

目前，非住宅物业仅商办物业市场化程度较高，公建物业的市场化程度还远远不够。受长期的计划经济体制的影响，医院、学校、场馆、市政等领域基本都是由事业单位运营管理。由事业单位或公共部门自己进行物业管理成本高、效率低，进行市场化改革，推进机关及企事业单位后勤服务市场化已经是大势所趋。随着后勤社会化改革的长期不断深入，非住宅物业市场面临较大的政策机遇。学校、医院、航空、政府等机构的物业管理将逐渐实现市场化，这将为物业管理公司的非住宅业务带来广阔的发展空间。

表2 部分后勤社会化改革政策

政策名称	相关部门	发布时间	文件要点
关于政府向社会力量购买服务的指导意见	国务院办公厅	2013年9月	明确要求在公共服务领域更多利用社会力量，加大政府购买服务力度
关于国有企业职工家属区“三供一业”分离移交工作指导意见的通知	国务院国资委、财政部	2016年6月	2016年开始，在全国全面推进国有企业（含中央企业和地方国有企业）职工家属区“三供一业”分离移交工作，交由专业化企业或机构实行社会化管理，2018年底前基本完成；2019年起国有企业不再以任何方式为职工家属区“三供一业”承担相关费用
关于建立现代医院管理制度的指导意见	国务院办公厅	2017年7月	探索医院“后勤一站式”服务模式，推进医院后勤服务社会化
十九大报告	中国共产党第十九次全国代表大会	2017年10月	深化事业单位改革，强化公益属性，推进政事分开、事企分开、管办分离

（五）预计2025年行业收入规模超过1.1万亿元

我们在测算中采用了以下数据和假设：

➢根据《国家人口发展规划（2016—2030年）》，2030年城镇化率要控制在70%，总人口控制在14.5亿人。我们根据线性插值法估算2025年城镇人口数为14.27亿人，城镇化率为65.73%。

➢表3中城市人均住宅建筑面积的历史数据除2016年和2018年以外，其他年份由插值法得出。2012—2018年，人均居住面积几乎每年增加1平方米。考虑到2016年以来，房地产开发和销售面积一直维持历史高位，我们保守估计，到2025年人均居住面积将增加至45平方米。

➢物业管理总面积使用中国指数研究院披露的2015年和2016年的数据。住宅物业管理面积占比参照百强住宅物业占比，2014—2017年历史数据均在70%左右，我们假定2018—2025年住宅物业占比为70%。

➢根据2015年和2016年的物业管理总面积数据，再结合住宅物业管理面积占比数据，我们可以得到住宅物业管理面积，继而得出这两年的住宅物业管理渗透率。通过计算，得到2015—2016年的住宅物业管理渗透率分别为45.34%和46.69%。随着城镇居民生活品质的提高，新增商品房的物业渗透率要远远高于老居民楼房，叠加2016年以来房屋销售的持续高景气度因素，整体而言，住宅物业渗透率应该是逐年提高的。但这里我们依然保守估计2017—2025年的住宅物业管理渗透率维持在47%的水平。

➢平均物业服务费参照中国指数研究院公布的2015—2018年百强企业各类型物业费

均值，假定到2025年各类物业平均物业费维持2018年的水平，即住宅2.3元/平/月，非住宅3.5元/平/月（非住宅平均物业费通过各类物业收入占比加权得到）。由于百强物业公司的物业费相对于整体市场而言可能存在着一定的品牌溢价，整体单价会存在一定高估。

➢参照中国指数研究院公布的2015—2018年的数据，百强物业企业增值服务收入占比有逐年提升的趋势，2018年已经达19.51%。我们据此假定2025年基础物业服务占比为80%，增值服务占比为20%，2019年的数据根据现行插值确定。

我们的估算过程如下：首先，根据预测的2025年城镇化率、总人口数、城市人均住宅建筑面积计算2025年的城镇住宅面积；其次，结合预测的住宅物业渗透率估算住宅物业管理面积；再次，根据住宅物业占比估算出2025年物业管理面积；复次，根据平均物业服务费可以估算出2025年的基础物业服务收入规模约为0.9万亿元；最后，根据基础物业服务收入规模和基础物业服务收入占比可以得到2025年物业管理行业市场规模约为1.13万亿元，继而得到增值服务规模约为0.22万亿元。

表3　2025年物业管理行业空间预测表

年份	2016	2017	2018	2019E	2025E
总人口数/亿人	13.83	13.90	13.95	14.00	14.27
城镇化率/%	57.35	58.52	59.58	60.60	65.73
城镇人口/亿人（=总人口数×城镇化率）	7.93	8.13	8.31	8.48	9.38
人均住宅面积/平方米	36.6	37.8	39.0	40.0	45.0
城镇住宅面积/亿平方米（=城镇人口×人均住宅面积）	290.23	307.49	324.23	339.37	422.16
物业管理总面积/亿平方米	185.10	206.90	217.70	227.86	283.45
住宅物业管理面积占比/%	73.21	69.85	70	70	70
住宅物业管理面积/亿平方米（=物业管理总面积×住宅物业管理面积占比）	135.51	144.52	152.39	159.50	198.41
住宅物业管理渗透率/%（=住宅物业管理面积/城镇住宅面积）	46.69	47	47	47	47
非住宅物业管理面积/亿平方米（=物业管理总面积-住宅物业管理面积）	49.59	62.38	65.31	68.36	85.03
住宅平均基础物业服务/（元/平方米/月）	2.3	2.3	2.3	2.3	2.3
非住宅平均基础物业服务费/（元/平方米/月）	2.8	2.7	3.5	3.5	3.5
住宅基础物业服务市场规模/（亿元/年）（=住宅物业管理面积×住宅基础物业服务年费）	3740	3989	4206	4402	5476
非住宅基础物业服务市场规模/（亿元/年）（=非住宅物业管理面积×非住宅基础物业服务年费）	1666	2021	2743	2871	3571
基础物业服务市场规模/（亿元/年）（=住宅基础物业服务市场规模+非住宅基础物业服务市场规模）	5406	6010	6949	7273	9048
基础物业服务收入占比/%	82.72	81.80	80.49	80.42	80.00
物业管理行业市场规模/亿元（=基础物业服务规模/基础物业服务收入占比）	6536	7347	8633	9044	11310
增值服务市场规模/亿元（=物业管理行业市场规模-基础物业服务市场规模）	1129	1337	1684	1771	2262

资料来源：Wind、《2016—2019中国物业服务百强企业研究报告》、《国家人口发展规划（2016—2030年）》。

三、企业现金流充沛，盈利提升有空间

（一）轻资产运营和内生性增长带来行业现金牛属性

物管企业可以通过物业费获取稳定增长的现金流，并且受宏观环境周期性波动的影响较小。而物管企业一般而言属于内生性的增长，除非进行并购，不然一般不需要大额的资本开支。因此，物管企业大多货币资金充裕。以2018年数据为例，上市物业公司的净负债率普遍很低，具有较为强劲的现金流。除了招商积余和彩生活以外，其他几家物业公司净负债率均为负值，即其“现金及现金等价物”大于“带息负债”。这说明大多数物业公司的存量货币资金十分充裕，为未来通过并购等方式进行业务规模的扩张积攒了充足的资金储备。从上市物业公司的分红情况来看，行业主流公司2018年的整体分红率在25%~50%。由于物业公司轻资产、现金牛的属性，我们认为长期来看，行业主流公司的派息率依然会保持比较高的水平。

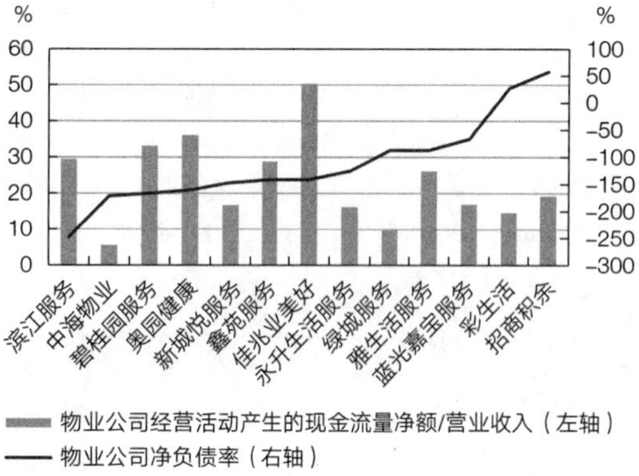

图11　上市物业公司现金流情况（2018年）

（资料来源：Wind）

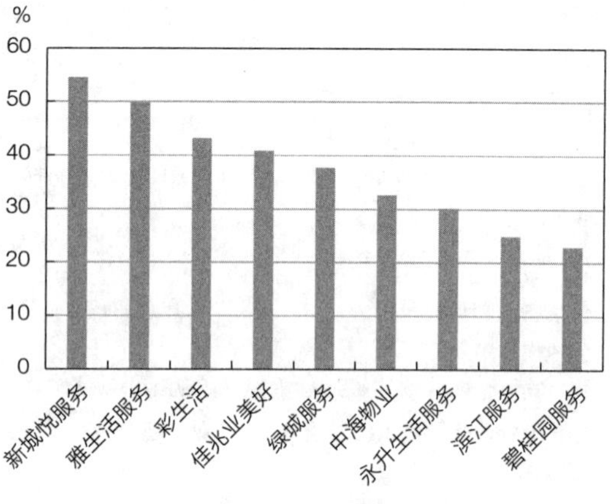

图12　2018年部分上市物业企业分红率

（资料来源：Wind）

（二）多渠道降本增效与多业态增值服务提升行业盈利空间

物业管理是劳动密集型行业，短期来看提升单个项目的物业费比较困难，而长期又面临着人工成本的刚性上升。但随着企业规模的扩大、集约化程度的提高，头部企业可以大规模地运用科技手段和服务外包，实现降本增效。随着数字化、信息化、智能化等技术的推广及应用，物管企业在减轻人工压力、提高人均管理面积的同时，还可以提升服务质量与效率。通过提高外包比例，可以集中优势资源做最擅长的业务，从而降低成

本。将部分业务进行专业分包，既可以使业主享受到更专业、更高品质的服务，也可以让企业将更多精力回归主业，更有效地进行资源整合，从而降低整体成本率。从中国指数研究院的数据来看，百强企业实现了平均营业成本率的持续下降，而人均在管面积和人均产值均实现了稳步增长。

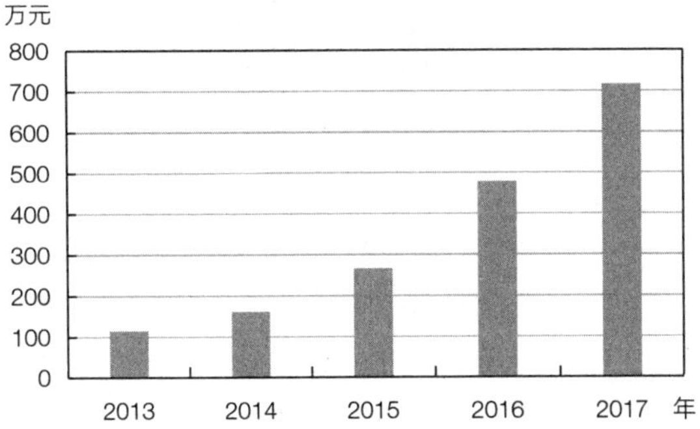

图13　百强企业智能化投入均值

（资料来源：中国指数研究院）

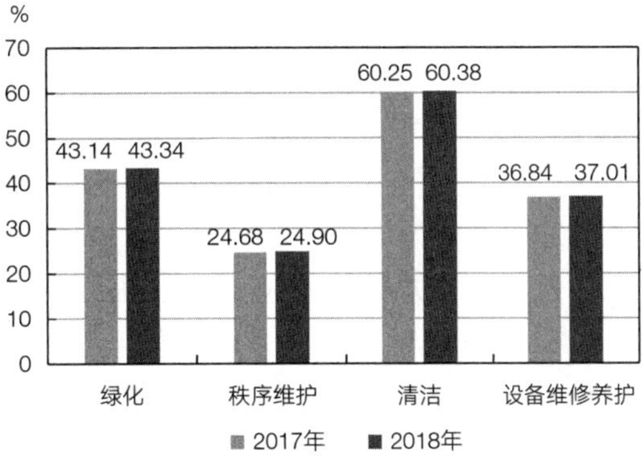

图14　百强企业外包占比

（资料来源：中国指数研究院）

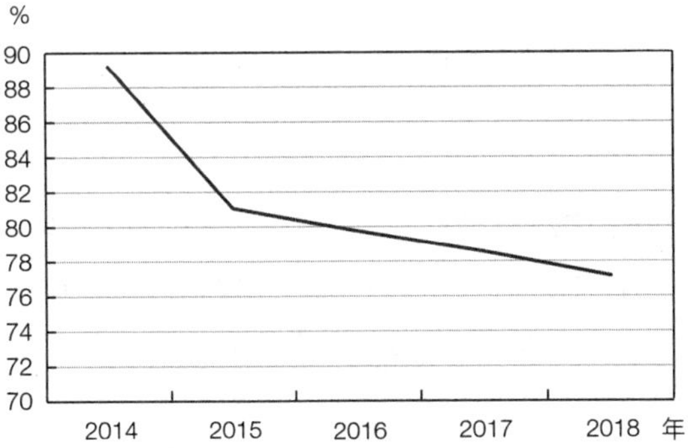

图15　百强企业平均营业成本率

（资料来源：中国指数研究院）

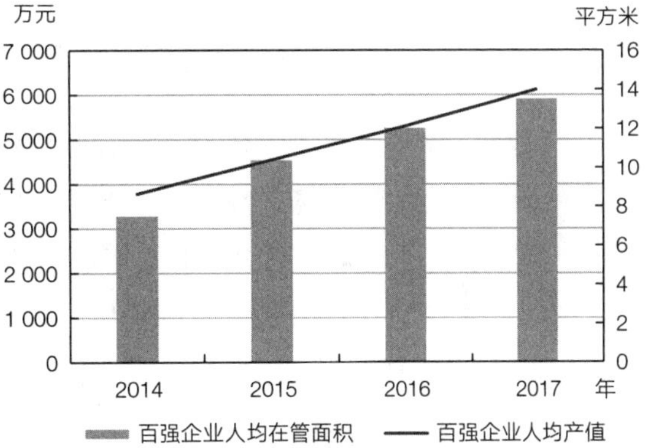

图16　百强企业人均在管面积和人均产值

（资料来源：中国指数研究院）

在降本增效的同时，物业企业通过拓展增值服务提升利润空间。增值服务种类繁多，涵盖案场服务、工程服务、顾问咨询等非业主增值业务，也包括为住户提供的个性化专项服务，如家政服务、私人绿化服务、楼宇广告、社区金融、社区零售等。区别于基础服务的劳动密集型属性，增值服务更多的是依托物业企业的平台流量，更容易实现规模效应。近年来，百强物业企业增值服务的收入占比稳步提升，且毛利率普遍高于基础物业服务。我们以碧桂园服务为例，增值业务的毛利率显著高于基础物业服务，并且增值业务毛利率的增速也显著快于基础物业服务，增值服务将有望成为未来盈利提升的关键之一。

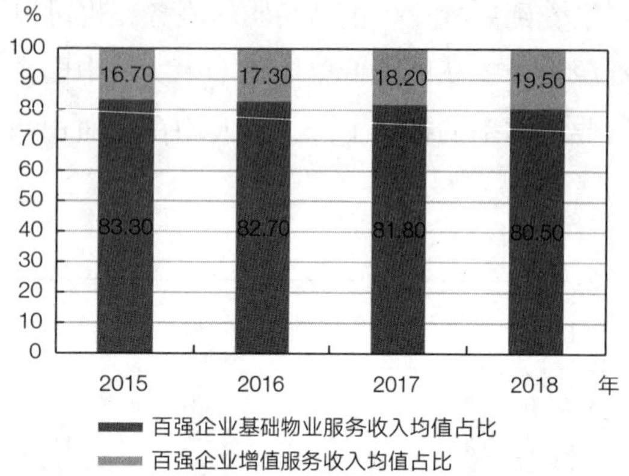

图17 百强企业增值业务收入占比

（资料来源：中国指数研究院）

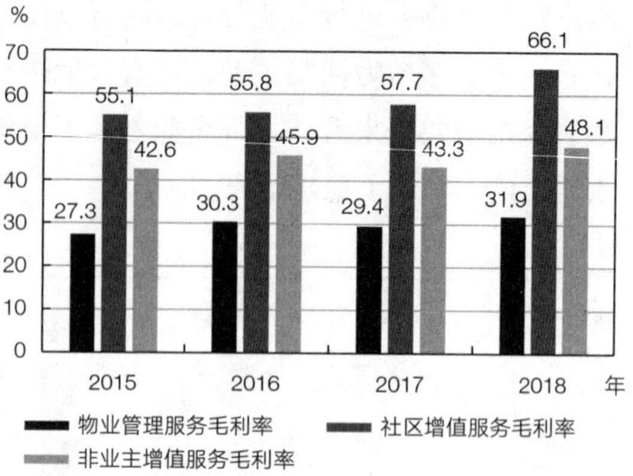

图18 碧桂园服务的基础物业服务与增值业务的毛利率

（资料来源：Wind）

四、集中度将持续提升，头部企业优势尽显

（一）行业集中度持续提升，头部企业经营情况占优

物管行业目前集中度不高，2018年TOP10物管企业的市场份额仅为11.4%，但行业TOP10和TOP100的市场份额一直在提升。根据中国物业管理协会的数据，2017年物管行业企业数量达11.8万家，TOP100的市场份额在2017年就已经达32.4%，2018年更是提升到38.9%，行业集中度提升趋势十分明显。从2018年百强物业企业不同层级的拆分来看，头部企业的平均营收规模更大，净利润率也更高，营收和净利润的同比增速也更大，行业分化明显，头部企业优势显著。

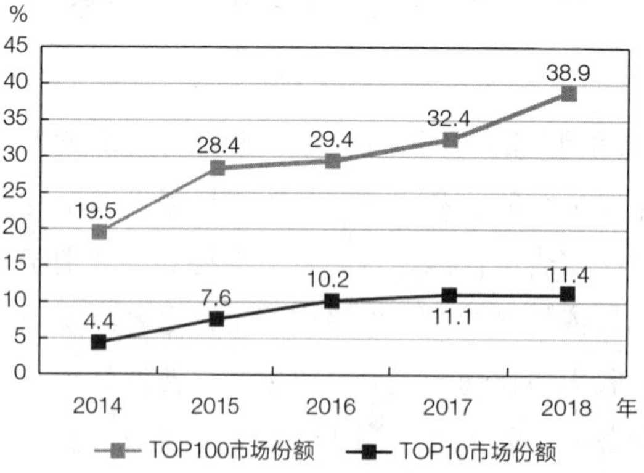

图19 头部物业管理企业管理面积的市场份额

（资料来源：中国指数研究院）

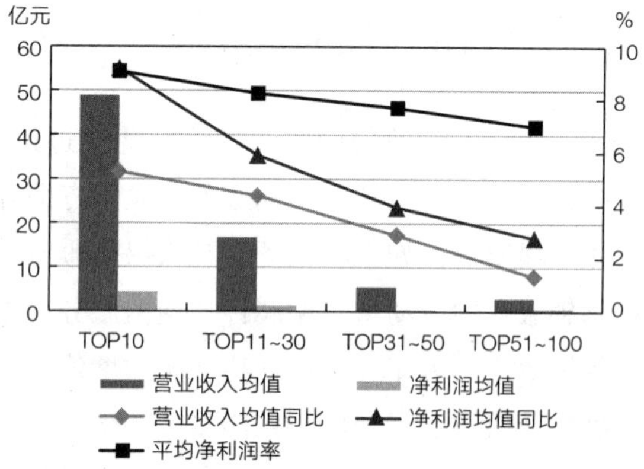

图20 2018年百强物业企业业绩分化显著

（资料来源：中国指数研究院）

（二）头部企业储备面积的领先将带动集中度进一步提升

随着2016年以来房地产销售和开发的高景气度，头部物业企业通过借助地产关联方的资源承接项目及并购和市场化拓展等方式实现了储备面积的大幅增长，百强物业企业合同储备面积均值2018年同比增速高达145%。TOP10的物业管理企业储备面积的提升更是大幅度领先，2018年TOP10企业的合同储备面积均值达10 106万平方米，是TOP11~30企业均值的9.2倍，是百强企业均值的9.8倍。储备面积在交房后会转化为物业企业的在管面积，而头部企业目前储备面积的大幅领先，也就意味着未来在管面积的集中度有望进一步提升，头部企业的优势地位也有望得到加强。

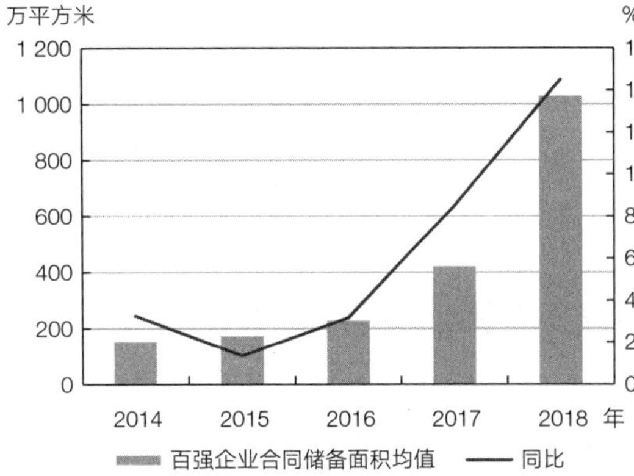

图21 百强物业企业合同储备面积均值

（资料来源：中国指数研究院）

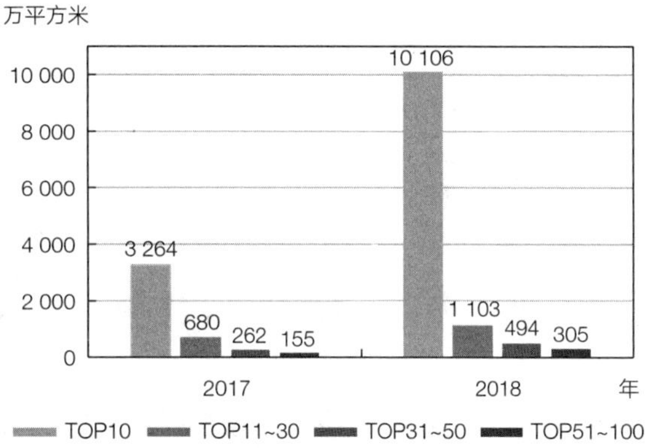

图22 百强企业合同储备面积均值

（资料来源：中国指数研究院）

（三）开发企业资源与资本市场助力,有望加速推动集中度提升

背靠房地产集团的物业公司，能直接开发企业获取项目资源，实现在管面积持续确定的增长。同时，物管公司受益于关联房企的品牌优势及多年服务品牌房地产企业客户积攒下来的良好口碑，在市场化拓展的过程中也拥有很大的优势。以保利物业为例，根据中国指数研究院的排名，2016—2019年保利物业一直稳居行业前五。在2017年之前，保利物业在管面积几乎全部来自保利地产，在2018年公司通过并购和市场化拓展等手段加大了外拓力度后，来自外拓项目的在管面积占比迅速提高，从2017年的13.9%大幅提升到42.6%，并且在2019年超过来自保利地产的项目面积。

随着物业管理板块价值逐步被资本市场发掘，房地产企业纷纷将其物业管理业务分拆上市，头部企业在资本的助力下加速了扩张的步伐。截至2019年底，物业板块A股上市公司共3家，港股上市公司共19家。仅2019年上市的物业公司就有9家。随着资本推动并购等整合行为的发生，以及头部企业依靠自身的规模、资金等实力不断向低能级城市渗透，我们认为这将推动未来行业集中度进一步提升。

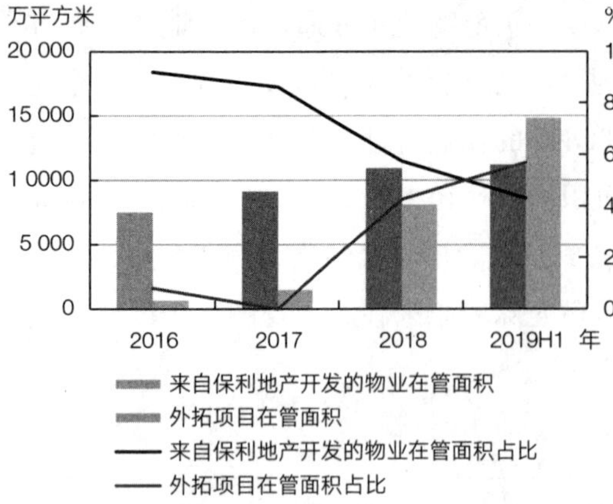

图23 保利物业关联与外拓项目在管面积

（资料来源：保利物业招股说明书）

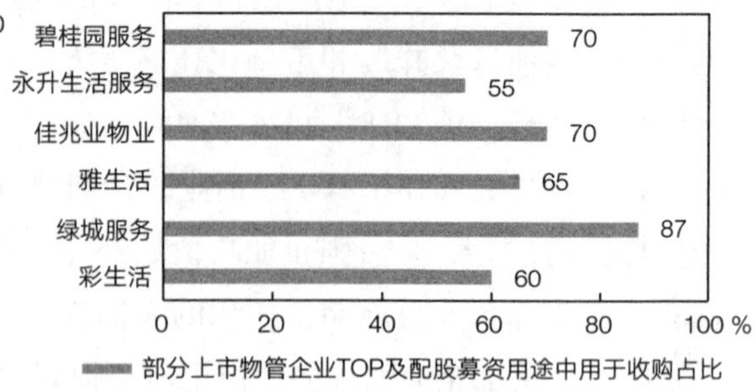

图24 企业通过资本市场募集资金进行收购情况

（资料来源：公司公告、Wind）

五、住宅服务平台化与非住宅服务综合化或为发展方向

（一）头部住宅物管企业平台价值日益凸显，未来有望成为全方位生活服务提供商

我国的住宅多以小区形式存在，人口密度较高，高层住宅占比高，便于物业进行集中管理。排名靠前的物业企业大多具有地产开发商背景，物业服务更多地集中于住户的生活需求，如社区缴费、垃圾清理、保安门禁等基础物业服务和家政服务、社区教育、社区零售等增值服务。

美国的住宅多为比较分散的独栋建筑，人员密度较低，房屋的清理与日常维护多由房主自行打理。物业企业基本都是由物业管理公司独立发展而来，物业服务更加集中于房屋本身，如游泳池管理、除虫服务和维修服务等。以北美最大的住宅物业服务商First Service为例，公司通过两大服务平台为客户提供服务：住宅平台依托物业经理人系统向客户提供基础的自营服务，如家政服务、游泳池和健身房运营等；品牌平台通过特许经营或直营方式提供更加个性化的服务，如房屋检查、地板安装等。

尽管中美两国的住宅物业服务存在较大的差别，但美国物业龙头成熟的平台化模式依然值得我们借鉴。我们认为，头部的物业公司依托自身大量客户的流量优势，打造具有多样化服务场景的生活服务平台，是未来行业发展的重要方向。国内物业公司服务的深度和广度都将超越美国的住宅物业公司，不仅能够提供基于住房本身衍生出来的各项服务，更能够满足住户多样化的生活服务需求。

通过标准化、智能化的服务平台拓展客源和服务客户，既打造了自身品牌影响力，又能享有规模效应并扩大自身的服务边界，可以有效地提升用户的黏性和降低服务的成本。以行业龙头绿城服务的绿城生活手机应用为例，公司已经将其初步打造出了全方位的生活服务平台，既涵盖了访客通行、生活缴费、报修报事等基础的物业服务，也集成非常多元的服务。未来各类服务都可以依托社区流量和平台入口进行第三方拓展，实现客户需求与服务的匹配，满足客户全方位的物业服务需求。

（二）非住宅物管服务商通过以点带面的业务整合，有望成长为综合性物业运营商

与住宅物业管理不同，国内外对于非住宅物业管理的模式较为接近。非住宅物业在海外一般统称为设施管理，重视综合服务，目前模式已经较为成熟，对国内企业开拓非住宅物业服务具有较强的借鉴意义。观察海外设施管理行业的发展历程，我们发现行业龙头都经历了从单一服务向综合性服务、从本土到全球化的历程。

以商办物业领域的龙头世邦魏理仕为例，公司业务从最初的物业销售和租赁逐渐向物业外包等业务线延伸，通过一系列的垂直收购不断丰富业务线，目前已经发展为集物业租售、企业服务、物业管理、按揭融资、地产估值、开发业务、投资管理和研究咨询于一体的全球性房地产综合服务提供商。

公建设施服务领域的龙头欧艾斯也有类似的发展轨迹。作为全球领先的设施管理公司之一，公司以高标准的自营物业安保和清洁服务为起点，从丹麦开始逐渐扩张到整个欧洲，进而布局北美、亚太等地区，通过并购向餐饮服务、物业维护运营等领域扩张。公司目前通过清洁服务、物业运营、餐饮服务、安保服务、设施维护和支持服务六大业务板块，为客户提供一站式的后勤服务解决方案。

从海外公司的发展经验来看，无论是商办物业服务还是公建设施物业服务，都是以产业链上的某一基础服务为起点，形成自己的优势之后，再借助资本市场进行一系列的产业整合，打造多元化的服务能力。展望我国的非住宅物业服务发展前景，我们认为商办物管可以借鉴“五大行”的发展模式，依托某些基础物业服务的优势，逐步向物业综合管理和资产管理迈进，最终实现全产业链的地产综合服务。而在公建设施物业服务领域，优质物业公司有望通过并购和合作等方式，补齐某些专业设施服务的短板，进而为客户提供一站式的公共设施服务解决方案。